石上英一編

奄美諸島編年史料

古琉球期編 下

吉川弘文館 刊行

凡　例

一　奄美諸島編年史料は、年、綱文（年月日・事象概要）・史料名・史料文・按文よりなる條により構成される。

二　編年の條の存在する年は、西暦、琉球の王の在位年、中国年号、日本年号及び干支を併記する。琉球王在位年は、不詳の場合は掲出しない。但し、綱文各條の月日は、日本・琉球・中国・朝鮮等の史料に記載されたままで記載し、グレゴリオ暦には変換しない。

三　綱文は文語体とする。

四　綱文において、島津氏が命じ実施する事柄については、島津氏の統治機構の役所名や職名を主語とすべき場合もあるが、わかりやすくするために、また命令の主体の識別が容易ではないために、鹿児島城主島津家久等を主語とする場合がある。

五　史料名は、史料群または個別の史料の名を掲げ、必要に応じて、史料名の下に、掲出史料の属する史料群名、または史料における部分等を注記し、また○の下に所在地・出典等を注記する。史料の所在・出典の詳細は、下巻収録の史料一覧に記す。

六　史料には、原本や写本を見ることができないもの、各地の大学・図書館・博物館等や東京大学史料編纂所に複本が収集されていないもの、原本からの掲載が容易ではないものが少なくない。それらについては、当該史料の写真版・複写版・筆写版及び公開画像と共に、当該史料が掲載される史料集・学術書・論文等を適宜使用する。

七　史料には、便宜、編者による句点・返点及び引用符を附す。史料の本文に附された、句点・返点は原則として省略する。

八　文字は、原則として正字体とするが、固有名詞や慣用の文字の場合、史料で使用されている常用字体や俗字体を使用することがある。現代の諸機関・諸組織名及び史料集・学術誌名等に、常用字体が使用されている場合は、それらの表記に従う。また、印刷文字の制約で、常用字体・略字体を使用することがある。変体仮名は、原則として現代常用の平仮名・片仮名に改める。但し、固有名詞や琉球國中山王詔書の場合、変体仮名の元となる漢字を使用する場合がある。アルファベット文字（区切り記号を含む）は、典拠とした翻刻本により、参考とすべき翻刻本及び写真版・マイクロフィルム版等を参照して、掲出する。

九　本文の説明注は（　）で囲い、校訂注は〔　〕或いは［　］（史料の欠損部分の推定文字）で囲い、本文に傍書する。また、長文に及ぶ説明注や傍書への説明注は、○を冠した割書や小字、あるいは○を冠した按文で記す。

一〇　標出は附さない。

一一　年が不明な事象及び史料、附随する事象については、関連する條に附載し、必要に応じて條末の按文に便宜合叙の旨を記す。

一二　奄美諸島のことが直接には記されていない日本と琉球の交渉に関わる史料は、必要に応じて関連條文の按文に記す。

一三　上巻に収載できなかった條文或いは史料は、下巻に上巻補遺として採録する。また、『おもろ御さうし』等に収載される奄美諸島に関わるおもろ、古地図に記される奄美諸島の島名は、下巻に類聚として収載する。

奄美諸島編年史料　古琉球期編・下　綱文一覧

一六〇九年

三月二十五日、島津軍、琉球國今歸仁間切運天津ニ至ル、尋デ、二十七日、今歸仁城ヲ征ス、同日、琉球國中山王尚寧ノ使者馬良豊幷ニ菊隱等、今歸仁親泊ニ於テ島津軍ノ市來家政幷ニ村尾笑栖ト談合ス、島津軍、馬良豊ヲシテ市來家政ノ下ニ留メシメ、菊隱等ヲシテ那覇ニ還ラシム、二十九日、島津軍、運天津ヲ出デテ、陸路海路ニ分レテ進ミ、浦添城ヲ征シ、首里及ビ那覇ニ向フ、……一

○三月、是月ニ至リテ、琉球王府、鬼界島等ヨリ島津軍來攻ノ烽號ヲ得、

○三月二十日、琉球國中山王尚寧、島津軍ヲ阻マシメムタメニ馬良豊ヲ今歸仁ニ差遣ス、尋デ、二十六日、馬良豊、島津軍ニ捕ハル、

○三月二十九日マタハ四月一日、島津軍、浦添ノ龍福寺ヲ襲ヒ、琉球國歷代ノ王ノ硯屏幷ニ文殊菩薩像ヲ門外ニ出シテ堂宇ヲ燒キ拂フ、

四月一日、島津軍、首里及ビ那覇ヲ征ス、四日、琉球王府ト島津軍トノ和議ナリテ、琉球國中山王尙寧、首里城ヨリ下城ス、十六日、中山王尙寧、泊ノ崇元寺ニ行幸シ、島津軍大將樺山久高等ト對面ス、尋デ、尙寧、日本薩摩國鹿兒島ヘノ渡御ノ請ヲ受ク、……………三

○四月一日、佐多忠治、三司官鄭迵ヲ捕フ、

○四月二日、向朝盛、向朝刻幷ニ向朝伸、首里城ヲ出テ識名ニ於テ島津軍ト戰フ、

○四月五日、島津軍、首里城荷物改メヲ始ム、

○五月七日、樺山久高、島津家久ヨリ賜リシ酒ヲ將卒ニ振舞フ、

是ヨリ先、前征夷大將軍德川家康、鹿兒島城主島津家久ヲ駿府ニ召ス、是日、琉球平定ヲ俟チテ途ニ上ルベキコトヲ命ズ、……………七八

○四月二十五日、島津義久、前征夷大將軍德川家康ノ命ヲ傳ヘタル山口直友ノ書狀ヲ受ク、

○五月五日、島津軍大將樺山久高、琉球國中山王尙寧ヲ端午節宴ニ招ズ、

四月五日、島津軍大將樺山久高、琉球國中山王尙寧、首里城ヨリ下城シタルコトヲ、鹿兒島城主島津家久ヘ報ズ、……………八三

四月二十九日、島津義弘、島津軍大將樺山久高ヨリノ大島ヲ征シタル報ヲ受ク、尋デ、五月

二日、島津義弘、樺山久高ニ書状ヲ送ル、……八六
五月三日、是ヨリ先、島津義久、島津軍大將樺山久高ヨリノ大島ヲ征シタル報ヲ受ク、尋デ、是日、島津義久、樺山久高及ビ平田增宗等ニ書状ヲ送ル、……八八
五月五日、島津軍大將樺山久高、伊勢貞昌ニ書状ヲ送リ、鹿兒島城主島津家久ヨリ書状ヲ受ケタルコト幷ニ御酒拜領ノコト、及ビ琉球國中山王尚寧ヲ伴ヒテ近日歸帆ノコトヲ報ズ、……九一
五月八日、是ヨリ先、鹿兒島城主島津家久、前右大臣豊臣秀頼ニ、琉球ニ軍ヲ送リタルコトヲ報ズ、是日、片桐且元、家久ニ書状ヲ送ル、……九二
五月十一日、琉球國中山王尚寧、明福建等處承宣布政使司ヘノ咨文ヲ製シ、正議大夫鄭俊等ヲ遣シ、島津軍ノ來寇ヲ急報シ貢期ヲ緩スコトヲ致サント報ゼムトス、……九三
五月十五日、島津軍、琉球國中山王尚寧ヲ伴ヒ、那覇ヲ出デ、日本薩摩國鹿兒島ニ向フ、……一〇一
○五月十五日ヨリ先、琉球國中山王尚寧、毛盛續及ビ金安恒ヲ留守假三司官ニ任ズ、
○五月十五日ヨリ先、島津軍大將樺山久高、本田親政及ビ蒲池休右衞門尉ヲ奉行トシ、
琉球國ニ留マルコトヲ命ズ、
五月十九日、琉球國中山王尚寧、大島燒內間切宇檢湊ニ著シ、尋デ、隨從ノ官人ニ加階シ、同間切崎原勢頭ニ赤八卷ヲ授ケ、二十一日、日本薩摩國鹿兒島ニ向フ、……一〇四

五月二十一日、是ヨリ先、島津軍大將樺山久高ノ琉球平定ノ報、鹿兒島ニ著ス、是日、島津義久、前征夷大將軍徳川家康ニ、琉球國ヲ征シタルコトヲ報ジ、二十六日、重ネテ、義久、家康ニ琉球ヲ征シタルコトヲ報ズ、……一四五

五月二十四日　島津軍、日本薩摩國鹿兒島ニ著ス、是日、琉球國中山王尚寧、薩摩國山川湊ニ著ス、尋デ、二十五日、鹿兒島城主島津家久、大將樺山久高等ヲ賞ス、……一五〇

六月二十六日、琉球國中山王尚寧、鹿兒島城ニ於テ、鹿兒島城主島津家久ニ拜謁ス、……一五六

○六月十七日、琉球國中山王尚寧、薩摩國鹿兒島ニ至ル、

○八月三日、琉球國中山王尚寧、大隅國國府ニ幸シ、尋デ、四日、島津義久ニ謁ス、

○八月五日、琉球國中山王尚寧、喜入久正第ニ幸ス、

是ヨリ先、鹿兒島城主島津家久、大島等ヲ征シ、尋デ琉球國ヲ征シタルコトヲ前征夷大將軍徳川家康ニ報ズ、是日、本多正純、家久ノ狀ヲ家康ニ奉ジタルコト、及ビ琉球ノ儀相濟タルニヨリ駿府ニ上ルベキ旨ヲ承リタルコトヲ、家久ニ報ズ、……一六五

七月七日　是ヨリ先、七月五日、征夷大將軍徳川秀忠、鹿兒島城主島津家久、島津義久及ビ島津義弘ノ琉球平定ノ功ヲ賞ス、是日、前征夷大將軍徳川家康、島津家久ノ琉球國平定ノ功ヲ賞シ、琉球國ヲ賜ヒ、仕置ヲ命ズ、……一六七

○七月二十七日、山口直友、徳川家康、島津家久ニ琉球國ヲ賜フ朱印狀ヲ下シタルヲ家久ニ報ズ、

○七月二十九日、徳川秀忠、島津家久ノ使者敷根立頼ノ江戸參府ヲ家久ニ報ズ、

○十二月十五日、徳川秀忠、島津家久及ビ島津義弘ノ琉球國ヲ賜ハリタルヲ謝スルヲ賞ス、

○十二月二十六日、徳川家康、島津家久及ビ島津義弘ノ琉球國ヲ賜ハリタルヲ謝スルヲ賞ス、

〔參考〕

○三月ヨリ五月ニ至ル、島津軍ノ琉球征討ニ係ル文書幷ニ所傳、

九月三十日、是ヨリ先、琉球國中山王尙寧、鹿兒島城主島津家久ヨリ、先規ノ如ク明トノ往來アルベキコトヲ命ゼラレタルニ依リテ、具志頭王子尙宏幷ニ毛安頼ヲ日本薩摩國鹿兒島ヨリ琉球國ニ歸國セシメムコト及ビ毛安頼ヲ王舅ニ任ズルコトヲ定ム、是日、尙宏幷ニ毛安頼、鹿兒島ヲ出船ス、……………………………………………………………………………二〇八

○九月十四日、琉球國中城王子尙熙等連署シテ、島津家老中衆ニ、具志頭王子尙宏及ビ毛安頼歸國ニ依リテ一揆ノ企アルベカラザルコトヲ誓スル證狀ヲ呈ス、

十月十一日、琉球國中山王府攝王妃王弟暫看掌國事法司馬良豐、正議大夫鄭俊ヲ明ニ遣シ、中山王尚寧咨文〇萬暦三十七年五月ヲ以テ、島津軍ノ入寇幷ニ貢期ヲ緩シメラレムヲ請フコトヲ報ズ、……二二三
十月二十日、具志頭王子尚宏幷ニ毛安頼、琉球國ニ著シ、王府ニ、琉球國中山王尚寧ノ文ヲ致シ、毛安頼ヲ王舅ト爲シテ明ニ差遣スベキコトヲ傳フ、……二二七
是歳、鹿兒島城主島津家久、上井里兼等ヲ琉球國ニ遣シ、沖繩島ヲ丈量セシム、……二三二

一六一〇年

正月三十日　琉球國中山王府攝王妃王弟暫看掌國事法司馬良豐、明福建等處承宣布政使司ニ、倭亂ニ依リテ貢期ヲ緩シテ貢職ヲ修スルヲ咨ス、……二三四
〇正月三十日ヨリ後、琉球國遣明使王舅毛安頼等、明福建ニ於テ、鄭迵ノ明ニ送リタル反間ノ書ヲ得、
〇七月十八日、琉球國遣明使王舅毛安頼等、明ノ京ニ至リテ、琉球國咨文ヲ呈ス、尋デ、明皇帝、琉球國ノ續キテ貢職ヲ修スルヲ許ス、
〇九月二日、琉球國、進貢使蔡堅ヲ明ニ遣ス、
〇十二月十六日、明皇帝、琉球國中山王尚寧ニ勅諭シ、琉球國ト倭國ノ前後ノ事情ヲ奏報スベキヲ命ズ、

三月十三日、琉球國島添大里間切惣地頭職毛盛深、日本薩摩國鹿兒島ヨリノ歸途、大島沖ニテ卒ス、尋デ、毛盛深、大島名瀬間切名瀬村ニ葬ムラル、……一二四八

三月是月、上井里兼、琉球國ヨリ日本薩摩國鹿兒島ニ還リ、鹿兒島城主島津家久ニ琉球國沖縄島検地帳ヲ呈ス、……一二五二

八月十六日、是ヨリ先、鹿兒島城主島津家久、琉球國中山王尙寧ヲ率キテ薩摩國鹿兒島ヲ發シ、山城國伏見ヲ經テ、駿河國駿府ニ著ス、是日、家久、尙寧ヲ率キテ、駿府城ニ於テ、前征夷大將軍徳川家康ニ拜謁ス、尋デ、家久、尙寧ヲ率キテ、江戸ニ抵リ、九月十二日、家久、尙寧ヲ率キテ、江戸城ニ於テ、征夷大將軍徳川秀忠ニ拜謁ス、……一二五四

○是歳、琉球國、馬良繼ヲ日本薩摩國鹿兒島ニ遣シテ、中山王尙寧ヲ問安セシム、

○是歳夏、琉球國、圓覺寺僧天叟ヲ日本攝津國大坂城ニ遣シテ、前右大臣豊臣秀頼ニ謁セシム、

○八月二十一日、琉球國具志頭王子尙宏《朝盛》、駿府ニ薨ズ、

九月十五日、琉球國中山王尙寧、江戸ヲ發シ、尋デ、十二月二十四日、薩摩國鹿兒嶋ニ歸著ス、……一三〇四

○九月二十日、鹿兒島城主島津家久、江戸ヲ發シ、尋デ、鹿兒島ニ還ル、

十月是月、鹿兒島城主島津家久、伊地知重房等ヲ竿奉行ニ任ジ、琉球國ノ先島ヲ檢地セシムルコトヲ定ム、尋デ、十二月、竿奉行伊地知重房等、薩摩國鹿兒島ヲ開帆シ、德之島及ビ沖永良部島ヲ經テ、同月二十一日、琉球國那覇ニ至ル、……二二四

鹿兒島城主島津家久、黑葛原吉左衛門及ビ宇田小左衛門等ヲ代官ニ任ジ、大島ヲ鎭ゼシム、……二二九

是歲、大島笠利間切首里大屋子爲轉、男爲季ヲ薩摩國鹿兒島ニ出シテ鹿兒島城主島津家久ノ質トス、……二三〇

一六一一年

二月三日、竿奉行伊地知重房等、琉球國ノ先島ノ檢地ノタメ、那覇ヲ發ス、尋デ、五月、先島ノ檢地ヲ終ヘ、七月四日、那覇ヲ發シ、與論島・德之島及ビ大島ヲ經テ、八月八日、日本薩摩國鹿兒島ニ著ス、……二三三

〇正月十七日、琉球奉行本田親政等、宮古島檢地組頭ニ覺ヲ與フ、

四月七日、是ヨリ先、鹿兒島城主島津家久、相良賴豐幷ニ有馬重純ニ德之島ノ租稅ヲ掌ルコトヲ命ズ、是日、賴豐等、大隅國根占ヲ發シ德之島面繩ニ赴ク、……二四五

五月是月、琉球國進貢使王舅毛安賴、明皇帝勅ヲ捧ジテ明ヨリ琉球國ニ還ル、尋デ、日本薩摩國鹿兒島ニ至リ、琉球國中山王尙寧ニ明皇帝勅ヲ呈ス、……二四五

○五月ヨリ後、琉球國進貢使王舅毛安頼、日本駿河國駿府城ニ參リテ、前征夷大將軍德川家康ニ明ヘノ進貢ノ次第ヲ奏ス、

八月十日、竿奉行、鹿兒島城主島津家久ニ、琉球國久米島幷ニ先島等檢地帳ヲ呈ス、…………三五二

〔參考〕

○御當國御高幷諸上納里積記及ビ御財政等ニ收ムル慶長十五年沖繩島檢地帳及ビ慶長十六年先島等檢地帳ノ記ニ關ハル文書等、

九月十日、是日ヨリ先、八月九日、鹿兒島城主島津家久、琉球國中山王尙寧ニ琉球國ヘノ歸國ヲ命ジ、是日、家久、尙寧ニ、大島・鬼界島・德之島・沖永良部島幷ニ與論島ヲ除キタル琉球國領知ヲ命ズ、尋デ、九月二十日、尙寧、薩摩國鹿兒島ヲ發シ、大島宇檢、德之島龜津、沖永良部島ヲ經テ、十月二十日、琉球國ニ歸著ス、…………三六六

○三月十五日、琉球國佐敷王子尙豐、琉球國ニ還ランタメ、薩摩國鹿兒島ヲ發シ、尋デ、四月十三日、琉球國那覇ニ著ス、

○六月、琉球國、質トシテ、金安恒ヲ鹿兒島城主島津家久ニ送ル、

○九月、琉球國中山王尙寧、起請文ヲ捧ジ、同月二十日、琉球國三司官毛盛續等、起請文ヲ捧ズ、

○九月十三日、琉球國中山王尚寧、自ラノ歸國ニ先ンジテ、向朝長等ヲ琉球國ニ歸還セシム、

○九月十九日、鹿兒島城主島津家久、琉球國三司官鄭迵ヲ誅ス、

○十月二十八日、鹿兒島城主島津家久、琉球國中山王尚寧ニ書ヲ送リテ、明ニ使者ヲ遣シテ通好ヲ許サレムコトヲ請スベキヲ命ズ、

○十一月、琉球國中山王尚寧、明ニ、琉球國ヘノ歸國ヲ報ズ、

○十二月十五日、鹿兒島城主島津家久、前征夷大將軍徳川家康ニ、琉球國中山王尚寧ヲ琉球國ニ歸還セシメタルコトヲ報ジ、琉球國使者、日本駿河國駿府城ニ參ズ、

〔參考〕

○一六一二年四月、琉球國ノ紋船、日本薩摩國山川湊ニ至ル、

九月二十三日、鹿兒島城主島津家久、徳之島ニ遣シタル相良賴豐幷ニ有馬重純ニ、琉球國中山王尚寧ヲ歸國セシメタルヲ告グ、……四一八

一六一二年

九月十五日、沖永良部島大親思鎌戸、歿ス、……四二〇

一六一三年

八月十一日、鹿兒島城主島津家久、大島間切役人扶持方ヲ定ム、……四三

九月十一日、鹿兒島城主島津家久、大島笠利間切赤嶺與人爲有ヲ大島笠利間切惣役ニ任ジ、役職米十石ヲ宛ツ、……四四

○是歳ヨリ後、大島笠利間切首里大屋子爲有ノ男爲成、鹿兒島城主島津家久ノ質トシテ薩摩國鹿兒島ニ送ラル、

九月二十四日、是日及ビ二十五日、鹿兒島城主島津家久、大島・喜界島及ビ沖永良部島ノ間切役人ニ知行ヲ宛行フ、……四一九

是歳、鹿兒島城主島津家久、法元仁右衞門ヲ大島奉行ニ任ジ、併テ喜界島ヲ支配セシメ、假屋ヲ大島笠利間切笠利ニ置ク、……四五九

一六一四年

十二月二日、○ユリウス暦十二月二十二日、是ヨリ先、九月九日、幕府、暹邏國渡航ノ朱印ヲウィリアム・アダムズ三浦按針ニ下ス、尋デ、イギリス商館長リチャード・コックス、ウィリアム・アダムズヲ船長トシテ、シー・アドヴェンチャー號ヲ暹羅ニ遣スコトトシ、十一月十一日、○ユリウス暦十二月一日、シー・アドヴェンチャー號、肥前國松浦郡平戸ヲ出港シ暹邏ニ向ヒ、是日、大島ニ著ス、……四六四

○十二月五日、○ユリウス暦十二月二十五日、ウィリアム・アダムズ、シー・アドヴェンチャー號ヲ以テ

大島ヲ發シ、尋デ、同月七日、〇ユリウス暦十二月二十七日、琉球國那覇ニ著ス、
〇一六一五年五月四日、〇ユリウス暦一六一五年五月二十一日、ウィリアム・アダムズ、シー・アドヴェンチャー號ヲ以テ那覇ヲ發シ、尋デ、同月二十四日、〇ユリウス暦一六一五年六月十日、日本肥前國松浦郡平戸島河内ニ歸著ス、

一六一五年

是春、是ヨリ先、鹿兒島城主島津家久、河越重能ヲ大島奉行ニ任ズ、尋デ、是時ニ至リテ、河越重能、大島ニ著任ス、……………………五一二

七月三日、イギリス船ホジアンダー號、是ヨリ先、日本肥前國松浦郡平戸島平戸ニ向ヒ、パタニヲ發シ、是日、〇ユリウス暦八月十六日、大島ノ沖ヲ通過ス、尋デ、同月二十二日、〇ユリウス暦九月四日、平戸ニ著ス、……………………五一三

一六一六年

是春、是ヨリ先、鹿兒島城主島津家久、相良賴豐ヲ德之島奉行ニ任ズ、尋デ、是時ニ至リテ、相良賴豐、德之島ニ著任ス、……………………五一六

八月二十八日、是ヨリ先、大島西間切與人、薩摩國鹿兒島ニ貢米ヲ上納ス、是日、鹿兒島城主島津家久、薩摩國ヨリ歸帆スル大島西間切與人ニ船切手ヲ與フ、……………………五一八

一六一七年

是春、是ヨリ先、鹿兒島城主島津家久、川上久康ヲ大島奉行ニ任ズ、尋デ、是時ニ至リテ、川上久康、大島ニ著任ス、……五二〇

一六一八年

三月二十一日、是ヨリ先、日本肥前國松浦郡平戸ニ在ルイギリス商館長ウィリアム・コックス、肥前國松浦郡ニ在ル明人肥後四官ヨリジャンク〇船名不詳ヲ借用シ、ウィリアム・アダムズヲ水先案内人、リチャード・ウィッカム幷ニエドモンド・セイヤースヲ商務員トナシ、交趾支那ニ遣スコトトス、三月一日、〇ユリウス暦三月十七日、イギリス商館ノジャンク、肥前國彼杵郡長崎ヲ出航ス、是日、〇ユリウス暦四月六日、イギリス商館ノジャンク、大島ニ著ス、……五二一

〇閏三月七日、〇ユリウス暦四月二十一日、琉球國那覇ヨリ大島ニ船來リテ、イギリス商館ノシー・アドヴェンチャー號、那覇ニ入港ノコトヲ傳フ、同日、薩摩國ヨリ琉球國那覇ニ向フ船、大島ニ來リテ、マニラニ赴クジャンク一隻、徳之島ニ著シタルコトヲ傳フ、

〇閏三月十八日、〇ユリウス暦五月二日、イギリス商館ノジャンク、〇船名不詳、大島ヲ出航シ、尋デ、閏三月二十三日、〇ユリウス暦五月七日、長崎ニ歸著ス、

是春、是ヨリ先、鹿兒島城主島津家久、曾木甚右衞門尉ヲ徳之島奉行ニ任ズ、尋デ、是時ニ

至リテ、曾木甚右衞門尉、徳之島ニ著任ス、……五七六

一六一九年

是春、是ヨリ先、鹿兒島城主島津家久、黑葛原筑後守ヲ大島奉行ニ任ズ、尋デ、是時ニ至リテ、黑葛原筑後守、大島ニ著任ス、……五七八

一六二〇年

是春、是ヨリ先、鹿兒島城主島津家久、野村但馬守ヲ徳之島奉行ニ任ズ、尋デ、是時ニ至リテ、野村但馬守、徳之島ニ著任ス、……五八〇

是歲、鹿兒島城主島津家久、大島東間切首里大屋子清渡知等ニ、知行并ニ切米ヲ與フ、……五八一

○是歲ヨリ先、鹿兒島城主島津家久、大島東間切與人清渡知ヲ大島東間切首里大屋子ニ任ズ、

一六二一年

是春、是ヨリ先、鹿兒島城主島津家久、鮫島宗昌ヲ大島奉行ニ任ズ、尋デ、是時ニ至リテ、鮫島宗昌、大島ニ著任ス、……五八七

是歲、鹿兒島城主島津家久、川上久國ヲ惣竿奉行、鮫島宗昌ヲ大島并ニ喜界島ノ竿奉行、有馬純定ヲ同附役ニ任ジ、大島等ノ檢地ヲ行ハシム、……五八八

一六二二年

是春、是ヨリ先、鹿児島城主島津家久、伊地知重康ヲ徳之島奉行ニ任ズ、尋デ、是時ニ至リテ、伊地知重康、徳之島ニ著任ス、……五九一

一六二三年

是春、是ヨリ先、鹿児島城主島津家久、町田久則ヲ大島奉行ニ任ズ、尋デ、是時ニ至リテ、町田久則、大島ニ著任ス、……五九三

閏八月二十五日、鹿児島城主島津家久、大島・喜界島・徳之島・沖永良部島及ビ與論島ニ就キテ、大親ヲ停メ貢租等ヲ定メタル置目ヲ制ス、尋デ、惣竿奉行川上久國ヲ琉球ニ遣シテ、置目ヲ琉球國ニ傳ヘシム、……五九四

一六二四年

六月、惣竿奉行川上久國、琉球國ヨリ日本薩摩國鹿児島ニ還ル、尋デ、鹿児島城主島津家久、大島・喜界島・徳之島・沖永良部島及ビ與論島ノ石高ヲ定ム、……六五六

上巻補遺

一四三三年

五月八日、是ヨリ先、琉球國中山王尚巴志、明ニ使者物志麻結制等ヲ遣シ、禮部ニ咨文ヲ呈シ馬及ビ方物ヲ貢ズ、是日、明皇帝、琉球國使者等ニ宴ヲ賜ヒ、尋デ、九日、明皇帝、琉球國使者等ニ綵帛等ヲ賜フ、……六六〇

一四五〇年

閏正月八日、前年秋、琉球國中山王尚思達、使者亞間美等ヲ明ニ遣ス、尋デ、是日、明皇帝、中山王尚思達ヘノ勅ヲ使者亞間美等ニ下ス、……六六四

一四五一年

四月三日、明皇帝、琉球國使者亞間美等ニ宴ヲ賜フ、尋デ、七月二日、明皇帝、尚金福ヲ琉球國中山王ニ封ズルタメ、冊封正使左給事中喬毅并ニ冊封副使童守宏ヲ琉球國ニ遣ス、……六七二

○一四五一年夏、琉球國使者亞間美等、明ヨリ琉球國ニ歸ル、

一四五二年

三月八日、是日ヨリ先、琉球國中山王尚金福、使者亞間美ヲ明ニ遣ス、是日、明皇帝、琉球

國使者亞間美等ニ宴等ヲ賜フ、……六七五

一五二六年

是歳ヨリ先、琉球國中山王、米須里之子顧氏祖ヲ鬼界島ニ遣ス、尋デ、米須里之子、鬼界島ニ歿スト傳フ、……六七六

一五二九年

［史料追補］十二月二十九日、琉球國中山王尚清、ちやくもいヲ大島笠利間切宇宿大屋子ニ任ズ、……六七九

一五三四年

是歳、明皇帝、琉球國ニ正使陳侃幷ニ副使高澄ヲ遣シ、尚清ヲ琉球國中山王ニ封ズ、是時、陳侃ノ従人ノ日本路程ヲ識リタル者、福建使往日本針路ヲ著シ、徳之島・加計呂麻島幷ニ大島ヲ記ス、……六八五

一五四四年

［史料追補］六月二十日、琉球國中山王尚清、首里城世纘石墻ノ普請ヲ命ジ、自奥渡上及ビ宮古・八重山ノおゑか人等ヲ普請ニ従ハセシム、尋デ、一五四六年七月二十八日、普請ノ功畢ル、……七一〇

一五五六年

五月、是ヨリ先、明總督南直隷浙福軍務南京兵部右侍郎楊宜、南京直隷徽州府人鄭舜功ヲ、日本國王宣諭ノ使ニ任ズ、是月、鄭舜功、日本ニ向ケ明福建布政使司福州府ヲ出船シ、日本豊後國ニ至リ大友義鎮ニ面謁シ、尋デ、十二月、義鎮ノ報使清授ヲ伴ヒテ明ニ向ヒ、翌年正月、琉球國永良部島沖永良部島ヲ經テ、明廣東布政使司廣州府ニ歸著ス、鄭舜功、明歸還ノ後、日本一鑑ヲ撰述シ、同書桴海圖經ニ徳之島・加計呂麻島并ニ大島ヲ記ス、……………………七一一

一五七〇年

是歳ヨリ後、明人、福建ヨリ琉球ヲ經テ日本攝津國兵庫港ヘ至ル針路ニ、徳之島・加計呂麻島并ニ大島ヲ記ス、……………………七三〇

○一六〇九年是歳ノ頃、明愼懋賞、四夷廣記ヲ撰シ、朝鮮廣記日本國ニ收ムル明ヨリ日本ヘノ針路記ニ、徳之島・加計呂麻島并ニ大島ヲ記ス、

一五七二年

［史料追補］正月十八日ノ第二條、琉球國中山王尚元、大島焼内間切大和濱目指犬樽金ヲ大島焼内間切焼内大屋子ニ遷任セシム、……………………七四〇

一五七九年

［史料追補］五月五日、琉球國中山王尚永、大島焼内間切焼内大屋子犬樽金ヲ大島焼内間切部連大屋子ニ遷任セシム、……七四二

一五九四年

十二月、琉球國遣明使于灞等、明提督軍務兼巡撫福建地方許孚遠ニ、是ヨリ先、日本太閤豊臣秀吉、琉球國ニ、日本ヘノ北山（大島）ノ割譲ヲ求メタルコトヲ報ズ、……七四三

○一五九四年十二月、明錦衣衛指揮使史世用、是ヨリ先、兵部尚書石星ニ日本ニ往キ倭情ヲ偵探スルコトヲ命ジラレ、一五九三年七月四日、日本大隅國肝屬郡内之浦ニ著シ、倭情ヲ偵探シ、尋デ、一五九四年正月、明ニ向ケ内之浦ヲ發シ、同年八月、琉球國ニ漂到ス、琉球國中山王世子尚寧、使者于灞等ヲ遣シテ史世用ヲ明ニ護送ス、是月、史世用、明福建ニ歸還シ、提督軍務兼巡撫福建地方許孚遠ニ、琉球國北山（大島）、日本ト琉球國ノ界ヲ爲シ、日本薩摩國ヲ開船シテ四日ニテ到ルコト、及ビ豊臣秀吉、北山ヘノ屯兵ヲ琉球國ニ要メタルコト等ヲ報ズ、

一五九六年

是歳、藤原肅（惺窩）、日本ヨリ明ニ渡ラントシテ、六月二十八日、京ヲ發シ、薩摩國ニ至リ、尋デ、八月ヨリ後、鬼界島ニ漂到ス、……七六一

一六〇一年

四月十九日、是ヨリ先、一六〇〇年八月十九日ヨリ後、琉球國中山王世子尚寧、明ニ長史蔡奎等ヲ遣シテ襲封ヲ請ス、是日、明官兵、浙江布政使司溫州府ノ東海ニ於テ、琉球國使蔡奎ニ從ヒタル官舍熊普達等ヲ捕フ、捕擄ノ中ニ琉球國鬼界島ノ者三人〇稽加・禿羅幷ニ馬加羅及ビ同大島ノ者一人〇脱古アリ、尋デ、一六〇二年二月十五日ヨリ後、明浙江等處提刑按察使司、熊普達等十五名ヲ琉球國使蔡奎ニ交付シテ帶回セシメ、琉球國ニ熊普達等ヲ審明セシム、一六〇三年十月二十二日、浙江等處提刑按察使司、琉球國ヨリ、熊普達等十五名ヲ査照シテ釋放シタルコトノ報ヲ受ク、……七七

〇一五九七年、是歳ヨリ先、一五九五年、倭ニ擄掠サレ、日本薩摩國ニ到リタル明福建人黃紙、琉球國鬼界島其甲山ニ逃入ル、尋デ、黃紙、明ニ歸ラントシテ、一六〇一年四月八日、福建ヘ向ヒタル琉球國使ノ從人熊普達ノ船ニ乘リ、同月十九日、明官兵ニ捕ヘラル、

一六〇五年

是歳ヨリ先、琉球國中山王、比嘉親雲上米須里之子男ヲ大島瀬戸內東間切大屋子及ビ大島瀬戸內西間切大屋子ニ任ズト傳フ、……八二七

一六〇六年

七月ヨリ後、僧良定袋中上人、明册封使ノ琉球國ニ於ル迎接ニ就キテノ往來ヲ製シ、遣明船ノ造船ニ大島ノ木材ヲ用フルコトヲ記ス、……八二九

○一六〇九年ヨリ先、琉球國、徳之島ノ松ヲ用ヒテ王ノ乗船ヲ造ルト傳フ、

一六〇八年

［史料追補］九月六日、島津家久、琉球渡海之軍衆御法度ヲ定メ、大島等ノ百姓ヘノ狼藉ヲ禁ズ、……八三四

一六〇九年

（二月ヨリ先ノ第三條ノ次）琉球國中山王尚寧、顧助明ヲ、貢税収納ノ爲ニ大島ニ遣ス、……八三七

（二月ヨリ先ノ第五條ノ次）琉球國中山王、瀬武大屋古○名不詳ヲ大島瀬戸内西間切目指ニ任ジ、尋デ、瀬武與人○名不詳ヲ大島瀬戸内西間切目指ニ任ジ、更ニ、白良茂伊ヲ大島瀬戸内西間切預ニ任ズ、……八四〇

○琉球國中山王、瀬武與人○名不詳ヲ大島瀬戸内西間切首里與人○首里大屋子カニ任ズト傳フ、

［史料追補］三月四日、島津家久、島津軍大將樺山久高ニ琉球征討ノ法度ヲ與ヘ、琉球及ビ島々ヨリ人質ヲトルコトヲ命ズ、尋デ、島津軍、薩摩國山川湊ヲ出航ス、……八四三

［史料・合敍按文追補］三月七日、島津軍、大島ニ著シ、尋デ、大島ヲ征ス、……八四七

［條末按文追補］三月十五日、島津軍大將樺山久高、大島到着及ビ大島ヲ征シタルコトヲ島

津義弘ニ報ズ、……八五〇
島津家久、豊臣秀頼ニ、琉球國へ軍ヲ遣シタルコトヲ報ズ、（三月十五日ノ條ノ次、同日第二條）……八五〇
［史料追補］三月十七日、島津軍ノ副將肝付兼篤等ノ兵船、大島瀬戸內西間切西古見ヲ出テ徳之島ニ着シ、十八日、徳之島西目間切灣屋ニテ戰フ、……八五一
［史料追補］島津家久、島津軍ニ岩切彦兵衞ヲ見廻トシテ遣シ、大將樺山久高ニ書狀及ビ酒ヲ送ル、（三月二十日ノ第二條）……八五一

上巻訂正

一五五六年八月十一日、琉球國中山王尚清、大島焼內間切名音掟たらつヲ大島焼內間切名柄掟ニ遷任セシムル條（綱文一覧、綱文、連絡按文及ビ關連條文連絡按文訂正）……八五三

類　聚

類聚一　おもろさうし……八五六
類聚二　地　圖……八六〇

一六〇九年（琉球國中山王尚寧二十一年・明萬曆三十七年・日本慶長十四年・己酉）

三月二十五日、島津軍、琉球國今歸仁間切運天津ニ至ル、尋デ、二十七日、今歸仁城ヲ征ス、同日、琉球國中山王尚寧ノ使者馬良豐幷ニ菊隱等、今歸仁親泊ニ於テ島津軍ノ市來家政幷ニ村尾笑栖ト談合ス、島津軍、馬良豐ヲシテ市來家政ノ下ニ留メシメ、菊隱等ヲシテ那覇ニ還ラシム、二十九日、島津軍、運天津ヲ出デテ、陸路海路ニ分レテ進ミ、浦添城ヲ征シ、首里及ビ那覇ニ向フ、

〔續編島津氏世錄正統系圖〕十八代家久 第三十三 ○東京大学史料編纂所所藏島津家文書36―1―2―1

○稽、琉球國者、揭二薩陽一三百里而、在二于南海中一、○中略、本年二月二十六日ノ條參看、慶長十四年三月四日之曉天、解二纜於薩州山川(揖宿郡)灣一、○中略、本年三月四日ノ條、同三月七日ノ條、同三月二十日ノ第一條及ビ同三月二十一日ノ條、參看、同三(沖永良部島)永良部島草偃而、○本年三月二十一日ノ條參看、後進二軍船一、到二于運天津(琉球國今歸仁間切)一、時、國王(中山王尚寧)之弟具志頭(具志頭王子尚宏)、三司官浦添(向朝師)・名護(馬良豐)・謝那(鄭迵)、○具志頭王子尚宏及ビ鄭迵、今歸仁ニ使者トシテ赴キタルコトナシ、掉二扁舟一來、使二西來院(菊隱)一請レ降、然、其眞僞未レ可レ知焉、○中略、本年三月二十日ノ第二條補遺參看、既而、久高(樺山)・增宗(平田)、

三月盡、發二軍船一、嚴二武備一、到二大椀津一、(讀谷山間切大灣)○下略、本年四月一日ノ第一條參看、原文ノ振假名及ビ返點略ス、返點、編者ニ依リテ附ス、

○コノ記、東京大学史料編纂所所藏島津家本舊記雜錄後編卷六十三ニ、家久公御譜中ト注シテ收ム、鹿児島県史料旧記雜録後編四巻六十三、五四〇号、參看、

〔新編島津氏世錄支流系圖〕

樺山氏一流　第四
○東京大学史料編纂所所藏島津家文書42―2―2―11

樺山氏系圖　第四

「十三代」○朱書、下同ジ、
「△」久高

○中略、本年三月四日ノ條參看、

○慶長十四年己酉春三月日、○中略、本年三月七日ノ條及ビ同三月二十日ノ第一條、參看、故渡二永良部島一、庶民一人之無下背二命令一者上、且亦教レ之、以二耕圃之業一、○本年三月二十一日ノ條參看、而後、渡二運天之津一、速欲レ到二那覇之津一、而爲二逆風一所レ留、于二此時一、國王之弟具志頭、三司官浦添・名護・謝那、西來院等、棹二扁舟一來、請レ和、彼等之眞僞未二窺計知一焉、而任二所レ命之條目一、強不レ辭令二許容一、以二件數輩一爲二指南一、○樺山久高、馬良豊ヲ案內トシ市來家元ノ船ニ乘ラシムルコト、下ニ收ムル喜安日記ニ見ユ、而先到二于大椀之津一、○下略、本年四月一日ノ第一條參看、原文ノ振假名及ビ返點略ス、返點、編者ニ依リテ附ス、

○コノ記、東京大学史料編纂所所藏舊記雜錄後編卷六十三ニ、樺山權左衞門久高譜中ト注シテ收ム、鹿児島県史料旧記雜録後編四巻六十三、五五三号、參看、

〔舊記雜錄〕

後編　卷六十三　○東京大学史料編纂所所藏島津家本

(朱書)
「琉球渡海日々記」

○中略、本年三月四日ノ條、同三月七日ノ條、同三月二十日ノ第一條、同三月二十一日ノ條及ビ同三月二十三日ノ條、參看、

一、廿四日(三月)之巳之刻程に、とくの内(徳之島)亀さハ(亀津)の湊を出船にて、ゑらふの島崎に日之入時分ニ、そと御かゝり被レ成候、椛權左様(樺山久高)を始、先舟之御人衆御持合セ被レ成、其まゝ琉球江御渡海候、夜を籠走り、次日廿五日之酉之刻過時分に、琉球之内こほりと(今帰仁間切古宇利)申所に着岸候、とくの亀津ゟなだ乗六里、とくとゑらふの渡相拾八里、嶋のなだ乗三里、ゑらぶと琉球の渡相三十八里、五枚帆弐艘の追手の船、廿四日之朝参候、琉球不二追付一候、○本年三月二十四日ノ條参看、廿六日者、返報日之故、打まハりなともなく碇御入候、廿七日、太郎左衛門殿(平田増宗)・半右衛門殿(伊集院久元)御両所、ときじん(今帰仁)と申所を御一らんのため、五枚帆にて御出候、ときじんの城(今帰仁城)あけのき候、巳之刻程に、俄に打まハり候て、方々放二火共一候、人之ふによりとり物おほく見得申候、郡の運天舟元ゟ三里程おくに参候、田畠おほく能在郷ニ而候、廿八日ハ逗留申候、廿九日夜半計に、出船被レ成、大わんと申所に着申候、舟道三十里ニ而候、○下略、本年四月一日ノ第一條参看、鹿児島県史料旧記雑録後編四巻六十三、五五七号、参看、鹿児島大学附属図書館所蔵玉里文庫架蔵高山衆市来氏琉球征伐記、異事ナシ、

〔伴姓肝付氏系譜〕○鹿児島県史料旧記雑録拾遺家わけ二 肝付家文書

兼篤(肝付)

○中略

同十四年(慶長)己酉、太守家久君(島津)、遣二軍衆一征二于琉球國一、丁二此之時一、兼篤随二勇兵八十餘人一、○中略、本年三月四日ノ條、同三月七日ノ條及ビ同三月十七日ノ條、参看、二十五日(三月)、進二到于運天一、今歸仁城、未レ戰而沒落矣、今日(ママ)、琉王

使名護來乞レ和、〇下略、本年四月一日ノ條參看、

七　肝付世譜雜錄卷之五　六代兼篤公
〇鹿児島県史料旧記雑録拾遺家わけ二　肝付家文書

〔肝付世譜雜錄〕

〇慶長十四年己酉〇中略、本年三月四日ノ條、同三月七日ノ條、同三月十七日ノ條及ビ同三月二十一日ノ條、參看、

同廿四日(慶長十四年三月)、早朝、カメソウ(徳之島龜津)ヲ出船、暮ニ及テ永良部ノ嶋崎ニ着ス、沖ノ永良部ト号、此間二十五里ト云々、斯須アツテ又出船シ、明廿五日ノ夜ニカケテ、琉球ウンテンノ湊ニ着船ス、海路三十五里ト云々、〇本年三月二十四日ノ條參看、此ニハ、敵、今歸仁ト云所ニ城ヲ構ルノ由聞ヘシカトモ、未タ向ハサル以前ニ逃落ヌ、

同廿六日ノ朝、味方ノ舟トモ二三艘輕々トコシラヘ湊ヲ漕出ノ間、公(兼篤)、何叓カアルラント、小舟ヲ出シテ之ヲ見セシメラルノ処ニ、折フシ異キ舟一艘見□ケレハ、漕寄テ問ニ、琉球ノ使者舟也ト答フ、依テコレヲ引テ來リ、叓ノ由ヲ　公ニ申ス、即チ椛山氏ニ達セラレシカハ、市來備後(家政)守・村尾入道(笑栖)(源左衞門入道松清)ヲシテ執次シム、意趣ハタ、合戰ヲ止メラルヘシ、進退ハ宜ク乞ニ隨フヘシトノ義タリト云々、

使者一人ハ僧(菊隱)、一人ハ名護ノ親方トテ、三司官ノ其一也トカヤ、又ヲサセノソハ(御鎖子側)(毛盛韶)ト云官人、以上三人也ト云々、然ル処ニ、又一艘到來ス、是モ全ク使者舟也、最前ノ使、無二心元一トテ、重テ遣サルト云々、相聞フ、凡琉球ヨリ和平ヲ乞ノ使ヲ遣ス叓、三度、大嶋迄ト志シツカハサレシ使僧(以文)ハ、〇本年三月十日ノ條參看、爰彼ニカクレ居テ終ニ出合ス、二度目メ(ママ)ノ使僧(菊隱)、後ニ來リシ舟也、第三

度ノ使名護ナリ、因レ茲、最前ノ兩使、勘氣ヲ蒙ルト云々、

カクテ、使者ヲノ々瓶酒ヲト、ノヘ、公ノ舟ヘ乗ラレシカハ、御對面アリケリ、頓テ奏者來テ、

市來備州ノ方ヘ行向フ、

○下略、本年四月一日ノ第一條參看、

〔舊記雜錄〕後編 巻六十四 琉球入ノ記 ○東京大学史料編纂所所藏島津家本

○上略、本年三月四日ノ條參看、三月四日、曉天、○中略、同上、解二纜於薩州山川港一、○中略、同上、久高・增宗。「奉二嚴命一」○朱書、下同ジ、爭レ先出レ船、進襲二大嶋一、○中略、本年三月七日ノ條參看、赴二德之嶌一、○中略、本年三月二十日ノ第一條參看、永良部嶋亦望二威風一降、「□一」「△四」同月廿日、○中略、本年三月二十日ノ第二條參看、降二軍令二將一、進レ船至二運天津一、「□二」具志頭王子尚寧弟、三司官浦添按司・名護按司・謝那按司、棹二扁舟一來、使二西來院一「又五」僧 請レ和、然未レ知二其眞僞一、「△三」「又六」三月盡、到二大椀津一、明日、欲レ到二那覇津一、有下張二鐵鎖一津口守之説上、故、巡レ船至二他津一、四月朔日朝、分二軍海陸一、並進放二火民屋一、琉賊挑レ戰、三日、我兵震レ勇、斬二殺數百人一、遂至二都門一、圍二王城首里一、急欲レ陷レ之、於レ是、國王尚寧、請降二二將許一焉、同五日、下城、「○一」五月五日、久高・增宗、卒二尚寧王及按司・三司官一、發二琉球一、同十四日、山川江着船、「王舟、二十三日、至二山川一、六月十七日、至二鹿府一」同廿五日、凱二旋于麑府一、公、即以二樽酒一労二兩将及士卒一賜二感犢一、賞賜有レ差、先レ是、「○二」久高使二飯牟禮紀伊介光家・貴嶋采女賴張一、獻二捷書家久公一、○島津軍大将樺山久高、琉球國中山王尚寧、首里城ヨリ下城シタルコトヲ、島津家久ニ報ズルコト、本年四月五日ノ條參看、公亦使レ人告二（德川秀忠）將軍一、○下略、本年七月七日ノ條參看、

(頭注)「此下本文、誤有ラン歟、最初進レ舟那覇ニ至ル、張ニ鐵鎖一而防ニ吾兵一、故那覇港ヨリ二十四里ハカリ隔テ運天港ト云有、是ニ舟ヲ廻ラシテ着レ之、コノ所守兵ナシ、夫ヨリ陸行、軍ヲス丶メテ首里ニ至ル、」○頭書、進船至運天津以下ノ本文ノ天邊ニアリ、

○コノ記、四月一日ヨリ六月十七日ニ及ブト雖モ、文ノ次第ヲ「□一」ヨリ「又六」、及ビ「○一」ヨリ「○二」ノ順ニ匡ス注記有ルニ據リテ、併セテ掲グ、本年三月四日ノ條、同四月五日ノ條、同五月十五日ノ條、同五月二十一日ノ條、同五月二十四日ノ條及ビ同六月二十六日ノ條、參看、

鹿児島県史料旧記雑録後編四巻六十四、六五九号、參看、

〔おもろ御さうし〕第十四　○沖縄県所蔵尚家本

(表紙、朱書外題)「第十四

おもろ御さうし」

(扉、内題)「いろ〳〵のゑさおもろ御さうし」○上部ニ、「首里之印」ノ方形朱印一顆ヲ踏ス、扉裏幷ニ各丁表裏ニ、「攝政三司官印」ノ方形朱印ヲ割印トシテ踏ス、内題、第一ノ巻首所収おもろ御さうし目録ノ題ト異事ナシ、

○中略

一せりかく(勢理客)(今帰仁間切)ののろの　あけしのののろの　あ(雨)まくれ(俄雨)おろ(降)ちへ　よろ(鎧)いぬら(濡)ちへ

又うむてん(運天)つけて(着)　こミなと(小港)(運天)つけて

又かつおうたけ(嘉津宇嶽)(名護間切)　さかる(下)あまくれおろちへ　よろいぬらちへ

又やまと(大和)のいくさ(軍)　やしろ(山城)のいくさ○琉球大学附属図書館所蔵伊波普猷文庫架蔵おもろさうし仲吉本、やしろニ日本國の事なりノ朱書言葉間書アリ、本歌、第十四ノ四十六番、通番一〇二七、

句切、仲吉本ノ朱句點ヲ参看シ、空格ヲ以テス、

〔喜安日記〕 ○琉球大学附属図書館所藏伊波普猷文庫本

○上略、一六〇六年四月二日ノ條、本年三月四日ノ條及ビ同三月十日ノ條、参看、同〔三月〕十六日に今歸仁に兵舩□〔着〕と聞へしかハ、國中の騒動不レ斜、家財道具を東西南北へ運出す有様、前代未聞《モン》の事共なり、何者の申出したるやらん、寺方ハ不レ可レ苦とて、那覇・泊・若狭町・久米村・和泉崎より資財雑具を馬におふせ、車に積運あへる事、道もさりあへす、上下さはきあへる事おびたゝし、去程に、又、僉議有て、西來院ハ、數年薩州に住居ありて、殊更御兩三殿〔島津義弘・義久・家久〕御存知之事なれハ、行向て、無爲《ム》和睦を申調られよと詔命を蒙り、今歸仁へたち給ふ、西來院菊隠長老・名護良豊《ヨシトミ》・江洲榮眞《ヨシサ子》を先とし。相《テ》伴ふ人々、喜安・津見《ツゲン》・池親雲上、□〔か〕れこれ都合三十余人、同廿六日の辰の一点に、首里を立て、同日の午の時、倉波〔恩納間切久良波〕に付かかりける處に、今歸仁より河内《カフチ》・東風平〔河内・東風平也〕來て申け□〔る〕ハ、道ハ敵ミち《満》〳〵て、中々陸地透り給はん事、思ひもよらすと申、此人をハ、首里童戲て勝山伏と申候、今の爲レ躰《テイタラク》ハ負山伏とそ見たり、倉波より海士の小舟にのり、其日ハ恩納に着ぬ、廿七日の拂曉に、舟を出す、折節、追手の風に吹せ行《ク》く、漸《ク》く今歸仁に乘懸《カケ》て、澳にて僉議ありけるハ、此儀に親泊と云あり、是に舟を留て、使者を以意趣を述との義定ありける處に、喜安、末《□ッ座》。に候《ヒ》へけるか進出て申けるハ、使者にて被レ述む事、不レ可レ然、只大將軍の船へ押寄せられてもや能候《ク》らん《ラン》と申けれハ、尤とて、皆是《レ》に同し給ふ、親泊の沖にて、敵

船一艘漕來て、彼も是も程なく近付よる船の西に、鉄鉋五六丁指當、既にうたんしけるを、扇を擧《アゲ》て麾《サシマネキ》き、龍鬚を撫、虎の尾を踏む。心地して、敵船に乗移《ウツ》り、ひかれて今歸仁に付ぬ、折節、大将軍ハ、今歸仁城へ動ありて、有□□〔合〕れす、暮に及て、被レ歸る、龍雲長老・市來□〔織〕部・村尾笑栖に對面有て、和睦□〔の〕旨談合す、大将軍宣ふハ、其様をも那覇にて可二申談一之間、西來院・江洲ハ那覇へ出合給へ、名護ハ留り給て織部（市來家政）船にて參らるへしとありぬ、去程に、與那原親雲上ハ、去冬、土久《トク》（徳之島）嶋へ御立願の御使に渡海せられけるか、土久にて被二生捕一出來る、其日、今歸仁にて行合の浦嶋か子の七世の孫にあへりしにも過《スキ》、胎内の物の靈山の父と見しにも越〔超〕たり、同廿五〔九〕日の早天に、運天の湊を諸軍勢の船と同く出て、酉の時、大湾（讀谷山間切大灣）渡口に漕着、兵船ハ皆纜《トモツナ》をとる、西來院、同時出船して、其夜の亥の刻斗に眞比港（牧港）に着ぬ、舟をハ乗捨、西來院・江洲・榮眞・喜安・津見、皆袴のすそを高くはさミ、歩跣《カチハダシ》にて、眞比港を出、我先〳〵にと歩行《アユミユク》、折節、雨降ｰ車軸〔軸〕の如し、吹風砂を揚とかや、落涙降る雨ｰわきて何れも見えさりけり、江曾《ソ》山なと云〔云〕峻《ケハ》しき險難を凌き、眇《ヒヤウ》々たる廣野へそ出にける、いつなら□〔は〕しの事なれハ、足より出る血ハ砂を染、白袴ハすそ紅にそなりにける〔ル〕、各後《ウシロ》ろを顧れハ、砂邊あたりの在家を燒拂ふ、是を初て、あそこの村、爰の嶋にも火懸りたれハ、晝にハちつとも《チツトモ》不レ劣してあかゝりける、落行人の有様ハ、峯の嵐にさそハる《サソハル》、冬の木の葉に異ならす、漸、浦添の番所に着て、暫《シバラ》く息をつき、人やあるかと問けれ共、答るものもなし、去共阿波國ト云者、一人斗そ候ける、深更に及て、首里へ着《ツ》く、御城へ参して、此由かくと《カクト》申けれハ、傳奏の人々色を失ひ、君も叡慮を驚かしおわします、若き公卿・殿上人ハ、何条事の有《ル》へきか《カ》、早く寄《ヨセ》よかし、一戰せんとそ申ける、去程に、夜も漸く明行侭《ユクマヽ》、那覇へ下りぬ、○下略、本年四月一日ノ第一條參看、朱傍假名幷ニ朱・墨句點略ス、句點、編者ニ依リテ附ス、

〔向姓家譜〕邊土名親雲上 紀錄 ○那覇市史資料篇第1巻7家譜資料㈢首里系 氏集一番81

向姓家譜

紀錄

六世朝智 玉城親方

○中略、本年三月二十日ノ第一條參看、

尚寧王世代（一五八九年～一六二〇年）

○中略

同三十年壬寅、（萬暦）（一六〇二年）任二大里間切與那原地頭職一

萬暦三十七年己酉、○中略、本年三月二十日ノ第一條參看、承二宣 旨一、航到二于德島一（德之島）、無二幾程一、兵艫來着、以二多勢一襲來、圍二攻小島一之時、雖レ廻レ籌、小勢之故、無二一戰之力一、萬死一生、此時也、然軍中一人入道淨休者、（內田）予因二旧識一、告二于其名軍將一、故免二死命一、軍將樺山權左衛門殿從二乘船一、來二着運

天、

〇下略、本年五月十五日ノ條參看、

〔馬姓家譜〕小祿親方　馬氏世系總圖

〇那覇市史資料篇第1巻7家譜資料(三)首里系　氏集十三番1667

二世　・馬世榮(良員)名護親方

三世
- 女子　阿眞首武志良禮
- ・馬良弼(良豐)名護親方
- 馬良輔(良眞)伊計親方
- 女子　眞鍋樽
- 馬成龍(良辰)北溪親方

〔馬姓家譜〕小祿親方　馬氏家譜

〇那覇市史資料篇第1巻7家譜資料(三)首里系　氏集十三番1667

三世馬良弼名護親方、兄良眞、先レ父卒故、續二家跡一也、

童名太良金、　名乘良豐、　號汝舟、

嘉靖三十年(一五五一年)辛亥、生、

父、浦添親方良憲二世名護親方良員、

母、名護大按司志良禮、

室、眞牛金、毛氏池城親方安棟長女、(生日不レ傳、萬暦元年(一五七三年)癸酉六月十三日、卒、號梅南、)

○中略

尚寧王世代

兄良眞、先レ父卒、故續二家跡一者也、

萬暦二十年(一五九二年)壬辰、續レ父、任二三司官一、及任二名護間切總地頭職一、

同三十四年(一六〇六年)丙午、勅二封　尚寧王一時、欽差正使夏子陽・副使王士禎(楨)、見レ贈二世承天寵四字匾額一面一、

同三十七年己酉三月、因三適止二紋舟一以レ失二聘禮一、薩州　大(太)守家久公、遣二大將軍樺山權左衛門殿・副將平田太郎左衛門殿等一、大發二兵船一、以問二失禮之罪一、蓋琉球國、嘗與二日本一素修二隣交之誼一、遣二發紋舟一、以通二往來一、一則、以レ小事レ大之義、一則、足レ國裕レ民之故也、但因二法司鄭迵謝名親方奸拗一、適失二此禮一、　尚寧王無レ得レ爲レ辭、遂令二良豐・仝菊隱和尚等一、急到二國頭地方運天之沖前一、迎二兵船一、服レ罪投誠、菊隱和尚等急忙回二報　王城一、良豐獨在二兵船一、爲レ質、導二兵船一、轉到二那覇一、遂免二干戈之禍一、此時、　王出レ城、暫居二于良豐家一、(○中略、本年五月十五日ノ條參看、)

同四十五年(一六一七年)丁巳十一月十五日、卒、壽六十七、

〔系譜抄〕二 ○沖縄県立図書館所蔵東恩納寛惇文庫架藏明治四十一年採集史料

13（氏集十三番）毛姓　冨川親方

五世盛韶讀谷山親方　鳳朝　嘉靖三十五年丙辰十月七十七日、生、

万厂（暦）三十二年甲辰、（一六〇四年）轉授二具志川間切江州〔洲〕地頭職一、

同三十七年己酉三月十六日、薩刕之師至二今歸仁一、因レ此、盛韶、時署二御鎖之側事一、同菊隱和尚等共三十余人、奉レ使、往二運天一、与二薩刕大將一講和、大將曰、「入二那覇一講和」、故盛韶等回二首里一復命、（詳見二琉球記一）未レ幾、大兵至二那覇一、○下略、本年五月十五日ノ條參看、氏集十三番毛氏家譜冨川里主、『沖縄県文化財調査報告書』第90集歴史資料調査報告書Ⅵ沖縄の家譜ニ原本ノ所在スルコトヲ記スレドモ、便宜、系譜抄ニ據リテ掲グ、原文ノ句點略ス、句點、編者ニ依リテ附ス、

〔氏集首里那覇〕十三番　1515　○那覇市歴史博物館刊本

元祖毛國鼎中城按司護佐丸盛春長子豐見城親方盛親支流二子聖瑞阿波根親方盛秀　毛氏　冨川里主

〔球陽〕附卷一　目録　○東京大学史料編纂所所藏謄寫本

尚寧王

○中略

鄭○鄭秉哲

二十三年、○中略、朱頭書ニ、同卅九（萬暦）辛亥、行末朱書ニ、同十六（慶長）トアリ、

鄭

菊隱國師創二建西來院一、

〔球陽〕附卷一　尚寧王　○東京大学史料編纂所所藏謄寫本

(尚寧王)二十三年、○中略、朱頭書ニ、萬暦卅九辛亥、行末朱書ニ、慶長十六トアリ、

菊隱國師創二建西來院一、

菊隱國師、自二幼稚時一有二出塵之志一、追二從圓覺寺住僧洞觀一、參禪學レ道、至二于後日一、久遊二日本國一、亦從二古溪竟傳一、衣鉢而回來、卽住二持圓覺寺一、已有二多年一矣、遂卜二地于山川邑一、結二構子(千)手院一、以爲二隱居一焉、萬暦己酉、薩州軍兵、抵二運天津一、菊隱、奉レ命、赴二彼軍一、請乞二和睦一、兵船至二那覇津一、亦乞二和睦一、○下略、本年四月一日ノ第一條參看、

〔歷代寶案〕第一集 卷十八 國王咨 起成化十七年至天啓七年 ○沖縄県立図書館史料編集室編歴代宝案校訂本第一冊

(琉球國中山王咨)

琉球國中山王□〔尚〕寧、爲下急二報倭乱一致中緩二貢期一事上、○中略、本年五月十一日ノ條參看、三月□〔內〕、先據三葉壁山(伊平屋島)・奇佳(鬼界島)〔等〕山□〔烽〕處連二放□〔烽〕號一、傳二報虛慘一、但未レ□〔接〕三郵舖投二呈實事一、擧レ國□〔疑〕似惶□〔惶〕、議欲二興レ□〔兵〕向レ救、恐二其藩城失レ守、□〔則〕欲レ□〔傍〕二□〔觀〕劫殺一、不レ□〔忍〕二生民塗□〔炭〕一、三月二拾日、卑職(中山王尚寧)、差二遣法司馬良弼(良豐)一、率二領精兵千餘一、向レ□□〔陸致〕レ彼、阻救去後、續據二馬良弼回稱一、「觀(馬良豐回稱)二其賊□〔勢〕一、雄張、寇艦糾結、布擺散處、紅白旗幟、間閃飛搖、遠望、莫レ辨二其幾千餘一矣、聆聽、銃聲綿連不レ絶、大麓焚レ山、勢如二燎毛一、眞令二人髮上指一耳、三月二十六□〔日〕、馬良弼、密近哨窺、舡多寇少、中心思忖、□〔拾〕分之捌、諒、其醜虜是虛張、賊勢僥倖捲劫也」、良弼、令二兵進殺一、詎、倭狡計、伏二寇深山一、詐レ敗弭レ侵、四顧瞭〔驟〕圍、弼(良弼)兵傷損去レ半、良弼、被二兵擒獲綑拷一獻降、良弼、仰レ天呼號、「我(馬良

〔豐呼號〕琉球、上有二

〔明皇帝〕天朝

萬歲爺父一、下有二琉球國〔王〕□一、良弼、領レ兵向レ敵、既不レ能二戰勝一、〔又〕□不レ能レ衞レ身、死何足レ惜」、二賊〔首〕□、○樺山久高・平田增宗、〔嘉〕□二嘉其壹匹〔馬良豐〕□〔儒〕夫敢向二萬軍雄陣一、「雖二〔是〕□無一レ〔知入〕□□レ火就レ擒、而竟明二忠君愛國一、不レ殺全レ忠」〔馬良豐言〕等情、○中略、同上、

右　咨二

福建等處承宣布政使司一

萬曆三十七年〔五〕□月○全文、本年五月十一日ノ條ニ收ム、歷代寶案第一集卷十八、萬曆三十八年正月三十日琉球國中山王府攝王妃王弟暫看掌國事法司咨、本咨文ニ據リテ倭亂ノ次第ヲ再揭スレドモ、今、略ス、本年五月十五日ノ條參看、

〔球陽〕卷四　目錄　○東京大学史料編纂所所藏謄寫本

尚寧王

○中略

鄭○鄭秉哲

二十一年〔一六〇九年〕○中略

鄭

日本、以二大兵一入レ國、執レ王至二薩州一、

〔球陽〕卷四　尚寧王　○東京大学史料編纂所所藏謄寫本

二十一年、〇中略、朱頭書ニ、明萬曆卅七己酉トアリ、日本、以㆓大兵㆒入㆑國、執㆑王至㆓薩州㆒、本國、素與㆓薩州㆒爲㆓隣交㆒、紋船往來、至㆑今、百有餘年、奈信㆓權臣謝名之言㆒、遂失㆓聘問之禮㆒、由㆑是、太守家久公、特遣㆓椛山氏・平田氏等㆒、來伐㆓本國㆒、小大難㆑敵、寡不㆑勝㆑衆、王、從㆓彼師軍㆒、到㆓于薩州㆒、〇本年五月十五日ノ條參看、

〔球陽〕附卷一 目錄 〇東京大学史料編纂所所藏謄寫本

尚寧王

〇中略

鄭〇鄭秉哲

二十一年、毛鳳朝、扈㆓從王㆒、至㆓薩州㆒、屢慰㆓聖慮㆒、〇朱頭書ニ、(萬曆)同卅七己酉、行末朱書ニ、同(慶長)十四トアリ、

〔球陽〕附卷一 尚寧王 〇東京大学史料編纂所所藏謄寫本

(尚寧王)二十一年、毛鳳朝、扈㆓從王㆒、至㆓薩州㆒、屢慰㆓聖慮㆒、〇朱頭書ニ、同卅七己酉、行末朱書ニ、同十四トアリ、

薩州大將椛山氏等、率㆓領勇士三千餘人㆒、坐㆓駕兵船七十餘隻㆒、至㆓運天津㆒、時毛鳳朝讀〔衍〕讀谷山親方盛韶、署㆓理御鎖側官㆒、即同菊隱長老等、往至㆓運天㆒、要以㆓講和㆒、大將曰、「船到㆓那覇㆒、相與商量」、鳳朝等回到㆓首里㆒、復㆑命、〇下略、本年四月一日ノ第一條參看、

〔系譜抄〕二 〇沖縄県立図書館所藏東恩納寛惇文庫架藏明治四十一年採集史料

13（氏集十三番）馬姓添石親雲上

四世奕基伊計親方（良德）万厂（暦）十年壬午（一五八二年）、生、

万厂三十七年己酉三月十六日、従二薩刕一、太守家久公、遣二軍卒一攻二我国都一、兵船已到二于今帰仁郡府一、我軍卒、不レ能レ敵而降矣、由レ是、爲レ請二和睦一、奉レ勅、命二正使西來院菊隠長老・馬氏名護親方良豊一、良德爲二副使一、同二十六日、發二于首里一、同二十七日、到二于今帰仁一、見二于將軍市來織部・村尾笑栖兩位一、納二平事竣一、同二十九日、囘二于首里一、反レ命矣、○下略、本年五月十五日ノ條参看、

〔氏集首里那覇〕十三番　1672　○那覇市歴史博物館刊本

元祖諱良詮浦添親方良憲三世北溪親方良辰支流二子諱奕基伊計親方良德　馬氏　添石○本書、今、佚シタルカ、

〔向氏家譜〕具志川按司　向氏大宗世系圖　○那覇市史資料篇第1巻7家譜資料㈢首里系　氏集一番4

一世　二世　三世　四世　五世

- 一世：大宗諱韶威（今帰仁王子朝典）
  - 二世：女世寄君
  - 二世：諱介昭（向朝殊）按司
    - 三世：和文
    - 三世：和儀
    - 三世：諱和賢（向朝敦）
      - 四世：諱克順（向朝效）
        - 五世：諱克祉（向朝容）
      - 四世：克祉
    - 三世：女松比樽
    - 三世：和禮
  - 二世：介明

〔向氏家譜〕 具志川按司紀録
○那覇市史資料篇第1巻7家譜資料㈢首里系　氏集一番4

四世諱克順

今歸仁按司、童名眞滿刈、名乘朝效、號宗心、行一、萬曆八年(一五八〇年)庚辰、生、同二十四年(一五九六年)丙申二月八日、卒、享年十七、

父、和賢、

母、眞牛金、

采地

萬曆十九年(一五九一年)辛卯、續二父和賢一、任二今歸仁總地頭(按司)職一、

五世諱克祉

今歸仁按司、童名眞市金、名乘朝容、號宗淸、兄克順、因レ無二嗣子一、繼二家跡一、行二、萬曆十年壬午、生、同三十七年己酉三月二十八日、卒、享年二十八、

父、和賢、

母、眞牛金、

室、向氏眞鍋樽、

長男、繩祖、　次男、繩武、

女、眞呉勢、萬暦三十一年（一六〇三年）癸卯、生、康熙七年（一六六八年）戊申正月九日、卒、號桂林、

采地

萬暦二十四年（一五九六年）丙申、爲二兄克順跡目一、任二今歸仁間切總地頭職一、

婚家

長男、縄祖、娶二向氏本部按司朝安女宇志掛按司一、童名眞比樽、

次男、縄武、娶二中宗根親雲上女阿應理屋惠按司一、童名思乙金、

女、眞呉勢、適二孟氏伊野波親雲上宗常一、

○今歸仁按司向朝效、本年三月二十八日卒スルコト、島津軍トノ闘ヒニ依レルカ、

〔琉球國由來記〕巻十 諸寺舊記 ○琉球史料叢書第一巻

天德山龍福寺記

原以、守禮之北、過二金剛嶺一、歩半里程、有二一練若一、號二天德山龍福寺一也、傳聞、昔英祖王踐祚時、咸淳年間（一二六五年～一二七五年）、從二異域一、有二梵侶航レ海來一、俗不レ稱二其名一、唯言二補陀落僧一也、王、始見レ之重レ之、營二精舍於浦添城西（北）一、號二極樂寺一、舊址尚存、延以居二於焉一、是我朝、梵侶・佛宇之始也、

其居、岩石峨峨、峻坂嶮路、甚苦二往來一也、既歴レ年久、而殆逮二荒廢一乎、今寺前谷上有二一藪一、再

移營二於焉一也、蓋又、稱二舊號一也乎、厥后、遇離二火災一故、住僧之階級、寺宇之記錄、皆燒却了、既世遠年深、來由詳無レ考也、遺址、今猶存、惟此地亦少隈、而乏レ構二於厦屋一矣、更邑城南、越二數百步一、宜レ爲二梵林靈地一、四山環繞、而竹木繁茂、於レ茲、成化年間、（一四六五年～一四八八年）尚圓王、○尚圓王ノ在位、一四七〇年ヨリ一四七六年ニ至ル、續二先王業一、蹈二列祖風一、開レ基挾レ草畢、改二舊號一、爲二於今名一焉、乃請二芥隱國師一、爲二開山一、其後、罹二萬曆年間之兵火一、悉爲二煨燼一也、嗚呼、興廢有レ時、天運寧不レ復乎、

尚寧王、又修、而頗復二舊制一也、

是縱雖レ在二窮郊僻邑一、益須レ加二敬崇一也、如何者也、則、先王最初之廟寺、佛種濫觴之流續者也矣、

佛殿

文殊菩薩騎獅仔木像

傳聞、此獅仔像、尊自行二于寺邊田一、而犯二人苗稼一、且印以二異獸跡一也、怪到レ寺見レ之、淤膓泥脚、嚴然如レ生蹲也、依レ此從レ公、納二於寺六七畝田一、充二于獅仔供一、其後、終止而不レ行、到レ今、爲二寺領一也矣、俗言二獅仔田一、

當二康熙廿七戊辰一（一六八八年）、加二小補一、見レ像、脚足雖レ破、身體全、無二罅漏一、而其膓中、有二稻皮猶存一、奉行向氏儀間親雲上朝武、大工渡嘉敷親雲上、見レ之、增驚異、彌生二肅敬心一修焉、住僧勝林、亦親見

レ之言レ之也、其固然矣、畫像逼レ眞、則必有二靈妙一也、昔張僧繇所レ畫、安樂寺之龍者、點レ睛則破レ壁乘レ雲去、且顧光實所レ畫、戸外之獅仔者、虔心祈禱、則口腹血淋漓、愈二於陸漑之瘧一也、此類甚多、不レ可レ疑也、正見二此像一、則眼如二雷光一、而勢如レ活、是不レ知二何人作一、而爲二明作一可レ知焉、

方丈中央大硯屏

先王舜天尊位

舜馬順熙尊位

先王義本王尊位

英祖王尊位

大成王尊位

英慈王尊位

玉城王尊位

西威王尊位

察度王尊位

武寧王尊位

思紹王尊位

尚巴志王尊位

歴代王叔妙宗諸尊位・歴代先妃諸香位・先遠宗親諸香位等、按再移二極樂寺一者、蓋尚巴志王、造レ焉乎、熟三見硯屏於所レ安、　先王始二舜天一終至二　尚巴志一也、因レ茲思レ茲、職二於其再造之本一、而到レ此畢也乎、厥餘後神主者、不レ列二于茲一、皆安三置崇元宗廟一已耳乎、且聞、萬暦年（萬暦三十七年）中一亂時、倭兵以二此硯屏一、合二文殊獅仔像一、撑而出二于門外一、竟悉燒二却堂宇一也、嗚呼、兵亦有レ心哉、自知二敬王崇佛一、至二於如レ斯乎、然則、此硯屏者、不レ知二何時作一、而從二萬暦以前一有レ之、可レ知矣、

〔琉球國舊記〕 巻之七 寺社 ○琉球史料叢書第三巻

天徳山龍福寺

在二守禮之西（北）浦添郡一、已離二王域一一里、

咸淳年間（一二六五年～一二七五年）、有二異域梵侶船〔航〕レ海來一、俗人皆稱二補陀落僧一、英祖王、甚尊二重之一、即卜二地于浦添城西一、創二建極樂寺一、舊跡今存、延以居焉、至二　尚巴志王一、因二其岩石峨峻、道路嶮嶇、往還尤苦一、竟以移三營于前谷一、以爲二宗廟一、遺跡亦存、後遭二火燒一、盡屬二煨燼一、

成化年間、　尚圓王、再移三建此寺于城南一、改名二龍福寺一、乃請二芥隱和尚一、爲二住持一焉、

萬暦年間、倭兵、將二其神主竝神像等一、擔三出門外一、而悉燒二寺院一、　尚寧王、重修二此寺一、仍如二舊

制㆒矣、

傳聞、昔此獅像、曾行㆓寺邊田地㆒、而吃㆓人稻穀㆒、農夫往見㆑之、卽有㆓獅跡㆒、甚大怪、往㆑寺視焉、果有㆘淤腹泥脚、嚴然如㆓活獅㆒蹲居㆖也、衆農夫以爲㆓題奏㆒、王以㆓六七畝田㆒、賜㆓于寺院㆒、以供㆓奉獅子㆒、然後、終不㆓行而吃㆑苗、至㆑今、其地領㆓寺中㆒、俗曰㆓獅田㆒、

〔球陽〕巻之一目録 ○東京大学史料編纂所所藏謄寫本

英祖王

鄭○鄭秉哲 二年、始正㆓經界㆒、○中略、一二六六年是歲ノ條參看、（一二六一年）

鄭 始築㆓墳墓㆒、

附 鄭 一僧禪鑑至㆑國、創㆓建極樂寺㆒、

〔球陽〕巻之一 英祖王 ○東京大学史料編纂所所藏謄寫本

英祖王

○中略、一二六六年是歲ノ條參看、

二年、始正㆓經界㆒、○朱頭書ニ、宋景定二辛酉トアリ、

○中略

始築㆓墳墓㆒、

始築二墓于浦添一、名二其山一、曰二極樂山一、

附 咸淳年間、一僧、名禪鑑、不レ知二何處人一、駕レ舟、飄至二那覇一、王命二輔臣一、搆二精舍于浦添城之西一、名二極樂寺一、令二禪鑑禪師居一焉、是我國佛僧之始也、（歷年久遠、寺既荒壊、今無レ存焉、）

〔球陽〕卷三 目錄 ○東京大学史料編纂所所藏謄寫本

尚圓王

○中略 鄭

六年、○中略、鄭

附 創二建天王・崇元・龍福等三寺一、

〔球陽〕卷三 尚圓王 ○東京大学史料編纂所所藏謄寫本

尚圓王

○中略

六年、（一四七五年）○中略、朱頭書ニ、明成化十一乙未トアリ、

附 成化年間、創二建寺一、名二天王一、而爲二王廟之備一、○中略 王、又卜二地於泊村東南之間一、創二建中山國王廟一、而廟側建レ寺、名二崇元一、○中略 又建二寺於浦添村一、名二龍福一、而爲二歷朝王廟一、（先レ是、元咸熙（ママ）年間、英祖王、始建二寺于浦添城西一、名二極樂一、疑、是英祖王之家廟也歟、歷年既久、至二于荒壊一、乃移二建浦添城南一、又爲二火災一所レ滅由、是、尚圓王移二建浦添村一、改名二龍福一、並遵二舊制一、以爲二歷朝王廟一、）以上三寺、

皆成化年間（一四六五年～一四八八年）尚圓王所レ建也、惟年紀不レ詳、故合レ紀焉、

〔舊記雜録〕後編 巻六十四 琉球入ノ記
○東京大学史料編纂所所藏島津家本

（琉球征伐記）夫中山王と奉レ申者、○中略、本年七月七日ノ條參看、于レ時、慶長十四年己酉二月、○中略、本年三月七日ノ條參看、左候而、沖永良部嶋江御寄被レ成候処、○中略、本年三月二十一日ノ條參看、夫ゟ那覇をさして御寄被レ成、御大將樺山殿御船者、湊之沖江御扣被レ遊、七嶋之頭立之者共、大將として七艘之船ニ七嶋中之人數計被二召乘一、眞先掛而乘入候而、那覇之湊口廣貳拾五間、內流五拾間、高石垣ニ所々矢挾間を明ヶ、大石火矢を構置、湊之底ニ鐵之網を張、稠敷用心仕置、大將蚫那親方三千騎引烈、右之網を持登、石火を矢討掛候処、船悉被二打破一候、去れ共、壹人茂無二怪我一如二沖泳一、大將椛山殿御船、其外餘船乘申候処、大將御船を可二乘入一様も無レ之、其時、（樺山美濃守久高）美濃殿諸船頭ニ被二仰付一候者、此分ニ而者、蚫覇（那）も不二討取一、鹿兒嶋江可レ登様も無レ之、於レ爰、腹を切より外者なし、乍レ去、別ニ可二乘入一所者無レ之哉と御尋被レ遊候処、右諸船頭共より、爰ニ而御腹被レ遊所ニ而者無二御座一候、是より運天と申湊、大和之方ニ寄有レ之、此湊ゟ那覇まて道法、陸地ニ而貳拾四里計有レ之、別而可レ寄所有レ之由申上候、○有之ノ右傍以下ニ、惟新公御文拔書ヲ收ム、左あらハ、其湊ゟ可二押寄一と、運天差而船を漕せ給ひしに、○琉球征伐記ニ記セル、島津軍、沖永良部島ヲ發シタル後、先ズ那覇湊ニ至リ、尋デ運天湊ニ入ルトノ次第、島津軍ノ進路ニ違ヘタレドモ、便宜、揭グ、夜半計、○以下ノ辯財天ノ記ニ、下ニ收ムル鹿兒島祇園之洲辯財天ニツキテノ頭書アリ、十七八之天女壹人、樺山殿御船ニ顔を出し、「吾ハ此嶋之弁財天也、此節之軍ハ必御利運ニ而候そ、疑せ給ふな」と被レ仰候而、樺山

殿、則御前之簀板に小刀ニ而彫付被レ成候、其簀板、鹿児島江御持登被レ成候、運天之湊船乗入、樺山殿、「船者一々可二焼捨一」と被レ成二下知一候、船頭之者共ゟ、「數十艘之船者、皆引揚可レ申候、其侭召置候而者、水主之者共船盗取乗逃可レ仕候、水主之者共、先キ押立はめ草ニ仕候ハヽ、よもや乗逃成間敷と存候」而〔与〕申上候へハ、「其儀可レ然」と被レ仰候而、船皆々引置、御手之士六人、七嶋勢貳百四拾人召列、那覇之ことく御越被レ成、三月之事成れハ、老若男女、麥畠之草取ニ集居候、此人々の風情見驚、振ひわななき、麥畠之中ニ隠居候を、美濃殿ゟ七嶋諸船頭之内彦作ニ、あのもの共引出シ、一々切捨可レ申と被二仰付一候、皆引出シ切捨申候、私刀者前方被レ下備前物ニ而候、拾二三人程切捨候得共、少シも痛不レ申候与申上候、〇下略、本年四月一日ノ第一條參看、

（頭書）「此下弁天、祇園之洲祇園の社より少シ先、磯ノ方江少キ社堂有レ之、安永（一七七二年～一七八一年）の始歟と覺候、松岡伊右衛門、依レ願、築地の社江遷宮有レ之、」

〇琉球征伐記、諸本アレドモ異事ナシ、鹿児島県史料旧記雑録後編四巻六十四、六五九号、參看、

〔南聘紀考〕巻之下 〇東京大学史料編纂所所蔵島津家本さI—12—33—64

慶長十四年

三月〇中略、本年三月二十一日ノ條參看、二十四日、（伊集院）久元等發二龜澤（津）港一、〇本年三月二十四日ノ條參看、初其出師（帥）也、松齡（島津義弘）公、既聞下琉球於二那覇口一完聚以備中防禦上、乃竊召二久高一、示二之籌一曰、「此役、莫レ如下必入二佗（他）港一敗上也、不意後、

縦令拒㆑戰、南賊惆惶、其必敗走」、久高等、謹承㆑敎矣、至㆑是、久高等、將㆑向㆓那覇㆒、先遣㆓七島舟六七艘㆒、斥㆓候之㆒、港口果張㆓鐵、鏁㆒、港口不㆑得㆓捽進㆒、又鎖便発㆓砲銃㆒、忽破㆓我舟㆒、漕回報、實久高快然曰、「師(帥)㆓數艦㆒來、無㆑計着岸、徒引㆓闘兵㆒歸㆓棹山川㆒、何顔謁㆑公(義弘)、不㆑如㆓自刄謝罪㆒、雖㆑然、琉國長亘㆓南溟㆒數十百里、豈無㆓他津㆒、宜㆑向㆓湊所㆒㆑在乎」、楫師咸進曰、「北有㆑港、在謂㆓之運天㆒、距㆓那覇港㆒、可㆓廿四里㆒、盍㆑向㆓此港㆒」、久高從㆑之、其夜深更、一説、為㆘渡㆓天見(奄美)洲㆒時事㆖云、天女恍然、夢久高曰、「吾鎭㆓琉球㆒久矣、此擧必勝、請㆑君勿㆑疑焉」、須更(臾)而寤、以爲、是必辯天所㆑告、何瑞喩㆑之、乃秡(拔)㆓小刀㆒、鑱刻㆓其所㆑夢姿貌於簀板㆒、則今、祠㆓築地辯天㆒、而到㆓于今㆒、今尚航㆓琉國㆒者、必禱㆓辯天首㆒、于㆑斯云、久高回㆑府祠㆑之、池中島、即東坊宅、此云、後、祠㆓於祇園社東磯徑勇㆒、至㆓安永中㆒、有㆓繁榮㆒、今松岡某請㆓宮徙㆒、今社地云、又一説、久高等之發㆑艦也、公命㆓諏訪祝司宇宿某㆒、崇㆓龍雲所㆑献辯財天等㆒、祔祭㆓日本諸神㆒告㆑禱、凡限㆓七月七夜㆒、遂得㆓勝利㆒、故其始在㆓諏訪側㆒而、築㆓中島㆒祀㆑之、々々則龍雲僕助左ヱ門語、是事云、未㆑知㆓孰是㆒、按㆓国史畧㆒、国祀㆓辯才天靈異㆒、特著㆓王及世子㆒、陪臣莫㆑不㆓稽首致敬㆒、国有㆑不㆑良、神輙告㆑王擒㆑之、鄰寇來侵、神能易㆑水爲㆑鹽、化㆑米爲㆑砂、尋卽解去、故国人事㆑神、甚謹明、有㆓使臣某㆒、至㆑国詰㆑王、国無㆓城郭兵甲㆒、何以禦㆓外侮㆒、王備㆓言女神之靈㆒使㆑臣曰、「脱㆓神偶㆒不㆑靈何奈」、其後、倭忽大、至㆓王被㆑執久之始㆒、釋㆑王曰、「神之靈、遂爲㆓天使一言㆒、敗㆑之乎、嗣㆑是不㆑復、以㆓辯才天㆒爲㆑言」云、亦可㆓併觀㆒也、由㆑是、二十五日、久高・久元等、進㆓入運天㆒、乃尚寧王弟具志頭及三司官浦添按司・名護按司・謝那親方等、使㆓西來院禪僧㆒、棹㆓扁舟㆒來、伏請㆓和降㆒、然其譎詐、未㆑可㆓遽信㆒、久高不㆑聽、愈整㆓衆兵㆒、分㆓攻水陸㆒、今二十七日、増宗・

久元等、引レ舟、向二今歸仁城一、城兵望レ風委去、我兵縱レ火燒二夷屋舍一、二十八日、市來孫兵衞家之〔元〕等五人、告二禱于高山四十九所一、得二能回レ国、齋居奏樂、惟神祐之、二十九日、久元等、帥二水兵一、至二大椀津一、○三月二十四日ノ記ニ収ムル、樺山久高、鹿児島ニ戻リテ辯財天ヲ祀ルコト、便宜、揭グ、マタ、三月二十八日ノ記、本年三月四日ノ條ニ揭グル琉球渡海日々記ノ末ニ收ムル〔二〕三月二十八日立願文ニテ、三月二十八日條ニ收ムルハ、南聘紀考編者ノ誤リナラン、

〔雍姓家譜〕山城筑登之親雲上 ○那覇市歴史博物館所藏複寫本 氏集三番319 寫本

雍姓世系圖正統

一世
- 興長 東風平親雲上

二世
- 次男興芳〔房〕 豊見城儀保親方 ○三世略ス、
- 長男興方 目取眞親雲上
- 三男興良 佐敷親雲上
- 女子思塩 ○一五八九年是歳ヨリ後ノ第一條參看、

二世
- 三男興良 佐敷親雲上 慶佐次之系祖

三世
- 長男興道 泊村大伊波之系祖也、

┌次男興盛
雖レ爲二次男一、依二父之遺命一續二家產一、

○四世ヨリ六世略ス、本書ノ世系圖、那覇市史資料篇第1巻7家譜資料㈢首里系所收雍姓家譜ニ收メザルニ依リテ、寫本複寫本ニ據リテ掲グ、

山城筑登之親雲上　紀錄
○那覇市史資料篇第1巻7家譜資料㈢首里系　氏集三番319

〔雍姓家譜〕

（紀錄）雍性〔姓〕家譜

○中略、一世雍興長及ビ二世雍興房ノ傳、一五八九年、是歳ヨリ後ノ第一條、琉球國中山王尚寧、雍興房ヲ大島在番ニ任ズト傳フル條參看、

二世興良佐敷親雲上

童名眞三良、唐名雍建鼎、行三、嘉靖二十九年（一五五〇年）庚戌之年、生、

父、東風平親雲上興長、

母、東風平間切宜壽次村金城親雲上娘於戸、

室、國場親雲上娘眞滿、

長男、興道、佐敷筑登之、別有二家譜一

次男、興盛、

○中略

尚寧王代（一五八九年～一六一八年）

萬曆年間、爲二引之筑登之一、

○中略

（一六一八年）
同四十六年戊午十月二日、不祿、壽六十九、號道淸、○紀錄、那覇市歴史博物館所藏複寫本、同ジ、

〔氏集首里那覇〕十二番　1398　○那覇市歴史博物館刊

元祖雍可懋東風平親雲上興長二世佐敷親雲上興良支流長子雍肇豐佐敷筑登之興道　雍氏　伊波親雲上○本書、今、佚シタルカ、

○雍興道、四月一日、首里城陥落ストノ報ニ、北谷間切池城ニ自盡スルコト、雍姓家譜伊波親雲上ニ記サレタルナラン、今、同書不詳ナルニ依リテ、同書ニ據リタル史料ヲ左ニ掲グ、

〔（沖縄）県史編纂史料〕○縣史々料　那覇ノ部　壱　○沖縄県立図書館所藏真境名安興文庫

忠臣　伊波興道、佐敷筑登之、

童名思德、唐名雍肇豐、號春巖、行一、

（一五六六年）
嘉靖四十五年丙寅、生、萬曆三十七年己酉四月初一日、不祿、年四十四、

尚寧王世代

萬曆二十八年庚子、為二花當一、

萬曆三十二年甲辰、為二金御藏大屋子一、敍二筑登之座敷一、　以上、雍氏系圖ニヨル、

興道小傳

興道、人と爲り、躰軀魁偉、意氣豪邁、誠忠無比、深く尚寧王の寵を受く、一日、王、興道に向はれ、卿の意氣に似合はす、頃日常に憂ふるあるか如し、如何そやと問はせ給ふ、興道子なきを憂ふる由を言上するや、姙める愛妾を賜はる、月滿ちて、姫君を產け給ひ、御名を眞鶴と

申し奉る、幼にしてみまかる、御骨、今尚ほ雍氏の墓所にありと傳ふ、慶長十四年、島津氏、琉球征伐の時、撰はれて、敵を北谷池城城に擁す、偶、首里城、薩軍の爲に陥れられしときゝ、自刄して果つ、享年四十四、雍氏、今尚ほ北谷池城城に詣することを怠らず、

〔沖縄一千年史〕第三編 尚円王統前紀 第五章 尚寧王紀
◯真境名安興全集第一巻

(氏集十二番雍氏伊波親雲上家譜)

雍氏家譜に、慶長役の一犠牲者として、薩軍を北谷の池城々に禦ぎし一将に、雍肇豊、佐敷《サシキ》(筑登之)興道といふ者あり。彼は永禄九年(皇紀二二二六＝一五六六)の生れにて幼名を思徳といひ、当時金御蔵大屋子《カネヲクラオホヤコ》の職を奉じゐたりしが、人と為り容貌魁偉、殊に忠義の志深かりし為め、夙に尚寧王の寵遇を得たり。彼は嘗て花当の職に在りしが、当時この役は専ら薩州の役人を接待する為めに置かれしものなれば、彼は薩摩の事情にも通じたりしならん。一日王興道に向ひ、卿の意気に似合はず、頃日憂悶の体に見ゆるは如何と問はれしに、彼は憮然として襟を正し、実は某未だ子なき故に、常に憂悶の情に堪へずと言上しければ、王も大に憫然に思召され、其愛妾の妊める者を賜はりしと云ふ。而して月満ちて姫君を産み給ひ、名を真鶴と申し奉りしが、幼少のとき身まかり、遺骨は今尚ほ雍氏の墓所に在りと云ふ。此時薩州勢は破竹の勢を以て首里城を指して、水陸より攻め来り、陸地は大湾港より上陸し、浦添城を火攻にし、平良橋の軍を破りて城下に迫りしが、四月一日首里城の陥落せしを聞き、彼は悲憤慷慨のあまり四十四歳を一期として池城々にて自刄〔刃〕したりと

いふ。爾来雍氏の子孫は泊邑に繁昌し、代々骨格逞しく武術に秀でし者輩出し、爬龍船の競争にも「雍氏爬龍」という俚言を生むに至れりと。○コノ記、雍氏家譜伊波親雲上ノ興道ノ紀錄ニ據リタルモノト判ゼラルニ依リテ掲グ、池城、北谷間切桑濱ニ在リテ、北谷城ノ支城ナラン、本書、大正十二年初版ナレドモ、便宜、昭和九年三版ヲ底本トシタル『真境名安興全集』第一巻ニ據リテ掲グ、沖縄県立図書館所藏真境名安興文庫架藏沖縄一千年史（原稿・2分册）1、異事ナシ、

○三月二十二日、島津軍、琉球國ノ兵艫番手向朝智ヲ捕フコト、朝智、樺山久高ノ船ニ乗リテ運天ニ着スルコト、本年三月二十日ノ第一條ニ見ユ、

○三月、是月ニ至リテ、琉球王府、鬼界島等ヨリ島津軍來攻ノ烽號ヲ得タルコト、三月二十日、琉球國中山王尚寧、島津軍ヲ阻マシメムタメニ馬良豊ヲ今歸仁ニ差遣ス、尋デ、二十六日、馬良豊、島津軍ニ捕ハルルコト、及ビ三月二十九日マタハ四月一日、島津軍、浦添ノ龍福寺ヲ襲ヒ、琉球國歷代ノ王ノ硯屏幷ニ文殊菩薩像ヲ門外ニ出シテ堂宇ヲ燒キ拂フコト、便宜合敍ス、

四月一日、島津軍、首里及ビ那覇ヲ征ス、四日、琉球王府ト島津軍トノ和議ナリテ、琉球國中山王尚寧、首里城ヨリ下城ス、十六日、中山王尚寧、泊ノ崇元寺ニ行幸シ、島津軍大將樺山久高等ト對面ス、尋デ、尚寧、日本薩摩國鹿兒島ヘノ渡御ノ請ヲ受ク、

〔續編島津氏世錄正統系圖〕十八代家久　第三十三　○東京大学史料編纂所所藏島津家文書36—1—2—1

○稽、琉球國者、堨薩陽三百里而、在于南海中、○中略、本年二月二十六日ノ條參看、慶長十四年三月四日之曉天、解纜於薩州山川灣(指宿郡)、○中略、本年三月四日ノ條、同三月七日ノ條、同三月二十日ノ第一條及ビ同三月二十一日ノ條、參看、同三(沖永良部島)永良部島草偃而、○本年三月二十一日ノ條參看、後進軍船、到于運天津(琉球國今歸仁間切)、時、(中山王尚寧)國王之弟具志頭(具志頭王子尚宏)、三司官浦添(向朝師)・名護(馬良豐)・謝那(鄭迵)、○具志頭王子尚宏及ビ鄭迵、今歸仁ニ使者トシテ赴キタルコトナシ、掉扁舟來、使西來院(菊隱)請降、然、其眞僞未可知焉、○中略、本年三月二十日ノ第二條補遺參看、既而、久高(樺山)・增宗(平田)、三月盡、發軍船、嚴武備、到大椀津(讀谷山間切大灣)、明日、欲到那覇津、有張鐵鎖于津口守之之聞、以故、四月一日、分軍自海陸發向、放火民屋、攻入都門、國人雖防戰、吾軍擊走之、遂圍王城首里、天孫氏、始築中山、故曰首里、欲急攻破之、於是、國王尚寧、乞和、久高・增宗應之、因同五日、尙寧下城、於是、久高、使飯牟禮紀伊介光家・貴島釆女賴張、捧捷書於州主(島津家久)、○本年四月五日ノ條參看、乃家久馳使介上言、○下略、本年五月十五日ノ條及ビ七月七日ノ條、參看、原本ノ振假名及ビ返點、略ス、返點、編者ニ依リテ附ス、コノ記、東京大学史料編纂所所藏島津家本舊記雜錄後編卷六十三ニ、家久公御譜中ト注シテ收ム、鹿児島県史料旧記雑録後編四巻六十三、五四〇号、參看、

〔新編島津氏世錄支流系圖〕樺山氏一流　第四　○東京大学史料編纂所所藏島津家文書42—2—2—11

樺山氏系圖　第四

「十三代」○朱書、下同ジ、

「△」久高

○中略

○慶長十四年己酉春三月日、解二纜於山川一、渡二難海一、赴二琉球國一、○中略、本年三月二十五日ノ條參看、而後、渡二運天之津一、速欲レ到二于那覇之津一、而爲二逆風一所レ留、于二此時一、國王之弟具志頭、三司官浦添・名護・謝那、西來院等、棹二扁舟一來、請レ和、彼等之眞僞未二窺計知一焉、而任二所レ命之條目一、强不レ辭令二許容一、○島津軍ト琉球王府使者トノ今歸仁ニ於ル和議ニ係ルコト、本年三月二十五日ノ條參看、以二件數輩一爲二指南一、而先到二于大椀之津一、明日、悉欲レ到二于那覇之津一、爰、有下設二鐵鎖於津口一之聞上、有二鐵鎖一、則豈得二一船之入津隈一乎、且亦、無二他江之可レ繫二軍船一、是以、四月朔日、令二物主等之乘船五六艘一、以二件之指南一、到二于那覇津一、其餘悉上二陸地一、手二干戈一共以進向、有二防禦之向敵一、則競レ前得二屠殺一、且道路之放二火家屋一、漸入二都門一、圍二首里城一、于レ時、國王・三司官、實請レ和而降、故不二血刄一而、唱二凱歌一畢、

○既解二纜於山川一以往、日本之舟船、未二一隻之有レ到者、回首伏仰、以見二海洋一、則開二布帆於順風一、忽有二來著一、問レ之、則曰二（島津家久）（岩切彦兵衛尉）太守之使節一、少焉、使者到而、所レ賜之畏二教帖一、如二朝服一、珍戴百拜、而後正レ席、開レ緘所二以拜讀一也、其書記二左方一、○コノ記、東京大学史料編纂所所藏舊記雜録後編卷六十三ニ、樺山權左衛門久高譜中ト注シテ收ム、鹿児島県史料旧記雑録後編四巻六十三、五五三号、参看、○正文在樺山源三郎久清ト注シテ收ムル（慶長十四年）三月二十日島津家久書状、略ス、書状ノ正文、傳家龜鏡十五・十代久高文書ニ據リテ、本年三月二十日ノ第二條ニ收ム、

〔舊記雜録〕後編 卷六十三 ○東京大学史料編纂所所藏島津家本

(朱書)「琉球渡海日々記」

○中略、本年三月二十三日ノ條參看、

一、廿四日(三月)、○中略、本年三月二十五日ノ條參看、廿九日夜半計りに、出船被レ成候、大わんと申所に着申候、舟道三十里ニ而候、四月朔日卯の時に、諸軍衆は陸路を御座候、諸舟ハ乍二勿論一海上にて、両手を御さし候而、こあんま(浦添間切小灣濱)にて御座候而、那覇・首里の様子きこしめし合セ可レ有との御儀定にて候之處ニ、足輕衆、首里江差掛り、鐵炮取合仕、殊に方々放火共仕候之間、從レ其不レ計、軍衆、首里近く御差掛被レ成候処ニ、琉球王(尚寧)位様御舍弟を始、名護・うら添・謝内(謝那)、彼三司官、質ニ差出被レ成、無事を偏ニと候之故、卽彼質を御取にて無事ニ罷成、首里より那覇江申之刻計ニ諸勢御着候、陸地船手双方を以テ御掛被レ成候之故、琉球人も一たんと驚レ目、方々山々江にけ入候有様、筆舌難レ尽候、なはの地下人共ハ皆々家を明のき候、諸勢ハなは内ニ思ひ〱の御宿を御取ニ而候、高山衆事、半右(伊集院久元)様御宿近く宿仕候、二階二ツある宿ニ居、海上を詠め居ル在所ニ而逗留申候、二日ニハ、何方江茂うち手抔《ナド》もなく、しかとハ、なは内ヲ見物之躰ニ候、三日、王位様御下城之ため、荷物御下シ候、彼城見物として、鹿兒島衆少々御出候處ニ、王位、手もなく下城被レ成候事、迷惑之由ニて、地下衆主從廿人餘にて、城より繩をさげ山江のかれ候を、此方の人衆右ニ申候、鹿兒島衆少々にて追掛り被レ成とりあひ共候、敵ハ二人にて候、此方之衆ニ四人手追共候、琉球人は山ニにげ入申候、彼取合イニ依而、つゝきニ而御打出被レ成候得共、少事成事ニ而候、惣別御留候、四日ニ者、王位御下城被レ成候、王位計御輿にて、きさきなと(阿應理屋恵按司加那志)ハかちにて御下候、おんなこ衆なとのありさまあさましき躰、沙汰の限ニ候、王位様御宿名護(馬良豊邸)之所ニ而候、五日ニ者、首里の城御うけ取被レ成候故、御大將(久高)を始、しほり(首里)江御出候、城之内ニ者、御大將分之御人衆計、人をも不レ被二召烈一御入候、彼日晝程ゟ、城内之荷物御改にて、日記ニ付、薩摩御物ニ罷成候、四組ニ而御改候、於二日本ニ一終ニ見不レ被レ申唐物以下、弥敷物おほき事無レ限候、半右様御分限ニ而候得共、じやうり取(草履取)一人も不レ被二召烈一、我計御入候、晩ニ御歸り之時ハ、城戸之番所ニ而、惣別城内ニ參候人々、おびをとき、きものを振、少も御ひき(引)かう(甲斐)なき御改、互ニきびしき事無二申事一候、金銀絹しや、其外弥敷物之中ニみだれ入、取曖見申候、日數、五日六日七日八日九日以上ニ十二三日程の御改ニ而候、其内ハ荷物改之御人衆ハ首里江逗留候、其外之御人衆ハ、皆々、なはニ御逗留候、荷物御改組頭之御人衆、本田伊賀守(親政)殿・市來備後守(家政)殿・本田弥六(親正)殿・穎娃主水正(親智)殿・東鄉休半(休伴)老・大寺主計助(助安)殿・兒玉□《四郎》(利昌)兵衛尉殿・妹尾傳兵衛殿・日置玄蕃允殿・河上(川上)掃部助(直久)殿・市來八左衛門(家繁)殿・伊半右衛門(伊集院)殿・日高與市左衛門殿・市來孫兵衛(家元)殿・祁答院織部佑(重能)殿、右之御人衆、辰之刻ゟ酉之刻迄、御詰ニ而、御改被レ成、相濟候而ゟ那覇江御下候、彼津江御逗留之内ニ荷物船ニ入候、都《宮古》舟も參候、彼荷物御國元江參候、何れ共御仕舞被レ成、順風御待候處ニ、十四日之晩ニ、順風もよく候間、彼晩に乗浮ひ候、〇下略、本年五月十五日ノ條參看、原本ノ振假名略ス、鹿児島県史料旧記雑録後編四巻六十三、五五七号、參看、

庫架藏高山衆市來氏琉球征伐記、異事ナシ、

〔舊記雜錄〕〇東京大学史料編纂所所藏島津家本 後編 巻六十四 琉球入ノ記

三月四日曉天、〇中略、本年三月四日ノ條參看、解二纜於薩州山川港一時、〇中略、同上、久高・增宗ｏ「奉二嚴命一」〇朱書、下同ジ、争レ先出レ船、進襲二大嶋一、〇中略、本年三月七日ノ條參看、赴二德之嶋一、〇中略、本年三月二十日ノ第一條參看、永良部嶋亦望二威風一降、「□一」〇中略、本年三月二十日ノ第二條及ビ同三月二十五日ノ條、參看、「又六」三月盡、到二大椀津一、明日欲レ到二那覇津一、有下張二鐵鎖津口一守之說上、故巡レ船至二他津一、四月朔日朝、分レ軍海陸竝進、放二火民屋一、琉賊挑レ戰、三日、我兵震レ勇斬二殺數百人一、進至二都門一、圍二王城首里一、急欲レ陷レ之、於レ是、國王尚寧請レ降、二將許焉、〇下略、本年三月七日ノ條及ビ同七月七日ノ條、參看、鹿児島県史料旧記雑録後編四巻六十四、六五九号、參看、

〔伴姓肝付氏系譜〕〇鹿児島県史料旧記雑録拾遺家わけ二 肝付家文書

(肝付)兼篤

〇中略

(慶長)同十四年己酉、太守家久君、遣二軍衆一、征二于琉球國一、于二此之時一、兼篤隨二勇兵八十餘人一、〇中略、本年三月七日ノ條及ビ同三月十七日ノ條、參看、(三月)二十五日、進到二于運天一、〇中略、本年三月二十五日ノ條參看、(三月)廿九日、到二于大灣一、四月朔日、諸軍、下レ船向レ陸進、路次放火、悉入二久米・那覇境一、四日、和議成、國王降城、五日、諸軍入二首里一、〇下略、本年五月十五日ノ條參看、

七　肝付世譜雑録巻之五　六代兼篤公
○鹿児島県史料旧記雑録拾遺家わけ二　肝付家文書

〔肝付世譜雑録〕

○慶長十四年己酉、○中略、本年三月二十五日ノ條参看、
（三月）同廿四日、○中略、本年三月二十五日ノ條参看、明廿五日ノ夜ニカケテ、琉球ウンテンノ湊ニ着船ス、○中略、同上、
仝廿九日、大灣ニ到ル、ウンテンヨリ二十五里、昨夜半ウンテンヲ出船ト云々、四月朔日、諸軍勢、舟ヨリ下テ陸路ヨリ首里ニ向テ相働、其間五里ノ道スカラ火ヲ放テ焼詰ケル際、煙十方ニ充満テ東西ヲモ見ヘ分カス、然レハ和平ノ儀相違カト、敵覺束ナキ躰ニテ、若武者共少々出合防戰ニ及ノ間、忽チ敵二人討取レヌ、内一人ハ當家ノ士伊達斛兵衞尉分捕致スノ処ニ、和平ニ成ツルヲ狼藉然ルヘカラスト下知アルノ間、頸ハ密カニ叢ニ捨テケルト云々、
前日、運天ニ到リ和ヲ乞ノ間、其旨ヲ違ヘシトテ、具志頭王子、國王ノ弟也、大ワンノ澳マテ出向フト云ヘトモ、既ニ陸地ヨリ各發向ノ間、空シク立歸ラルトカヤ、ソノ後、和平イヨ〳〵事成シカハ、諸軍勢共ニ久米村・那覇ノ際ニ打入ケリ、　具志頭王子及浦添親方王ノ叔父・謝納親方、質トナツテ出、
仝四日、國王、城ヲ出テ麓ヘ降ル、
五日、諸軍勢、麓ヘ差寄、大將ヲ始、各從者一人充ニテ城中ニ入、諸軍卒、麓ニ相備フ、斯テ番衆ヲ城中ニ入護ラシメ、各陣所ニ返リ到、

五月六日、名護親方ヨリ使者ヲ以、線香數品ヲ送ラル、是ハウンテンニ於テ御對面アルニ依テ也、翌日(七日)、公(肝付兼篤)モ亦使ヲ差シテ鶯舌(茶)十袋ヲ贈リ玉フ、琉球國殘ナク平定ノ旨注進アリシカハ、御國ヨリ御使者來着シテ、諸軍士ヘ酒ヲ拜領ス、依テ椛山氏ノ陣所ニ到リ各參會アルノ処ニ、公、御病惱ニ付テ、赴キ玉フコトアタハス、故ニ一樽ヲ贈リ遣ハサル、御頂戴アツテ、從軍下々ニ至ルマテ殘ラス之ヲ拜飲セシムト云々、〇下略、本年五月十五日ノ條參看、

〔御文書〕家久公五 十七通 卷十七 〇東京大学史料編纂所所藏島津家文書12―5―8

(樺山久高書狀)(折紙)
已上

三月廿日之 御書謹拜見、外聞實儀忝奉レ存候、抑此國之儀、無二殘所一相濟申、王位茂上國之由候而、順風被二相待一躰候、〇中略、全文、本年五月五日ノ條ニ收ム、次者、爰元人數江御酒被二拜領一候、壹段忝之通申上候、右之旨、可レ然之樣、可レ預二御披露一候、恐々謹言、

五月五日(慶長十四年) 椛山權左衞門尉
久高(花押)

伊勢兵部少輔(貞昌)殿

〇本文書ノ寫、續編島津氏世錄正統系圖十八代家久第三十三ニ、正文在文庫、慶長十四年ト注シテ、東京大学史料編纂所所藏舊記雜錄後編卷六十三ニ、在官庫、慶長十四年、此正文御文庫拾七番箱十七卷中ニ有之季通(伊地知)糺合ス、家久公御譜中在リト注シテ收ム、鹿児島県史料旧記雜錄後編四卷六十三、五七一号、參看、

〔中山世譜〕附卷 序 〇沖縄県所藏康熙四十年序本

中山世譜序

自二古琉球一、與二日本一、素脩二隣交之誼一、而遣三發紋舟一、以通二其往來一、一則、以レ小事レ大之義而、一則、足レ國裕レ民之故也、至二萬暦年間一、適止二紋舟一、以失二聘問之禮一、于レ是、薩州太守家久公、謀深二韜畧一、功侔二桓文一、大發二軍師一、以正二失レ禮之罪一、時、王尚寧、無レ得レ爲レ辭、遂服二其罪一、今事、事二于薩州一、已經二九十年一、而其間所レ通、亦不レ可二勝記一、今吾國王尚貞、德邁二古今一、道冠二百王一、萬機之暇、念及二其事業一、將致二于湮沒一、隨レ命、國相・法司、令二司譜臣弘德(東風平王子尚朝春)等編レ譜一、呈レ上、是以、博考二舊案一、集二其最要之事一、別爲二一卷一、附二于譜末一云、

康熙四十年(一七〇一年)歲次辛巳九月二十七日

紫金大夫臣蔡鐸謹譔

〔中山世譜〕附卷　卷之一
○沖縄県所藏康熙四十年序本

尚寧王

○中略

本國、爲二薩州附庸一者、至二此百有餘年一矣、專信二權臣邪名(鄭迵)言一、遂失二禮交之情一、而不レ脩二聘問一、

於レ是、（萬曆）三十七年己酉、　薩州太守家久公、遣レ師來伐、小大難レ敵、開城而降、王、從二彼軍師一、
到二于　薩州一、達二投誠之情一、

〔中山世譜〕卷七 ○沖縄県所藏雍正三年序重修本

尚寧王
○中略
紀
明萬曆（一五八九年）十七年己丑、即位、
○中略
（萬曆）三十七年己酉春、日本、以二大兵一入レ國、執レ王至二薩州一、

〔中山世譜附卷〕卷之一 ○琉球史料叢書第五卷

尚寧王
○中略
（萬曆）三十七年己酉、薩州太守家久公、遣レ師征伐、
原是、本國、與二薩州一爲二隣交一、紋船往來者、至レ今、百有餘年、奈信二權臣邪名之言一、遂失二聘問之禮一、由レ是、樺山權左衞門・平田太郎左衞門等、奉レ　命來伐、小大難レ敵、投誠而降、王從二彼

師一、到二薩州一、

至二辛亥年一、(一六一一年) 王已回レ國、 ○琉球國中山王尚寧、薩摩國ヨリ琉球國へ回ルコト、一六一一年九月十日ノ條參看、

〔おもろ御さうし〕 第三 ○沖縄県所蔵尚家本

(表紙、朱書外題)
「 第三

おもろ御さうし」

(扉、内題)
「きこゑ大きみかなしおもろ御さうし」 ○上部ニ「首里之印」ノ方形朱印一顆ヲ踏シ、扉裏以下各丁表裏ニ「攝政三司官印」ノ方形朱印ヲ割印トシテ踏ス、内題、第一ノ巻首所收おもろ御さうし目録ノ題ト、異事ナシ、

天啓三年(一六二三年)癸亥三月七日

○中略

(節名)しより大きミ(首里大君)かふし(節)

一きこゑ大きミ(聞得大君)きや とよむ(鳴響) せたかこ(精高子)か あんしおそい(按司襲)(國王) よしれ(世知)

又しまうち(島討)ゑか(吉日) とり(取)よわちへ ゆそい(世添)ゑか とりよわちへ

又せくさ(勢軍)せち(靈力) おろち(降)へ(給) ○琉球大学附属図書館所蔵伊波普猷文庫架藏おもろさうし仲吉本、せくさニ、勢軍ノ朱書言葉問書アリ、

又ひやくさ(百歳)せち おろちへ ○仲吉本、ひやくさニ、勢軍ノ朱書言葉問書アリ、

又けらへ(造)大ころ(男)た(達) かい(掻)なて(撫)ま(眞)ころた あんしおそい

又あよ(肝)かうち(内)や○仲吉本、あよかニ、肝也ノ朱書言葉間書アリ、　まちよく(眞強)あれ　きも(肝)ちよく(强)　またに(眞誠に)あれ
又きミ〳〵(君々)しよ　まふれ(守)　ぬしぬし(主主)しよ　まふれ
又やまとしま(大和島)　いつこ(嚴子)(兵士)　まへほし(前坊主)のくはら(若者)
又あよかうちは○仲吉本、あよかうちニ、肝か内なりノ朱書言葉間書アリ、　まよわち(迷)へ　きもかうちは　まよわちへ
又こむて(組手)○仲吉本、こむてニ、兩手詰〔詰〕る事ノ朱書言葉間書アリ、　よい(寄)たう(倒)ちへ　あたす(足)　よいたうちへ
又おきなます(沖膾)　しめて(締)　へたなます(邊端)　しめて
又やまとしま　きやめむ(究)　やしるくに(山城國)　きやめむ
又いと(絲)わた(渡)ちへ　かけ(掛)われ　なわ(縄)たちへ　かけわれ
〔又脱カ〕首里もり(杜)　かなて(適)　またまもり(眞玉杜)　かなて
又いつこ　いのられて(祈)　くはら　ほこられて(誇)
又きこゑ大きミきや　てる(照)かは(日)に　しられ(知)ゝ○本歌、第三ノ六番、通番九三、句切、仲吉本ノ朱句點ヲ參看シ、空格ヲ以テス、下ニ掲グルおもろ、同ジ、
○中略
かくらふし(神座)
一きこゑ大きミきや　ゝ(や)まと(大和)　たより(頼)なち(成)へ　いつこ　なけか(嘆)すな
又とよむせたかこか　やしる(山城)　しちや(下)になちへ(臣下)

又あ《吾》かかいなてあちおそい　せくさ〇仲吉本、せくさニ、勢軍也ノ朱書言葉間書アリ、　たて《立》わやり

又あかまふる《守》た《貴》ゝミき《子》よ　せひやく《精百》〇仲吉本、せひやくニ、勢軍也ノ朱書言葉間書アリ、　たてわやり

又あ《天》まミやから　おきなわ《沖縄》　たけ《嶽》てゝ《とて》は〇てゝ、仲吉本、てゝニてト傍書ス、　お《思》もはな

又しねりやから　ミしま《御島》　もり《杜》てゝは　おもはな

又よりあけもり《寄り上げ杜》　おやり《居》　あよなめさ《竝》　けに《現》あて《當》

又こかねもり《金杜》　おやり　こと《事》なめさ　はね《撥》て

又はから　ひきたて《引立》ゝ　あ□《わ》てゝよ《慌》　しちやる《爲》

又まさけな《眞境名》よ《兵》　おし《押》あけ《上》て　つか《使》てゝよ　しちやる

又あか《赤》らせち　おる《降》ちへ　まへほしやよ　まよ《迷》わちへ

又ひちゑる《火照る》せち　おるちへ　おかす《御前》さやよ《衆生》　ゆこちへ《欺ひて》

又かす《風根》のね《根》も　とりなお《取直》ちへ　くめ《久米》のしま　おしあわ《押合》ちへ

又すさ《荒》のねも　なおちへ　かね《金》のしま　ひき《引》あわちへ

又くめのきミはゑ《久米の君南風》に　おこと《御言》　やり《遣》よわやり

又かねのしまのろ〳〵　せるまゝ《地爐媽》《火の神》は　いの《祈》て

又てるかはか　おしあわし　てるしの《太陽》か　もちなし《持成》〇本歌、第三ノ九番、通番九六、

又ち天とよむ大ぬし《地天鳴響む大主》　にるやせち　しらたる《知》せちややり《遣》○仲吉本、しらたるニ、申たるといふ事也ノ朱書言葉間書アリ、　やまとしま

ひちめ《治》

又たしまとよむわかぬし《大島鳴響む若主》　かなやせち　しらたる

又しよりもり《首里杜》ちよわる《來》　ゑそにやすへあちおそい《英祖にや末按司襲》

又またまもり《眞玉杜》ちよわる　てた《太陽》かすへあちおそい

又せこさ《勢軍》　たて《立》らかす《數》　うちやり《撃遣》やり　とよめ

又せひやこ《勢百》　たてらかす　しまより《島踊》　まさ《勝》よわれ

又けらへ大ころた○仲吉本、ころニ、人名也ノ朱書言葉間書アリ、

又きりさへ《塵鋳》もける〔つ脱〕な○仲吉本、けノ上ニ、朱書ノツアリ、　かうさひも《粉鋳》　つける《付》な

又はゝら《兵》　おしたて《押立》　はやめよくちに《早濡口》《那覇港口》　とめれ《停》

又まさけなよ　ぬきやけて《貫上》　あうや《危》かた《方》も　さけ《塞》

又けやるよゝすとミ《氣有世寄富》　おしうけ《押浮》かす《數》　ミまふら《見守》

又せやるおきめつら《精有沖珍》　くりうけかす《刳浮》　ミまふら

又やまとまへほしやの《大和前坊主》　あよなめのいつこ

又やしるまへほしやの《山城前坊主》　ことなめのおかつきや《御前衆生》

又せくさてゝ　たては(立)　ひせ(干瀬)とあわ(合)ちへ　ついのけ(突退)
又ゑそこ(吉底)(船)てゝ　たては　にるやそこ(底)　ついのけ
又きもかうちに　おもわ(思)は　きもたり(垂)よ　しめ(令)れ
又あよかうちに　おもわ□(は)　たいち(大地)に　おとち(落)へ　すて(捨)れ
又天か下　くにかす(國數)　大ぬし(大主)す　よしら(世知)め○本歌、第三ノ一〇番、通番九七ニシテ、那覇港防禦ノおもろナリ、第三ノ四番、五番、七番、八番及ビ十一番、一六〇九年ノ島津軍トノ戦ヒニ關ル明證無キニヨリ、略ス、中略、

あおりやへふし

一　きこゑ大きミきや　大ひら(太平橋)の　いくさ(戦)　けふ(京)ミあ(見揚)かやり　もゝ(百人)そきり(斬)ふせ(伏)て
又　とよむせたかこか
又　きこゑあんしおそいや
又　とよむあんしおそいや○本歌、第三ノ一六番、通番一〇三、太平橋ノ戦ノコト、下ニ収ムル喜安日記ノ卯月一日ノ記ニ見ユ、

〔おもろ御さうし〕第十三 ○沖縄県所蔵尚家本
(表紙、朱書外題)
「　第十三
おもろ御さうし」
(扉、内題)
「船ゑとのおもろ御さうし

天啓三年癸亥三月七日」○第一行上部ニ「首里之印」ノ方形朱印一顆ヲ踏シ、扉裏以下各丁表裏ニ「攝政三司官印」ノ方形朱印ヲ割印トシテ踏ス、内題、第一ノ巻首所收おもろ御さうし目錄ノ題ト、異事ナシ、

○中略

しよりゑとのふし

一しよりもりくすく　くもかせ《(雲風)》す　よりそへ《(寄添)》　のち《(後)》かすゑ《(末)》　せくさ○琉球大学附属図書館所藏伊波普猷文庫架藏おもろさうし仲吉本、せくさニ、勢軍也ノ朱書言葉間書アリ、　よ《(寄)》せるまし

又またまもりくすく○本歌、第十三ノ二番、通番七五八、

〔おもろ御さうし〕第十四いろ〳〵のゑさおもろ御さうし○沖縄県所藏尚家本

一きミよし《(君良)》　きミよしきミの　けらへよる《(居)》　きよらや《(清家)》

又きミおそい《(君襲)》　きミおそいきみの○君良君、君襲君、首里神女ノ君かなしナリ、

又やくちやや《(家庫下)(家庫裡)》　やくちやや

又よ《(ま)》にいし《(眞北風)》　ふきよら《(吹寄)》は

又まへふしのいつこの

又さ《(算)》にしら《(知)》んいつこの

又こ《(比)》なけなけ《(無)》な○仲吉本、こなけニ、こなへ也ノ言葉間書アリ、　よ《(寄)》てきより《(來居)》

又ぬき《（貫）》なけな　よてきより

又きミよしきや　まわしす《（眞鷲）》

又かミ《（神）》にしやか　まわしす《（鷲か舞合い富）》　よたま《（世玉）（國寶）》　こころよせ《（心寄）》　ぬき《（貫）》よわれ〇本歌、第十四ノ七〇番、通番一〇五一、

〔おもろ御さうし〕第二十〇沖縄県所藏尚家本

「（表紙、朱書外題）第二十

おもろ御さうし」

「（扉、内題）こめす《（摩文仁間切米須）》おもろの御さうし

天啓三年癸亥三月七日　」〇第一行上部ニ「首里之印」ノ方形朱印一顆ヲ踏シ、扉裏幷ニ各丁表裏ニ「攝政三司官印」ノ方形朱印ヲ割印トシテ踏ス、第一ノ巻首所收おもろ御さうし目錄、題ノ第一行ヲ、くめすおもろ御そうしニ作ル、

〇中略

きせ《（喜瀬）》のし《（子）》かふし

一かね《（兼城）（島尻兼城間切）》くすくのろの　まふり《（守）》よわる　おとまさり《（弟勝）》　やくめさ《（畏れ多い）》　やまといくさ《（大和軍）》　よせらや《（寄）》

又くに《（國圍）》かねののろ《（兼城のろ）》の〇本歌、第二十ノ三四番、通番一三六四、

〇中略

あおりやへふし

一大きて(太郎子思)かおもろ　しまよりや　まさり(勝)　かくしかね(隱)(金)○那覇港鐵鎖ミちやる(見)

又たろこ(太郎子思)もいかおもろ

又ましけつに(眞)(聖所)　ちよわちへ○本歌、第二十ノ四○番、通番一三七○、

〔喜安日記〕○琉球大学附属図書館所藏伊波普猷文庫本

○上略、本年三月二十五日ノ條參看、卯月一日(一六〇九年四月)、未の刻斗、敵、那覇の津に入る、大將ハ湾より陸地の被レ越ヲ、浦添の城幷龍福寺燒拂□〔ふ〕、○島津軍、浦添城及ビ龍福寺ヲ襲撃スルコト、本年三月二十五日ノ條ニ見ユ、太平橋(首里西之平等)へ敵攻近くと聞へしかハ、越來親方を大將にて宗徒《ムネト》の侍百余人發向す、如レ案、橋爪(詰)へ攻來て、雨の降樣に鉄鉋を打かくる《カク》、何れか火箭とハ知ねとも、城間鎖子親雲上、左のそハ腹《ヒダリノソバ》にあたりて、□□□にそこにて頸《クビ》取られけり、是を見て、一人も殘る者なく引退き、皆城へそ籠りける、其邊近き在家ハ燒拂ふ、去程に、那覇にハ、大慈寺、市來織部(家政)・村尾笑栖(源左衛門入道松清)、是よりハ具志上王子尚宏・西來院・名護良豊《ヨシトヨ》・池城安頼《ヤスヨリ》・豊見城盛續《モリツク》・江洲榮眞《ヨシサ子》・喜安(閑蕃元)・津見、親見世(那覇)にて、和睦の調ありしに、者共首里の在家より火出來たりとてひしめきけり、昼にて候得は、手あやまちにてハよも候ハし、敵の寄て火を懸けたると覺へ候、定□テ大勢にてそ候らん、制し給へきとて、織部・笑栖を先として、つヽく軍兵共、色々の鎧を着、色々の甲緒をしめ、雲霞のことく馳登て制して靜まりけり、究竟の兵共、上紋門の左右の柱を手《テ》□(鹵ト)としに(二行)仍に双ひ、凡《オヨ》

下《ソ》紋門までつゝいたりき、其時、歡會門の矢倉の上に法師武者怒て申けるハ、「薩广(摩)の野郎共よせ
來たれ共《トモ》、何程の事かあ□□〔らん〕、一々に射ことさん」とそ惡口す、誠に詞の□〔洩〕易《ヤス》きハ殃を招く媒也、
詞の愼さるハ破をとる道なりといへり、敵も御方《ミカタ》も是を聞てにくまぬ者ハなかれけり、上一人より
下万民に至まて、無爲無事を願ふ處に、此者ハ、天魔の所爲とそ申ける、下城ありて後、彼者禁獄
せられけると也、四月二日、具志□〔上〕王子尚宏・名護良豊・浦添・若那、質ニ那覇へ下向し給ふ、同
三日、猶覺束なくや思ハれけん、佐鋪王子朝昌《アサマサ》公、又質《シチ》に御下向をハし給□〔ふカ〕、同日、浦添の子息眞(向
朝盛)大和・百千代(向朝刻)・眞まかる(向朝伸)兄弟三人、城を忍出と《ツ》、法度たるにより、法元二右衞門尉・正尊坊(梅北照存坊)追懸《カケ》、
鋪那原《シキナハル》(眞和志間切識名原)にて寄合セ、しのきをけつり、鐔《ツバ》(をハリ《ヲハリ》)(鐔ミミ釖)より火□〔出〕る程戰ひ、正尊坊打死にす、法元手負、兄弟三人
ハ□〔終カ〕に打死してんけり、同日の小夜更□〔方カ〕に(夜入らんとする頃)、具志□□□□〔上王子尚〕宏、主上の渡らせ給ふ御殿に入らせ給へ《ひ》
て申給ふハ、此世の中の有樣、さりともこそ存候《ひ》しか、今□〔ハ〕かふこそ候けり、今《イマ》ハ只御城の内に□〔て〕
□〔如〕□〔何〕にも成んと存候得共、まのあた□〔り〕君々女房達に憂目をミせ參せん事口惜候へ□〔ハ〕、下城有て降人
に參らハやと思ひなつてこそ候へと申□〔し〕給へハ、今ハ只兎も角もそこのはからひ《て》にてそこそ有んす《アランス》
らめ《ラメ》とて《トテ》、御衣の御袂に餘る御涙せきあへさせ給はねハ、具志上王子尚宏も袖をしほる斗にそ見え
給へ《ひ》ける、同四日、主上、御下城し給ふ、駕輿丁もなけれ□〔ハ〕、葱《ソウ》《□ウカ》花鳳輦ハ只名をのミ聞て、主上腰

輿に召れけり、あたり《(當)》衆・若里之子、御輿をあくとかや、女房連ハもハ《ハ》かま《(裳袴)》のすそを高くとり、王子以下卿相雲客ハ袴のそはを高くハさミ、玉たす《小帯の事也》□〔き〕してそ落給ふ、哀れなり□〔け〕る有様にて、名護の《(馬良豐宅)》宿所へ行幸な□〔る〕、□〔日〕來ハ石垣を重て峻しきを固うせしか共、武士の爲に是を破られ《ル》、今ハ瑞泉の流れの深き□〔を〕憑《タノ》ミしか《カ》共、野郎の爲に是を取られり、□〔豈〕圖りきや、忽に禮儀鄉を責出されて、泣々□〔無〕智の境に身を寄んと、或ハ金□〔谷〕に花を翫ひ、或ハ南樓の月に吟し、既に二十□〔余〕年を送れり、過《スキ》にしかたを思へハ、昨日の夢のことし、いかなる前世の宿業にや、かゝるなききにしつむらん《ナゲキニシツムラン》、天人の五衰、今《イマ》目前にあり、誰か是を悲まさらん、嘉靖の昔ハ春の花と栄へしか《カ》とも、慶長の今ハ秋の草と変果ぬ、生ある者ハ必滅《メツ》す、樂ミ盡《ツキ》て悲□〔ミ〕來《キタル》ると古《イニシヘ》より書置たる事、まのあたり也、去程に、家々おしよせ〳〵入取しけれハ、妻子眷屬、東西南北ににけまとひ、山野に身をそかくし《カクシ》ける、聞得大君御殿・仙福庵・豐美城の宿所、皆灰燼《カイジン》の地とそ成にける、其外の民屋《ミンヲク》不レ及レ記、家々の日記、代々の文書、七珎万宝さなから失果つ、昔より□《理》世安樂にして、都鄙戸さし□《ヲ》わすれ、上下家屋を双《ナラベ》しに、火災の餘燼に民屋おほく破滅《ハメツ》す、こはいかになりぬる世の中そや、偏に時刻至來□□〔る也〕、去程に方々に落行人々ハ我か行先ハしらね共、路のけふ《り》そかへりみる、敵ハ今や近付ぬらん《ラン》、いそけや〳〵と、身をもミけり、邊土戸奥の奥まて野郎と云者、入渡りたれハ、いつくの浦かおた《穩》しかるへき、三界無安、猶《ナ》如《□□》二火宅一とて、如來の金言一乘の妙文なれハ、なしかハ《なしかハ□り》少しも可レ違、哀なりける事共也、天子(尚寧)下城ありて、和睦になり静りたると聞へしかハ、あそこの洞、こゝの谷よりうかり出、ありとしある人ハ、皆身を浮雲の思ひをなし、衣裳を取られ資財を失ひ愁へ、栖を焼れ歎きあへり、都て《スヘ》□(ハ)、只夢の様なる事共□(也)、大里按司(毛盛深)・伊江按司・国頭按司・城間親方・摩文仁親方なとハ、城へハ籠り給ハす山野にかくれ、下城の御供せられされしかハ、勅勘の身となり給へハ《ヒヌ》（御咎目を□也、）、此人々ハ心臆し給へて《ひ》山林に入給ふには非す、昔より、此國ハ弓箭と云名をたに《も》不レ聞、夢にも知らさる故也、やかて召なをさりける《れ》とかや、去程に、名護の宿所皇居に□(ハ)不レ可レ然とて、浦添美御殿(首里眞和志之)へ(平眞和志村)移らせ給ふ、同十六日、主上、崇元寺へ《ニ》行幸なつて両大將(樺山久高・平田增宗)と御對面ある、其後、織部・笑栖を使者にて、薩州へ渡御有て被レ遂ニ御禮一てハ不レ□(可)レ有とて、既に供奉の人々相定る、○下略、本年五月十五日ノ條參看、朱傍假名幷ニ朱句點、略ス、句點、編者ニ依リテ附ス、

〔球陽〕附巻一 目録 ○東京大学史料編纂所所藏謄寫本

尚寧王

○中略

鄭○鄭秉哲 二十一年、○中略、朱頭書ニ、同卅七年(萬曆)己酉、行末朱書ニ、同十四(慶長)トアリ、鄭(安頼) 毛鳳儀等、馳ニ報兵警一、致レ緩ニ貢期一、

〔球陽〕附巻一 尚寧王 ○東京大学史料編纂所所藏謄寫本

（尚寧王）二十一年、〇中略、朱頭書ニ、同卅七己酉、行末朱書ニ、同十四トアリ、

毛鳳儀等、馳二報兵警一、致レ緩二貢期一、

薩州軍兵到二那覇一、尚宏具志頭王子朝盛・馬良弼名護親方良豊・毛鳳儀池城親方安頼・菊隠長老西来院住僧等、仝到二親見世一、

亦請二和睦一、椛山氏等、不レ嘗二依允一、遂鳳儀、扈二従 王上一、到二麑府一、〇下略、本年九月三十日ノ条参看、

〔毛姓家譜〕毛姓大宗世系圖 〇那覇市歴史博物館所蔵複写本　氏集九番1001　筆寫抄録本

一世	二世	三世
始祖安基	安昔	
	安棟	女眞牛
		安頼
	女眞鍋樽	
	宮良親雲上	

〔毛姓家譜〕紀録 〇那覇市歴史博物館所蔵複写本　氏集九番1001　筆寫抄録本

二世安棟（池城親方）

童名太郎金、唐名毛廉行、號月照、生年不レ伝、

父、安基、

母、和氏、

室、封氏我那覇親方助元長女眞牛、
生日・忌日不レ伝、号瑞蓮、助元、爲レ受二地田方四石八斗四升七合一、居二勤我那覇邑一、毎年□〔年カ〕
次祀之、
長女、眞牛、適二馬氏名護親方良豊一、生年不レ伝、
萬歴〔暦、下同ジ〕元年（一五七三年）癸酉六月十三日、卒、号桜南、
長男、安頼、

○中略

三世安頼（池城親方）
童名小太郎金、唐名毛鳳儀、
行一、嘉靖三十七年（一五五八年）戊午、誕生、天啓三年（一六二三年）癸亥正月二日、於レ唐、卒、寿六十六、号慶雲、
父、安棟、
母、封氏眞牛、
室、葛氏越來親雲上秀政女、司雲上按司、童名眞牛金、生日・忌日、不レ伝、号圓月、
長女、司雲上按司、童名眞牛金、萬歴十一年（一五八三年）癸未、誕生、康熙七年（一六六八年）戊申十二月十四日、卒、享
年八十六、号雪嶺、

長男、安幹、

○中略

尚永王世代（一五七三年～一五八九年）

萬歴年間、始出仕、然、其陞官次第年月、倶不レ伝、

七年己卯、（一五七九年）襲二父職一、拜二領羽地間切惣地頭職一、

尚寧王世代（一五八九年～一六二〇年）

萬歴二十年壬辰五月十九日、謝名（姓名不詳）一族謀叛、上（中山王尚寧）、命毛氏東風平比嘉親雲上盛續・金氏摩文仁親雲

上○文、略セラル、

尚豐王世代（一六二一年～一六二三年）

略

〔系譜抄〕二 ○沖縄県立図書館所蔵東恩納寛惇文庫架蔵明治四十一年採集史料

（氏集）九番　毛氏　池城親方

一世安基 新城親方 万厂五年丁丑四月二十九、（一五七七年）（日）卒、生年不レ伝、

尚世〻王世代 清（一五二七年～一五五六年）

嘉〻靖〻年間三十四年乙卯夏、（一五五五年）上（中山王尚清）、患レ病、諸太医察レ症進レ薬者、

三世安頼池城親方毛鳳儀、行一、嘉靖三十七年戊午、生、天啓三年癸亥正月二日、於㆑唐、卒、壽六十六、號慶雲、

尚寧王代

万厂（一五九二年）二十年壬辰五月十九日、謝名一族謀叛、上、命㆓毛氏東風平親雲上《比嘉》盛續・金氏广（摩）文仁親雲上安恒・安頼三人㆒（時、安頼爲㆓当役㆒、善揮㆑鎗、故、時人、号曰㆓揮鎗池城㆒、其所㆑用長鎗、伝㆓于今㆒、以爲㆓家宝㆒）、爲㆓討逆大將㆒、於㆑是、三人統㆓欽戰㆒、兵竪㆓旗旄㆒、羅㆓弓矢㆒、至㆓其宅㆒、四面環攻、謝名固守而、不㆓敢出戰㆒、於㆑是、是繫㆓火於矢㆒、放㆓彼屋上㆒、眞族乃出㆑庭、迎㆑敵、彼此互相呼㆑名、合戰數次、然而勝敗未㆑分、安頼揮㆑鎗、与㆓安恒・盛續㆒振㆑威、悪戰亦數合、各殺㆓其將㆒而、盡擒㆓其与黨㆒、三人行捷以聞、上、大悦、各加㆓紫冠㆒、○中山王尚寧、毛安頼・毛盛續幷ニ金安恒ヲシテ、首里西之平等ノ謝名一族ヲ討誅セシムルコト、球陽卷四尚寧王四年ノ條、及ビ本年五月十五日ノ條ニ收ムル大宗家豊見城氏系圖五世毛盛續紀錄幷ニ系譜抄一所收金姓家譜大宗二世金安恒紀錄抄ニ見ユ、謝名一族討誅ノコト、毛安頼・毛盛續幷ニ金安恒三人共ニ關ハリタルニ依リテ掲グ、

三十四年（一六〇六年）丙午十月十八日、奉㆑使爲㆓進貢謝恩王舅㆒、同㆓正議太夫鄭道・具志川親雲上使者穆氏知花親雲上昌訪・都通毛國鼎等㆒（事脱）、赴㆑閩、進㆑京、至㆓于三十六年（一六〇八年）戊申㆒、歸国、○中山王尚寧、萬暦三十四年、明ニ進貢謝恩使ヲ遣スコト、歴代寶案第一集卷三十二所收萬暦三十四年十月十八日琉球國中山王尚寧執照、沖繩県所藏康熙四十年序本中山世譜卷之五尚寧王萬暦三十四年條及ビ球陽卷四尚寧王十九年條ニ見ユ、

三十七年己酉、薩劢政代（征伐か）我國、安頼、隨㆓尚氏具志頭王子朝盛・馬氏名護親方良豊・西來院菊隱長老等㆒、到㆓那覇親見世㆒、調㆓和睦㆒、

豫良豊等、於㆓今歸仁㆒、雖㆑投㆓和睦㆒、大將不㆑許、曰、「於㆓那覇㆒、可㆓以議定㆒」、故至㆑此、

○以下、抄出文ナシ、

〔氏集首里那覇〕九番　1001　○那覇市歴史博物館刊

大宗毛龍咗新城親方安基　毛氏　池城親雲上○本書原本、今、不詳、那覇市歴史博物館所藏毛氏家譜複寫版ノ親本、抄出本ニシテ、毛安頼ノ萬曆三十七年ノ紀錄、系譜抄ニ據ルベシ、

〔球陽〕附卷一　目錄　○東京大学史料編纂所所藏謄寫本

尚寧王

○中略

鄭○鄭秉哲

二十三年、○中略、朱頭書ニ、同卅九辛亥、(萬曆)行末朱書ニ、同十六トアリ、

鄭

菊隱國師創㆓建西來院㆒、

〔球陽〕附卷一　尚寧王　○東京大学史料編纂所所藏謄寫本

(尚寧王)二十三年、○中略、朱頭書ニ、萬曆卅九辛亥、行末朱書ニ、慶長十六トアリ、

菊隱國師創㆓建西來院㆒、

菊隱國師、○中略、本年三月二十五日ノ條參看、萬曆己酉、薩州軍兵、抵㆓運天津㆒、菊隱、奉㆑命、赴㆓彼軍㆒、請㆓乞和睦㆒、兵船至㆓那覇津㆒、亦乞㆓和睦㆒、竟不㆑見㆓允依㆒、已達㆓投誠之情㆒、而扈㆓從聖主㆒、(中山王尚寧)到㆓薩州㆒、

○下略、本年五月十五日ノ條參看、

〔(沖縄)県史編纂史料〕○縣史々料 那覇ノ部 壱 縣史編纂資料 久米村
○沖縄県立図書館所蔵真境名安興文庫

(表紙寫)
「渡具知紹昌
金氏」

七世長吏(史)諱應魁

具志親雲上、童名眞五良、號文江、行二、元祖諱瑛七世孫也、
萬暦七年己卯(一五七九年)、生、泰昌元年庚申(一六二〇年)三月二十日、卒、享年四十二、初葬二於角眞多瀬之墓一、今、遷
葬二於雪崎之墓(那覇若狭町村上之毛)一、

勳庸

萬暦三十二年(一六〇四年)甲辰九月十八日、爲二接封一事、奉レ使、爲二通事一、同使者馬似龍(牛秀昌)赴レ閩、三十三年(一六〇五年)
乙巳、回國、時遭二大風一、漂至二日本屬地平戸(日本肥前國松浦郡)一、幸遇二平戸君(松浦鎭信)一、遣レ使護送、到二薩州一、三十四年
丙午秋、歸國、○琉球國使者馬似龍幷ニ通事金應魁、萬暦三十二年十月、明ニ至リ、同三十三年五月、回國ヲ命ゼラル、コト、歴代寶案第一集卷七萬暦三十三年五月初十日福建等處承宣布政使司咨ニ、見ユ、日本肥前國平戸ニ漂著シタルコト、大日本史料慶長十年是歳ノ第十二條ニ見ユ、
萬暦三十七年己酉、薩州、發レ師伐二中山一、於レ是、群臣護二衛先王(中山王尚寧)一、至二馬氏氏名護親方良豊
家一避難、時、失二遺勅印(琉球國王之印)于王城一、而無二人往取之者一、獨應魁起二忠誠一、依二毛鳳儀池城親方安頼
轉奏一曰、「今、殿下失二遺勅印一、後來中國往來、何以相徵、小臣、願往取レ之、雖レ死無レ恨」、

于レ是、先王、卽命二應魁一、往取レ之、應魁、不時取來、奉レ上、於レ是、先王、深嘉二其忠誠一、然則、中國往來、至レ今不レ絶者、誠是不レ失二勅印一之故也、

○下略、一六一〇年正月三十日ノ條參看、氏集十七番2130金氏家譜具志堅里之子親雲上、那覇市史資料篇第1巻6家譜資料㈡久米系家譜所收、六世正議大夫諱仕歷ノ紀錄ニ、次男應魁、其事業、別有レ譜詳レ之、トアリ、

○本史料、那覇市史資料篇第1巻6家譜資料㈡久米系家譜所収真境名安興編「県史編纂史料・那覇ノ部」抜粋、金氏（渡具知家）トシテ收ム、

〔氏集首里那覇〕　十七番　2132　○那覇市歴史博物館刊

元祖諱瑛六世孫仕歷支流二子長史諱應魁具志堅親雲上　金氏　渡具知親雲上○本書、今、佚シタルカ、

〔馬姓家譜〕　小祿親方　馬氏家譜　○那覇市史資料編第1巻7家譜資料㈢首里系　氏集十三番1667

三世馬良弼（良豐）名護親方、兄良眞、先レ父卒故、續二家跡一也、

童名太良金、　名乘良豐、　號汝舟、

嘉靖三十年辛亥（一五五一年）、生、

○中略、本年三月二十五日ノ條參看、

○中略、同上、

尚寧王世代

萬曆二十年壬辰、續レ父、任二三司官一、及任二名護間切總地頭職一、

○中略、同上、

同三十七年己酉三月、因㆑適㆑止㆓紋舟㆒以㆑失㆓聘禮㆒、薩州〔太〕大守家久公、遣㆓大將軍樺山權左衞門殿・副將平田太郎左衞門殿等㆒、大發㆓兵船㆒、以問㆓失禮之罪㆒、〇中略、同上、尙寧王無㆑得㆑爲㆑辭、遂令㆓良豐・仝菊隱和尙等㆒、急到㆓國頭地方運天之沖前㆒、迎㆓兵船㆒、服㆑罪投誠、菊隱和尙等急忙回㆓報王城㆒、良豐獨在㆓兵船㆒、爲㆑質、導㆓兵船㆒、轉到㆓那覇㆒、遂免㆓干戈之禍㆒、此時、王出㆑城、暫居㆓于良豐家㆒、〇中略、本年五月十五日ノ條參看、
同四十五年（一六一七年）丁巳十一月十五日、卒、壽六十七、

〔球陽〕附卷一 目錄
〇東京大学史料編纂所所藏謄寫本

尙寧王
〇中略
鄭〇鄭秉哲
二十一年、毛鳳朝扈㆓從王㆒、至㆓薩州㆒、屢慰㆓聖慮㆒、〇朱頭書ニ、（萬曆）同卅七己酉、行末朱書ニ、同十四（慶長）トアリ、

〔球陽〕附卷一 尙寧王
〇東京大学史料編纂所所藏謄寫本

（尙寧王）二十一年、毛鳳朝扈㆓從王㆒、至㆓薩州㆒、屢慰㆓聖慮㆒、〇朱頭書ニ、同卅七己酉、行末朱書ニ、同十四、トアリ、
薩州大將椛山氏等、率㆓領勇士三千餘人、坐駕兵船七十餘隻㆒、至㆓運天㆒、時毛鳳朝讀〔衍〕、讀谷山親方盛韶、署㆓理御鎖側官㆒、卽同菊隱長老等、往至㆓運天㆒、要以㆓講和㆒、大將曰、「船到㆓那覇㆒、相與商量」、鳳朝等回到㆓首里㆒、復㆑命、〇本年三月二十五日ノ條參看、未㆑閱㆓幾日㆒、船至㆓那覇㆒、鳳朝、亦至㆓其船㆒、要以㆓和睦㆒、

未レ見二允依一、遂以、　聖上投誠納款、○下略、本年五月十五日ノ條參看、

〔系譜抄〕二　○沖縄県立図書館所藏東恩納寛惇文庫架藏明治四十一年採集史料

9翁姓（氏集九番）　東恩納里親（里之子親雲上）

尚寧王代

三世盛增城間鎖親雲上（隆慶五辛未（一五七一年）、生、

万厂〔暦〕三十七年己酉、薩刕太守家久公、遣レ師來伐、小大難レ敵、管轄邊境敗軍、四月一日、太平橋攻來、因レ茲、奉レ命、大將、隨二越來親方一發向、盛增振レ武、進二一陣一爲レ防、不運哉、鉄鉋中二左腹一、終損レ命矣、軍士見レ之、畏怖退入レ城也、（祥〔詳〕見二于琉球入日記一也、享年卅九也、）（東恩納寛惇注）

〔氏集首里那覇〕九番　1105　○那覇市歴史博物館刊

元祖國頭親方盛順二世城間親方盛久
支流長子翁盛成醇城間鎖親雲上盛增　翁氏　東恩納里之子親雲上○本書、今、佚シタルカ、

〔佐銘川大ぬし由來記〕○琉球大学附属図書館所藏伊波普猷文庫

佐銘川大ぬし由來記　佐敷番所（佐敷間切）ニ於テ写レ之、

○中略

御元祖佐銘川大主

尚思紹王君

尚巴志王君

尚忠王君

尚思達王君

尚金福王君

尚徳王君　御次男屋比久《(佐敷間切屋比久)》大やくもい

一、屋比久大比久《やくもい》、○中略、仲里尓やノ祖、屋比久大やくもい・美里親雲上・仲屋比久及ビ平田ノ傳、略ス、

一、仲里尓や、間切《(佐敷)》親部役相勤候折節、大和より合戦責來候ニ付、下庫理御番詰被レ仰付一相勤候處、最早、船方より責上り候ニ付、早速掛出、大たう《(首里大道)》迄責戰候處、矢に當りて討死す、廿七歳、男子阿座那大屋子、次男仲里、

○中略、仲里尓やノ子孫、阿座那・仲屋比久・與那覇・平田及ビ呉那覇ノ傳、略ス、

尚徳王御次男
屋比久大やくもい（屋比久地頭所）――長男 美里親雲上（美里地地頭所）――┬――長男仲屋比久親雲上（仲屋比久地頭所）――男子平田親雲上（平田地頭所）――
　　　　　　　　　　　　　　　　　　　　　　　　　　　　　　　└――次男こもどん大主

男子仲里尔や（間切親部役、大和より軍來ニ付、討死、）
　男子阿座那大屋子（阿座那勢頭役）○下略
　次男仲里

〔葉姓家譜（正統）〕○伊集筑登之親雲上　葉姓世系圖
○那覇市歴史博物館所藏複寫本　氏集三番350

一世
〔二世〕
□□

大宗守三（山﨑二休）
　四男頼有法印
　次男守親
　長男守忠
　長女眞尹金
　三男守庸
　五男守昌○原本、「首里之印」ノ方形朱印一顆ヲ踏ス、

〔葉姓家譜（正統）〕○伊集筑登之親雲上　紀錄
○那覇市歴史博物館所藏複寫本　氏集三番350

葉姓家譜（正統）

紀錄

一世山﨑二休守三

童名及唐名不ㇾ傳、嘉靖三十三年（一五五四年）甲寅、生、月日不ㇾ傳、

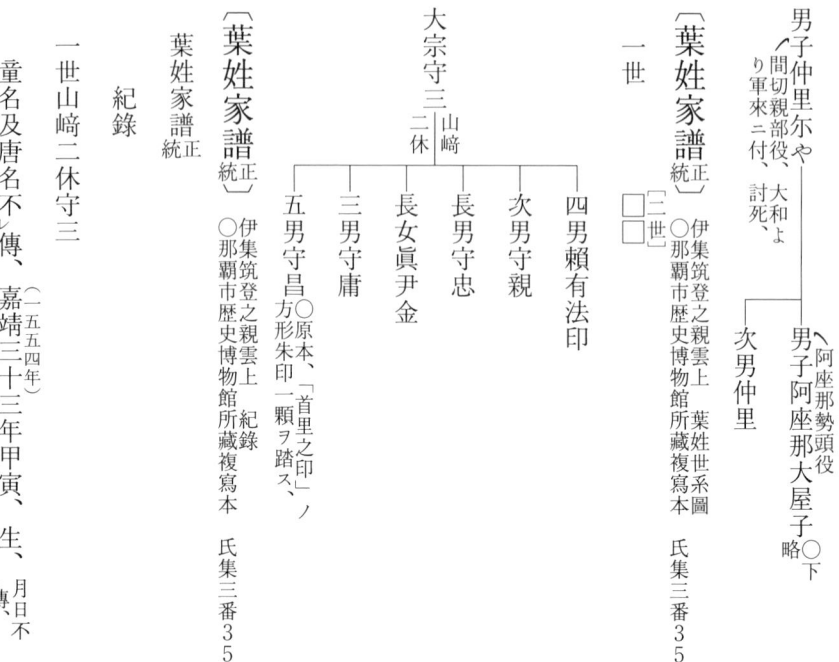

父母、不レ知レ爲二何人一、
原是、日本奥州越前之住人也、其先者、不レ知レ爲二何人一矣、守三之爲レ人也、生資純粋精密、而自二少年之時一、志二於醫術一、遊二於他方一、茲、聞下得球邦者與二中華一通融年久上焉、慮レ有下這箇國必如二扁鵲一之妙手上、乃發二故里一而、來二球都一、住二于那覇一也、便是吾家門之始祖也、

室、金千代、西登之道永女眞鍋、生死不レ傳、號冥山、
長男、守忠、休悦、別有二家譜一、
長女、眞尹金、萬暦三十三年（一六〇五年）乙巳、生、月日不レ傳、嫁二于那覇住人吳氏石川親雲上政親一、順治元年（一六四四年）甲申二月、死、享年四十、號妙馨、
次男、守親、
三男、守庸、休意、
四男、賴有法印、童名眞三良、萬暦四十一年（一六一三年）癸丑、生、月日不レ傳、隨二賴雄法印一爲二出家一、
五男、守昌、別有二家譜一、

尚寧王世代

萬暦年間、任二御典藥一、敍二座敷一、
萬暦三十七年己酉之年、御當國、自二薩州一軍兵來着、依レ之、守二護于王城嶋添阿佐那一也、副將法元（元）二右衛門殿之兵、攀二上石垣一時、投二身命一防戰、幸乘勝、彼相負而引退矣、茲彌倍勢

レ氣爲二警固一處、我
君（尚寧）、哀二萬民之戰死一而、請レ降、○四月四日、琉球國中山王尚寧、首里城下城ノコト、上ニ收ムル續編島津氏世錄正統系圖等ニ見ユ、故將レ回二私宅一而、
退城歩行、於二途中一、二右衛門殿、召二守三一參、時副將之兵卒、得レ時喜、卽搦レ之、副將命云、
「汝、元日本之人也、何爲レ忘レ本而爲レ然乎、謂二重罪一」、而將レ加レ刑時、守三告曰、「最雖レ爲二
日本之漢子由一、風便來成二王臣一而、蒙二恩澤一、甚厚焉、隕レ首難レ報、雖レ遭二刑罰一、奚恨レ之乎」、
翌々日（四月六日）、此旨達二于
王（尚寧）聽一、以二金銀珍寶一而、贖二守三之罪一也、爲二御降參一、我
君渡二御于薩州一之時、雖レ欲レ令二供奉一、可レ爲二障礙一、有二叡慮一而、承二　勅命一、爲二留守居一也、
萬曆四十六年（一六一九年）戊午三月十九日、賜二知行高二十斛一、
尚豐王世代（一六二一年〜一六三一年）
崇禎四年（一六三一年）辛未八月十三日、不祿、歲七十有八、號家蓮居士矣、及二臨終之時一、自書頌歌而、爪
繰二數珠一、唱二六字三遍一而唑脫了、

其頌

七十有餘火裏レ身　一息截斷有無心
乍失離二地獄極樂一　空々寂々一个人

其歌

知へなき我をや君もたつぬらん

しつ心なき秋のあらしに

○沖縄県立図書館所蔵東恩納寛惇文庫架蔵明治四十一年採集史料系譜抄一所収葉姓伊集筑登之親雲上系譜、萬暦三十七年及ビ崇禎四年ノ記ヲ収ム、

〔球陽〕附巻一 目録 ○東京大学史料編纂所所藏謄写本

尚寧王

○中略

鄭○鄭秉哲二十一年、○中略、朱頭書ニ、同卅（萬暦）七己酉、行末朱書ニ、同十四（慶長）トアリ、

鄭日本山﨑二休克操忠義以累二重罪一、

〔球陽〕附巻一 尚寧王 ○東京大学史料編纂所所藏謄写本

二十一年、○中略、朱頭書ニ、同卅七己酉、行末朱書ニ、同十四トアリ、

日本山﨑二休克操忠義以累二重罪一、

山﨑二休、名乘稱二守三一、日本赴（越）前之人也、其爲レ人也、生資二純粋一、學徹二精密一、而自二少幼之時一、志二於醫術一、遊二於他方一、茲、聞下球拜（邦）往二來中華一歴年已久上、意下想有二扁鵲妙法一遺中在球國上、乃辭二去故里一、來二到本國一、而住二居那覇一、效二力于國一、 王、卽擢二御典藥一、賜二姓葉字一、己酉年、

薩州軍兵來、伐㆓我國㆒之時、守㆓護王城島添阿佐那㆒、副將法元氏、軍兵攀㆓上石垣㆒、守三乃投㆓身命㆒勵㆑勇㆑戰防戰、彼軍已敗而退去焉、守三、倍奮㆓威力㆒、固爲㆓護守㆒、時、我　聖君、深恤㆓萬民之戰死㆒而、請㆑降投誠、卽守三、自㆓城中㆒、退㆓回私宅㆒、歩行途中、副將、召㆓來守三㆒、兵卒大喜、卽捕搦㆑之、副將問㆑之曰、「汝、日本之人也、何爲㆑忘㆑本而防㆓戰我軍㆒乎」、已議定㆓重罪㆒、將㆑加㆓死刑㆒、時、守三曰、「予、慕㆔仁政化㆓淳風㆒、來成㆓王臣㆒、厚沐㆓恩澤㆒、頂㆑踵難㆑報、今也、不幸爲㆑兵被㆑擄、坐㆑罪就㆑死、而於㆓予心㆒何恨㆑之」、有㆓翌日上達㆒、王聽、卽、以㆓金銀珍寶㆒、給㆓送軍兵㆒、以贖㆓守三之罪㆒也、當㆘我　聖君到㆓薩州㆒之時㆖、守三、請㆕乞扈從而將㆔以赴㆓薩州㆒、　聖主、留㆓居之於㆓中山㆒、而護㆓守王城㆒也、

〔舊記雜錄〕後編　卷六十三　○東京大学史料編纂所所藏島津家本

慶長十四年己酉

四月三日、梅北照存坊、（琉球に航し、首里を陥すの時、奮進て戰死、下も同し、）小松彥九郎、（七島船頭にて志岐（識名）那にて戰死、）

○鹿児島県史料旧記雜録後編四巻六十三、五六一号、參看、梅北照存坊及ビ小松彥九郎ノ戰死ニ關ハルコト、下ニ收ムル舊記雜錄後編卷六十四琉球入ノ記所引琉球征伐記ノ傍書ニ見ユ、

〔西藩烈士干城錄〕十　○東京大学史料編纂所所藏寫本

梅北國兼列傳第九十五

○中略

梅北照存坊、率二兵士四人一、従二諸將一、征二琉球一、及二國王出降一、王之支族、或有二不レ肯レ降者一、是時、照存、與二法元仁右衛門等一追三破之於二敷菜野一、（眞和志間切識名）而二人、倶被レ創、○中略

日高義秋列傳第百六

日高義秋、○中略子與市左衛門正恒、母勝目加賀姉、従下伐二于朝鮮一之役上、又従下征二于琉球一之役上、兵賦籍曰、正恒出二三人一、○中略

日高新四郎、率二兵三人一、従レ征二琉球一、

○日高義秋及ビ日高新四郎ノ島津軍ニ従ヒタル記、便宜合敘ス、

〔系譜抄〕二 ○沖縄県立図書館所蔵東恩納寛惇文庫架蔵明治四十一年採集史料

向姓平安山氏系譜

浦添里之子朝盛（三男）

童名眞山戸、唐名向功聞、号雲峒、

父、尚氏浦添王子朝滿三代浦添親方朝師、

母、向氏見里按司朝復娘、童名眞加戸樽、号月溪、

万厂十四年丙戌、（一五八六年）生、

尚寧王代

万厂年間、敍二若里之子一、

万厂三十七年己酉四月一日、薩刕軍兵監二我城都一、朝盛告二弟朝刻・朝伸一曰、「馬蹄周二於一国一、敵氣大振、自余所二深嘆一者也、願、三人並鋒入、陳而投レ命」、貳弟諾、同二日、逃二去城郭一、遙赴二於敷名（識名）一、営下戰死、既族类（類）拾レ尸、葬二于真玉嶽一、〇識名原ニ於ル戰、四月三日ナラン、

〔氏集首里那覇〕一番119 〇那覇市歴史博物館刊

元祖諱維衡浦添王子朝満三世諱里瑞浦添親方朝師支流三男諱功聞浦添里之子朝盛　向氏　平安座里之子親雲上〇本書、今、佚シタルカ、

〔系譜抄〕二 〇沖縄県立図書館所蔵東恩納寛惇文庫架蔵明治四十一年採集史料

1、（氏集一番）向姓野原里之子親雲上（桃原村）

四世朝刻浦添里之子

童名　百千代金、唐名向思善、行四、万厂十六年（一五八八年）戊子、生、

父尚維衡浦添王子

万厂三十七年己酉四月朔日、自二薩刕一、以二數万之兵一、攻二琉球国一之時、兄浦添里之子朝盛・弟浦添里之子朝伸相共、同二日、於二敷名原一戰斃、時年二十二、号正岳、（末吉村近葬レ墓）

〔氏集首里那覇〕一番132 〇那覇市歴史博物館刊

元祖尚維衡浦添王子朝満三世浦添親方
朝師支流四男向思善浦添里之子朝刻　向氏　野原里之子親雲上〇本書、今、佚シタルカ、刻、刊本註ニ據リテ掲グ、

〔東姓家譜〕津波古親雲上　東姓大宗世系圖
〇那覇市史資料篇第1巻7家譜資料㈢首里系　氏集十四番1706

三世　四世

・諱宗壽
　女思戸
　承忠
　女思武太
　女玉金
　女眞牛
　・諱承宗

〔東姓家譜〕津波古親雲上　東姓大宗紀録
〇那覇市史資料篇第1巻7家譜資料㈢首里系　氏集十四番1706

三世諱宗壽屋宜親方

童名太郎金、名乗政長、號松伯、行一、嘉靖二十六年（一五四七年）丁未、生、

父、諱元宰、

母、道雪、

〇中略、一五八九年、是歳ヨリ後ノ第四條参看、

長男、承忠、○名乗、政喬、無レ後、

○中略、同上、

次男、承宗、雖レ爲二次男一、兄承忠因二早死一、繼二父家統一、

○中略、同上、

四世諱承宗屋宜里之子親雲上

童名眞山戸、名乗政知、號弘緒、行二、萬暦十九年（一五九一年）辛卯、生、

父、諱宗壽、

母、吉氏眞鍋、

○中略

崇禎六年（一六三三年）癸酉十二月二十五日、不祿、年四十三、

○那覇市史資料篇第1巻7家譜資料㈢首里系所收東姓家譜及ビ同家譜複寫版ノ那覇市歴史博物館所藏東姓家譜大宗複寫版ニ、東政喬ノ紀錄ナシ、東政喬、識名ノ戰ニ歿スルコト、下ニ收ムル家譜資料（第一集）所收東姓家譜ニ記サル、

〔家譜資料（第一集）〕○那覇市史資料篇第1巻5家譜資料㈠

（事項番号）一二三、東姓四世　東承忠　屋宜里之子（一五八四—一六〇九）

童名眞市　名乗政喬　行一　萬暦十二年（一五八四年）生　父は東宗壽　母は宜野灣間切嘉敷村の生なり

〔尚寧王代〕

萬曆年間、小赤頭となり欹髻を結び、若里之子に敍す。

同　三十七年己酉四月、薩州の軍兵當國に入る時、四月二日識名眞和志に於て戰死す、年二十六なり。

（東姓家譜　元祖東開極）

註　慶長の役に戦死した少壮の士なり（編者）

○本書收載ノ東姓家譜、識名ノ戰ヲ四月二日トスレドモ、上ニ收ムル喜安日記、四月三日トス、

〔系譜抄〕　一

○沖縄県立図書館所藏東恩納寛惇文庫架藏明治四十一年採集史料

（氏集）六番

金姓譜大宗　本名平安座　宮里親雲上

一世（具志頭親方）

能安

二世安恒广（摩）文仁親方

嘉靖卅六年（一五五七年）、生、万厂四十六戊午（一六一八年）閏四月十一日、卒、

○中略、本年五月十五日ノ條參看、

万厂三十七年己酉、從二薩劢一御当地征罰之時、摩文仁一門者、可レ避二干戈一之由、奉二家久公宣

旨一、薩刕人五人番手被二付置一、難レ有仕合也、○下略、同上、

〔氏集首里那覇〕六番 635 ○那覇市歴史博物館刊

始祖國鼎具志頭親方能安 金氏 宮里親雲上○本書、今、佚シタルカ、

〔球陽〕附巻一 目録 ○東京大学史料編纂所所藏謄寫本

尚寧王

○中略 鄭○鄭秉哲

二十一年、○中略、朱頭書ニ、同（萬暦）卅七己酉、行末朱書ニ、同（慶長）十四トアリ、

鄭 薩州軍兵看二守金應煦家一

〔球陽〕附巻一 尚寧王 ○東京大学史料編纂所所藏謄寫本

二十一年、○中略、朱頭書ニ、同卅七己酉、行末朱書ニ、同十四トアリ、

薩州軍兵看二守金應煦家一、 煦

薩州遣レ使來二伐本國一、婦女驚怕、皆入レ山逃レ難、但大守家久公、嚴令三其官軍把二守金應煦摩文仁親方安恒家門一、不レ使三兵卒攪二騷他家一、

〔眞姓家譜〕大宗 津覇里之子親雲上 ○眞姓門中家譜所收 氏集六番694

眞姓家譜大宗

〔紀〕
記録略

一世　實元　仲宗根筑登之親雲上
童名眞德、唐名眞源、嘉靖二年（一五二三年）癸未、生、
父母、不レ知レ爲二何人一、
室、不レ知レ爲二何人一、
長男、實道、
次男、實基、平敷屋筑登之親雲上、別家譜、
嘉靖・万曆年間、奉三仕于尙元王・尙永王二世一、敍二黃冠一、
家宅、在二首里寒水河村（首里眞和志之平等）河之東一、万曆五年（一五七七年）丁丑、航二宮古島一而、終二彼地一、享年五十五、號雲阜、
歷世久遠、不レ知二其詳一矣、
二世實道宮里筑登之親雲上
童名眞仁牛、唐名眞建、行一、嘉靖二十三年（一五四四年）甲辰、生、
父、實元、
母、不レ知レ爲二何人一、
室、喜屋武親雲上女、

長男、與那嶺原也、
次男、實長、宮里爾也、無二後胤一、

尚寧王世代
萬暦二十四年（一五九六年）丙甲〔申〕、事二於島尻左笠按司加那志一、叙二黄冠一、素住在二寒水河村河之東中間一、遷二居宮（首里眞和志之平等）里村一、今在二金城村前坂一、呼二古名宮里一是也、三十七年己酉、逢二兵火一、復遷二寒水河旧宅一、四十（一六一五年）三年乙卯八月、不祿、壽七十三、号鶴齡、葬二宮里之東山一、

〔氏集首里那覇〕　六番　694　○那覇市歴史博物館刊
大宗眞源仲宗根筑登之親雲上實元　眞氏　津覇里之子親雲上○本書、上ニ収ムル眞姓門中家譜ニ収メラル、

〔舊記雑録〕後編　巻六十四　琉球入ノ記　○東京大学史料編纂所所藏島津家本
（琉球征伐記）夫中山王と奉レ申者、○中略、本年七月七日ノ條、参看、于レ時、慶長十四年己酉二月、○中略、本年三月七日ノ條及ビ同三月二十日ノ第一條、参看、左候而、沖永良部嶋江御寄被レ成候処、○中略、本年三月二十一日ノ條参看、夫ゟ那覇をさして御寄被レ成、○中略、本年三月二十五日ノ條参看、夫ゟ那覇のことく諸船頭先に立て、御通被レ成候、然者、虵那親方三千騎相隨、久米村之城江籠り居、三日三夜、○三日三夜ノ記ヨリノ五行ノ右傍ニ、文之玄昌ノ詩アリ、本年五月二十一日ノ條ニ、南浦文集ニ據リテ揭グ、手痛防戰と申せとも難レ叶、首里のことく馬ニ而逃行を、小松助四郎と申者、生年十八歳、虵那遁さしと追掛、終に生捕、大將椛山殿御前に引參候、其時、國主（中山王尚寧）ゟ、「大和の大將江爲レ使可レ參ものハ無レ之哉」と御尋被レ成候へ共、人々勢に

恐なして、可レ參と申者無レ之、然者、百姓兄弟、馬の草切に出居候而、此由承り申出候ハ、「我々兄弟江被二仰付一儀候ハヽ、參り可レ申、乍レ去、このなりニ而者難レ成候、御支度を御借被レ成候ハヽ、可レ參」由申出候付、支度被レ下、直ニ御意之趣を以、「御勢は如何程御座候哉、先以、是迄御下嶋御太儀ニ存候、適々之事ニ御振舞可レ被レ參候間、城へ御入可レ被レ成由ニ而、我々爲二御使一參申候」と申上候、美濃殿（樺山美濃守久高）被レ仰候者、「勢ハ壹万三千騎にて候、任二御使ニ一可二罷出一」と御返事ニ而候、右兩人之使江御取持メ相州之貳尺七寸之太刀被レ下候、御手之士六人召列、兩使先立、國主之城（首里城）へ御入被レ遊候、其時七嶋物頭共御供可レ仕と申候得共、軍ニ而者無レ之、振舞呼候処、多人數不レ入儀と被レ仰、三日三夜の御酒宴ニ而候、左候而、御歸陣之節、平田殿ゟ、餘荒くあふなき御樣子ニ而候よし、殊之外立腹ニ而被レ仰候、其明時分、樺山殿・平田殿、七嶋物頭惣勢召列、國主之城受取御向被レ成候、然処、虵那家來共、不レ圖切而出、狼藉仕候付、右國主方ゟ御使者被レ遣候、百姓兄弟、御引出物被二下置一候太刀拔持、散々切廻しに、庄內衆六七人被レ打候故、物頭共、（○物頭共ノ朱傍書、下ニ掲グ、）是に迷、齒喫をなし防戰候故、彥九郎・早左衞門、其外拾壹人、又水主も餘多被レ打候、相殘諸船頭共全腹立、虵那家來幷兄弟之百姓打捕、國主之城江眞先掛詰入、國司幷三司官・池城親方悉生捕、御船江相乘せ、虵那一所ニ警固ニ而、如二鹿兒嶋一御登被レ成候、尤構置候石火矢も、其時、御持登被レ成候、（○下略、本年五月十五日ノ條參看、本書ノ、鄭迵、久米村ニ籠リテ島津軍ト戰フトノ記、七島衆小松助四郎、虵那ヲ捕フトノ記、及ビ百姓兄弟、中山王尙寧ノ和議ノ使者トナリ、尋デ首里城ニテ島津軍ト鬪フトノ記、七島衆

ノ傳承ナレドモ、便宜、掲グ、島津軍大将ノ命ニヨリ鄭迵ニ降ズルヲ勸メタルハ佐多久信ナルコト、下ニ収ムル南聘紀考ニ見ユ、

（朱傍書）（舊記雑録編者注ヵ）
「此時カ、梅北秀存坊兼次戰死二于琉球一ト申傳トアリ、照存坊もあり、鹿府士也、」○上ニ収ムル舊記雑録後編巻六十三所收慶長十四年己酉四月三日ノ記及ビ西藩烈士干城録十、參看、

○琉球征伐記、諸本アレドモ異事ナシ、鹿児島県史料旧記雑録後編四巻六十四、六五九号、參看、

〔南聘紀考〕巻之下 ○東京大学史料編纂所所藏島津家本さⅠ—12—33—64

慶長十四年

三月○中略、本年三月二十五日ノ條參看、二十九日、久元等、帥二水兵一、至二大椀津一、四月朔日、久高等、上二運天岸一、麾二其士卒一、推レ舟居レ陸、導二楫師等一、進レ自二陸路一、時方、農民多耘二麥田一、観者股慄、莫レ不二惶縮一、我師、発レ銃追撃、縱火二村舍一、謝那乃據二久米邨城一、麾レ衆拒戰、我師奮進撃レ之、斬獲數百人、謝那、亦遁二奔于首里一、七島楫師小松助四郎、追二及之一、遂獲捉縛、○四月一日ノ以上ノ記、琉球征伐記ニ據ル、島津軍大将樺山久高、四月一日ニ運天ニ著ストアルハ誤リニテ、マタ、鄭迵ノ久米邨城ニテ戰ヒ、遁レテ小松助四郎ニ捉ヘラルトノ記、確カナラザレドモ、便宜、掲グ、（縛ノ下ニ挿入符ヲ附シ傍書）「謝那、匿二于山中一、不レ敢二降服一、佐多忠增、承二大將指一、使二佐多源右ヱ門久信一、亦入二深山一、親説二謝那一、勸二之和降一、且令レ全二性命一、謝那乃喜始就レ囚、贈二久信白銀二枚一、勞レ之、事見二其譜一、」水陸將卒、皆入二那覇一、々々遁潰、三日、麑島兵、進二圍首里城一、尚寧王、無レ挺レ身遁、有二一線路一、乃王、同二二十餘人一、謀以レ縄遁二匿于山林一、我兵進《追》之時、謝那殘寇、浦添氏子（向朝盛）目、（向朝刻）千金等、覆二於路叢一、竝起伐二我衆一、於レ是、我兵大怒、法元二右ヱ 。百十

門久富・伴五左ヱ門・梅北照存坊及七島楫師小松彦九郎等、奮進撃レ之、志岐那〔識名〕在二城南原野一而、照存坊・彦九郎等多戰死之、法元被レ疵、遂殲二其黨繇一、四日、三司官等、頻請レ和降、且設二饗宴一、深謝二其罪一、久高等許レ之、尙寧乘レ輿、后妃徒跣、下城、而舍二于名護宅一、五日、久高、遂取二首里城一、乃使二本田伊賀守親政・市来備後守家政・本田彌六親正・穎娃主水正親智・東郷安房入道休伴・大寺主計助安・児王〔玉〕四郎兵衞尉利昌・妹尾傳兵衞尉・日置玄蕃允・河上掃部助直久・伊集院半右ヱ門尉久元・日高与市左ヱ門尉爲□〔正恒〕・市来孫兵衞尉家之〔元〕・祁答院織部佑重能、入レ辰出レ酉、連日點二撿王城一、財寶悉載二諸籍一、十三日、終レ功載レ舩、皆獻二麑府一、則浙江總官所二探得一、亦執二中山王一、遷二其宗器一云、可二以併知一焉、而去二首里一、皆還二那覇一、久高等、俘二獲尙寧王及弟具志頭・三司官等一、至二諸屬島一、莫レ不二悉降一、實如二松齡〔島津義弘〕公籌一、初師起、至レ是、四十餘日、宗社失レ守矣、〇下略、本年四月五日ノ條參看、

○大日本史料慶長十四年四月五日、島津氏ノ臣樺山久高等、大島徳島等ヲ略シ、運天港ニ上陸シ、進ンデ首里城ヲ攻ム、琉球王尙寧、質ヲ出ダシ降ヲ請ヒ、是日、城ヲ致シテ去ル條參看、

○島津家久、島津軍ニ岩切彦兵衞ヲ見廻トシテ遣シ、大將樺山久高ニ書狀及ビ酒ヲ送ルコト、本年三月二十日ノ第二條條參看、

○四月一日、佐多忠治、三司官鄭迵ヲ捕フコト、四月二日、向朝盛、向朝刻幷ニ向朝伸、首里

城ヲ出テ識名ニ於テ島津軍ト戰フコト、四月五日、島津軍、首里城荷物改メヲ始ムルコト、五月七日、樺山久高、島津家久ヨリ賜リシ酒ヲ將卒ニ振舞フコト、便宜合敍ス、

是ヨリ先、前征夷大將軍德川家康、鹿兒島城主島津家久ヲ駿府ニ召ス、是日、琉球平定ヲ俟チテ途ニ上ルベキコトヲ命ズ、

〔御文書〕家久公　三十五通　卷二
○東京大学史料編纂所所藏島津家文書4―9―14

(山口直友書狀)(折紙)
以上

急度令二啓上一候、仍而貴殿様御上洛之儀付而、切々以二書狀一申入候、然處、琉球御動之儀御座候間、琉球相濟申候まて、御上洛之儀者御無用之由、御諚(徳川家康諚)之旨、本上州(本多正純)承ニて、拙者ゟ早々可二申入一之由候間、如レ此候、爲二御心得一申入候、將亦先書如二申入一、御質人(北郷千代鶴)之儀、早々被レ成二御上セ一御尤存候、猶御老中まて申入候、恐惶謹言、

山駿河守
卯月朔日(慶長十四年)　直友(山口)(花押)
薩州(島津家久)少將様
參人々御中

○本文書、大日本古文書島津家文書之二、一〇三八號、ニ收ム、本文書ノ寫、續編島津氏世錄正統系圖十八代家久第三十三ニ、正文在文庫、慶長十四年ト注シテ、東京大学史料編纂所所藏島津家本舊記雜錄後編卷六十三ニ、御文庫二番箱

家久公二巻中、家久公御譜中ニ在リ、慶長十四年ト注シテ収ム、鹿児島県史料旧記雑録後編四巻六十三、五五九号、参看、大日本史料慶長十四年四月一日、是ヨリ先、家康、島津家久ヲ駿府ニ召ス、是ニ至リ、更ニ命ジテ、琉球平定ヲ俟チテ途ニ上ラシム條、本文書ヲ譜牒餘録ニ據リテ掲グ、島津家久、北郷千代鶴(久加)ヲ伏見ニ出ダシテ證人ト爲シ、北郷忠能ニ代ラシムルコト、大日本史料慶長十四年二月是月ノ第二條、及ビ東京大学史料編纂所所蔵島津家文書新編島津氏世録支流系圖北郷氏一流第三、同所蔵島津家本舊記雑録後編巻六十三幷ニ鹿児島県史料旧記雑録後編四巻六十三、五二二号、参看、島津家久、四月一日山口直友書状ヲ受ケタル日、四月二十五日前後ノ頃ナラン、

〔御文書〕 義弘公十八通 巻三 ○東京大学史料編纂所所蔵島津家文書4—7—18

(山口直友書状)(折紙)
猶々、琉球之儀、無二御油斷一被レ成二御注進一候様ニ、奥州様(島津家久)御相談御尤奉レ存候、
猶追而可レ得二貴意一候、以上、
急度令二啓上一候、仍奥州様御上洛之儀付て、先度以二書状一申入候つる、然處、琉球御動之儀ニ御座候間、たゝ今ハ御上洛御無用之由、御諚(徳川家康諚)之旨、本上州ゟ被二申越一候条、其御心得可レ被レ成候、先御上洛相延、於二我等一弥重存候、不レ及レ申候へ共、琉球之儀御行専一存候、左様ニ候へハ、彼表之様子、急度可レ被レ成御注進候、御油斷被レ成間敷候、尚追而可レ得二貴意一候、恐惶謹言、

卯月朔日　直友（花押）
山駿河守
維新様(島津義弘)
参人々御中
(附箋)「寫濟廿七巻」

○本文書、大日本古文書島津家文書之二、九九五號、ニ收ム、本文書ノ寫、東京大学史料編纂所所蔵島津家文書新編島津氏世録正統系圖十八代義弘第廿九ニ、正文在巻本、慶長十四年ト注シテ、同所蔵島津家本舊記雑録後編巻六十三ニ、義弘公御譜中正文在巻本、慶長十四年トアリト注シテ収ム、鹿児島県史料旧記雑録後編四巻六十三、五六〇号、参看、大日本史料慶長十四年四月一日ノ條、本文書ヲ譜牒餘録ニ據リテ掲グ、

〔御文書〕 家久公十三 三十五通 巻十八 ○東京大学史料編纂所所蔵島津家文書5—5—5

（山口直友書狀）（折紙）
猶々、琉球之儀、早々御注進御尤存候、委細平大（平田大炊助）へ申渡候間、可レ被二申上一候、以上、
先度、以二飛脚一申入候、參着仕候哉、然者、琉球御動之儀ニ御座候間、先琉球之様子相聞申候まて、御上洛御無用之由、被二仰出一候旨、本上州ゟ被二申越一候間、其御心得可レ被レ成候、琉球相濟申候者、御上洛被レ成、御尤奉レ存候、委細之儀者、平田大炊助殿申談候条、可レ被二申上一候、恐惶謹言、
卯月廿二日　直友（花押）
山駿河守

薩州
少將様
參人々御中

○本文書ノ寫、東京大学史料編纂所所藏島津家文書續編島津氏世錄正統系圖十八代家久第三十三ニ、正文在文庫、慶長十四年ト注シテ收ム、鹿児島県史料旧記雑録後編四巻六十三、五六六号、參看、大日本史料慶長十四年四月一日ノ條、本文書ヲ薩藩舊記後編二十九ニ據リテ掲グ、

〔御文書〕義久公　四十通　四
○東京大学史料編纂所所藏島津家文書S島津家文書19―4―24

（附箋一）「二十四」（附箋二）「慶長十四年五月二日」
（文字天地逆）
（島津義久書狀）（折紙）
其地辛勞儀、令二推察一候、仍渡海已後到來無レ之、無二心元一候處、諸舟、無レ恙到二大嶋一着岸、彼表、無二別儀一屬二手裡一之由、祝着候、○中略、全文、本年五月三日ノ條ニ收ム、早々注進肝心候、然者、陸奥守（島津家久）、可レ致二上洛一之由、被二仰下一候、其國へ人數差渡候上、如レ此候、乍二迷惑一、其用意寂中之処、去月（四月）廿五日、從二山駿州一使札被二差下一、當分琉球へ軍衆渡置候間、此節之上洛、先可二延引仕一旨、被二仰聞一候、國中

之悦、不レ過レ之候、就レ其、弥琉球表之賢慮尤候、將又、軍衆へ辛勞之通申聞度候、恐々謹言、

五月三日龍伯（島津義久）〇（黒圓印）

椛山權（久高）左衛門尉殿

〇本文書ノ寫、東京大学史料編纂所所藏島津家文書新編島津氏世録支流系圖樺山氏一流第四ニ、正文有之、慶長十四年ト注シテ、同所藏島津家本舊記雑録後編巻六十三ニ、御文庫四拾八番箱中、此御書樺山權左衛門久高譜中ニ在リ、慶長十四年ト注シテ収ム、鹿児島県史料旧記雑録拾遺諸氏系譜一、新編島津氏世録支流系図樺山氏一流第四、三三〇号、幷ニ鹿児島県史料旧記雑録後編四巻六十三、五六九号、參看、

〔舊記雑録〕後編　巻六十三　〇東京大学史料編纂所所藏島津家本

「在二官庫一」

其地辛勞儀、令二推察一候、仍渡海已後到來無レ之、無二心元一候處、諸舟、無レ恙到二大島一着岸、彼表、無二別儀一屬二手裡一之由、祝着候、〇中略、全文、本年五月三日ノ條ニ収ム、早々注進肝心候、然者、陸奥守、急可レ致二上洛一之由、被二仰下一候、其國江人數差渡候上、如レ此候、乍二迷惑一、其用意最中之処、去月（四月）廿五日、從二山口駿州一使札被二差下一、當分琉球へ軍衆渡置候間、此節之上洛、先可二延引仕一旨、被二仰聞一候、誠國中之悦、不レ過レ之候、就レ其、彌琉球表之賢慮尤候、將又、軍衆へ辛勞之通申聞度候、恐々謹言、

五月三日　龍伯（島津義久）御判

平田太郎（増宗）左衛門殿

伊集院半（久元）右衛門殿

佐多(忠増)佐渡守殿

○鹿児島県史料旧記雑録後編四巻六十三、五七〇号、参看、本文書、大日本史料慶長十四年四月一日ノ條、薩藩舊記後集二十九ニ據リテ收ム、

〔南聘紀考〕巻之下 ○東京大学史料編纂所所蔵島津家本さI—12—33—64

慶長十四年

四月、○中略、本年四月一日ノ第一條、同四月五日ノ條及ビ同五月二十一日ノ條、参看、是歳、公(家久)、將レ朝二兩府一、頗令二辦裝一、乃山口直友與本多正純、議承レ旨、四月朔日、致二公及　松齢公書一、遣レ使傳レ之曰、「因二今遣レ兵、有レ事二於琉球一、特許二述職延一遷其期一」、二十五日、使書達レ藩、廿九日、飛檄達レ府(鹿児島)、前月(三月)十五日、所二報告一也、

○島津軍大將樺山久高、琉球國中山王尚寧、首里城ヨリ下城シタルコトヲ、鹿児島城主島津家久ヘ報ズルコト、本年四月五日ノ條ニ、島津軍、琉球國中山王尚寧ヲ伴ヒ、那覇ヲ出デ、日本薩摩國鹿児島ニ向フコト、同年五月十五日ノ條ニ見ユ、

○大日本史料慶長十四年四月一日、是ヨリ先キ、家康、島津家久ヲ駿府ニ召ス、是ニ至リ、更ニ命ジテ、琉球平定ヲ俟チテ途ニ上ラシムル條參看、

○四月二十五日、島津義久、前征夷大將軍徳川家康ノ命ヲ傳ヘタル山口直友ノ書狀ヲ受クルコト、五月五日、島津軍大將樺山久高、琉球國中山王尚寧ヲ端午節宴ニ招ズルコト、便宜合敍ス、

四月五日、島津軍大将樺山久高、琉球國中山王尚寧、首里城ヨリ下城シタルコトヲ、鹿児島城主島津家久へ報ズ、

〔御文書〕家久公五　十七通　巻十七
○東京大学史料編纂所所蔵島津家文書12―5―7

（樺山久高書状）（折紙）
尚々、期二後音□〔之〕時一候、

以上、

態令二啓達一候、仍此國〔琉球國〕之儀、無二殘所一、曖へ罷成、今日五日ニ、王〔琉球國中山王尚寧〕位を始、被レ成二下城一候、千秋萬歳、目出令レ存候事、

一、帝王其外頭々質人之儀、如二其地一、可レ為二渡海一之旨、申渡候、是又、其分ニ可レ有二領掌一之躰候、為二御納得一候事、

一、都嶋〔宮古島〕・久米之嶋両嶋之事者、海路相隔在所□〔之〕儀候□〔条〕、人衆□□可二差渡一候旨、雖二□□□□〔談合申候〕一、百姓迄之儀□□〔之由〕候間、若足浮申候てハ如何候ハん哉と存□□〔候て〕、爰元三司官之衆へ申付、如レ此申納等之□〔儀〕、□〔可〕レ□〔被〕レ調候間、近日、可二申渡一之覚□□〔悟候〕、為二御存一候、

一、右之諸式急申調、來月□晴申候者、何茂可二罷登一之儀ニ候へとも、先々、此地之様体□〔為〕ニ可申上一、飯牟礼紀伊介方・貴嶋采女方進上申候、旁可レ然候様ニ御披露所レ仰候、尚委曲用二口上一候、

恐惶謹言、

椛山權左衞門
卯月五日（慶長十四年）　久高（花押）
喜入大炊助殿
人々□□〔御中〕

○本文書ノ寫、東京大学史料編纂所所藏島津家文書新編島津氏世錄正統系圖十七代義久第二十九ニ、正文在之ト注シテ、同所藏島津家文書續編島津氏世錄正統系圖十八代家久第三十三ニ、正文在文庫、慶長十四年ト注シテ、及ビ同所藏島津家本舊記雜錄後編卷六十三ニ、雜抄、此正文御文庫十七番第十七卷中ニ有之紀合候也、義久公御譜中正文有之トアリ、家久公御譜中ニモ在リ、慶長十四年ト注シテ收ム、鹿児島県史料旧記雑録後編四巻六十三、五六二号、參看、大日本史料慶長十四年四月五日、島津氏ノ臣樺山久高等、大島德島等ヲ略シ、運天港ニ上陸シ、進ンデ首里城ヲ攻ム、琉球王尚寧、質ヲ出ダシ降ヲ請ヒ、是日、城ヲ致シテ去ル條、本書ヲ薩藩舊記後集二十九ニ據リテ收ム、

〔續編島津氏世錄正統系圖〕　十八代家久　第三十三
○東京大学史料編纂所所藏島津家文書36—1—2—1

○稽、琉球國者、揭二薩陽一三百里而、在二于南海中一、（○中略、本年二月二十六日ノ條參看、）慶長十四年三月四日之曉天、解二纜於薩州山川（指宿郡）灣一、（○中略、本年三月四日ノ條、同三月七日ノ條及ビ同三月二十日ノ第一條、參看、）永良部島草偃而、（○中略、本年三月二十一日ノ條參看、）後進二軍船一、到二于運天津一、（○中略、本年三月二十五日ノ條參看、）既而、久高（樺山）・增宗（平田）、三月盡（二十九日）、發二軍船一、嚴二武備一、到二大椀津（讀谷山間切大灣）一、明日、欲レ到二那覇津一、有下張二鐵鎖于津口一守之聞上、以故、四月一日、分レ軍自二海陸一發向、放二火民屋一、攻二入都門一、國人雖二防戰一、吾軍擊走レ之、遂圍二王城首里一、（天孫氏、始築二中山一、故曰二首里一、）欲二急攻破一レ之、於レ是、國王尚寧、乞レ和、久高・增宗應レ之、因同五日、尚寧下城、（○本年四月一日ノ第一條參看、）於レ是、久高、使二飯牟禮紀伊介光家・貴島采女賴張一、捧二捷書於州主（家久）一、乃家久馳二使介一上言、（○下略、本年七月七日ノ條及ビ同五月十五日ノ條、參看、原本ノ振假名及ビ返點、略ス、返點、編者ニ依リテ附ス、コノ記、東京大学史料編纂所所藏島津家本舊記雜錄後編卷六十三ニ、家久公御譜中ト注シテ收ム、鹿児島県史料旧記雑録後編四巻六十三、五四〇号、參看、）

〔新編島津氏世錄正統系圖〕　十七代義久　二十九
○東京大学史料編纂所所藏島津家文書35—1—6—9

〇夫、琉球國者、去㆓薩摩州㆒者、二百餘里、然而、自㆓往昔㆒、為㆓附庸㆒、屬㆓島津氏旗下㆒、所以納貢也、頃年、妄㆓舊規㆒怠慢、不㆓納貢㆒、由㆑是、數度、凌㆓難海㆒渡㆓使節㆒、以誘㆑之、不㆑肯㆑聽、故欲㆑退㆓治之㆒、而請㆓件事於

家康(徳川)卿㆒、卿、卽免許焉、是以、慶長十四年己酉之春三月、艤㆓艨艟一百餘艘㆒、而渡㆓騎歩三千餘人㆒、自㆓海陸島嶼之要壘㆒、至㆓王都近邊之城郭㆒、悉以攻平、於㆑茲、國王及三司官以下、請㆑和降服、以㆑故、不㆓血刃㆒、而已奏㆓凱歌㆒矣、國王以下、共俱乘㆓艨艟㆒、不㆑經㆓數日㆒、宜㆓歸帆之解纜㆒、裁㆓捷書使一价㆒、乘㆓一船㆒、先㆓軍衆㆒、告㆓薩摩㆒、則令㆔使節上㆓達家康卿・秀忠卿㆒、〇下略、本年五月二十一日ノ條參看、原本ノ振假名及ビ返點、略ス、返點、編者ニ依リテ附ス、コノ記、東京大学史料編纂所所藏島津家本舊記雜錄後編巻六十三ニ、義久公御譜中ト注シテ收ム、鹿児島県史料旧記雜録後編四巻六十三、五七八号、參看、

〔南聘紀考〕巻之下 〇東京大学史料編纂所所藏島津家本さⅠ―12―33―64

慶長十四年

四月〇中略、本年四月一日ノ第一條參看、而五日、乃久高、致㆓喜入大炊助久正書㆒、使飯牟禮紀伊介光家・貴島釆女賴張、齎先㆓同舟㆒就㆓久正㆒、報㆓告捷於我公(島津家久)及 貫明公(島津義久)・松齡公(島津義弘)㆒、而未㆑幾、光家等還、悉以報㆑實、三公大歡悅、〇下略、本年五月二十一日ノ條參看、

〇四月五日樺山久高書狀〇喜入大炊助宛ノ鹿児島ニ著シタル月日、詳カナラズ、樺山久高、大島ヲ征シタルコトヲ島津義弘ニ報ジタル三月十五日ノ書狀、四月二十九日ニ義弘ニ著シタルコト、本

年三月十五日及ビ同四月二十九日ノ條ニ、島津義久、山口直友ニ、大島ヲ征シタルコトヲ報ズルコト、及ビ島津義弘、山口直友幷ニ本多正純ニ、大島ヲ征シタルコトヲ報ズルコト、本年五月二十一日ノ條ニ見ユ、

○大日本史料慶長十四年四月五日、島津氏ノ臣樺山久高等、大島德島等ヲ略シ、運天港ニ上陸シ、進ンデ首里城ヲ攻ム、琉球王尚寧、質ヲ出ダシ降ヲ請ヒ、是日、城ヲ致シテ去ル條參看、

四月二十九日、島津義弘、島津軍大將樺山久高ヨリノ大島ヲ征シタル報ヲ受ク、尋デ、五月二日、島津義弘、樺山久高ニ書狀ヲ送ル、

〔傳家龜鑑〕十五 ○東京大学史料編纂所所藏島津家文書84—14—11

(島津義弘書狀)(折紙)
任二幸便一用二一翰一候、仍三月十五日之注進狀、卯月(四月)廿九日ニ相屆、具ニ令二披見一候、先以、諸船無二異儀一同前ニ其地へ着岸之由、殊大嶋之事、不日ニ相濟候通、千万目出存事候、扨々、滄波遼遠之御辛勞、自レ是察二存計一候、定而琉球之儀も、別儀有間敷候哉、早々吉左右待入候、猶期二來音一候、恐々謹言、

五月二日　惟新(島津義弘)(花押)

椛山權左衛門(久高)殿

○本文書、東京大学史料編纂所所藏島津家本舊記雜錄後編卷六十三ニ、樺山氏藏、此御書權左衛門久高譜中ニ在リ、慶長十四年ト注シテ收ム、鹿児島県史料旧記雑録後編四巻六十三、五六八号、參看、大日本史料慶長十四年四月五日、島津氏ノ臣樺山久高等、大島徳島等ヲ略シ、運天港ニ上陸シ、進ンデ首里城ヲ攻ム、琉球王尚寧、質ヲ出ダシ降ヲ請ヒ、是日、城ヲ致シテ去ル條、本文書ヲ、薩藩舊記後集二十九ニ據リテ收ム、

〔新編島津氏世録支流系圖〕樺山氏一流　第四　○東京大学史料編纂所所藏島津家文書42—2—2—11

「十三代」○朱書、下同ジ、
「△」久高

○中略

「正文在二樺山源三郎久清一」

○任二幸便一用二一翰一候、仍三月十五日之注進狀、卯月廿九日ニ相屆、具ニ令二披見一候、先以、諸船無二異儀一同前ニ其地へ着岸之由、殊大嶋之事、不日ニ相濟候通、千萬目出存事候、扨々、滄波遼遠之御辛勞、自レ是察二存計一候、定而琉球之儀も、別儀有間敷候哉、早々吉左右待入候、猶期二來音一候、恐々謹言、

「慶長十四年」
五月二日　惟新（花押影）

椛山權左衛門殿

○鹿児島県史料旧記雑録拾遺諸氏系譜一新編島津氏世録支流系図樺山氏、三二九号、參看、

〔南聘紀考〕巻之下　○東京大学史料編纂所所藏島津家本さI—12—33—64

慶長十四年

五月二日、松齢公（島津義弘）、賜二久高書一、○中略、本年五月三日ノ條參看、令下以二諭旨一勵中軍忠上、○下略、本年五月十五日ノ條參看、

○島津軍大將樺山久高、大島到着及ビ大島ヲ征シタルコトヲ島津義弘ニ報ズルコト、本年三月十五日ノ條ニ見ユ、

五月三日、是ヨリ先、島津義久、島津軍大將樺山久高ヨリノ大島ヲ征シタル報ヲ受ク、尋デ、是日、島津義久、樺山久高及ビ平田増宗等ニ書狀ヲ送ル、

〔御文書〕義久公 四十通 四 ○東京大学史料編纂所所藏島津家文書S島津家文書19—4—24

（附箋一）「二十四」「（附箋二）慶長十四年五月二日」

（文字天地逆）

（島津義久書狀）（折紙）

其地辛勞儀、令二推察一候、仍渡海已後到來無レ之、無二心元一候處、諸舟、無レ恙到二大嶋一着岸、彼表、無二別儀一屬二手裡一之由、祝着候、右之樣子、追付上方へ申上候間、猶以相易儀、於レ有レ之者、早々注進肝心候、然者、陸奥守（島津家久）、可レ致二上洛一之由、被二仰下一候、其國へ人數差渡候上、如レ此候、乍二迷惑一、其用意取中之処、去月（四月）廿五日、從二山駿州（山口直友）一使札被二差下一、當分琉球へ軍衆渡置候間、此節之上洛、先可二延引仕一旨、被二仰聞一候、國中之悦、不レ過レ之候、就レ其、弥琉球表之賢慮尤候、將又、軍衆へ辛勞之通申聞度候、恐々謹言、

五月三日龍伯（島津義久）◯（黑圓印）

椛山（久高）權左衛門尉殿

◯東京大学史料編纂所所藏島津家文書新編島津氏世錄支流系圖樺山氏一流第四ニ、正文有之ト注シテ收ムル本文書ノ寫、下ニ收ム、本文書ノ寫、同所藏島津家本舊記雜錄後編卷六十三、御文庫四拾八番箱中、此御書樺山權左衛門久高譜中ニ在リ、慶十四ト注シテ收ム、鹿児島県史料旧記雑録後編四巻六十三、五六九号、參看、

〔新編島津氏世錄支流系圖〕樺山氏一流 第四 ◯東京大学史料編纂所所藏島津家文書42—2—2—11

「十三代」◯朱書、下同ジ、

「△」久高

◯中略

「正文有レ之、」

◯其地辛勞儀、令二推察一候、仍渡海已後到來無レ之、無二心元一候處、諸舟、無レ恙到二大嶋一着岸、彼表、無二別儀一屬二手裡一之由、祝着候、右之樣子、追付上方へ申上候間、猶以相易儀、於レ在レ之者、早々注進肝心候、然者、陸奥守、可レ致二上洛一之由、被二仰下一候、其國へ人數差渡候上、如レ此候、乍二迷惑一、其用意最中之處、去月廿五日、從二山駿州一使札被二差下一、當分琉球へ軍衆渡置候間、此節之上洛、先可二延引仕一旨、被二仰聞一候、國中之悅、不レ過レ之候、就レ其、弥琉球表之賢慮尤候、將又、軍衆へ辛勞之通申聞度候、恐々謹言、

「慶長十四年」
五月三日　龍伯◯（黑圓印寫）

椛山權左衞門尉殿

○鹿児島県史料旧記雑録拾遺諸氏系譜一新編島津氏世録支流系図樺山氏、三三〇号、參看、

〔舊記雜錄〕後編　巻六十三　○東京大学史料編纂所所藏島津家本

「在二官庫一」

其地辛勞之儀、令二推察一候、仍渡海已後到來無レ之、無二心元一候處、諸舟、無レ恙到二大島一着岸、彼表、無二別儀一屬二手裡一之由、祝着候、右之様子、追付上方江申上候間、猶以相易儀、於レ有レ之者、早々注進肝心候、然者、陸奥守、急可レ致二上洛一之由、被二仰下一候、其國江人數差渡候上、如レ此候、乍二迷惑一、其用意最中之処、去月(四月)廿五日、從二山口駿州一使札被二差下一、當分琉球へ軍衆渡置候間、此節之上洛、先可二延引仕一旨、被二仰聞一候、誠國中之悅、不レ過レ之候、就レ其、彌琉球表之賢慮尤候、將又、軍衆へ辛勞之通申聞度候、恐々謹言、

五月三日　龍伯(島津義久)御判

平田太郎左衞門(増宗)殿

伊集院半右衞門(久元)殿

佐多佐渡守(忠増)殿

○鹿児島県史料旧記雑録後編四巻六十三、五七〇号、參看、本文書、大日本史料慶長十四年四月一日、是ヨリ先キ、家康、島津家久ヲ駿府ニ召ス、是ニ至リ、更ニ命ジテ、琉球平定ヲ俟チテ途ニ上ラシムル條、薩藩舊記後集二十九ニ

據リテ收ム、

〔南聘紀考〕卷之下 ○東京大学史料編纂所所藏島津家本さI―12―33―64

慶長十四年

五月二日、○中略、本年四月二十九日ノ條參看、貫明公、（島津義久）賜二平田增宗・伊集院久元・佐多忠增書一、令下以二諭旨一勵中軍忠上、○コノ記、五月二日條ニ附サルトイヘドモ、五月三日ノ記ナルベシ、下略、本年五月十五日ノ條參看、

○前征夷大將軍德川家康、鹿兒島城主島津家久ヲ駿府ニ召ス、四月一日、琉球平定ヲ俟チテ途ニ上ルベキコトヲ命ズルコト、及ビ、四月二十五日、島津義久、前征夷大將軍德川家康ノ命ヲ傳ヘタル山口直友ノ書狀ヲ受クルコト、本年四月一日ノ第二條ニ見ユ、

五月五日、島津軍大將樺山久高、伊勢貞昌ニ書狀ヲ送リ、鹿兒島城主島津家久ヨリ書狀ヲ受ケタルコト幷ニ御酒拜領ノコト、及ビ琉球國中山王尚寧ヲ伴ヒテ近日歸帆ノコトヲ報ズ、

〔御文書〕家久公五 十七通 卷十七 ○東京大学史料編纂所所藏島津家文書12―5―8

（樺山久高書狀）（折紙）
已上

三月廿日之 御書謹拜見、外聞實儀忝奉レ存候、抑此國之儀、無二殘所一相濟申、（琉球國中山王尚寧）王位茂上國之由候

而、順風被㆓相待㆒躰候、珠従㆓都之嶋（宮古島）㆒叶（貢）船罷上候之間、上乗之者共少々可㆓召上㆒覺悟候、右之嶋江茂此地へ爲㆑参船共、追付歸帆仕候、樣子委申遣候之条、定別儀御座有間敷与存候、千万目出度奉㆑存候、次者、爰元人數江御酒被㆓拜領㆒候、壹段忝之通申上候、右之旨、可㆑然之様、可㆑預㆓御披露㆒候、恐々謹言、

（慶長十四年）五月五日　椛山權左衞門尉
久高（花押）

伊勢（貞昌）兵部少輔殿

○本文書ノ寫、東京大学史料編纂所所藏續編島津氏世錄正統系圖十八代家久第三十三ニ、正文在文庫、慶長十四年ト注シテ、同所藏舊記雜錄後編卷六十三ニ、在官庫、慶長十四年、此正文御文庫拾七番箱十七巻中ニ有之季通糺合ス、家久公御譜中在リト注シテ収ム、鹿児島県史料旧記雜録後編四巻六十三、五七一号、參看、

○島津家久、島津軍ニ岩切彦兵衞尉ヲ見廻トシテ遣シ、大將樺山久高ニ書狀及ビ酒ヲ送ルコト、本年三月二十日ノ第二條ニ、本年五月七日、久高、將兵ニ下賜ノ酒ヲ振舞フコト及ビ琉球國中山王尚寧、首里城ヲ下城スルコト、本年四月一日ノ第一條ニ見ユ、

五月八日、是ヨリ先、鹿兒島城主島津家久、前右大臣豐臣秀頼ニ、琉球ニ軍ヲ送リタルコトヲ報ズ、是日、片桐且元、家久ニ書狀ヲ送ル、

〔御文書〕家久公十三　巻十八
○東京大学史料編纂所所藏島津家文書S島津家文書5—5—7

（片桐且元書状）（折紙）
已上
三月十五日之御札、五月八日上着、拜見申候、先以遠路思召寄示預、殊硫黄三百斤被レ下候、何
寄重要々ニ御座候間、則秀頼（豊臣）様御用ニ上申候、
一、當春者、自二早々一琉球ヘ御人數被レ遣由、乍二御太儀一御名譽之旨、於二上方ニ一取々御噂申出迄
候、定而無二異儀一御勝手ニ可二罷成一と存候、慥之御吉左右承申度候、
一、大御所様（徳川家康）・將軍様（征夷大将軍徳川秀忠）御息災ニ御機嫌能御座候、御家老衆御無事ニ候、京・伏見・大坂、是又、
無二何事一候条、可二御心安一候、此地似相式御用候者可レ承候、旁追而可二申述一候、恐惶謹言、
片桐市正
五月八日　且元（花押）
羽柴陸奥守様（島津家久）
御報

○本文書ノ寫、東京大学史料編纂所所藏島津家文書續編島津氏世錄正統系圖十八代家久第三十三ニ、正文在文庫、慶長十四年ト注シテ、同所藏島津家本舊記雜錄後編卷六十三ニ、古御文書、家久公御譜中ニ在リ、慶長十四年ト注シテ收ム、鹿児島県史料旧記雑録後編四巻六十三、五七二号、參看、本文書、大日本史料慶長十四年四月五日、島津氏ノ臣樺山久高等、大島徳島等ヲ略シ、運天港ニ上陸シ、進ンデ首里城ヲ攻ム、琉球王尚寧、質ヲ出ダシ降ヲ請ヒ、是日、城ヲ致シテ去ル條、薩藩舊記後集二十九ニ據リテ收ム、

五月十一日、琉球國中山王尚寧、明福建等處承宣布政使司ヘノ咨文ヲ製シ、正議大夫鄭俊等ヲ遣シ、島津軍ノ來寇ヲ急報シ貢期ヲ緩スコトヲ致サント

報ゼムトス、

〔歴代寶案〕 第一集 巻十八 國王咨 起成化十七年至天啓七年 ○沖縄県立図書館史料編集室編歴代宝案校訂本第一冊

（琉球國中山王咨）

琉球國中山王□〔尚〕寧、爲急報倭乱致緩貢期事、照得、本國、參年二貢、歴進不爽、本年、例該貢期、合行進奉、經差員役、坐駕土船、裝載馬匹・磺〔硫脱〕完備外、驟驟聞警報日本薩摩州倭奴他魯済（平田太郎左衛門尉増宗）・呉済（樺山權左衛門尉久高）等、鳩黨流毒海島、肆蔓屬地、致阻滯進貢行程、報警、三月□〔内〕、先據葉壁山（伊平屋島）・奇隹山（鬼界島）等處連放□〔烽〕號、傳報虚慘、但未□〔接〕郵舗投呈實事、擧國□〔疑〕似惶□〔惶〕、議欲興□〔兵〕向救、恐其藩城失守、□〔則〕欲□〔傍〕□〔觀〕劫殺、不□〔忍〕生民塗□〔炭〕、三月二拾日、卑職（中山王尚寧）、差遣法司馬良弼（良豊）、率領精兵千餘、向□□〔陸致〕彼、阻救去後、續據馬良弼回稱（馬良豊回稱）勢、「觀其賊□〔勢〕、雄張、寇艦糾結、布擺散處、紅白旗幟、間閃飛搖、遠望、莫辨其幾千餘矣、聆聽、銃聲綿連不絶、大〔火カ〕麓焚山、勢如燎毛、眞令人髮上指耳、三月二十六□〔日〕、馬良弼、密近哨窺、舡多寇少、中心思忖、□〔拾〕分之捌、諒、其醜虜是虚張、賊勢僥倖捲劫也」、良弼、令兵進殺、詎、倭狡計、伏寇深山、詐敗弭侵、四顧瞭〔驟〕圍、弼（良弼）兵傷損去半、良弼、被兵擒獲綑拷獻降、良弼、仰天呼號、「我琉球（馬良豊呼號）、上有

天朝

萬歳爺（明皇帝）父、下有琉球國□〔主〕、良弼、頒兵向敵、既不能戰勝、□〔又〕不能衞身、死何足惜」、二賊

□〔首〕、○樺山久高・（平田增宗）、□〔嘉〕（嘉）㆔其壹匹（馬良豐）□〔儒〕夫敢向㆓萬軍雄陣㆒、「雖㆓□〔是〕（島津軍軍將言）無㆑□〔知〕□〔入〕㆑火就㆑擒、而竟明㆓忠君愛國㆒、不㆑殺全㆑忠」等情、四月初一日、倭寇、突㆔入中山那覇港㆒、□〔卑〕職、嚴㆔令帥官鄭迥・毛繼祖（盛續）等㆒、統㆓督技兵三千餘㆒、披㆑兵執㆑鋭、雄據㆓那覇江口㆒力敵、彼時、球兵陸居勢强、蠢□〔倭〕水處勢弱、百出拒㆑敵、倭其左矣、且又、倭船淺小、勢難㆑用㆑武、箭射難㆑逃、銃發莫㆑避、愴㆔□〔忙〕急遽㆒、船□〔各〕自携角衝㆑礁、沈斃及殺、不㆑可㆓勝紀㆒、詎、彼倭奴藏兵繼至、沿㆑陸從㆓東北㆒而入、無㆓兵備禦㆒、虞喇（浦添）時等地方、悉被㆓焚慘㆒、且琉球、僻㆔在東隅㆒絶島、兵出有㆑限、求㆑助無㆑地、孤危獨支、兵使㆑敵㆑北、則失㆑南、敵㆑南、又失㆑北、首尾不㆑能㆓相顧㆒、鄭迥・繼祖、帥㆑兵退、而堅防㆓首里王城㆒、倭徑突㆓□〔那〕覇營巢㆒矣、彼時、窺伺核考、衆寡莫㆑辨、墜（隊）成㆓蜂蟻㆒、勢如㆓喊□〔虎〕㆒、且彼、蠢爾據㆑地倍强、□〔壹〕足㆑□〔當〕㆑□〔拾〕（拾）、難㆓以力□〔敵〕㆒、卑職、仰思俯嘆、于㆑今、閭閻墟（坵）、百姓疲饑、使令進（戰）、難㆑□〔忍〕㆓生民肝腦塗㆒㆑地、呼令㆓官民人等躱避入㆒㆑城、四月初四日、藩城被㆓倭羅團㆒數匝、村麓被㆑劫、靡㆑有㆓孑遺㆒、卑職、詳思熟察、進戰退守、勢恐兩難、無㆑奈、遣㆓僧菊居（菊隱）隱僧法印等㆒、幣帛釋解、倭愿、罷㆑兵告㆑休、方有㆓旬餘㆒、復逼㆓割土獻降㆒、暴四〔肆〕鵰言、「假（島津軍軍將言）不㆑如㆑議、城廟盡行□〔焚〕燬、百姓盡行□〔剿〕滅、土地悉捲㆓所有㆒」、卑職、仰㆔念叩㆓救天朝㆒、但波程萬里、非㆑可㆓一朝力㆒、爲興慨計窮、顧㆓其官民㆒曰、「似（尚寧言）㆓此疥癬㆒、不㆑療、恐貽㆓心腹之患㆒、一指不㆑舍、難㆑保㆓肩背之全㆒」、擧國官民、無㆑柰（奈）、議割㆓北隅葉壁壹島㆒、極㆓民塗炭㆒、□〔詎〕、彼狡奴〔狡〕、得レ壠〔隴〕望レ蜀、又、挾三制助兵劫二取鷄籠〔臺灣〕一、卑職看、其鷄籠、雖三是萍島野夷一、其咽□〔喉〕毘三
連閩海居地一、藉□〔令〕二鷄籠殃虐一、則省之濱□〔海〕居□〔民〕、□〔焉〕能安堵□〔如〕レ故、而不二爲レ之驚懼一也、卑職、
深爲二隱憂一、既不レ能レ制三馭其非一、曷敢□〔助〕レ恣二其虐一、矢口絶拒、盡瘁彌縫、稱道、「我〔尚寧言〕琉球、雖二
是一撮海島一、原係丁□〔欽〕三蒙
詔褒二守礼之邦一、
賜二准進貢一、仍
賜丙陪臣之子入二讀 大學一襲乙受
聖敎甲、今若助二汝肆乱一、□〔奚〕逭二我
君〔皇帝〕父之罪責二」、詎、彼狡□〔奴〕、喜怒無レ常、變拗莫レ測、復肆二攻焚一、勒三挾國戚及三法司等官一、悉牢三
羅于寺院一、威三嚇諾二允前議一、延久〔久〕不レ聽、□〔狡〕奴、慮下恐計變二于稽遲一、禍生中于日久上、五月初五日、
乘二節端陽一、□〔貳〕賊首設醴、夤揖二遊□〔船〕一、卑□〔職〕、故知二是酒穽礼囊一、亦未レ剖二眞非一、又恐二冐卻□〔增〕レ
嗔、無レ聊就前、輒惹覊絆、跬歩莫レ□〔離〕、仍挾率從二三法司官一、一併隨三往日本一、見二□〔其〕國□〔首〕〔島津家久〕一、裁三
奪前情□〔等〕縁由一、□〔斯〕時斯際、進□〔退〕兩難、□〔屈〕聽依レ議、隨喚同二三法司等□〔官〕鄭□〔迵〕・□〔吳〕〔浦添〕〔向朝師〕頼瑞、王舅毛鳳〔安
頼〕儀、譯使毛鳳朝〔盛韶〕・毛萬記等一、就于二五月十四□〔日〕一、□〔同〕二彼倭奴一、一起開□〔駕〕、□〔切〕思、□〔職〕任二藩屏一、臨
レ難死守、義所二當然一、但仰三瞻

君父、未敢捐軀、將措就行、據此、看彼狡□〔奴〕、□〔似〕此行兇肆毒、恐、有放恣無忌、窺蔓及省〔福建〕濱海居民、事亦未可□〔知〕也、矧、
冊封國王、出奔他國、□〔事〕于〔干〕重大、倭奴作孽、情亦匪輕、理合就行飛報、爲此、但北風未發、
難以通行、卑職、隨備咨給照、〔琉球國中山王尚寧執照〕「差遣正□〔議〕大夫・使者・都通事等官鄭俊等、坐駕□〔土〕小船一
隻、幷隨載□〔生〕硫磺二千斤、侯□□〔候風馳〕報知會」等情、據此、隨將印信、交囑法司馬良□〔弼〕、攝
王妃・王弟暫署看掌、仍原差□□〔員役〕・船隻、着馬良弼□〔汎〕發、卽時發行、報道
貴司、來□〔文〕事理、□〔伏〕乞、
查照轉奏施行、另報
禮部咨文壹道、伏乞、差人赴
京投遞、原□□〔差貢〕舡、南風汎發、乞□□〔賜着〕令領文歸國回報、賜莫遲悞、爲此移咨、須至咨者、

右　　　　咨

福建等處承宣布政使司、

萬曆三十七年□〔五〕月　○歷代寶案第一集卷十八、萬曆三十八年正月三十日琉球國中山王府攝王妃王弟暫看掌國事法司咨、倭亂ノ次第ヲ、本文書ニ據リテ再述スレドモ、今、略ス、一六一〇年正月三十日ノ條參看、

〔歷代寶案〕○第一集　卷二十六　符文　起隆慶二年至崇禎十七年
○沖縄県立図書館史料編集室編歴代宝案校訂本第二冊

（琉球國中山王尚寧符）
琉球國中山王尚（寧）（一字空）、爲下急二報倭亂一致レ緩二貢期一事上、「（尚寧言）今、特遣二正議大夫・使者・都通事等官鄭俊等一、率二領水梢一、坐二駕小土船壹隻一、幷裝二載生硫磺貳千觔一、前二赴福建等處承宣布政使司一、投二報前項緣由一」等情、今差去員役、竝無二文憑一、誠恐二所在官兵盤驗不一レ便、據レ此、理合備二給符文一、爲レ此、除外今、給二洪字第伍拾貳號半印勘合符文一、付二都通事梁順等一、收執前去、如關津把隘去處官兵、驗實卽便放行、母〔毋〕レ得二留難不一レ便、須レ至二符文一者、

計開　赴〔京脫〕

正議大夫壹員　鄭俊　人伴壹拾名

使者壹員　麻富都　人伴伍名

都通事壹員　梁順　人伴參名

管船火長直庫貳名　蔡喜　錢富

右符文、付二都通事梁順等一、准レ此、

萬曆參拾柒年伍月　日給

符文

〔歷代寶案〕第一集 巻三十二 執照 起萬曆二十一年至天啓七年
○沖縄県立図書館史料編集室編歷代宝案校訂本第二冊

（琉球國執照）
琉球國中山王尚（寧）（一字空）、爲下急二報倭亂一致レ緩二貢期一事上、「（尚寧言）今、特遣二正議大夫・使者・都通事等官鄭

俊等一、率二領水稍一、坐二駕小土船壹隻一、幷裝二載生硫磺貳千觔一、前二赴福建等處承宣布政使司一、投二報前項緣由一」等情、今差去員役、並無二文憑一、誠恐二所在官兵盤驗不レ便、據レ此、理合給照、□〔爲〕レ此、除外今、給二洪字第伍拾壹號半印勘合執照一、付二□〔都〕通事梁順等一、收執前去、如関津把□〔隘〕去□〔處〕官兵驗實、卽便放行、毋レ得二留□〔難〕不レ便、須レ至二執照一者、

計開

正議大夫壹員　鄭俊

人伴壹拾名

使者壹員　麻富都

人伴伍名

都通事壹員　梁順

人伴參名

管船火長直庫貳名　蔡喜　錢富

水稍

右執照、付二都通事梁順等一、准レ此、

萬曆參拾柒年伍月拾壹日給

〇一行空

執照

〇本執照、萬暦参拾柒年伍月拾壹日給トアレドモ、コノ時、給サレズ、

〇琉球國使鄭俊ノ派遣、コノ時、行ハレズ、

〇三月、是月ニ至リテ、琉球王府、鬼界島等ヨリ島津軍來攻ノ烽號ヲ得タルコト、及ビ三月二十日、琉球國中山王尚寧、島津軍ヲ阻マシメムタメニ三司官馬良豐ヲ今歸仁ニ差遣ス、尋デ、二十六日、馬良豐、島津軍ニ捕ハルルコト、本年三月二十五日ノ條ニ、島津軍、首里及ビ那覇ヲ征壓ス、四日、琉球王府ト島津軍トノ和議ナリテ、琉球國中山王尚寧、首里城ヨリ下城ス、十六日、中山王尚寧、泊ノ崇元寺ニ行幸シ、島津軍大將樺山久高等ト對面ス、尋デ、尚寧、日本薩摩國鹿兒島ヘノ渡御ノ請ヲ受クルコト、同四月一日ノ第一條ニ、島津軍、琉球國中山王尚寧ヲ伴ヒ、那覇ヲ出デ、日本薩摩國鹿兒島ニ向フコト、同五月十五日ノ條ニ、琉球國中山王府攝王妃王弟暫看掌國事法司馬良豐、正義大夫鄭俊ヲ明ニ遣シ、中山王尚寧咨文ヲ以テ、島津軍ノ入寇幷ニ貢期ヲ緩シメラレムヲ請フコトヲ報ズルコト、同十月十一日ノ條ニ、及ビ琉球國中山王府攝王妃王弟暫看掌國事法司馬良豐、明福建等處承宣布政使司ニ、倭亂ニ據リテ貢期ヲ緩ラシテ貢職ヲ修スルヲ咨スルコト、一六一〇年正月三十日ノ條ニ見ユ、

五月十五日、島津軍、琉球國中山王尚寧ヲ伴ヒ、那覇ヲ出デ、日本薩摩國鹿児島ニ向フ、

〔續編島津氏世録正統系圖〕十八代家久 第三十三 ○東京大学史料編纂所所藏島津家文書36―1―2―1

○稽、琉球國者、掲二薩陽一三百里而、在二于南海中一、○中略、本年二月二十六日ノ條參看、慶長十四年三月四日之暁天、解二纜於薩州山川灣一、○中略、本年三月四日ノ條、同三月七日ノ條、同三月二十日ノ第一條及ビ同三月二十一日ノ條、參看、後進二軍船一、到二于運天津一、○中略、本年三月二十五日ノ條參看、以故、四月一日、分レ軍自二海陸一發向、放二火民屋一、攻二入都門一、國人雖二防戰一、吾軍撃走レ之、遂圍二王城首里一、天孫氏、始築二中山一、故曰二首里一、欲二急攻破一レ之、於レ是、國王尚寧、乞レ和、久高（樺山）・増宗（平田）應レ之、因同五日、尚寧下城、○中略、本年四月一日ノ第一條、同四月五日ノ條及ビ同七月七日ノ條參看、而久高・増宗、以二尚寧及按司・三司官以下一戴レ之、五月（十脱）五日、發二琉球一、同二十五日、愷二旋麑府一（薩摩國鹿児島）、○下略、本年五月二十四日ノ條參看、原本ノ訓假名及ビ返點、略ス、返點、編者ニ依リテ附ス、コノ記、東京大学史料編纂所所藏島津家本舊記雑録後編巻六十三ニ、家久公御譜中ト注シテ收ム、鹿児島県史料旧記雑録後編四巻六十三、五四〇号、參看、

〔舊記雑録〕後編 巻六十三 ○東京大学史料編纂所所藏島津家本

（朱書）「琉球渡海日々記」

○中略、四月○中略、本年四月一日ノ第一條參看、順風御待候處ニ、十四日之晩ニ、順風もよく候間、彼晩に乗浮ひ候、同十五日巳之刻計に、琉球王位様船ニ御乗候ニ付、御舎弟（尚宏）・うらそひ（浦添）（向朝師）・謝內（鄭迵）、其外御供衆乗レ舟候、湊

口迄之王位御供千人余被レ参候、即諸船出舟ニ而候、追手之風無、然与候之間、夜を籠のり、十六日之朝、こほり（今帰仁間切郡島）江着候、此道三十五里、十七日辰之刻末ニ出舟候、薩摩船に琉球ふね相添、海上見事成無二申迄一候、彼津ゟ直乗ニ而候故、其夜翌日十八日晝比ゟ、順風強く候而、船酔の人數多候、夜入候而ゟかみなりなと仕、以之外しけへき氣敷ニ而候故、如何可レ有と心遣仕候、乍レ去、其夜も過し、卯之刻計より、大雨大風ニ罷成事實ニしけニ而、迷惑極ニ及、かけなみなと仕事無レ限候、やうちうの故、可レ掛所もなく走り候、其日も過キ、十九日午之刻計に、七嶋之内、中之嶋に取つき候、流船ニも取はなれ、思ひ〳〵乗續沙汰之限候、彼嶋にも類舟漸十二三艘着候、百艘に及候、舟たて大嶋やきうち（焼内）と申湊に、權左様（樺山久高）・太郎様（平田増宗）を始、三拾四五艘着岸候、其餘ハちり〳〵にのり散候、伊半右様（伊集院久元）御船、いつかた江御乗被レ成候やと心遣申候処ニ、彼中之嶋之内ニ御掛候、廻り掛り之嶋なれハ、定むる湊もなく、おもひ〳〵のまハり掛り之ゆへ、半右様御船ニも、其次日の昼計にこそ參合候、其外之船ハ、七嶋之内取着候、後に承候か、荷をうち候も多く候、かちをおらし、或ハ柱を損さし候船も有、思ひ〳〵の立願、精誠なる事無レ限候、同廿日も、無二順風一にて廻り掛り仕候、我々船のあんし（行師）彦左衛門と申もの、所におり、去夜晝五日之難儀を少し忘躰ニ而悦申迄ニ候、○下略、本年五月二十五日ノ條參看、鹿児島県史料旧記雑録後編四巻六十三、五五七号、參看、

〔伴姓肝付氏系譜〕○鹿児島県史料旧記雑録拾遺家わけ二 肝付家文書

兼篤（肝付）

○中略

同（慶長）十四年己酉、太守家久（島津）君、遣二軍衆于琉球國一、于二此之時一、兼篤随二勇兵八十餘人一、○中略、本年四月一日ノ第一條參看、五月十四日、以琉王出船、○下略、本年五月二十四日ノ條參看、

〔肝付世譜雜錄〕七 肝付世譜雑録巻之五 六代兼篤公 ○鹿児島県史料旧記雑録拾遺家わけ二 肝付家文書

○慶長十四年己酉、○中略、本年三月二十五日ノ條參看、

五月六日、○中略、本年四月一日ノ第一條參看、サテ、國王モ薩州ヘ渡海アルヘシトノ義ニテ、諸軍艤シテ順風ヲ相待ト雖、打續キ日和惡シク、徒ニ數日ヲ經、

五月十四日、國王及諸軍勢、那覇ノ湊ヲ出船シ、

同十五日、ウンテンニ着、

十七日、運天ヲ出テ天水カ渡ヲ渡、

○下略、本年五月二十四日ノ條參看、

〔歴代寶案〕第一集 巻十八 國王咨 起成化十七年至天啓七年 ○沖縄県立図書館史料編集室編歴代宝案校訂本第一冊

（琉球國中山王咨）

琉球國中山王□（尚）寧、爲下急二報倭乱一致レ緩二貢期一事上、照得、○中略、全文、本年五月十一日ノ條ニ收ム、五月初五日、乘二節端陽一、□（貳）賊首（樺山久高・平田增宗）、設醴酓揖二遊□（船）一、卑□（職）（尚寧）、故知二是酒穽礼囊一、亦未レ剖二眞非一、又恐二冐卻□（增）レ嗔、

無レ聊就前、輒惹覊絆、跬歩莫レ□〔離〕、仍挾卒従二三法司官一、一併隨三往日本一、見二□〔其〕國□〔首〕一、裁三奪前情□〔等〕緣由一、□〔斯〕時斯際、進□〔退〕兩難、□〔屈〕聽依レ議、隨喚同二三法司等□〔官〕鄭□〔迵〕・□〔吳〕頼瑞（浦添）（向朝師）、王舅毛鳳儀（安頼）、譯使毛鳳朝（盛韶）・毛萬記等一、就于二五月十四□〔日〕一、□〔同〕二彼倭奴一、一起開□〔駕〕、□〔切〕思、□〔職〕任二藩屏一、臨レ難死守、義所二當然一、但仰三瞻

君父（皇帝）一、未二敢捐レ軀、將措就行、據レ此、看二彼狡□〔奴〕一、□〔似〕レ此行兇肆毒、恐、有二放恣無レ忌、窺覓及二省（福建）濱海居民一、事亦未レ可レ□〔知〕也、矧、

冊封國王、出二奔他國一、□〔事〕□〔干〕二重大一、倭奴作レ孽、情亦匪レ輕、理合就行二飛報一、爲レ此、但北風未レ發、難二以通行一、○中略、同上、

右　咨二

福建等處承宣布政使司一

萬暦三十七年□〔五〕月

〔おもろ御さうし〕　第十三　船ゑとのおもろ御さうし
○沖縄県所蔵尚家本

○琉球大学附属図書館所蔵伊波普猷文庫架蔵おもろさうし仲吉本、先王尚寧尊君御上國之御時をなちやら（尚寧妃）の美御前御つくり被レ召候おもろノ朱墨交書詞書アリ、

一まにしか（眞北）　まねまね（間々）ふけは（吹）　あんしおそい（按司襲）（尚寧）てたの　おうね（御船）とまち（待）よる（居）

又おゑちへ（追手）か　おゑちへとふけ（吹）は○本歌、第十三ノ一四七番、通番八九二ニシテ、第九ノ三五番、通番五一〇ニ詞書ヲ闕キタル同歌アリ、句切、仲吉本ノ朱墨句點ヲ參看シ、空格ヲ以テス、本お

もろ、或ハ、一六一一年秋ニ詠ゼラレタルカ、

〔喜安日記〕○琉球大学附属図書館所蔵伊波普猷文庫本

○上略、本年四月一日ノ第一條參看、同(四月)十六日、主上(尚寧)、崇元寺へ《ニ》行幸なつて、兩將(樺山久高・平田增宗)と御對面ある、其後、織部(市來家政)・笑栖(村尾)を使者にて、薩州へ渡御有て、被レ遂ニ御禮《ヲ》一てハ〔ママ〕不レ可レ有とて、既に供奉の人□〔々〕相定る、其日(四月十六日)、除目被レ行て、江洲(毛榮眞)親雲上紫八巻給る、玉那覇(毛盛峻)御鎖子傍《ノ》に被レ住《ニンジ》〔任〕、御供の人々ハ、具志上王子(尚宏)・中城王子・佐鋪王子(尚豐)、忝も今の主上の御事也、僧に、西來院菊隱長老、今之建善寺也報恩寺恩叔長老也、大里親方(毛盛深)・池城親方(毛安頼)・江洲親方(毛盛韶)・玉那覇親雲上、中り衆には、江曾親雲上・川上親雲上・具志親雲上・与那原親雲上(向朝智)・池親雲上也、阿室親雲上・□〔座〕安親雲上・灣親雲上・山城親□□〔雲〕〔上〕・下郡《シタ□□リ》親雲上・□〔喜〕安(閔蕃元)、若里主にハ、安里・讀谷山・□□〔以〕〔貫〕・□〔糸〕數、軸殿(筑登之)にハ、謝国富・雲子富・勢高富・世寄□〔富〕・嶋打富、西日番、小谷・泊・荒垣、花(花當)たりには、金城・かゝす(嘉數)・舟越・城間・具志川・棚原・目苅・泊・具志川・眞武多、親部・小あ□〔く〕かへには、思五良・太郎金・思德・眞三郎、此等を先として、都合百余人、浦添親方・若那親方兩人ハ、一ツ舟に乘て、御供の外にて候けり、去程ニ、五月十三日にもなりしかハ、供奉の人々、終夜明なハ、數。《千》万里に趣んとて、妻子兄弟・知音近付、共に名殘をおしひ《ミ》、鳴きさけふ、後會其期を不レ知、別の涙を押へつゝ、面々暇乞せられける、心の中推量られて哀也、同十四日《ニ》、守護の武士共、御迎に參る、主上御輿にめされけれハ、女房達聲をとゝのへてなきかな

しひ給ふ、誠に、日比の行幸にハ、公卿・殿上人、庭上に折立、御随身左右につらなり、官人前後にし《下立》たかひ、舞樂をそうし□〔圍〕圍《カクミ》繞《□□ウ カコ□》せ□〔り〕、是ハあやしけなる白衣に玉襷《タスキ》□〔襷〕□〔り〕、或□道服なとの爲躰《□イ》なれハ目もくれ心も迷ひてなきかなしむもことハり也、夜もほの〳〵と明ゆけハ、美御殿を出させ給ふ、夫、旅の慣ハ、何の日、何の時かならす《必》立歸るへしと、其期を定置《ク》くたにも久敷そかし、況や是ハ今日を最後、只今の別なれハ、行も留るも、互に袖をそしほりける、相傳譜代の好ミ、年來日比の重恩如何てかしるへきなれハ、老たるも若きも後ろのミ顧て、前へハ進ミもやら《遣》さりけり、去程に、那覇の通堂に暫く御休息ありて、西來院（菊隱）長老・江洲親方（毛盛韶）を以て御掟ありけるハ、「積善の餘慶、家に尽き、積惡餘殃、身に及ふか故に、神明にも放たれ奉り、帝都（首里）を出て、旅泊に漂ふ上ハ何《ノ》頼か可㆑有なれ共、一樹の陰にやとり、同し流を結ふも他生の縁也、況や汝等ハ嚢祖相傳の家人也、或ハ近親の好ミ、或ハ累代芳恩、是深きもあり、何そ今其恩を酬ハさる《ら》んや、野の末、山の奥までも、行幸の御供申て、如何にもならんとハ思ハすやと勅命如㆑斯」と宣られけり、侍共、謹而承て、老少皆泪を押へて、「それ鳥類・獸類にも恩を《ヲ》報し、徳を酬ふ心ハ候け《な》り、況や人倫の身□〔と〕□〔し〕て、如何か其程《理》を存知仕らてハ候へき、就中、侍たる者に《ミニ》心あるを恥とす、況や重代朝恩をうけ、妻子をはく《ハク》ゝミ《ミ》、所從を顧ミ候事も、併君の御恩ならすと云事《コト》なし、日《本》東・關東の果、たとへ夷か《ガ》下島《千嶋》、雲の果、海の果までも供奉仕り、如何ニもなり候ハん」と、異口同音に申たりけれハ、人々皆頼もしけにそ見えたり、此由奏聞せられけれハ、主上大に御感不レ斜、扨御舟ニ召れにけり、守護の武士にハ、友野二郎右衛門尉・三嶋九郎左衛門尉也、御舟送の人々、御名残ハ中々多けれ共、漕行船の習にて、跡ハ白波計也、末遠からぬ舟なれ□〔共〕、涙にかれて《クレテ》見えさりけれハ、高所に上り沖の方をそ招きける、彼。松浦小夜姫《サヨヒメガ》かもろこし舟をしたひつゝひれふし《ふり》けんも角やと思ひ知《ら》れけり、去程に、諸軍勢の船も同出《ク》、御留置にハ名護良豊〔馬〕・豊見城盛續〔毛〕・摩文仁〔金安恒〕、兩大將より国の仕置を申置るゝと也、其日ハ、今歸仁に御舟着ぬ、今歸仁の城ハ回祿す、あやしの民屋を皇居とするに及ハねハ、御舟を御所とそ定めける、龍頭鷁首《此□ハ□□□□ふらんか 船之頭之鬼面也》を海中に浮ひ、浪の上の行宮ハ靜なる時なし、月を浸せる潮の深き愁に沈ミ、海士の燒藻《モクサ》の夕烟、渚々に寄する波の音、袖に宿かる月のかけ、千草にすたく《スダク》蟋蟀《シツツ キリ〳〵ス》、惣て目に見、耳に觸るゝ事の、一ツとして哀れを催し、心を傷ましめすと云事なし、去程に、主上は、后宮・君々の故郷の幽閑寂莫の御住居を御心苦う思召やらせ《ヤラセ》給へハ、后宮・君々ハ、又主上の旅泊の行宮、波の上、船の中の御有樣、覺束なくそ思召やり給ふ□〔と〕かや、同十七日に今歸仁よりともつなをとき出さんとす、主上の御舟を始參らせ、人々皆船を出す、首里を出し《出》程こそなけれ共、是も名殘ハ惜しかりかり、同十九日、大嶋宇見〔燒内間切宇檢〕の湊に着ぬ、○下略、本年五月十九日ノ條參看、朱傍假名幷ニ朱句點、略ス、句點、編者ニ依リテ附ス、

〔系譜抄〕一○沖縄県立図書館所蔵東恩納寛惇文庫架藏明治四十一年採集史料

〔氏集〕二番

閔姓家譜正統　居分寒水川村（首里眞和志之平等）

田湊親雲上

大宗蕃元（傳二統于外孫蕃紹一、）
- 長女眞牛
- 次女思戸

蕃紹
- 三女思戸
- 次女眞牛
- 長女眞犬金
- 長男蕃貴
  - 長男蕃昌
  - 長女眞滿
  - 次女思戸
- 次男蕃房

○四世蕃昌ヨリ九世マデノ世系圖、略ス、

一世喜安入道蕃元喜安親方

嘉靖四十五年丙寅（一五六六年）正月二十日、生、因レ無二嗣子一、請レ旨、傳二統于外孫蕃紹一、

父母、不レ知レ爲二何人一、

室、北谷親方女眞鶴、号桂林、

蕃元者、桑国泉州堺之住人也、孩兒之時、父親値二卜封卦者一、占以二孩兒一生一、彼云、「在二本国一時、一生不レ利、及レ爲レ長、到二南方之土一一生了」、到遂如二卦言一乎、三十五才時間、偶到二于球都一、

尚寧王世代万厂(暦)二十八年庚子(一六〇〇年)二月二十四日也、蕃元、生資廉愼而、少年時間、從二康印先生一傳二授茶經一、昼夜練讀、能熟二茶道一、本是、扶桑国茶道之宗千宗易之傳緒者也、何幸到二球都一、不レ過二貳年一、荷二蒙尚寧王眷顧一、爲二侍從官之職一、任二茶道之宗一、因招二少年子弟一、以授二茶道一、從レ此、琉都茶道益盛、時居□□多年也、

万厂(暦)三十七年己酉、薩刕大守家久公遣二兵船本国一、大將椛山權左ヱ門殿、副將平田大(太)郎左ヱ門殿、率二宗徒之勇士參百余人一、都合其勢參千余人、乘二兵船七十余叟(艘)一、同三月十六日、來二着今歸仁一、時、爲レ請二和睦一、西來院菊隱長老・法司官馬氏名護親方良豐、(赴二)彼地方一、時、隨二兩佐(位)一到二今歸仁一、請謁二軍將一伸レ情、大將曰、「於二那覇一談レ事」云、因回二首里一、同四月一日、兵船入二那覇之湊一、且亦隨二隨菊隱等一到二那覇一、和睦事全了矣、同五月、尚寧王渡二御大薩刕一時供奉、同十五日、那覇出船、同十九日、到二大島一、因レ茲、有二除目一、〇下略、本年五月十九日ノ條參看、

〔氏集首里那覇〕二番 159 〇那覇市歴史博物館刊

元祖喜安入道喜安親方蕃元　閔氏　田湊親雲上

〔馬姓家譜〕小祿親方 馬氏家譜 〇那覇市史資料篇第1巻7家譜資料㈢首里系 氏集十三番1667

三世馬良弼（良豊）名護親方、兄良眞、先レ父卒故、續二家跡一也、

○中略、本年三月二十五日ノ條參看、

尚寧王世代（一五八九年〜一六一七年）

○中略、同上、

同（萬曆）三十七年己酉三月、因三適止二紋舟一以レ失二聘禮一、薩州大〔太〕守家久公、遣二大將軍樺山權左衞門殿・副將平田太郎左衞門殿等一、大發二兵船一、以問二失禮之罪一、○中略、本年三月二十五日ノ條及ビ同四月一日ノ第一條、參看、其五月、爲二投誠事一、因三　王赴二薩州一、奉レ　命、鎭二守　王城一、

萬曆四十年（一六一二年）壬子、再爲下開二續進貢謝恩一王舅上、與二正議大夫鄭俊花城親雲上・副使柴氏宮城親雲上倫正一、赴二于中（明）夏一、事竣、翌年歸國也、

同四十一年（一六一三年）癸丑九月十五日、爲二三司官一、時、蒙二薩州太守家久公特賜太刀一腰・馬代青銅五百疋一、

同四十三年（一六一五年）乙卯、赴二薩州一、見二　家久公一、鐫一本目作吉道・濃茶茶碗二滿介・御茶入一加治木也、拜領之、同年、歸國、此時、付衆向氏與那原親雲上朝哲・馬氏國頭里之子親雲上良安也、後賜二赤地浮織冠及知行高八百斛一、

同四十五年（一六一七年）丁巳十一月十五日、卒、壽六十七、

〔大宗家豐見城氏系圖〕毛氏世系圖
○那覇市歴史博物館所藏複寫本　氏集十三番1513　寫本

- 一世 始祖盛春
  - 二世 盛親
    - 三世 次男盛秀
    - 三世 長男盛庸
      - 四世 次男盛方
      - 四世 長男盛章
        - 五世 次女林中
        - 五世 長女花翁
        - 五世 長男盛續
        - 五世 三女眞鍋樽
      - 四世 長女眞津比樽金
    - 三世 三男盛里

○本書、原本ノ「首里之印」ノ方形朱印ヲ摸シタル「印」ノ文字ヲ盛春ノ上ニ記ス、

○本書、小宗家勝連氏系圖（氏集十三番1519、毛姓家譜七世勝連里主）寫本ノ冒頭ニ添ヘラレタル毛姓家譜大宗豊見城里主（氏集十三番1513）寫本ナルコト、一四二二年是歳ノ頃ノ條參看、『沖縄県文化財調査報告書』第90集歴史資料調査報告書Ⅵ沖縄の家譜ニ、氏集1513毛氏家譜豊見城里主ニ、唐系格幷ニ和系格ノ原本アリト記ス、今、便宜、毛姓家譜豊見城里主唐系格本ノ一世ヨリ六世マデノ寫ヲ大宗家豊見城氏系圖ト題シテ前半部ニ收メ氏集十三番1519毛姓家譜勝連里主ノ寫ヲ小宗家勝連氏系圖ト題シテ後半部ニ收メタル寫本ノ複寫版タル那覇市歴史博物館所藏複寫本ニ據リテ掲グ、

〔大宗家豊見城氏系圖〕

毛氏家譜
○那覇市歴史博物館所藏複寫本　氏集十三番1513　寫本

五世盛續豊見城親方

童名思武太、唐名繼祖、號瑞岳、行一、嘉靖三十九年（一五六〇年）庚申、生、

父、盛章、

母、翁氏、

室、尚〔向〕氏美里按司朝復次女大西大君按司眞蒲金、生日無レ傳、順治六年（一六四九年）己丑六月二十四日、卒、號月庭、葬二于見上森墓一、後遷二葬于岱城墓一、

長男、盛良、

○中略

尚永王世代（一五七三年〜一五八八年）

萬暦年間、按（授）二東風平間切比嘉地頭職一、

尚寧王世代（一五八九年〜一六二〇年）

萬暦年間、　王上、恩二賜室向氏大西大君按司養糧毎月三斛一、（米二斛、雜穀一斛、）

萬暦二十年壬辰（一五九二年）五月十九日、因二謝名親方（姓名不詳）爲レ叛、奉レ命爲二大將一、同二金氏摩文仁親雲上安恒・毛氏池城親雲上安頼一、率二領軍兵一而往誅、謝名堅守二宅舍一、難二以攻撃一、卽放レ火燒レ舍、謝名、出レ宅死戰、盛續、身負二數疵一、而奮レ勇相戰、遂得レ誅レ之、凱旋傷（復）命、　王、深嘉二其功一、轉授二豐見城間切保榮茂地頭職一、頂二戴紫冠一、（○中山王尚寧、毛盛續・毛安頼幷ニ金安恒ヲシテ、首里西之平等ノ謝名一族ヲ討誅セシムコト、球陽卷四尚寧王四年ノ條、本年四月一日ノ第一條ニ收ムル系譜抄二所收毛氏家譜池城親方三世毛安頼紀錄抄、及ビ下ニ收ムル系譜抄一所收金姓家譜大宗二世安恒紀錄抄ニ見ユ、謝名一族討誅ノコト、毛安頼・毛盛續幷ニ金安恒三人共ニ關ハリタルニ依リテ揭グ、）

萬暦三十年壬寅（一六〇二年）九月初四日、爲二慶賀謝恩王舅一、同二長史蔡朝信屋良通事親雲上一、到レ閩上京、三（一六〇四年）十二年甲辰、公務全竣、回國、（付役葉氏安里親雲上兼長、）

萬暦三十一年癸卯（一六〇三年）九月二十四日、續二父統（毛盛章）一、授二豐見城間切總地頭一、

萬暦三十七年己酉四月初一日、署二任法司官一、原是、薩州興レ兵伐レ國、（此時、同尚氏具志頭王子朝盛（尚宏）・西來院菊隱長老等、奉レ命、赴二那覇親見世一投降、）尚寧王、率二法司等官一、隨二其大將一、入二薩州一投降、故署二任其官一、同二法司官馬

氏名護親方良豐等一守レ國、翌年（一六一〇年）、良豐等相議、遣二盛續一入二薩州一、恭請二 王上金安（全）一、翌年辛亥（一六一一年）
九月、隨レ 王回國、〇一六一一年九月十日ノ條參看、

〇中略

尚豐王世代（一六二一年〜一六二二年）

〇中略

天啓二年（一六二二年）壬戌四月十九日、卒、壽六十三、葬二于見上森墓一、後遷二葬于岱城森一、此日、 王上、恩二賜祭文一
道一致レ祭、且親幸送到二見上森墓一、〇本書、紀錄ノ各丁ニ、「系訂紀印」ノ方形朱印ノ割印影ヲ摸シタル「印」ノ文字ヲ書ス、

〔系譜抄〕（氏集）六番 一〇沖縄県立図書館所藏東恩納寛惇文庫架藏明治四十一年採集史料

金姓家譜大宗 本名平安座 宮里親雲上

一世（具志頭親方）

能安

二世安恒（摩）广文仁親方

嘉靖卅六年（一五四七年）、生、萬曆四十六（一六一六年）戊午閏四月十一日、卒、

萬曆二十年（一五九二年）壬辰、謝名親方一族依二謀叛企一、五月十九日、奉レ勅、命二毛氏池城親雲上安賴・毛氏

東八(風)平比嘉親雲上盛續・安恒三人一、為二大將一、率二士卒一、以囲二謝名之家宅一、而弓失(マヽ)張、起二兵刃一相交、互名乘、以虽(雖)二攻戰一、未レ決二勝負一、是故、擊火於失(於火矢)、放二彼屋上一、故、無二奈何一而、其一族遽出二於庭中一、則擊捕畢、歸以反レ命、因二此軍功一而、賞賜二紫冠一、○謝名一族討誅ノコト、上ニ收ムル大宗家豊見城氏系圖參看、

万厂(曆)二十一年(一五九三年)癸巳、任二紋船之御使者一、与二天王寺住持菊隱和尚一共、到二于薩刕一、時、隨二薩刕之太守義久(島津)公一、江府(ママ)參勤、奉レ拜二將軍太閤(閤)(豊臣秀吉)尊前一、寔冥加之至也、此時、從二義久公一拜領之御狀、開二于後一、

(島津義久書狀寫)

遙凌二蒼海一、殊更遠方之上路、辛勞之段、珍重々々、然者、大閤(閤)様江御礼之儀、具安之兵、兩所江被レ成二直談一上者、早速以歸帆、慥可レ存二口達一者也、寔爲二琉球国一、或當邦之外聞与云、急度可レ有二御才覺一事、可レ爲二肝要一、仍見來之侭、金銀之扇子弐拾本進レ之訖、聊表二寸志一、恐々謹言、

八月七日(文祿三年、一五九四年)　　義久御在判

摩文仁(金安恒)

○一五九二年、琉球國中山王尚寧、天王寺菊隱及ビ金氏摩文仁親方安恒ヲ薩州ニ遣スコト、沖縄県所藏康熙四十年序本中山世譜附卷卷之一尚寧王萬曆二十一年條ニ見ユ、一五九三年三月、島津義久、上洛シ、十月、鹿兒島ニ歸ルコト、東京大学史料編纂所所藏舊記雜錄後編卷三十二所引年代記ニ見ユ、薩摩鹿兒島ノ島津龍伯(義久)、入京スルコト、史料綜覽幷ニ大日本史料稿本文祿三年是春ノ第一條參看、島津義久及ビ菊隱幷ニ金安恒、關白太政大臣豊臣秀吉ニ拜謁ノ月日幷ニ場所、詳カナラズ、

万厂三十七年己酉、從二薩刕一御当地征罰之時、摩文仁一門者、可レ避二干戈一之由、奉二家久公宣

旨一、薩刕人五人番手被二付置一、難レ有仕合也、（○本年四月一日ノ第一條参看、）同年、征伐討之後、尚寧尊君就二御上国一、爲二假三司官一、守二護御当地一、

（○下略）

○右ニ、留守ノ三司官馬良豐及ビ假三司官毛盛續幷ニ金安恒ヲ掲グ、次ニ、中山王尚寧ニ随従シタル王子幷ニ王子與力、三司官、親方、花當、軸殿等ヲ掲グ、

〔向姓家譜〕（小祿按司　向氏世系圖）○那覇市史資料篇第1巻7家譜資料㈢首里系　氏集一番3

三世　　四世

尚懿王—尚寧王
　　　　長男朝盛
　　　　長女眞加戸樽金按司（英氏渡慶次里之子重張室　號蓮臺）

〔向姓家譜〕（小祿按司　向姓家譜　紀錄）○那覇市史資料篇第1巻7家譜資料㈢首里系　氏集一番3

四世朝盛　大具志頭王子

童名思次郎金、唐名尚宏、行二、萬暦六年（一五八六年）戊寅五月二十日、誕生、

父、

尚懿王、

母、
尚元王姫首里大君加那志、號一枝、童名・生日、不レ傳、
室、穆氏具志川親雲上昌娟女恵良部阿應理屋恵按司、童名思戸金、生日不レ傳、天啓三年（一六二三年）癸亥三月二十五日、卒、號玉樹、葬二于平良墓一、
○中略
尚永王世代
萬暦年間、拜二授具志頭間切總地頭職一、初出仕、
尚寧王世代（一五八九年〜一六一〇年）
萬暦年間、任二國相職一、
同三十七年己酉、中山爲二薩州之附庸一、因レ此、同五月十四日、扈二從 尚寧王一、赴二薩州一、投
情、○下略、本年九月十二日ノ條參看、

〔系譜抄〕二 ○沖縄県立図書館所藏東恩納寛惇文庫架藏明治四十一年採集史料

13（氏集十三番） 馬姓添石親雲上
四世奕基伊計親方（良徳）万厂十年（一五八二年）十一月、生、
万厂三十七年己酉三月十六日、從二薩刕一、大守家久公遣二軍卒一、攻二我国都一、○中略、本年三月二十五日ノ條參看、肯、我
之王爲二降參一、渡二御于薩刕一之時、良徳隨從、而同五月十四日、即那覇開船、同二十三日、到二薩

刕一、〇下略、一六一〇年八月十六日ノ條參看、

〔易姓家譜〕安次冨里之子親雲上紀錄 〇那覇市歴史博物館所藏複寫本　氏集七番789

四世寛唯照屋親雲上

童名兼松、唐名易永榮、行二、隆慶五年（一五七一年）辛未十一月三日、生、雖レ爲二次男一、因二父命一、續二家跡一、

父、寛好、

〇中略

尚寧王世代

萬曆三十七年己酉、　尚寧王渡二御薩州一之時、尚氏具志頭王子朝盛爲二与力一上國、然処、朝盛、於二駿河一、不レ意罹病卒、是以、　尚寧王供奉而歸國、〇一六一一年九月十日ノ條參看、

〇中略

尚豐王世代

天啓二年壬戌三月、爲二進貢請封事一、奉　使王舅毛氏池城親方安賴爲二与力一、渡唐、然同年九月二十九日、於二福州一病死、享年五十二、号遠行、

〇沖縄県立図書館所藏東恩納寛惇文庫架藏系譜抄一、右ノ易寛唯ノ記ヲ收ム、

〔氏集首里那覇〕七番　789 〇那覇市歴史博物館刊

元祖浦添親方寛安長男當山親雲上寛常三男易自道照屋親雲上寛好　易氏　安次冨筑登之親雲上

〔向姓家譜〕小祿按司　向氏世系圖　○那覇市史資料篇第1巻7家譜資料㈢首里系　氏集一番3

二世　　三世

尚懿王━長男朝喬━四男朝久

○朝喬ノ他ノ子女、略ス、

○中略

三世　四世　五世

朝久━長男朝長━長女眞蜷甲金

〔向姓家譜〕小祿按司　向姓家譜　○那覇市史資料篇第1巻7家譜資料㈢首里系　氏集一番3

三世朝久　勝連按司

童名思次郎金、唐名向秉禮、行四、嘉靖二十九年（一五五〇年）庚戌、誕生、

父、朝喬

母、向氏思乙金、

室、不ㇾ傳、

長男、朝長、

尚寧王世代
萬暦二十七年（一五九九年）己亥二月二十二日、卒、號春山、葬二于浦添極樂陵一、

四世朝長　島添大里王子

童名眞三郎金、唐名尚凞、行一、號瑞公、生卒不レ傳、葬二于平良墓一、

父、朝久、

母、不レ傳、

室、

尚永王姫聞得大君加那志、童名思武太金、萬暦十二年（一五八四年）甲申九月初七日、誕生、順治十年（一六五三年）癸巳三月二十日、卒、壽七十、號月嶺、

長女、勢能君按司加那志、童名眞蜷甲金、萬暦二十八年（一六〇〇年）庚子三月十三日、誕生、尚氏金武王子朝貞室、生二一女一、後離別、順治十二年（一六五五年）乙未十二月二十一日、卒、享年五十六、號瑞岩、一女、聞得大君加那志乃月嶺、爲二猶子一、然瑞岩、與二女子一共同レ骨、故安二置向氏大宜味按司朝知墓一、

尚寧王世代

萬暦年間、任二中城間切惣地頭職一、

同三十七年己酉、中山、爲二薩州之附庸一、由レ此、同五月十九日、我　王、渡二御于薩州一而投情時、随従、此日、那覇開洋、到二于薩州一、同三十九年（一六一一年）辛亥九月十三日、歸國矣、○一六一一年九月十日ノ條參看、

○下略、三世朝久及ビ四世朝長ノ紀錄、家譜卷末ニ附載サル、

〔系譜抄〕 一 ○沖縄県立図書館所蔵東恩納寛惇文庫架蔵明治四十一年採集史料

(氏集七番)
7易姓 上運天筑登之親(雲上) ―

万厂三十七年己酉、尚寧王、渡御滯二于薩刕一故、爲二扈從一、中城王子尚熙公、被レ赴二薩刕一時、爲二主部一、隨二尚熙公一、到二江戸・駿河一、同三十九年辛亥九月二十三日、歸國、○一六一一年九月十日ノ條參看、

〔氏集首里那覇〕 七番 ○那覇市歴史博物館刊 791

元祖易氏浦添親方寛安長男當山親雲上
寛常支流四男易一德我如古親雲上寛宣
易氏 上運天筑登之親雲上○本書、今、佚シタルカ、

〔(沖縄)県史編纂史料〕 縣史々料 那覇ノ部 壱 縣史編纂資料 久米村
○沖縄県立図書館所蔵真境名安興文庫

(表紙寫)
「始宗鄭氏湖城家」

九世祖諱迵謝名親方

一 嘉靖四十四年(一五六五年)乙丑二月二十二日、奉レ 命、爲二官生一、同二梁炤・蔡燫・梁焌一、共肆員、入二南京國子監一讀書、

一 萬暦二年(一五七四年)甲戌二月二十日、爲レ慶下賀 皇上嗣二登寶位一事上、奉レ 使、爲二都通事一、隨二王舅馬忠叟・長史鄭祐一、赴レ閩上京、

一 萬暦五年(一五七七年)丁丑三月初三日、爲二進貢謝恩事一、奉レ 使、爲二長史一、同二正議大夫梁灼一、赴レ閩上京、

一 萬暦七年(一五七九年)己卯十二月十二日、爲二進貢謝恩事一、奉レ 使、爲二長史一、隨二王舅馬良弼(良豐)一、赴レ閩上京、

事竣歸國、後爲二總理唐榮司一、

一　萬曆三十七年己酉五月十四日、現二任法司一、隨二（尚寧）先王一、赴二麑府一、〇下略、一六一一年九月十日ノ條參看、

〇本史料、那覇市史資料篇第1巻6家譜資料㈡久米系家譜所收真境名安興編「県史編纂史料・那覇ノ部」抜粋、始宗鄭氏湖城家、トシテ收ム、

〔系譜抄〕　二　〇沖縄県立図書館所藏東恩納寛惇文庫架藏明治四十一年採集史料

17、（氏集十七番）鄭姓（湖）胡城親雲上

九世法□司諱迵

謝名親方、童名金松、号利山、行一、嘉靖二十八年己酉、（一五四九年）生、万厂三十九年辛亥（一六一一年）九月二十九日、

卒、時、年六十三、

（一五六三年）嘉靖四十二年癸亥、爲二秀才一、

（一五七四年）万厂二年甲戌二月廿日、陞二都通事一、

（一六〇五年）万厂三十三年乙巳四月、陞二紫金太夫一、

（一六〇六年）万厂三十四年丙午二月、拜二受法司一、

（一五六五年）嘉靖四十四年乙丑二月二十二日、奉レ命、爲二官生一、同二梁炤・蔡燫・梁焌一、其肆員入二南京国子監一讀書、

万厂二年甲戌二月二十日、爲レ慶下賀　皇上嗣二登宝位一事上、奉レ使、爲二都通事一、隨二王舅馬忠叟・

長史鄭祐㆒、赴㆑閩上京、
万厂五年（一五七七年）丁丑三月初三日、為㆓進貢謝恩事㆒、奉㆑使、為㆓□長史㆒、同㆓正議大夫梁灼㆒、赴㆑閩上京、
万厂七年（一五七九年）己卯十二月十一日、為㆓進貢謝恩事㆒、奉㆑使、為㆓長史㆒、随㆓王舅馬良弼㆒、赴㆑閩上京、事
竣帰国、後為㆓總理唐榮司㆒、
万厂年間、拜㆓受宜野灣間切謝名地頭職㆒、○本書、以下、採録セズ、

〔氏集首里那覇〕十七番　2140　○那覇市歴史博物館刊

福建福州府長樂縣人
大宗長史諱義才　鄭氏　湖城親雲上○本書、今、佚シタルカ、

〔毛姓家譜〕上里親雲上　毛姓世系圖　○那覇市史資料篇第1巻7家譜資料㈢首里系　氏集十三番1521

五世　六世　七世

- 長男盛埋
  - 長女眞加戸樽
  - 長男盛深
    - 次女眞加戸樽
    - 長男盛辰
    - 長女思乙
    - 次男盛有
    - 三女眞鶴
  - 次男盛峻

〔毛姓家譜〕上里親雲上　毛姓家譜支流　○那覇市史資料篇第1巻7家譜資料㈢首里系　氏集十三番1521

五世盛埋　國頭親方

童名小樽金、唐名毛元龍、號梅雲、行一、生日・忌日、倶不レ詳、

父、盛實、大里親方、

母、毛氏眞鶴、

室、號慈溫、某女、併二生日・忌日一、倶不レ詳、

長男、盛深、

○中略、琉球國中山王尚元、毛盛埋ヲ自奥渡上之訤理ニ任ズルコト、一五六八年正月二十五日ノ條參看、

六世盛深　大里親方

童名眞三良、唐名毛自昌、號玉川、行一、生日不レ詳、

父、盛埋國頭親方、

母、不レ知レ爲二某女一、

長女、思乙、號桂岩、生日・忌日、倶不レ詳、嫁二于馬氏與那覇親雲上良寧一、後、嫁二于向氏中城里之子親雲上朝將一、母、不レ詳、

長男、盛辰、眞壁親雲上、童名思五良、唐名毛用德、號見性、母、島尻大里親方女眞加戸樽、萬曆二十六年(一五九八年)戊戌生也、崇禎十五年(一六四二年)壬午九月十日、駕船隻漂流、不レ知二到處一時、享年四十五、別有二家譜一、

室、向氏中城親方朝芳女眞鍋、稱二大里大按司志良禮一、萬曆四年(一五七六年)丙子、生、康熙三年(一六六四年)甲辰九月二十六日、卒、壽八十九、號龜峯、

次男、盛有、雖レ爲二次男一、爲二正室之子一故、繼二家統一、

次女、眞加戸樽、稱二恩納翁主一、萬曆三十五年（一六〇七年）丁未六月十七日、生、嫁二于尚氏金武王子朝貞一、康熙六年（一六六七年）丁未十月朔日、卒、壽六十一、號梅心、

三女、眞鶴、萬曆三十七年己酉七月十一日、生、嫁二于向氏勝連按司朝盈一、

尚寧王世代

萬曆年間、敍二紫冠一、且任二島添大里間切惣地頭職一、

同三十七年己酉五月七日、　聖上渡二御于薩州一之時、任二署三司官一、供奉而入二麑府一、翌年庚戌（萬曆三十八年、一六一〇年）二月、不幸罹二重病一、承二　王命一、赴二本國一之處、同三月十三日、於二大島之沖一卒、由レ是、留二船於名瀬邑一、築二墓所一、葬レ之者也、〇一六一〇年三月十三日ノ條參看、

六世盛峻　諱名親方

童名眞山戸、唐名毛自盛、號梅崗、行二、嘉靖四十年（一五六一年）辛酉二月十三日、生、順治二年（一六四五年）乙酉二月十五日、卒、壽八十五、

父、盛埋國頭親方、

母、不レ知レ爲二某女一、

尚寧王世代

萬曆三十七年己酉五月七日、　聖上、渡二御于薩州一之時、供奉而、到二麑府一、於二彼地一、敍二紫冠一、翌年二月、罹レ病、賜レ暇、回二本國一、〇一六一〇年三月十三日ノ條參看、

尚豊王世代

天啓二年（一六二二年）壬戌二月十三日、賜二知行高二十斛一、

同年六月二十七日、加ニ賜知行高三十斛一、共計二五十斛一、

〔系譜抄〕一 ○沖縄県立図書館所藏東恩納寛惇文庫架藏明治四十一年採集史料

（氏集）一番　向姓家譜（大宜見親方）

四世朝致□（國）頭親方

尚寧王世代

萬厂三十七年己酉四月初日、薩刕大州守攻二琉□（國）一、奈弱不レ能二敵强一、尚寧王赴二薩刕一、此時、為二当役（中り衆）一随レ駕、到二彼地一、在二彼□一、陞二紫冠一、供ニ奉武刕（武藏國）之江都（江戸）一、万般事竣、随二龍船一回國、○一六一〇年八月十六日ノ條及ビ一六一一年九月十日ノ條、参看、

〔氏集〕首里那覇一番 14 ○那覇市歴史博物館刊

元祖尚維衡浦添王子朝満三世向里瑞浦添親方朝師支流長子向鶴齡國頭親方朝致　向氏　大宜見親方○本書、今、佚シタルカ、

〔系譜抄〕二 ○沖縄県立図書館所藏東恩納寛惇文庫架藏明治四十一年採集史料

13（氏集十三番）毛姓　冨川親方

五世盛韶讀谷山親方　鳳朝　嘉靖三十五年（一五五八年）丙辰十月七十七日、生、

万厂三十二年（一六〇四年）甲辰、轉授二具志川間切江州〔洲〕地頭職一、
同三十七年己酉三月十六日（マヽ）、○中略、本年三月二十五日ノ條參看、未レ幾、大兵至二那覇一、上（尚寧）、納欵降レ之、三司官謝名・浦添、以獲二罪于薩刕一、故從二大將一令二逼塞一、因レ此、盛韶、敍二紫冠一、署二三司官事一扈從、聖駕、幸二名護之家一、及下尚寧王將レ渡二御薩刕一時上、暫駐二駕於那覇通堂一、命二菊隱一、曁二江州〔洲〕一曰、「（尚寧言）古之所レ謂、積善之家、有二余慶一、積不善之家、有二余殃一、今也、朕、余慶已尽而、余殃切二于身一也、嗚呼、不レ得レ已而、遽出二故国一、遙胃(冒)二滄溟一、以赴二于扶桑国一、嘗夢不レ見耳、去レ此至レ彼、向二何人一、可レ托二于此躬一耶、汝從臣等、曩祖已來、世、臣之家也、今從二朕之躬一而、相与有二經歴一、於二千山方水一、以欲レ終二此身一者否」、菊隱・江洲、曁二從臣等一、恭奉二王命一、上二言於賢王一曰、「（菊隱・毛盛韶言）夫、鳥獸知二報恩一、況於二人倫一乎、臣等、嘗蒙二爵祿一、扶二持身命一、上養二父母一、下撫二妻子一、斯非二君恩一而、何匪下扶二持身命一撫中養父母妻子上、或知二是非一、或辨二難易一者、總□(罔)レ不レ沐二賢王至化之澤一矣、若爲レ人不レ知二鴻恩之甚一、不レ如レ鳥者也耶、臣等、伏冀、從二于聖躬一、將終二微軀一矣」、王悅曰、「（尚寧言）良哉也、菊隱・江洲之言」、国人聞レ之、莫レ不二興感一、懷開二忠義一也、同五月十四日、那覇開駕、赴二薩刕一下○略、本年六月二十六日ノ第一條參看、

〔球陽〕附巻一 目録
○東京大学史料編纂所所藏謄寫本

尚寧王

○中略

鄭○鄭秉哲

二十一年、毛鳳朝、扈二從王一至二薩州一、屢慰二聖慮一、○朱頭書ニ、（萬暦）同卅七年己酉、行末朱書ニ、同十四（慶長）トアリ、

〔球陽〕附巻一　尚寧王　○東京大学史料編纂所所藏謄寫本

（尚寧王）二十一年、毛鳳朝、扈二從王一、至二薩州一、屢慰二聖慮一、○朱頭書ニ、同卅七年己酉、行末朱書ニ、同十四トアリ、

薩州大將椛山氏等、率二領勇士三千餘人一、坐二駕兵船七十餘隻一、至二運天津一、時、毛鳳朝讀〔衍〕、讀谷山親方盛韶、署二理御鎖側官一、卽同二菊隱長老等一、往至二運天一、要以二講和一、大將曰、「船至二那覇一、相與商量」、鳳朝等回到二首里一、復　命、○三月二十六日、琉球王府、使者トシテ、菊隱・馬良豐及ビ毛盛韶ヲ運天ニ遣スコト、本年三月二十五日ノ條參看、未レ閱二幾日一、船至二那覇一、鳳朝、亦至二其船一、要以二和睦一、未レ見二允依一、遂以、　聖上、投誠納款、○本年四月一日ノ第一條參看、時、法司官謝名・浦添、獲二罪薩州一、卽被二擄掠一、鳳朝、頂二戴紫冠一、護二理三司官一、而扈二從　聖主一、赴二到薩州一、時、　聖駕暫駐二那覇一、卽謂二鳳朝等一曰、「予、窃聞レ之、積善之家、有二餘慶一、積不善之家、有二餘殃一、今也、餘慶既盡、餘殃切二于朕身一、遽出二故國一、遙航二滄溟一、以赴二扶桑一、嘗夢不レ見耳、鳴〔嗚〕呼、去レ此至レ彼、此躬托二于何人一哉、亦汝等、經二歷千山一、破二凌萬波一、終二身他境一耶」、鳳朝及從臣等、伏聆二綸語一、泣涙如レ雨、鳳朝跪奏曰、「鳥獸如《知》レ報、况於レ人乎、臣等、素蒙二爵祿一、深沐二隆恩一、上養二父母一、下撫二妻子一、皆無下非レ出二深仁厚澤一者上也、伏冀、隨二從聖躬一、赴二到他境一、必也不レ顧二身命一、將盡二忠忱一、以終二微軀一也」、　王悅曰、「良哉、汝等言」、國人聞レ之、

莫下不レ興二發忠義一者上、後亦那覇開船、赴二薩州一、時、惟新公（島津義弘）、召二見鳳朝一、恩二賜腰刀一、○本年六月二十六日ノ第一條參看、至二辛亥秋（一六一一年九月）一、跟二隨　聖主二而、平安歸國、○一六一一年九月十日ノ條參看、

〔球陽〕巻四　目錄　○東京大学史料編纂所所藏謄寫本

尚寧王

○中略

鄭○鄭秉哲

二十一年（一六〇九年）○中略

鄭

日本、以二大兵一入レ國、執レ王至二薩州一、

〔球陽〕巻四　尚寧王　○東京大学史料編纂所所藏謄寫本

二十一年、○中略、朱頭書ニ、明萬曆卅七己酉トアリ、

日本、以二大兵一入レ國、執レ王至二薩州一、

本國、素與二薩州一爲二隣交一、紋船往來、至レ今、百有餘年、奈信二權臣謝名之言一、遂失二聘問之禮一、由レ是、太守家久公、特遣二樺山氏・平田氏等一、來伐二本國一、小大難レ敵、寡不レ勝レ衆、王、從二彼師軍一、到二于薩州一、○本年三月二十五日ノ條參看、

〔毛姓家譜〕平安名里之子親雲上　毛姓世系圖　○那覇市歴史博物館所藏毛氏門中会刊毛姓世系図複寫本　氏集十番1206　寫本

一世　二世　三世　四世

尚清王妃
女思眞銭金按司加那志
大宗榮重――長男榮精
長女尹金
長男榮明
次女眞加戸
長女眞滿
長男榮親○榮重及ビ榮精ノ上ニ、「首里之印」ノ方形朱印ノ模寫アリ、本書、原本ノ寫本ノ影印本ナリ、
次男榮相

〔毛姓家譜〕○平安名里之子親雲上紀錄　○那覇市歴史博物館所藏毛氏門中会刊毛姓世系図複寫本　氏集十番1206　寫本

毛姓家譜　正統
記〔紀〕錄

一世榮重　兼城親方
童名思德、唐名毛永蔭、生日不レ傳、
父、兼城、
母、湾之大按司志良禮、
姉、思眞銭金按司加那志者、　尚清王妃、
尚元王國母也、嘉靖三十三年〔一五五四年〕甲寅六月十三日、卒、號月江、
室、不レ如〔知〕レ爲二何人之女一、
長男、榮精、
○中略

萬歴〔暦、下同ジ〕三十九年（一六一一年）辛亥十一月四日、卒、號久嶽、

二世榮精　大湾親雲上

童名松金、唐名毛光秀、行一、嘉靖三十五年（一五五六年）丙辰、生、

父、榮重、

母、不レ詳、

室、毛氏棚原親雲上榮正女思戸、號鶴嶺、

長男、榮明、

○中略

萬歴十七年（一五八九年）己丑、任二讀谷山間切大湾地頭職一、

萬歴二十一年（一五九三年）癸巳、任二御物奉行職一、

崇禎元年（一六二八年）戊辰、卒、七十三、號亀岳、

三世榮明　前兼城

童名眞仁牛、唐名毛輝秋、行一、萬歴七年（一五七九年）己卯、生、

父、榮精、

母、毛氏思戸、

〔向姓家譜〕邊土名親雲上 紀録 ○那覇市史資料篇第1巻7家譜資料㈢首里系 氏集一番81

室、阿氏阿波根親方守良女思戸、生日・忌日不レ傳、號涼月、

長女、眞滿、萬歷二十七年（一五九九年）己亥四月三日、生、嫁二于葛氏眞嘉比親雲上秀原一、順治十三年（一六五六年）丙申四月十三日、卒死、

繼室、毛氏讀谷山親方盛韶女思戸、萬歷二十七年己亥八月二十九日、生、順治十一年（一六五四年）甲午五月十九日、死、號月窓、

次女、眞加戸、崇禎元年（一六二八年）戊辰七月七日、生、嫁二于翁氏安室親方盛盈一、順治十七年（一六六〇年）庚子八月十日、卒、號秋江、

長男、榮親、

尚寧王世代

萬歷二十三年（一五九五年）乙未、叙二若里之子一、

萬歷二十五年（一五九七年）丁酉、結二敧髻一、

萬歷二十七年（一五九九年）己亥、叙二黄冠一、任二當職一、

萬歷三十七年己酉、従二薩州大守家久公一、遣二軍卒一、攻二我國都一、將軍市來織部・村尾笑柄〔栖〕也、我卒、不レ能レ敵而降矣、田〔因〕レ此、爲二降參一、我之王、渡二御于薩州一之時、榮明隨從、而同五月十四日、那覇開船、同二十三日、到二薩州一、翌年（一六一〇年）度庚戍（ママ）〔戌〕四月十一日、爲レ見二將軍秀忠（徳川）公一、渡二臨江府一、榮明、又隨從、八月二十五日、到二江府一、事竣而、同九月十五日、發二江府一、○中略、一六一〇年九月十五日ノ條參看、

崇禎十五年（一六二八年）壬午九月二十九日、不祿、壽六十四、號桂林、

向姓家譜

紀錄

六世朝智　玉城親方

○中略、本年三月二十日ノ第一條參看、

尚寧王世代（一五八九年～一六二〇年）

○中略、同上、

同三十年（萬暦）（一六〇二年）壬寅、任㆓大里間切與那原地頭職㆒、

萬暦三十七年己酉、○中略、本年三月二十日ノ第一條及ビ同三月二十五日ノ條、參看、

本年、尚寧王、渡㆓御于薩州㆒、時任㆓當職㆒（中り衆）供奉、三十九年（一六一一年）辛亥九月十三日、歸國、

同四十三年（一六一五年）乙卯、三司官馬氏名護親方良豐赴㆓薩州㆒之時、陞㆓座敷㆒爲㆓付衆㆒上國、本年歸國也、

同四十五年（一六一七年）丁巳、任㆓平等側職㆒、

尚豐王世代（一六二一年～一六四〇年）

天啓二年壬戌十月十五日、轉㆓任玉城間切惣地頭職㆒、

同三年癸亥、陞㆓紫冠㆒、

本年正月二十五日、任㆓御物奉行職㆒、

同七年丁卯（一六二七年）四月二十五日、賜二知行高百二十二斛八斗一、
崇禎元年戊辰（一六二八年）、就二琉球一紙目錄之儀一、使僧波上山賴翁法印相俱爲二使者一、二月十四日、那覇開
船、到二于薩州一、事竣、本年十月十八日、歸國、此時、付衆吉氏濱比嘉親雲上孟辰也、
本年十月、加三賜知行高四十斛一、都合百六十二斛八斗也、
同十三年庚辰（一六四〇年）、奉レ命、渡三海於宮古島・八重山島一時、於二八重山島之沖一、逢二暴風一破船而
卒、不レ知三是爲二何使一也、○原本、文末ニ、「糸紀之印」ノ長方形朱印ヲ踏ス、

〔球陽〕附卷一　目錄　○東京大学史料編纂所所藏謄寫本

尚寧王
○中略
鄭○鄭秉哲
二十三年、○中略、朱頭書ニ、同卅九辛亥（萬曆）、行末朱書ニ、同十六トアリ、（慶長）
鄭
菊隱國師創三建西來院一、

〔球陽〕附卷一　尚寧王　○東京大学史料編纂所所藏謄寫本

（尚寧王）
二十三年、○中略、朱頭書ニ、萬曆卅九辛亥、行末朱書ニ、慶長十六トアリ、
菊隱國師創三建西來院一、
菊隱國師、○中略、本年四月一日ノ第一條參看、萬曆己酉、薩州軍兵、抵二運天津一、菊隱、奉レ命、赴二彼軍一、請乞二

和睦一、兵船至二那覇津一、亦乞二和睦一、竟不レ見二允依一、已達二投誠之情一、而扈二従（中山王尚寧）聖主一、到二薩州一、

赴二江府一、〇下略、一六一一年九月十日ノ條參看、

〔麻姓家譜〕田名親雲上　麻姓世系圖
○那覇市史資料篇第1巻7家譜資料㈢首里系　氏集十番1133

五世　六世　七世

眞命
- 長女思玉
- 長男大嶺親雲上〇七世、略ス、
- 次男儀間尓也〇七世、略ス、
- 三男眞常
  - 長男眞之
  - 長女眞牛

〔麻姓家譜〕田名親雲上　麻姓家譜正統　紀録
○那覇市史資料篇第1巻7家譜資料㈢首里系　氏集十番1133

六世眞常　儀間親方

童名眞市、唐名麻平衡、行三、嘉靖三十六年（一五五七年）丁巳、生、

父、眞命、

母、莊氏眞鍋、

室、毛氏阿波根子盛懿女眞鍋、崇禎六年（一六三三年）癸酉六月九日、卒、號林春、

長男、眞之、

長女、眞牛、生死不レ傳、嫁二于越來尓也一、

尚元王世代（一五五六年～一五七二年）

隆慶年中（一五六七年～一五七二年）、爲二小赤頭一、

尚永王世代（一五七三年～一五八八年）

萬曆年中（一五七三年～一五八八年）、爲二花當一、敍二若里之子及黃冠一、

尚寧王世代

萬曆二十一年（一五九三年）癸巳五月十六日、繼二父之家跡一、任二眞和地〔志〕間切儀間地頭職一、

萬曆二十四年（一五九六年）丙申六月五日、爲二押明冨勢頭一、

萬曆三十三年（一六〇五年）乙巳、總官野國、從二唐土一、鉢植蕃薯帶來、眞常、聞レ之乞求、且問二習薯之栽培一、野國誥曰、「以レ葛爲二輪圈一而、投レ地栽培、當二日至（冬至）之時一、舉レ葛、掘用レ薯也」、眞常、如レ此、七八箇年時年、大飢饉、眞常、念、以二蕃薯一、推三充於國中一、如レ可レ使レ爲二五穀之補足一、何國寶如レ之、於レ是、試栽培數年、而終切二葛條一、以二尺餘一、奇廣敷二於原野一、比レ及二十五年一、國中用、使レ補三足五穀一、是眞常所レ致レ願力也、以往、蕃薯之凶歲、設二祭禮于儀間之赤平一、令二儀間之人民一使レ報二總官野國之恩一、是我家業也、

萬曆三十四年（一六〇六年）丙午八月十一日、任二謝國冨勢頭一、

萬曆三十七年己酉四月、爲二薩州之幕下一、　尚寧王御上國之時、爲二勢頭（船頭）役一、隨二從　聖上一、五月十七日、那覇開船、同三十九年辛亥九月十三日、歸國、同十二月一日、敍二座敷一、此時、眞常、持二渡木綿種子一、幸哉、日本之女人梅千代・實千代二人者、居二住於泉崎村（那覇）一、眞常、呼二二人女一、始使レ織二造木綿大帶一、是當國木綿布之始也、○一六一一年九月十日ノ條參看、

爲二國中之田地奉行一、蒙二　令旨一、樣子者、當地、先レ此、凶年之時者、餓死者多、向後、能仕上米可レ使レ納旨也、因每年三次巡二國中一、仕上米、堅固依二相納一、賜二御褒美一、

尚豐王世代

當國、自二往古一、雖レ有二甘藷一、不レ知レ製二成砂糖一、於レ是、天啓癸亥年（一六二三年）、貢船赴レ閩之時、使二令儀間村之者一、問二習砂糖製法一、初於二眞常家一、熬二煎砂糖一、終推二廣于國中一、

天啓四年（一六二四年）甲子正月十五日、敍二紫冠一、

本年五月四日、龍船競爭、亘レ古亘レ今、國中壯觀者矣、是故、眞常、乃要二備　聖覽等一之由、謹　題、依レ此、　尚豐殿下、光二臨眞常家宅一、此之光景、何以如レ之、

天啓七年（一六二七年）丁卯六月二十二日、領二知行高三十斛一、

順治元年（一六四四年）甲申、卒、壽八十八、號授了、

〔能姓家譜〕 ○嶋袋筑登之親雲上 能姓世系圖 ○那覇市歴史博物館所藏複寫本 氏集八番934

一世　二世

大宗宣利
　長男宣源
　　長男宣秀 ○原本、一世及ビ二世ノ上ニ、「首里之印」ノ方形朱印一顆ヲ踏ス、一六〇九年二月ヨリ先ノ第八條、琉球國中山王尚寧、能宣利ヲ大島屋武垣地頭職ニ任ズト傳フル條參看、
　次男宣益

〔能姓家譜〕 ○嶋袋筑登之親雲上 紀錄 ○那覇市歴史博物館所藏複寫本 氏集八番934

二世宣源石川親雲上

童名思武太、唐名能有德、行一、萬曆十一年(一五八三年)癸未五月十八日、生、

父、宣利、○一世能宣利ノ紀錄、一六〇九年二月ヨリ先ノ第八條、琉球國中山王尚寧、能宣利ヲ大島屋武垣地頭職ニ任ズト傳フル條參看、

母、不レ知レ爲二何人一、

室、姚氏伊指川子元長女、眞鍋、號花岳、

長男、宣秀、

尚寧王世代

萬曆三十七年己酉、　王上、渡二御于薩州一之時、爲二引之筑登之役(軸頭)一供奉、入二麑嶋一、到二于江府一、同三十九年(一六一一年)辛亥十一月十三日、歸國、因レ爲レ忠、賞賜二知行高三十斛一、○一六一一年九月十日ノ條參看、

○中略

順治十一年（一六五三年）甲午十一月八日、卒、寿七十二、號雪岩、○能宣源、上ニ収ムル喜安日記ニ記セル何レノ引ノ軸頭ナルカ明カナラズ、

〔系譜抄〕二 ○沖縄県立図書館所藏東恩納寛惇文庫架藏明治四十一年採集史料

10（氏集十番）隆姓平安名筑登之親雲上

二世基保　賀數筑登之万厂十六年（一五八八年）戊子、生、

万厂三十七年己酉、従二薩刕一遣レ卒、攻二伐我国都一、已不レ能レ戰、而請二降旗一、因レ茲降參、我之王（尚寧）渡二御于薩刕一之時、勤二勢高冨筑登之役一、同年五月十四日、那覇開船、同二十三日、到二于薩刕一、庚（萬暦三十八年）戌、亦渡二御于江戸一、基保随從、同四月十一日、發二麑府一、同十五日、中途、到二于京泊一、旹基保、罹二重病一、爲二療治一、留二于京泊一、然而病不レ癒愈、同八月二十一日、不祿矣、

〔蘇姓家譜〕棚原筑登之親雲上 紀録 ○那覇市歴史博物館所藏複寫本　氏集十二番1483

蘇姓家譜小宗

紀錄

二世憲之

童名松金、唐名蘇用誠、行三、萬暦十一年（一五八三年）癸未、生、

父、國頭親雲上憲宜、

母、不レ知レ爲ニ何人一、〇原本、童名ヨリ母ノ記ノ行頭ニ、「系訂紀印」ノ方形朱印一顆ヲ踏ス、

室、德之島龜津人之女加那、〇一六〇七年正月七日、蘇憲清、德之島龜津ノ人ノ女加那ヲ母トシテ生ルルコト、一五九三年十一月二十日ノ條ニ合敍ス、

長男、憲淸、

萬曆三十七年己酉、

尙寧王渡ニ御于薩州一時、爲ニ酒庫理役一、御酒當役也、供奉、同三十九年(一六一一年)辛亥、歸國、不幸罹レ病、致仕、

康熙五年(一六六六年)丙午七月十六日、不祿、壽八十四、號鶴翁、

三世憲淸〇下略、一五九三年十一月二十日ノ條參看、原本、紀錄第一丁表第四行ヨリ第六行ノ上部及ビ各丁割印ニ「系訂紀印」ノ方形朱印、三世憲淸ノ行末ニ「系紀之印」ノ長方形朱印ヲ踏ス、

〔湛姓家譜〕岳原筑登之親雲上　序
〇那覇市歴史博物館所藏複寫本　氏集官江差出候地系圖八番２６８３

湛姓家譜序

夫、按、吾始祖數明(住用)親雲上者、原是、美里間切伊波村住人也、自ニ幼稺時一、好ニ御唄一而不レ倦、

及ニ壯年一、得ニ詠謠一矣、嘉靖年間、

先王尙淸聖主、〇中略、湛宣存ノ祖、中山王尙淸ノ代ニ御唄ヲ掌リ、大島住用間切大屋子ニ任ジラルルコト、一五五五年是歲ヨリ先ノ條參看、拜ニ受大島內數明地(頭)□一、□□□

御唄、而至ニ宣安(湛氏二世)一也、數明有ニ一子一、稱ニ伊波掟一、伊波□(掟)□(子)宣存(湛氏一世)、宣存曾事ニ於

先王尙寧聖主一、奉レ命、始遷ニ居於王都(首里)一也、幸今、遇下聖主令ニ諸臣各立ニ家譜一時上、宣尹(湛氏四世)、編レ譜

獻レ之云爾、〇原本、料紙ノ小口及ビ地邊闕損ス、序ノ首ニ「系訂紀印」ノ方形朱印一顆ヲ踏ス、序ノ全文、一五五五年是歲ヨリ先ノ條ニ收ム、

〔湛姓家譜〕

○岳原筑登之親雲上　湛姓世系圖
那覇市歴史博物館所蔵複寫本　氏集官江差出候地系圖八番2683

一世　　二世

大宗
- 平安名親雲上
  - 長男池原御唄親雲上
  - 次男宣房
- 宣存
  - 長男宣温
  - 次男宣安
- 伊良皆親雲上

○原本、一世ヨリ三世ノ上ニ、「首里之印」ノ方形朱印一顆ヲ踏ス、

〔湛姓家譜〕

○岳原筑登之親雲上　紀錄
那覇市歴史博物館所蔵複寫本　氏集官江差出候地系圖八番2683

湛姓家譜正統

紀錄

一世宣存恩納親雲上　○原本、第三行ヨリ第五行ノ上部ニ、「系訂紀印」ノ方形朱印一顆ヲ踏ス、

童名眞太良、唐名湛承寵、嘉靖四十年辛酉、（一五六一年）生、

父、伊波掟、

母、不レ知レ爲ニ何人一、

室、恩納間切保津喜村生産眞鍋、號桂南、○原本、行末ニ、「系紀之印」ノ長方形朱印一顆ヲ踏ス、

長男、宣温、童名・唐名・生死、不レ傳、室、不レ知レ爲二何人一、有レ女、名思加那、萬曆(一六一三年)四十一年癸丑、生、嫁二于都氏屋冨祖筑登之親雲上正林一、康熙(一六七六年)十五年丙辰五月十九日、死、號妙清、○原本、行末ニ、「系紀之印」ノ長方形朱印一顆ヲ踏ス、

次男、宣安、

萬曆三十七年己酉、　尚寧王、渡二御薩州一時、敍二黃冠一、爲二御唄役一供奉、至二于薩州一、事畢回國、後任二美里間切恩納地頭職一、終敍二座敷一、世代久遠、年月不レ知二其細詳一、故畧焉、

萬曆年間、擇レ地、墓造二於眞和丘拜領一焉、當時、來二宮古島之人夫此地一、故勅賜二此夫一、

崇禎(一六三八年)十一年戊寅四月二十四日、卒、壽七十八、號雲山、

〔系譜抄〕二　○沖縄県立図書館所蔵東恩納寛惇文庫架蔵明治四十一年採集史料

2(氏集二番)　章姓　上間親方当二佐久間一、

始祖乃安谷屋之主、名若松、時人称二安谷屋若松一、号一開、

大宗正成宜野灣親方

万厂(一五九四年)二十二年甲午、生、

尚寧王代

万厂三十七年己酉、薩刕与興レ兵、本国始降、乃寧王(尚寧)航二于薩刕一、禮畢、又赴二江府一、□見二朝將軍(秀忠)一、又到二駿河一、見二家久公一、此時、爲二小赤頭一、扈二從寧王一、到二江府及駿河一、事畢、歸在二薩州一正逢、

（慶長十六年、一六一一年）辛亥之夏、貢使毛使（氏）池城親方安頼、來到二薩刕一、稟二明中国公事一、太守家久公、卽命二安頼一、見二家康（徳川）公一、又隨二安頼一、再到二駿河一、是年冬、後二于寧王一而歸国、〇一六一一年五月是月ノ條及ビ同九月十日ノ條、參看、

〔氏集〕首里那覇 二番 192 〇那覇市歴史博物館刊

大宗章邦彦宜野灣親方正成　章氏　佐久眞親方〇本書、今、佚シタルカ、

〔南聘紀考〕巻之下 〇東京大学史料編纂所所藏島津家本さⅠ—12—33—64

慶長十四年

五月二日、〇中略、本年四月二十九日ノ條及ビ同五月三日ノ條參看、既而、久高等相議、使二本田伊賀守親政・蒲池休左衞門尉、、一、七島說云、備中守、疑此人、爲二奉行一、師〔帥〕二卒及琉人麻文仁（金安恒）親方一、見二上文祿二年一、疑此人也、等猶留二琉球一、以鎭二戍之一、所レ謂在番奉行、應二自レ斯始一也、中山系圖、次年庚戌〔戍〕、薩州、遣二本田伊賀守等一、（ママ）使二都鄙一有レ章、上下有レ服云、其遣年、誤也、五日、久高及諸將、以二尚寧王等一、與發二琉球一、十四日、諸將、浮レ舟至二山川港一、儀間親方（麻眞常）、以二勢頭役一、從二尚寧王一、其舟、則以二十七日一、揚二帆那覇一、見二儀間氏譜（麻姓家譜）一、十五日、巳剋、尚寧王及弟具志頭・浦添按司・謝名親方等、駕レ舩、琉人送至レ港者千餘、乃開洋、十六日、繫二于運天一、十七日、辰剋、我艦及琉球舩、皆開帆、洋中逢レ風、十九日、泊二七島渚一、〇下略、本年五月二十四日ノ條參看、本書、五月五日ノ記及ビ十四日ノ記、日ニ錯誤アラン、中山系圖ノ記、下ニ收ムル琉球國中山世鑑巻一琉球國中山王世繼總論參看、

〔琉球國中山世鑑〕序 〇沖縄県所藏尚家本

琉球國中山王世繼總論

蓋、我朝開闢

天神阿摩美久築レ之、○中略

尚圓孫月浦曾孫

尚寧矣、先レ是、

大日本永享年中

琉球國、始爲ニ

薩州太守嶋津氏附庸之國一、朝二貢於

日本一百餘年也、○史料綜覧巻七、（永享十三年、一四四一年）嘉吉元年四月十三日ノ第三條、幕府、薩摩、大隅、日向守護島津貴久ノ、義昭ヲ撃チシ功ヲ賞シ、琉球國ヲ其附庸ト爲シ、劍馬等ヲ與ヘ、老臣五人ニモ亦物ヲ給ス、又義昭ノ餘黨ヲ捜捕セシムル條參看、島津氏ヘノ嘉吉元年ノ琉球國附庸ノ説、尚、検ズベシ、

尚寧、愼レ終悖レ始、恐懼之心日弛、邪僻之情轉恣、用二聚斂臣一、一邪名、而失二事大之誠一也、故慶

長己酉、

薩州太守家久公、遣二樺山權左衛門尉・平田太郎左衛門尉一、率レ兵征二伐

琉球一、而擒二國王一返、明年、又遣二本田（親政）伊賀守・蒲地（蒲池）久右衛門尉一、使二都鄙一、有レ章、上下有レ服、

○下略、一六一一年八月十日ノ條參看、

〔舊記雜録〕後編巻六十四 琉球入ノ記 ○東京大学史料編纂所所藏島津家本

（琉球征伐記）
夫中山王と奉レ申者、（○中略、本年七月七日ノ條及ビ同四月一日ノ第一條、參看、）然者、慶長十四年酉壬［衍］二月十五日、鹿兒嶋御出船被レ成、琉球悉ク御手ニ附、同五月、鹿兒嶋御上國被レ遊候、鹿兒嶋衆者、壹人も無ニ怪我一候、しかれハ、其時、國司御名者尚寧王と奉レ申、（○中略、一六一〇年八月十六日ノ條參看、）左候而、七嶋貳拾四人之物頭中江、爲ニ軍功一、川邊郡、壹人ニ付、知行高三百石宛被レ下候、

○大日本史料慶長十四年五月二十五日、島津氏ノ臣樺山久高、本田親政及ビ蒲地休右衞門尉ヲ留メテ琉球ヲ守ラシメ、ソノ王尚寧以下ヲ以テ凱旋シ、是日、鹿兒島ニ到ル、明日、家久、琉球ノ平定ヲ家康及ビ秀忠ニ報ズル條參看、

○五月十五日ヨリ先、琉球國中山王尚寧、毛盛續及ビ金安恒ヲ留守假三司官ニ任ズルコト、及ビ島津軍大將樺山久高、本田親政及ビ蒲池休右衞門尉ヲ奉行トシ、琉球國ニ留マルコトヲ命ズルコト、便宜合敍ス、

五月十九日、琉球國中山王尚寧、大島燒內間切宇檢湊ニ著シ、尋デ、隨從ノ官人ニ加階シ、同間切崎原勢頭ニ赤八卷ヲ授ケ、二十一日、日本薩摩國鹿兒島ニ向フ、

〔喜安日記〕○琉球大学附属図書館所藏伊波普猷文庫

〇上略、本年五月十五日ノ條參看、同(五月)十九日、大嶋宇見(焼内間切宇検)の湊に着ぬ、崎原勢頭(姓名不詳)宿所、皇居になる、三日御逗留有て、人々加階ス、江曾親雲上・安室親雲上、御鎖子傍座敷給る、喜安、佐事坊主座布(座敷)給ふ、崎原勢頭赤八巻頂戴す、同廿一日、天晴、氣清て、追手の風吹きけれハ、御所の御船を始參せて、人々船共皆漕出す、〇下略、本年五月二十四日ノ條參看、朱傍假名幷ニ朱句點、略ス、句點、編者ニ依リテ附ス、

〔系譜抄〕 一 〇沖縄県立図書館所藏東恩納寛惇文庫架藏明治四十一年採集史料

(氏集)二番

閔姓家譜正統　居分寒水川村(首里眞和志平等)

田湊親雲上

〇閔姓世系圖、略ス、本年五月十五日ノ條參看、

一世喜安入道蕃元喜安親方

〇中略、本年五月十五日ノ條參看、

万厂(暦)三十七年己酉、〇中略、同上、同五月、〇中略、同上、同十五日、那覇出船、同十九日、到二大島一、因レ茲、有二敍目一、蕃元賜二作(佐)事坊主座敷一、同二十一日、發二彼湊一、同六月二十二日、到二麑府一、〇下略、本年六月二十六日ノ第一條參看、

五月二十一日、是ヨリ先、島津軍大將樺山久高ノ琉球平定ノ報、鹿兒島ニ

著ス、是日、島津義久、前征夷大將軍徳川家康ニ、琉球國ヲ征シタルコトヲ報ジ、尋デ、二十六日、重ネテ、義久、家康ニ琉球國ヲ征シタルコトヲ報ズ、

〔新編島津氏世録正統系圖〕十七代義久 第二十九 ○東京大学史料編纂所所藏島津家文書31―1―6―9

(注)
「正文在二蒲池八左ェ門一」

(島津義久書状案寫)
○琉球之儀、無二殘所一、屬二手裡一之由到來候、誠大慶不レ過レ之候、右之樣躰、従二陸奥守(島津家久)一、所下以二使者一申上候上之間、傳書仕候、猶委曲者、陸奥守可二申入一候条、不レ詳候、恐々謹言、

慶長十四年
五月廿一日 嶋津修理入道
龍伯(島津義久)(花押影)

山口駿河守殿(直友)
人々御中

○本文書案ノ寫、東京大学史料編纂所所藏島津家本舊記雜錄後編巻六十三ニ、案文在官庫、慶長十四年歟ト注シテ収ム、鹿児島県史料旧記雑録後編四巻六十三、五七九号、參看、

〔御文書〕義久公九 二十五通 巻十 ○東京大学史料編纂所所藏島津家文書S島津家文書17―11―5

(島津義久書状案)
急度申入候、琉球之儀、無二殘所一屬二手裡一候由到來候、誠大慶不レ過レ之候、右之樣子、従二陸奥守一以二早打一申上候間、傳書如レ此候、然者、従二悴家一他國ヘ防戰取懸候事、此度始之樣候処、宜仕合、畢竟、忝被レ加二上意一、烈二御威光一、播二面目一候、此等之段、寄々可レ然之樣、御取合所レ仰候、猶委曲者、陸奥守可二申入一候間、不レ能二書載一候、恐々、

（慶長十四年）五月廿六日

山口駿河守殿

〔多〕（正純）本田上野守殿

○本文書案ノ寫、東京大学史料編纂所所藏島津家文書新編島津氏世錄正統系圖十七代義久二十九ニ、案文有之、慶長十四年ト注シテ、同所藏島津家本舊記雜錄後編卷六十三ニ、案文在官庫、廿二番箱十卷中、慶長十四、龍伯（義久）公御案文中ノ卷ニアリ如何、義久公御譜ニ同日同案アリト注シテ收ム、鹿児島県史料旧記雑録後編四巻六十三、五八○号、參看、舊記雜錄、日下ニ、「惟新（朱書）」御名無之ト書シ、本文書案ヲ島津義弘書狀案トスルハ誤リナリ、

〔續編島津氏世錄正統系圖〕十八代家久 第三十三 ○東京大学史料編纂所所藏島津家文書36—1—2—1

○稽、琉球國者、揭二薩陽一三百里而、在二于南海中一、○中略、本年二月二十六日ノ條參看、慶長十四年三月四日之曉天、解二纜於薩州山川（指宿郡）灣一、○中略、本年三月四日ノ條、同三月七日ノ條、同三月二十日ノ條、同三月二十一日ノ條及ビ同四月一日ノ第一條、參看、以故、四月一日、分レ軍自二海陸一發向、○中略、本年四月一日ノ第一條參看、遂圍二王城首里一、天孫氏、始築二中山一、故曰二首里一、欲三急攻二破之一、○中略、本年四月一日ノ第一條參看、因同五日、尚寧下城、於レ是、久高、使二飯牟禮紀伊介光家・貴島釆女頼張一、捧二捷書於州主（家久）一、乃家久馳二使介一上言、○下略、本年七月七日ノ條及ビ同五月二十四日ノ條參看、原本ノ訓假名及ビ返點、略ス、返點、編者ニ依リテ附ス、コノ記、東京大学史料編纂所所藏島津家本舊記雜錄後編卷六十三ニ、家久公御譜中ト注シテ收ム、鹿児島県史料旧記雑録後編四巻六十三、五四○号、參看、

〔新編島津氏世錄正統系圖〕十七代義久 第二十九 ○東京大学史料編纂所所藏島津家文書35—1—6—9

○夫、琉球國者、去二薩摩州一者、二百餘里、然而、自二往昔一、爲二附庸一、屬二島津氏旗下一、所以納貢也、頃年、妄二舊規一怠慢、不二納貢一、○中略、本年四月五日ノ條參看、而請二件事於

家康(徳川)卿一、卿、卽免許焉、是以、慶長十四年己酉之春三月、艤二艨艟一百餘艘一、而渡二騎歩三千餘人一、○中略、同上、於レ茲、國王及三司官以下、請レ和降服、○中略、同上、裁二捷書使一价一、乘二一船一、先二軍衆一、告二薩摩一、則令三使節上二達家康卿・秀忠(徳川)卿一、二卿好二其戰功一、而賜二感牘一矣、○本年七月七日ノ條參看、原本ノ振假名及ビ返點、略ス、返點、編者ニ依リテ附ス、コノ記、東京大学史料編纂所所藏島津家本舊記雜錄後編卷六十三ニ、義久公御譜中ト注シテ收ム、鹿児島県史料旧記雑録後編四巻六十三、五七八号、參看、

〔南浦戲言〕○鹿児島大学附属図書館所藏玉里文庫架藏文之玄昌自筆本

五月十八、聞三官軍《ノ》唱《フト》二凱歌《ヲ》一、賦《メ》二村詩《ヲ》一嘲《ル》三島囊《カ》心《ニ》有《ルヿヲ》二表裡一云、○慶安二年版本南浦文集(寛永己巳季秋下澣末裔泊如竹跋、中野道伴刊行)卷之下戲言、本詩ヲ、十五雜言ニ、題詞ノ首ニ己酉(慶長十四年)五月十八ト附シテ收ム、本版本ノ訓假名及ビ音訓合符、文之玄昌自筆本ニ依レリ、原本ノ返點・音訓符・音訓合符幷ニ朱引、略ス、訓假名、原本ニ依リテ附シ、返點、編者ニ依リテ附ス、下、同ジ、

是歳何《レノ》 年《ソ》球國頽《クヅル》 人民《ノ》離散命《ナルカナ》 乎哉 島囊《ノ》表裏潤《キヿ》多少《ソ》 容《イレ》二我《カ》數千軍《ノ》衆《ヲ》一来《ル》 想像《ル》遠民昏《ノクラスヿヲ》二十方《トヲ》一 中山王《ノ》運尽《ツキテ》茫々 天《ノ》之所《ロ》レ与《フル》無《シ》二人測《ノハカル》一 飽《マテ》下入《レテ》二資財《ヲ》一括《クヽル》中島囊《ヲ》上 又○中略

球國《ノ》黎民浮又沈 聞《テ》二兵船至《ルトキモ》一膽凜々 盃盤破却《メ》皆狼藉 禍《ハ》始《マル》二邪那(鄭迵)《カ》一寸心《ノムネヨリ》一 聞二球國陷一

争《テカ》 知《ラン》二衽席《ニ》一有《ラントハ》二干戈一 毎侍《ニタノンテ》二海洋《ヲ》一油断多《シ》 才力過《タルモ》レ人《ニ》亦何 益《ノカアラン》 蔑《ロニシ》レ王《ヲ》慢《トル》レ士《ヲ》一邪那詩、○コレラ二詩、東京大学史料編纂所所藏舊記雜錄後編卷六十四琉球入ノ記所收琉球征伐記ノ虵那親方ノ久米村ニ籠リタル記ノ傍書ニ、聞球國陷 文之和尙ト題シテ記サル、本年四月一日ノ第一條參看、

〔南聘紀考〕卷之下○東京大学史料編纂所所藏島津家本さI―12―33―64

慶長十四年

四月（〇中略、本年四月一日ノ第二條參看、）而五日、乃久高、致二喜入大炊助久正書一、（〇四月五日樺山久高書狀、本年四月五日ノ條ニ收ム、）使二飯牟禮紀伊介光家・貴島采女頼張一、齎先二同舟一就二久正一、報二告捷於我公及（島津家久）貫明公・（島津義久）松齡公（島津義弘）一、而未レ幾、光家等還、悉以報レ實、三公大歡悅、（〇本年四月五日ノ條參看、）乃具レ狀、遣レ使、飛二報本田〔多〕正信等一、以聞二神祖（徳川家康）及台徳廟（徳川秀忠）一、（〇五月二十一日島津義久書狀案寫、上ニ收ム、）時僧文之聞而賦レ詩曰、「球國黎民浮又沈、聞二兵船至一膽凜々、盃盤破却皆狼藉、禍始二邪那一寸心一、爭知三衽席有二干戈一、毎恃二海洋一油斷多、才力過レ人亦何益、蔑レ王慢士一邪那」、（〇中略、本年四月一日ノ第二條參看、）五月（〇中略、本年五月三日ノ條、同五月十五日ノ條及ビ同五月二十四日ノ條、參看、）二十六日、公、遣レ使、飛二報于駿（家康）・江（秀忠）兩府一、貫明公、亦致二山口直友・本多正純書一、令二啓報一之、（〇五月二十六日島津義久書狀案、上ニ收ム、）

〇四月五日樺山久高書狀ノ鹿兒島ニ著シ島津家久ニ報ゼラルタル月日、本年五月十八日ヨリ先ナルコト、文之玄昌ノ詩ニ據ルベシ、

〇徳川家康、島津忠恒ニ偏諱ヲ與へ、家久ト更メシム、尋デ、家久、琉球國ノ久シク入貢ノ禮ヲ闕クヲ以テ、之ヲ征センコトヲ請フ、幕府之ヲ許スコト、大日本史料慶長十一年六月十七日ノ條ニ見ユ、島津軍大將樺山久高、琉球國中山王尚寧、首里城ヨリ下城シタルコトヲ、島津家久へ報ズルコト、本年四月五日ノ條ニ、前征夷大將軍徳川家康、島津家久ニ、琉球平均ノ功ヲ賞シ琉球國ヲ賜フ、征夷大將軍徳川秀忠、家久ニ感狀ヲ與ヘテ之ヲ褒ス、尋デ、島津義弘幷ニ

島津家久、家臣ヲ駿府・江戸ニ遣シ恩ヲ謝スルコト、本年七月七日ノ條ニ見ユ、

五月二十四日　島津軍、日本薩摩國鹿児島ニ著ス、是日、琉球國中山王尚寧、薩摩國山川湊ニ著ス、尋デ、二十五日、鹿児島城主島津家久、大將樺山久高等ヲ賞ス、

〔續編島津氏世錄正統系圖〕十八代家久　第三十三　○東京大学史料編纂所所藏島津家文書36―1―2―1

○稽、琉球國者、掲二薩陽一三百里而、在二于南海中一、○中略、本年二月二十六日ノ條參看、慶長十四年三月四日之曉天、解二纜於薩州山川灣（薩摩國指宿郡）一、○中略、本年五月二十一日ノ條及ビ同七月七日ノ條、參看、五月（十脫）五日、發二琉球一、同二十五日、愷二旋鹿府（薩摩國鹿児島）一、奏二軍事之始末一、家久（島津）、以二樽酒一、勞二兩將（樺山久高・平田增宗）及士卒一、與二感牘一、且賞賜有レ差矣、○原本ノ訓假名及ビ返點、略ス、返點、編者ニ依リテ附ス、コノ記、東京大学史料編纂所所藏島津家本舊記雜録後編巻六十三ニ、家久公御譜中ト注シテ收ム、鹿児島県史料旧記雑録後編四巻六十三、五四〇号、參看、

〔舊記雜錄〕後編　巻六十三　○東京大学史料編纂所所藏島津家本

（朱書）「琉球渡海日々記」

○中略、本年五月十五日ノ條參看、其日（五月十六日）も過キ、十九日午之刻計に、七嶋之内、中之嶋に取つき候、○中略、同前、廿一日（五月）寅之刻程に出船申、能順風ニ而候間、申之刻計ニ山川の津ニ着岸仕候、舟道六十里程候を荒追手の故、日之内ニ着申候、我々ゟ先船も漸四艘參候、流船にて參候ふね十艘計ニ而候、方々江行散候船、い

かゝにて候哉と、皆々迷惑申処に、次第〳〵に参候、廿二日、山川ニ罷居様子承合候、終日雨もふり候、廿三日も、右同前ニ候、廿四日之早朝、権左様(樺山久高)・太郎左様(平田増宗)御船を始、諸舟参候、琉球王位様(中山王尚寧)御船も輙参着候、万民之悦、貴賤上下かんせん人はなかりけり、

○下略、立願状、本年二月二十六日ノ條ニ収ム、鹿児島県史料旧記雑録後編四巻六十三、第五五七号、参看、

〔伴姓肝付氏系譜〕 ○鹿児島県史料旧記雑録拾遺家わけ二 肝付家文書

(肝付)兼篤

○中略

同(慶長)十四年己酉、太守家久君(島津)、遣二軍衆于琉球國一、于二此之時一、兼篤随二勇兵八十餘人一、○中略、本年四月一日ノ第一條参看、五月十四日、以二琉王一出船、○本年五月十五日ノ條参看、廿二日、着二于山川一、琉王者、二十三日、着船也、廿四日、諸軍各赴二于麑府一、于レ時、兼篤嬰二病恙一、以故、徑還二于喜入(薩摩國給黎郡喜入郷)一也、是亦、忠勤無二比類一者乎、

同年六月廿九日、死去、年四十八、法號傑心大英居士、改二利翁寺一、為二傑心寺一、

〔肝付世譜雑録〕 七 ○鹿児島県史料旧記雑録拾遺家わけ二 肝付家文書
肝付世譜雑録巻之五 六代兼篤公

○慶長十四年己酉、○中略、本年三月二十五日ノ條参看、

五月六日、○中略、本年四月一日ノ第一條及ビ同五月十五日ノ條、参看、

十七日、運天ヲ出テ天水カ渡ヲ渡、
十九日、七嶋之内諏訪ノ瀬ニ到リ、
廿一日ノ夜半、諏訪ノ瀬ヲ出、
廿二日、終日通夜征、帆風ニ任、
廿三日、黎明、山川ニ着船ス、今夜、風雨悪シク、諸船或ハ風ニ放レ、或ハ汐ニ引レテ破損セシ舟モ多カリキ、
廿三日ノ夜、両大将及ヒ琉王ノ船、恙ナク着岸、
廿四日、諸軍勢互ニ相賀シテ、公(肝付兼篤)、山川ヨリ直ニ喜入ニ帰着シ玉フ、此砌ヨリ御病悩催シケル故、竟ニ麑府ヘ出仕モナカリキトニヤ、

〔南聘紀考〕巻之下 ○東京大学史料編纂所所蔵島津家本さI—12—33—64

慶長十四年
五月二日、(○中略、本年四月二十九日ノ條、五月三日ノ條及ビ同五月十五日ノ條、参看、)十九日、泊㆓七島渚㆒、二十一日、久元等、至㆓山川港㆒、二十三日、尚寧王船、入㆓山川港㆒、二十四日、昧爽、久高・増宗等船、皆入㆓山川港㆒、二十五日、将士諸船、凱㆓旋本府(鹿児島)㆒、公、乃飲㆓将士酒㆒、労㆓其功㆒也、此役、将士頗犯㆓律令㆒、惟本田親政・市來家繁、守㆓其令㆒、故特褒㆓賞之㆒、且家繁、前㆑此、太閤(豊臣秀吉)西征、亦抽㆓忠膽㆒、至㆑是、併褒賜㆓祿二百

石二云、又、佐多源右衛門久信、能説二謝那（鄭迵）一、令レ命レ降、故、慈眼公（家久）、召見、口自賞レ之、雖レ非二此日事一、始類記焉、○下略、本年五月二十一日ノ條參看、佐多久信、島津軍大將ノ命ニヨリ鄭迵ニ降ズルヲ勸メタルコト、本年四月一日ノ第一條參看、

〔喜安日記〕○琉球大学附属図書館所藏伊波普猷文庫

○上略、本年五月十五日ノ條參看、同（五月）十九日、大嶋宇見（燒内間切宇検）の湊に着ぬ、○中略、本年五月十九日ノ條參看、同廿一日、天晴、氣清て、追手の風吹きけれハ、御所の御船を始參せて、人々船共皆漕出す、雲の波烟の浪を分しのかせ給て、同廿四日に、薩州山川の嶽下に付せ給ふ、雨しきりに降ぬ、同廿五日、其より、山川へ入らせおはします、御假屋しつら《拵》ハれたりしかハ、行幸なる、○下略、本年六月二十六日ノ第一條參看、朱傍假名幷ニ朱・墨句點略ス、句點、編者ニ依リテ附ス、

〔南浦文集〕一 ○鹿児島大学附属図書館所藏玉里文庫架藏文之玄昌自筆本

「○」（朱書） 薩隅日三州府君歴代歌

高祖忠久（島津）号《ス》二得佛《ト》一　始《メテ》領《メ》二三州《ヲ》一曰《フ》二島津《ト》一（薩摩國・大隅國・日向國）

二世忠義（島津）称《ス》二道佛《ト》一　此《ノ》時上古其《ノ》風淳《スナヲナリ》

三世久經（島津）称《ス》二道忍《ト》一　攻《セメ》二亡《ボシテ》礼部《ヲ》一安《ンス》二我《カ》民《ヲ》一

給黎《キイレ》・町田《ハ》其《ノ》孫子　伊集院亦《モ》骨肉匀《ヒトシ》

忠宗（島津）道義建長《ノ》間　都鄙謂《ツテ》レ之《ヲ》為《ス》二歌人《ト》一

其《ノ》子貞久（島津）名《ク》二道鑑《ト》一　舍弟六人國《ヲ》為《ナス》レ隣《リト》

和泉《ノ》孫子今殆《ホトント》尽《ク》　佐多・新納共《ニ》相親《シ》
樺山・北郷今猶盛《ンナリ》　其《ノ》中石坂跡独《リ》泯《ツク》
道鑑有レ子（川上頼久）号《ス》二河上《ト》一　子孫至《ルマテ》レ今《マニ》更《ニ》詵々《シン〱》
（島津）氏久齢岳六代《ノ》主　創二建《メ》即宗《ヲ》一迹未レ陳《セ》
（島津）元久恕翁創《ハシム》二福昌《ヲ》一（福昌寺）　一子為《ナツテ》レ僧《ト》（梅壽、仲翁）戴二鳥巾《ヲ》一
有《リ》レ弟久豊（島津）号《ス》二義天《ト》一　挑《サヽケ》二恵灯《ヲ》一来《テ》尚循々
（島津）忠國太岳其諱《ノイミナハ》　誉　深固院古《リテ》栽《イタヽク》二松筠《ヲ》一
舎弟樵夫《ハ》（島津用久）薩摩守　題橋《ハ》（島津季久）豊州武威純《ラナリ》
（島津有久）出羽・伯耆（島津豊久）亦《モ》叔季　有二五兄弟一徳已均《ニシ》
忠國宗子《ノ》称《ス》二天勇《ト》一（島津友久）　不レ嗣二父《ノ》位《ヲ》一異《ニス》二天倫《ヲ》一
（大年寺）大年登公《ハ》天勇《ノ》子　齋名《ヲクレトモ》二一瓢《ト》一（運久）徳不レ貧《シカラ》
（島津）立久節山（島津運久）民具《トモニ》瞻《ミル》　（龍雲寺）龍雲廟古《リテ》猶薦《ム》レ蘋《ヲ》
（島津）忠昌圓室諱《ハ》玄鑑　寺名《ヲケテ》二興國《ト》一近《シ》二城闉《ニ》一
（島津）忠治蘭窓名二津友《ト》一　（島津）忠隆興岳（興國寺）不レ終《ヲヘ》レ晨《タヲ》
（島津）勝久主《トメ》レ國《ニ》々將《ニス》レ滅《セント》　幾殺《クカ》二忠臣《ヲ》一自《ミ》沈淪《ス》

欲下讓《スレハユヅルニ》二(島津)貴久《ニ》一以《テセント》中家國《ヲ》上　國乱《レテ》其《ノ》約皆不レ真《ナラ》
貴久《ノ》老父問《ヘハ》二誰《レ》某《シソト》一　一瓢之《ノ》子称《ス》二(忠良)日新《ト》一
日新無レ由《シ》レ散《スルニ》二鬱憤《ウツフンヲ》一　更《ニ》揚《ケテ》二義兵《ヲ》一無《シ》二異論一
從《リ》レ是《レ》三州諸家《ノ》士　仰《キ》二見《テ》貴久《ヲ》一悉《ク》称《ス》レ臣《ト》
辛未《シンビ》(六月)林鐘二十三(元龜二年、一五七一年)　正《ニ》是《レ》(貴久)大中《ノ》辞世辰
海潮修《ス》レ梵《ヲ》南林《ノ》寺　香烟不レ断日《ニ》輪困《リンキン》
(島津)義久治《メテ》レ國《ヲ》猶超《フ》レ古《ヘニ》　是《ノ》時六國臣伏臻《ヌル》
以《テ》レ歌《ヲ》鳴《ルハ》レ世《ニ》是《レ》餘事　惟《レ》徳被《カフムラシメテ》レ民《ニ》々帰《ス》レ仁《ニ》
令《シムルヿ》二人景慕《ヲメケイボセ》一何《ソ》至《ル》レ此《コヽニ》　遐齡《カレイ》猶祝《ス》二八千椿《ノヲ》一
新《タニ》創《メ》二(妙谷寺)妙谷《ヲ》一預《シメ》修《ス》レ善《ヲ》　碧尾朱甍《マウ》疊《カサヌ》二魚鱗《ヲ》一
令弟義弘(島津)兵庫《ノ》頭　武威振《フルツテ》レ世重《ニキヿ》千鈞
匪《ス》三啻《タヽ》譽声《ヲ》動《スノミニ》二我國《カヲ》一　朝鮮《ノ》八道誦《スルヿ》レ名頻《リナリ》
帰《メ》二依三寶《ニ》一修《ス》二(妙圓寺)妙圓《ヲ》一　無《シ》二人《ノ》不《ルハ》レ道《ハ》二希《キ》世《ノ》珍《ト》一
(島津)久保朝鱗《鮮》撫軍《ノ》日　惜《ムラクハ》罹《カヽツテ》二微恙《ヤウニ》一化作《メルヿヲ》レ塵《ト》
家久多年在《リ》二朝鮮《ニ》一　擅《ホシヒマヽニ》施《メ》二威武《ヲ》一似《タリ》レ有《ルニ》レ因

國務《ノ》餘力嗜《ム》ニ儒斈《ヲ》一　其《ノ》本不レ乱壹《ラモツハラ》　修《ス》レ身《ヲ》
就《テ》レ中《ニ》心學探《サクル》ニ其賾《ノヲキロヲ》一　入《テ》ニ禅教《ノ》門《ニ》一轉《ス》ニ両輪《ヲ》一
細大不レ捐《ステ》藝非《ス》レ一《ツニ》　揮《フルヒ》レ剣《ヲ》揮《ツテ》レ筆《ヲ》共《ニ》彬々《ヒン〱》
球王来降《リ》何《スレノ》歳月《ソ》　慶長己酉在《リ》ニ蕤賓《スイヒンニ》一（五月）
吾君《カノ》命運幾《ク》多少《ソ》　孫枝子葉億万《ノ》春
（慶長十四年）夏五月廿七　雲興玄昌謹記○原文ノ返點・音訓符・音訓合符・句點幷ニ朱引、略ス、返點、編者ニ依リテ附ス、假名、原文ニ據リテ附ス、本歌、寛永二年版本南浦文集巻之上及ビ慶安二年版本南浦文集巻之上ニ收ム、本歌、大日本史料慶長十四年五月二十五日ノ條、版本ニ據リテ揭グ、本歌ニ記サレタル島津氏歴代幷ニ島津氏諸流ノ事績及ビ島津氏ニ關ハル寺院幷ニ佛事等ニ就キテノ注記幷ニ按文、略ス、

○島津義久・島津義弘及ビ島津家久、琉球渡海之軍衆法度ヲ定メ、大島等ノ百姓ヘノ狼藉ヲ禁ズルコト、本年二月二十六日ノ條ニ見ユ、

○大日本史料慶長十四年五月二十五日、島津氏ノ臣樺山久高、本田親政及ビ蒲地休右衞門尉ヲ留メテ琉球ヲ守ラシメ、ソノ王尚寧以下ヲ以テ凱旋シ、是日、鹿児島ニ到ル、明日、家久、琉球ノ平定ヲ家康及ビ秀忠ニ報ズル條參看、

六月二十六日、琉球國中山王尚寧、鹿児島城ニ於テ、鹿児島城主島津家久

ニ拝謁ス、

〔喜安日記〕○琉球大学附属図書館所蔵伊波普猷文庫

○上略、本年五月二十四日ノ條参看、同（五月）廿五日、其より、山川（薩摩國指宿郡）へ入らせおはします、○中略、同上、六月三日、麑府より守護のために町田勝兵衛尉久幸・鎌田左京亮政徳被レ參、やかて、被レ遂二龍顔一、同十三日、国府（大隅國桑原郡）より、正興寺文之（文之玄昌）長老、使僧に被レ參、同廿三日、辰の時、山川を御出船あり、同日の申の□〔時〕、鹿児嶋へ着せ給ふ、御迎の大名小名、御船着まで參られけり、新造に御所をしつらへ給ひて、入らせおはしま□〔す〕、浦添（向朝師）・若那（鄭迵）ハ引さかり、良有て、船よりおりらる、若那ハ、六尺はかりなる色くろき男なり、上下の人々、音にきこゆる若那みんとて、見物の人々市をなしけり、六月廿六日亥の日、御内（鹿児島城）にて御對面あり、御馬代白銀千枚、其外色々の御進物あり、八月三日亥の日、國府（大隅國府）へ御舟にて行啓ある、濱市（大隅國濱市場）まで御迎あり、翌（ママ）、四日、御對面あり、御馬代白銀□。二百枚幷御進物あり、同六日、喜入（久正）大炊助へ行幸ある、前建長文之長老、詩作、被レ備二叡覽一、去夏之五、中山賢王（尚寧）、以レ事見レ寄二玉趾シ於我薩州府一、々（府）君藤（藤原）氏（島津）家久、數爲二好會一、於レ是乎、大臣之事ノ二府君一者ノ、亦《マタ》以二其ノ命ヲ一、屈二請賢王ヲ於私第ニ一、秋八月初六、賢王大旆、赴二府君同姓久正（喜入）公私第一、賢王、有二一令弟（尚宏）・二公卿（向朝師・馬良豊）一、傍ニテ有二二長老（菊隠・恩叔）一、供二奉ス於左右ニ一、盖素有二支計（支許之交）之交一故也、予（文之玄昌）亦、（亦ニ）何幸陪二於其□〔席〕一、固（因）賦二一詩一、寄ス二西來（菊隠）・報恩（恩叔）ニ二長老ニ一云、

大旆迎來浦〔鋪〕ル二錦茵ノ一　河清一會更無レ倫

何《ソ》圖《ン》君子衣冠《ノ》地　容《タリ》ニ此《ニ》方抱〔袍〕圓頂《ノ》身ー

去程に、中八日御逗留ありて、色々の御遊興、御情ふかく《う》して、君にハ、弥叮嚀の芳恵を尽し御座し、臣にハ、益撫育の哀憐を垂給ふ、高きも賎も随喜感嘆限なし、同十二日の亥の時計《ニ》、麑府還幸なる、○下略、本年九月十日ノ條參看、朱傍假名、朱句點及ビ朱・墨返點、略ス、句點幷ニ返點、編者ニ依リテ附ス、

〔系譜抄〕○一 沖縄県立図書館所藏東恩納寛惇文庫架藏明治四十一年採集史料

(氏集)二番

閔姓家譜正統　居分寒水川村（首里眞和志之平等）

田湊親雲上

○閔姓世系圖、略ス、本年五月十五日ノ條參看、

一世喜安入道蕃元喜安親方

○中略、本年五月十五日ノ條參看

万(暦)三十七年己酉、○中略、本年五月十五日ノ條及ビ同五月十九日ノ條、參看、同六月二十二日、到ニ麑府ー、○下略、一六一〇年八月十六日ノ條參看、

〔系譜抄〕○二 沖縄県立図書館所藏東恩納寛惇文庫架藏明治四十一年採集史料

13（氏集十三番）毛姓　冨川親方

五世盛韶讀谷山親方　鳳朝　○中略、本年三月二十五日ノ條及ビ同五月十五日ノ條、參看、

同（萬暦）三十七年己酉、〇中略、同上、同五月十四日、那覇開駕、赴二薩刕一、是時、於二惟新新（島津義弘）公御前一、賜二御脇指一振一、同三十九年辛亥九月十三日、随二聖駕一歸国、〇一六一一年九月十日ノ條參看、

〇下略

尚寧王

〔球陽〕附卷一目錄〇東京大学史料編纂所所藏謄寫本

〇中略

鄭〇鄭舜功

二十一年、毛鳳朝（盛韶）扈二從王（尚寧）一、至二薩州一、屢慰二聖慮一、〇朱頭書ニ、同卅七年己酉（萬暦）、行末朱書ニ、同十四（慶長）トアリ、

〔球陽〕附卷一尚寧王〇東京大学史料編纂所所藏謄寫本

（尚寧王）二十一年、毛鳳朝扈二從王一、至二薩州一、屢慰二聖慮一、〇朱頭書ニ、同卅七年己酉、行末朱書ニ、同十四トアリ、〇中略、本年五月十五日ノ條參看、後亦那覇開船、赴二薩州一、時、惟新公、召二見鳳朝一、恩二賜腰刀一、至二辛亥秋（一六一一年九月）一、跟二隨 聖主一而、平安歸國、〇一六一一年九月十日ノ條參看、

〔南浦文集〕卷之中〇寛永二年版本

呈二佐鋪王子（尚豐）一書

今晨、辱賜二嘉招於茶室一、恐幸之甚、山何敢高、恩意之深、海猶爲レ淺、加焉、親扛二茶昇一、炉中挾二獸炭一、使三吾脫二塵汚一、椀裡點二龍團一、令三人破二孤悶一、何幸加レ之、它後、企二跬步於高門之下一、攄二謝

詞於使令之前一者、必矣、不宣再拜、
（慶長十四年七月）夷則十有二　　玄昌在判
佐鋪王子　閣下

〔南浦文集〕巻之中 ○慶安二年版本

四十　呈二佐鋪王子一書

今晨、辱《クフ》賜二嘉招《ヲ》於茶室一《ニ》、恐幸《ノ》之甚《キ》、山何《ソ》敢《テ》高《カラン》、恩意《ノ》之深《キ》、海猶爲《ス》レ浅《シト》、加焉《ス》、親《ミツカラ》扛《アケテ》二茶鼎一《ヲ》、炉中挾《シテ》二獸炭一《ヲ》、使《メ》三吾《ヲメ》脱《サ》二塵汚一《ヲ》、椀裡點《メ》二龍團一《ヲ》、令《ム》三人《ヲメ》破《ラ》二孤悶一《ヲ》、何《ノ》幸《カン》加レ之《ニ》、宅後、企《テ》二跬歩《ヲ》於高門《ノ》之下一《ニ》、攄《ノヘン》二謝詞《ヲ》於使令《ノ》之前一《ニ》者《ノ》、必矣《セリ》、不宣再拜、 ○版本ノ訓假名ヲ記シ、返點・句讀點・音訓符及ビ音訓合符略ス、返點、編者ニ依リテ附ス、

〔南浦棹歌〕一 ○鹿児島大学附属図書館所蔵玉里文庫架蔵文之玄昌自筆本

○和二天叟禅翁詩一

是歳壬子（慶長十七年、一六一二年）七月既望（十六日）、偶解三后於天叟和尚於麑府一、聞、昔和尚視三篆於琉陽大僧録司圓覺精庐（盧）一者十餘年矣、己酉之春、球陽騷屑之事、國王亦有二出亡之憂一、於レ是、公卿士庶、亦無二一而不レ失二其所一矣、庚戌之夏（慶長十五年、一六一〇年）、和尚、亦遠航二於日域一、在二攝州（攝津國）大坂城一、々主秀頼（豊臣）尊君、聞二和尚之為レ人、而有二接遇之礼一者、匪二翅一日一、當二其告レ帰也、尊君、餽二之兼金一、餽二之新衣一、蓋行者必以贐之義也、和尚何為レ不レ受乎、其交也以レ道、其餽也以レ道、昼錦之栄、何以加レ焉、今也、和尚、在二薩州麑府一、待二一

帆之風一者、一兩月矣、維時三秋、々風自レ西、風之自レ北者、在二三冬之時一、想是、和尚之錦旋、在二十月霜葉之時一乎、一日、見二少年之奏レ楽者一、賦二一篇詩一以贈焉、且復、自寫二此詩一、以示レ予、其意在レ督二拙和一、予、素不レ孝レ詩、雖レ然、於二少之時一也、与二衆人一唱和者有矣、今也老懶、衰惰(惰)二炭一氷於風雅一者、不レ知二幾多歳一矣、和尚之命、豈可レ逃乎、因捜二枯腸一、借二其芳韵一、以預奉レ賀二錦旋之栄一云、

故國無心赴二海涯一　々々千里自閉レ邪　為レ翁須レ襲二昼遊錦一　十月霜楓二月花

又

避下淂(得)二風流一時世妝上　閑談有レ味豈應レ兇　公詩今合二軒轅律一　字々不レ愆由二旧章一○コノ詩幷ニ序、慶長十七年秋ノ作ニシテ、琉球國圓覺寺天叟、慶長十五年、大坂城ニ於テ豊臣秀頼ニ拝謁シタルコトヲ記スト雖モ、慶長十四年、尚寧ノ鹿児島ニ至ルコトヲ記セルニ依テ、便宜、本條ニ掲グ、序幷ニ第一詩、寛永二年版本南浦文集巻之下ニ、序幷ニ詩二篇、慶安二年版本南浦文集巻之中ニ収ム、

〔南浦文集〕二　○鹿児島大学附属図書館所藏玉里文庫架藏文之玄昌自筆本

待《ツ》二球陽西来禅翁(菊隱)至《ノ》《ルヲ》一

兩君為《ナシテ》レ好《ミヲ》(島津家久・尚寧)　喜《ヒ》無《シ》レ涯　家國《ノ》昇平何《ヲ》以《テカ》加《ヘン》　馬首西来待《ツコト》猶久《シ》　衡門日々数《フ》二昏鴉《ヲ》一

○中略

小詩、以《テ》寄《ス》二球國《ノ》(恩叔)報恩主席《ニ》一、

自《リ》レ古《ヘ》青雲更有《リ》レ涯《カギリ》　華榱廣廈幾成《ス》レ嗟《ヲ》　食前《ノ》二方丈《ニスルモ》一勞《ヲ》二王事《ニ》一　何《ソ》若《シカシ》二野僧《ノ》三碗茶《ニ》一

○中略

○己酉（慶長十四年）八月初四、酉日、將《ニ》レ謝《スルトキニ》、予《ガ》衡門《ニ》有《リ》二高車一、出《テ》而問《ヘハ》レ之《ヲ》、球國西来禅翁与《ト》二大里々主《トナリノ》一也、

迎《ヘ》レ之《ヲ》接《メ》レ之《ヲ》、未《ダ》レ挙《ゲ》二旧話《ヲ》一、將《ニ》レ回《サントス》二其車《ヲ》一、予知《ル》下二翁之勤《メ》二勞王事《ニ》一而無《キヲ》中其餘力上、故《ニ》不《ル》レ淂（得）二挽《テ》而

留《ムルヲ》一之、嗚呼、二翁之勤勞《ノ》所二由来《テル》一者、非《ス》二一朝一夕之故《ニ》一、雖《モ》レ曰《フト》二伊《イ》傅《フ》（伊尹）・周召《ト》（姫奭）一、豈復有《ランヤ》二優

劣一乎哉、翌旦（八月五日）、賦《メ》レ詩《ヲ》、呈《スト》二僑居之下《ニ》一云、

相遇《テ》雖《モ》レ忻《ブト》二家國寧《キヲ》一　堪《ヘタリ》レ嗟《スルニ》二塵世《ノ》似《タルヲ》一浮萍《ニ》一　祗知《テ》三官事《ノ》無《キヲ》二餘力一　日晩《レテ》高車不レ淂レ停《ムルヲ》

○中略、八月五日、中山王尚寧、喜入久正第ヲ訪フコトニ係ル詩、下ニ收ム、

龍伯（島津義久）尊君、見《ル》レ招《カ》二中山王（尚寧）《ヲ》於華第《ニ》一、予亦侍《ス》二兩君（義久・尚寧）好會之盛筵《ニ》一、因《テ》賦《スト》二拙詩《ヲ》一云、

同氣同声情亦親《シ》　諸州本不レ異《ニセ》二蒼旻《ヲ》一　邦君（家久）今有《リ》二兩君《ノ》好《ミ》一　更《ニ》似《タリ》二涼風《ノ》吹《テ》一健《カニスルニ》レ人《ヲ》

是《ノ》日（八月四日）、自《リ》二初日一及《テ》二薄暮《ニ》一、侍《ス》二球王（尚寧）《ノ》座前《ニ》一、至《テ》二初更《ニ》一歸《ル》二假屏《ニ》一、因《テ》有《リ》二一吟一云、

午熱衝《テ》レ人《ヲ》汗似《リ》レ漿《ニ》　初更開《テ》レ戸《ヲ》臥《ス》二孤床《ニ》一　々々莫《レ》レ道話《ルニ》無《シト》レ友　翠袖招《テ》レ風《ヲ》終夜涼《シ》

予也、三日奉《テ》二君（義久）之命《ヲ》一侍《ス》二球王《ニ》於峻宇高堂（大隅國國府鶴舞城）《ニ》一、是夜在《テ》二我山庵（正興寺）《ニ》一、鮮《ス》レ衣《ヲ》盤礴、楽在《リ》二其中《ニ》一矣、詩以《テ》

述《フ》レ懷《ヲ》、

擎跽曲拳西又東　玉堂無《シ》三日《ト》不《ト云フ》二怱々《タラ》一　清貧本自有《リ》二真楽一　措《ク》二枕《ヲ》泰山《ニ》一蝸屋《ノ》中　○右ノ四詩、慶長十四年八月三日、琉球國中

山王尚寧、島津義久ニ謁スルタメ大隅國國府ニ赴クコトニ係ル、原文ノ訓假名ヲ記シ、返點・音訓符・音訓合符及ビ句讀點略ス、返點、編者ニ依リテ附ス、

〔南浦文集〕二　○鹿児島大学附属図書館所蔵玉里文庫架蔵文之玄昌自筆本

○去夏々五、

中山賢王、以《テ》レ事《ヲ》見《ラル》レ寄ニ玉趾《ヲ》於我《カ》薩州府《ニ》一、府君藤氏《ノ》家久、数《シハ、、》為《ナス》ニ好會《ヲ》一、於《テカ》レ是《ニ》乎、大臣《ノ》之事《マツル》ニ府君《ニ》一者《ノモ》、亦以《テ》ニ其《ノ》命《ヲ》一、屈ニ請《ス》賢王《ヲ》於私第《ニ》一、秋八月初五、

賢王《ノ》大旆、赴ニ府君《ノ》同姓久正公《ノ》私第《ニ》一、賢王、有《リ》ニ一令弟（尚豊）・二公卿一、傍《ラニ》有《テ》ニ二長老一、供ニ奉《ス》於左右《ニ》一、盖《シ》素《ヨリ》有《ル》ニ支許《ノ》之交一故也、予《モ》亦、何《レノ》幸《ヒソ》陪《ス》ニ於其《ノ》席《ニ》一、因《テ》賦《メ》ニ一詩《ヲ》一、寄《スト》ニ西來・報恩二長老《ニ》一云、

大旆迎《ヘテ》来鋪《シク》ニ錦茵《ヲ》一　河清《ノ》一會更《ニ》無《シ》レ倫　何《ソ》圖《ラン》君子衣冠《ノ》地　容《イレントハ》ニ此方袍圓頂《ノ》身《ヲ》一

○中略、島津義久、中山王尚寧ヲ自邸ニ招クコトニ係ル詩、上ニ收ム、

○我《カ》師一翁（玄心）大和尚曩昔《シ》、留《ムル》ニ錫《ヲ》於隅《ノ》之加治木（大隅國始良郡）郷《ニ》一者《ノ》、三四年矣、其《ノ》所《ノ》レ居《スル》之小軒《ニ》掲《ケキ》ニ神護《ノ》二字《ヲ》一、以《テ》名《ク》（安國寺）レ焉《ニ》、蓋《シ》隣《トナレハナリ》ニ於諏訪《ノ》神廟《ニ》一也、於《テヤ》ニ其《ノ》時《ニ》一也、予年二十餘、無《シ》レ不《ト云コト》三一日隨《ニ》ニ侍《セ》老師《ノ》巾瓶《ニ》一矣、尓來三ニ十一餘一年于茲《ニ》一矣、今也、球首座（菊隱・恩叔）居《スル》レ焉《ニ》、己酉八月十二、以《テ》レ事《ヲ》寄《ス》ニ宿《ヲ》於先戸（廬）《ニ》一、懐旧之餘、賦《スト》ニ小詩《ヲ》一云、

憶《フ》曽《テ》天正改元《ノ》初　久《ク》侍《シテ》ニ師翁一此地《ニ》居《ス》　默《メ》数《フレハ》已《ニ》超《フ》ニ三十歳《ニ》一　秋風洒《ヒテ》レ涙《ヲ》宿《ス》ニ先戸（廬）《ニ》一　○二詩、中山王尚寧、八月五日、喜入久正第

ニ幸スルコトニ係ル、原文ノ訓假名ヲ記シ、返點・音訓符・音訓合符・句讀點幷ニ朱引略ス、返點、編者ニ依リテ附ス、

〔漢學紀源〕三 ○東京大学史料編纂所所藏島津家本さⅠ—12—33—40

南浦第三十六

僧南浦、名玄昌、字文之、薩藩人、軒號雲興、齋名時習、南浦其號也、又別有二懶雲・狂雲等之號一、俗姓湯佐氏、○中略、大日本史料元和六年九月三十日、薩摩大龍寺玄昌文之寂スル條參看、十四年三月、（家久）公遣二樺山久高一、帥レ兵往伐二琉球一、四月、取レ之、七月（ママ）、久高等以二王尚寧一還、八月、（義久）貫明公、召二賜王一宴、文之陪焉、○下略、同前、

〔南聘紀考〕巻之下 ○東京大学史料編纂所所藏島津家本さⅠ—12—33—64

慶長十四年

六月十七日、尚寧王、始至二府下（鹿児島）一、乃朝二聘（家久）公及（義久）貫明公・（義弘）松齢公一、謝二不庭罪一、

此夏、酷暑蒸入者十二倍常一矣、三公、屢會賜二之饗宴一、其他貴族・大臣、莫レ各不レ招二王及按司等一、慰二其旅愁一命也、而毎レ有レ會、若夫所從、西來院・報恩寺、竝琉僧也、亦陪二其席一、故時高僧文之等、莫レ不レ侍焉、貫明公之會レ王之文之賦詩曰、「同氣同聲情亦親 諸州本不レ異二蒼旻一 邦君今有二兩君好一 更似二涼風吹健レ人一」、又他日待二西來至一詩曰、「兩君爲レ好嘉〔喜〕無レ涯 家國昇平何以加 馬首西來待猶久 衡門日々數二昏鴉一」、○下略、本年六月二十六日ノ第二條參看、

○六月十七日、琉球國中山王尚寧、薩摩國鹿兒島ニ至ルコト、八月三日、琉球國中山王尚寧、

大隅國國府ニ幸シ、尋デ、四日、島津義久ニ謁スルコト、八月五日、琉球國中山王尚寧、喜入久正第ニ幸スルコト、便宜合敍ス、

是ヨリ先、鹿兒島城主島津家久、大島等ヲ征シ、尋デ琉球國ヲ征シタルコトヲ前征夷大將軍德川家康ニ報ズ、是日、本多正純、家久ノ狀ヲ家康ニ奉ジタルコト、及ビ琉球ノ儀相濟タルニヨリ駿府ニ上ルベキ旨ヲ承リタルコトヲ、家久ニ報ズ、

〔御文書〕家久公　三十六通　巻二
○東京大学史料編纂所所藏島津家文書S島津家文書4—9—16

（本多正純書狀）（折紙）
以上

貴札致二拜見一候、仍去比琉球へ爲二御手遣一、御人數被二指渡一候処ニ、無二相違一大嶋と申嶋へ御着船候而、彼嶋之儀思召儘ニ被二仰付一、夫ゟ琉球國主被レ居候所へ御人數赴被レ申、琉球之儀も漸相濟可レ申之由、御紙面之通存二其旨一候、則右之趣達二　上聞一候処ニ、一段御機嫌共御座候間、御心易可レ被二思食一候、追々彼地之様子可レ被二仰上一之由、御尤存候、然ハ、駿府御移徙爲二御祝儀一、此地御上被レ成儀、琉球相濟候てゟ、御上可レ被レ成之由、令レ得二其意一、先書にも如二申入一候、弥琉球之儀相濟候而、其上被レ成二御上一御尤存候、將亦、爰元相替儀無二御座一候、猶此表相應之御用等御座候者、

不レ被二御心置一可レ蒙レ仰候、不レ可レ存二疎意一候、何も期二來音之時一候、委細者御使者可レ被二申上一候、

恐惶謹言、

本多上野介

(慶長十四年)六月廿六日　正純（花押）

羽柴陸奥守様

貴報

○本文書、大日本古文書島津家文書之二、一〇四〇號、ニ收ム、本文書ノ寫、東京大学史料編纂所所藏島津家文書續編島津氏世錄正統系圖十八代家久第三十三、正文在文庫、慶長十四年ト注シテ、同所藏島津家本舊記雜錄後編卷六十三、御文庫二番箱家久公二卷中、在官庫、カキ入也慶長十四年、家久公御譜中ニ在リ文字ノ異同アルノミ糺合傳写ノ人文字ヲ改メ誤ルコト旧時ノ慣習也古文書ハ可成文字ヲ改メサルヲ肝要トスト注シテ收ム、鹿児島県史料旧記雑録後編四巻六十三、五八四号、參看、大日本史料慶長十四年四月一日ノ條、本文書ヲ譜牒餘錄卷十ニ據リテ揭グ、

〔南聘紀考〕卷之下　○東京大学史料編纂所所藏島津家本さI—12—33—64

慶長十四年

六月十七日○中略、本年六月二十六日ノ第一條參看、先レ是、飛報達二于駿江二府一、乃閣老本多佐渡守正信・本多上野介正純等、審知下我師既討二琉球及諸島一、令二悉降服一、將期二近日一以二國王及三司官等一俱回二其艦一之狀上、

以聞二

(徳川秀忠)台徳廟及

(徳川家康)神祖一、皆大感悅、○下略、本年七月七日ノ條參看、

○徳川家康、駿府ニ至ル、城郭ヲ巡視シ、定メテ退隠ノ地トナスコト、大日本史料慶長十一年三月二十日ノ條ニ、家康、江戸ヲ發シテ駿府ニ之クコト、同慶長十二年二月二十九日ノ條ニ見ユ、

七月七日、是ヨリ先、七月五日、征夷大將軍徳川秀忠、鹿兒島城主島津家久、島津義久及ビ島津義弘ノ琉球平定ノ功ヲ賞ス、是日、前征夷大將軍徳川家康、島津家久ノ琉球國平定ノ功ヲ賞シ、琉球國ヲ賜ヒ、仕置ヲ命ズ、

〔續編島津氏世錄正統系圖〕十八代家久　第三十三　○東京大学史料編纂所所藏島津家文書36―1―2―1

○稽、琉球國者、揭二薩陽一三百里而、在二于南海中一、○中略、本年三月二十五日ノ條參看、以故、（慶長十四年）四月○中略、本年四月一日ノ第一條參看、同五日、尙寧下城、於レ是、（樺山）久高使二飯牟禮紀伊介光家・貴島采女賴張一、捧二捷書於州主一、（島津家久）乃家久馳二使介一上言、○本年四月五日ノ條及ビ同五月二十一日ノ條、參看、則、（徳川家康・徳川秀忠）兩御所、稱美不レ少、出二兵於異域一、速平二治逆賊一、其功莫大、以二台書一感レ之、○（慶長十四年）七月五日徳川秀忠御内書寫（島津家久宛）、下ニ收ム、且、（家康）大相國卽以二台翰一、錫二琉球於家久一、載下可レ施二治政於彼國一之旨上、加焉、○（慶長十四年）七月七日徳川家康御内書寫（島津家久宛）、下ニ收ム、（島津義久）龍伯・惟新（島津義弘）、亦、

兩御所賜二　御感之　台書一、○（慶長十四年）七月五日徳川秀忠御内書（島津義久宛）及ビ（慶長十四年）七月五日徳川秀忠御内書（島津義弘宛）、下ニ收ム、本多正信・正純父子、亦以二奉書一稱美、○（慶長十四年）七月九日本多正信副狀（家久宛）及ビ（慶長十四年）七月十三日本多正純副狀（家久宛）、下ニ收ム、家久之勳名益藉甚也、

○下略、本年五月十五日ノ條及ビ同五月二十四日ノ條、參看、原本ノ振假名及ビ返點略ス、返點、編者ニ依リテ附ス、コノ記、東京大学史料編纂所所藏島津家本舊記雜錄後編卷六十三ニ、家久公御譜中ト注シテ收ム、鹿児島県史料旧記雜錄後編四卷六十三、五四〇号、參看、

〔新編島津氏世錄正統系圖〕十七代義久　第二十九　○東京大学史料編纂所所藏島津家文書35—1—6—9

○夫、琉球國者、去二薩摩州一者二百餘里、然而、自二往昔一、爲二附庸一、屬二島津氏旗下一、所以納貢也、頃年、妄二舊規一怠慢、不二納貢一、○中略、本年四月五日ノ條參看、而請二件事於家康卿一、卿、卽免許焉、是以、慶長十四年己酉之春三月、艤二艨艟一百餘艘一、而渡二騎步三千餘人一、○中略、同上、於レ茲、國王（琉球國中山王尚寧）及三司官以下、請レ和降服、○中略、同上、裁二捷書使一价一、乘二一船一、先二軍衆一告二薩摩一、則令三使節上二達　家康卿・秀忠卿一、二卿好二其戰功一、而賜二感牘一、○本年五月二十一日ノ條參看、原本ノ振假名及ビ返點略ス、返點、編者ニ依リテ附ス、コノ記、東京大学史料編纂所所藏島津家本舊記雜錄後編卷六十三ニ、義久公御譜中ト注シテ收ム、鹿児島県史料旧記雜錄後編四卷六十三、五七八号、參看、

〔續編島津氏世錄正統系圖〕十八代家久　第三十四　○東京大学史料編纂所所藏島津家文書36—1—2—2

（注記、下同ジ）
「正文在二文庫一」

（德川秀忠御內書寫）
○至二琉球一指遣兵船、不レ移二時日一及二一戰一、彼黨數多討二捕之一、剩國王降參之上并三司官以下、至二其地一、不日可レ爲二渡海一之注進、誠以無二比類一働共候、猶本多佐渡守（正信）可レ申候、謹言、

「慶長十四年」「秀忠御判」
七月五日（花押影）

（家久）
薩摩少將殿

○本文書ノ正文ナシ、寫、東京大学史料編纂所所藏島津家本舊記雜錄後編卷六十四ニ、十四年、秀忠御判、マタ下ニ收ムル（慶長十四年）七月七日徳川家康御内書寫ト併セテ、此二通家久公御譜中ニ在リト注シテ收ム、鹿児島県史料旧記雑録後編四卷六十四、五九三号、參看、

〔國統新龜鑑〕 ○東京大学史料編纂所所藏島津家文書S島津家文書1―3―17

（徳川秀忠御内書）（折紙）
至二于琉球一差越兵船、彼黨數多討二捕之一、殊更國王及二降參一、三司官以下近日着岸趣、誠以稀有之次第候、委曲本多佐渡守可レ申候也、

（慶長十四年）
七月五日◯（徳川秀忠「忠孝」圓形黑印）

（義久）
嶋津修理入道殿

○本文書、大日本古文書島津家文書之一、一二四號、ニ收ム、本文書ノ寫、東京大学史料編纂所所藏新編島津氏世録正統系圖十七代義久第二十九ニ、正文有之ト注シテ、同所藏島津家本舊記雜錄後編卷六十四ニ、在官庫、義久公御譜ニアリ、慶長十四年、マタ下ニ收ムル（慶長十四年）七月五日徳川秀忠御内書（島津義弘宛）ト併セテ、此二通正文旧御番所御文書二番箱中國統新龜鑑中ニ在リト注シテ收ム、鹿児島県史料旧記雑録後編四卷六十四、五九一号、參看、

〔國統新龜鑑〕 ○東京大学史料編纂所所藏島津家文書S島津家文書1―3―18

（徳川秀忠御内書）（折紙）
至二琉球一差越人數、不レ經レ日數輩討二捕之一、其上國王就二降參一、近日至二其國一可レ爲二着岸一之旨、尤無雙之仕合候、猶本多佐渡守可レ申候也、

（慶長十四年）
七月五日◯（徳川秀忠「忠孝」圓形黑印）

（島津義弘）
羽柴兵庫入道とのへ

○本文書、大日本古文書島津家文書之一、一二五號、ニ収ム、本文書ノ寫、東京大学史料編纂所所藏新編島津氏世錄正統系圖十八代義弘第廿九ニ、正文有之、慶長十四年ト注シテ、同所藏島津家本舊記雜錄後編卷六十四ニ、正文在卷本、義弘公御譜中ニ在リ、マタ上ニ收ムル德川秀忠御内書（島津義久宛）ト併セテ、此二通正文旧御番所御文書二番箱中國統新龜鑑中ニ在リト注シテ收ム、鹿児島県史料旧記雜録後編四卷六十四、五九二号、参看、

〔御文書〕家久公　三十六通　卷二
○東京大学史料編纂所所藏島津家文書S島津家文書4—9—18

（本多正信副状）（折紙）
尚以、兩御所樣（家康・秀忠）御威光を以、早速被㆓仰付㆒候儀、弥大慶ニ思召之通、委披露仕候処、一段之御仕合共ニ御座候、以上、

今度琉球へ御人數被㆓指遣㆒候処、早速被㆑屬㆓御本意㆒、國王幷三司官以下曆々之者共、至㆓其御國㆒被㆓召寄㆒之由、御注進之趣、達㆓
上聞㆒候處ニ、無㆓比類㆒御事共、被㆑成㆓御感㆒候て、（七月五日德川秀忠御内書（島津家久宛））御書被㆑遣候、誠遠嶋之儀、如何与無㆓御心許㆒奉㆑存候處ニ、潔儀共、拙者一人之樣ニ大慶不㆑過㆑之候、委曲爰許之樣躰、山口駿河守（直友）殿御使者、可㆑被㆓仰達㆒候條、奉㆓省略㆒候、恐惶謹言、

（慶長十四年）
七月九日　正信（花押）
本多佐渡守
貴報
（島津家久）
羽柴陸奥守樣

○本文書、大日本古文書島津家文書之二、一〇四二號、ニ収ム、本文書ノ寫、東京大学史料編纂所所藏島津家文書續編島津氏世錄正統系圖十八代家久第三十四ニ、正文在文庫、慶長十四年ト注シテ、同所藏島津家本舊記雜錄後編卷六十四ニ、御文庫二番箱家久公二卷中、家久公御譜中ニ在リ、朱カキ慶長十四年ト注シテ收ム、鹿児島県史料旧記雜録後編四卷六十四、六〇〇号、参看、

〔續編島津氏世錄正統系圖〕 十八代家久　第三十四
○東京大学史料編纂所所藏島津家文書36—1—2—2

（注記、下同ジ）
「正文在二文庫一」

（徳川家康御内書寫）
琉球之儀、早速屬二平均一之由注進候、手柄之段、被二感思食一候、即彼國進候条、弥仕置等可レ被二申付一候也、

「慶長十四年」
七月七日◯（家康圓形黒印）

薩摩少將とのへ

○本文書ノ正文ナシ、本文書ノ寫、東京大学史料編纂所所藏島津家本舊記雜録後編巻六十四ニ、十四年、家康御墨印、マタ上ニ收ムル（慶長十四年）七月五日徳川秀忠御内書（島津家久宛）ト併セテ、此二通家久公御譜中ニ在リト注シテ收ム、鹿児島県史料旧記雑録後編四巻六十四、五九四号、参看、

〔御文書〕 家久公　三十六通　巻二
○東京大学史料編纂所所藏島津家文書S島津家文書4—9—19

（本多正純副狀）（續紙）
以上

貴札致二拜見一候、仍琉球へ為二御手遣一、御人數被二指渡一之処ニ、大嶋与申嶋、早速被二仰付一、其ゟどくと申嶋へ御人數赴被レ申候処ニ、彼嶋之者共出向候付而、及二一戰一、則被レ得二勝利一、彼嶋之者共二三百人、被二討捕一候付而、重而不レ及二異儀一、彼嶋相濟、其ゟ琉球之國王被レ居候嶋へ被二取懸一候処ニ、於二彼地一も國王雖二被レ及レ行候一切崩、數百人討捕、國王之居城取卷被レ申処ニ、頻降參ニ付而、被レ任二其儀一、國王下城候而、下々方々へ逃散候者共被二召返一、如二前々一有付候而、國王并三司官、

其外頭立者共召連、頓而可レ有二帰朝一之由、使者以御注進被レ成候、御紙面之通、一々懇ニ達二上
聞一候処ニ、大御所様（家康）感被二思召一候、一段之御機嫌共御座候而、無二殘所一御仕合共御座候而、御
心易可二思召一候、誠遠渡与申、於二異國一無二比類一働、御手柄不レ浅候、其許御満足之段、奉二察存一
候、則琉球之儀被レ進旨御座候而、御内書（七月七日徳川家康御内書（島津家久宛））被レ遣候、御外聞實儀不レ可レ過候而、弥彼地之様子御注
進可レ被レ成候之由、御尤御座候、猶爰元相替儀無二御座一候、此表何にても相應之御用等御座候者、
不レ被二御心置一、可レ蒙レ仰候、聊不レ可レ存二疎意一候、何も追而可レ得二御意一候、恐惶謹言、

七月十三日（慶長十四年）　本多上野介
　　　　　　　　　　　　正純（花押）

羽柴陸奥守殿
　　貴報

○本文書、大日本古文書島津家文書之二、一〇四三號、ニ収ム、本文書ノ寫、東京大学史料編纂所所藏島津家文書續編島津氏世錄正統系圖十八代家久第三十四ニ、正文在文庫、慶長十四年ト注シテ、同所藏島津家本舊記雜錄後編卷六十四ニ、在官庫、十四年也、此正文御文庫二番箱家久公二卷中ニ在リ引合濟、家久公御譜中ニ在リト注シテ収ム、鹿児島県史料旧記雑録後編四巻六十四、六〇三号、参看、

〔御文書〕　家久公　三十六通　卷二　○東京大学史料編纂所所藏島津家文書S島津家文書4—9—21

（山口直友副状）（折紙）
以上

今度琉球之大嶋被二仰付一砌之御注進、則一人相濟申下候、本上州（本多上野介正純）御返事被二申入一候、其以後琉球相
濟申候之御注進、是又、御使者ニ我等もの一人相添差下申候、急度彼御使者も可レ在二帰國一候条、
早々ニ御報申入候、猶御使者へ申候間、不レ能レ具候、恐惶謹言、

七月十四日　山駿河守
（慶長十四年）　直友（山口）（花押）

奥州様（家久）
参御報

○本文書、大日本古文書島津家文書之二、一〇四五號、ニ収ム、本文書ノ寫、東京大学史料編纂所所藏島津家文書續編島津氏世錄正統系圖十八代家久第三十四ニ、正文在文庫、慶長十四年ト注シテ、同所藏島津家本舊記雜錄後編卷六十四ニ、御文庫二番箱家久公二卷中、家久公御譜中ニ在リ、慶長十四年ト注シテ収ム、鹿児島県史料旧記雑録後編四巻六十四、六〇五号、参看、

〔御文書〕家久公　三十六通　卷二
○東京大学史料編纂所所藏島津家文書S島津家文書4―9―20

（本多正純副状）（折紙）

以上

貴札致二拝見一候、仍琉球ヘ爲二御手遣一、御人數被二指渡一候処ニ、何も無二殘所一早速相濟、則琉球之國王幷三司官、其外頭立者共被二召連一、頓而歸朝可レ有候由、陸奥守殿ゟ御註進被レ成候、何も御帋面之通、懇達二上聞一処ニ、

大御所様感被二思召一、一段之御機嫌共御座候間、琉球之儀、羽柴陸奥守殿ヘ被レ進候旨御座候而、則

（七月七日徳川家康御内書（島津家久宛））
御内書被レ遣候、無二殘所一御仕合御座候間、御心安可二思召一候、誠琉球之儀思召儘ニ相濟、御手柄不レ淺候、其元御満足之段、奉二察存一候、將又、爰元相替儀無二御座一候、何ニ而も相應之御用等御座候ハヽ、不レ被二御心置一、可レ蒙レ仰候、不レ可レ存二疎略一候、恐惶謹言、

七月十三日　本上野介（本多）
（慶長十四年）　正純（花押）

嶋津龍伯様（義久）
貴報

○本文書、大日本古文書島津家文書之二、一〇四四號、ニ收ム、本文書ノ寫、東京大学史料編纂所所藏島津家文書新編島津氏世錄正統系圖十七代義久第二十九ニ、正文在文庫ト注シテ、同所藏島津家本舊記雜錄後編卷六十四ニ、在御文庫、慶長十四年、此正文御文庫二番箱家久公二卷中ニ在リ、義久公御譜中ニ在リト注シテ收ム、鹿児島県史料旧記雑録後編四巻六十四、六〇四号、參看、

○島津家久、島津義久幷ニ島津義弘、徳川秀忠ニ、琉球國中山王尚寧降伏シ鹿児島ニ上ルヲ報ズル書狀ヲ發シタル日、及ビ家久幷ニ義弘、徳川家康ニ、中山王尚寧降伏シ鹿児島ニ上ルヲ報ズル書狀ヲ發シタル日、詳カナラズ、

○島津義久、島津軍大將樺山久高ノ琉球平定ノ報ノ鹿児島ニ著シタルニ據リテ、五月二十一日幷ニ五月二十六日、徳川家康ニ琉球國平定ヲ報ズルコト、本年五月二十一日ノ條ニ見ユ、

〔御文書〕家久公 三十六通 卷二
○東京大学史料編纂所所藏島津家文書S島津家文書4—9—22

(山口直友書狀)(折紙)
以上

琉球國相濟申付而、御使者(敷根立頼)被レ成二御上せ一候、卽江戸・駿府江被レ參、返狀請取歸國之儀候、琉球相濟申、上様(家康)御感被レ成、卽
御朱印被レ進レ之之由、本上州ゟ我等方迄被二申越一候、目出度儀共御座候、委細者、御使者可レ被二仰上一候間、書中不レ具候、恐惶謹言、

(慶長十四年)七月廿七日　山口駿河守
直友(花押)

(家久)少將様
參人々御中

○本文書、大日本古文書島津家文書之二、一〇四六號、ニ收ム、本文書ノ寫、東京大学史料編纂所所藏島津家文書續編島津氏世錄正統系圖十八代家久第三十四ニ、正文在文庫、慶長十四年ト注シテ、同所藏島津家本舊記雜錄後編卷六十四ニ、御文庫二番箱家久公二巻中、家久公御譜中ニ在リ、慶長十四年ト注シテ收ム、鹿児島県史料旧記雑録後編四巻六十四、六一六号、參看、

〔御文書〕 義弘公 家久公 三十七通 巻二
○東京大学史料編纂所所藏島津家文書S島津家文書3—2—20

(德川秀忠御内書)(折紙) ○折封うは書
「薩广(摩)少將殿へ」
爲二使者一、差三越敷根中務少輔(立頼)一、殊虎皮五枚、熊皮拾枚、並燒酒二壺到來、遠路誠以悅覺候、猶本多
佐渡守可レ申候也、
(慶長十四年)七月廿九日 (秀忠)(花押)

薩广少將殿へ

○本文書、大日本古文書島津家文書之二、八一七號、ニ收ム、本文書ノ寫、東京大学史料編纂所所藏島津家文書續編島津氏世錄正統系圖十八代家久第三十四ニ、正文在文庫ト注シテ、同所藏島津家本舊記雜錄後編卷六十四ニ、御文庫三番箱中、家久公御譜中ニ在リ、慶長十四年ト注シテ收ム、鹿児島県史料旧記雑録後編四巻六十四、六一七号、參看、

〔續編島津氏世錄正統系圖〕 十八代家久 第三十四
○東京大学史料編纂所所藏島津家文書36—1—2—2

○家久爲レ奉レ謝三述琉球國拜賜一、且今年中爲二琉球國政務參覲恩免、歲暮之壽等一、使二町田勝兵衞久
幸一獻二幣物一、品數見二御內書一、
於二(家康・秀忠)兩御所一、則共賜二同 命之台書一、本多正信・同正純、亦以二奉書一、苦所二報答一僉編連、在二于
左方一、

○コノ記、東京大学史料編纂所所藏島津家本舊記雜錄後編巻六十四ニ、家久公御譜中ト注シテ收ム、鹿児島県史料旧記雑録後編四巻六十四、六四六号、參看、

〔國統新龜鑑〕 ○東京大学史料編纂所所藏島津家文書S島津家文書1—3—21

（徳川家康御内書）（折紙）
琉球國可レ被二領知一之旨申遣候処、祝着之段尤候、仍爲二音信一、佛草花（佛桑花）、もり花（茉莉花）幷硫黄千斤、唐屛風、しちん（縲珍）五巻到來、悅思食候也、
（慶長十四年）十二月廿六日◯（家康「恕家康」長圓形黑印）
薩摩少將とのへ

○本文書、大日本古文書島津家文書之一、一二八號、ニ收ム、本文書ノ寫、東京大学史料編纂所所藏島津家文書續編島津氏世錄正統系圖十八代家久第三十四ニ、正文在文庫ト注シテ、同所藏島津家本舊記雜錄後編巻六十四ニ、家久公御譜中、此正文旧御番所御文書二番箱中國統新龜鑑之中ニアリ、慶長十四年、墨印、家康也ト注シテ收ム、鹿児島県史料旧記雑録後編四巻六十四、六五六号、參看、

〔御文書〕 家久公 三十六通 巻二 ○東京大学史料編纂所所藏島津家文書S島津家文書4—9—25

（本多正純副狀）（折紙）
以上
兩通之貴札致二拜見一候、仍今度琉球之儀御拜領被レ成候付而、御內書被レ進候処、御外聞實儀忝思召之通、被レ成二御上一、御礼被二仰上一度思召候へ共、彼國御仕置等爲可レ被二仰付一、其上彼國王（尚寧）來春御同道候而、御上可レ被レ成付而、年內之儀御延引被レ成候由、左樣ニ御座候へハ、御礼遲々致候由候而、御使者にて被二仰上一候、就レ其爲二御進物一、佛草花一本、茉莉花一本、唐之板屛風幷硫黄千斤、御進上被レ成候、如二御目錄一懇致二披露一候之處、遠路被レ入二御意一旨御座候而、一段御機嫌共にて、殘

所無二御座一御仕合ニ御座候間、御心安可二思召一候、則御内書(十二月二十六日徳川家康御内書（島津家久宛）)被レ進候、然而、此地弥相替儀無二御座一候、猶爰元相應之御用等御座候者、不レ被二御心置一可レ被二仰付一候、不レ可レ存二疎意一候、委細者、御使者(町田久幸)へ申入候間、可レ被二申上一候、恐惶謹言、

本多上野介

十二月廿六日(慶長十四年)　正純（花押）

羽柴陸奥守殿
貴報

○本文書、大日本古文書島津家文書之二、一〇四九號、ニ収ム、本文書ノ寫、東京大学史料編纂所所藏島津家文書續編島津氏世錄正統系圖十八代家久第三十四ニ、正文在文庫、慶長十四年ト注シテ、同所藏島津家本舊記雜錄後編巻六十四ニ、正文在文庫、慶長十四年ト注シテ収ム、鹿児島県史料旧記雑録後編四巻六十四、六五七号、参看、

〔御文書〕家久公十三　二十四通　巻十八
○東京大学史料編纂所所藏島津家文書S島津家文書5—5—22

(清水光直書狀)(折紙)
猶々來春御下向之刻、万々可レ得二御意一候、
三卷

貴札拜見、殊段子拜領、忝奉レ存候、就中、琉球國被レ屬二御理運一、千秋万歳目出候、御手柄之段、於二此地一、其隱無二御座一候、將又、琉球御拜領、剩當年無二御下向一、爲二御礼御使者(町田久幸)一被レ成二御下一候、卽本上州御披露之上者、御所様(家康)一段御機嫌能御座候、定而御滿足可レ被二思召一候、万々此表様子、町勝兵衞(久幸)可レ被二申上一候、恐惶謹言、

清水平左衞門尉

極月廿四日(慶長十四年十二月)　光直（花押）

薩摩少將樣
尊報

○本文書ノ寫、東京大学史料編纂所所藏島津家文書續編島津氏世錄正統系圖十八代家久第三十四ニ、正文在文庫ト注シテ、同所藏島津家本舊記雜錄後編巻六十四ニ、古御文庫中、慶長十四年ト注シテ收ム、鹿児島県史料旧記雑録後編四巻六十四、六五二号、參看、

〔御文書〕義弘公三　四十九通　巻五　○東京大学史料編纂所所藏島津家文書S島津家文書4—18—27

（清水光直書狀）（折紙）
尚々琉球之儀、被ㇾ屬二御理運一、御所樣（家康）御機嫌、比類無二御座一候、
雖下未ㇾ得二御意一候上、令二啓上一候、然者、爲二御音信一、段子一巻拜領、忝次第候、就ㇾ中、此地へ御使者御下被ㇾ成候、卽本上州御披露之處、中にも鐵放（砲）御意ニ入、御所樣一段御機嫌能御座候、定而御滿足可ㇾ被二思食一候、爰元御仕合之段、御使者（宮原景親）可ㇾ被二仰上一候、我等事、少將樣（家久）最前より被ㇾ懸二御目一候間、相應之御下可ㇾ被二仰付一候、猶御使者へ申上候、恐惶謹言、
清水平左衞門尉
極月廿四日（慶長十四年）　光直（花押）
嶋津兵庫頭樣（義弘）
人々御中

○本文書、大日本古文書島津家文書之五、一八五四號、ニ收ム、本文書ノ寫、東京大学史料編纂所所藏島津文書新編島津氏世錄正統系圖十八代義弘第廿九ニ、正文、慶長十四年歟ト注シテ、同所藏島津家本舊記雜錄後編巻六十四ニ、御文庫二番箱義弘公五巻中、義弘公御譜中ニ在リ、慶長十四年歟ト注シテ收ム、鹿児島県史料旧記雑録後編四巻六十四、六五一号、參看、

〔國統新龜鑑〕○東京大学史料編纂所所藏島津家文書S島津家文書1—3—20

（徳川秀忠御內書）（折紙）
琉球早速退治旨、先囘注進付而、以二內書一申越之處、重而來音物、青貝二十四孝之床屛風幷緞子十

端到來、珎奇之至感悅覺候、猶本多佐渡守可レ申候也、

（慶長十四年）極月十五日（秀忠）（花押）

薩摩少將との へ

○本文書、大日本古文書島津家文書之一、一二一七號、ニ収ム、本文書ノ寫、東京大学史料編纂所所藏島津家文書續編島津氏世錄正統系圖十八代家久第三十四ニ、正文在文庫ト注シテ、同所藏島津家本舊記雜錄後編卷六十四ニ、正文在文庫、十四年、秀忠御書判也、家久公御譜中ニ在リ、マタ下ニ収ムル（慶長十四年）極月十五日徳川秀忠御內書（島津義弘宛）ト併セテ、右二通ノ正文旧御番所御文書二番箱中國統新龜鑑中ニ在リト注シテ収ム、鹿児島県史料旧記雑録後編四巻六十四、六四八号、参看、

〔御文書〕 家久公　三十八通　巻三
○東京大学史料編纂所所藏島津文書S島津家文書3—3—25

（徳川秀忠御內書）（折紙）

為二歳暮之祝義一小袖十到來、悅覺候、委曲本多佐渡守可レ申候、謹言、

（慶長十四年）極月廿四日（秀忠）（花押）

薩广少將殿

○本文書、大日本古文書島津家文書之二、八五八號、ニ収ム、本文書ノ寫、東京大学史料編纂所所藏島津家文書續編島津氏世錄正統系圖十八代家久第三十四ニ、正文在文庫、慶長十四ト注シテ、同所藏島津家本舊記雜錄後編卷六十四ニ、家久公御譜中、正文在文庫、慶長十四、秀忠也ト注シテ收ム、鹿児島県史料旧記雑録後編四巻六十四、六五〇号、参看、

〔御文書〕 家久公　三十六通　巻二
○東京大学史料編纂所所藏島津家文書S島津家文書4—9—24

（本多正信副状）（折紙）

尚以、巨細ハ御使者可レ為二言上一候、以上、

如二尊書先日一者、琉球之儀ニ付而、御使者進上被レ成候處、御內書被レ遣、殊従二

大御所様一彼地拜領被レ成候儀、御祝着之段、則御参府候て、雖下可レ被二仰上一候上、當年中緩々与御在國候て、琉球御仕置等可レ被二仰付一之旨、御諚之通、上野介（本多正純）かたゟ啓上仕候ニ付而、被レ任二其儀一之由、被二仰下一候趣、一々披露仕候處ニ、尤被二思召一候、然者、段子（緞子）十巻幷唐之床進上被レ成候、爰許弥御進物にて、不二大形一仕合ニ御座候、就レ中、爲二歳暮之御祝儀一呉服（小袖）十、何も被レ爲レ入二御念一候儀、不レ斜、被二思召一、御內書被レ遣候、隨而私へ段子五巻送被レ下候、いつも〳〵之御心付難二申謝一候、猶爰元之様躰、委曲町田庄兵衛殿（勝）可レ爲二言上一候条、奉二省略一候、恐惶謹言、

　　　　　　　　本多佐渡守
（慶長十四年）十二月廿日　　　正信（花押）

羽柴陸奥守様 貴報

〇本文書、大日本古文書島津家文書之二、一〇四八號、ニ収ム、本文書ノ寫、東京大学史料編纂所所藏島津家文書續編島津氏世錄正統系圖十八代家久第三十四ニ、正文在文庫、慶長十四年ト注シテ、同所藏島津家本舊記雜錄後編巻六十四ニ、在官庫、十四年、此正文御文庫二番箱家久公二巻中ニ在リ、御譜中ニ在リト注シテ収ム、鹿児島県史料旧記雑録後編四巻六十四、六四九号、参看、

〔國統新龜鑑〕 〇東京大学史料編纂所所藏島津家文書S島津家文書1—3—19

（徳川秀忠御內書）（折紙）
就二先度琉球一果之旨一、注進到來、以二內書一申越候訖、依レ之、太刀一腰、馬一疋幷端子（緞子）拾巻、欣思食候、委細本多佐渡守可レ述候也、

（慶長十四年）極月十五日　（秀忠）（花押）

羽柴兵庫入道殿

○本文書、大日本古文書島津家文書之一、一二六號、ニ收ム、本文書ノ寫、東京大学史料編纂所所藏島津家文書新編島津氏世錄正統系圖十八代義弘第廿九ニ、正文在巻本、慶長十四年ト注シテ、同所藏島津家本舊記雜錄後編巻六十四ニ、在文庫、義弘公御譜中ニ在リ、慶長十四年、マタ上ニ收ムル（慶長十四年）極月十五日徳川秀忠御内書（島津家久宛）ト併セテ、右二通ノ正文旧御番所御文書二番箱中國統新龜鑑中ニ在リト注シテ收ム、鹿児島県史料旧記雑録後編四巻六十四、六四七号、參看、

〔舊典類聚〕十二 諸家由緒 ○東京大学史料編纂所所藏

山口家由緒

覺

一 山口勘兵衛殿御問條之旨ニ應シ御返答書、御記録幷旧記之中ニ見得申候山口駿河守直友之儀見合申候而、草案書調申候、得と御覧候而、不レ入儀者取消シ被レ成、且又、文字續悪敷所者御直被レ下候ハヽ、清書仕差上可レ申候、

○中略、島津以久（征久）、慶長八年十月十八日、日向國宮崎郡佐土原ヲ幕府ヨリ拜領シタルコトニ就キテ、慶長七年、山口直友、佐土原ニ差シ下シタル與力庄田安信、幷ニ（慶長八年）十月晦日山口直友書狀（島津義久宛）ヲ覺ニ記スコト等ニ係ル、大日本史料元和八年九月二十七日、伏見城定番兼同町奉行山口直友卒ス、子直堅繼グ條及ビ同條合敍ノ與力庄田安信ノ記、參看、幕府、故日向佐土原城主島津豐久ノ、關ヶ原役ニ異志ナカリシヲ認メ、其遺封三萬石ヲ其族島津征久ニ賜フコト、大日本史料慶長八年十月十八日ノ第二條參看、（慶長八年）十月晦日山口直友書狀（島津義久宛）、東京大学史料編纂所所藏島津家文書御文書義久公義弘公四十九通巻二所收ニテ、大日本古文書島津家文書之四、一七〇二號、參看、

（正徳十一年、一七一一年カ）
卯六月八日　田中五右衛門（國明）（記録所奉行）

慶長五年九月十五日、於二濃州関ヶ原一、権現様（家康）御勝利以後當家之安危、其以前逆臣伊集院幸侃

を誅伐致候始末、同十五年、陸奥守家久、琉王召列、駿府幷江戸江参上仕候儀共、應二御問條之旨一、御返答之覺

○中略、慶長四年ヨリ後ノ山口直友ノ薩摩・大隅・日向三國及ビ島津氏ニ係ル事蹟ナリ、大日本史料元和八年九月二十七日ノ條參看、

慶長十五年、琉球王を召列、駿府・江戸へも御下之節之儀、

一　琉球國ハ、家久十代之祖陸奥守忠國(島津)代ニ、義教(足利)將軍普廣院殿御舍弟大學寺(覺)門跡義昭僧正を、於二日州福嶋一、任二　台命一、切腹させ申候ニ付、爲二其忠一賞、永享十三年(一四四一年)、致二拜領一候処ニ、○足利義教、島津忠國ヲシテ大覺寺義昭ヲ櫛間永德寺ニ圍マシムルコト、史料綜覽嘉吉元年三月十三日ノ第二條、薩摩島津貴久、幕府ノ命ヲ奉ジ、樺山孝久等ヲシテ、前大僧正大覺寺義昭ヲ櫛間永德寺ニ圍マシム、義昭、自殺スル條、琉球國ヲ忠國ノ附庸トナスト傳フルコト、同書同年四月十三日ノ第三條、幕府、薩摩、大隅、日向守護島津貴久ノ、義昭ヲ擊チシ功ヲ賞シ、琉球國ヲ其附庸ト爲シ、劍馬等ヲ與ヘ、老臣五人ニモ亦物ヲ給ス、又義昭ノ餘黨ヲ搜捕セシムル條、參看、近年修禮致二懈怠一候、殊更、權現樣(徳川家康)ニ御礼可二申上一之旨、使札を以申付候得共、不レ致二領掌一候間、人衆を差越可レ致二退治一之旨、山口駿河守殿を以致二言上一候処に、蒙二御免一、慶長十四年三月上旬、家老樺山權左衞門久高・平田太郎左衞門增宗申付、人衆三千、兵船百餘艘指渡候、家久も山川与申湊迄、致二出馬一、下知を成、兩人、先大嶋と申嶋ニ致二着船一、此嶋手ニ附候而、徳嶋(徳之島)ニ參候得者、嶋之者共防申候故、數百人討取候より《本ノマヽ》、永良部嶋(沖永良部島)無二異儀一相隨候、夫ゟ琉球之地ニ押掛、海陸ゟ國王居城首里与申城ニ取掛申候、國王尚寧降參仕候付、早船を以申越候故、使者を以致二言上一候、

權現樣・台德院樣、御感不ㇾ斜、御代始ニ異國ヲ從申候由ニ而、御感狀を被ㇾ下、猶以琉球國を永々拜領被㆓仰付㆒之旨、御書面相見得申候、〇（慶長十四年）七月七日德川家康御內書寫（島津家久宛）及ビ（慶長十四年）七月五日德川秀忠御內書寫（島津家久宛）、上ニ收ム、龍伯・惟新も同前ニ御感狀頂戴仕、〇（慶長十四年）七月五日德川秀忠御內書（島津義久宛）及ビ（慶長十四年）七月五日德川秀忠御內書（島津義弘宛）、上ニ收ム、本田〔多〕佐劦ゟも御奉書被㆓相添㆒候、〇（慶長十四年）七月九日本多正信副狀（島津家久宛）、上ニ收ム、依ㇾ之、龍伯ゟ爲㆓御礼㆒町田圖書、〇上ニ收ムル（慶長十四年）十二月二十日本多正信副狀（島津家久宛）及ビ（慶長十四年）極月二十四日清水光直書狀（島津家久宛）、參看、爲㆓御礼㆒宮原主計〔景親〕指上候処ニ、〇義弘、宮原景親ヲ使者ト爲スコト、上ニ收ムル（慶長十四年）極月二十四日清水光直書狀（島津義弘宛）及ビ下ニ收ムル舊典類聚卷十二宮原家由緒書、參看、權現樣江兩使御目見被㆓仰付㆒、龍伯・惟新江御內書被㆓成下㆒候、〇上ニ收ムル（慶長十四年）極月二十四日清水光直書狀（島津義弘宛）參看、惟新事隱居仕、且亦、関ヶ原乱後蟄居之躰候処ニ、御感狀被㆓成下㆒候儀、難ㇾ有仕合ニ御座候、

〇中略、一六一〇年八月十六日ノ條參看、

右之外ニも山口勘兵衞事ニ付、記錄共御座候ハヽ、御書拔被ㇾ下候樣ニ、奉ㇾ賴候、以上、

〇下略、慶長十九年、元和元年ノ大坂ノ陣ヘノ島津軍ノ出征ニ係ハル山口直友ノ事績ノ記ナリ、大日本史料元和八年九月二十七日、伏見城定番兼同町奉行山口直友卒ス、子直堅繼グ條參看、

〔舊典類聚〕〇十二 諸家由緒 〇東京大学史料編纂所所藏

宮原家由緒書

乍ㇾ恐、口上書を以申上候、宮原休五郎、此節、御目見申上条々御坐候、就ㇾ夫、奉ㇾ願候、御太刀進上被㆓仰付㆒、被ㇾ下度候、先祖代々、御年比ニ御奉公仕候者通之儀候、〇中略其上、慶長十四年

中納言（家久）様より、琉球御領知幷御感狀御頂戴爲二御礼一、江戸・駿河江町田圖書殿被レ爲二差上一候時分、○上ニ收ムル（慶長十四年）十二月二十日本多正信副狀（島津家久宛）及ビ（慶長十四年）極月二十四日清水光直書狀（島津家久宛）、參看、曾祖父主計儀茂、從二惟新様一之爲二御使者一、琉球御領地幷御感狀之御礼、且亦關ヶ原依來之御礼迄爲レ可レ被二仰上一、本多佐渡守殿・本多上野介殿江御付狀ニ而被レ遣候由、主計書付置申候、左候而、御献上物品々有レ之候、主計儀、

權現様江、自分御太刀・馬代進上仕、

台德院様江茂同前之様子ニて、　御目見仕候而、首尾能罷下候、祖父五兵衞儀、

中納言様江　御目見仕候時分、年少ニて、父ニ離、小身ニ罷成候へハ、ヶ様成願共不二申上一、親類共ニも氣を付申者無レ之候而、右之仕合ニ而候、父半左衞門、　御目見仕候節、不レ怠仕、右之御訴訟を茂不二申上一候而、殘念奉レ存候、然者、五兵衞事、騎馬ニ被二召仕一候、半左衞門儀茂假御兵具奉行被二仰付一、相勤爲申儀ニ候、右之通、代々、無二相違一御奉公仕爲申一筋之者ニ御坐候、就レ中、主計事ハ、町田圖書殿同前、

權現様・　台德院様江爲レ致二御目見一儀御坐候而、親半左衞門繼目之御礼申上候節、右由緒書を以申上置候へ共、不慮ニ相果申、繼目之御礼不二申上一候、此節休五郎初而御目見奉レ願候間、御太刀進上被二仰付一、可レ被レ下候、休五郎、甥之儀候而、私より奉レ願候、此等之旨、御披露奉レ願候、以

上、

巳七月廿二日　　向井市之丞印○大日本史料慶長十四年七月七日ノ第二條參看、

〔南聘紀考〕巻之下　○東京大学史料編纂所所蔵島津家本さⅠ—12—33—64

慶長十四年

六月十七日○中略、本年六月二十六日ノ第一條參看、先レ是、飛報達二于駿江二府一、乃閣老本多佐渡守正信・本多上野介正純等、審知下我師既討二琉球及諸島一、令二悉降服一、將期二近日一以二國王及三司官等一俱回二其艦一之狀上、以聞二

台德廟（徳川秀忠）及

神祖（徳川家康）一、皆大感悅、○本年六月二十六日ノ第二條參看、乃七月五日、

台德廟、賜二　公（家久）及　貫明公（義久）・　松齡公（義弘）親翰各一通一、特賞二其功一、曰、功勳、罕レ比レ實、無レ取レ喩、

○（慶長十四年）七月五日德川秀忠御内書三通（島津家久宛、島津義久宛及ビ島津義弘宛）、上ニ收ム、七日、

神祖、亦特賞二速平治一、乃賜二　公親翰一、使レ領二琉球国一、愈布二政令一、○（慶長十四年）七月七日德川家康御内書寫（島津家久宛）、上ニ收ム、白石（新井）所レ謂、古南島地、復二舊域一云、實知レ在二此日一矣、而自三琉球稱二藩西土一、至レ是二百三十年（天保九年、一八三八年カ）也、九日、正信復二　公書一、○（慶長十四年）七月九日本多正信副狀（島津家久宛）、上ニ收ム、十三日、正純、復二　公及　貫明公書一、○（慶長十四年）七月十三日本多正純副狀（島津家久宛）及ビ（慶長十四年）七月十三日本多正純副狀（島津義久宛）、上ニ收ム、　皆以レ報レ實、莫レ不レ感レ賞、我　公勳譽、

寔爲二絶倫一、且賀二其享レ封也矣、　公等拜讀、不レ堪二感佩一、則雖レ欲下躬朝二覲駿武一以謝中特恩上、且
令レ應レ　諭、猶能施レ政、將下期二明春一以中琉王等與聘覲上也、乃九月日、使二町田勝兵衞尉久幸一如二
江戸一、就二閣老正信一、献二
台徳廟唐屏風一枚青具〔貝〕畫、廿四孝緞子十端一、謝下領二琉球一恩上、別献二呉服十着一兼賀、○上ニ収ムル（慶長十四年）極月十五日徳川秀忠御内書（島津家久宛）参看、（十二月）歳杪十五日、　松齢公、亦呈二正純等書一、遣二宮原主計景親一、齎二献太刀一腰、馬一匹、
緞子十卷一、○上ニ収ムル（慶長十四年）極月十五日徳川秀忠御内書（島津義弘宛）参看、同謝二之竣造駿府一、又爲レ　公、献二
神祖佛草花一根、藥莉《モリ》花一根、硫黄千斤、唐板屏風一枚、繻珍五卷一、亦謝二琉球恩一、○上ニ収ムル（慶長十四年）十二月二十六日徳川家康御内書（島津家久宛）参看、爲二　松齢公一、献二神祖緞子十端、象牙一個、南蛮鉄炮一挺一、謝二優赦恩一、○上ニ収ムル（慶雲十四年）極月二十四日清水光直書状（島津義弘宛）参看、既而久幸一説、貫明公遣二町田久倍一謝レ之云、等、十二月、至二江戸一、乃朝二謁
台徳廟一行二使事一、　台徳廟特賞二奇珍一、十五日、賜二
公及　松齢公親翰各一通一、皆報レ之也、○（慶長十四年）極月十五日徳川秀忠御内書（島津家久宛）及ビ（慶長十四年）極月十五日徳川秀忠御内書（島津義弘宛）、上ニ収ム、
二十日、正信亦復二　公書一、詳告二惟納意一、且已謝、亦珍貺緞子五卷、○（慶長十四年）十二月二十日本多正信副状（島津家久宛）、上ニ収ム、而
抵二駿府一、又謁二
神祖一行二使事一、乃二十六日、賜二　公及松齢公親翰各一通一、○（慶長十四年）十二月二十六日徳川家康御内書（島津家久宛）、上ニ収ム、上ニ収ムル（慶長十四年）極月二十四日清水光直書状（島津義弘宛）参看、正純亦同復レ書、皆報二忻納意一、併聽二明年朝覲一也、○上ニ収ムル（慶長十四年）十二月二十六日本多正

純副状〔島津家久宛〕参看、

○大日本史料慶長十四年七月七日ノ第二條、前將軍家康、島津家久ノ琉球平定ノ功ヲ賞シ、琉球國ヲ賜フ、將軍秀忠亦書ヲ與ヘテ之ヲ褒ス、尋デ、義弘、家久、家臣ヲ駿府江戸ニ遣シ、恩ヲ謝スル條、參看、

○七月二十七日、山口直友、德川家康、島津家久ニ琉球國ヲ賜フ朱印狀ヲ下シタルヲ家久ニ報ズルコト、七月二十九日、德川秀忠、島津家久ノ使者敷根立賴ノ江戸參府ヲ家久ニ報ズルコト、十二月十五日、德川秀忠、島津家久及ビ島津義弘ノ琉球國ヲ賜ハリタルヲ謝スルヲ賞スルコト、十二月二十六日、德川家康、島津家久及ビ島津義弘ノ琉球國ヲ賜ハリタルヲ謝スルヲ賞スルコト、便宜合敍ス、

○一六〇九年三月ヨリ五月ニ至ル、島津軍ノ琉球征討ニ係ル文書幷ニ所傳、更ニ掲グベキモノアレドモ、今、便宜、ソレラノ若干ヲ參考トシテ掲グ、

〔參考〕

〔新編島津氏世錄正統系圖〕十七代義久 第二十九
○東京大学史料編纂所所藏島津家文書35—1—6—9

呈琉球國王書

貴國之去二我薩州一者、二百餘里、其西島東嶼之相近者、僅不レ過二三十餘里一、以故、時時有二聘問聘

禮一、以修二其鄰好一者、其例舊矣、就レ中、我宗子之嗣而立（島津家久）、則畫二青雀黄龍於其舟一、以使下紫二其衣一者、黄二其巾一者二人爲中其遺使上、筐二厥玄黄一來、而結二髻於右髩之上一者、奏二衆樂於庭際一、蓋致二嗣子之賀儀一也、今也、遣二崇元寺長・宜謨里主一載二其方物一來、以賀二我家久之嗣而立一、又攀二舊例一也、我今寄二言於國君一、勿下以二我之言一厭乙之、日本六十餘州有二源氏（徳川秀忠）一將軍一、以二不レ猛之威一、發二其號令一、尺土無下不レ獻二其方物一者上、一民無下不レ歸二其幕下一者上、是故、東西諸侯、莫レ不レ有二朝覲之禮一、我今、雖レ去二麑府之任一、毎歳、使下親族之在二左右者一行以致中其聘禮上、況家久爲二國之宗主一、豈不レ述二年年之職一乎、貴國、亦致二聘禮乎我將軍（征夷大將軍徳川秀忠）一者、豈復在二人之後一哉、先レ是、我以二此事一、告二於三司官者一數矣、未レ聞レ有二其聘禮一、是亦、非下三司官懈二於內一者上乎、今歳不レ聘、明年亦懈者、欲レ不レ危而可レ得乎哉、且復、貴國之地、鄰二于中華一、中華與二日本一、不レ通二商船一者、三二十餘年于今一矣、我將軍憂レ之之餘、欲レ使下家久與二貴國一相談、而年年來二商船於貴國一、而大明與二日本一商賈通中貨財之有無上、若然、則匪三翅富二於吾邦一、貴國亦人人其富潤レ屋、而民亦歌二於市一、抃二於野一、豈復非二太平之象一哉、我將軍之志在レ茲矣、是故、家久、使三小官二人（大慈寺龍雲・島原宗安）告二之於三司官（向朝師・馬良豐・鄭迵）一、三司官不レ可、將軍若有レ問レ之、則家久可二如レ之何一哉、是我夙夜念レ茲而不レ措者也、古者善計レ國計レ家者、雖レ大事レ小者、有下隨二時之宜一而爲レ之者上、況復小之事レ大者、豈爲三之背二於其理一哉、其存焉、與二其亡一焉、共在二國君之擧一而已、伏乞圖レ之、

慶長十四年二月　龍伯法印（島津義久）

拝呈　中山王（尚寧）閣下

○本文書、東京大学史料編纂所所蔵島津家本舊記雑錄後編巻六十三、義久公御譜中ト注シテ収ム、鹿児島県史料旧記雑録後編四巻六十三、五三二号、参看、マタ本文書、尚家本古案寫ノ寫本タル東京大学史料編纂所所蔵琉球薩摩往復文書案及ビ沖縄県立図書館所蔵東恩納寛淳文庫架蔵古案集ニ収ム、那覇市史資料篇第1巻2所収琉球薩摩往復文書案、四一、参看、島津家久、幕府ノ命ヲ奉ジ、僧龍雲等ヲ琉球ニ遣シ、重ネテ其來聘ヲ督促スルコト、大日本史料慶長十三年八月十九日ノ條参看、

〔南浦文集〕一　○鹿児島大学附属図書館所蔵玉里文庫架藏文之玄昌自筆本

○呈《スル》二琉球國王《ニ》一書

貴國《ノ》之去《ル》二我《カ》薩州《ヲ》一者《ノ》、二百餘里、其西島《ノ》東峙《ノ》（嶼）之相近《キ》者《ノ》、僅《カニ》不レ過二三十餘里《ニ》一、以《テ》レ故《ヲ》、時々有《テ》二聘問礼一、以《テ》修《スル》二其鄰好《ヲ》一者《ノ》、其例舊《ヒサシ》矣、就《テ》レ中《ニ》、我《カ》宗子之《ノ》嗣《テ》而立《テルトキハ》、則畫《テ》二青雀黄龍《ヲ》於其舟《ニ》一、以使《テシメテ》下紫《ニスル》二其衣《ヲ》一者《ノ》、黄《ニスル》二其巾《ヲ》一者《ノ》二人《ヲメ》為《ナサ》中其遺使《ノ》《ト》上、筐《ハコモノニメ》二厥玄黄《ヲ》一来《テ》、而結《アグルモト、リヲ》二髻　於右髩之《ノ》上《ニ》一者《ノ》、奏《スル》二衆楽《ヲ》於庭際《ニ》一、盖致《シストナリ》二嗣子之《ノ》賀儀《ヲ》一也、今也《ヤ》、遣《シメテ》下崇元寺長《ノ》・宜謨里主《ノ》載《セ》二其方物《ヲ》一來《ラ》上、以《テ》賀《スカ》二我家久之《ノ》嗣《ヲ》而立《タテルヲ》一、又攀《ヨツレハナリ》二旧例《ヲ》一也、我今寄《ヨセンコトヲ》二言　於國君《ニ》一、勿《レ》下以《テ》二我之言《カ》一厭《イトフヿ》上レ之《ヲ》、日本六十餘州有《リ》二源氏一將軍《ノ》一、以《テ》二不《ルノタケカラ》レ猛　之威《ヲ》一發《ス》二其號令《ヲ》一、尺土無《モ》下不《ル》レ獻《セ》二其方物《ヲ》一者上、一民無《モ》下不《ル》レ歸《セ》二其幕下《ニ》一者上、是故《ニ》、東西諸侯《ノ》、莫《シ》レ不《ト云ヿ》レ有《ラ》二朝観之《ノ》礼一、我今雖《ヘトモ》レ去《ルト》二麑府之《ノ》任《ヲ》一、毎歳、使《シム》下親族之《ノ》在《ル》二左右《ニ》一者《ノヲメ》　行《テ》以《テ》致《サ》中其聘礼《ヲ》上、況《ヤ》家久為《ナツテ》二國之《ノ》宗主《ト》一、豈不《ランヤ》レ述《ヘ》二年々之《ノ》職《ヲ》一乎、貴國亦《モ》致《サン》二聘礼《ヲ》於我《カ》将軍《ニ》一者《ノ》、豈復在《ランヤ》二　人之《ノ》後《ヘニ》一哉、先《キ》レ是《ヨリ》、

我以《テ》二此事《ノ》一《ヲ》、告《ル》二於三司官《ニ》一者数《ノアマタヽビ》矣、未レ聞《カ》レ有《ルヿヲ》二其聘礼《ノ》一、是亦非《スヤ》下三司官懈《タル》二於內《ニ》一者《ノニ》上乎、今歳不レ聘《セ》、明年《モ》亦懈《タラハ》者、欲《ストモ》レ不《ラント》レ危《フカラ》而可《ケンヤウ》レ淂乎哉、且復、貴國之《ノ》地、鄰《チカシ》二于中華《ニ》一、々《ト》々与《ト》二日本一、不レ通二商船《舶》《ヲ》一者《ノ》、三二十餘年于今《ニ》一矣、我將軍《カ》憂《フルノ》レ之《ヲ》之餘、欲レ使《シメント》下家久《ヲメト》与二貴國一相談《メ》、而年々來《メ》二商舶《ヲ》於貴國《ニ》一、而大明与《ト》二日本一商賈通《セ》中貨財之《ノ》有無《ヲ》上、若然《シラハ》、則匪三翅《タヽ》冨《スノミニ》二於吾邦《カヲ》一、貴國亦《モ》人々其冨潤《ノメ》レ屋《ヲ》、而民亦《モ》歌《ヒ》二於市《ニ》一、抃《タン》二於野《ニ》一、豈復非《サランヤ》二太平之《ノ》象《ニ》一哉、我將軍之《カノ》志在《リ》レ茲《ニ》矣、是故《ノニ》、家久使《シム》三小官二人《ヲメ》告《ケ》二之《ヲ》於三司官《ニ》一、々々々不レ可《キカ》、將軍若《シラハ》有レ問《フヿヲ》レ之、則家久可《ケンヤ》二如レ之何《ヲンカス》一哉、是我夙夜念《レカテ》レ茲《ヲ》而不《ル》レ措《ヲカ》者也《ノナリ》、古者善計《クリ》レ國《ヲ》計《ル》レ家者《ヲノ》、雖《ヘトモ》レ大《ト》事《フル》レ小者《ニノ》、有《リ》下隨《ツテ》二時之《ノ》宜《ニ》一而為《スル》レ之《ヲ》者《ノ》上、況復《ヤ》小之《ノ》事《フル》レ大者《ニノ》、豈為《センヤ》三之背《ヲクト》二於其理《ノニ》一哉、其存《ノセント》焉、与《ト》二其亡《ノヒン》一焉、共在《ニラン》二國君之《ノ》挙《ニ》一而已、伏乞《メ》圖《ン》レ之《ヲ》、

拜呈　中山王　閣下　　龍伯法印

○原本ノ返點、句讀點、朱引、音訓符幷ニ音訓合符略ス、返點、編者ニ依リテ附シ、原本ノ振假名ヲ附ス、南浦文集寛永二年版本巻之中ニ收ムル呈琉球國王書、返點幷ニ振假名ヲ掲ゲザルト雖モ、本文異事ナシ、同慶安二年版本巻之中ニ收ムル呈琉球國王書、返點幷ニ振假名ヲ附シ、マタ本文異事ナケレドモ、拜呈ノ一行ナシ、

〔御文書〕 義弘公　五　十九通　巻十五
○東京大学史料編纂所所蔵島津家文書S島津家文書18—3—17

(島津義弘書状案)(續紙)

其已來、再三如レ令二通信一、龜井武藏守(茲矩)望レ爲二球國之主一、既欲レ有二渡檝一、予(島津義弘)、依レ修二旧約一、聞二之於前(豐臣秀吉)大閤殿下一、國《因》レ茲、全免二其難一、于レ今、國家雖レ爲二安全一、忘二失其恩一、加レ之、朝鮮追罰之刻、琉球國役可レ寄二副當國一旨、就二(秀吉)殿下之尊命一、年備二一年之少納一、從レ其以降怠レ之、幷先年、琉球國飄蕩之船衆、以有二(近衞信尹)左相府哀憐之厚意一、無レ恙《ツヽカ》到二本國一、雖レ致レ送レ之、欠二其報禮一、酷《アマツサヘ》被レ背二

本意一者也、別而、大明与二日本一商買往來之儀、從二其國一可レ致二媒介一由、請二左相府之鈞《キン》〔欽〕旨一、令二一使告レ之、貴國者、堅雖レ爲二領掌一、今更違二變重疊之疎略一、非二沙汰之限一、是故、琉球國忽可二誅罰一之段、被レ成二下 御朱印一、急々兵船有二渡海之儕裝一、嗚呼、其國之自滅、豈可レ恨二誰人一焉、雖レ然、頓改二先非一、大明・日本通融之儀、於レ被レ致二調達一者、此國之才覺、愚老（義弘）隨分可レ遂二入魂一、若然、則球國之可レ有二安穩一歟、誠難レ捨二往古好《ヨシミ》一故、懇呈《テイシ》二一章一、伏乞《クウ》二答書一、勿レ移二時日一、日夜待レ之、猶委曲兩使可レ有二演說一、恐惶下宣、

日本慶長十四年仲春後一日（二月二日）

進上　中山王

○本文書ノ寫、東京大学史料編纂所所藏島津家文書新編島津氏世錄正統系圖十八代義弘公第廿九ニ、案文在新納仲左衞門忠雄ト注シテ、同所藏島津家本舊記雜錄後編卷六十三ニ、御文庫廿三番箱十五卷中御案文、義弘公御名ナシ、義弘公御譜中ニ在リ、案文在新納仲左衞門忠雄トアリト注シテ收ム、鹿児島県史料旧記雑録後編四巻六十三、五三八号、參看、マタ本文書、東京大学史料編纂所所藏琉球薩摩往復文書案及ビ沖縄県立図書館所藏東恩納寛淳文庫架藏古案集ニ收ム、那覇市史資料篇第1巻2所收琉球薩摩往復文書案、四二、參看、羽柴秀吉、龜井茲矩ニ琉球國ヲ與フルコト、大日本史料天正十年六月八日ノ條及ビ慶長九年二月是月ノ第三條ニ見ユ、參考ニ收ムル慶長十四年二月島津義久呈琉球國王書及ビ本文書ニ記セル島津氏ト琉球トノ係リニ關スル史料總覽及ビ大日本史料ノ諸條、一六〇六年四月二日ノ條ノ連絡按文參看、

〔喜安日記〕○琉球大学附属図書館所藏伊波普猷文庫

（卷末）（島津義弘書狀寫）

其以來、再三如レ令二通信一、龜井武藏守望レ爲二琉□〔国〕主一、既欲レ有二渡海一、我（島津義弘）、依レ修二旧約一、聞二之於前大閤殿下一、因レ茲、全《ク》免二其《ノ》難一、從レ爲二安全一、忘二失《ス》其恩一、加レ之《シカノミナラス》、朝鮮追罰之剋、琉球国役可レ寄二

副当国一旨、就二殿下之□〔尊〕命一、備二一年之少納一、従レ其以降怠、并先年、球国飄蕩之船衆、以□〔有〕二左相（マヽ）
府哀憐之厚意一、無レ恙到二本国一、雖レ罷レ送レ之、闕二其報礼一、酷被レ背二本意一者□〔也〕、別而、大明与二日
本一□□〔商賈〕往來之儀、従二其国一可レ致二媒〔介〕文一与、請二左相府之欽旨一、令三一使□〔告〕レ之、其国、亦堅雖レ爲二
領掌一、今更違三変重疊疎略一、□〔非〕二沙汰之限一、是故、琉球国忽□〔可〕二□〔追〕討一之段、被レ成三下御□□〔朱印〕一、急□〔々〕兵
船有二渡楫之催装一、嗚呼、其国之自滅、豈恨二誰人一乎、雖レ然、頓改二先非一、大明与日本通融之儀、
□〔於〕レ被レ致二調達一者、此国之才覺、愚老随分可レ遂二□〔入〕魂一、若然、則球邦可レ〻二安穩一哉、誠難レ捨二往
古之好一故、懇呈二一□〔章〕一、伏乞二□□〔答書〕一、勿レ移二時日一、日夜待レ之、猶委曲兩使可レ□〔有〕二演説一者也、

慶長十四年二月二日〇原文ノ返點略ス、返點、編者ニ依リテ附ス、原文ノ墨書振假名、記ス、
（朱書）「用紙九十三枚」

（巻末遊紙）（伊波普猷本書寫奥書）
嘉慶廿五年庚辰十一月□〔廿〕七日、写之、
（一八二〇年）

〔續編島津氏世録正統系圖〕十八代家久 第三十三
〇東京大学史料編纂所所藏島津家文書36―1―2―1

〇稽、琉球國者、堨二薩陽一三百里而、在二于南海中一、彼國開闢而、有二天孫氏者一、有レ之、觀二其地一、
界二于萬濤間一、蟠旋蜿延、若三虬之浮二水中一、因名曰二流虬一、大業倭朝推古帝十三年、即大業元（六〇五年）年間、隋煬帝令三羽騎朱寛求二異俗于是一、始到二球國一、觀丁地界二萬濤間一、蟠旋蜿
延、若丙虬之浮乙水中甲、故名云云、唐宋時、未二嘗朝貢一、元遣レ使
招レ之不レ從、至二洪武一、倭後光嚴院應元、即洪武元（安脱）（一三六八年）始通二中國一、朝貢以レ時、鎭西八郎（源）爲朝武勇蓋レ世、遇二保元之亂一、蒙レ罪、
流二于伊豆大島一、于レ是、非三但管二領大島一已也、至二于二條帝之永萬年間一（一一五八年～一一六五年）、乘レ舟順レ流而、求至二
于流虬國一、隨改レ名曰二流求一、后至二大明洪武十六年一（一三八三年）、皇帝改二琉求一、賜二琉球之名一、古典所レ謂大琉球是也、原來流求人、未レ知二征戰一、一見二爲

朝武勇一、如二草加一レ風、無レ不二順服一、為朝居處日久、通二于大里按司妹一、乾道二年(一一六六年)倭六條帝仁安元丙戌、生二一男一、是名二尊敦一、為朝居之日久、故郷之念自難レ忘、竟乘レ船而歸矣、尊敦、從レ母至二浦添一居、漸長居動異レ常、器量出レ衆、南宋淳熙七年(一一八〇年)和高倉帝治承四年庚子年、十五歲、國人尊為二浦添按司一、政治不レ違二聖賢之遺法一、時、天孫氏二十五代、為二逆臣利勇一見レ弑、浦添按司、起二義兵一伐二利勇一、以定二國家一、諸按司皆尊二浦添一、為二中山君一、是曰二舜天王一、為二其人一、修レ德行レ仁、英雄無レ比、國人歸レ之、右鬢上生二一肉角一、常欲レ掩二其角一、故右鬢上結レ髻、國人皆法レ之、始結二欹髻一、至二第四世玉城王一、世衰道微、國中爭戰、殆數十年矣、于レ是、國土三分、以成二鼎足之勢一、曰二中山一、曰二山南一、曰二山北一、玉城世子西威王、德不明、國人多叛レ之、薨後、諸按司癈(廢)二其世子一、皆推二浦添按司一、為二中山察度王一、世子武寧王德不明、時山南王尚巴志、政道由レ仁、四方之民、欣然樂服、彼二山半歸レ之、終發レ兵、一二統三山一、六世之孫尚德王不德而、賊二害生民一、故國人歸二于尚圓一、尚圓率二其所レ叛之士民一、服二事尚德王一、然其惡日久、尚圓不レ得レ已、稱レ病陰、尚德薨、世子將レ立、而群臣弑レ之、立二尚圓一、尚圓不レ得レ辭而、登二君位一、尚圓王、原是、葉壁山伊是名首見之人也、尚圓七世之孫曰二尚寧一、抑琉球國者、自レ古、本朝附庸之國也、永享年間(嘉吉元年、一四四一年)、將軍義教(足利)公、感二薩隅日三州之主陸奧守忠國(島津)之忠功一、以二琉球一賞二賜之一、爾來世世、獻二貢船于州主一、其船畫二靑雀黃龍一、號二之文船一、有二慶弔之禮一、亦獻二文船一、至二慶長年間一、中山王尚寧、匪二啻忘二苞桑之戒一、緩二貢期一、

○下略、本年二月二十六日ノ條參看、原文ノ振假名及ビ返點略ス、返點、編者ニ依リテ附ス、コノ記、東京大学史料編纂所所藏島津家本舊記雜錄後編卷六十三ニ、家久公御譜中ト注シテ收ム、鹿児島県史料旧記雑録後編四巻六十三、五四〇号、參看、

〔舊記雜録〕 後編 卷六十四 琉球入ノ記
○東京大学史料編纂所所藏島津家本

(琉球征伐記)夫中山王と奉レ申者、鎭西八郎爲朝朝臣之御子孫と申傳候、然ハ中比中絶いたし、女子有レ之候而跡目相續、直子無レ之ニ付、與部治嶋(伊是名島)の百姓之子(金丸、尚圓)、他之子ニ相替器量者之故、爲二跡目一、女子ニ取合、于レ今、御子孫續來候、然者、日本將軍方江三年一度ツヽ御參勤ニ而、御客人之由候、其節ハ薩广ゟ御押爲被レ遊由、其比琉球ハ常ニ諸廻船賣商場ニ而、唐土異國方之小嶋、日本國之商人、或ハ鹿兒嶋・坊之津(薩摩國川邊郡)・山川(同指宿郡)・七嶋中之もの、不レ殘琉球國江集居候而、商賣仕候、左候而、七嶌之諸船頭、琉米積登候砌ハ、貳斗五升入壹俵を、三斗貳升にして、古戔(錢)六拾文程に賣商爲仕由候、壹石ニ而代分貳百四拾文ニ而候、然者、其時ゟ上方謀叛人有レ之、折節、大学〔覺〕寺殿と申人、家來山伏部垂讚岐坊といふ者を召列、薩广賴に下られ候処、將軍方(足利義教)ゟ大学〔覺〕寺殿(義昭)を主從共ニ打取可レ被レ成、左候ハヽ、琉國を可レ被レ遣由候、然者、賴來ル人を討取事、難レ成被二思召一候而、可レ進候（マヽ）間、早々討取可レ進由候得共、討取候ハヽ、琉國を可レ被レ遣由ニ而候ニ付、討取候抔と世間沙汰可レ致候へハ、嶋津之家瑾〔瑕〕と被二思召一、琉國を不レ被レ遣、討取可レ被レ進由相究、讚岐坊(有善)ハ强力不敵者ニ而、討取被レ成樣も無レ之候処ニ、椛山美濃守殿(孝久)、計を以討取爲被レ成由候、大学〔覺〕寺殿・讚岐

坊菩提所之儀者、大興寺（薩摩國鹿児島郡）如來堂之由候、爲ニ忠功一琉國を給候、○大覺寺義昭、日向ニ匿ル、幕府、守護島津忠國ヲシテ之ヲ捕ヘシムルコト、史料綜覽永享十一年六月二十日ノ第三條ニ、薩摩島津貴久、幕府ノ命ヲ奉ジ、樺山孝久等ヲシテ、前大僧正大覺寺義昭ヲ櫛間永德寺ニ圍マシム、義昭、自殺スルコト、同嘉吉元年三月十三日ノ第二條ニ、幕府、薩摩、大隅、日向守護島津貴久ノ、義昭ヲ撃チシ功ヲ賞シ、琉球國ヲ其附庸ト爲シ、鎧馬等ヲ與ヘ、老臣五人ニモ亦物ヲ給ス、又義昭ノ餘黨ヲ捜捕セシムルコト、同嘉吉元年四月十三日ノ第三條ニ見ユ、七嶋之諸船頭五枚帆餘多ゟ琉米積登上納仕、又売船にて琉米壹艘ツヽ積登、運賃に爲ニ申請一由候、

一、抑琉國中山王御役人虵那（鄭迵）親方・池城（馬良豊）と申候而、貳人有レ之、其比、七嶋と申ハ、貳拾四人棟梁有レ之、其比、手下之者ヲ水手として琉國江上下仕事候、然者、兩人之親方ゟ諸船頭江被ニ仰聞一候者、國主方ゟ艮〔銀〕子別而差支候、大和之殿様江御訴申上候而、銀子貳百五拾貫目拝借仕度、可レ被ニ仰上一旨御頼ニ付、諸船頭、虵那親方・池城親方と相談之上、利艮〔銀〕五割に相究、大和江御訴申上、願之通銀子貳百五拾貫目拝借被ニ仰付一持下、右兩人之御役人江相渡、毎年利米〆〔と脱〕、五枚帆餘多ゟ琉米積登上納仕來事ニ候、其以後、利米相渡不レ申候ニ□〔付〕、様子申入候得者、虵那親方ゟ承候者、其銀子之儀者、此内米ニ而、漸々本崩にして、無ニ出入一濟切候と被レ申候、就レ夫、池城方江虵那親方ゟ被ニ仰聞一候趣、申入候得者、諸船頭ゟ申出趣、無ニ別条一、道理至極候得共、虵那より、右通被ニ申懸一候得者、我等如何様難レ計候、此段虵那方江相達候様にと可ニ申入一旨承候付、又々虵那方江再三斷申入候得共、相達不レ申、其上、七嶋之頭立之者、何れも呼寄被ニ申掛一候者、右銀子ハ、此内米ニ而、漸々濟切候処、聊尓を申者ニ而候、左様輕至極を申者ハ、科分〆臑膝を

挟法様候とて、左之臑膝を稠敷挟被レ申候、右之臑膝を差出可レ申、双方一度挟可レ申と被ニ申掛一候、諸船頭腹を立、右之臑膝を挟ませ申事難レ成候、右之臑膝と申ハ、大和之殿様江叶仕膝ニ而候得ハ、曾而不ニ罷成一と申切而、膝を出不レ申候ニ付、如何様思召候哉、其儘被ニ召置一候、右之通、非道之仕形被レ致候ニ付言上申、返答不レ仕候而者叶間鋪と相談相究、急ニ罷登候而、委細之段言上之処、被ニ聞召一上、御使僧として両度迄琉國之國主方江被レ遣候得共、虵那親方ゟ散々持成候ニ付、むなしく被ニ罷登一候、亦々伊集院廣濟寺(薩摩國日置郡)者、琉國之出家と同派之故、御使僧として御遣被レ成候得共、全致ニ大形一、蔑ニ取持候ニ付、無ニ是非一、七嶋中之嶋迄登居留候、於ニ其儀一ハ、虵那呼寄、口柄被ニ聞召一上、御詮議之上ニ而、被ニ仰付一様も可レ有之由との事にて、御大將椛山美濃殿(久高)・平田太郎左衛門殿(増宗)、御中取衆伊十院(伊集院)長左衛門殿・蒲池備中殿・野元源左衛門殿、船奉行山鹿越右衛門殿(鎮幸)、鹿兒嶋士衆四拾人、其外庄内衆餘多、七嶋頭立之者共貳拾四人、嶋中惣人數貳百五拾人、都合一千三百人、船數七拾五艘、皆五枚帆ニ而候、左候而、七嶋ゟ案内仕、于レ時、慶長十四年己酉二(三)月、鹿兒嶋御出船被レ遊、 ○下略、本年三月七日ノ條等參看、琉球征伐記、諸本アレドモ、異事ナシ、鹿児島県史料旧記雑録後編四巻六十四、六五九号、參看、

〔舊記雑錄〕後編 巻六十四 琉球入ノ記 ○東京大学史料編纂所所藏島津家本

(琉球征伐記行間朱書)
惟新公(島津義弘)御文抜書

然ハ、琉球の事、近年餘りわれまゝの振廻ニ而、大國の儀を専に用ひ、日本を思ひあなとり候て、

すてにさし渡候使も受付す、面目を失ひ手をむなしく罷歸躰ニ候、然間、陸奥守殿より江戸・駿河へ得二御意一られ候て、當春、琉球へ人數さしわたされ候、もとより彼國も嶋をうけたる事ニ候条、ほこのはをあらそひ、なはと申ミなと、日本ゟ渡り口ニて候間、難目ニあいかこひ罷居由洩聞へ候まゝ、此度渡海之軍衆ニ我等申聞せ候ハ、彼なはの湊へハかもわす、あらぬ所へ兵船をおし付候て、うしろを取破り候ハヽ、たとひ一旦はふせき戰といふとも、終に勝利を得候ハんと申シつる、其ことく別の湊へ舟をつけ人衆を卸、在々所々之家共を放火し責働候間、案中なから彼國の者共、上を下にあハてさわき、何の手たても不二罷成一ひたすら降參を乞、種々侘申候間、是非をもたすに不レ及、命を助け和睦仕たるよし候、夫ゟ彼國の事嶋〳〵に至まて不レ殘相順へ、剰へ琉球帝王をはしめ、三司官其外頭立候衆を、當國之軍衆同前ニ薩州山川の津へ早着船のよし申きたり候、かくのことく日本より他國に人衆御わたし候ことハ、あまねく承り不レ傳候、其上いこくの皇帝を吾朝へ渡し候儀ハ、ためしなき事と存候、誠にさらは万里をしのき、軍衆罷渡ル儀ニ候間、彼と云是と云、心遣あめやまに候処、思ひの外に打勝候事、わたくしならす神佛の御かこ（加護）たい一、大御所様・當將軍様御威光故と存計候、殊更味方ハ多くも亡ひ申さす候、やうやく雜兵一二百人ほとも戰死仕候由、かやうにいこくをしたかへ候ハんニハ、戰死ハ纔なる事と存候、いつれもこゝもとのよろこひ、みしかき筆につくしかたく候、つゐてのおりからハ、かうの守殿（上野守）（本多正純）へも此よしほゝ仰せ傳へ給ひ候へ云々、沈香一斤おくり申し候、是式なから御おとれつれのしるへをあらハす計候、よろつめてたく申候、〇鹿児島県史料旧記雑録後編四巻六十四、六五九号、參看、

〔舊記雜錄〕〇東京大学史料編纂所所藏島津家本 後編 巻六十四 琉球入ノ記

琉球入ノ記

一、慶長十四年己酉 尋仁三年一度捧レ貢事、前代古法也、三月、征二琉球國一、〇中略、本年三月四日ノ條等參看、同(四月)五日、下城、五(十脱)月五日、久高(樺山)・增宗(平田)、卒二尚寧王及按司・三司官一、發二琉球一、〇本年五月十五日ノ條參看、同十〔廿〕四日、山川江「王舟、二十三日、至二山川一、六月十七日、至二鹿府一」「〇一」〇朱書、下同ジ、着船、同廿五日、凱二旋于麑府一、

公(家久)卽以二樽酒一、「〇二」勞二兩將及士卒一、賜二感犢一、賞賜有レ差、〇本年五月二十四日ノ條參看、

先レ是、久高、使二飯牟禮紀伊介光家・貴嶋釆女賴張一、獻二捷書家久公一、公亦使レ人告二將軍一、〇本年四月五日ノ條參看、本文ノ返點略ス、返點、編者ニ依リテ附ス、

〇中略、(慶長十四年)七月五日德川秀忠御內書(島津義久宛)、(慶長十四年)七月五日德川秀忠御內書(島津義弘宛)、(慶長十四年)七月五日德川秀忠御內書(島津家久宛)、(慶長十四年)七月七日德川家康御內書(島津家久宛)、(慶長十四年)七月十三日本多正純副狀(島津家久宛)、(慶長十四年)七月十三日本多正純副狀(島津義久宛)、(慶長十四年)十二月十五日德川秀忠御內書(島津義弘宛)、(慶長十四年)十二月二十六日德川家康御內書(島津家久宛)、(慶長十四年)十二月十五日德川秀忠御內書(島津家久宛)、家久公譜(慶長十五年記)及ビ琉球征伐記等ヲ收ム、

于レ時、慶長十四年、樺山美濃殿琉球國御討取被レ成候軍、如レ斯御座候、乍二惡筆一、任レ筆書調、右條々如レ件、

（朱書）「以上、琉球入記」○鹿児島県史料旧記雑録後編四巻六十四、六五九号、参看、

〔薩藩舊記雑録〕後編　巻二十九　○鹿児島県立図書館所蔵

（朱書）「得能氏記録」

慶長十四年己酉

琉球國征代〔伐〕記

二月二十六日、琉球国ハ古ヨリ□〔本〕朝附庸ノ国ナリ、然ルニ、去ル永享年間、前将軍義教公、薩隅日三州ノ主島津陸奥守忠国ガ忠功ヲ賞シテ彼国ヲ賜テヨリ、世々貢船ヲ薩州ニ納ル、其船青雀黄龍ヲ畫キシカバ、此ヲ文船ト号シケリ、然ルニ国王尚寧、頃年背二舊規一、不二進貢一、剩ヘ、家康公、逆賊ヲ討亡シ、天下ヲ平治シ、威ヲ海外ニ振ヒ玉フトイヘ𪜈、敬服ノ禮ニ怠リシカバ、台命島津陸奥守家久ニ降シ、渠ガ来朝ヲ催促シ玉フ、家久、使ヲ遣シ、書ヲ投シ、再三無禮ヲ責トイヘ𪜈、肯テ順ス、故ニ家久、件ノ趣ヲ　家康公・　秀忠公ニ言上シ、渠ヲ討ント奉レ請、　両公聞召シ、則是ヲユルシ玉フ、依テ家久兵ヲ起シ、樺山權左衞門久高ヲ首将トシ、平田太郎左衞門増宗ヲ副將トシ、今日、軍令ヲ兩將ニ諭ス、相從輩ニハ本田伊賀・市來備後・同八左衞門・有馬次右衞門・長谷場十郎兵衞・山鹿越右衞門・本多弥六・穎娃主水・平田民部左衞門・伊地知四郎兵衞・白坂式部・毛利內膳・村尾源左衞門入道笑柄〔栖〕・柏原周防入道有閑・伊集院半右衞門・佐多

越後・東郷安房入道休伴・児玉四郎兵衛・川上掃部以下士百餘人、都合三千余人、軍船百餘艘ニ乘、山川ノ津ニ順風ヲ待居タリ、

三月四日、百餘艘ノ軍船、今曉、纜ヲ解テ出船ス、時ニ家久馬ニ乘リ、小高所ニ登テコレヲ下知ス、義弘モ亦此ニ來ル、久高・増宗、先ヲ爭テ出船シ、直ニ琉球ニ向テ出帆ス、カクテ大島ニ著船シ、悉ク攻従ヘ、徳ノ島ニ到シカハ、島人嚴ク拒キ戰フ、薩軍コレト戰ヒ、數百人ヲ討殺シケレバ、島人大ニ恐レテ皆従服ス、永良部島ノ者𪜈ハ薩軍ノ威風ヲ聞ケルニヤ、薩軍著船スルト等ク、草ノ風ニ偃カ如ク従ヒケリ、夫ヨリ軍船ヲ進テ、琉球国運天（今帰仁間切）ノ津ニ到リ、□ニ國王尚寧カ弟具志頭（尚宏）并三司官浦添（向朝師）・名護（馬良豊）・謝那（鄭迵）、扁舟ニ掉（棹）シ来リ、西来院（菊隠）ヲ以テ降ヲ請フトイヘ𪜈、眞僞明ナラサリシカハ、久高・増宗、舩ヲ進メ、愈武備ヲ整ヘ、大碗（讀谷山間切）ノ津ニ到ントシケル処ニ、彼ノ津口ニ鉄ノ鎖ヲ張ノ聞ヘ有シユヘ、舩ヲ他所ニ著、各陸地ニ上リケリ、

七月（ママ）七日、是ヨリサキ久高・増宗ハ陸地ニ上ルト等ク軍ヲ進メ、民屋ヲ放火シ、四月朔日、既ニ都門ニ攻入ル、琉人等防ギ戰フトイヘ𪜈、薩軍勇ヲ震テ戰ヒ、或ハ討捕、或撃走シメ、遂ニ王城首里天孫氏始テ築ク所ナリ、故ニ首里ト云、ヲ圍ミ、急ニ攻破ントス、時ニ国王尚寧并ニ三司官等頻リニ和睦ヲ乞フ、依テ久高・増宗コレニ應シカバ、同五日、尚寧城ヲ下リケリ、久高、則件ノ趣ヲ書認メ、飯牟禮紀伊・貴嶋委〔釆〕女ヲ使トシテ家久ニ告シカバ、家久、則使者ヲ馳テ、 家康公・ 秀忠公ニ言上ス、

角テ久高・増宗ハ尚寧王・按司・三司官等ヲ擒ニシテ、五月五日（ママ）、琉球ヲ出舩シ、同二十五日、薩州鹿児島ニ著シカバ、家久、則両將士卒等ガ勤労ヲ褒賞ス、家康公・秀忠公ハ、家久カ注進ヲ聞召シ、甚御感悦有テ、台書ヲ以テコレヲ稱美シ、其上、家康公ハ、今日台翰ヲ以テ、琉球国ヲ家久ニ賜ヒケリ、

〇下略、原文ノ振假名略ス、コノ記、東京大学史料編纂所所蔵島津家本舊記雑録後編巻六十四ニナシ、鹿児島県史料旧記雑録後編四巻六十四、六六〇号、参看、

〔球陽〕附巻一 目録 〇東京大学史料編纂所所蔵謄寫本

尚寧王

〇中略

鄭〇鄭秉哲 十六年（一六〇四年）、牛助春不レ顧二身命一反二薩州命一、〇朱頭書ニ、（萬暦）同卅二年甲辰、（一六〇四年）同九（慶長）トアリ、行末朱書ニ、

〔球陽〕附巻一 尚寧王 〇東京大学史料編纂所所蔵謄寫本

十六年（尚寧王）、牛助春不レ顧二身命一反二薩州命一 〇朱頭書ニ、萬暦卅二甲辰、慶長九トアリ、行末朱書ニ、

那覇牛助春、前爲二紋船脇筆者一、赴二大坂一、朝二見 大閤（閤）秀吉公一、公、見二助春之頭甚大非凡一、遂取二彼冠一、加二于公頭上一、深二奇異之由一、是人皆叫二大頭我那覇秀昌一、助春爲二才府一入レ閩、公務已竣、翌年、歸國、時、遭二颶風一飄、至二日本平戸地一（肥前國松浦郡）、彼大守肥州公（松浦鎮信）、蒙二召見一、賜二腰刀一一、彼地開船至二麑府一、薩州大守公（島津家久）晉（留）レ之曰、「我、欲レ伐二琉球一、爾等、須下引二我兵船一以抵中球國上乎」、助春辭レ之曰、「助春、成二長球國一、而却忘二其恩一、引レ人伐レ國者、甚係二逆理一、夫、地天之間、未

レ聞レ有二此理一也耶、若以三不レ受レ命之罪一、雖レ就二死地一、不二必顧惜一也」、大守公頻勸頻强、助春固辭不レ從、亦修二密書一、托二之於島一岐助一、寄二送法司馬良弼名護親方良豐一、以下其薩摩將レ伐二我國一之事上、悉細知會、其後屢召二助春於御前一、再三勸レ之、助春對言如レ前、不レ敢二稍異一焉、於レ是、大守公、深蒙嘉二其忠心一、而許レ歸二抵國一矣、

〔南聘紀考〕巻之下 ○東京大学史料編纂所所藏島津家本さI—12—33—64

慶長十四年

四月○中略、本年四月一日ノ第一條、同四月五日ノ條及ビ同五月二十一日ノ條、參看、（琉球國志略）冊使周煌、亦言二是事一云、「尚寧王之世、恃二其險阻一、傲二睨强鄰一、倭人、入執二其王一、久乃釈歸」、云、（巻四之上）「或錄、那覇港口、礁石岝㟧數里、皆鐵板沙、舟慮レ觸レ礁、不レ可二近入一、以レ故、國人恒不二設備一、然萬暦間、薩州島倭猝至、王被レ執、去二鋏板沙一、亦不レ足レ恃、云、可二併觀一也、」

〔舊典類聚〕五 琉球國御征伐由來記 ○東京大学史料編纂所所藏

（題）「琉球國御征伐由來記」

覺

一、琉球國之儀者、私（島津吉貴）十二代之先祖陸奥守忠國与申者手ニ入、普廣院義教卿より拜領仕、其以後、私先祖共江從來候処、高祖父中納言家久代ニ至悉々致二懈怠一、殊更、

権現様江御禮可二申上一旨申付候へ共、國司中山王領掌不レ仕候付、人數を差越可レ致二退治一旨言上仕、慶長十四年三月、兵船を差渡、中納言事も、山川与申湊江致二出馬一下知仕、先琉球入口之嶋々手ニ入、同四月、中山王居城江取掛候得者、中山王降參仕候付、其段、権現様・台徳院様江言上仕候処、御感不レ斜、則御感狀を被レ下、琉球國永ク中納言江被二下置一旨、被二仰出一、中納言親宰相入道惟新卿・祖父三位法印龍伯江茂御感狀被二下置一候、同五月、中山王を薩劢江召捕來候、

○中略、一六一〇年八月十六日ノ條參看、

以上

（寶永六年、一七〇九年）丑三月

松平薩摩守
吉貴淨國公

〔西藩野史〕　卷之十五　家久公　上
○鹿兒島縣私立教育會明治二十九年刊

（慶長）十四年己酉

○春三月　家久公、琉球國或ハ中山國、或ハ沖縄島ト稱ス、按ニ、琉球國天孫氏、始テ是ニ王タリ、中山ニ都ス、都ヲ首里ト号ス、永万年中（一一六五年～一一六六年）、鎮西八郎（源）爲朝、此ニ至ル、國人、其勇ニ畏服ス、大里按司、妹ヲ以テ爲朝ニ妻ス、一子ヲ產ム、尊敦ト稱ス、爲朝、日本ニ歸ル、尊敦、母ト共ニ浦添ニ居ス、長スルニ及デ勇武父ニ減セス、國人浦添按司トス、時ニ天孫氏二十五世、叛臣ノタメニ亡サル、尊敦、兵ヲ起シテコレヲ謝シ、國中ヲ平定ス、國人、尊シテ尊敦ヲ王トス、舜天王ト号ス、七世ヲヘテ玉城王ト云、天孫氏ノ後、復蜂起ス、或ハ山南ニ據リ、或ハ山北ニ起ル、國中大ニ亂ル、又三世ニシテ武寧王ニ至ル、政衰テ亂益甚シ、山南ノ尚巴志起テ、中山・山北ヲ亡シ自立シテ王タリ、七世ニシテ、尚德王無道也、遂ニ群下ノタメニ弑セラル、國人、尚円ヲ尊ンテ王トス、七世ニシテ尚寧ニ至ル、又八世ニシテ當今ノ尚穆王コレナリ、○琉球傳記之隨〔隋〕煬帝、琉球國ノ形、虬ノ海中ニ浮フニ似タリトシテ、流

虬ト名ツク、元ノ世ニ至テ、始テ臣服ス、爲朝、流ニ順テ求至ルト云、琉球ノ字ヲ以テ易フ、明洪武帝、命シテ、琉球ト号セシム、按ニ、唐柳宗元文集、既ニ琉球字アリ、爲朝ニ先タツコト三百五十年、傳記アヤマレリ、ヲ征ス、初琉球國ハ、忠國公（島津）、將軍足利義教公ニ賜フ、後、納貢時ヲ違ス、慶吊禮ヲ失ハス、此比、國家騷亂ニ由テ、國王尙寧、慶長ノ初ヨリ貢ヲ納レス、且德川家ノ創業ヲ賀セス、家久公、使ヲツカハシテ譴責ス、峻拒シテ命ヲ奉セス、於レ是、家久公怒テ、二將軍（德川家康・德川秀忠）ニ告テ軍ヲ起シ其罪ヲ伐、傳云、寶・臥蛇・平・諏方瀬・惡石・中・口七島ノ民人、常ニ琉球ニ往來シテ商賣爲、慶長中、琉球ノ有司蛇名親方・池城親方、七島ノ長（二十四人アリ）ヲ召テ云、敞〔敝〕邑費用究乏飢渴患アラントス、邦君ニ告、銀許多ヲ假貸メ、究ヲ賙〔調〕ハシ、貫ヲ邮マハ、謝スルニ、年毎ニ息米ヲ貢シテ之ヲ償ハン、長等、歸テ官ニ告ス、銀二百五十貫目ヲ給賜ス、是ヨリ年毎ニ米許多斛ヲ貢ス、數年ノ後、未事ヲ竟サルニ、貢ヲ絶ス、七島ノ長等、之ヲ責ル、蛇名曰、「既子本共ニ償テ余ナシ」、長等爭論シテヤマズ、蛇名、怒リテ長等ガ脛ヲ挾ム、（國俗、罪アルモノハ西〔兩〕木ヲ以テ脛ヲ挾ム）、免サレテ歸リ官ニ告ス、公、三タビ僧ヲ琉球ニ使シテ罪ヲ謝セシム、國王聽カズ、於レ是、罪ヲ問フ、樺山權左衞門尉久高國老ヲ將トシ、平田太郎右衞門尉增宗國老ヲ副將トシ、二月二十六日、龍伯公・惟新公・本家久公、連判ノ軍令ヲ作テサヅク、本田伊賀親政與兵衞祖・市來備後（家政）次郎左衞門祖・同八左衞門家友〔繁〕用人、有馬次右衞門重純（實純）・長谷場十郎兵衞・平田民部左衞門兵具奉行、山鹿越右衞門船奉行、本田彌六（親正）・穎娃主水（親智）・伊地知四郎兵衞（重賢）・白坂民部（篤利）・毛利內膳・村尾源左衞門入道笑栖或作松清・柏原周防公盛入道有閑・伊集院半右衞門久元・佐多越後忠增・東鄉安房入道休伴・兒玉四郎兵衞（利昌）・川上掃部（直久）、士百余人、輕卒凡三千余人、艨艟一百余艘、薩州山川津ニ艤シ、傳云、國老樺山久高・用人平田增宗・中取伊集院長左衞門・蒲地〔池〕備中守・野元源左衞門・船奉行山鹿越右衞門、鹿兒島士四十七人、七島頭立二十四人、七島人二百五十人、都合千三百人、船七十五艘云々、船ハ悉ク五枚帆ナリト云々、三月四日、世錄記、二月廿一日、或ハ閏二月、拂曉、纜ヲ解テ琉球ニ趣ク、惟新公・家久公、津上ニ馬ヲ立テ、是ヲ指揮ス、龍伯公、一句ヲ製シ、コレヲ祝ス、

ムカフ風アラ子ハ梅ノ匂ヒカナ

○久高・増宗、先大島ヲ襲フ、島人畏レテ盡ク降ル、傳云、薩軍、大島ニ到ラントス、難風ニ逢ヒ、衆船散亂シテ大島所々ニ漂着ス、久高乘行ノ船及ヒ七島船四艘、笠利間切津代添〔湊〕ニ着、笠利ノ大親（官ノ名也）三千人ヲ卒シ柵ヲ海岸ニ振テ防御ス、船中鳥銃連發ス、島人ヲ斃ス、スヽンデ岸ニ上ル、島軍敗レ走ル、追テ大親ヲ囚ス、於レ是、降ル、徳ノ島ニ向フ、島人拒キ戰フ、久高、軍ヲ進テ、三百余人ヲ屠殺ス、於レ是、服從ス、傳云、薩船、徳之島足徳添〔湊〕ヘ競入ル、掟某兄弟膂力絶倫ナリ、兄長七尺二寸、能一丈五尺ノ棒ヲフリテ、薩軍ヲフセク、庄内ノ士六七人、惣チウチコロサル、兄弟、衆ヲハゲマシテ戰ヒ、或ハ粟ノ粥ヲ煮テ薩軍ノ脛ヲ爛ントシ、杖ヲ尖メツク、庄内士澁江丹後守、鳥銃ヲ發メ掟ノ兄ヲ斃ス、衆スヽンデ弟ヲ斬殺ス、島人恐怖シ臣從ス、永良部島、風ヲ臨ンテ降ル、傳云、永良部島主ハ琉球國ノ聟ナリ、初、島主、薩軍ノ大島ヲ伐ヲ聞、胥議シテ曰、我島ノ周廻岩石多クメ船ヲ着ルニ便アラズ、倭軍必ズ是ヲスヽ〔テヽ〕テ那覇ニ至ントト、其備ヲ怠ル、倭船到ルニ及、潮漲滿テ岩石ヲ沒ス、衆船悉クイタリ、士卒スヽミ登ル、島主、衆ヲ卒シテ降、家久公、是ヲ勞ヒ岩切彦兵衞ヲ使トシ、酒三十樽ヲ諸軍ニ給フ、二將、運天津ニ至ル、具老頭《クシノカミ》〔志〕王子國王、ノ弟三司官官名浦添按司・名護按司・謝那按司、西來院、扁舟ニ棹シ來テ降ヲ乞フ、然𪜈其眞僞未知ルヘカラス、輕々シク是ヲ容レス、〔、脱〕スンテ那覇津ニ至ル、琉軍、鐵鎖ヲ作テ、横サマニ江路ヲ斷チ、銅發貢ヲ備テコレヲ守ル、傳云、那覇津口十五丈、鐵鎖ヲ張リ岸上石壁ヲ高シ、銅發貢ヲ設テ先發ノ倭船數艘ヲ撃破ル、士卒水ヲ游キ、後船ニ乘ル、薩軍、船ヲ巡ラシテ運天ニ至リ、陸ニ上テ民屋ヲ燒ク、四月一日、琉軍挑戰ヿ三日、傳云、蛇名、久米村ノ城ヲ保ツ、薩軍攻撃三日、夜、蛇名、首里ニ走ル、小松助四郎、是ヲ追捕フ、薩軍、勇ヲ振テ數百人ヲ殺シ、遂ニ都門ニ突入ル、傳云、國王、使ヲ倭軍ニ遣サンヿヲ謀ル、衆畏ル、農民兄弟男、勇敢ナルモノアリ、往ンヿヲ乞フ、國王、以テ使トシ久高ヲ城内ニ宴セント乞フ、久高、諾ス、相州ノ太刀二尺七寸ナルヲ賜フ、久高従者六人、單刀ニメ城ニ入ル、衆、其詐欺ヲ恐レ止レ𪜈聽ス、宴スルヿ三日ニメ歸ル、國王、城ヲ献センヿヲ約ス、既ニメ衆軍スヽンテ城ヲ取ラントス、蛇名ガ家臣及往ニ使スル二人、忽薩軍ニキリ入リ、庄内士六七人ヲ斬殺ス、衆軍、是ヲ殺盡テ、國王及ヒ三司官及池城ヲ捕フ、首里ヲカコムヿ數匝、尙寧、大ニ恐レ城ヲ出テ降ル、四月五日、二將、是ヲ容レ、尚寧、三司官ヲ卒ヒ、五月五日（マヽ）、琉球ヲ出テ凱旋ス、五月廿五日、薩州ニ歸ル、先レ是、久高・增宗、飯牟禮紀伊介・貴島釆女二士ヲ使トシ捷書ヲ　家久公ニ献ス、　公、又將軍ニ告ク、於レ是、家康公・秀忠公、書ヲ　龍伯公・　惟新公・　家久公ニ賜テ功ヲ賞シ、琉球國ヲ〆永ク家久公ニ賜フ、本多正純モ、亦奉書ヲ贈テ是ヲ賞ス、　家久公、使ヲツカハシテ是ヲ謝シ、硫磺千斤・唐屏風・繻珍五卷・佛草花盛花ヲ　家康公ニ献シ、緞子十卷・床屏風青貝廿四孝ヲ　秀忠公ニ献シ、　惟新公モ、又太刀一腰・馬一疋・緞子十卷ヲ献シテ恩ヲ謝ス、傳云、薩軍、那覇ニ至ルノトキ、敵ノ備、嚴ニシテス、ムコト能ハズ、退ントスレハ、風逆フ、衆疑惑ス、久高、怒テ曰、「進退、爰ニ究ル、自殺センノミ、ナンゾ疑フコト乎コレアラン」、衆曰、「船ヲ運天ニ着テ陸ニ登ラバ、功ヲナスベシ」、久高、コレニ従ヒ、船ヲ漕デ運天ニ至ル、衆倦勞レ鋭氣衰フ、久高曰、「今一睡ノ間、夢ニ一天女來テ告テ曰、「吾ハ此國ノ辨才天ナリ、倭軍勝利疑フベカラズ」」ト、小刀ヲ取、天女ヲ板ニ畫キ、衆ニ示ス、於レ是、衆軍競進デ運天ニ至リ、氣力ヲマシ陸へ登ル、久高、國ニ皈リ、板ニ畫ケル天女ヲ城東多賀山下ニ社ヲタテ、祭ル、今猶存ス、

○本書、得能通昭ノ編ニシテ、寶曆戊辰（寶曆四年甲戌、一七五四年）冬十一月ノ序有リ、慶長十四年ノ條ニ記サレタル諸事、本年二月二十六日ヨリ同七月七日マデノ諸條、參看、

〔島津國史〕卷之二十三　慈眼公上　○島津家編集所刊　新刊島津國史

（慶長）十四年己酉、春、（家久）公、遣二樺山久高・平田增宗一、率二三千餘人一、伐二琉球一、據二慈眼公舊譜・島津支流系圖一、（續編島津氏世錄正統系圖家久）（新編島津氏世錄支流系圖樺山氏一流）鹿兒島方武頭、本田伊賀守親政・市來備後家政・市來八左衞門家繁、兵具奉行、有馬次右衞門重純・長谷場十郎兵衞實純、船奉行、山鹿越右衞門鎭幸、國分方武頭、本田彌六親正・穎娃主水親智・平田民部左衞門宗位・伊地知四郎兵衞重賢・白坂式部篤利・毛利内膳元親・村尾源左衞門入道笑栖・柏原周防入道有閑・伊集院半右衞門久元、加治木方武頭、佐多越後忠增・東鄕安房入道休伴・兒玉四郎兵衞利昌・川上掃部直久等百餘人從焉、貫明公・松齡公舊譜、是年、二公與二琉球王書一、責二其無禮一、欲二其悔レ過謝レ罪、而尚寧、恃二其險遠一、不レ肯二屈下一、公遂伐レ之、（新編島津氏世錄正統系圖義久・同義弘）　二月、○中略二十六日、下二南征軍令十餘條一、據二慈眼公舊譜・島津支流系圖一、三月四日、久高・增宗、發二山川港一、至二大島一、大島逆服、連下二德島・永良部島一、進二運天港一、尚寧弟具志頭、三司官浦添・

名護・謝那、乘レ舟而至、使二西來院乞一レ降、不レ許、（同上、）○中略二十日、公、遣二岩切彦兵衞國信一、齎二酒三十樽一、犒二南征師一、二十九日、久高・增宗、張レ軍、至二大椀（大灣）港一、將下以二明日一入中那覇港上、琉球人張二鐵鎖一、截二湊口一、夏四月朔日、分レ軍爲レ二、水陸竝進、燒二民屋一、入二都門一、遂圍二首里城一、（據二慈眼公舊譜・島津支流系圖一、天孫氏、始城二中山一、名曰二首里一、）五日、尙寧降、久高使二飯牟禮紀伊介光家・貴島采女賴張報レ捷、（據二慈眼公舊譜一、光家、町田氏支庶、始爲二飯牟禮氏一、後復二本姓一、）○中略二十五日、久高・增宗、以二琉球王尙寧及按司・三司官等一至、（同上、）秋七月五日、大家（秀忠）賜二公內書一、褒二美琉球之功一、賜二貫明公・松齡公內書一、亦如レ之、（據二貫明公・松齡公・慈眼公舊譜一、）七日、神祖內書、賜二公琉球一、（據二慈眼公舊譜一、）公、遣二敷根立賴一、獻二虎皮五枚、熊皮十枚、燒酒二壺於大家一、二十九日、內書答レ之、（同上、）○中略十二月、○中略公、遣二町田久幸一、獻二螺塡屏風二十四孝圖、緞子十端於大家一、拜二七月五日之內書一也、松齡公獻二太刀一腰、馬一匹、緞子十卷一、亦如レ之、十五日、復賜二（義弘・家久）二公內書一、（據二松齡公・慈眼公舊譜一、）公將下如二駿府一拜中琉球上、優命止レ之、使二本多正純告一レ公曰、「今年、鎭二撫琉球一、至二明年春一、以二國王一朝可也」、乃使三町田久幸拜二琉球一、獻二佛桑花一本、茉莉花一本、板屏風唐製、硫磺千斤、繻紾五卷一、二十六日、內書答レ之、（同上、）松齡公獻二緞子十端、象牙、南蠻鐵砲一挺於神祖一、內書答レ之、（據二松齡公舊譜一、）

○本書、山本正誼ノ編ニシテ、享和二年（一八〇二年）十二月ノ序アリ、島津氏ノ琉球ニ關ハル記、巻二十三ノ諸條ニアレドモ、今、慶長十四年ノ記ノミ掲グ、慶長十四年ノ諸條ニ記サレタル諸事、本年二月二十六日ヨリ同七月七日マデノ諸條參看、九月三十日、是ヨリ先、琉球國中山王尚寧、鹿児島城主島津家久ヨリ、先規ノ如ク明トノ往來アルベキコトヲ命ゼラレタルニ依リテ、具志頭王子尚宏幷ニ毛安頼ヲ日本薩摩國鹿児島ヨリ琉球國ニ歸國セシメムコト及ビ毛安頼ヲ王舅ニ任ズルコトヲ定ム、是日、尚宏幷ニ毛安頼、鹿児島ヲ出船ス、

〔喜安日記〕○琉球大学附属図書館所藏伊波普猷文庫

○上略、本年六月二十六日ノ條參看、九月十二日（庚寅）寅の日、伊勢兵部少輔（貞昌）・鎌田左京亮（政徳カ）、行宮に參內して被レ申たるハ、先規のことく、唐の往來有レ之様に、調進ありとありしかハ、僉議有レ之、具志上（頭）王子尚宏・池城安頼《ヤスヨリ》（毛）、歸国し給ふ、王舅ハ池城親方に相定る、因レ茲、老中の仰にハ、何の不審ハ有へきなれ共、既に兩人歸鄕の上ハ、在麑府の衆、連署《連判也》し給へとあり、則書てそ參らせらる《ラ》、

（中城王子尚煕等連署狀）
從二琉球一唐へ船可レ被レ遣由、被二 仰出一候付而、今度、具志上・池城致二歸國一候、彼兩人ノ本國ニ罷歸、若一揆之企於レ有レ之、忽爰許ニ罷居候者、罪科ニ可レ被二仰付一候、爲二後日一、證狀如レ件、大（毛盛深）里・江洲（毛盛韶）・江曾・報恩寺（恩叔）・西來院（菊隠）・佐鋪《敷》王子（尚豐）・中城王子（尚煕）、慶長十四年九月十四日、御老中衆江

と書たりけり、去程に、兩人、九月晦日、船を出し、夜を昼にし、急き下り給へとありしか共、心に任〔せ〕□〔ぬ〕□海路なれは、浪風を凌、浦傳嶋傳して、麑府をハ九月晦日に出たり《れ》共、霜月（ママ）の廿日比にそ、

琉国にハつき給けり、〇下略、一六一〇年八月十六日ノ條參看、朱傍書、朱句點并ニ墨返點、略ス、句點并ニ返點、編者ニ依リテ附ス、

〔向姓家譜〕 小祿按司 紀錄 〇那覇市史資料篇第1巻7家譜資料㈢首里系 氏集一番3

四世朝盛（尚宏） 大具志頭王子

〇中略、一六〇九年五月十五日ノ條參看、

尚寧王世代（一五八九年～一六二〇年）

萬暦年間、任二國相職一、

同三十七年己酉、中山爲二薩州之附庸一、因レ此、同五月十四日、扈下從 尚寧王赴二薩州一投情上、〇本年五月十五日ノ條參看、九月十二日、伊勢兵部少輔・鎌田左京亮兩位參二內于行宮一、曰、「如二先規一、唐往來不レ可レ絕也」、由レ是、僉議而、王舅者命二毛氏池城親方安賴一、乃與二安賴一共將二回國一、三十日、麑府開船、同十一（ママ）月下旬、回國矣、〇本年十月二十日ノ條參看、

〇下略、一六一〇年八月十六日ノ條參看、

〔歷代寶案〕 第一集 卷十八 國王咨 起成化十七年至天啓七年 〇沖縄県立図書館史料編集室編歷代宝案校訂本第一冊

（琉球國中山王府攝王妃王弟暫看掌國事法司咨）

琉球國中山王□□〔府攝〕二王□〔妃〕〇阿應理屋惠按司加那志・王弟尚宏一暫看二常〔掌〕國事一法司馬良弼（良豐）、爲乙懇下乞天恩恤二憐遭レ乱瀆上レ脩二貢職一事甲、查レ先案照、〇中略、本年十月十一日ノ條及ビ一六一〇年正月三十日ノ條、參看、以下、便宜、改行ス、

馬良弼、隨請二稟王妃・王弟尚宏一、經將二原奉國王前項差遣員□〔役〕（鄭俊）一、齎レ咨坐二駕小船一、并原奉備辨

前項硫磺、舊年(萬曆三十七年)拾月內、北風方發、隨□〔令〕二開駕馳報一外、至二拾月二拾日一、續奉、國王日本未レ叵、差三□□〔遣王〕舅毛鳳儀(安賴)等一、捧レ文致レ國(琉球國)、奉レ此稱、「爲二飛報事一(中山王尚寧文)、切以、國家遭レ乱、乃天運之灾數、乱□〔毋〕レ失レ貢、更臣子□〔之〕當□〔然〕、□〔舊〕年遠離二藩維一、非二是苟活偸生一、實躭二國家重担一、無レ聊也、念レ茲在レ茲、無二日不一レ惶二我君父(明皇帝)之重譴一、尚宏・良弼、爾輩、毋下以二暫條虛位一□〔而〕鈌(缺)中失貢上、□□〔與作〕速查レ例、備咨□□〔差遣〕、□下□〔懇〕〔乞〕天恩恤三憐遭レ□〔亂〕、□〔俾〕レ補二戝貢一事上、孤、□□〔伏惟〕、這□〔次〕、□□〔倭奴〕蠢爾、乃是、好レ□□〔克傳〕レ高、竝非二肆□〔毒〕呑幷一、前割レ地盡行退、復□〔要〕三取鷄籠(臺灣)一、聽レ諫□〔罷〕止、但未下□〔見〕二倭君一而講請上、誠恐二毗連强梁薩摩州詐冐不□〔測〕一、來年二三月、孤、去二關東一而杜奪、倘□〔是〕匹馬行李歸期、可レ必二于不一レ爽、由レ風載レ艦、萬旅跟程、ト、抵二故國一、不レ□〔在〕二明冬一、定在二後春一、爾輩、□〔競〕競家國莫レ忽是圖、乾乾脩貢體レ孤爲レ謀、顓此差三遣王舅毛鳳儀一、賫回特報」○中山王尚寧文、本年九月三十日ニ鹿児島ヲ發シ、同十月二十日ニ琉球國ニ著シタル具志頭王子尚宏及ビ毛安賴ヲシテ琉球王府ニ致サル、等情、奉レ此、馬良弼、隨將レ□〔情〕、□〔稟〕三請王妃・王弟尚宏等一、遵二將國王差來王舅毛鳳儀一、仍議查三循旧□〔例〕一、添三差長史金應魁等官一、仍將下前差正議大夫鄭俊等賫報二倭乱一致レ緩二貢期一等事情由上、抄粘備□〔咨〕、遣発坐三駕土□〔船〕一、陸續裝三載硫磺肆千觔一、□〔前〕三□〔赴〕福建等□□〔處承〕宣布政使司一□〔投〕遞、□□〔伏〕〔乞〕二施行一、爲レ□□〔此移〕咨、須レ至レ□〔咨〕者、

右　咨二

福建等處承宣布政使司一、

萬曆三十八年（一六一〇年）正月三十日

□（咨）○全文、一六一〇年正月三十日ノ條ニ收ム、

〔球陽〕附巻一 目録 ○東京大学史料編纂所所藏謄寫本

尚寧王

○中略

鄭○鄭秉哲 二十一年、○中略、朱頭書ニ、同（萬曆）卅七己酉、行末朱書ニ、同十四（慶長）トアリ、

毛（鄭）鳳儀（安頼）等、馳二報兵警一、致レ緩二貢期一、

〔球陽〕附巻一 尚寧王 ○東京大学史料編纂所所藏謄寫本

（尚寧王）二十一年、○中略、朱頭書ニ、同卅七己酉、行末朱書ニ、同十四トアリ、

毛鳳儀等、馳二報兵警一、致レ緩二貢期一、

薩州軍兵到二那覇一、尚宏具志頭王子朝盛・馬良弼名護親方良豐・毛鳳儀池城親方安頼・菊隱長老西來院住僧等、仝到二親見世一、亦請二和睦一、椛山氏等、不レ嘗二依允一、遂鳳儀、扈二從　王上一、到二麑府一、○本年四月一日ノ第一條參看、　家久公遣二伊勢兵部少輔・鎌田在（左）京亮一曰、「中國、聞レ爲二我附庸一、後必難二以入貢一、尚宏・毛鳳儀等、

早已歸國、當レ料ニ理進貢之事一、其秋（九月）、奉ニ 大守公之命一、麑府開船、回ニ到本國一、〇下略、一六一〇年正月三十日ノ條參看、

尚寧王

〔中山世譜附卷〕〇琉球史料叢書第五卷 卷之一

〇中略

（萬暦）三十九年辛亥、〇中略、一六一一年九月十日ノ條參看、（一六一一年）

本年、爲下稟ニ明進貢王舅事竣回レ國事上、遣ニ毛氏池城親方安賴一、到ニ薩州一、又赴ニ駿府一、其冬回レ國、

萬暦己酉、安賴扈ニ從 尚寧王一、在ニ薩州一、 家久公、遣ニ伊勢兵部少輔・鎌田左京亮一曰、「中國、若聞ニ中山爲ニ我附庸一、嗣後、不レ可三以爲ニ進貢一、當下早遣ニ安賴一以爲中納款上」云、

由レ是、從ニ尚氏具志頭王子朝盛一、回レ國、〇下略、一六一〇年正月三十日ノ條參看、

〇具志頭王子尚宏及ビ毛安賴、琉球國ニ著シ、王府ニ琉球國中山王尚寧ノ文ヲ致シ、毛安賴ヲ王舅ト爲シテ明ニ差遣スベキコトヲ傳フルコト、本年十月二十日ノ條ニ見ユ、

〇九月十四日、琉球國中城王子尚熙等連署シテ、島津家老中衆ニ、具志頭王子尚宏及ビ毛安賴歸國ニ依リテ一揆ノ企アルベカラザルコトヲ誓スル證狀ヲ呈スルコト、便宜合敍ス、

十月十一日、琉球國中山王府攝王妃王弟暫看掌國事法司馬良豐、正議大夫鄭俊ヲ明ニ遣シ、中山王尚寧咨文〇萬暦三十七年五月ヲ以テ、島津軍ノ入寇幷ニ貢期ヲ緩シメラレムヲ請フコトヲ報ズ、

〔歴代寶案〕第一集 巻十八 國王咨 起成化十七年至天啓七年 〇沖縄県立図書館史料編集室編歴代宝案校訂本第一冊

（琉球國中山王府攝王妃王弟暫看掌國事法司咨）

琉球國中山王□□〔府攝〕王□〔妃〕〇阿應理屋惠按司加那志・王弟尚宏暫看常（掌）國事法司馬良弼〔良豐〕、爲懇乞

天恩恤憐遭乱瀆、脩貢職事、査先案照、萬暦三拾七年拾月十一日、差正議□〔大〕夫鄭俊等齎報、（琉球國中山王尚寧咨）「爲□〔急〕報倭乱、致緩貢期事、照□（得）〔得〕、本國、□〔三〕年二貢、歴進不爽、本年、例該□□〔貢期〕、□〔合〕行進奉、經員役、坐駕土船、裝載馬□〔匹〕・硫磺完備外、俟〔候〕風開駕、驟聞警報日本薩摩□□〔州倭〕酋他魯済（平田太郎左衞門尉增宗）・吳済（樺山權左衞門尉久高）等、鳩黨流毒海嶋、□□〔蔓〕〔肆〕屬地、致阻滯進貢行程、三十七年三月□〔內〕、先據葉〔伊〕壁山（平屋島）・奇隹山（鬼界島）等處連放□□〔烽號〕、傳□〔報〕虛慘、但未□〔接〕郵舖投呈實事、□〔擧〕國疑□（似）〔似〕□〔惶〕惶、議欲興□〔兵〕向救、恐其藩城□□〔失〕〔守〕、則欲傍觀劫殺、不忍生民塗炭、三月二十日、卑職（中山王尚寧）、差遣法司馬良弼、率領精兵□〔千〕餘、向陸到（致）彼、阻救去後、續據□〔馬〕良弼□〔回〕稱（馬良豐回稱）、「觀其倭勢、雄張、戰艦糾結、布擺散處、□〔紅〕白旗幟、間閃飛搖、遠望、莫辨其幾千餘矣、□〔聆〕聽、銃聲綿連不絕、大麓〔火カ〕焚山、勢如燎毛、眞令人髮上指耳、三月二十六日、馬良弼、密□〔近〕哨窺、船多倭少、中

心□〔思〕忖、拾分之捌、量、其醜□〔虜〕《虜》是虛張、賊《勢》。僥倖捲劫也」、良弼、令二兵進殺一、□〔詎〕、□□〔倭狡〕計、伏三寇深山一、詐レ敗弭レ侵、四顧驟□〔圍〕、弼□〔兵〕（良弼）傷損去レ半、良弼、被二倭擒獲綑拷一獻降、良□〔弼〕、仰レ天呼號、「□〔我〕（馬良豐呼號）琉球、上有二

天朝

萬歲（皇帝）爺父一、下有二琉球國主一、良弼、領レ兵向レ敵、□〔既〕不レ能二戰勝一、又不レ能レ衞レ身、死何足レ惜」、貳□〔賊〕《賊》首、○樺山久高・平田增宗嘉三其一匹懦夫敢向二萬軍雄□〔陣〕一、「□〔雖〕二是（島津軍軍將言）無レ知入レ火就一レ擒、而竟明二忠君愛國一、不レ殺全レ忠」等情、至二肆月初一日一、倭寇、突三入中山那霸港一、卑職、嚴三令師官鄭迵・毛繼□〔祖〕（盛續）等一、統三督技兵三千餘一、披レ堅執レ銳、雄據二那□〔霸〕江口一力敵、彼時、球兵陸居勢强、蠢倭水處勢弱、百出拒レ敵、倭其左矣、且又、倭船、淺小難レ用レ武、箭射難レ逃、銃發莫レ避、愴忙急處〔遽〕、船各自□〔携〕角衝レ礁、沈斃及殺死、不レ可二勝紀一、詎、彼《倭》。奴藏兵継《継》至、沿レ陸從二東北一而入、此處無二兵備禦一、虞□□〔喇時〕（浦添）等地方、悉被二焚慘《惨》一、且琉球、僻三□〔在〕東□〔隅〕一絕島、兵出有レ限、求レ助無レ地、孤危獨□〔支〕、兵使レ敵レ北、則失レ南、敵レ□〔南〕、則失レ北、首尾不レ能二相顧一、繼□〔祖〕等、帥レ兵退、而堅防二首里王城一、倭徑突二那□〔霸〕營巢一矣、彼時、窺伺核考、衆寡莫レ辨、但墜《隊》□〔成〕二蜂蟻一、勢如二喊虎一、且彼、蠢爾據レ地倍强、□〔壹〕足《壹足》レ當レ拾、難二以レ力敵一、卑職、仰思俯□〔嘆〕、□〔于〕レ今、閭閻□〔坵〕墟、百姓疲饑、使令進戰、難レ忍二生民肝腦塗一レ地、呼令二官民人等躲避入一レ城、四月初四日、藩城被二倭羅圍一數匝、

村□〔麓〕被レ劫、靡レ有二孑遺一、卑職、詳思熟察、進戰退□〔守〕、勢恐兩難、無レ奈、遣二僧菊居隠〔菊隠〕僧法印等一、幣帛釋觧、倭愿、罷レ兵告レ休、方有二旬餘一、復逼二割土獻降一、暴肆鵬言、「〔島津軍軍将言〕假不レ如レ議、城廟盡行焚□〔燬〕、□□〔百姓〕盡行□〔剿〕滅、土地悉捲二所有一」、卑職、仰三念叩二救

天朝一、但波程萬里、非レ可二一朝力一、爲興慨計□〔窮〕、顧二其官民一曰、「〔尚寧言〕似二此疥癬一、不レ療、恐貽二心腹□〔之〕患一、一指不レ□〔舍〕、難レ□〔保〕二肩背之全一」、□〔擧〕國官民、無レ奈、議割二北□□〔隅葉〕壁壹島〔伊平屋島〕一、拯二□□〔民塗〕炭一、詎、□□□〔彼狡倭〕、得レ壠望レ蜀、又、挾三制助兵協二取鷄籠〔臺灣〕一、卑職看、其鷄籠、雖二是萍海野夷一、其咽喉毗三連閩〔福建〕海居地一、藉二令鷄籠殃虐一、則省之濱海□〔居〕《居》民、焉能安堵如レ故、而不二爲レ之驚□〔懼〕□〔也〕一、卑職、深□〔爲〕二隠憂一、既不レ能レ制三馭其非一、曷敢助レ恣二其虚《暦》〔虐〕一、矢口絶拒、盡瘁彌縫、稱道、「〔尚寧言〕我琉球、雖二是一撮海島一、原係丁欽三蒙

詔褒二守礼之邦一、賜三准進貢歸順一、仍賜丙陪臣之子入二讀　大學一襲乙受

聖教甲、今若助二汝〔島津軍〕肆亂一、奚逭二我

君父〔皇帝〕罪責一」、詎、彼狡倭、喜怒無レ常、□□〔變拗〕莫レ測、□□〔復肆〕二攻焚一、勒三挾國戚及三法司等官一、悉□〔牢〕二罹于寺院一、威三嚇諾二允助レ虚〔虐〕前議一、卑職、延久□〔不〕レ聽、狡倭、慮下恐計變二于稽遲一、禍生中于日久上、伍月初伍日、□〔乘〕二節端陽一、貳賊□□□〔首設醴〕、□□〔飧揖〕二□〔遊〕船一、卑職、故□〔知〕二□〔是〕酒穽礼嚢一、□□〔亦未〕レ□〔剖〕三決□□〔眞非〕一、□〔又〕恐二胃卻增レ嗔、無レ聊就前、輒惹覊絆、跬步□〔莫〕レ離、仍挾三率國戚・三法司等官一、一併隨三往□〔日〕

本一、見二其國首一（島津家久）、裁三奪前情一、斯時□〔斯〕際、□〔進〕退兩難、屈聽依レ議、隨喚同二三法司等官呉瀨（浦添）□〔瑞〕（向朝師）・鄭
迵、王舅毛鳳儀（安頼）、譯使毛鳳朝（盛韶）・毛萬紀等一、就二于伍月拾四日一、同二彼倭奴一、一起開駕、切思、戕
任二藩屏一、臨レ難死守、義所二當然一、但仰二瞻
君父一、未二敢捐レ軀、將措就行、據レ此、看二彼狡奴一、似レ此行兇肆毒、恐、有三放□〔恣〕無レ忌、□〔窺〕蔓及二省
濱海居民一、事亦未レ可レ知也、矧
冊封國□〔王〕、出二奔他國一、事干二重大一、□〔倭〕奴作レ孽、□□〔情亦〕匪レ輕、理合三就行二飛報一、爲レ此、但北風未レ発、
難二以通行一、卑職、隨備咨給照、（琉球國中山王尚寧執照）「差二遣正議大夫使者都通事等官鄭俊等一、坐二駕土小船一隻一、幷
隨二□〔載〕生硫磺二千□〔觔〕一、□〔候〕レ風馳□〔報〕」□□〔等〕〔情〕、據レ此、隨□〔將〕二印信一、交二囑法司□□□〔馬良弼〕一、□二□□〔攝〕〔王妃〕・王
弟一暫署看掌、仍原差員役汎発、即時□〔發〕行、報二道　王妃
貴司（福建等處承宣布政使司）一、另報レ部（禮部）咨文一道、○萬曆三十八年正月二十日琉球國中山王府攝王妃王弟暫看掌國事法司咨、一六一〇年正月三十日ノ條參看、伏乞、差レ人赴レ□〔京〕（北京）投遞、原
□〔差〕員役、伍月乞レ賜二遣発歸國一」○以上、爲急報倭乱ヨリ伍月乞賜遣発歸國マデノ文、萬曆三十七年五月琉球國中山王尚寧咨ニテ、萬曆三十七年十月十一日琉球國中山王府攝王妃王弟暫看掌國事法司咨ニ據レリ、等情、奉レ□〔此〕、馬良弼、隨請二稟王妃・王弟尚宏一、經將二原奉國王前項差遣員□〔役〕（鄭俊）一、賫
レ咨坐二駕小船一、幷原奉備辦前項硫磺、舊年拾月內（萬曆三十七年）、北風方發、隨□〔令〕二開駕馳報一外、○中略、本年十月二十日、毛安頼、鹿兒島ヨリ琉球國ニ著シ、中山王尚寧ノ文ヲ王府ニ致シタルコトニ係ル、本年十月二十日ノ條參看、馬良弼、隨將レ□〔情〕、□〔稟〕二請王妃・王弟尚宏等一、遵
將二國王差來王舅毛鳳儀一、仍議査二循旧□〔例〕一、添二差長史金應魁等官一、仍將下前差正議大夫鄭俊等賫

報二倭乱一致レ緩二貢期一等事情由上、抄粘備□〔咨〕、遣發坐二駕土□〔船〕一、陸續裝二載硫磺肆千觔一、□〔前〕二□〔赴〕
福建等□□〔處承〕宣布政使司一□〔投〕遞、□□〔伏乞〕
施行、爲レ□□〔此移〕咨、須レ至レ□〔咨〕者、

右　　　　咨二

福建等處承宣布政使司一、

萬暦三十八年正月三十日

□〔咨〕○全文、一六一〇年正月三十日ノ條ニ收ム、

○本年五月十一日、琉球國中山王尚寧、明福建等處承宣布政使司ヘノ咨文ヲ製シ、正議大夫鄭俊等ヲ遣シ、島津軍ノ來寇ヲ急報シ貢期ヲ緩スコトヲ致サント報ゼムトスルコト、本年五月十一日ノ條ニ見ユ、

十月二十日、具志頭王子尚宏并ニ毛安頼、琉球國ニ著シ、王府ニ、琉球國中山王尚寧ノ文ヲ致シ、毛安頼ヲ王舅ト爲シテ明ニ差遣スベキコトヲ傳フ、

〔喜安日記〕○琉球大学附属図書館所藏伊波普猷文庫

○上略、本年六月二十六日ノ第一條、參看、九月十二日寅〔庚寅〕の日、伊勢兵部少輔〔貞昌〕・鎌田左京亮〔政徳カ〕、行宮に參內して被レ申たるハ、

先規のことく、唐の往來有レ之様に、調進ありとありしかハ、僉議有レ之、具志上(頭)王子尚宏・池城(毛)安《ヤス》頼《ヨリ》、歸国し給ふ、王舅ハ池城親方に相定る、○中略、本年九月三十日ノ條參看、去程に、兩人、九月晦日、船を出し、夜を昼にし、急き下り給へとありしか共、心に任〔せ〕□〔ぬ〕□海路なれは、浪風を凌、浦傳嶋傳して、麑府をハ九月晦日に出たり《れ》共、霜月(ママ)の廿日比にそ、琉国にハつき給けり、○下略、一六一〇年八月十六日ノ條參看、原本ノ朱傍書幷ニ朱句點、略ス、句點幷ニ返點、編者ニ依リテ附ス、

〔球陽〕附巻一 目録 ○東京大学史料編纂所所藏謄寫本

尚寧王

○中略

鄭○鄭秉哲二十一年、○中略、朱頭書ニ、同(萬暦)卅七己酉、行末朱書ニ、同(慶長)十四トアリ、

鄭(安頼)毛鳳儀等、馳ニ報兵警一、致レ緩ニ貢期一、

〔球陽〕附巻一 尚寧王 ○東京大学史料編纂所所藏謄寫本

二十一年(尚寧王)、○中略、朱頭書ニ、同卅七己酉、行末朱書ニ、同十四トアリ、

毛鳳儀等、馳ニ報兵警一、致レ緩ニ貢期一、

○中略、本年九月三十日ノ條參看、家久(島津)公遣ニ伊勢兵部少輔・鎌田在京亮(左)一曰、「中國、聞レ爲ニ我附庸一、後必難ニ以入貢一、尚宏・毛鳳儀等、早已歸國、當料ニ理進貢之事一」、其秋(九月)、奉ニ大守(家久)公之命一、麑府開船、

回二到本國一、〇下略、一六一〇年正月三十日ノ條參看、

〔歴代寶案〕第一集 卷十八 國王咨 起成化十七年至天啓七年〇沖縄県立図書館史料編集室編歴代宝案校訂本第一冊
（琉球國中山王府攝王妃王弟暫看掌國事法司咨）

琉球國中山王□□〔府攝〕二王□〔妃〕〇阿應理屋惠按司加那志・王弟尚宏一暫看二常[掌]國事一法司馬良弼〔良豐〕、爲乙懇下乞

天恩恤二憐遭レ乱贖下脩二貢職一事甲、査レ先案照、〇中略、本年十月十一日ノ條及ビ一六一〇年正月三十日ノ條、參看、以下、便宜、改行ス、

馬良弼、隨請二稟王妃・王弟尚宏一、經將二原奉國王前項差遣員□〔役〕（鄭俊）一、齎レ咨坐二駕小船一、并原奉備辨

前項硫磺、舊年拾月內（萬曆三十七年）、北風方発、隨□〔令〕二開駕馳報一外、至二拾月二拾日一、續奉、國王日本未

レ回、差二□□〔遣王〕舅毛鳳儀等（安頼）一、捧レ文致レ國（琉球國）、奉レ此稱、「爲二飛報事（中山王尚寧文）一、切以、國家遭レ乱、乃天運之灾

數、乱母〔毋〕レ失レ貢、更臣子□〔之〕當□〔然〕、□〔舊〕年遠離二藩維一、非二是苟活偸生一、實躭二國家重担一、無レ聊也、

念レ茲在レ茲、無二日不一レ惶二我

君父之重譴一、尚宏・良弼、爾輩、毋下以二暫條虛位一□〔而〕鈌[缺]中失上レ貢、□□〔與作〕速査レ例、備咨□□〔差遣〕、□下□〔懇〕〔乞〕

天恩恤二憐遭レ□〔亂〕、□〔俾〕レ補二戕貢一事上、孤、□□〔伏惟〕、這□〔次〕、□□〔倭奴〕蠢爾、乃是、好レ□□〔克博〕レ高、並非二肆□〔毒〕呑

幷一、前割レ地盡行退、復□〔要〕二取鷄籠（臺灣）一、聽レ諫□〔罷〕止、但未下□〔見〕二倭君一而講請上、誠恐二毗連强梁薩摩州

詐冐不□〔測〕一、來年二三月（萬曆三十八年）、孤、去二關東一而杜奪、倘□〔是〕匹馬行李歸期、可レ必二于不一レ爽、由レ風載

レ艦、萬旅跟程、卜、抵二故國一、不レ□〔在〕二明冬一、定在二後春一、爾輩、□〔競〕競家國莫レ忽是圖、乾乾脩貢

體レ孤爲レ謀、顓此差二遣王舅毛鳳儀一、賚回特報」〇中山王尚寧文、本年九月三十日ニ鹿兒島ヲ發シ、同十月二十日ニ琉球國ニ著シタル具志頭王子尚宏及ビ毛安頼

ヲシテ琉球王府ニ致サル、等情、○中略、本年九月三十日ノ條及ビ一六一〇年正月三十日ノ條、參看、

右　咨二

福建等處承宣布政使司一、

萬曆三十八年正月三十日

□〔咨〕○全文、一六一〇年正月三十日ノ條ニ收ム、

〔歷代寶案〕第一集　卷十八　國王咨　起成化十七年至天啓七年　○沖縄県立図書館史料編集室編歴代宝案校訂本第一冊

（琉球國中山王府攝王妃王弟暫看掌國事法司咨）

琉球國中山ｏ王府ｏ攝二□□〔王妃〕馬氏・王弟尚宏一暫看二國事一法司馬良弼、爲二飛報事一、萬曆參拾柒年拾壹

月內、奉下出二奔日本一未レ回

（中山王尚寧）國王憲牌上、「備咨、（中山王尚寧憲牌）懇下乞

天恩恤二憐遭レ□乱〔乱〕□〔贖〕ヒ□〔脩〕二貢職一事、齎稱、□□〔伏惟〕伏惟、

天朝

皇帝、與二天地一合、其德與二日月一並、其明洋溢二四表一、壽計二萬□〔年〕一欣幸、□〔伏〕以、琉球服三事

天朝一者、葢數□〔百〕年矣、□〔臣〕、聞二籩豆之禮一、未レ學二□〔振〕旅之事一、已酉（萬曆三十七年・一六〇九年）歲季春（三月）、倭人、率レ兵來、□〔勢〕小、

不レ可レ敵レ大、無レ奈、遣二僧菊居隱（菊隱）法印等一、幣帛□〔釋〕觧、倭人、扣レ□〔舩〕□〔還〕□、琉球與二倭國一□□□相去僅〔相去僅〕

貳千餘里、今不二講禮一、後世必有レ患、不レ得レ已而、遐致二倭國薩州一、力主二和譹議一、熟三視彼國之

風俗一、外勇猛而、內慈哀也、深睦講好、又恤二弱小一、割レ地盡行退、□□□〔復鷄籠〕聽レ諫罷止、約二相和好一、永爲二魯衞治世一、□〔今〕照、本國□〔原〕例參年貳貢、驟因レ警二報倭乱一、致レ緩二貢期一、本年伍月內、續差二遣大夫使者通事等官鄭俊等一、□〔坐〕二駕土小船壹隻一、隨二載硫磺貳千觔一前去、候レ風馳報、切見、□□□〔乘船微〕小、飄風涉□□《海危》〔海危〕、□□《測莫》〔測莫〕レ知、特□〔今〕毛鳳儀回國報、「作速查〔尙寧報〕レ例、添二差□□〔員役〕一齎報」等情、仍照例、備二辦硫磺觔□〔数〕一、□〔先〕赴二福建布□〔政〕使司二□〔投〕遞、伏□〔乞〕丁移二文禮部一、遣丙□〔奏〕君父《父》赦乙宥緩レ貢之罪甲」等情、○中山王尙寧憲牌、本年九月三十日ニ鹿兒島ヲ發シ、同十月二十日ニ琉球國ニ著シタル具志頭王子尙宏及ビ毛安賴ヲシテ琉球王府ニ致サル、○中略、一六一〇年正月三十日ノ條、參看、

右　咨二

禮　部一、

○一行空、

萬曆參拾捌年正月二拾日

咨

〔向姓家譜〕○小祿按司紀錄 ○那覇市史資料篇第1巻7家譜資料㈢首里系　氏集一番3

四世朝盛（尚宏） 大具志頭王子

○中略、一六〇九年五月十五日ノ條參看、

尚寧王世代（一五八九年～一六二〇年）

萬曆年間、任㆓國相職㆒、

同三十七年己酉、中山爲㆓薩州之附庸㆒、因㆑此、同五月十四日、扈㆘従 尚寧王赴㆓薩州㆒投情㆖、○本年五月十五日ノ條參看、九月十二日、伊勢兵部少輔・鎌田左京亮（政德カ）兩位參㆓內于行宮㆒、曰、「如㆓先規㆒、唐往來不㆑可㆑絕也」、由㆑是、僉議而、王舅者命㆓毛氏池城親方安賴㆒、乃與㆓安賴㆒共將㆓囘國㆒、三十日、鑾府開船、○本年九月三十日ノ條參看、同十一（ママ）月下旬、囘國矣、

○下略、一六一〇年八月十六日ノ條參看、

○琉球國中山王尚寧、島津家久ニ先規ノ如ク明トノ往來アルベキコトヲ命ゼラレタルニ依リテ、具志頭王子尚宏幷ビニ毛安賴ヲ日本薩摩國鹿兒島ヨリ琉球國ニ歸國セシムルコト及ビ毛安賴ヲ王舅ト爲スコトヲ定メ、尚宏幷ニ毛安賴、鹿兒島ヲ出船スルコト、本年九月三十日ノ條參看、

是歲、鹿兒島城主島津家久、上井里兼等ヲ琉球國ニ遣シ、沖繩島ヲ丈量セシム、

〔南聘紀考〕巻之下 ○東京大学史料編纂所所蔵島津家本さⅠ―12―33―64

慶長十四年（一六〇九年）

是歳、公（島津家久）、又遣二上井次郎左ヱ門尉里兼及阿多某等一、如二琉球一、莅二正經界一、里兼等、既至、與二本田親政等一議、乃丈二量沖縄島一、○西藩田租考巻下琉租第二十五、慶長十四年是歳ノ記、異事ナシ、

○南聘紀考本條ノ據リタル文書或ハ記録、詳カナラズ、島津家久、上井里兼ヲ琉球國ニ遣スコト、鹿児島ニアル家久、本年七月七日ニ發セラレタル琉球國ヲ賜ヒ仕置ヲ命ジタル徳川家康御内書ヲ受タル日ヨリ後ノコトナラン、

○前征夷大將軍徳川家康、島津家久ノ琉球國平定ノ功ヲ賞シ、琉球國ヲ賜ヒ、仕置ヲ命ズルコト、本年七月七日ノ條ニ、上井里兼、鹿児島ニ還リ、島津家久ニ琉球國沖縄島檢地帳ヲ呈スルコト、一六一〇年三月是月ノ條ニ見ユ、

一六一〇年（琉球國中山王尚寧二十二年・明萬曆三十八年・日本慶長十五年・庚戌）

正月三十日、琉球國中山王府攝王妃王弟暫看掌國事法司馬良豐、明福建等處承宣布政使司ニ、倭亂ニ依リテ貢期ヲ緩シテ貢職ヲ修スルヲ咨ス、

〔歴代寶案〕第一集 卷十八 國王咨 起成化十七年至天啓七年 ○沖縄県立図書館史料編集室編歴代宝案校訂本第一冊

（琉球國中山王府攝王妃王弟暫看掌國事法司咨）

琉球國中山王□〔府〕□〔攝〕王□〔妃〕○阿應理屋惠按司加那志・王弟尚宏暫看常〔掌〕國事法司馬良弼（良豐）、爲懇乞

天恩恤憐遭乱贖脩貢職事、査先案照、萬曆三拾七年（一六〇九年）拾月十一日、差正議□〔大〕夫鄭俊等齎報、

「爲□〔急〕報倭乱致緩貢期事」（琉球國中山王尚寧咨）、照□〔得〕、本國、□〔三〕年二貢、歴進不爽、本年、例該□□〔貢期〕、□〔合〕行

進奉、經員役、坐駕土船、裝載馬□〔匹〕・硫磺完備外、俟〔候〕風開駕、驟聞警報日本薩摩□□〔州倭〕酋

他魯済（平田太郎左衛門尉増宗）・吳済（樺山權左衛門尉久高）等、鳩黨流毒海嶋、□〔蔓〕□〔肆〕屬地、致阻滯進貢行程、三十七年三月□〔內〕、先據葉〔伊〕

壁山（平屋島）・奇佳山（鬼界島）等處連放□□〔烽號〕、傳□〔報〕虛慘、但未□〔接〕郵鋪投呈實事、□〔擧〕國疑□〔似〕□〔惶〕惶、議欲興

□〔兵〕向救、恐其藩城□〔失〕□〔守〕、則欲傍觀劫殺、不忍生民塗炭、三月二十日、卑職（中山王尚寧）、差遣法

司馬良弼、率領精兵□〔千〕餘、向陸到〔致〕彼、阻救去後、續據□〔馬〕良弼□〔回〕稱、「觀其倭勢（馬良豐回稱）、雄張、戰

艦糾結、布擺散處、□〔紅〕白旗幟、間閃飛搖、遠望、莫レ辨ニ其幾千餘一矣、□〔聆〕聽、銃聲綿連不レ絕、大〔火カ〕麓焚レ山、勢如ニ燎毛一、眞令ニ人髮上指一耳、三月二十六日、馬良弼、密□〔近〕哨窺、船多倭少、中心□〔思〕忖、拾分之捌、量、其醜□〔虜〕虜是虛張、賊。勢僥倖捲劫也」、良弼、令ニ兵進殺一、□〔詎〕、□□〔倭狡〕計、伏ニ寇深山一、詐レ敗弭レ侵、四顧驟□〔圍〕、弼（良弼）□〔兵〕傷損去レ半、良弼、被ニ倭擒獲細拷一獻降、良□〔弼〕、仰レ天呼號、「□〔我〕琉球、上有ニ（馬良豐呼號）

天朝

萬歲爺父〔皇帝〕一、下有ニ琉球國主一、良弼、領レ兵向レ敵、□〔既〕不レ能ニ戰勝一、又不レ能レ衞レ身、死何足レ惜」、貳□〔賊〕賊首、○樺山久高・平田增宗 嘉ニ其一匹懦夫敢向ニ萬軍雄□〔陣〕一、「□〔雖〕ニ是無レ知入レ火就レ擒、（島津軍將言）而竟明ニ忠君愛國一、不レ殺全レ忠」等情、至ニ肆月初一日一、倭寇、突ニ入中山那覇港一、卑職、嚴ニ令師官鄭迵・毛繼□〔祖〕（盛續）等一、統ニ督技兵三千餘一、披レ堅執レ銳、雄據ニ那□〔覇〕江口一力敵、彼時、球兵陸居勢强、蠢倭水處勢弱、百出拒レ敵、倭其左矣、且又、倭船、淺小難レ用レ武、箭射難レ逃、銃發莫レ避、愴忙急處、船各自□〔携〕角衝レ礁、沈斃及殺死、不レ可ニ勝紀一、詎、彼。倭奴藏兵繼継至、沿レ陸從ニ東北一而入、此處無ニ兵備禦一、虞□□〔喇時〕（浦添）等地方、悉被ニ焚慘惨一、且琉球、僻ニ□〔在〕東□〔隅〕一絕島、兵出有レ限、求レ助無レ地、孤危獨□〔支〕、兵使レ敵レ北、則失レ南、敵レ□〔南〕、則失レ北、首尾不レ能ニ相顧一、繼□〔祖〕等、帥レ兵退、而堅防ニ首里王城一、倭徑突ニ那□〔霸〕營巢一矣、彼時、窺伺核考、衆寡莫レ辨、但墜隊□〔成〕ニ蜂蟻一、勢如ニ喊虎一、且彼、蠢爾據レ地倍强、〔壹〕□〔壹足〕足レ當レ拾、難二以力敵一、卑職、仰思俯〔嘆〕□、〔于〕□レ今、閭閻〔坵〕□墟、百姓疲饑、使
令進戰、難レ忍二生民肝腦塗一レ地、呼令二官民人等躲避入一レ城、四月初四日、藩城被二倭羅圍一、數匝、
村〔麓〕□被レ劫、靡レ有二孑遺一、卑職、詳思熟察、進戰退〔守〕□、勢恐兩難、無レ奈、遣二僧菊居〔菊隱〕隱僧法印
等一、幣帛釋觧、倭愿、罷レ兵告レ休、方有二旬餘一、復逼二割土獻降一、暴肆鵰言、「假〔島津軍軍將言〕不レ如レ議、城
廟盡行焚〔燬〕□、〔百姓〕□□盡行〔剿〕□滅、土地悉捲二所有一」、卑職、仰三念叩二救
天朝一、但波程萬里、非レ可二一朝力一、爲興慨計〔窮〕□、顧二其官民一曰、「似〔尚寧言〕二此疥癬一、不レ療、恐貽二心腹〔之〕□
患一、一指不レ〔舍〕□、難レ〔保〕□二肩背之全一」、〔擧〕□國官民、無レ奈、議割二北〔隅葉〕□□壁壹島〔伊平屋島〕一、拯二〔民塗〕□□炭一、詎、
〔彼狡倭〕□□□、得レ壠望レ蜀、又、挾三制助兵協二取鷄籠〔臺灣〕一、卑職看、其鷄籠、雖二是萍海野夷一、其咽喉毗三
連閩海居地一、藉令二鷄籠殃虐一、則省〔福建〕之濱海〔居〕□民(居)、焉能安堵如レ故、而不二爲レ之驚〔懼〕□一〔也〕□、卑職、
深〔爲〕□二隱憂一、既不レ能レ制三馭其非一、曷敢助レ恣二其虛〔虛〕(暦)一、矢口絕拒、盡瘁彌縫、稱道、「我〔尚寧言〕琉球、雖二
是一撮海島一、原係丁欽三蒙
詔褒二守礼之邦一、賜三准進貢歸順一、仍賜丙陪臣之子入三讀
大學一襲乙受
聖教甲、今若助二汝〔島津軍〕肆亂一、奚宜二我
君〔皇帝〕父罪責一」、詎、彼狡倭、喜怒無レ常、〔變拗〕□□莫レ測、〔復肆〕□□二攻焚一、勒三挾國戚及三法司等官一、悉〔牢〕□三罹
于寺院一、威三嚇諾二允助レ虐〔虐〕前議一、卑職、延久〔不〕□レ聽、狡倭、慮下恐計變二于稽遲一、禍生中于日久上、

伍月初伍日、□〔乘〕二節端陽一、貳賊□□□〔首設醴〕、□□〔夤揖〕二□〔遊〕船一、卑職、故□〔知〕二□〔是〕酒穽礼囊一、□□〔亦未〕レ□〔剖〕二决□□〔眞非〕一、
□〔又〕恐二冐卻增レ嗔、無レ聊就前、輙惹羈絆、跬步□〔莫〕レ離、仍挾二率國戚・三法司等官一、一併隨二往□〔日〕
本一、見二其國首（島津家久）一、裁二奪前情一、斯時□〔斯〕際、□〔進〕退兩難、屈聽依レ議、隨喚二同三法司等官吳賴（浦添）□〔瑞〕（向朝師）・鄭
迵、王舅毛鳳儀（安頼）、譯使毛鳳朝（盛韶）・毛萬紀等一、就二于伍月拾四日一、同二彼倭奴一、一起開駕、切思、戝
任二藩屛一、臨レ難死守、義所二當然一、但仰二瞻
君父一、未二敢捐一レ軀、將措就行、據レ此、看二彼狡奴一、似レ此行兇肆毒、恐、有三放□〔恣〕無レ忌、□〔窺〕蔓及二省
濱海居民一、事亦未レ可レ知也、矧
冊封國□〔王〕、出二奔他國一、事干二重大一、□〔倭〕奴作レ孽、□□〔情亦〕匪レ輕、理合三就行二飛報一、爲レ此、但北風未レ発、
難二以通行一、卑職、隨備咨給照、（琉球國中山王尙寧執照）「差二遣正議大夫使者都通事等官鄭俊等一、坐二駕土小船一隻一、幷
隨二□〔載〕生硫磺二千□〔觔〕一、□〔候〕レ風馳□〔報〕」□□[等][情]、據レ此、隨□〔將〕二印信一、交二囑法司□□□[馬良弼]一、□二□□[攝][王妃]・王
弟一暫署看掌、仍原差員役汎発、卽時□〔發〕行、報二道　　　　　　　　　　　　　　　　　　　　　　　王妃
貴司（福建等處承宣布政使司）一、另報レ部（禮部）咨文一道、○下ニ收ム、伏乞、差レ人赴レ□〔京〕（北京）投遞、原□〔差〕員役、伍月乞レ賜二遣発歸國一」○以上、爲急報倭
乱ヨリ伍月乞賜遣発歸國マデノ文、萬暦三十七年五月琉球國中山王咨ニシテ、萬暦三十七年十月十一日琉球國中山王府攝王妃王弟暫看掌國事法司咨ニ據レリ、等情、奉レ□〔此〕、馬良弼、隨請三
稟王妃・王弟尙宏一、經將二原奉國王前項差遣員□〔役〕（鄭俊）一、齎レ咨坐二駕小船一、幷原奉備辨前項硫磺、舊（萬
暦三十七年）年拾月內、北風方發、隨□〔令〕二開駕馳報一外、至二拾月二拾日一、續奉、國王日本未レ回、差二□□〔遣王〕

舅毛鳳儀等一、捧レ文致レ國（琉球國）、奉レ此稱、（中山王尚寧文）「爲二飛報事一、切以、國家遭レ乱、乃天運之灾數、乱母〔毋〕レ失
レ貢、更臣子□〔之〕當□〔然〕、□〔舊〕年遠離二藩維一、非二是苟活偸生一、實躭二國家重担一、無レ聊也、念レ茲在レ茲、
無三日不レ惶二我
君父之重譴一、尚宏・良弼、爾輩、毋下以二暫倏虚位一□〔而〕鈌〻缺中失貢上、□□〔與作〕速査レ例、備咨□□〔差遣〕、□〔懇〕下□〔乞〕
天恩恤二憐遭レ□〔亂〕、□〔俾〕レ補二職貢一事上、孤、□□〔伏惟〕、這□〔次〕、□□〔倭奴〕蠢爾、乃是、好レ□□〔克博〕レ高、並非二肆□〔毒〕呑
幷一、前割レ地盡行退、復□〔要〕二取鷄籠一、聽レ諫□〔罷〕止、但未下□〔見〕二倭君一而講請上、誠恐二毗連强梁薩摩州
詐冒不□〔測〕一、來年（萬曆三十八年）二三月、孤、去二關東一而杜奪、倘□〔是〕匹馬行李歸期、可レ必二于不一レ爽、由レ風載
レ艦、萬旅跟程、卜、抵二故國一、不レ□〔在〕二明冬一、定在二後春一、爾輩、□〔競〕競家國莫レ忽是圖、乾乾脩貢
體レ孤爲レ謀、顓此差二遣王舅毛鳳儀一、賚回特報」○中山王尚寧文、一六〇九年九月三十日ニ鹿児島ヲ發シ、同十月二十日ニ琉球國ニ著シタル具志頭王子尚宏及ビ毛安頼ヲシテ琉球王府ニ致サル、等情、奉レ此、馬良弼、隨將レ□〔情〕、□〔稟〕二請王妃・王弟尚宏等一、遵將二國王差來王舅
毛鳳儀一、仍議査二循旧□〔例〕一、添二差長史金應魁等官一、仍將下前差正議大夫鄭俊等賚報二倭乱一致レ緩二
貢期一等事情由上、抄粘備□〔咨〕、遣発坐二駕土□〔船〕一、陸續裝二載硫磺肆千觔一、□〔前〕二□〔赴〕
福建等□□〔處承〕宣布政使司一□〔投〕遞、□□〔伏乞〕
施行、爲レ□□〔此移〕咨、須レ至レ□〔咨〕者、
右　咨二

福建等處承宣布政使司一、

萬曆三十八年正月三十日

□〔咨〕

〔歴代寶案〕第一集 卷十八 國王咨 起成化十七年至天啓七年
○沖縄県立図書館史料編集室編歴代宝案校訂本第一冊

琉球國中山〇王府〇攝二□□〔王妃〕馬氏・王弟尚宏一暫看二國事一法司馬良弼、爲二飛報事一、萬曆參拾柒年拾壹
（琉球國中山王府攝王妃王弟暫看掌國事法司咨）

月內、奉下出三奔日本一未レ回

國王（中山王尚寧）憲牌上、「備咨（中山王尚寧憲牌）、懇下乞

天恩恤三憐遣レ□□〔乱〕乱〔贖〕中□〔脩〕二貢職一事、賚稱、□□〔伏惟〕伏惟、

天朝

皇帝、與二天地一合、其德與二日月一並、其明洋溢二四表一、壽計二萬□〔年〕一欣幸、□〔伏〕以、琉球服三事

天朝一者、盖數□〔百〕年矣、□〔臣〕、聞二籩豆之禮一、未レ學二□〔振〕旅之事一、已酉歲（萬曆三十七年、一六〇九年）季春（三月）、倭人、率レ兵來、□〔勢〕小、

不レ可レ敵レ大、無レ奈、遣二僧菊居隱法印等一、幣帛□〔釋〕鮮、倭人、扣レ□□〔舩〕□〔還〕、琉球與二倭國一□□□相去僅〔相去僅〕

貳千餘里、今不二講禮一、後世必有レ患、不レ得レ已而、遐致二倭國薩州一、力主二和議〔議〕一、熟三視彼國之

風俗一、外勇猛而、內慈哀也、深睦講好、又恤二弱小一、割レ地盡行退、□□□〔復鶏籠〕聽レ諫罷止、約二相和

好一、永爲二魯衞治世一、□〔今〕照、本國□〔原〕例參年貳貢、驟因レ警三報倭乱一、致レ緩二貢期一、本年伍月內、

續差二遣大夫使者通事等官鄭俊等一、□〔坐〕二駕土小船壹隻一、隨二載硫磺貳千觔一前去、候レ風馳報、切

見、□□□〔乘船微〕小、飄風涉□□海危〔海危〕、□□測莫〔測莫〕レ知、特□〔今〕毛鳳儀囘國報〔尚寧報〕、「作速査レ例、添二差□□〔員役〕一齎報」等

情、仍照例、備二辨硫磺觔□〔数〕一、□〔先〕赴二

福建布□〔政〕使司二□〔投〕遞、伏□〔乞〕丁移二文

禮部一、遣丙□〔奏〕

君父赦乙宥緩レ貢之罪甲」○中山王尚寧憲牌、一六〇九年九月三十日ニ鹿児島ヲ發シ、同十月二十日ニ琉球國ニ著シタル具志頭王子尚宏及ビ毛安頼ヲシテ琉球王府ニ致サル、等情、奉レ此、

馬□□〔良弼〕、將レ情、隨□〔稟〕二請王妃馬氏・王弟尚宏一、遵將二原奉□〔國〕王差來王□□〔舅毛〕鳳儀一、隨査二照舊□例〔例〕一、

□二□添差〔添〕〔差〕長史使者通事等金應魁等一、齎レ咨、坐二駕船隻一、裝二載原奉前項備辨額硫磺肆千觔一、□〔前〕二赴

福建布政使司一投遞、飛二報緣由一、伏乞二遣

奏施行一、爲レ此咨、□□〔須至〕レ□〔咨〕者、

右　咨二

禮　部一、○次行、一行空、

萬曆參拾捌年正月二拾日

咨

〔歷代寶案〕第一集　卷二十六　符文　起隆慶二年至崇禎十七年
○沖縄県立図書館史料編集室編歴代宝案校訂本第二冊

（琉球國中山王尚寧符）

琉球國中山王尚（尚寧）、爲㆚懇㆘乞

天恩恤㆓怜遣㆑亂贖㆖修㆓貢職㆒等事㆙ 今、特遣㆓王舅毛鳳儀、長史・使者・通事等官金應魁等㆒、率㆓領

水梢㆒、坐㆓駕土船壹隻㆒、并装㆓載生磺肆千觔㆒、前㆓赴

福建等處承宣布政使司㆒、投㆓報前項緣由㆒等情、今差員役、並無㆓文憑㆒、誠恐、所在官司盤阻不㆑便、本府、除外今、給㆓洪字第伍拾肆號半印勘合符文㆒、付㆓通事蔡錦等㆒、收執前去、如遇㆓經過關津把隘去處及沿海巡哨軍兵驗實㆒、卽便放行、毋㆑得㆓留難遲悞不㆑便、須㆑至㆓符文㆒者、

計開　赴㆑

京、

王舅壹員　毛鳳儀　人伴壹拾名

長史壹員　金應魁　人伴壹拾名

使者壹員　兪美玉（重光）　人伴伍名

通事壹員　蔡錦　人伴二名

存留在船使者貳員　栢壽（良宗）　吳自福　人伴伍名

存留在船通事壹員　蔡崇貴　人伴貳名

管船火長直庫貳名　林世厚　馬故巴

右符文、付二通事蔡錦等一、准レ此、

萬暦參拾捌年正月二十日給、〇次行、一行空、

符文

〔歴代寶案〕第一集　巻三十二　執照　起萬暦二十一年至天啓七年　〇沖縄県立図書館史料編集室編歴代宝案校訂本第二冊

（琉球國中山王尚寧執照）

琉球國中山王尚　（尚寧）、爲乙懇下乞

天恩恤二怜遭レ亂贖上修二貢職一等事甲、今、特遣二王舅毛鳳儀、長史・使者・通事等官金應魁等一、率二領水稍一、坐二駕土船壹隻一、幷□〔裝〕二載生硫磺肆千觔一、前二赴福建等處承宣布政使司一、投二報前項緣由一等情、今差員役、□〔並〕無二文憑一、誠□〔恐〕二所在官司盤阻不レ便、本府、除外今、給二洪字第□〔伍〕拾□〔參〕號半印勘合執照一、付二存留通事蔡□〔崇〕貴□〔等〕一、收執前去、如遇二□□〔經過〕關津把□〔隘〕去處及沿海巡哨軍兵驗實一、卽便放行、毋レ得二留難遲悞不レ便、須至二執照一者、

計開

王舅壹員　毛鳳儀　人伴壹拾名

長史壹員　金應魁　人伴壹拾名

使者壹員　兪美玉　人伴伍名

通事壹員　蔡錦　人伴貳名

存留在船使者貳員　栢壽　呉自福　人伴伍名
存留在船通事壹員　蔡崇貴　人伴貳名
管船〔火長〕□□直庫貳〔名〕□　林世厚　馬故巴
水稍　共肆拾玖〔名〕□
右執照、付ニ存留通事蔡崇〔貴〕□等一、准レ此、
萬曆參拾捌年正月貳拾〔日〕□給、○次行、一行空
執照

〔(沖縄)県史編纂史料〕○縣史々料　那覇ノ部　壱　縣史編纂資料　久米村　○沖縄県立図書館所蔵真境名安興文庫
「（扉）
渡具知紹昌
金氏
」
七世長吏〔史〕諱應魁
具志親雲上、童名眞五良、號文江、行二、元祖諱瑛七世孫也、
萬曆七年〔一五七九年〕己卯、生、泰昌元年〔一六二〇年〕庚申三月二十日、卒、享年四十二、○中略、一六〇九年四月一日ノ第一條參看、
動庸
○中略、同前、

萬暦三十八年庚戌正月二十日、為下懇二乞 天恩恤レ遭レ亂如レ例修貢一事上、奉レ 使為二長史一、同二王舅毛鳳儀池城親方安頼一、赴二 中國一、時、鄭迵、在二麑府一、密修二反間之書一、寄二長崎（肥前國）一、轉二達中國一、應魁等、聞三閩人持二此書一、將レ赴レ京、出二公銀壹百兩一買レ之、三十九辛亥（一六一一年）、歸國、以聞、因レ此、先王（尚寧）深嘉レ之、

采地

萬暦三十七年己酉、拜二受大里間切津波野古地頭一、

萬暦三十九年辛亥、轉二授小祿間切具志地頭職一、

俸祿

萬暦四十一年（一六一三年）癸丑十二月十五日、賜二知行高參拾石一、

○本史料、那覇市史資料篇第1巻6家譜資料㈡久米系家譜所收真境名安興編「県史編纂史料・那覇ノ部」抜粋ニ、金氏（渡具知家）トシテ収ム、

〔兪姓家譜〕 根路銘筑登之親雲上　兪姓正統世系圖

○那覇市史資料篇第1巻8家譜資料㈣那覇・泊系　氏集十八番2217

一世　二世　三世

長男重保

長女眞鶴

次女眞牛

大宗重明——長男重光——三女思戸
　　　　　　　　　　├次男重昌
　　　　　　　　　　├三男重清
　　　　　　　　　　└四男重季

〔兪姓家譜〕根路銘筑登之親雲上　紀録
○那覇市史資料篇第1巻8家譜資料(四)那覇・泊系　氏集十八番2217

二世重光

童名塩多瑠、唐名兪美玉、行一、嘉靖三十八年（一五五九年）己未、生、

父、平安山親雲上重明、

母、麻氏思玉、

室、不レ知レ爲二何人女一、號月桂、

長男、重保、

○中略

尚寧王世代（一五八九年～一六一二年）

萬曆年間、敍二筑登之座敷一、且黄冠頂戴、爲二平等大屋子一、後、任二浦添間切加賀壽地頭職一、其

年月不レ詳、故略焉、

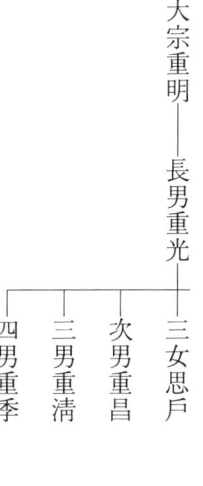

（一五九九年）同二十七年己亥一〔二カ〕月二十七日、為㆓進貢謝恩請封等事㆒、為㆓勢頭㆒、随㆓長史鄭道具志川親雲上㆒、
入㆑閩上㆑京、歸國後、宮古主部、

同三十八年庚戌正月二十日、為㆚懇㆘乞天恩恤㆔怜遭㆑亂贖㆖修㆓貢職㆒事㆙、王舅毛氏池城親方安頼・長史金應魁津波野古親雲上、赴㆓中華㆒之時、叙㆓座敷㆒、為㆓勢頭㆒、入㆑閩赴㆑京、時、鄭迵謝名親方、在㆓麑府㆒、蜜〔密〕修㆓反間之書㆒、寄㆓長崎㆒、轉㆔達中國㆒、安頼・重光等、聞㆔閩人持㆓此書㆒、將㆑赴㆑京、出㆓公銀㆒買㆑之、（一六一一年）三十九年辛亥、歸國、即赴㆓麑府㆒、復命、万般事竣歸國、時、為㆓御褒美㆒、從㆓御老中㆒賜書曰、

先年、自㆓琉球㆒池城為㆓遣唐使㆒渡楫之時、為㆓船主㆒被㆓渡海㆒、無㆓異儀㆒、持〔侍カ〕朝遣般〔船カ〕、奥方次樣簡要、被㆓思召㆒候、自㆑今以往、別而被㆑慳〔堅〕㆓忠貞㆒、可㆓御奉公㆒候、心護之（ママ）、

比志島紀伊守
國貞判

（一六一一年）慶長拾六年辛亥三月十五日

椛山權左衞門尉
久高判

（兪重光）加賀壽

萬曆三十九年辛亥、賜㆓知行高五十斛㆒、
（一六一二年）同四十年壬子五月朔日、卒、享年五十四、號南門、

〔氏集 首里那覇〕 十八番 ２２１７ ○那覇市歴史博物館刊

大宗兪良金平安山親雲上重明　兪姓　根路銘筑登之親雲上

〔（沖縄）県史編纂史料〕 縣史々料 那覇ノ部 壱 縣史編纂資料 久米村 ○沖縄県立図書館所蔵真境名安興文庫

「（扉）小宗蔡氏志多伯家」

○八世諱奎長史ノ紀録、略ス、

九世諱錦正議大夫

萬暦三十八年庚戌正月二十日、為下懇ニ乞 天恩恤レ遭レ乱贖レ罪修レ貢事上、奉レ 使為ニ通事一、随ニ王舅

毛鳳儀池城親方安頼一赴、

○下略、本史料、那覇市史資料篇第1巻6家譜資料㈡久米系家譜所収真境名安興編「県史編纂史料・那覇ノ部」抜粋ニ、小宗蔡氏志多伯家トシテ収ム、

〔氏集〕 十七番 ２０８５ ○那覇市歴史博物館刊

元祖諱崇六世正議大夫諱瀚 國吉筑登之親雲上
支流四子諱朝輔屋良秀才　蔡氏　志多泊〔伯〕親雲上 ○本書、今佚シタルカ、

〔栢姓家譜〕 栢姓世系圖 ○那覇市史資料篇第1巻8家譜資料㈣那覇・泊系　氏集十九番２４３８

一世　二世　三世

長男良隆 ── 長男良宗
　　　　 └ 次女眞加戸

大宗良正
長女乙益
長女武多瑠
三女眞伊奴
次男良雄
嗣子良賢

〔栢姓家譜〕　國吉筑登之親雲上　紀録
○那覇市史資料篇第1巻8家譜資料㈣那覇・泊系　氏集十九番2438

二世良隆　今歸仁筑登之親雲上
童名眞德、唐名栢齡、行一、嘉靖二十五年（一五四六年）丙午六月五日、生、
父、良正、
○母及ビ室ノ記、略ス、
長男、良宗、
○中略
同年（萬暦十三年、一五八五年）六月二十七日、不祿、享年四十、號道榮、

三世良宗　小祿親雲上
童名百千代、唐名栢壽、行一、萬暦十年（一五八二年）壬午二月二日、生、
父、良隆、
母、思玉、

室、具志堅尓也女、加美、號明能、生日不レ傳、

嗣子、良賢、

尚寧王世代（一五八九年〜一六二〇年）

萬曆年間、敍二筑登之座敷一、且黄冠頂戴、

同三十八年庚戌正月二十日、爲乙懇下乞天恩恤上憐遭レ亂贖中修事甲、王舅毛氏池城親方安賴・長史〔史〕金應魁津波古親雲上、赴二于中華一之時、爲二才府一、至レ閩、公事全竣歸國、

○中略

尚賢王世代（一六四一年〜一六四七年）

○中略

同（順治）十三年（一六五六年）丙申二月二十日、不祿、壽七十五、號鶴軒、

〔氏集首里那覇〕氏集十九番　２４３８　○那覇市歴史博物館刊

大宗栢昭今歸仁親雲上良正　栢氏　國吉筑登之親雲上

〔球陽〕附巻一　目録　○東京大学史料編纂所所藏謄寫本

尚寧王

○中略

鄭〇鄭秉哲
二十一年、○中略、朱頭書ニ、同（萬暦）卅七己酉、行末朱書ニ、同十四（慶長）トアリ、
鄭
毛鳳儀等、馳二報兵警一、致レ緩二貢期一、

〔球陽〕附巻一 尚寧王 ○東京大学史料編纂所所藏謄写本

（尚寧王）二十一年、○中略、朱頭書ニ、同卅七己酉、行末朱書ニ、同十四トアリ、

毛鳳儀等、馳二報兵警一、致レ緩二貢期一、

○中略、一六〇九年五月十五日ノ條參看、遂鳳儀、扈二従 王上一、到二麑府一、 家久公遣二伊勢兵部少輔・鎌田在京亮（左）一曰、「中國、聞レ為二我附庸一、後必難二以入貢一、尚宏・毛鳳儀等、早已歸國、當料二理進貢之事一」、其（九月）秋、奉二 大守公之命一、麑府開船、回二到本國一、○一六〇九年九月三十日ノ條及ビ同十月二十日ノ條、參看、為下恤レ遭二倭難一兼贖レ修二貢職一事上、鳳儀、為二王舅一、仝長史金應魁具志親雲上等、坐二駕楷船一、赴レ閩、進レ京、（北京）公務仝竣、（萬暦三十九年、一六一一年）辛亥夏、歸二來本國一、卽赴二麑府一、 家久公、賞二賜腰刀・馬鞍等一、拜二受法司官一、亦到二駿府一、朝二見 將軍家康（徳川）公一、奏二聞中國之事一、公務仝竣、其冬、歸國、前請二命於 家康公一、故赴二駿河一、復レ命、

〔中山世譜附巻〕巻之一 ○琉球史料叢書第五巻

尚寧王

○中略

（萬暦）三十九年辛亥、○中略、一六一一年九月十日ノ條參看、

本年、爲下稟二明進貢王舅事竣回レ國事上、遣二毛氏池城親方安賴一、到二薩州一、又赴二駿府一、其冬回レ國、

萬曆己酉、（一六〇九年）○中略、一六〇九年九月三十日ノ條參看、

翌年○萬曆三十八年正月二〔三〕十日、安賴、爲乙乞下體二恤遭レ難兼贖レ修中貢職上事甲、奉レ命、爲二王舅一、同二長史金應魁・使者兪氏重光等一、坐二駕楷船一、入レ閩赴レ京、（北京）

辛亥夏、事竣歸レ國、即赴二薩州一復命、又赴二駿府一、以聞二將軍家康公一、而回レ國、○一六一一年五月是月ノ條參看、

〔明實錄〕大明神宗顯皇帝實錄卷之四百七十三 ○中華民國中央研究院歷史言語研究所校印本所收國立北平圖書館藏紅格鈔本

（萬曆三十八年）七月甲辰朔、○中略 ○辛酉、（十八日）○中略 ○琉球國中山王尙寧咨、○一六〇九年十月十一日ニ差遣セラレタル正議大夫鄭俊ノ報ジタル萬曆三十七年五月琉球國中山王尙寧咨及ビ同三十八年正月三十日琉球國中山王府攝王妃王弟暫看掌國事法司咨所引同三十七年五月琉球國中山王尙寧咨ナラン、「遣二陪臣王舅毛鳳儀・長史金應魁等一、急二報倭儆一、致レ緩二貢期二」、福建巡撫陳子貞以聞、下二所司一議奏、許三續修二貢職一、賞照二陳奏事例一減半、仍賜二毛鳳儀等金織綵段一各有レ差、○琉球國中山王尙寧、島津軍ニ執ヘラレ、尋デ歸國スルコト、及ビ明ニ貢期ヲ緩ラシムルコトヲ咨スルコト、明實錄大明神宗顯皇帝實錄卷四百九十六萬曆四十年六月庚午（七日）條、及ビ同卷四百九十七萬曆四十年七月己亥（七日）條幷ニ同七月己酉（十七日）條等、參看、

〔歷代寶案〕第一集　卷一　詔勅　起永樂二十二年至萬曆四十八年 ○沖縄県立図書館史料編集室編歷代宝案校訂本第一冊

（明皇帝勅）皇帝、勅二諭琉球國中山王□〔尙〕寧一、近、該福建撫按官（巡撫・巡按）題称、「（福建撫按官題）差來王舅毛鳳儀、齎二捧□〔表〕文・方物一称、（尙寧）王國、因レ遭二倭亂一、致レ悞二貢期二」、念尒、當二此喪亂□〔之〕秋一、猶レ切二緩レ貢之懼一、□〔深〕惻二□〔朕〕懷一、茲、特降レ勅撫慰、尒、還レ國之日、務當撫二安流散一、保二守疆場一、脩貢如レ常、永堅二恭順一、庶レ不下負朝□□〔延恤〕二遠字〔宇〕一之意上、其該國與倭國前後事情、尒、當再行二奉報〔奏〕一、以憑裁處、其王舅毛鳳儀皮〔及〕長

史・通事人等、倶各、照レ例、賞賚有レ□〔差〕、幷諭レ尓知レ之、故諭、
萬暦三十八年十二月十六日○一六一一年九月十日ノ條ニ收ムル歴代寶案第一集卷十八所收萬暦四十年正月日琉球國中山王尚寧咨引載萬暦三十八年十二月十六日明皇帝勅參看、

〔中山世譜〕卷七 ○沖縄県所藏雍正三年序重修本

尚寧王
○中略
紀
○中略
三十七年己酉、春、日本以二大兵一入國、執レ王、至二薩州一、○一六〇九年四月一日ノ第一條參看、
本年冬〔ママ〕、王遣二王舅毛鳳儀・長史金應魁等一、馳二報兵警一、致レ緩二貢期一、福建巡撫陳子貞、以聞、

〔南聘紀考〕卷之下 ○東京大学史料編纂所所藏島津家本さI―12―33―64

十五年〔慶長〕〔庚戌〕、○中略此年、尚寧遣二王舅毛鳳儀・長史金應魁一、急二報倭警一、致レ緩二貢期一、福建巡撫陳子貞、以聞二神宗一、〔中山世譜〕世譜爲二前年冬一、

〔歴代寶案〕第一集 卷二十六 符文 起隆慶二年至崇禎十七年 ○沖縄県立図書館史料編集室編歴代宝案校訂本第二冊

○一六一〇年九月二日、琉球國、進貢使蔡堅ヲ明ニ遣スコト、左ニ掲グ、
〔琉球國中山王府符〕
琉球國中山王府爲二進

貢事一、萬暦参拾捌年伍月初貳日、奉二
憲諭一、「査（明皇帝勅）三循舊例一、敬脩二貢職一」等情、奉レ此、随査照、本年例該二貢期一、今、特遣二長史蔡堅一、
率三領使者・通事等官一、捧二
表・箋文各壹通一、坐三駕小船貳隻一、分三載貢儀馬肆匹、硫磺壹萬觔一、毎船載二馬貳匹、硫磺伍千觔一、
前三赴
福建等處承宣布政使司一告投、轉三送員役一赴レ京（北京）、差去員役、別無二文憑一、誠恐三所在官司盤阻不レ
便、
王府、今、給二洪字第伍拾伍號半印勘合符文一、付二通事林世重等一、收執前去、如遇二關津把隘處驗
實一、卽便放行、母（毋）レ得二留難遲悞不一レ便、須レ至二符文一者、

計開　赴レ
京

長史壹員　蔡堅　　人伴壹拾名
使者壹員　馬成驥　　人伴伍名
通事壹員　林世重　　人伴参名
在船存留使者参員　馬似龍

馬成麟
麻吾剌
人伴柒名
管船火長・直庫貳名　馬珎　馬珠
右符文、付二通事林世重等一、准レ此、
除二貢物一外、附搭土夏布貳百疋、
萬暦參拾捌年玖月初二日給、
符文

〔蔡氏家譜〕○那覇市史資料篇第1巻6家譜資料(二)久米系家譜　氏集十七番2082
儀間親雲上　蔡氏世系總圖

八世　九世
諱烜――諱堅

九世　十世
諱堅――邦俊
　　└―諱彬

〔蔡氏家譜〕○那覇市史資料篇第1巻6家譜資料(二)久米系家譜　氏集十七番2082
儀間親雲上　紀録

八世都通事諱烜（蔡）
喜名友通事親雲上、童名金松、號肖亭、嘉靖四十五年（一五六六年）丙寅八月初五日、生、萬暦十五年（一五八七年）丁亥十

一月初十日、在二北京會同館一、病故、葬二城外安禪寺一、時二十二、傳二家於堅（蔡）一也、

〇中略

男、堅、

〇中略

九世紫金大夫諱堅

喜名友親方、童名眞牛、號念亭、生二於萬曆十三年（一五八五年）乙酉正月初二日一、卒二於順治四年（一六四七年）丁亥六月二十八日一、享年六十三、葬二湯屋前墓一、墓坐レ北向レ南、傳二家於彬（蔡）一也、附、萬曆三十八年庚戌、堅、以下蔡廛具志堅親雲上能通二華語一知上禮、數薦二之於　王一、以入二唐榮一、遂與二姓蔡氏一、且堅、蒙二　王上一、重賜二墓地一、其地、長三十五間、廣二十間、係二眞和志郡屬地一、

父、炤、

母、班氏、崇禎八年（一六三五年）乙亥、恩二賜乘輿幷按司位一、

室、薛氏眞龜、生二於萬曆三十七年己酉一、卒二於康熙十二年（一六七三年）癸丑五月十八日一、享年六十五、葬二於湯屋前墓一、

男、邦俊、　嗣子、彬、

官爵

○中略

萬暦三十三年（一六〇五年）乙巳、紋二黄冠一、陞二都通事一、

○中略

勳庸

萬暦三十六年（一六〇八年）戊申、拜二授長史司一、勤職拾年、

萬暦三十八年庚戌九月初二日、奉レ使、爲二進貢長史一、同使者馬成驥今、改二姓名一曰二向鴻基一・中城親雲上朝香等、赴レ閩上レ京（北京）、公事已竣回レ國、○蔡堅ヲ長史トセル明ヘノ進貢使、琉球國ヘノ歸路、朝鮮國ノ島ニ漂到シ、通事林氏眞志保等（世政或ハ世正）、島ニ上陸シ擒ハレテ京城ニ至リ、尋デ明北京ヘ護送サレ琉球國ニ歸還シタルコト、及ビ蔡堅等、朝鮮國ノ島ヨリ日本肥前國平戸ニ至リ、尋デ琉球國ニ歸還シタルコトニ關ル譜、略ス、朝鮮國王光海君、萬暦四十年（一六一二年）九月、朝鮮國ノ地方ニ泊シタル琉球國人八人（林氏等）ヲ冬至使ニ付シテ明ニ護送スルヲ允シ、林氏等、萬暦四十一年（一六一三年）、明ヨリ琉球國ニ歸還シタルコト、朝鮮王朝實錄光海君四年（一六一二年、萬暦四十年）九月庚子（九日）條幷ニ太白山本朝鮮王朝實錄光海君同日條、及ビ歴代寶案第一集卷四十一所收年月日闕（天啓元年、一六二一年カ）琉球國中山王世子尚豊咨（朝鮮國宛）幷ニ同卷三十九所收崇禎元年（一六二八年）七月十一日朝鮮國王咨（琉球國宛）ニ見ユ、

〔氏集〕首里 那覇 十七番 2028 ○那覇市歴史博物館刊

福建泉州府南安縣人 大宗諱崇 蔡氏 儀間親雲上

〔陳氏家譜〕仲本通事親雲上 陳氏世系總圖 ○那覇市史資料篇第1巻6家譜資料(二)久米系家譜 氏集十七番2184

七世 八世 九世

諱華

諱榮─┬─女眞嘉名
　　　└─結華

〔陳氏家譜〕○那覇市史資料篇第1巻6家譜資料(二)久米系家譜　仲本通事親雲上　紀録　氏集十七番2184

八世都通事諱華

平良親雲上、童名慶佐壽、號杉庵、母・陞官年月、倶不レ傳、萬曆六年(一五七八年)戊寅八月十三日、生、順治元年(一六四四年)甲申十二月十三日、終、享年六十七、葬二於辻原南京墓(那覇)一、

父、榮、

室、曹氏思武太、號月江、萬曆十七年(一五八九年)己丑、生、順治元年甲申九月初七日、終、享年五十六、

男、結華、

官爵

崇禎九年(一六三六年)丙子正月三日、陞二都通事一、

助庸

萬曆三十二年(一六〇四年)甲辰九月十八日、爲二迎接　天使事一、奉レ使、爲二火長一、隨二通事一、王立レ威赴レ閩、

萬曆三十八年庚戌九月初二日、爲二進貢事一、率レ使、爲二存留在船通事一、隨二長史蔡堅一赴レ閩、

○下略

〔氏集首里那覇〕十七番 ○那覇市歴史博物館刊 2184

大宗通事諱康 陳氏 仲本通事親雲上

○琉球國中山王府攝王妃王弟暫看掌國事法司馬良豊、正議大夫鄭俊ヲ明ニ遣シ、中山王尚寧咨文○萬曆三十七年五月ヲ以テ、島津軍ノ入寇幷ニ貢期ヲ緩シメラレムヲ請フコトヲ報ズルコト、一六〇九年十月十一日ノ條ニ、具志頭王子尚宏幷ニ毛安頼、琉球國ニ著シ、王府ニ、琉球國中山王尚寧ノ文ヲ致シ、毛安頼ヲ王舅トシテ明ニ差遣スベキコトヲ傳フルコト、同十月二十日ノ條ニ見ユ、

○正月三十日ヨリ後、琉球國遣明使王舅毛安頼等、明福建ニ於テ、鄭迵ノ明ニ送リタル反間ノ書ヲ得ルコト、七月十八日、琉球國遣明使王舅毛安頼等、明ノ京ニ至リテ、琉球國咨文ヲ呈ス、尋デ、明皇帝、琉球國ノ續キテ貢職ヲ修スルヲ許スコト、九月二日、琉球國、進貢使蔡堅ヲ明ニ遣スコト、及ビ十二月十六日、明皇帝、琉球國中山王尚寧ニ勅諭シ、琉球國ト倭國ノ前後ノ事情ヲ奏報スベキヲ命ズルコト、便宜合敍ス、

三月十三日、琉球國島添大里間切惣地頭職毛盛深、日本薩摩國鹿児島ヨリノ歸途、大島沖ニテ卒ス、尋デ、毛盛深、大島名瀬間切名瀬村ニ葬ムラル、

〔毛姓家譜〕上里親雲上 毛姓世系圖 ○那覇市史資料篇第1巻7家譜資料㊂首里系 氏集十三番1521

五世　六世　七世

長男盛埋
- 長女眞加戸樽
- 長男盛深
  - 次女眞加戸樽
  - 長男盛辰
  - 長女思乙
  - 次男盛有
  - 三女眞樽
- 次男盛峻

七世　八世

盛有
- 長男盛備
- 次男盛職

〔毛姓家譜〕○上里親雲上　紀録　那覇市史資料篇第1巻7家譜資料㈢首里系　氏集十三番1521

五世盛埋　國頭親方

○中略、一五六八年正月二十五日ノ條及ビ一五七二年八月三十日ノ條、參看、

長男、盛深、

○中略、

六世盛深　大里親方

○中略、一六〇九年五月十五日ノ條參看、

父、盛理、國頭親方、

母、不レ知レ爲ニ某女一、

○中略、同上、

長男、盛辰、○中略、同上、

○中略、同上、

尚寧王世代（一五八九年～一六一〇年）

萬曆年間、紋ニ紫冠一、且任ニ島添大里間切惣地頭職一、

同（萬曆）三十七年己酉（一六〇九年）五月七日、聖上（中山王尚寧）渡ニ御于薩州一之時、任ニ署三司官一、供奉而入ニ麑府一、翌年庚戌（萬曆三十八年、一六一〇年）二月、不幸罹ニ重病一、承ニ　王名一、赴ニ本國（琉球國）一之處、同三月十三日、於ニ大島之沖一卒、由レ是、留ニ船於名瀬邑（大島名瀬間切）一、築ニ墓所一、葬レ之者也、

六世盛峻　諱名親方

○中略、同上、

父、盛理、國頭親方、

母、不レ知レ爲ニ某女一、

尚寧王世代

萬暦三十七年己酉五月七日、　聖上、渡ニ御于薩州一之時、供奉而、到ニ麑府一、於ニ彼地一、叙ニ紫冠一、翌年二月、罹レ病、賜レ暇、回ニ本國一、

○中略、同上、

七世盛有　久米中城親方、雖レ為ニ次男一、為ニ正室之子一故、八歳繼ニ家統一、

童名眞松、唐名毛用俊、號涼室、行二、萬暦三十二年（一六〇四年）甲辰三月十八日、生、順治十六年（一六五九年）己亥五月二十日、卒、壽五十六、

父、盛深、大里親方、

母、向氏眞鍋、

○下略

○毛盛深ノ萬暦三十七年幷ニ同三十八年ノ記、氏集十三番1555毛姓家譜松田里之子親雲上、七世盛辰ノ譜、及ビ東恩納寛惇系譜抄二ノ13毛姓棚原里┃親┃、○氏集十三番1555カ、七世盛辰ノ譜ニ収ムレドモ、異事ナキヲ以テ略ス、マタ、系譜抄二、毛盛深幷ニ毛盛峻ノ萬暦三十七年幷ニ同三十八年ノ記ヲ、毛姓家譜大中村親雲上ニ據リテ掲グ、

〔喜安日記〕○琉球大学附属図書館所蔵伊波普猷文庫

慶長十五年、○中略、本年八月十六日ノ條參看、去程に、東関へ御□□（發足）既に相定る、○中略、同上、大里親方（毛盛深）・玉那覇親方（毛盛峻）兄弟ハ、麑府まてハ供奉せられけるか、現に所労とて帰国あり、與那原親雲上（毛盛辰カ）、親類たる故、同心にて

歸鄕せらる、大里親方、大嶋にて終に死去せられける、如何なる先世の宿業やらん、兄弟共に関東の御伴ハかけ《欠》られけり、〇下略、同上、原本ノ朱句點幷ニ朱傍書、略ス、句點、編者ニ依リテ附ス、

三月是月、上井里兼、琉球國ヨリ日本薩摩國鹿兒島ニ還リ、鹿兒島城主島津家久ニ琉球國沖繩島檢地帳ヲ呈ス、

〔南聘紀考〕巻之下 〇東京大学史料編纂所所藏島津家本さI―12―33―64

（慶長）十五年、（庚戌）〇中略 三月、（上井）里兼、所二正レ丈完レ籍成一、凡七册、謂二之御檢地帳一、里兼、自加二花押一、所レ謂琉球竿、云レ此也、按、沖繩島、平家所レ載十二島之一而、今日本琉球者此也、周廻佰拾里肆合參勺伍撮、自二国頭縣奥（間切）（奥村）崎一至二喜屋武縣具志川崎一、長參拾肆里柒合壹勺玖撮、自二讀谷山縣美崎（おにし崎）一至二勝連縣平敷屋崎一、闊伍里柒合玖勺貳撮、自二恩（恩納）縣仲泊一至二美里縣石川濱一、闊僅柒合肆勺壹撮、合爲二三山一、而中山領曰二中頭方一、山北曰二國頭方一、山南曰二國尻方一、其国頭有二縣九村百一、中頭有二縣十一村百六十三一、国尻有二縣十五村百五十六一、總計三十五縣四百二十二村云、里兼所二丈量一、今雖下莫レ知二其詳一也上、應二此一島一云、〇下略、

〔系譜抄〕一 〇沖縄県立図書館所藏東恩納寛惇文庫架藏明治四十一年採集史料

姚姓　鉢嶺筑親雲上　（三世伊指川子元長）

万厂〔暦〕三十七年己酉（一六〇九年）、泊筆者役相勤時、〇中略、一六〇九年三月十日ノ條參看、翌年春間、従二薩刕一令レ監二察於本国田地一之
御使者來覽之時、勤二者筆者一、
万厂三十八年庚戌五月十七日、不祿、三十、〇本家譜、氏集三番300、姚氏鉢嶺筑登之親雲上ノ家譜ナリ、

〔系譜抄〕一〇沖縄県立図書館所蔵東恩納寛惇文庫架蔵明治四十一年採集史料

揚〔楊〕姓島袋本系
万厂三十九年辛亥（一六一一年）、敍二紫冠一、轉二任島添大里間切島袋地頭職一、
万厂三十八年庚戌、御檢地奉行野村但馬守殿・上井次郎左ヱ門殿・柏原周防入道、來二于当国一、回二
諸間切一時、任二案內者幷御檢地帳主取一事畢、

〔氏集首里那覇〕二番 239 〇那覇市歴史博物館刊

元祖楊太鶴山內親方昌信二世楊本培山內親方昌親支流三男楊時成島袋親方昌美
楊氏　嶋袋筑登之親雲上〇本書、今、佚シタルカ、

〇上井里兼ノ呈シタル檢地帳、沖縄島ノミノ記ニテ奄美諸島ニ及バザルコトヲ明カニセンガタメ、本條ヲ揭グ、

〇大日本史料慶長十五年三月是月ノ第二條、是ヨリ先キ、鹿兒島城主島津家久、家臣上井里兼等ヲ琉球ニ遣シ、其地ヲ丈量セシム、是ニ至リ、里兼等檢地帳ヲ呈スル條參看、

〇鹿兒島城主島津家久、上井里兼等ヲ琉球國ニ遣シ、沖縄島ヲ丈量セシムルコト、一六〇九年

是歳ノ條ニ、鹿兒島城主島津家久、伊地知重房等ヲ竿奉行ニ任ジ、琉球國ノ先島ヲ檢地セシムルコトヲ定ム、尋デ、十二月、竿奉行伊地知重房等、薩摩國鹿兒島ヲ開帆シ、德之島及ビ沖永良部島ヲ經テ、同月二十一日、琉球國那覇ニ至ルコト、一六一〇年十月是月ノ條ニ見ユ、

八月十六日、是ヨリ先、鹿兒島城主島津家久、琉球國中山王尚寧ヲ率ヰテ薩摩國鹿兒島ヲ發シ、山城國伏見ヲ經テ、駿河國駿府ニ著ス、是日、家久、尚寧ヲ率ヰテ、駿府城ニ於テ、前征夷大將軍德川家康ニ拜謁ス、尋デ、家久、尚寧ヲ率ヰテ、江戸ニ抵リ、九月十二日、家久、尚寧ヲ率ヰテ、江戸城ニ於テ、征夷大將軍德川秀忠ニ拜謁ス、

〔喜安日記〕○琉球大学附属図書館所藏伊波普猷文庫

○上略、一六〇九年九月三十日ノ條參看、去程に、夏も漸たけ、(一六〇九年)露往霜來、冬も半過させ給へハ、後ろの山嵐のお□〔と〕のミ烈しくて、寒庭の月□〔そ〕さやけき、庭にハ雪ふり積れとも、∘蹈《路》付る人もなく、池にハつらゝ《ツラヽ》閇《トケ》重て、簇《ムラカリ》居し鳥も見えさりけり、(薩摩國鹿兒島)南林寺の鐘聲、遺愛□□《寺の》(二字分擢消)閣を驚し、向の桜嶋の雪の色、香爐峯をもよほす、洲《ス》崎に友よふ□〔千〕鳥の聲、幽《カスカ》に御枕に傳ひ、曉氷をはしる馬蹄の跡、遥の門前に横ハれり、物に觸れ事□〔に〕隨て、御心を不レ傷と云事なし、されハ、本国にて、折々御遊覽、所々の御參詣、御賀

の目出たかりし事共思召續けて、懐旧の御涙をさへ難し、年去年來て、慶長十五年正月一日、行宮にハ万隠便《ビン》にて恐れさせましけれハ、元日元□〔三〕の間、參入する人もなし、され共、朝の御拜、東方に向て被レ祈る、浦添（向朝師）・若那（鄭迵）、御よ《ゆ》るされを蒙りて被レ參ける、同十□□〔三日〕、白雪降て地を埋め《めみ》、山上野原□〔推〕なへて常盤の山の梢まで、皆白妙になりにけり、珠《球》陽にハ雪と云事名をのミ聞て、終に見給ハねハ、皆興を催し、歌讀ミ詩作りてそ慰ける、

○北窓春淺雪成レ堆　人在二異郷一顔豈開《ニ》
　寒水《木》不レ花黄《カ》鳥蟄　江南□〔想〕像旧枝梅《ヲニ》　安意《宗意》

○春窓玉屑日《ニ》堆々　異客何時胸宇《ソ》□〔開〕《ン》
　雪月風花曾《テ》不レ滅《誠》　南人逸興莫レ如レ梅　菊隠

○春日寒殘《テ》六出堆《シ》　君家恩是雅《ニ》延□〔開〕
　新詩賜レ我所《ニソ》二何《レノ》似《ル》一　襯《シンスル》レ雪氷肌《ノ》玉骨梅　□〔過〕牛

○庭竹先《ノ》知積《ツル》雪堆《ノ》　終霄聽レ折レ戸無《ヲ》レ開《コ》
　六花々底《ノ》蒲團《ノ》上　持《シテ》レ呪殘僧欲《ス》レ保《ト》レ梅　□（料紙闕）

同十七日、子時《計》。、御打立有て、加治木（島津義弘館）（大隅國始良郡）へ御船にて行啓被レ成る、十□〔八〕日、卯の刻、御茶湯あり、御對面あり、御馬代銀子二百枚幷御進物あり、同日、申刻《時》、還幸ならせ給ふ、同壬《閏》三〔二〕月廿日の夜、具

志上(頭)王子尚宏(朝盛)、鹿□〔兒〕嶋へ御着ある、御伴宗味・崎山・勝連・津波子・城間里主・己〔巳〕日大里按司掟思徳、上国す、○具志頭王子尚宏、鹿兒島ヨリ琉球國ニ帰國ノコト、一六〇九年九月三十日ノ條參看、去程に、東関へ《に》御□□〔發足〕既に相定る、供奉の人々、具志上王子尚宏・中城王子尚煕・佐舗王子尚豊、僧にハ、西來院菊□〔隠〕・報恩寺恩叔、江洲(毛榮眞)親方、江(中り衆)曾親方・喜安(閔蕃元)・宗□〔味〕・豊城親雲上・勝連親雲上・川上親雲上・津波古親雲上・壽宜場親雲上・具志親雲上・池親雲上・座阿親雲上・崎山親雲上・灣□親雲上・山城親雲上・下郡親雲上・安里里主・讀谷山里主・以貫里主・糸數里主・城間里主、謝(軸頭)国富・雲子富・世寄富・嶋打富、大里按司掟、西□〔日〕番、小谷・荒垣、金城(花當)・加々壽・舟越・城間・具志川・棚原・目苅・泊・具志川・江洲・眞武多、親部(親部小)、泊・山城・八木、造酒(神酒部)、伊波、□〔時〕思五郎(時之大親子カ)、舞草《マイクサ》(舞人)、太郎金思徳・思二郎思徳・眞三郎、都合二百人ニ及へり、宜間親雲上ハ、鹿兒嶋御仮屋御留主番仕らる、○中略、毛盛深及ビ毛盛峻、鹿兒島ヨリ帰國スルコトニ係ル、本年三月十三日、琉球國島添大里間切惣地頭職毛盛深、鹿兒島ヨリノ帰途、大島沖ニテ卒ス、尋デ、大島名瀬間切名瀬村ニ葬ムラルル條參看、月日の道に関《セキ》守□〔な〕けれハ、春過夏も來て、四月十一日、未の刻、鹿兒嶋《ヲ》御立有て、伊集院(薩摩國日置郡)の御かりやに暫く御休息あり□〔て〕、子の時計に、市來(薩摩國日置郡)の湊に御付ある、御仮屋皇居になる、中《ナカ》三日御逗留あり、十五日、午の時計、市來□〔を〕立て、御舟にて、申の刻、京泊(薩摩國薩摩郡)に着せ給ふ、臨江寺(京泊浦船間島)行宮に相定て入せ給ふ、去程に御徒然の余りに、川内新田八幡へ御參詣御座す、御舟をしつら《拵》へ龍頭鷁首となし奉る、比ハ卯月廿六日の事なれハ、緑に見る梢にハ春の情を殘すかと被レ疑、潤谷の鶯舌聲《走老》打て、初□〔音カ〕(二字分空)ゆかしき郭公、折知《シリ》かほに告渡る、松に藤浪さ

き《キ》かゝりけれハ、藤に題して人々歌仕れとありしかハ、御伴に候ける翁、

松か枝のかゝる御幸を待かほに花も余波《ナコリ》を残す藤□〔浪〕

主上（中山王尚寧）、御舟よりおりさせ給ふ、各岸にあかりて、楼門・馬場の景色を見給ふに、畫《ヱ》になくとも筆には及ハし、八幡ハ高□〔き〕罡《オカ》にたゝせ給ふ、廻廊有、楼門有、作道二十餘町を見くたしたり、我国の八幡と各別なりとハ申せとも、本地一體にして衆生を濟度したまへり、賴もしうこそ候へとて、靜に法施参らせて、人々三絃の祕曲を彈ししかハ、宮中もすミ渡り、誠に面白かりけれハ、神明も感應に不レ堪やおほしけん、漸時刻移り、夕日海上に照渡り、社檀も弥輝いて面白かりけれハ、人々名殘をおしまれけり、又、御舟に乘せ給ひ、還幸ならせ給へけり、去程に勢高富軸《チク》（軸頭）糸數里主、所勞とて、京泊にとゝまりぬ、勢高富、京泊にて終にむなしくなりにけり、五月廿四日辰の日の午の時、京泊を御船いたし、戌の刻計、鳶《鳶》巣（肥後國八代郡）に付く、其間十八里、廿五日、巳の時、出船、御座して晡《ホ》時《ヒクレ》に及て、椛嶋（肥前國彼杵郡樺島浦）に付ぬ、其程十八里、廿六日、寅の一点に、椛嶋より御出船ありて、申時、澤渟《サハガタ》（彼杵郡面高浦）と云所に泊りぬ、廿七日、寅の刻、御出楫ありて、同日亥の時計に、名護屋（肥前國松浦郡）の呼子の《ヨフコノ》泊に付、道の程廿一里、兩日御逗留有て、六月二日、卯の刻、御□〔出〕船有、酉の時、筑前国片泊《カ□》（志摩郡唐泊カ）に付、其道十二里、三日、辰乃時、御船をいたし、片泊の內へ漕入る、四日、午の時、舟□〔を〕出し、未計に、今津（筑前國志摩郡）に付、其夜ハ、大風吹て浪靜ならす、六日、寅の刻、御出船ありて、酉の時、長門国《ナガト》下の関（豐浦郡下關）に付、道廿九里、七日、

辰の時、下関よりいてゝ、周防国室積《ムロヅミ》（熊毛郡）に着、其間三十里、八日、己〔巳〕の刻、御舟出し、申の時、上の（熊毛郡上關）関に付給ふ、道程五里、九日、午時、御出楫ありて、寅の時、津波《ツワ》（伊豫國越智郡津波島）に着く、道十六里、十日、午の刻、津波より御舟を出し、酉の時、かまかり（安藝國安藝郡蒲刈島）に付、終夜、漕行程に、翌日十一日、卯の時計、高浦に着く、其道廿五里、それより御舟いたし、同日の戌の時計に、田嶋（備後國沼隈郡田島）に着く、道十里、十二日、寅の刻、田嶋を出て、巳の時、備後国鞆《トモニ》（沼隈郡鞆浦）に付給ふ、道間三里、十四日、風吹て、中三日、御滞在有て、十八日、卯の時、出船ありて、白石（備中國小田郡白石島）に塩かゝりして、申の刻、手嶋（讃岐國鵜足郡手島）に着、其夜、子の時、手嶋より御舟出し、十九日、寅の時、備前国下つい（児島郡下津井）に着く、其より申の時、漕出し、廿日、巳時、うしまど（備前國邑久郡牛窓）に御着ある、十里、同日、未計、出船して、明て廿一日、己〔巳〕時、幡《ハリマノ》〔播〕磨国室《ムロ》（揖保郡室津）に漕付、道十五里、中四日ありて、室より出て、戌の時、兵庫（播磨國兎原郡兵庫津）に付、其間十八里、廿七日、辰の時、兵庫を出て、申の時、川口（攝津國西成郡）に付、夜に入て、□〔大〕坂に入らせ給ふ、行宮黄蓮社に相定る、四五日御逗留ありて、川舟にめされ、伏見（山城國）に付せ給ふ、心光寺（京、三條川東）とて、浄土宗の堂。（一字の）皇居になる、兼城親雲上所労にて伏見に殘らるゝ、去程に、七月廿八日、家久（島津）公、伏見より関東へ御打立ある、池親雲上・具志親雲上・思五郎・。思次郎なとハ、郢《エイ》曲（能□□□し通事する也 音樂ナリ）の器量たるにより、陸奥守（家久）殿被㆓召列㆒、今一日、先へ被ㇾ立ける、弟子丸越後守・平田安《ア》房介《ハノスケ》・鎌田左京亮《スケ》（政德）・本田甚兵衛尉・伊地知四郎兵衛尉・国分左京亮、京之《ノ》道正庵休甫、御警固のために御供也、此等皆、家久公の侍也、山口駿河守（直友）の侍に、村《ムラ》田彦右衛門尉も同御供仕る、同廿九日、午の時、伏見より関東へ行啓ある、拜ミ奉らんとて、凡都・伏見の内にも不レ限、近国の山々寺々より、老たるも若きも〔多〕來り集て、伏見の町、作道、逢坂の関よと〔り〕大津（近江國）□〔迄〕ハ、はたと續て、見る人幾千万と云數を不レ知、人ハ顧る人事□〔を〕不レ得、車ハ□〔輪〕を廻らす事あたハす、去ル比、関原《セキガハラ》の軍に、人種子多く亡たりといへ□〔と〕も、猶殘ハ多かりけりとも見えし《ヘシ》、東国□〔本〕〔に〕てハさしも目出度かりし万乘の御主にて御座し、恐惶《オソレハナヽキ》き奉レ覽に、今日東関へ御下候ハ《ニ》、僅に御供の人々二百人にハ過さりけり、かゝる御有様拜ミ奉り、心なきあやしの賤の男賤の女に至まて、皆涙を流し袖をぬらさぬハ□〔な〕かりけり、まして供奉の人々の心の中、推量られて哀也、近江国瀬貫（栗太郡瀬田）にて昼の御休ありて、亥の時、長原（野洲郡永原）に付〔セ〕おはします、御旅邸新右衞門尉と云者仕ル、伏見と長原とのあわへ《アワイ》〔ひ〕十里、八月一日、己〔巳〕の時、長原より御立ありて、射場（神崎郡伊庭）の御茶屋にて昼の御休息ありて、申の刻、澤山《サワ》（坂田郡佐和山）に御付ある、行宮ハ宗安寺、道の間九里、二日、午時、澤山を御立ありて、美濃国今津〔須〕（不破郡今須宿）にて御休あり、亥の時斗、大柿（美濃國安八郡大垣）に着給ふ、崇永寺御宿なる、道の程十里、三日、午時、大柿を御立あり、洲股《スマタ》（安八郡墨俣宿）にて御休息あり、川を渡り、戌の時、尾張国清洲（春日井郡）に御付あ□〔る〕、成〔興〕光院行宮になる、道八里、雨降て二夜御滯留あ□〔り〕、五日、午時、清洲より御立候て、鳴海《ナルミ》（愛知郡鳴海宿）にて御休あり、戌時、矢はき川（矢作川）を舟にて渡り、寅の時、岳崎（三河國額田郡岡崎）に御付ある、皇居、四郎左衞門尉と云者仕ル、道九里、六日、岳崎□〔を〕立て、申の刻、吉田（渥美郡吉田宿）に付、道七里、七日、午時、吉田より御打立ありて、遠江国《トヲトミノクニ》あらい（敷知郡新居宿）と云町にて昼の御休あり、今切《イマキリノ》の湊一里計舟にて渡り、申の時、浜松（敷知郡濱松宿）に付せ御座す、御宿ハ清右衛門尉仕ル、道九里、八日、午時、濱松を立て、大天龍・小天龍なとと云川を渡り、池田（磐田郡池田宿）の宿を過、み〔つ〕かけ（磐田郡見附宿）にて昼の休息あり、申時、懸《カケ》川（佐野郡掛川宿）御付ある、道七里、九日、午時計、懸川を立て、遠江国金屋《カナヤノ》（榛原郡金谷宿）の町にて御休ありて、大井川渡り、申の刻、駿河国《スルガノクニ》冨士枝（志太郡藤枝宿）に付く、行宮ハ洞雲寺、道の間七里、十日、午時、冨士枝立せ給へて、宇津山越て、陸奥守殿より御迎來る、御使ハ白濱周防守（重政）也、そこを三里計經て、家久公御迎に渡らせ御座す、手越（安倍郡）より各御供の衆ハ八巻仕候、安部川（安倍川）を渡し、申時、□〔駿〕府に御付御座す、皇□《居ハ》尼《アマ》崎與市宿所相定ル、道五里、去程に八月も十日餘りになりぬ、萩の葉むけの夕嵐も身にしミわたり、旅寝の床もすさましく、片鋪袖もしほたれて、深行《フケユク》秋ハさらぬたに、物うきに旅の空こそ□〔哀〕也、十五夜ハ寂中之月なれ共、其夜ハ、故郷を思ひ出し、涙に暮て曇り、さやかならす、九重乃雲井の月に思を延し、昔今の様にをほへて、

　月をみし昔の友も故郷の今宵ハ□《サ》そな思出つらん

中五日ありて、十六日、御城におゐて御對面あり、御進物、食籠五箇、蕉布五十端、唐盤二十枚、石硯屏一箇、焼酎三壺、右者、大御所（徳川家康公也）ニ御對面御座して各退出して後、行宮にて悦申目出度たかり（ママ）しに、具志上王子尚宏、重病つかせ給《ひ》へて、御嘆きにてそ候ける、諸寺・諸社へ立願し、陰陽術をきハめ、醫家藥を尽すといへとも、驗なかりけり、因レ茲、行宮にとゝまり給ふ、奉行にハ平田安

房介、御供の衆にハ、宗味・崎山・越來里主・城間里主・大里按司掟・己〔巳〕日目苅付奉る、廿日、午時、駿府より御立あり、清見寺、見穂（三保）の松原、打詠、其日雨天にてさたかならす、申時、かん原（庵原郡蒲原）に御（宿）付ある、御宿ハ中野二郎右衛門尉仕ル、道七里、廿一日、午時、かん原を立、一里計經て、富士川を舟にて渡り、三里程過て、吉原（富士郡吉原宿）の町にて、富士に題して詩作れと有しかハ、比叡山の山を、はたちはかり重ねてあけたりと書置し□〔も〕ことはりとて、

菊隠
○偶向《テ》二東関《ニ》一行路殫《マル》　士峯秀出始相看《ル》
山顚白髪本非レ雪　代レ我先知《ル》二蜀道難《キヿ》一
扶二逍駿妙一几眼窮　冨茲突兀碧《コト》二於空一
巍然《タル》　山頂論《セハ》二他土《ヲ》一　震旦天台立二下風一
唐土之こと
恩叚
萬里東関八月《ノ》穐　何縁共《テニム》汲二駿河《ノ》流《ル》一
士峯爲《ニ》レ待二吾王《ノ》幸《ヲ》一　天外《ニ》出頭《ス》三五妙
冨士峯頭勢巍然　隔二離日影《ヲ》一聳《ス》二於天一
主君不レ借二巨靈手一　自愛孱顔對二御前一
喜安
巍然《タル》　勢是極《レム》二天涯《ヲ》一　六十扶桑一冨慈
公二道《タルハ》　世間《ニ》一只山髪　四時□〔吹〕レ雪点《ヲ》無《モシ》レ私

申の刻、伊豆国三嶋〔田方郡三島宿〕に付、頓宮瀬千弥三左衞門尉宿所也、道八里、廿二日、午時、三嶋より御立あり、相模国箱根山中に村里あり、昼ノ御休ありて、申の刻、小田原〔足柄下郡小田原宿〕に御付あり、御宿□〔八〕大蓮寺、道の間八里、廿三日、午時、小田原を打立て、はんてう川〔はにう〕〔馬入川、相模川〕渡ㇼ、申時、藤澤〔高座郡藤澤宿〕に付せ給ふ、道八里、廿四日、午時、藤澤を御立ありて、申時、武蔵国加〔な〕の川〔橘樹郡神奈川宿〕付ぬ、御宿ハ妙国寺、道五里、廿五日、己〔巳〕時、かの川より御立あり、品川《シナガハ》〔荏原郡品川宿〕と云あり、それより供奉衆各八巻仕ㇼ、申時、江戸に御付御座す、見物の大名小名、玉の簾〔轡〕を雙へ、花の袂を粧、雲のことく重ㇼ、星のことにつらなりたり《く》、其外辻固の侍、花をかさりし有様、何も晴ならす《至極美麗なる心也》と云ことなし、行宮、誓願寺〔江戸神田須田町〕に相定、それより入《へ》らせ給ふ、雨ふる、道七里、御滞在の中、雨降《フリ》晴間もなし、九月十二日、午時計、。千条〔御城〔疊〕〕におゐて御對面あり、外侍にハ、家子郎等共、肩を雙へ膝を組て列居たり、内侍にハ、一門の大名上座して、末座に諸國の大名小名屬なか□《ツヽキナガレタリ歟》たり、主上ハ陸奥守家久公御同心にて御座へ入せ給ふ、御問答ハ人不レ知、中城王子尚熙・佐敷王子尚豊御兩人ハ御座敷へ入せ給ふ、其外の衆ハ廣縁に伺候す、御進物、緞子五十巻、蕉布五十端、食籠五ケ、唐□〔盤〕二十枚、焼酎三壺、十三日、将軍〔徳川〕秀忠公より御服百進上、其外、大名衆御服進上あり、二百計そ候ける、御使ハ山形山城守〔最上家親〕也、去程に、去八月廿一日、於二駿府一具志上王子尚宏薨御あり、清見寺にて同廿四日に送奉し旨〔之〕、崎山親雲上來て奏聞し奉る、御年三十□〔三〕、尤おしき御よはひ也、主上御なけき理にも過たり、供奉の人々も皆袖をぬらさぬハなかりけり、無常の境界ハ刹利《セツリ》《王侯卿大夫》も須陀《スタ》《萬民》もかハらねハ、妙覺の如來、猶《因》果の理をしめし、《聖□菩薩ハ賢也》大智《惠》利《舍》弗、又先業をあらハす事なれハ、凡下のおとろくへきにハあらね共、去年今年の御かなしひの打つゝきかさなりける、さていかゝせんとそおほしける、今ハ生々世々を送り、他生臆劫《ムナシクヲヒヤカス》《遙遠長久之意也》を隔給ふ共、争か御聲をも聞、御姿をも見參らせ給へき事にあらす、哀なりける事共也、越鳥南枝に巣をかけ、胡馬《□ヘスノムマ》北風にいはへけるも、生土を思ふ故そかし、東平王と云者、旅の空にて失けるか、墓の上なる草も木も故郷の方へとなひきける、生をかへての後迄も、故郷ハ忘れぬ慣《ヒ》なれハ、亡魂尊靈もさこそあわれにおほすらん、〇下略、本年九月十五日ノ條參看、本書ノ闕損部分、屋良朝陳編琉球王代文獻頒布會本ニ依リテ校ス、朱傍書、朱句點幷ニ七言詩ニ附サレタル墨書ノ返點幷ニ音訓合符、略ス、句點幷ニ返點、編者ニ依リテ附ス、

〔向姓家譜〕小祿按司 紀錄
〇那覇市史資料篇第1巻7家譜資料㈢首里系 氏集一番3

四世朝盛（尚宏）大具志頭王子

〇中略、一六〇九年五月十五日ノ條參看、

尚寧王世代（一五八九年〜一六一〇年）

〇中略、一六〇九年十月二十日ノ條參看、

萬暦三十八年庚戌閏三月二十日、再入㆓于薩州㆒、將㆑赴㆓江府㆒、四月十一日、啓行、八月初九日、到㆓駿府㆒、朝㆓見將（ママ）軍家康公㆒、〇下略、尚宏歿スルコトニ係ル、下ニ收ム、

〔向姓家譜〕湧川親雲上 向姓大宗世系圖
〇那覇市史資料篇第1巻7家譜資料㈢首里系 氏集五番490

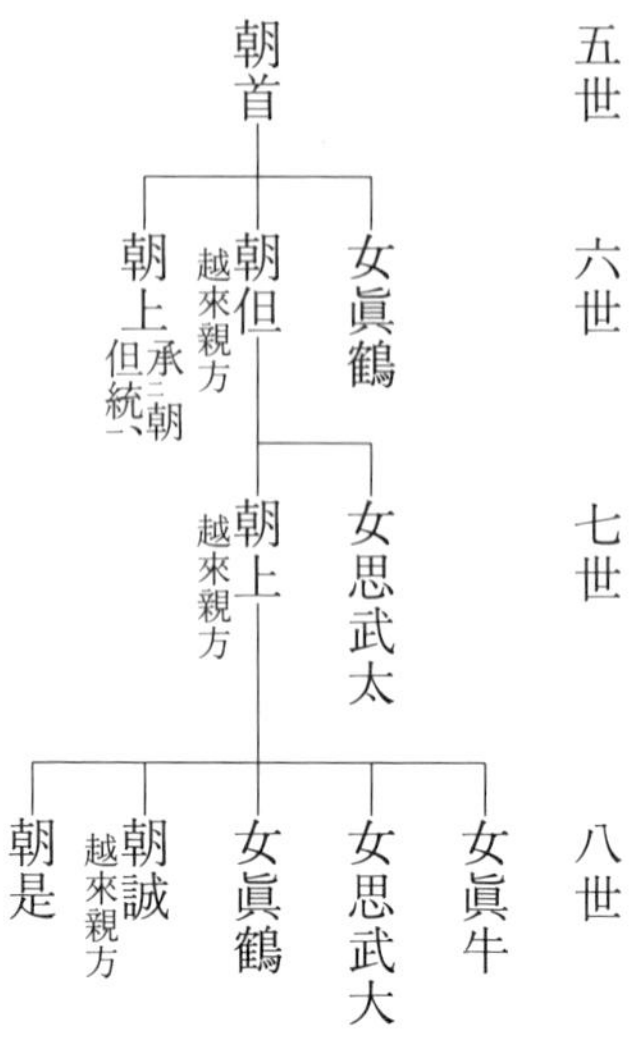

〔向姓家譜〕湧川親雲上　紀錄
○那覇市史資料篇第1巻7家譜資料㈢首里系　氏集五番490

七世朝上　越來親方

童名眞榮久佐、唐名益國、號松嶺、行二、萬曆二十二年（一五九四年）甲午五月十三日、生、因㆓兄朝但無㆑嗣、

入㆓承其統㆒、而爲㆓家督㆒也、順治十年（一六五三年）癸巳六月十七日、卒、壽六十、

父、朝首、

母、毛氏眞加戸、

○中略

尚寧王世代（一五八九年～一六二〇年）

萬曆三十四年（一六〇六年）丙午歳、爲㆓小赤頭㆒、

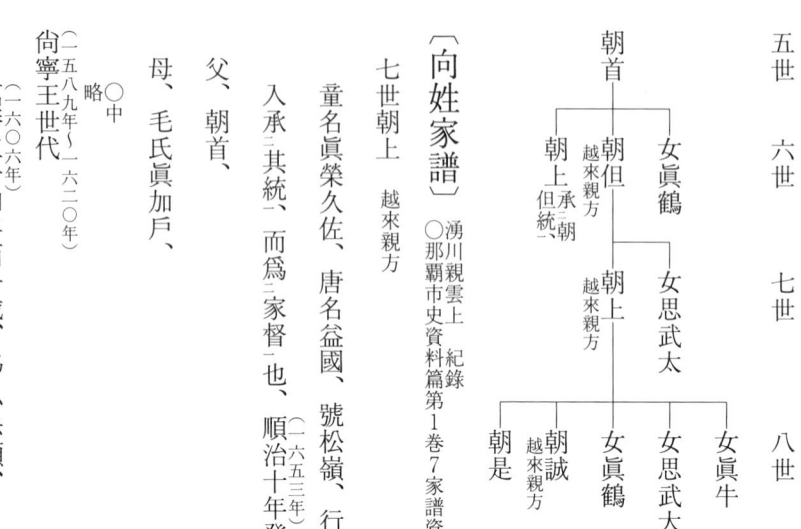

萬暦三十五年丁未歳、陞二若里之子一、

萬暦三十八年庚戌歳、尚宏具志頭王子朝盛、使二于江府一之時、随至二駿河一、翌年秋、帰國、

○下略

〔系譜抄〕二 ○沖縄県立図書館所蔵東恩納寛惇文庫架蔵明治四十一年採集史料

13 (氏集十三番) 馬姓添石親雲上

四世奕基伊計親方(良徳) 万厂(暦)十年十一月、生、

万厂三十七年己酉三月十六日、従二薩刕一、大守家久公、遣二軍卒一、攻二我國一、○中略、一六〇九年三月二十五日ノ條参看、旹、我之王爲二降參一、渡二御于薩刕一之時、良徳隨從、而同五月十四日、卽那覇開舩、同二十三日、到二薩刕一、○一六〇九年五月十五日ノ條参看、翌年庚戌四月十一日、爲レ見二將軍秀忠公一、渡二臨于江府一、良徳又隨從、八月二十五日、到二于江府一、事成、同九月十五(日)、發二駕江府一、同十二月二十四日、囘二于麑府一、万般事竣、

○下略、一六一一年九月十日ノ條参看、

〔系譜抄〕一 ○沖縄県立図書館所蔵東恩納寛惇文庫架蔵明治四十一年採集史料

(氏集)一番 向姓家譜(大宜見親方)

四世朝致口(國)頭親方

尚寧王世代

萬厂三十七年己酉四月初日、薩刕大州守攻二琉□(國)一、○中略、一六〇九年五月十五日ノ條參看、尚寧王赴二薩刕一、此時、爲二当(中り衆)役一、随レ駕、到二彼地一、○中略、同上、供二奉武刕之江都一、○下略、一六一一年九月十日ノ條參看、

〔系譜抄〕二 ○沖縄県立図書館所蔵東恩納寛惇文庫架蔵明治四十一年採集史料

(氏集二番)
2 章姓　上間親方当二佐久間一

○中略、一六〇九年五月十五日ノ條參看、

大宗正成宜野灣親方

○中略、同上、

尚寧王代

万厂三十七年己酉、薩刕与興レ兵、本国始降、乃寧(尚寧)王航二于薩刕一、禮畢、又赴二江府一、□見二朝將軍(秀忠)一、又到二駿河一、見二家久公一、此時、爲二小赤頭一、扈二從寧王一、到二江府及駿河一、事畢、歸在二薩州一正逢、

○下略、一六一一年五月是月ノ條及ビ同九月十日ノ條、參看、

〔球陽〕附卷一 目錄 ○東京大学史料編纂所所藏謄寫本

尚寧王

○中略
鄭○鄭秉哲
二十三年、○中略、朱頭書ニ、同卅九(萬曆)辛亥、行末朱書ニ、同十六(慶長)トアリ、

鄭菊隱國師創二建西來院一、

〔球陽〕附巻一 尚寧王 〇東京大学史料編纂所所藏謄寫本

（尚寧王）二十三年、〇中略、朱頭書ニ、萬暦卅九辛亥、行末朱書ニ、慶長十六トアリ、

菊隱國師創二建西來院一、

〔系譜抄〕一 〇沖縄県立図書館所藏東恩納寛惇文庫架藏明治四十一年採集史料

〇中略、一六〇九年五月十五日ノ條參看、而扈二從 聖主（中山王尚寧）一、到二薩州一、赴二江府一、辛亥之年、回國、〇下略、一六一一年九月十日ノ條參看、

（氏集）二番

閔姓家譜正統　居分寒水川村（首里眞和志之平等）　田湊親雲上

〇閔姓世系圖、略ス、一六〇九年五月十五日ノ條參看、

一世喜安入道蕃元喜安親方

〇中略、同上、

万厂三十七年己酉、〇中略、一六〇九年五月十五日ノ條、同五月十九日ノ條及ビ同六月二十六日ノ條、參看、同（萬暦三十七年）六月二十二日、到二麑府一、次年庚戌（萬暦三十八年）四月十一日、発二麑府一、同一八月二十五日、到二江府一、同九月十五日、発二江府一、同十二月二十四日、回二麑府一、〇下略、一六一一年九月十日ノ條參看、

〔毛姓家譜〕 平安名里之子親雲上 紀録
○那覇市歴史博物館所蔵毛氏門中会刊毛姓世系図複寫本 氏集十番1206 寫本

三世榮明 前兼城

（一五八九年～一六二〇年）
尚寧王世代 ○中略、一六〇九年五月十五日ノ條參看、

○中略、同上、

萬暦三十七年己酉、○中略、同上、翌年度（ママ）庚戌（戌）四月十一日、爲レ見二將軍秀忠公一、渡二臨江府一、榮明、又隨從、八月二十五日、到二江府一、事竣而、同九月十五日、發二江府一、○下略、本年九月十五日ノ條參看、

〔御文書〕 家久公 三十六通 巻二
○東京大学史料編纂所所蔵島津家文書S島津家文書4―9―28

（本多正純書状）（折紙）
以上

一書致二啓上一候、仍今度琉球之王御同道被レ成候而、此地江被レ成二御下一之旨、誠路次中御苦労之段奉二察存一候、然者、右之王御下ニ付而、伏見ゟ江戸迄路次中ニ而、御宿等幷人馬御馳走之儀、此以前朝鮮より之勅使御越之時分、於二路次中一御馳走之樣子ニ、此度も御馳走可レ致之旨ニ御座候、其通路次中御泊々へ申遣候間、其御心得可レ被レ成候、委細之段ハ、山口駿河守（直友）殿、伊勢兵部少（貞昌）殿へ申入候間、定而樣子可レ被二申上一候、山駿州御指圖次第ニ被レ成、御尤ニ御座候、尙御下內、此地相應之御用等御座候ハ、可レ被二仰付一候、不レ可レ存二踈略一候、何も爰元御下之節、可レ得二尊意一候間、不

レ能レ具候、恐惶謹言、

五月十四日（慶長十五年）　本多上野介
　　　　　　　　　　　正純（花押）

羽柴陸奥守様（島津家久）
　人々御中

○本文書、大日本古文書島津家文書巻之二、一〇五二號、ニ収ム、本文書ノ寫、東京大学史料編纂所所藏島津家文書續編島津氏世錄正統系圖十八代家久第三十五ニ、正文在文庫、慶長十五年ト注シテ、同所藏島津家本舊記雜錄後編巻六十五ニ、家久公御譜中、正文在文庫二番箱家久公二巻中ニ在リ、慶長十五年ト注シテ収ム、鹿児島県史料旧記雑録後編四巻六十五、六九四号、参看、大日本史料慶長十五年八月十四日ノ條、薩藩舊記後集三十ニ據リテ収ム、

〔續編島津氏世錄正統系圖〕十八代家久　第三十五
○東京大学史料編纂所所藏島津家文書36—1—2—3

正文在二宮内喜兵衛一

（島津家久書狀寫）
○任二幸便一令二啓上一候、仍京泊出船已後、天氣共能御座候而、去（六月）十一日、當津室（播磨國揖保郡室津）へ致二着船一候、然者、今月四日、大風仕事實ニ候へ共、我等乘船を始諸舟之事、筑前之内芦屋（遠賀郡）之湊へ入置心安候つる、上方之儀も弥易事無之由候、何様上着候而、委曲可二申上一候、可レ得二尊意一候、恐惶謹白、

六月十四日（慶長十五年）　陸奥守
　　　　　　　　　　　家久（花押影）

進上　惟新様（島津義弘）

○本文書ノ寫、東京大学史料編纂所所藏舊記雜錄後編巻六十五ニ、在宮庫、家久公御譜中正文在宮内喜兵衛トアリト注シテ収ム、鹿児島県史料旧記雑録後編四巻六十五、六九七号、参看、大日本史料慶長十五年八月十四日ノ條、薩藩舊記後集三十ニ據リテ収ム、

○中略

正文在二宮原五兵衛一、

◯（島津家久書狀寫）無二何事一罷上候由、從二大坂一以二書狀一申下候、定可レ被二聞召達一候、

一、去月（六月）四日、芦屋にて大風吹申候へ共、船頭前かとより致二覺悟一、川へ船皆々入候間、一艘も無二何事一、遁二難風一申候、然者、今度從二又四郎（島津忠仍）一使被レ上候付而、龍伯様（島津義久）以二御傳書一被二仰聞一候、其許も右同日以之外大風にて、加治木・鹿兒嶋風あて申候由、家なともそこね申候哉、時分から弥敷大風与申事候、

◯中略

一、我等、駿府下向之儀、上着申候ハヽ、追付可二打立申一と存候処、琉球人之こしらへ、いかにも念を入候て、心静相調可二罷下一由、山口殿より承候間、左様ニ申付故未二罷下一候、來十二三日之比、可二罷立一と存候、

◯中略

一、被二仰付一御のほせの早使兩人、三日以前上着申候、委尊書共拜見仕候、此兩人ハ駿府下向之刻迄召置、此方之儀次第ニ可二申下一候、猶此者へ申含候間、可レ被二聞召達一候、誠惶敬白、

（朱書）「慶長十五年」七月五日　　陸奥守
　　　　　　　　　　　　　　　　家久（花押影）

進上　惟新様

○本文書ノ寫、東京大学史料編纂所所藏島津家本舊記雜錄後編卷六十五ニ、正文宮原五兵衞ニアリ、家久公御譜中ニ在リ、慶長十五年ト注シテ收ム、鹿児島県史料旧記雑録四巻六十五、七〇三号、參看、大日本史料慶長十五年八月十四日ノ條、薩藩舊記後集三十ニ據リテ收ム、島津家久ノ德川秀忠ヘ出シタル證人島津忠仍息菊袈裟、北鄕忠能ニ替リテ、歸國ヲ許サレタルコト、東京大学史料編纂所所藏島津家文書御文書家久公十三卷十八所收（慶長十四年）十二月二十六日本多正信書狀（島津家久宛）、同所藏島津家文書御文書家久公十四卷十九所收（慶長十五年）二月二日山口直友書狀（島津家久宛）、同所藏島津家文書御文書家久公十四卷十九（慶長十五年）閏二月三日山口直友書狀（島津家久宛）及ビ續編島津氏世錄正統系圖十八代家久第三十五所收（慶長十五年）七月五日島津家久書狀（北鄕二郎忠能宛、同所藏謄寫本北鄕文書御文書令臨一所收）、參看、コレラ文書ノ寫、同所藏島津家文書續編島津氏世錄正統系圖十八代家久第三十四・第三十五及ビ同所藏島津家本舊記雜錄後編卷六十四・卷六十五幷ニ卷六十七ニ收ム、鹿児島県史料旧記雑録後編四巻六十四、六五八号、同巻六十五、六七〇号・六七一号・六七七号幷ニ七〇四号、及ビ同巻六十七、九七九号、參看、舊記雜錄後編卷六十七、九七九號、及ビ大日本史料慶長十七年十二月是月、島津家久ハ北鄕忠能ヲ、山内忠義ハ其母ヲ、江戸ニ出ダシテ證人トナス條ニ、薩藩舊記後集三十一ニ據リテ慶長十七年トセル十二月二十六日本多正信書狀ハ、慶長十四年ナリ、

〔御文書〕 家久公 二十五通 十二
○東京大学史料編纂所所藏島津家文書S島津家文書19—12—3

（附箋）
廿六
「慶長十五年七月十二日」

（島津家久書狀）（續紙）
鹿兒嶋へ書狀相添申候、御屆候て可レ被レ下候、

從二又四郞一之使罷下候間、奉レ捧二愚札一候、仍我等關東下向之儀、琉球人用意等心靜申付候而尤之由、從二山口殿一（直友）就二御指南一少延引候、來廿日比者、必々可二打立一申候間、聽而駿府・江戸隙明申、罷下可レ奉レ得二尊意一候、雖レ無二題目御坐一候、此方、當時之樣子、爲二レ可申上一如レ此候、誠惶敬白、

（慶長十五年）
七月十二日　家久（花押）
陸奥守

進上　龍伯樣（島津義久）

○本文書ノ寫、東京大学史料編纂所所藏島津家文書續編島津氏世錄正統系圖十八代家久第三十五ニ、正文在文庫、慶長十五年ト注シテ、同所藏島津家本舊記雜錄後編卷六十五ニ、家久公御譜中、正文在文庫四十八番箱中ニアリ、慶長十五年ト注シテ收ム、鹿児島県史料旧記雑録後編四巻六十五、七一一号、参看、大日本史料慶長十五年八月十四日ノ條、薩藩舊記後集三十ニ據リテ收ム、

〔御文書〕 義弘公　三十二通　十
○東京大学史料編纂所所藏島津家文書S島津家文書19—10—10

(附箋一)「百七十七」　(附箋二)「七月十二日　慶長十五年」

(島津義弘書狀)(續紙)
態企二一行一候、
一、御出船以後、御左右不レ承候處、從二室津一之御狀、○(慶長十五年)六月十四日島津家久書狀(島津義弘宛)、上ニ收ム、六月晦日、致二下着一披見、本望存候、然者、此方者、以之外之大風にて候間、御船如何候ハん哉与心遣千万ニ候處、其時分者、芦屋之湊へ舟懸候而、上下之船共無二何事一之由、目出度存候、
一、去月十九日、大坂へ着船之由、相良內藏助殿(頼安)下向候而、追付爰元へ被二相越一樣子承、一段珎重存候、
一、此比者、定而關東へ可レ有二下向一与察存候、駿府・江戸兩御所樣御前之儀、今度者、琉球王被レ成二御同心一儀候間、御仕合能可レ有二御座一与存候、早々御吉左右相待申候、
一、琉球王之事、諸人見物共申候哉、又取沙汰も可レ在之儀候間、旁以二樣子一念比ニ可レ被二仰下一事待申候、

○中略、琉球國宮古島檢地ノコトニ係ル、本年十月是月ノ條參看、

（慶長十五年）七月十二日　　惟新（花押）

陸奥守殿
　まいる

○本文書ノ寫、東京大学史料編纂所所藏島津家文書續編島津氏世録正統系圖十八代家久第三十五ニ、正文在文庫、慶長十五年ト注シテ、同所藏島津家本舊記雑録後編巻六十五ニ、御文庫四拾八番箱中、家久公御譜中ニ在リ、慶長十五朱カキ年ト注シテ收ム、鹿児島県史料旧記雑録後編四巻六十五、七一二号、参看、

〔續編島津氏世録正統系圖〕○十八代家久　第三十五
○東京大学史料編纂所所藏島津家文書36—1—2—4

正文在二島津市之助忠昶一

○（島津家久書状寫）猶以申上候、古織部殿（古田重然）、琉球人のうたを萬事けいこにて候、如何様數寄ニ入たる事こそ可レ有レ之候間、惟新様（島津義弘）も内々被レ成二御稽古一、尤奉レ存候、織部殿如レ此候故、こゝもと數寄者たち、皆々被二取持一候事、甚おかしく存候、以上、

此方、爲二御見廻一、先日、被レ成二御上一候早使、先々、當時之様子爲レ可二申上一、差下申候、

一、上方相替儀無二御坐一候、我等上着仕候へハ、則、本多佐州（正信）・同上州（正純）へ以二書状一申入候、一段懇切之御返礼共にて御坐候、御前、別而御機嫌能候間、可二御心安一候、

○中略

一、琉球人一段めつらしく候由候て、各御取持不ニ大方一候、板倉殿（勝重）・藤堂和泉殿（高虎）・古田織部殿（重然）なと、別而おもしろかりにて、板伊賀殿（勝重）へも藤泉州（高虎）へも山駿州（山口直友）なとも振舞候て、藤泉なとハ金子

を琉球相中ニ被レ遣候、駿府・江戸も琉球人可レ有ニ御覧一とて、殊之外、御催之由候事、

一、○中略猶駿府・江戸も様子従ニ鹿児嶋一之使召列候間、追々可ニ申下一候、誠惶敬白、

（注記）「慶長十五年」七月廿日　陸奥守　家久（花押影）

進上　惟新様

○本文書ノ写、東京大学史料編纂所所蔵島津家本舊記雑録後編巻六十五ニ、家久公御譜中、正文在島津市之助忠昶ト注シテ収ム、鹿児島県史料旧記雑録後編四巻六十五、七一六号、参看、尚寧、七月初ニ伏見ニ至リ、同月二十九日、伏見ヲ發シ關東ヘ向ヒタルコト、上ニ収ムル喜安日記ニ記サレタルニ依レバ、古田重然等、琉球人ノ舞曲ヲ覽ジタルハ、伏見ニ於テノコトナラン、

〔本光國師日記〕第二　慶長十五年九月　○東京大学史料編纂所架藏南禪寺金地院所藏本寫眞版

（巻首）○八月十日之料帋二通案文奥ニアリ、

○中略

ロノ上紙へ

（金地院崇傳書狀寫）
一、態令レ啓候、○中略次ニ嶋津殿、当月六日ニ御下著候、八日ニ御城へ御出仕候、琉球王ハ今日可レ為ニ下著一由ニ候、猶奉レ期ニ後音一候、恐惶謹言、

八月十日

板倉伊州様（勝重）　人々御中　─

○追而書略ス、副島種経校訂新訂本光国師日記第一参看、

〔公方様琉球王御對面之式〕　○山口県文書館所藏毛利家文庫二幕府1

（表紙）「公方様琉球王御對面之式

於㆓駿府㆒家康公御對面歟、」

（端裏）「かうらい王御對面抜書」

覺

一、りうきう（尚寧）王進物

一、五十端　はせを布

一、五ツ　食籠

一、四十人前　おしき（折敷）

一、三ツ　酒壺

一、壹ツ　けんひや（硯屏）　但、是ハ日本のてぬくいかけ也、

以上

一、五巻　緞子　ぐしかミ（具志頭王子尚宏）

王の舎弟

一、昨日十六日（八月）ニりうきう王へ御對面被㆑成候、

一、上様（家康）御装束、正月御同前也、

一、王の装束あり、装束唐人のことく、かむり(冠)ハ唐王同前、舎弟ぐしかミかむり、唐人臣下同前、

其外御殘の唐人の装束・かむり、平の唐人同前、

一、おひろま(御廣間)上段にて御對面候、御對座也、

一、島津殿(家久)、なつ(夏)装束ニて御覽に御入候つる、

一、今日か明日か御ひろまにて、常陸様(徳川頼宣)、御能被レ成候間、島津殿ニ御ミせ被レ成候、初也、

一、此方、諸大夫衆あり、装束にて御座候キ、

一、王、日本の王のことく、玉のこし(輿)にてげんくハん(玄關)まて重げんにて御出候つる、

一、四品のはた(旗)廿四本、先へもたせ候、下々ハつきん(頭巾)かつき申候、

一、王の御年五十斗にて、いかにもたくましきよき男にて御座候、

一、明十八日ニ江戸へ御下向と申候、

以上、　○本文書、紙屋敦之著『東アジアのなかの琉球と薩摩藩』ニ據リテ掲グ、

〔御文書〕　家久公七　二十一通　巻十九
○東京大学史料編纂所所藏島津家文書S島津家文書12—7—21

(琉球國攝政金武朝貞等連署狀)(續紙)

慶長十五年八月八日(マヽ)、於二駿河一、中山王登城之時、相國様(家康)江進上物、

一、段子　百巻

代銀拾三貫目、但、一巻ニ付百三十目つゝ、

一、羅紗　拾弐尋（十間）

代銀三貫目、但、一間ニ付三百目つゝ、

一、太平布　弐百疋

右者、有合申候、

一、白銀　一萬両

銀子四十三貫目、

一、太刀　一腰

同八月廿八日、於二江戸一登城之時進上、

一、段子　百巻

代銀拾三貫目、但、一巻ニ付百三十目つゝ、

一、虎皮　拾枚

代銀六貫目、但、一枚ニ付六百目充、

一、白銀　一萬両

銀子四十三貫目

一、太刀　一腰長光

右、尋候而も御座有ましくと存候、

六口
合銀子百弐拾壹貫目

右之表、大方算用仕候、〇中略 以上、

申（元和六年、一六二〇年）
三月十日　宜灣（花押）

國頭（花押）

金武（朝貞）（花押）

〇本文書ノ寫、東京大学史料編纂所所藏島津家本舊記雜錄卷六十五ニ、御文庫拾七番箱十九卷中ト注シテ收ム、鹿児島県史料旧記雜録後編四巻六十五、七二一号、參看、

〔御文書〕 義弘公三 四十九通 卷五
〇東京大学史料編纂所所藏島津家文書S島津家文書4—18—28

（寺澤廣高書狀）（折紙）
態令二啓上一候、今度、陸奥守殿、駿府被レ成二參上一候、尾州之內鳴海と申所御宿りニ候、罷出得二御意一申候、於二駿府一、御前之御仕合承度存、使者を進レ之付置申候、去六日ニ駿府御着、八日ニ御出仕、於二 御前一御仕合、殘所無二御座一候、御茶を可レ被レ進レ之と、疊以下をも新敷被二 仰付一、其以後者、又、
常陸守様（德川賴宣）御能御覽候様ニと被二 仰出一、大かたならす御懇ニ候、廿日時分ニ江戸へ可レ有二御參一旨候、江戸之 御前、御隙明候者、可レ被レ成二御歸國一候、爲レ可レ被レ成二御覽一、陸奥守殿ゟ拙者へ之御狀進入申候、我等式迄大慶過レ之不レ申候、恐惶謹言、

八月十六日（慶長十五年）　寺志广守
廣高（寺澤）（花押）

惟新様

人々御中

○本文書、大日本古文書島津家文書之五、一八五五號ニ収ム、本文書ノ寫、東京大学史料編纂所所藏島津家文書新編島津氏世錄正統系圖十八代義弘第三十ニ、正文、慶長十五年ト注シテ、同所藏島津家本舊記雜錄後編巻六十五ニ、御文庫二番箱義弘公五巻中、義弘公御譜中ニ在リ、朱カキ慶長十五年ト注シテ収ム、鹿児島県史料旧記雜録後編四巻六十五、七二五号、参看、

〔舊記雜錄〕後編　巻六十五　○東京大学史料編纂所所藏島津家本

（朱書）
「雜抄」

（伊集院五兵入道書狀寫）

尚々、駿府之御仕合難二申達一候、將又、かミ様（家久養女、島津朝久女）・若子様（松平千松、定賴）、御そく才ニ御坐候、右之条、可レ然様御取合奉レ賴候、乍二重言一申入候、奥州様・御供衆何も御城之廣間へ召よせられ、御能見被レ申候、御馳走之儀、難二申盡一候、隨而、本伊豆守殿（本多富正カ）、御無事御奉公被レ成候、可レ安二御心一候、次おいと入組ニて、當時、拙者所へ居候、爲二御存申入一候、此方無二替儀一候、靜ニ御坐候、以上、

幸便之間令レ申候、仍奥州様此地（遠江國佐野郡掛川宿）江八月二日御着被レ成候、然者、御城（掛川城）江八月三日御申請、七五三之御會尺にて候、府中（駿府）ゟ、櫻若太夫、其外座之者共卅人召よせられ、河州（松平定行）（河内守）老御馳走御察可レ有候、然者、御能、一高砂、二田村、三源武供養、四天皷、五老松、右之分御坐候、將又、かミ様茂御寄合前ニ御參會被レ成候、奥州様御參會ニ而、河州様、御二人様、御滿足難二申盡一候、於二懸川（掛川）一、天氣惡敷候

故、二日逗留被レ成候間、河州様御在所へも両度御申請被レ成候、然ハ八月五日、懸川御打立、藤枝(駿河國志太郡藤枝宿)と申在所迄御通、同六日、駿府江御着被レ成候、府中之侍衆、一里程御迎ニ、次第〳〵あひつゝき指出被レ成候、御馳走之儀無二申計一候、八月八日、御目見得被レ成候、其後同十八日、於二公方様(家康)一七五三之御寄合、其上、常陸様御能被レ成候、同日、貞宗之銘之御腰物并御脇差御重代可レ被レ成由被二仰出一、御拝領被レ成候、恐惶謹言、

「ケイ十五」
(慶長十五年)八月廿四日　伊集院五兵入道 □□

本田源右衛門殿(親商)
参人々御中

○鹿児島県史料旧記雑録後編四巻六十五、七二八号、參看、本文書、大日本史料慶長十五年八月十四日ノ條、薩藩舊記後集三十ニ據リテ收ム、徳川家康、同母弟松平定勝ニ命ジテ、其子定行ニ島津忠恒(家久)ノ養女ヲ娶ラシムルコト、大日本史料慶長十年是歳ノ第五條、幕府、掛川城主松平定勝ヲ伏見城代ト爲シ、新地五萬石ヲ賜ヒ、掛川城ヲ其子定行ニ與フルコト、同慶長十二年閏四月二十九日ノ條、松平定行ノ嫡子定頼(千松)、慶長十二年、遠江國掛川城ニ生マル、コト、大日本史料稿本寛文二年正月二十二日、松山(伊豫)城主松平定頼、卒ス、子定長嗣グ條、參看、

〔御文書〕　家久公十四　二十三通　巻十九
○東京大学史料編纂所所蔵島津家文書S島津家文書5—6—11

(本多正信書状)(折紙)
尚以長々路次中、御造作御苦勞、書中之通申上候、以上、
尊書之趣、夜前奉二拜見一候、然者、駿府中ニ而之被レ明二御隙一、今日、當地(江戸)へ御着可レ被レ成之旨、如レ被二仰下一候、尤面拜ニ可レ奉レ得二御意一候条、早々御請申上候、恐惶謹言、

(慶長十五年)八月廿五日　正信(花押)
本多佐渡守

嶋津陸奥守様
　　貴報

○本文書ノ寫、東京大学史料編纂所所藏島津家文書續編島津氏世錄正統系圖十八代家久第三十六ニ、正文在文庫ト注シテ、同所藏島津家本舊記雜錄後編卷六十五ニ、十番箱御軸物中、家久公御譜中ニ在リ、慶長《朱カキ》十五年ト注シテ收ム、
鹿児島県史料旧記雑録後編四巻六十五、七二九号、参看、

〔御文書〕日新公御以來　十七通
○東京大学史料編纂所所藏島津家文書S島津家文書2—26—17

(島津家久書狀)(切紙)
(八月)
去廿日、駿府打立、同廿五日、江戸へ下着仕候、則従二上様(秀忠)一御使、加之、翌日ニ者、八木千たハ(俵)ら被レ下候、誠以忝儀ニ候、色々被レ付二御心一候事、外聞實儀不レ可レ過レ之候、殊駿府より江戸迄者、道橋なと新被二作續一候、江戸へ参着之時者、町々辻々ニ奉行を被二付置一、むさと往來不レ仕様被二仰付一候、種々御念入たる事非二大形一候、然者、今日廿八日、致二御目見得一候、御仕合無二殘所一宜候、満足仕候、　御城承及候より結構之様子ニ而候、惣別御下知よくしまりたるとみえ申候、隨而、爰元逗留之儀、何共未レ知候、定近日中ニ者御暇可レ被レ下と存候、先右之仕□〔合〕爲レ可二申上一、彼税所木工允差上候、猶追々吉左右可二申入一候、恐惶敬白、

(慶長十五年)
八月廿八日　　陸奥守
　　　　　　　　家久（花押）

進上　龍伯様

○本文書、大日本古文書島津家文書之二、一一四八號、ニ收ム、本文書ノ寫、東京大学史料編纂所所藏島津家文書續編島津氏世錄正統系圖十八代家久第三十六ニ、正文在文庫、慶長十五年ト注シテ、同所藏島津家本舊記雜錄後編卷六十五ニ、家久御譜中、正文在文庫、慶長《朱カキ》十五年ト注シテ收ム、
鹿児島県史料旧記雑録後編四巻六十五、七三五号、参看、

〔續編島津氏世錄正統系圖〕十八代家久 第三十六
○東京大学史料編纂所所藏島津家文書36―1―2―4

正文在二東郷八左衛門一

○(島津家久書狀寫)
「尚々、如レ此認申候處、昨日十二日、天氣能御坐候て、琉球王御礼相濟申候、我等も十七
(九月十三日追筆)
八日ニ必々可レ被レ立候、以上、」

今度、南鄕內匠允伊勢爲二參 宮一罷上候處、此方樣子爲レ可レ被二聞召一、東國迄被レ成二御通一候、先以、忝奉レ存候、於二駿府一追付申候間、早々從二彼地一御返事可二申上一候処、江戸にて珍敷候儀も於レ有二御坐一者、念比ニ爲レ可二申上一、此地迄召列候、然者、爰許隙も明申候間、近日我等も可二罷上一候条、先々內匠允事下申候、

一、先書ニも大形申上候、於二江戸一御馳走之樣、存程書中ニ不レ申レ得候、最前御禮申上候以後、兩度　御城へ被二召出一、一度者、式掌之御振舞にて、御脇指共致二拜領一候、一度者、御茶被レ下、一段之御挨拶にて御坐候つる、　將軍樣へ今度初而御傍近參候而、御樣子共奉レ見候、結構成御事、書中ニ難レ申分候、

一、爰許、諸事御置目之樣子、諸大名其外御奉公人之躰見及申ニ、弥可レ爲二御長久一と相見申候、目出度御事候、

一、本多佐州(正信)、別而之御入魂不レ淺候、何事も佐州一人にて御前之儀者相濟申と見得申候、極老

にて候へ共、日々方々の振舞ニも被レ成二同道一、勿論出仕にも無二御闕一候、奇特成儀と申事候、

一、我等儀者、隙も明申候へとも、琉球王へ　御對顔未二相濟申一候、今日十一、可レ爲二　御對顔一由、被二仰出一候處、天氣悪候故、相延申候、此方ハ我等罷着候而以來、十五六日、降とをし申候、今時分、珎敷長雨と申事候、琉球相濟次第、我等も可二罷上一由、從二佐州一承候間、無レ程可二罷上一候、弥不レ可レ存二油斷一候間、可二御心易一候、

一、以二条書一申上候、委可レ被二聞召達一候、恐惶敬白、

(朱書)「慶長十五年」
九月十一日　　陸奥守
　　　　　　　家久（花押影）

進上
惟新様

在二口裏二、

(封墨引)
ーー

○本文書ノ寫、東京大学史料編纂所所蔵島津家本舊記雜録後編巻六十五ニ、(朱書)「在文庫」、家久公御譜中ニ在リ、(朱カキ)慶長十五年ト注シテ収ム、鹿児島県史料旧記雑録後編四巻六十五、七三九号、参看、大日本史料慶長十五年九月十二日ノ條、薩藩舊記後集三十ニ據リテ収ム、

〔御文書〕家久公　三十六通　巻二　○東京大学史料編纂所所蔵島津家文書S島津家文書4―9―30

(最上家親書状)(竪紙)(端裏捻封上書)
「　　　　山形駿河守
　　　　　　(最上家親)
(墨引)
ーー　嶋津陸奥守様　　家親」
　　　　　人々御中

以上、

先刻者、於二御城（江戸城）一、卒度得二御意一、御殘多存候、然者、琉球王御奏者申候条、今晩、御門へ御礼申度候間、御内儀被二仰入一可レ被レ下候、何様以参可レ得二御意一候、恐惶謹言、

九月十二日（慶長十五年）　家親（花押）

○本文書、大日本古文書島津家文書之二、一〇五四號、ニ收ム、本文書ノ寫、東京大学史料編纂所所藏島津家文書續編島津氏世錄正統系圖十八代家久第三十六ニ、慶長十五年、マタ上書ニ在中裏ト注シテ、同所藏島津家本舊記雜錄後編卷六十五ニ、「在官庫」（朱書）、此正文御文庫二番箱家久公二巻ニ在リ、家久公御譜中ニ在リト注シテ收ム、鹿児島県史料旧記雑録後編四巻六十五、七四一号、參看、大日本史料慶長十五年九月十二日ノ條、薩藩舊記後集三十ニ據リテ收ム、

〔向姓家譜〕小祿按司紀錄
○那覇市史資料篇第1巻7家譜資料㈢首里系　氏集一番3

四世朝盛（尚宏）　大具志頭王子

○中略、一六〇九年五月十五日ノ條參看、

尚寧王世代（一五八九年～一六一〇年）

○中略、一六〇九年十月二十日ノ條參看、

萬曆三十八年庚戌閏三月二十日、再入二于薩州一、將レ赴二江府一、○中略、同上、八月初九日、到二駿府一、○中略、家康ニ朝見ノコト、上ニ收ム、二十一日、罹病、卒二於駿河一、享年三十三、號大洋恤、家康公、其死、命二平田安房介（宗衡）一使レ行二葬禮之事一、二十四日、住寺諗心和尚、引導、安二葬于清見寺一、又命、令レ安二置水玉院尚宏靈位清見寺一、誠異世鴻恩也、于レ時、下火左記、

○下火念誦、略ス、

〔續編島津氏世錄正統系圖〕十八代家久 第三十六 ○東京大学史料編纂所所藏島津家文書36―1―2―4

○中山王尚寧弟具志頭、醫禱百計無二其驗一、遂死二于駿府邸舍一、於レ是、行二葬禮一、既而、平田阿波介宗衡、因二本多正純之令一、以二具志頭之從臣等一上洛、正純、以レ書告二家久一、○原本ノ振假名及ビ返點、略ス、返點、編者ニ依リテ附ス、本記、東京大学史料編纂所所藏島津家本舊記雜錄後編卷六十五ニ、家久公御譜中ト注シテ収ム、鹿児島県史料旧記雑録後編四巻六十五、七三三号、参看、

以上、

〔御文書〕家久公 三十六通 卷二 ○東京大学史料編纂所所藏島津家文書S島津家文書4―9―29

（本多正純書狀）（折紙）

一書致二啓上一候、仍今度琉球之國王之御舍弟具志上御死去ニ付而、於二此地一御葬礼之儀、如レ形之取行ニ御座候間、御心安可レ被二思食一候、然者、具志上之御內衆、此地ニ被二罷在一候ても不レ入儀ニ存、上せ申候、左様ニ御座候へハ、平田阿波介、其許へ可二罷下一之由、被レ申候へ共、具志上之御內衆、日本無案內ニ而、方角も無レ之躰御座候間、阿波介相添候而、指上せ申候条、其御心得可レ被レ成候、恐惶謹言、

（慶長十五年）八月廿六日 本多上野介 正純（花押）

嶋津陸奥守様 人々御中

○本文書、大日本古文書島津家文書之二、一〇五三號、ニ収ム、本文書ノ寫、東京大学史料編纂所所藏島津家文書續編島津氏世錄正統系圖十八代家久公第三十六ニ、正文在文庫、慶長十五年ト注シテ、同所藏島津家本舊記雜錄後編卷六十五ニ、御文庫二箱家久公二卷中、家久公御譜中ニ在リ、慶長十五年《朱カキ》ト注シテ収ム、鹿児島県史料旧記雑録後編四巻六十五、七三三号、参看、

〔御文書〕家久公十四　二十三通　巻十九
○東京大学史料編纂所所藏島津家文書S島津家文書5―6―12

（本多正純書状）（折紙）
以上、
貴札致二拝見一候、仍琉球王御舎弟具志上御遠行ニ付而、御葬送之儀結構ニ執行御座候て、御満足思召之段、存二其旨一候、然者、彦坂九兵衞被レ入レ精付而、以二御札一被二仰入一候、卽御狀相届ケ申候処、御返事被二申上一候、委曲期二後音之節一候条、不レ能二一二一候、恐惶謹言、

九月三日（慶長十五年）
本多上野介
正純（花押）
嶋津陸奥守様

○本文書ノ寫、東京大学史料編纂所所藏島津家文書續編島津氏世錄正統系圖十八代家久第三十六ニ、（朱書）「正大附□」、慶長十五年ト注シテ、同所藏島津家本舊記雜錄後編巻六十五ニ、十番箱御軸物中、家久公御譜中ニ在リ、慶長十五年朱カキト注シテ收ム、鹿児島県史料旧記雑録後編四巻六十五、七三七号、參看、大日本史料慶長十五年八月十四日ノ條附錄、薩藩舊記後集三十ニ據リテ收ム、

〔當代記〕巻五
○国立公文書館所藏内閣文庫架藏九册本

慶長十五庚戌年、○中略
七月、○中略
薩广（摩）國嶋津陸奥守、又八事（又八郎）、去々年改名、○大日本史料慶長十一年六月十七日、家康、島津忠恆ニ偏諱ヲ與ヘ、家久ト更メシム、尋デ、家久、琉球國ノ久シク入貢ノ禮ヲ闕クヲ以テ、之ヲ征センコトヲ請フ、幕府、之ヲ許ス條參看、リウキウノ王、令二同道一相上、今日廿日、都ヲ立テ、駿河・江戸江下ル、去年、嶋津、人數リウキウ江令二渡海一、彼嶋ノ王ヲ生捕虜歸朝メ、今及二此儀一、是ヨリリウキウヲ嶋津令二

押領一、彼嶋田畠、令二検地一、都合拾三万石有レ之ト云々、

琉球ニ付嶋五十三嶋ト云々、右、十三万石之内也、〇一六一一年九月十日ノ條参看、

〇中略

八月大朔日、癸酉、

〇中略

八日、嶋津陸奥守、又八亥、今日出仕、進物、一、大平布、五十端、一、段子、五十巻、一、銀子、千枚、已上、大御所（徳川家康）江進上也、右、兵衛主（徳川頼房）・常陸介主（徳川頼宣）両所江銀子百枚宛、紅糸五十斤宛也、女房衆五人江銀子貳拾枚宛、段子十端宛也、嶋津同二道琉球屋形（尚寧）一、一両日中、駿河江可レ被レ着ト也、

十四日、琉球人出仕、去十日ニ着二駿府一、今日對面シ給、自レ是、江戸江下ル、駿府逗留中、琉球王之弟病死、

十八日、嶋津陸奥守ヲ召寄有二振舞一、則常陸主、能シ給、賀茂、八嶋、鞍馬天狗、梅若大夫、源氏供養、老松、此時、廣間疊フルヒタル由曰、年寄中折檻シ給、

〇中略

廿五日、琉球人着二江戸一、年十七八之小性（姓、下同ジ）、十四五ノ小性両人有、シヤミセンヲ引、十七八計ノ小性、名字ヲモイシラ（思次郎）、十四五ノ小性ハヲモイトクト（思徳）云、小ウタヲ皆々謡レ之、在二江戸一衆、彼小性

ヲ呼、シャミセンヲヒカセケルト云云、言語ハ日本人ト同レ之、但少ツヽハ違ト也、髮ヲ頭ノ右ニカラワニ結レ之斗也、上下之路次ニ何時モ宿入之時、笙・横笛・鐘・太鼓・ヒチリキニテ、管絃ノ如〆宿江付ト云云、之ヲ道行ト云ト也、王ハ彼座中ヘモ不レ出、奥ニ有レ之隱ラル、躰也、琉球ニモ日本ノマネヲ〆、詩和漢連歌、又猿樂ノ能ナトモ有、宗ハ禪・淨土・聖道宗有レ之、

○下略、史籍雑纂第二所收本、異事ナシ、琉球國中山王尚寧、江戸ヲ發シ、鹿児嶋ニ向フ記、本年九月十五日ノ條參看、

〔家忠日記増補追加〕巻之二十 ○東京大学史料編纂所所藏寫本

慶長十五年庚戌

○中略

五月小

○中略

十六日 嶋津家久、中山王琉球、一名、中〔山〕王ト云、ヲ携ヘテ、薩刕ヲ首途〆駿州ニ赴ク、○是日、尚寧、京泊ニ在ルコト、上ニ收ムル喜安日記參看、

○中略

八月大

○中略

六日　嶋津家久、中山王ヲ携テ駿府ニ至ル、

八日　家久、中山王ヲ携テ駿府ノ城ニ登ル、

大神君出御有テ、中山王ヲ見玉フ、王、

大神君ヲ拝シ奉ル、緞子百巻、羅紗百十〔衍〕二尋、蕉布百巻、大平布二百巻ヲ献ス、其礼畢テ、家久御前ニ出テ、

大神君ニ謁ス、太刀一腰、白銀一万両ヲ献ス、

十八日　家久及中山王ヲ駿府ノ城ニ召テ饗膳ヲ賜テ、猿楽ヲ見セシメ玉フ、于レ時、常陸介殿・御（徳川頼房）鶴殿、是カ為メニ舞曲アリ、其間、土器、度々廻リ、山肴海物、其数ヲ知ラス、大神君ヨリ御腰物貞宗・御脇指貞宗ヲ家久ニ賜ル、夕日ニ及テ城ヲ退出ス、

十九日　大神君ヨリ家久及中山王ニ暇ヲ玉ハル、

廿日　家久、中山王ヲ相伴テ駿府ヲ発メ江戸ニ赴ク、

廿五日　家久・中山王、江戸ニ到ル、

廿六日　台徳院殿ヨリ家久カ櫻田ノ宅〇家久、江戸ニ著シテ入リタルハ、愛宕眞福寺ナリ、ニ、其遠来ヲ労テ上使ヲ玉ハル、

廿七日　台徳院殿ヨリ重テ上使ヲ家久カ宅被レ下、精米一千俵ヲ玉ハル、

廿八日　中山王、江城ニ登テ、　台徳院殿ニ謁ス、緞子百巻、蕉布百巻、大平布二百巻ヲ献ス、家久、緞子百巻、虎皮十枚、白銀一万両、及長光ノ太刀ヲ献ス、又御太刀一腰、御馬一匹、紅糸百斤

ヲ、若君ヘ献ス、

九月大

十六日　中山王及家久ヲ江城ニ召テ饗膳ヲ賜テ退出ス、是日、家久カ櫻田ノ宅地ニ上使ヲメ、台徳院殿ヨリ御馬ヲ下サレ、暇ヲ玉ハル、

廿日　家久、中山王ヲ携テ江戸ヲ発シ、木曾路ヲ経テ洛ニ入ル、

〔烈祖成績〕巻之十五　起慶長十一年終十五年　○徳川明武刊鶴鳴館蔵本刻版本

十五年庚戌、○中略五月○中略十六日、島津家久、將二中山王尚寧一、出二薩摩一、赴二駿府一、(家忠日記増補追加家忠日記・松榮紀事、○中略武徳大成記)八月、○中略六日、島津家久、將二中山王尚寧一、至二駿府一、八日、神祖、著二直衣・烏帽一、坐二正殿上壇一、尚寧、獻二緞子一百匹、羅紗一百二十尋、芭蕉布一百匹、太平布二百匹一、家久、獻二腰刀一隻、白金一萬兩一、十八日、饗二家久・尚寧一、設二申樂一大宴、常陸介頼宣及頼房、皆作二舞曲一、賜二貞宗大刀短刀於家久一、(創業記校異創業記・家忠日記・松榮紀事、○中略)二十五日、家久、將二尚寧一、至二江府一、大將軍遣レ使勞レ之、二十七日、又遣レ使、賜二米一千俵於家久一、二十八日、尚寧、登レ城、謁二大將軍一、獻二緞子、芭蕉布各一百匹、太平布二百匹一、家久、獻二長光刀、緞子一百匹、虎皮十張、白金一萬兩於大將軍、腰刀、良馬各一、紅絲一百斤於世子一、(徳川竹千代、家光)大將軍、命二尚寧一曰、「琉球國中山王、所二世居一也、不レ宜下立二佗姓一爲上レ王、須三丞還レ國以奉二祖先之祀一」、賜二琉球賦税於家久一、(東照宮年譜年譜・創業記・家忠日記・松榮紀事、○中略)九月十六日、大將軍、饗二家

久・尙寧於大城一、二十日、家久、將二尙寧一、由二木曾路一、赴二薩摩一、既而歸レ藩、送二還中山王及俘囚一、置二監吏一、定二法制一、每歲、收二租稅六萬石一、年譜・創業記・家忠日記・松榮紀事、

〔續編島津氏世錄正統系圖〕十八代家久　第三十五　○東京大学史料編纂所所藏島津家文書36―1―2―3

○同年(慶長十五年)五月十六日、家久、以二中山王尙寧一首二途於麑府一赴二關東一、時、家老比志島國貞・伊勢貞昌、用人三原重種・山田有榮等從駕、六月十九日、著二船于大坂一而、到二伏見一、少時、留二滯于茲一、飾二行粧一、七月二十日、發二伏見一、赴二駿府一、東海道諸驛、豫降二台命一、淸二掃道路一、修二復橋梁一、渡口攢二舟航一、每驛屯二人馬一、無二一事之遲滯一、惠二愛遠人一、均二朝鮮人來朝之時一、既而八月六日、到二于駿府一、則、
大相國(德川家康)、遣二使者一勞レ之、同八日(マヽ)、家久、以二中山王尙寧一登レ營、尙寧、進二獻緞子百端、羅紗十二尋、大平布二百疋、蕉布百卷、白銀一萬兩、太刀一腰一、家久、亦獻二太刀一腰、白銀千枚、其外數品一、各奉レ拜二謁
大相國一、時、　鈞〔欽〕命懇懇　台顏快然、十八日、賜二饗宴一、時、常陸介主後大納言賴宣・於鶴主後中納言賴房、有二舞曲一、加之、以二貞宗之脇指一賜二家久一、十九日、賜レ暇、于レ是、尙寧之舍弟具志頭、自二途中一不快、今也、疾病大漸、以レ不レ能レ赴二東都一、副二平田安房介宗衡一留二府中一、監二療養事一、而家久・尙寧、二十日、發二駿府一、二十五日、到二武都(江戸)一、則、市廛之通衢灑掃之、置二警固之士卒一、不レ許二漫

往還一、見者貴賤男女、充二路傍及肆店一、二十六日、大樹（秀忠）、慰二其遠來一而、賜二　上使一、二十七日、亦上使來臨、適二賜麞牙一千俵之　台命一、二十八日、家久、引二中山王一、登レ　營、奉レ拜二　台顏一、時、中山王、獻二上緞子百卷、虎皮十枚、太平布二百疋、蕉布百卷、白銀一萬兩、太刀長光一腰一、且又、獻二　若君一、以二太刀一腰、緞子五十卷、太平布百疋、蕉布五十卷一、家久之獻品亦居多也、〇家久、尚寧ヲ率キテ秀忠ニ拜謁シタルハ九月十二日ニシテ、八月二十八日、家久、尚寧ヨリ秀忠ヘノ奉物ヲ獻上シタルナラン、九月三日、賜二饗應一、七日、於二御茶亭一、　御手自賜二點茶一、十二日、家久及中山王尚寧、倶登レ　營奉レ拜二　台顏一、時、山形（最上）駿河守家親、執二奏尚寧一、十六日、家久、應レ徵登レ　營、則、賜二饗宴一、加焉寶刀二柄號加賀貞宗・號於太長光名刀也、及東國無雙號笠拔駿馬一疋、栗毛、鞍置、且又、同毛一疋、其外、櫻田之宅地等拜賜之、是月、賜レ暇、二十日、出二江府一、由二　台命一、琉王者、自二東海道一、〇尚寧、中山道ニ依リテ上洛ノコト、上ニ収ムル喜安日記參看、家久者、經二岐岨（木曾）路一而入洛、既而歸二麑府一、乃使三中山王不レ逾レ年而得レ還二本邦一、至レ若下割二琉球一地九萬餘石上、以與二之尚寧及球國人一、忭躍以大悅、〇本記、東京大学史料編纂所所藏島津家本舊記雜録後編卷六十五ニ、家久公御譜中ト注シテ収ム、鹿児島県史料旧記雑録後編四巻六十五、六九六号、參看、

〔御文書〕　貴久公義久公　十七通　〇東京大学史料編纂所所藏島津家文書S島津家文書2—25—16

（琉球國中山王尚寧服屬日記）（續紙）

（端裏）

「琉球王之事」

（第一紙）

慶長拾四年四月朔日、爰許之御船琉球へ御着津、同五月五日、被レ成二御出船一候而、同月中ニ山河ニ

被レ成二上着一候、同六月ニ、鹿児嶋へ被レ成二着岸一候、慶長拾五年四月之末ニ、鹿児嶋打立、五月節供之比者、京泊ニ被二罷居一候、五月中ニ、京泊被レ成二出船一候而、六月ニ、伏見へ上着被レ申候、七月、如二駿河一打立被レ成候而、盆之比者、彼地へ被二罷居一候、八月ニ、駿河へ御着候而、御目見得御座候而、巽〔翌〕日、駿河打立被レ成候、

（慶長十五年カ）九月廿七日

（第二紙）慶長拾三年

使僧自徳

使者宜保親雲上

○本文書、大日本古文書島津家文書之二、一一二〇號、ニ収ム、本文書ノ寫、東京大学史料編纂所所藏島津家本舊記雜錄後編巻六十五、正文在文庫ト注シテ収ム、鹿児島県史料旧記雑録後編四巻六十五、七四九号、参看、島津家久、琉球使僧ノ至ルヲ島津義弘ニ報ジタルコト、東京大学史料編纂所所藏島津家文書御文書義弘公三十二通十所收（慶長十三年）卯月八日島津義弘書狀（島津家久宛）ニ見ユルニ依リテ、自徳幷ニ宜保親雲上、一六〇八年春ニ鹿児島ニ來タルナラン、同文書ノ寫、同所藏島津家文書續編島津氏世錄正統系圖十八代家久第三十二及ビ同所藏島津家本舊記雜錄後編巻六十二ニ収ム、鹿児島県史料旧記雑録後編四巻六十二、四四五号、参看、

〔舊典類聚〕五 ○東京大学史料編纂所所藏

（中扉）（題）「琉球国御征伐由來記」

覺

一、琉球国之儀者、私（島津吉貴）十二代之先祖陸奥守（島津）忠國与申者手ニ入、普廣院（足利）義教卿より拝領仕、其以後、

私先祖共江従來候処、高祖父中納言家久代ニ至、悉々致二懈怠一、殊更、
權現様江御禮可二申上一旨申付候へ共、國司中山王領掌不レ仕候付、人數を差越可レ致二退治一旨言上
仕、慶長十四年三月、兵船を差渡、中納言事も、山川与申湊江致二出馬一下知仕、先琉球入口之
嶋々手ニ入、同四月、中山王居城江取掛候得者、中山王降參仕候付、其段
權現様・台徳院様江言上仕候処、御感不レ斜、則御感狀を被レ下、琉球國永ク中納言江被二下置一
旨、被二仰出一、中納言親宰相入道惟新卿・祖父三位法印龍伯江茂
御感狀被二下置一候、同五月、中山王を薩刕江召捕來候、
一、慶長十五年八月、中納言、中山王を召連、駿府江參着仕、同月六日、中山王召列、登　城仕、
中山王ゟ土產品々獻上仕候処、御代初ニ、早速、異国を従、其国王を補參候儀、中納言無二比類一
働之由、　上意ニ而、蒙二
御感一候、同十八日、御饗應、被レ下二御酒宴一之上、常陸介殿・於靏殿御仕廻を被二仰付一、貞宗之
御物大小拜領被二仰付一、同十九日、御暇被レ下候、
一、同月廿五日、江戸江參着仕候処、段々、
上使を被レ下、同廿七日、又以二　上使一、御米拜領仕、同廿八日、中納言、中山王ヲ召列登　城仕、
土產品々獻上仕を

若君様江茂献上物為仕候、同九月三日、中納言御城江被レ為レ召、御饗應被レ下、同七日、亦被レ為レ召二於御數寄屋一、台徳院様御手ゟ中納言江御茶を被レ下、同十二日、又登 城仕、同十六日、又々被レ為レ召、御饗應之上、加賀貞宗之御腰物幷御馬拜領仕、且又、櫻田江屋敷を被二下置一、御暇拜領仕候、中山王召列參府仕候付而者、道中之御馳走、朝鮮人同前ニ而被二仰付一之由ニ而、殊之外結構御座候、○コノ時ヨリ後ノ、島津氏ヲ介シテノ、琉球國ノ征夷大將軍徳川氏ヘノ慶賀幷ニ恩赦ノ禮ノ次第ノ記、略ス、御内意申上度、存申事御座候間、如レ斯御座候、

以上

丑（寶永六年）（一七〇九年）三月　　松平薩摩守
吉貴浄国公（島津）

〔西藩野史〕　巻之十五　家久公上　○鹿兒島縣私立教育會明治二十九年刊

（慶長十五年）○秋八月　家久公、尚寧ヲ卒ヒ駿府略ス○注、及江戸略ス○注、ニ朝ス、先レ是、五月十六日、鹿兒島ヲ發シ、伏見ニ逗留シ、七月廿日、伏見ヲ出テ駿府ニ至ル、八月六日、城ニ登リ、前將軍　家康公ニ謁シ、八月八日、數品太刀一腰、白銀一萬兩、ヲ獻シ、琉球國ヲ賜フヿヲ謝ス、尚寧モ品物許多緞子百巻、羅紗十二尋、太平布二百匹、蕉布百巻、白銀一萬兩、太刀一腰、ヲ獻テ謁ス、召ニ應シテ、又城ニ登リ、同十八日、盛饌ヲ給ヒ能ヲ見セシム、常陸介頼宣家康公ノ十二男、年九歳、後、紀州ニ封セラレ、大納言ニ任ス、紀伊家ノ祖ナリ、・鶴松丸公ノ十三男、年八歳、後、常州水戸ニ封セラレ、中納言ニ任シ、頼房ト稱ス、水戸家ノ祖、舞曲ス、雌雄刀共ニ貞宗作ヲ　家久公ニ給フ、明日、暇ヲ賜フ、依レ之、駿府ヲ出テ、同月廿日、東行シ東武ニ至ル、同廿五日、將軍秀忠公、

使ヲ旅舍ニ傳云、家久公、初テ東武ニ朝スルノ時未邸ナシ、ユヘニ愛宕眞福寺ニ宿ス、此故ヲ以テ、今ニ至テ眞福寺僧邸ニ出入スルコヲ免サル、按ニ、此ノ時ノ旅舍、蓋、眞福寺ナルベシ、遣シテコレヲ勞ヒ、又精米一千俵ヲ給フ、二十七日、家久公、尚寧ヲ卒ヒ營ニ登リ、秀忠公ニ謁ス、傳云、家久公、緞子百卷、虎皮十枚、白銀一万兩、長光ノ太刀ヲ秀忠公ニ、太刀・馬、紅糸百斤ヲ嗣君家光公ニ献ズ、尚寧、緞子百卷、太平布二疋、蕉布百卷、太刀一腰ヲ、秀忠公ニ、緞子五十卷、太刀一腰ヲ家光公ニ献ズ、

○九月三日、將軍、家久公ヲ營ニ召テ盛饌ヲ給ヒ、茶亭ニ召テ自茶ヲ給フ、同月七日、又、召ニ應シ、家久公、尚寧ヲ卒テ營ニ登ル、同月十二日、獨 家久公ヲ營ニ召シ、十六日、宴ヲヒラキ歡ヲツクシ、二刀、加賀貞宗・於太長光、二馬及ヒ邸地ヲ府下櫻田幸橋門ノウチ、ニ賜フ、且尚寧ヲ卒ヒ國ニ歸ルコヲ免サル、○下略、本年九月十五日ノ條參看、

〔島津國史〕巻之二十三 慈眼公上 ○島津家編集所刊 新刊島津國史

（慶長）十五年庚戌、○中略、夏五月十六日、 公、以二琉球王尚寧一、發二鹿兒島一、（慈眼公舊譜）同上、○中略、八月六日、 公至二駿府一、 神祖、遣レ使勞問、八日、 公、以二尚寧一、朝二見於 神祖一、獻二太刀一腰、白銀千枚及若干事一、尚寧獻二緞子百端、羅紗十二尋、太平布二百匹、蕉布百卷、白銀一萬兩、太刀一腰一、○尋ノ語注略ス、十八日、 神祖、享レ 公、賜二腰刀貞宗・脇指一、二十日、 公發二駿府一、二十五日、至二江戸一、尚寧弟具志頭有レ病、不レ得レ從レ行、止二於郵亭一、遂卒、葬二於駿府一、本多正純、送二其從者於江戸一、使二平田阿波介宗衡領一レ之、二十六日、以レ書告レ 公、（慈眼公舊譜）同上、宗衡、（平田）宗秀之曾孫也、據二平田監物系圖一、平田宗秀、見二第十六卷天文八年一、（秀忠）大家、遣レ使勞二問 公一、二十七日、復遣レ使、賜二米一千俵一、二十八日、 公、以二尚寧一、見二於 大家一、獻二若干事一、尚寧、獻二緞子百卷、虎皮十枚、太平布二百匹、蕉布百卷、白銀一萬兩、太刀一腰長光一、

獻二太刀一腰、緞子五十卷、太平布百匹、蕉布五十卷於儲君一、（徳川竹千代）據二慈眼公舊譜一、（卷十五）烈祖成績、亦言、八月二十八日、尚寧謁二大將軍一、今據下公九月十一日上二松齢公一書、曰中大家未上見二琉球王一、則、是日、尚寧止獻二幣物一、未レ得レ見二於大家一也、俟レ考、一千俵、依二和語一、若用二雅語一、俵當レ作レ囊、九月三日、大家、享レ公、七日、復召レ公、爲二茶宴會一、十二日、公、以二尚寧一登レ城、見二於大家一、尚寧見、山形駿河守家親贊唱、十六日、大家復享レ公、賜二刀二枚、加賀貞宗・於太長光、馬二匹及櫻田第宅一、〇下略、本年九月十五日ノ條參看、

〔舊典類聚〕十二 〇東京大学史料編纂所所藏

山口家由緒

覺

一　山口勘兵衞殿御問條之旨ニ應シ御返答書、御記録幷旧記之中ニ見得申候山口駿河守直友之儀見合申候而、草案書調申候、得と御覽候而、不レ入儀者取消シ被レ成、且又、文字續惡敷所者御直被レ下候ハヽ、淸書仕差上可レ申候、

〇中略、一六〇九年七月七日ノ條參看、

慶長十五年、琉球王を召列、駿府・江戸へも御下之節之儀、

〇中略、同上、

一　琉球王尚寧ヲ權左衞門（樺山久高）・太郎左衞門（平田增宗）相率、薩广江致二着岸一候ニ付、同十五年五月十五日、家久、琉王ヲ召列、駿府ニ參着仕候、道中御馳走、朝鮮人來朝ト可レ爲二同前一旨、兼而被二仰付一由

候、八月八日（マヽ）、家久、琉王ヲ召列、致二登城一候、尚寧、御太刀一腰、御馬代金銀一萬兩、緞子百巻、羅紗十貳尋、太平布二百疋、蕉布《本ノママ》百端献上仕候、　家久茂御太刀・馬代、其外品々献上仕候、御代始ニ早速異國を従へ、其上其國王を召列來朝仕候儀、家久無二比類一働之由、　上意ニ而、蒙二　御感一、御饗應被レ下、御酒宴之上ニ而、常陸介殿・御靍殿御舞被レ成、家久ニ貞宗之御腰物大小拜領仕候、夫ゟ御暇被レ下、江戸江致二參着一候処ニ、早速　上使被二成下一候、押付又々、　上使を以、米千俵致二拜領一候、家久、尚寧を召列、致二登城一候、尚寧御太刀一腰長光、御馬代白銀一萬兩、緞子百巻、虎皮十枚、太平布二百疋、蕉布百端致二獻上一候、若君様（徳川竹千代）江御太刀一腰、緞子五十巻、太平布百疋、蕉布五十端指上、家久茂、御太刀・馬代、其外品々献上仕候、其後、御饗應被レ下、且亦、於二御數寄屋一、御手自御茶を被レ下候、依レ　召、登城仕候、処々御饗應之上、加賀貞宗之御腰物・御馬拜領、且亦、櫻田之宅地被レ下、直々御暇被レ下候而、琉王ハ東海道（マヽ）、家久者木曾路を罷上り候而、致二下國一、其年、以二上意一、琉王ニ歸國爲仕候、

右之外ニも、山口勘兵衞事ニ付、記錄共御座候ハヽ、御書拔被レ下候様ニ、奉レ頼候、以上、

○下略、同上、

〔南聘紀考〕巻之下　○東京大学史料編纂所所藏島津家本さⅠ—12—33—64

十五年（慶長）、（庚戌）〇中略、本年三月是月ノ條參看、五月、山口駿河守尚友〔直〕等、奉二台德廟（德川秀忠）旨一移レ文、伏見至二江戸一諸驛、給二我公（島津家久）及琉球王等往還傳馬一、如二朝鮮來聘使例一、十四日、正純（本多）亦致二公書一、使以二諭旨一、宜下於二行程一皆隨二直友等令一餘罄面晤上、十六日、公、以二尚寧王及其弟具志頭（尚宏）等一、発二本府（鹿児島）一、國老比志嶋國貞・伊勢貞昌、用人三原重種・川上式部大輔久好・山田有榮及入来院石見守重国・上井治部少輔經兼・平田安房介宗衡・弟子丸越後守宗益・村尾右衛門兵衛尉重昌等從、六月十九日、入二大坂津一、管弦進レ舟、古來所レ來有也、於レ是、兩岸路傍觀者、以レ雲無三立錐有二餘地一、而抵二伏見邸一、圓覺寺天叟、亦此年夏、航レ自二琉球一、其在二大坂一、豊臣秀頼召見、加恩餽金及新衣事、見二南浦集一、〇南浦文集ノ和天叟禪翁詩、下ニ收ム、七月二十日、或作二二十三日一、発二伏見邸一、八月六日、公抵二駿府一、乃神祖（德川家康）、遺勞レ之、七日、慶長日記（當代記）、作二十日着一、尚寧王、導二弟子丸宗益一、抵二駿府一、八日、公以二尚寧一、訪二正純弟（第）一、尚寧饋二之太刀一腰、白銀百枚、小袖二十、緞子五十端、帷子十一、就レ中、単□□物五、既而、十八日（十六日）公、又以二尚寧一造レ朝、献二太刀一腰、白銀千枚、即一萬兩、緞子百卷、慶長日記、作二太平布五十端一、繻珍三十卷一、仝日記、作二段子五十卷一、謁二神祖一、謝下領二琉球一恩上、尚寧王、亦献二御太刀一腰、白銀千枚、緞子百卷、羅紗十間、十二尋、太平布二百匹、蕉布百卷一、行二聘禮一、仝日記、作二十四日謁一、又、献二右兵衛君（德川義直）・常陸君（德川頼將）頼宣公・於鶴君（德川鶴千代）頼房公白銀各五十枚、紅糸各二十斤、仝日記、作二銀子各百枚、紅糸五十斤一、於亀君・於萬君・於勝君・於阿茶君・於長君仝日記、作二女房五人一、白銀各二

十枚、緞子各十端一、此日、貫明公（島津義久）、亦遣二国老平田越前守宗親一、献二
神祖紅糸二十五斤、緞子二十五端、白銀二十五枚、御太刀、馬代三百疋一、松齢公（島津義弘）、遣二本田伊賀
守親存一、同献二物件一拜三謝之一、
神祖、忻々、然而語レ　公曰、「方今、國初賓、服二異邦一、且以二王朝一、實汝勳績、孰二其爭一、汝特可二
以嘉一矣」、十六日、
公、復以二尚寧及久志頭（尚宏）等一、造レ　朝、十八日、
神祖、徵二　公及尚寧等一、賜二之饗宴一、令三梅若大夫奏二散樂一、源氏供養・老松、酒常陸・鶴松（鶴千代）二童君、起舞資
レ興、加□（茂）・八島・鞍馬天狗、所二隨從一士、亦許皆陪二廣間一、此席、弊損而不二清潔一、乃神祖叱曰、「招レ賓、不レ恭」、問二老過一矣、寓目焉、此日、
神祖賜二　公大小刀一、皆所レ謂貞宗也、十九日、　公造二朝拜一辭、又賜二腰刀一、乃行平所レ造而、號二
天目丸一、寶刀也、二十日、皆發二駿府一、惟具志頭自レ途得レ疾、不レ能二倶發一、故使二平田宗衡一、留看
レ疾焉、此月遂卒二于駿府一、而葬焉、二十五日、　公以二尚寧一、抵二江戸一、鉦鼓鵷列、路傍觀者、如下入二大坂一時上、
乃舍二於愛宕眞福寺一、或主（王）行二仁誓願寺一、二十六日、
台德廟、遣レ使勞レ之、二十七日、復遣レ使給二米千俵一、二十八日、　公以二尚寧等一、造レ　朝、皆謁二
台德廟一　公乃献二
台德廟御太刀長光、御馬銀千枚、緞子百卷、虎皮十張、太子（徳川家光）大猷廟此、御太刀、御馬、紅糸百斤一、謝下領二

琉國二恩上、尚寧、亦献二
台徳廟緞子百卷、虎皮十張、太平布二百疋、蕉布百卷、御太刀一腰、白銀萬兩、
太子緞子五十卷、太平布百匹、蕉布五十卷、御太刀一腰一、行二朝聘禮一、此日、公、別献二御臺君（お江与、崇源院達子）白銀百枚、沈香十斤、緞子二十端一、又饋二御局（お福、春日局）及御祖母（於愛、寶台院カ）緞子各五端一、亦同謝レ之、且 貫明公、
使二國老平田越前守宗親一、献二
台徳廟御太刀一腰、白銀二十枚、緞子二十五端、紅糸二十五斤一、亦同謝恩、九月三日、
台徳廟召二 公及尚寧等一、特賜二饗宴一、（樂童子思次良、年七八、思徳、年十四才、彈二三味線一、謡二国風一、見二慶長日記一、無レ日、故姑書二于此一、）七日、復召、手親
賜二茶於茶亭一、十二日、公、又以二尚寧等一、造二 朝謁一、見二山形駿河守家親一、爲レ王贊レ之、十六日、
復召、又賜二饗宴一、且賜三 公寶刀二腰、名馬二疋及櫻田邸於二幸橋內一、其二刀、称二加賀貞宗・於
太長光一、其馬称二笠秡〔祓カ〕一、皆関東罕レ比名物云、而此日拝辞、（○下略、本年九月十五日ノ條參看、）

〔中山世譜附卷〕卷之一 ○琉球史料叢書第五卷

尚寧王

萬暦○中略

三十八年庚戌、爲レ問下安 尚寧王在二薩州一事上、遣二馬氏勝連親雲上良繼一、到二薩州一、（萬暦三十九年、一六一一年）翌年九月、回
レ國、（○一六一一年九月十日ノ條參看、）

〔南浦棹歌〕一　○鹿児島大学附属図書館所蔵玉里文庫架藏文之玄昌自筆本

○和天叟禅翁詩

是歳壬子(慶長十七年、一六一二年)七月既望(十六日)、偶解二后於天叟和尚於麑府一、○中略、全文、一六〇九年六月二十六日ノ第一條ニ收ム、庚戌(一六一〇年)之夏、和尚亦遠航二於日域一、在二攝州大坂城一、々主秀賴尊君、聞二和尚之為レ人、而有二接遇之礼一者、匪二翅一日一、當二其告レ帰也、尊君餽二之兼金一、餽二之新衣一、盖行者、必以贐之義也、和尚、何為不レ受乎、其交也以レ道、其餽也以レ道、昼錦之栄、何以加レ焉、○下略、同上、寛永二年版本南浦文集卷之下及ビ慶安二年版本南浦文集卷之中、異事ナシ、

〔琉球國由來記〕卷十　諸寺舊記　○琉球史料叢書第一卷

靈芝山建善寺記

中山世土、宮墻之北有レ山、巋然勢欲レ生レ雲者、靈芝山也、中創二精舍一、號二建善一也、乃尚泰久王、景泰年中(一四五四年～一四五七年)、所三草建而爲二門首一也、○中略、後歷二一百五十餘年一、而諸宇老朽、兵亂之后、咸成二空地一、而自二萬曆三十七己酉(一六〇九年)一、至二戊午(萬曆四十六年、一六一八年)一、中阻者十年也、時當二己未(萬曆四十七年、一六一九年)一、尚久金武王子・相公中城王子(尚豐)、合レ志而革二此舊址一、再造三立丈室一、而寄三附于吾祖前圓覺天叟老漢一、而用以爲二廟寺一也、後至二崇禎元年戊辰(一六二八年)一、尚豐王、永代賜二之御證文一、二世恩叔頂三戴之一也、

○崇禎元年戊辰八月九日尚豐王狀(圓覺恩叔宛)、略ス、

抑又、恩叔之爲レ人也、壯歲頃、爲二此事一、飛二錫於日域一、而遍二歷叢林一者十又餘年也、飽參之后歸來、而住二報恩寺一也、

于レ時、萬曆三十七己酉、從二薩州一遣二軍艦一者、若干艘也、最不レ可二以レ小敵レ大之理必矣、由レ之、諸官員等、相與群議、而欲レ爲二和睦之謀一也、是以奉二綸旨一、西來菊隱及大臣等、相與從二倉波一、乘二小舟一、而直至二于今歸仁(琉球國今歸仁間切)一、對二大將軍一、而略通二和睦之言一、卽歸來、奏二此事一也、翌日、於二那覇一、對二大慈寺龍雲及市來織部(家政)等一、降事已定矣、於レ是、尚寧王、欲レ渡二御薩州一也、因レ之、供奉之諸官、箇々相定矣、僧中者、西來菊隱・報恩恩叔、應レ命、卽順行矣、故於二關東・關西一、探二枯腸一、揮二腐毫一者、一時幸也乎、時慶長十六年辛亥、從二江府一還二麑府一矣、

尚寧王、詔二恩叔一曰、「去秋、於二駿州一、具志上按司尚宏、不幸而逝矣、雖二子存(尚朝誠)一、然爲二幼稚一也、佐敷王子尚豐・恩叔、相與促二歸楫一、而可二追薦一矣」、卽應レ命、三月中旬、揚二歸帆一、同四月十三日、入二那覇之津一也、○佐敷王子尚豐及ビ僧恩叔、四月十三日、琉球國歸著ノコト、一六一一年九月十日ノ條所引喜安日記、參看、由二此功一、而後賜二于浮織絡子一、且隱居粮高二十斛一也、是又、老師所二口傳一也、始祖天叟老人、亦欲レ窺二於主君之尊候一、庚戌(一六一〇年)之夏、獨航二於日域一、在二攝州一、大坂城城主

秀頼公、聞二老人之爲一レ人、而有二接遇之禮一者、匪二翅一日一、當二其告一レ歸也、蒙二恩榮一矣、詳見二于南浦文集及喜安日記一矣、（○恩叔ノ中山王尚寧ヘノ随従ノコト、一六〇九年五月十五日ノ條、同六月二十六日ノ第一條及ビ同九月三十日ノ條、参看、）

○中山王尚寧幷ニ具志頭王子尚宏ニ随従シ駿府幷ニ江戸ヘ至リタルコトヲ記セル琉球國王府官人ノ家譜、一六〇九年五月十五日條ニ收メタルニ依リテ略ス、

○琉球國中山王尚寧、駿府城ニ於テ、前征夷大將軍徳川家康ニ拜謁シタル日、諸説アレド、喜安日記ニ依リテ、八月十六日トシテ掲グ、大日本史料慶長十五年八月十四日、鹿兒島城主島津家久、琉球王尚寧ヲ率キテ、駿府ニ抵リ、家康ニ謁ス、尋デ家康、家久ヲ召シテ之ヲ饗スル條、及ビ同慶長十五年九月十二日、島津家久、琉球王尚寧ヲ率キテ江戸ニ抵リ、秀忠ニ謁ス、尋デ、鹿兒島ニ還ル條、参看、

○是歳、琉球國、馬良繼ヲ日本薩摩國鹿兒島ニ遣シテ、中山王尚寧ヲ問安セシムルコト、是歳夏、琉球國、圓覺寺僧天叟ヲ日本攝津國大坂城ニ遣シテ、前右大臣豊臣秀頼ニ謁セシメルコト、八月二十一日、琉球國具志頭王子尚宏（朝盛）、駿府ニ薨ズルコト、便宜合敍ス、

九月十五日、琉球國中山王尚寧、江戸ヲ發シ、尋デ、十二月二十四日、薩摩國鹿兒嶋ニ歸著ス、

〔喜安日記〕○琉球大学附属図書館所蔵伊波普猷文庫

慶長十五年○中略、本年八月十六日ノ條參看、九月十五日、午時、江戸より還幸ある、戸田川(中山道戸田渡)を渡し、申時斗、浦和(武蔵國足立郡浦和宿)に御付ある、頓宮ハ玉藏院(延命寺)とそ聞ゆ、道の程六里、十六日、浦和を御立あり、鴻巣(足立郡鴻巣宿)勝願寺にて昼御休あり、申時、熊谷《ガイ》(大里郡熊谷宿)に御付ある、御宿熊谷寺、其間九里、十七日、巳時、熊谷を立、本城(児玉郡本庄宿)開源寺にて御休息候て、酉刻、上野国高崎(群馬郡高崎宿)に付給ふ、頓宮大眞寺、道九里、十八日、午時、高崎より御立候て、松枝(碓井郡松井田宿)の町久究坊にて御休あり、申刻、坂本(碓井郡坂本宿)に付せ給ふ、御宿源右衛門尉仕ル、道八里、十九日、午時、坂本を立、碓〔碓〕氷(峠)到(到)下越て、「碓氷ならんか」○頭書 かるいさ(は)と云町(信濃國佐久郡輕井澤宿)ゝ過(過)、信濃《シナノ》国淺間の嶽の麓《ホモト》過行て、ゝあられふる、追分(佐久郡追分宿)の町土屋善七宿所にて御休あり、それより筑間川(千曲川)渡し、亥時、望月《モチツキ》(佐久郡望月宿)に御付ある、御宿小山新十郎いたす、道十里半、廿日、巳時、望月御立あり、長くほ(小縣郡長窪宿)の御茶屋にて昼の御休あり、和田到下越し、子時、諏訪(諏訪郡下諏訪宿)に御付ある(り)ゝ、御宿御茶屋に相定、人々出湯に入、息をつきぬ、道十一里、廿一日、午時、諏訪を立、申時、本山(筑摩郡本山宿)に御付ある、御茶屋行宮になる、道五里、廿二日、辰時、本山より立て、ならいひ(木曾郡奈良井宿)の御茶屋にて御休ありて、其より木曾路にかゝる、申時、福嶋(木曾郡福島宿)に御付ある、御城に皇居をさたむ、道のり九里、廿三日、巳の時、福嶋を立て(出)ゝ二里計經て、木曾の梯(桟)打渡り、鳥井(鳥居峠)到下越し、巣原(木曾郡須原宿)の定勝(法)寺にて昼の御休ありて、申時、野尻(木曾郡野尻宿)に付、同宿森久左衛門尉致す、道七里、廿四日、卯時、野尻を立、まくめ(馬籠峠)到下を越し、未計に雨降、美濃国落合(恵那郡落合宿)に御逗留御座す、行宮ハ一堀喜平治申、道七里、廿五日、落合《ウチアイ》より御出あり、晡時に及て大井(恵那郡大井宿)に御付ある、御宿くほ(大久保)石見守(長安)茶屋也、道三里半、廿六日、巳時、大井より打立、晩、稲の町に御休ミ、申時、御嶽(可児郡御嵩宿)へ御付ある、御宿ハ御茶屋、道八里、□〔廿〕七日、御嶽を出、四里計經《へ》て木曾川今《イマ》渡(可児郡亘理)と云所を渡り、うるまの町(各務郡鵜沼)にて休ミ、申時、岐阜《キフ》に御付ある、本誓寺行宮になる、道十里、廿八日、巳時、岐阜を御立ありて、五渡川、六渡川なと渡り、申刻、垂井《タル》(不破郡垂井宿)に御付ある、御宿藤井六左衛門尉仕ル、道七里、廿九日、午時、垂井を立て一里計經て、熊坂長範の墓あり、そこを青野ケ原と云、美濃国今〔須〕津(不破郡)にて御休息ありき、申時、近江国澤山(犬上郡佐和山)に御付ある、雨不《ふ》る、道八里、十月一日、午時、澤山より立つ、伊井(井伊直継)の兵部少輔、鞍五口御進上被レ申、戌時、長原(野洲郡永原)に付、御宿(新右衛門旅邸)ハ先同し、二日、巳時、長原を出て、草津(栗太郡草津宿)に御休ありて、申の時、伏見(山城國紀伊郡伏見宿)に付、平等寺とて、一宇の堂皇居になる、十日、家久(島津)公より御使として、鎌田左京亮・弟子丸越後守、行宮に伺候して奏聞被レ申けるハ、「抑、吾朝都と申ハ、植〔桓〕武天皇延暦十三年(七九四年)十一月廿三日、長岡《ナガヲカ》の京より此京に被レ遷て、星霜久き靈地にて、殊更このころ繁昌也、御見物あれかし」と頻に被二申上一ル、主上(尚寧)、叡聞有て曰、「夫、球国ハ邊里粟散の境とハ云なから、朕、萬機の政をつかさとり、苟も万乘の主たり、今此都《コノミヤコ》見物せハ、目ハ悦しめて異相(異位王爵蒙る□事)の恥辱所詮なし、就中、遠国外相の身を以て本朝富有の人々にまみえん事、且ハ国の恥、且ハ道の陵〔凌〕遅(如二丘陵稍卑下一之心也)也、縦令、公(家久)の命ハ背く共、争《イカデカ》か国の恥を思ふ心存せさらんや、此由を申」とこそ勅答なり、御供の人々ハ更々京見物候けれ共、終に御見物ハなかりけりとかや、十三日、陸奥守殿屋形にて加ぶき《カブキ》御見物候ける、此か不《ブ》き(琉國の女躍抔の類か)の名をハ靜(靜と云人ハ義經の夫人美女也)とこそ申けれ、桃頗露に綻《ホコル》ひ、紅粉眼に媚をなし、柳髪風に乱るゝ粧、又人有へしとも見えさりけり、十五日、申時、伏見より御舟にて御立あり、平片(河内國茨田郡枚方宿)にて、夜に入て御休息あり、明て十六日、巳刻、大坂に御付ある、御宿ハ(黄蓮社)片桐市正(且元)参らる(先ニ同し、十八日、)、御進物馬代銀子二十枚、楮国(圍)五百帖(楮圍ハ唐紙事)、夜に入て、片桐主膳(貞隆)被レ参ル、御進物金屏一双、弁當一荷、薫物銀の香合に入、廿日、申の時、大坂出させ給、てんほう口(攝津國西成郡傳法)に御舟をつなく、江洲親方、腫物出來て、養生のため大坂に滞在あり、宗味被レ付ル、□(廿)二日、片桐主膳より香炉・香盆・香はし(箸)・香はさみ(挾)・□(香)しき(敷)なと送らるゝ、廿六日、寅の一点に、てんほうより御出船あり、(播磨國明石郡)大蔵谷と云所まて漕行けれ共、向風吹て牽《ヒカ》して、亥時、兵庫(攝津國八部郡兵庫津)に付、先舟、目前にて一二艘沈ぬ、廿七日、亥時、兵庫を出て、廿八日、申刻、室(播磨國揖保郡室津)に付ぬ、十八里、廿九日、午時、室を出、申時、備前国うしまと(邑久郡牛窓)に付、十里、十一月一日、寅時、うしまとを御出船ありて、申時、備後の鞆《トモ》(沼隈郡鞆浦)に付、二十里、三日、辰時、鞆《トモ》を出て、亥時まて漕せ、道五里程經てかかる、四日、卯時、そ《コ》くを出船して、亥時、安藝国高原(賀茂郡竹原)に漕付、道八里、五日、寅時、高原を出て、申時、かまかり(安藝郡蒲刈島)に付、七日《里》、《里》六日の夜、寅時、かまかりを出て、七日、巳時、龜頸(類)に付せ給ふ、四里、[衍 九日申時]八日、卯時、龜頸を出て、申時、津波(伊豫國越智郡津波島)に付、四里、九日、申時、津波を出て、亥時、加むろ(周防國大島郡沖家室島)に付、七里、十日、丑時、かむろを出て、十一日、午時、周防国上關ノ(熊毛郡長島)に付、七里、それより出て、未時、室積(熊毛郡)に付、五里、十二日、丑時、室積より御船を出し、未時、深浦(都濃郡)に付、暮に及て、泊の下郡(下郡親雲上)死去す、あはれなるかな、生は琉球、果ハ周防の深浦の汀の土となり□□〔ける〕、□〔其〕夜、□〔大〕風□〔吹〕、十六日、寅時、深浦より出し管(下松)□□〔松に〕漕付、半道、十七日、寅時、泉水と云所に付、□□□〔三里同〕□〔戌〕時、出し三里計漕てかゝる、十八日、辰の時、出て、むかふ《ウ》と云所(佐波郡向島)に付、十九日、卯時、むかうより出て、亥時、下關ノ(豊浦郡)に付、十八里、子の刻。《計》、風吹て浪風はけし、廿三日、申時、御出船ありて井崎(豊浦郡伊崎)に漕付、半道計あり、廿五日、寅日、各立願して追手風を禱る、廿六日、卯時、井崎を。漕せ《出て》候得共、澳西吹て、水主、楫取なりかたき由申、漕もとせ《戻シ》、小通と云所にかゝりぬ、家里なき所也、十二月一日、大風、木を折て烈ふ吹たり、御立願あり、同二日、主上、御舟よりおりさせ給へ《ひ》、ひく嶋(豊浦郡彦島)のほこ井と云所に一向宗の道場に行幸なる、二夜御逗留あり、四日、巳時、架居を出、小通を、申時ノ、纜既解て、戌時、出し、亥時計、地嶋(筑前國宗像郡)に付、五日、悪風吹、地嶋より漕もとし、□□□〔筑前国〕芦屋《アシヤ》(遠賀郡)に付、小通より八里、御船よりおり□□□〔させ〕〔給〕て、延命寺に行幸ある、臘八の日(十二月八日)、詩を作、延□〔命〕天翁、(西□〔來〕院也)□〔惠〕命に被レ贈る、去歳己酉夏之孟《ハジメ》メ、□〔逢〕二澎湖□□〔之乱〕劇《劇日》一口、詣二扶桑《桑》之洛陽ニ一、已ニ皈郷ノ節、□〔阻〕レ風、□〔遽〕ニ滯スル二筑之前。芦屋《之州》之津ニ一者ノ、日久矣、或時、陪二延命精舎天翁禪師之駿側下ニ一、而霏《トバシ》レ談ヲ移《スコ》レ刻ヲ、何幸如《カヤ》レ焉哉、越因ニレ有ニ二同

門《ノ》好一、不レ顧二前後《ノ》嘲《ヲ》一、製《シ》二卑語《ヲ》一、以《テ》和尚之奉《ルト》二座右《ニ》一、當二臘八之一偈《シヲ》一云《フ》、伏《テ》請、菊隱、

延命清籃々昪來《ル》　地靈人傑点《ヲモ》無レ埃

天翁芳德隱《セハ》　弥顯《ル》　今日吹《ク》レ香成道《ノ》梅

厥れ、球陽西來堂上菊隱大禪佛者《ハ》、大明經山派下之鐵觜也、今茲《ニ》、慶長戌の冬（慶長十五年）、現《アラハレ》二江南《ノ》古佛《ニ》一、輝《カヽヤカス》二尊顏《ヲ》於扶桑芦屋《ノアシヤノ》津《ニ》一、仰《ハ》是《レ》弥《シ》高、不レ意《オモハサレキ》、懸《テ》二笠《ヲ》於予《カ》草庵《ニ》一、漸《ク》及《フヿ》二十旬《ニ》一、且將《ツテ》二佛成道日《ノ》賦《ヲ》一、具《メ》二善偈《シ》一篇《ヲ》一、被二投贈一、予《モ》、亦不レ免二弥天《ノ》罪《ヲ》一、奉《テ》レ蓙《ケカシ》二芳韻《ヲ》一、以《テ》呈《ス》二老漢之旅閣下一矣云レ爾、碩笁一、

蓙　老師抔と申尊ひ且有情意之言葉

江南古佛化《ノ》二西來《ニ》一　尊偈禪詩点《モ》不レ埃

凜々《タル》　威風德輝現　一枝擎出《ス》嶺《ノ》頭《ノ》梅

西來菊隱和尚旅□〔泊〕之次《テ》、製二臘八之一□〔偈〕《ヲ》一、以《テ》被レ呈三上延命寺長老天翁大禪師之猊側下一、予（喜安）、亦（関蕃元）　龔《ツヽシンテ》奉《テ》レ和二善偶芳禪一、擄《ナソラフ》二鼠肝《ヲ》一云レ尓、運介（恩叔）宗澤、

○久居《クメ》二延命一保レ齡來　千古《ノ》威風絕《ス》二世埃《ニ》一

主人安樂《メ》二此《ノ》君《ヲ》一否《ヤ》　左《ハ》有二青松一右《ハ》白梅

○偶坐二善筵一惜二夕陽一　詩人墨客共論レ章

轉二山《ヲ》吳岫一又何用《ン》　一別主翁三《ニ》惠レ香

宗意
○遙欲レ赴レ西出二洛陽一　豈圖《ヤ》今日見二佳章一

臘前梅葉何曾及ン　薫徹三千翁徳香

○喜安遠出二球陽一到二薩陽一　東漂西泊幾周章

仰二翁法徳一冠二群世一　可レ謂天香又國香

十六日、巳時、芦屋より御船を出し、未時、風替て、酉時迄、漕せ、八里經てかゝる、十七日、午時、纜を解て、申時、相嶋（糟屋郡）に付、道十三里、同夜丑時、相嶋を出て、申時、平戸（肥前國松浦郡）にかゝる、それより出て、亥時、牛頸（彼杵郡大島）に付、三〔十〕□九里、十九日、丑時、牛頸を出て、廿日、辰時、舟を出し、亥の時、〔椛〕□嶋（松浦郡椛島）に付、廿七里、同夜、五（丑）時、椛嶋を出船して、申時、あくね（薩摩國出水郡阿久根）に付、卅一里、御仮屋しつらへて入せ御座す、廿二日、午時、打立ありて、西方の町にて人馬□□〔を〕〔休め〕、酉時、川内（薩摩郡）□〔に〕付せ給ふ、宮内の守勤寺、行宮□□〔に〕〔なる〕、廿三日、午時、川内より御立ありて、酉時、市來（日置郡）に御付ある、御宿御仮屋、道八里、廿四日、午時、市來を御立候而、申時、鹿兒嶋に御付ある、道八（七）里、○下略、一六一一年九月十日ノ條参看、原本ノ朱傍書幷ニ返點略ス、返點、編者ニ依リテ附ス、本書ノ闕損部分、屋良朝陳編琉球王代文獻頒布會本ニ依リテ校ス、

〔毛姓家譜〕　平安名里之子親雲上　毛姓世系圖
○那覇市歴史博物館所蔵毛氏門中会刊毛姓世系図複寫本　氏集十番1206　寫本

三世榮明　前兼城

○中略、一六〇九年五月十五日ノ條参看、

尚寧王世代（一五八九年〜一六二〇年）

〇中略、本年八月十六日ノ條参看、翌年度庚戌、〇中略、同上、八月二十五日、到二江府一、事竣而、同九月十五日、發二江府一、
同十二月二十四日、〔著カ〕□鹿兒府、〇下略、一六一一年九月十日ノ條参看、

〔當代記〕巻五 〇国立公文書館所蔵内閣文庫架蔵九冊本

慶長十五庚戌年、〇中略、本年八月十六日ノ條参看、
九月大朔日、癸卯、
〇中略
廿七日、去七月ヨリ、琉球ノ王、駿府・江戸江出仕メ、九月十四日、（ママ）立二江戸一被レ上、今日、美濃國被レ着二岐阜一、其上、琉球江有二歸國一、毎年御調物ヲ可レ被レ上諾應ニテ、無事之姿タルヘキカト云云、但此儀、于レ今、無二披露一、琉球ハ暖國ニテ雪不レ降、始而日本ニテ雪ヲミルト話、其年、琉球ニ被レ歸、如二約束一也、〇史籍雜纂第二所収本、異事ナシ、

〔續編島津氏世錄正統系圖〕十八代家久 第三十六 〇東京大学史料編纂所所蔵島津家文書36—1—2—4

〇家久、奉レ封二兩御所一（徳川家康・徳川秀忠）、無二別心一、爲レ勵二忠勤一、與二本多正純一、互交二神裁一、家老伊勢貞昌、亦由二家久之命一、與二正純之家臣内田織部助直定一、交二盟書一、其情實見二于左一、〇原本ノ返點及ビ訓假名、略ス、返點、編者ニ依リテ附ス、

本記、東京大学史料編纂所所蔵島津家本舊記雜録後編巻六十五ニ、家久公御譜中ト注シテ収ム、鹿児島県史料旧記雜録後編四巻六十五、七四三号、参看、

〔御文書〕家久公十四 二十三通 巻十九 〇東京大学史料編纂所所蔵島津家文書S島津家文書5—6—13

（島津家久起請文寫）（竪紙）
敬白　起請文之叓

一、奉レ對二　兩御所様一、毛頭無二別心一、可レ致二御奉公一候間、貴老へ、向後申談可レ抽二忠節一候叓、
一、ぬきて表裡有レ之間敷候叓、
一、企二逆意一者有レ之而、雖レ致二計策一、曾以二同心一申ましく候、就二其申來旨一、少茂不二隱置一、可二申通一候叓、
一、我等、於二身上一、若あしき取沙汰可レ有之時者、ありのまゝ可レ被二仰聞一候叓、
一、龍伯（島津義久）・惟新（島津義弘）儀も、右之趣同前たるへき旨、連々申合候叓、
右條々、若僞於レ申者、
○神文闕ク、

○本文書ノ寫、東京大学史料編纂所所藏島津家文書續編島津氏世錄正統系圖十八代家久第三十六ニ、正文在文庫、慶長十五年九月ト注シテ、同所藏島津家本舊記雜錄後編巻六十五ニ、古御文書御軸物中、家久公御譜中ニ在リ、慶長十（朱カキ）五年九月ト注シテ收ム、鹿児島県史料旧記雑録後編四巻六十五、七四四号、參看、島津家久、江戸ヲ發シ中山道ヨリ上洛スルニ際シ、伊勢貞昌ヲ駿府ニ遣スコト、下ニ收ムル續編島津氏世錄正統系圖十八代家久第三十六ノ記ニ見ユ、

〔御文書〕家久公十四　二十三通　巻十九
○東京大学史料編纂所所藏島津家文書S島津家文書5―6―14

（本多正純起請文）（續紙）
敬白　起請文前書之事

一、對二兩御所様一、毛頭無二御別心一、無二二御忠節之旨被二思召一ニ付而、向後、我等ニ深可レ被二仰合一之段、奉レ存二其意一候、勿論、於二拙者一少疎意ニ存間敷事、

一、其様於二御身上一、若悪キ御沙汰も御座候者、不レ残二心底一、何様ニも御馳走可二申上一事、

一、於二何事一も被二仰聞一、御隠密之儀、御指図無レ之かたへハ、一言ももらし申間敷事、

一、於二何邊一も心底ニ表裡存間敷事、

一、本佐渡守（本多正信）ニも、右之通、我等連々可二申合一事、

右条々、於二偽申一者、

（神文）（牛王寳印裏）上者、梵天・帝尺・四大天王、惣而日本國六十余州大小神祇、別而八幡大菩薩・愛宕大權現・天満大自在天神・伊豆箱根權現・三島大明神・駿河鎮守南淺間大井、各神罰冥罰可二罷蒙一者也、仍起請文狀、如レ件、

慶長十五戌九月廿五日　本多上野介

正純（花押）

嶋津陸奥守様

○本文書ノ寫、東京大学史料編纂所所蔵島津家文書續編島津氏世録正統系圖十八代家久第三十六ニ、正文在文庫ト注シテ、同所蔵島津家本舊記雑録後編巻六十五ニ、古御軸物御文書前ノ続キ、家久公御譜中ニ在リト注シテ収ム、鹿児島県史料旧記雑録後編四巻六十五、七四五号、参看、

〔御文書〕家久公五　十七通　巻十七

○東京大学史料編纂所所蔵島津家文書S島津家文書12―5―12

（伊勢貞昌起請文案）（竪紙）

案文也、

敬白　天罰起請文之叓

（本多正純）上野様与陸奥守（家久）、別而被二申談一付而、使共〔仕〕候間、向後、貴老へ申合、少も私之儀無レ之、互御使之一筋、慥何時も可二申達一候、就中、従二上州様一、自然御隠密之儀なと御物語にても、又陸奥守間との御使申候共、陸奥守より外ニもらし申ましく候、若表裡之旨を於レ存者、

〇神文闕ク、

〇本文書ノ寫、東京大学史料編纂所所藏島津家文書續編島津氏世錄正統系圖十八代家久第三十六ニ、正文在文庫ト注シテ、同所藏島津家本舊記雜錄後編巻六十五ニ、家久公御譜中、正文在文庫、年月日ナシト注シテ収ム、鹿児島県史料旧記雑録後編四巻六十五、七四六号、參看、

〔御文書〕　家久公五　十七通　巻十七
〇東京大学史料編纂所所藏島津家文書S島津家文書12—5—11

（内田直定起請文）（續紙）
敬白　起請文事

陸奥守様与上野介、別而被二申談一付而、使共被二申付一候間、向後、貴老へ申合、少も私之儀無レ之、互御使之一筋、何時も慥可二申達一候、就中、従二奥州様一、自然御隠密之儀なと御物語にても、又上野介間との使にても、被二仰聞一たる儀、上野より外ニもらし申間敷候、惣而、表裡毛頭有間敷候事、

右之旨、若於二偽申一者、

（神文）（那智瀧寶印裏）
梵天・帝釈・四大天王、惣而日本國六十余州大小神祇、別而伊豆・箱根兩所権現　三嶋大明神
八幡大菩薩　天滿大自在天神　愛宕大権現　春日大明神　白山権現　賀茂大明神　駿河鎮守淺
間大井、神罰冥罰可二罷蒙一者也、仍起請文狀、如レ件、

慶長十五年
戌九月廿五日　内田織部助
直定（花押）

伊勢（貞昌）兵部少輔殿

○本文書ノ寫、東京大学史料編纂所所藏島津家文書續編島津氏世錄正統系圖十八代家久第三十六ニ、正文在文庫ト注シテ、同所藏島津家本舊記雜錄後編卷六十五ニ、御文庫拾七番箱十七卷中、家久公御譜中ニ在リト注シテ收ム、鹿児島県史料旧記雜録後編四巻六十五、七四七号、参看、

〔續編島津氏世錄正統系圖〕十八代家久公　第三十六　○東京大学史料編纂所所藏島津家文書36—1—2—4

○家久、發二江戸一之期、使伊勢貞昌遣二駿府一、奉レ謝二今般　恩遇之忝一、且以二書簡及鳥銃、硫磺等一、贈二本多正純一、其返翰兩篇共載二左方一、　○原本ノ返點及ビ振假名、略ス、返點、編者ニ依リテ附ス、本記、東京大学史料編纂所所藏島津家本舊記雜錄後編卷六十五ニ、家久公御譜中ト注シテ收ム、鹿児島県史料旧記雜録後編四巻六十五、七五〇号、参看、

〔御文書〕家久公十四　卷十九　○東京大学史料編纂所所藏島津家文書S島津家文書5—6—15

（本多正純書狀）（折紙）
以上、

貴翰拜閱、過當至奉レ存候、如二御帋面之一、今度、於二江戸一、思召儘之御仕合共御座候而、御滿足思召段、被二仰下一候、尤於二我等一珎重奉レ存候、然而、此度就二御歸國一、木曾通御上被レ成候由、奉レ得二其旨一候、併先度、爰元於二駿府一御逗留中、致二何角悠々与一も不レ得二御意一、今以御殘多次第、書狀難二申上一候、雖下不レ替二申事一候上、此表相應之御用等御座候者、不レ殘御心可レ被二仰下一候、毛頭疎意存間敷候、將亦、爲二御音信於薩广一、御はらせ被レ成之由候而、御念を入たる御鉄炮廿挺被二送

下一候、誠遠路御座候処、御懇切之通忝次第御座候、猶此等之趣、伊勢兵部少輔可レ被二申上一候間、
不レ能レ詳、恐惶謹言、

（慶長十五年）
九月廿九日　本多上野介
　　　　　　　　正純（花押）

嶋津□□□□〔陸奥守様〕
　　　　貴報

○本文書ノ寫、東京大学史料編纂所所藏島津家文書續編島津氏世録正統系圖十八代家久第三十六ニ、正文在文庫、慶長十五年ト注シテ、併セテ宛所ヲ嶋津陸奥守様貴報ト書シ、同所藏島津家本舊記雜録後編四巻六十五、正文在文庫、慶長朱カキ十五年ト注シテ收ム、鹿児島県史料旧記雑録後編四巻六十五、七五一号、參看、

〔御文書〕　家久公十四　巻十九　○東京大学史料編纂所所藏島津家文書S島津家文書5—6—16

（本多正純書状）（折紙）
以上、
追而、爲二御音信一、鷹目硫礦百斤送被レ下候、誠以遠路御心中忝次第、難二申謝一奉レ存候、然而、是式御座候得共、判々蠟燭五百挺致二進覧一候、書中之驗迄ニ御座候、猶令レ期二後音之時一候、恐惶謹言、

（慶長十五年）
九月廿九日　本多上野介
　　　　　　　　正純

嶋津陸奥守様
　　　　尊報

○本文書ノ寫、東京大学史料編纂所所藏島津家文書續編島津氏世録正統系圖十八代家久第三十六ニ、正文在文庫、慶長十五年ト注シテ、同所藏島津家本舊記雜録後編巻六十五、十番箱御軸物中、家久公御譜中ニ在リ、慶長朱カキ十五年ト注シテ收ム、鹿児島県史料旧記雑録後編四巻六十五、七五二号、參看、

〔御文書〕 家久公　三十五通　巻二
○東京大学史料編纂所所蔵島津家文書S島津家文書4―9―31

（臺紙附箋）
「十月八日　四番」

（井伊直繼書狀）（折紙）
御使札、殊御太刀一腰、御馬一疋青毛、段子拾端、銀子卅枚、被レ懸二御意一候、御懇意之至、忝令
レ存候、然者、琉球王被レ成二御同道一、於二駿府・江戸一御仕合好、早々被レ明二御隙一御歸國、御満足察
存候、此表於二御上（家康）一者、以二貴面一可レ得二御意一候処、勢州筋御通ニ付而、所レ存之外候、委曲御使者
へ申達候条、不レ能二一二一候、恐惶謹言、

十月八日（慶長十五年）
井伊兵部少輔
直繼（直勝）（花押）

嶋津奥劦様
貴報

○本文書、大日本古文書島津家文書巻之二、一〇五五號、ニ収ム、本文書ノ寫、東京大学史料編纂所所蔵島津家文書續編島津氏世録正統系圖十八代家久第三十六、及ビ同所蔵島津家本舊記雑録後編巻六十五ニ、「在官庫」（朱書）、慶長十五年朱カキカト注シテ収ム、鹿児島県史料旧記雑録後編四巻六十五、七五五号、参看、
大日本史料慶長十五年九月十二日ノ條、薩藩舊記後集三十ニ據リテ収ム、

〔御文書〕 家久公　二十五通　十二
○東京大学史料編纂所所蔵島津家文書S島津家文書19―12―4

（附箋）
「慶長十五年
十月十日　廿七」

（島津家久書狀）（折紙）
猶以二九月五日之尊書一、今日致二拜見一候、然者、大仏木曳之儀大相之由、尤ニ存候、此等之儀ニ
付、別而被レ入二御精一候由、惟新様ゟ先被二仰越一候、一段忝奉レ存候、何も罷下可二申上一候間、不
レ具候、以上、

以二先札一如二申上一候、駿府・江戸之仕合無二殘所一、満足不レ過レ之候、殊罷上道筋之儀候間、幸ニ存、伊勢ヘ致二參宮一、一昨日ゟ伏見ヘ上着仕候、爰元之儀、早々仕廻、大坂ヘ御礼申候者、追付可レ致二出船用意一候、先此等之旨、爲レ可二申上一、村田三郎右衞門差下候、委曲者、含二口上一候間、不レ能二書載一候、恐惶敬白、

十月十日（慶長十五年）　陸奥守
家久（花押）

進上龍伯様

○本文書ノ寫、東京大学史料編纂所所藏島津家文書新編島津氏世錄正統系圖十八代家久第三十六ニ、正文在文庫、慶長十五年ト注シテ、同所藏續編島津氏世錄正統系圖十七代義久第二十九ニ、正文有之ト注シテ、同所藏島津家本舊記雜錄後編巻六十五ニ、御文庫四拾八番箱中、義久公御譜中正文有之トアリ、家久公御譜中ニ茂在リ、慶長朱カキ十五年、慶長十五年ト張紙アリト注シテ收ム、鹿児島県史料旧記雜録後編四巻六十五、七五六番、参看、

〔御文書〕　義弘公　三十二通　十
○東京大学史料編纂所所藏島津家文書S島津家文書19—10—12

（附箋）「百七十九」
（島津義弘書狀）（折紙）
就二幸便一企二一書一候、仍八月晦日之書狀、○八月晦日島津家久書狀（島津義弘宛）、今、傳ハラズ、（十月）今月十三日到來、令二披見一候、
先以、駿府・江戸之御礼相濟、一段御仕合能御座候通、殊更、
（徳川家康・徳川秀忠）兩御所様、別而御念比ニ被レ成二御意一之由、誠以寄特成仕合、千々万々目出度存事候、左様ニ候て、
御暇出申御上候者、京邊ニ無二滯留一、早々御下向待入存候、乍レ去、（細川忠興）越中守殿ヘハ必御礼被レ仰候而、
可レ然存候、然者、當國之儀、弥靜謐ニ御座候間、可二御心安一候、猶追々可二申通一候、恐々謹言、

十月廿三日　　惟新（花押）

（附箋）「十月廿三日
慶長十五年」

陸奥守殿
まいる

○本文書ノ寫、東京大学史料編纂所所藏島津家文書續編島津氏世錄正統系圖十八代家久第三十六ニ、正文在文庫、慶長十五年ト注シテ、同所藏島津家本舊記雜錄後編卷六十五ニ、御文庫四拾八番箱中、家久公御譜中ニ在リ、慶長十五（朱カキ）年也ト注シテ收ム、鹿児島県史料旧記雑録後編四巻六十五、七六三号、参看、

〔御文書〕　義久公義弘公　四十九通　卷二
○東京大学史料編纂所所藏島津家文書S島津家文書4―15―15

（山口直友書狀）（折紙）
猶申候、琉球之儀共、旁　上意旨、比志紀州（比志島紀伊守國貞）・伊兵少（伊勢兵部少輔貞昌）申談候、委細、奥州（家久）様可ㇾ被ㇾ成二御相談一候条、萬事之分、別專一奉ㇾ存候、猶奉ㇾ期二後音一之時候、以上、

今度、奥州様被ㇾ成二御上洛一、關東へ就二御下向一、我等も御供申罷下候、於二兩御所樣一、御仕合無二殘所一候条、御滿足奉二察存一候、於二樣子一ハ、比志紀州・伊兵少、可ㇾ被二仰上一候、書中不ㇾ得ㇾ申候、都鄙之御覺御名譽之御事共候、就ㇾ中、先度爲二御音信一、御太刀一腰、御馬代三百疋幷びらうたう五卷送被ㇾ下候、每事御懇意忝次第共候、猶後音之節、可二申述一[候]□条、早々申上候、恐惶謹言、

霜月□[三]日　山口駿河守
　　　　　　□□[直友]（花押）

龍伯樣
參人々御中

○本文書、大日本古文書島津家文書巻之四、一七〇六號、ニ収ム、本文書ノ寫、東京大学史料編纂所所蔵島津家文書新編島津氏世録正統系圖十七代義久第二十九ニ、正文有之ト注シテ、同所蔵島津家本舊記雑録後編巻六十五ニ、御文庫二番箱義久公二巻中、義久公御譜中正文有之トアリ、（朱カキ）慶長十五年ト注シテ収ム、鹿児島県史料旧記雑録後編四巻六十五、七六七号、参看、

〔續編島津氏世録正統系圖〕 十八代家久 第三十六
○東京大学史料編纂所所蔵島津家文書36―2―1―4

（慶長十五年）
○同年十二月十一日、家久通船、筑前之海洋、時風波甚悪、因乗船及供船共、泊二相之島一（相島）、難風頻吹來汰波觔レ船、遂檣折柁碎大濤巻、諸船當二磯嚴一盡碎破、於レ是、始家久供奉之士、漸保二一命一、唯肝付伴十郎兼幸溺死、此外、陪臣奴隷殞レ命者十餘人、翌十二日、以レ書告二此事於龍伯・惟新一、如レ左、○原本ノ返點及ビ振假名、略ス、返點、編者ニ依リテ附ス、本記、東京大学史料編纂所所蔵島津家本舊記雑録後編巻六十五ニ、家久公御譜中ト注シテ収ム、鹿児島県史料旧記雑録後編四巻六十五、七七六号、参看、

正文在二文庫一、

上文切ル、、

（島津家久書状）
○磯ニ打上、漸あかり申候、誠々助不意之命候、めしつれ候衆、無二何事一候、乍レ去、肝付半十郎、其外下々之者共十人餘、相果申候、此等之様子、若我等下着以前、被二聞召付一候ハヽ、可レ為二御心遣一候条、急度申上候、自レ是者、越州（細川忠興）へ慥成舟借申、可二罷下一候間、可二御心易一候、誠惶敬白、

（注記）
「慶長十五年」
十二月十二日　陸奥守
家久（花押影）

進上
龍伯様

惟新様

○本文書ノ寫、東京大学史料編纂所所藏島津家文書新編島津氏世錄正統系圖十七代義久第二十九ニ、正文有之、慶長十五年ト注シテ、同所藏島津家本舊記雜錄後編卷六十五ニ、「在官庫」(朱書)、上文切ル、、(朱カキ)慶長十五年、此御文書四拾八番箱中ニ有之糾合スルニ上文切ル、モノト見ヘタリ、義久公御譜中ニもアリ、家久公御譜中ニモ在リト注シテ收ム、鹿児島県史料旧記雜録後編四巻六十五、七七七号、參看、大日本史料慶長十五年九月十二日ノ條、薩藩舊記後集三十ニ據リテ收ム、

〔西藩野史〕 卷之十五 家久公上 ○鹿児島縣私立教育會明治二十九年刊

○九月、(慶長十五年) ○中略、本年八月十六日ノ條參看、於レ是、江戸ヲ發シ、同月廿日、家久公ハ岐岨路(木曾路)ヲ經、尚寧ハ東海道(ママ)ヲ過キ、薩州ニ歸ル、○中山王尚寧、中山道ヲ經テ上洛ノコト、上ニ收ム、喜安日記參看、下略、一六一一年九月十日ノ條參看、

〔島津國史〕 卷二十三 慈眼公上 ○島津家編集所刊 新刊島津國史

(慶長)十五年庚戌、○中略、本年八月十六日ノ條參看、九月、○中略、同上、二十日、公及尚寧、發二江戸一、尚寧之如二駿武(ママ)一也、(慈眼公舊譜)縣官命二所レ過城邑一、治二道路一修二橋梁一、具二舟船一給二人馬一、還亦如レ之、自レ是、遂以爲レ例、同上、公、至二鹿兒島一、○中略、一六一一年九月十日ノ條參看、 公、遺二盟書於本多正純一曰、「敬事二兩御所樣一、無レ有二貳心一」、二十五日、正純、以レ書答レ之、又使二伊勢貞昌一、與二內田織部助直定一結レ盟、同上、織部助、本多氏臣、

〔南聘紀考〕 卷之下 ○東京大学史料編纂所所藏島津家本さI―12―33―64

(慶長)十五年、(庚戌)○中略、本年三月是月ノ條及ビ同八月十六日ノ條、參看、九月○中略、本年八月十六日ノ條參看、二十日、皆発二江戸一、(當代記)慶長日記、作二十四日発江戸一、誤也、二十七日、至二岐阜一云、應二必然一乎、別使二藩臣等一護二奉尚寧王一、經二東海道(ママ)一還二于薩府一、公、乃經二木曾路一還、自レ途、遣二(伊勢)貞昌使於駿府一、謝二此行恩一、初 公之出師也、告二禱于

太神宮一、至レ是、自レ途、又往謁二伊勢宮一、酬愿也、既而、十二月、公、皈自レ舟、在レ洋遭レ颶、泊二于愛島（相島）一、筑前、十一日、舟檝遂碎、而皆上レ岸、從士肝付伴十郎兼幸等溺死者十有餘人、公、乃貸レ船遷、公及尚寧、至レ自二江戸一、皆月日闕、

〔琉球國由來記〕巻十　諸事舊記　○琉球史料叢書第一巻

達磨峰西來禪院記

西來院者、前圓覺菊隱禪師開闢地也、師、自レ少有二出塵志一、故隨二圓覺洞觀和尚一、剃髮爲レ僧、曾遊二日本一登二五山一、參禪學道十餘年、從二古溪和尚一傳レ法、而受二菊隱之號一、歸二本國一、而住二圓覺寺一多年、卜二地山川村千手院一閑居、于レ時、萬曆三十七年己酉、先王尚寧尊君御宇、從二薩州一來兵船、不レ知二幾多艘一、若共戰、欲レ擧レ國鏖一、最不レ可二以レ小敵レ大者乎、於レ此、至二國王・大臣群議而爲二和睦計一、誰行二使者一、此時、國人皆不レ通二和言一、無レ爲二如何一、必使レ師、宜レ通二和睦事一、師曰、「吾老衰、只居二岩谷一、願全レ身、故深辭、時事出二急難一」、國王再召レ之、恭抱二恐懼意一、不レ得レ已應レ詔、先爲レ報二國恩一、急乘二小舟一、到二今歸仁一、欲レ降、彼軍兵、艦頭橫レ鋒、拔二白刃一、持二鐵炮一、已要レ放レ火、然不レ顧二危亡一、以二方便一、漸近二敵船一、對レ將、略通二和睦言一、來二歸首里一復奏、

翌日、又到二那覇一、向二兩將一細言、降軍已定矣、寔免二國人鏖之難一者、是師力也、粤、
先王尚寧、堅爲レ結二隣國好盟一、直
渡二御薩陽一、師亦有レ
詔隨行、師曾在二扶桑一時、幸見二
薩州大守一知レ之、故左右是宜、吾
王、又任二
薩守命一、遠行二幸關東江府一、途中陟涉、逆旅艱難、晨夕竭レ心盡レ力、三年而歸國、同三十九年辛亥（一六一一年）
曆也、乃以レ有二此功勳一、賜レ地、建二立西來院一、授二知行高八百斛一、爲二開山第一祖一、時人不レ知二倭國
風一、故雖レ爲レ僧、受二
兩國命一、掌二加判役職一、領二大里之縣一、擢二御弟部位一、賜二五色浮織掛落一也、若加特賜二球陽國師號一、
終因二甚老一、致二其職一、自安禪、
國王尚寧、有レ
命、爲二隱居寺粮一、知行高賜二四百斛一也、
萬曆四十八年庚申（一六二〇年）八月二十七日、師示寂、○下略、菊隱ノ琉球國ト島津軍トノ和睦ノ議幷ニ中山王尚寧ヘノ隨從ノコト、一六〇九年三月二十五日ノ條、同四月一日ノ第一條、同五月十一日ノ條、同五月十五日ノ條、同六月二十六日ノ第一條、同九月三十日ノ條、本年八月十六日ノ條及ビ一六一一年九月十日ノ條、參看、

○中山王尚寧ニ随従シタル琉球國官人等ノ日本薩摩國鹿児島ヨリ琉球國ヘノ歸國ノ記、一六〇九年五月十五日ノ條及ビ本年八月十六日ノ條ニ收ムル琉球家譜等、參看、

○九月二十日、鹿児島城主島津家久、江戸ヲ發シ、尋デ、鹿児島ニ還ルコト、便宜合敍ス、

十月是月、鹿児島城主島津家久、伊地知重房等ヲ竿奉行ニ任ジ、琉球國ノ先島ヲ檢地セシムルコトヲ定ム、尋デ、十二月、竿奉行伊地知重房等、薩摩國鹿児島ヲ開帆シ、徳之島及ビ沖永良部島ヲ經テ、同月二十一日、琉球國那覇ニ至ル、

〔南聘紀考〕巻之下 ○東京大学史料編纂所所藏島津家本さⅠ―12―33―64

（慶長）十五年、（庚戌）○中略、本年九月十五日ノ條等參看、十月、復遣㆓鹿島駿河守国重・毛利内膳正（○元）親・市來小四郎家治・面高連長坊俊昌・村尾右衛門兵衛重昌至㆑自㆓江戸㆒、應㆓別赴㆒也、・伊地知勝左衛門重房等十四人㆒、爲㆓竿奉行㆒、及瀧聞傳右衛門・宇都八兵衛・丸田三右衛門・野村玄蕃助・有馬主膳正純盛・有馬二右衛門・徳永源兵衛・押河權兵衛・三宅七兵衛国廣・井尻少右ヱ門・南雲順右ヱ門・海江田十兵衛・宮内源介・長田乘右衛門・末廣甚兵衛・東郷監物・池上傳兵衛・田實彦右ヱ門重政・河野与左〔衛脱〕門通之等百六十八人、如㆓先島㆒、分丈㆓量之㆒、○中略、本年十月是月ノ第二條參看、十二月、重房等、開㆓帆徳島（徳之島）㆒、歷㆓永良部（沖永良部島）㆒、二十一日、抵㆓那覇

津一、〇十月及ビ十二月二十一日ノ記、西藩田租考巻下琉租第二十五、慶長十五年十月及ビ十二月ノ記、異事ナシ、二十三日、及二隊下衆一、。〔往〕覧二首里城一、時、尚寧、尚客二于藩(鹿兒島)御城一、空虚故也、二十五日、麻文仁親方、來勞レ之、二十七日、重房等、乞二食粮於兩奉行本田伊賀守(親政)・蒲池久右ヱ門尉一、〇下略、本年正月三十日ノ條及ビ一六一一年二月三日ノ條、參看、南聘紀考ニ記セル琉球國先島檢地ノ行程ノ次第、竿奉行伊地知重房ノ日記ニ據レルナラン、

〔續編島津氏世錄正統系圖〕十八代家久　第三十五　〇東京大学史料編纂所所藏島津家文書36―1―2―3

正文在二宮原五兵衞一、

〇(島津家久書狀寫)無二何事一罷上候由、從二大坂一以二書狀一申下候、定可レ被二聞召達一候、

〇中略、本年八月十六日ノ條參看、

一、來春、　禁中御普請可レ有二御坐一由、被二仰出一候、我々儀も來春ハ御普請可レ仕候間、內々、國中其用意可レ有之儀肝要存候、就レ中、琉球納方之儀なとも大方ニ無レ之樣ニ、鹿兒嶋役人衆へ被二仰聞一、被レ添二御心一候て可レ被レ下候、

〇中略

一、被二仰付一御のほせの早使兩人、三日以前上着申候、委曾書共拜見仕候、此兩人ハ駿府下向之刻迄召置、此方之儀次第ニ可二申下一候、猶此者へ申含候間、可レ被二聞召達一候、誠惶敬白、

(注記)「慶長十五年」七月五日　陸奥守
家久(島津)（花押影）

進上

惟新（島津義弘）様

○本文書ノ寫、東京大学史料編纂所所藏島津家本舊記雜録後編卷六十五ニ、正文宮原五兵衛ニアリ、家久公御譜中ニ在リ、慶長（朱カキ）十五年ト注シテ収ム、鹿児島県史料旧記雑録後編四巻六十五、七〇三号、参看、大日本史料慶長十五年三月是月ノ第二條及ビ同八月十四日ノ條、薩藩舊記後集三十ニ據リテ収ム、

〔御文書〕義弘公　三十二通　十
○東京大学史料編纂所所藏島津家文書Ｓ島津家文書19—10—10

（附箋一）「百七十七」（附箋二）「慶長十五年　七月十二日」

（島津義弘書状）（續紙）
態企ニ一行ー候、

一、御出船以後、御左右不レ承候處、従ニ室津（播磨國揖保郡室津）ー之御状、○（慶長十五年）六月十四日島津家久書状（島津義弘宛）、本年八月十六日ノ條ニ収ム、六月晦日、致ニ下着ー披見、本望存候、○中略、本年八月十六日ノ條参看、

一、河上五次右衛門尉事、此比者をのつから順風無レ之、未ニ出船ー候、然處、伏見（山城國）へ上着候者、都之嶋（宮古島）検地之様子共、村田三郎右衛門尉を以、可レ被ニ仰下ー之由候間、今少出船延引候て、御用之儀共承候へと、紹益（島津忠長）ゟ被レ申事候、猶用ニ口上ー候間、不レ能レ詳候、恐々謹言、

（慶長十五年）七月十二日　惟新（島津義弘）（花押）

陸奥守殿
まいる

○本文書ノ寫、東京大学史料編纂所所藏島津家文書續編島津氏世録正統系圖十八代家久第三十五ニ、正文在文庫、慶長十五年ト注シテ、同所藏島津家本舊記雜録後編卷六十五ニ、御文庫四拾八番箱中、家久公御譜中ニ在リ、慶長（朱カキ）十五年ト注シテ収ム、鹿児島県史料旧記雑録後編四巻六十五、七一二号、参看、

〔武姓家譜〕 嘉陽筑登之親雲上 武姓世系圖
○那覇市史資料篇第1巻7家譜資料㈢首里系 氏集六番650

一世　二世　三世　四世　五世　六世

大宗宗祖――長男宗従――長男宗盈――長男宗茂
- 長男宗清
  - 次男宗保
  - 長男宗親
  - 長女思武太
- 次男宗次

〔武姓家譜〕 嘉陽筑登之親雲上 紀録
○那覇市史資料篇第1巻7家譜資料㈢首里系 氏集六番650

四世宗茂　小橋川掟親雲上

○中略

室、不レ知レ為二何人一、

長男、宗清、

○中略

五世宗清　野國親雲上

童名眞如子、唐名武順德、行一、隆慶元年(一五六七年)丁卯、生、

父、宗茂、

母、不㆑知㆑爲㆓何人㆒、

室、赤田村上原尓也女眞鍋、號月訢、

長男、宗親、雖㆑爲㆓長子㆒、依㆓父命㆒、不㆑續㆓家跡㆒、別有㆓家譜㆒、

次男、宗保、雖㆑爲㆓次男㆒、依㆓父命㆒、續㆓家跡㆒、

長女、思武太、萬暦三十三年（一六〇五年）乙巳、生、葉氏江洲親雲上兼寛室、

（一五七三年〜一五八八年）
尚永王世代

萬暦十五年（一五八七年）丁亥初、爲㆓御唄勢頭部㆒、

同二十八年（一六〇〇年）庚子、敍㆓黄冠㆒、

（一五八八年〜一六二〇年）
尚寧王世代

萬暦三十八年庚戌、從㆓薩州㆒、爲㆓本國之田畠竿入㆒、因㆓阿多氏・相良等渡海之由㆒、爲㆑署㆓浮豊見勢頭㆒而、到㆓永良部島㆒迎接而、爲㆓嚮導船㆒歸帆、○慶長十五年是歳、阿多某、上井里兼ト共ニ琉球國ニ遣サレ、慶長十六年三月、上井里兼、琉球國沖縄島ノ檢地帳ヲ呈スルコト、及ビ慶長十六年四月、相良頼豊、租税ノ事ヲ掌ルタメニ徳之島ニ遣サレタルコト、南聘紀考ニ見ユ、一六〇九年是歳ノ條、一六一〇年三月是月ノ條及ビ一六一一年四月七日ノ條、參看、一六一〇年、檢地ノタメ、沖永良部島ヲ經テ琉球國ニ至レルハ、伊地知重房等ナリ、

同年十二月、爲㆓勢遣富勢頭㆒、

○中略

（一六四八年）順治五年戊子二月十五日、卒、壽八十二、號瑞雪、

〔氏集首里那覇〕六番　650　○那覇市歴史博物館刊

大宗武源明江洌按司宗祖　武氏　嘉陽筑登之親雲上

○竿奉行伊地知重房等、琉球國ノ先島ノ檢地ノタメ、那覇ヲ發ス、尋デ、五月、先島ノ檢地ヲ終ヘ、七月四日、那覇ヲ發シ、與論島・德之島及ビ大島ヲ經テ、八月八日、日本薩摩國鹿兒島ニ著スルコト、一六一一年二月三日ノ條ニ、竿奉行、鹿兒島城主島津家久ニ、琉球國久米島幷ニ先島等檢地帳ヲ呈スルコト、一六一一年八月十日ノ條ニ見ユ、

鹿兒島城主島津家久、黑葛原吉左衞門及ビ宇田小左衞門等ヲ代官ニ任ジ、大島ヲ鎭ゼシム、

〔南聘紀考〕卷之下　○東京大学史料編纂所所藏島津家本さI—12—33—64

十五年、（庚戌）○中略、本年九月十五日ノ條等參看、十月、○中略、本年十月是月ノ第一條參看、又、別遣ニ黑葛原吉左ヱ門・宇田小左ヱ門等一、爲ニ代官一、莅ニ鎭大島一、是、比年霜月重房日記、蓋其置レ之、應ニ降服時一也、然大島代官記、自ニ十八年一始云、誤也、○又ヨリ莅鎭大島迄ノ記、西藩田租考卷下琉祖第二十五、慶長十五年十月ノ記、異事ナシ、

○鹿兒島城主島津家久、法元仁右衞門ヲ大島奉行ニ任ズルコト、一六一三年是歲ノ條ニ見ユ、

是歳、大島笠利間切首里大屋子爲轉、男爲季ヲ薩摩國鹿兒島ニ出シテ鹿兒島城主島津家久ノ質トス、

〔笠利（田畑）家々譜〕 ○隱居跡所傳 ○龍郷町 奄美市立奄美博物館所藏名瀬市史編纂委員会資料架藏筆寫本

爲轉 號佐文、童名思次郎金、

○中略、一六〇九年三月七日ノ條參看、

○慶長十三〔四〕年、從二日本薩州一御攻取之刻、（樺山久高・平田增宗）兩御大將召二舟一艘一者、笠利湊江御者（着カ）岸、先一番佐文爲轉江被レ向二御勢一畢、爲轉奉レ屬二薩州御手一、大島中之御手引而、則島人降參、本琉球國從首里之大屋子（大島笠利間切首里大屋子）職如レ本、○一五八八年ヨリ後、琉球國中山王尚永、大島瀬戸内東間切首里大屋子爲轉ヲ大島笠利間切首里大屋子ニ遷任セシムト傳フルコト、一五八八年五月二十七日ノ條參看、琉球國迄令二降伏一、御大將（樺山久高）御上國之、（時脫）息佐伯爲季、十一歳而、爲二質人一、始而從二大島一渡二海於薩州一、○中略、一六一三年九月十一日ノ條參看、

妻、首里大屋職女眞芋樽金、住所燒内間切内田檢村、

爲有 號佐宣、童名摩三郎金、

○中略、同上、

爲季 號佐伯、童名菊千代金、

慶長十三(四)年、琉球道之島、薩州之奉レ屬二御手一、爲二御幕下一之時、御大將、爲季江九寸五分之賜二於指添一、于レ時、十一歳也、佐伯、爲二質人一、則、　御大將、召レ舟、乘而本琉球江被レ趣之砌、大島西間切内西古見迄供奉、而希二順風一間、及二數日一、于レ時、佐伯、被レ起二急病一、而從二彼地一被二召返一也、

翌年(慶長十五年)(一六一〇年)、十二歳時、爲二質人一、始而自二大島一、薩广國上帆、　其後、及二久年一、大島名瀬間切浦用(與人)司三十年勤之時、從二笠利一、家内召連、名瀬間切内瀬師子村(龍郷)江移也、○下略、同上、コノ記、奄美市立奄美博物館資料室架藏複寫版笠利氏家譜(嫡家本)、異事ナシ、

〔笠利氏家譜〕第一巻　○龍郷町　奄美大島諸家系譜集

爲轉

號佐文、童名思次良金、

○中略、一五八八年五月二十七日ノ條及ビ一六〇九年三月七日ノ條、參看、

○慶長十三(四)年、從二日本薩州一、　御攻取之刻、兩御大將(樺山久高・平田增宗)召二舟一艘一者、笠利湊(大島笠利間切)江御着岸、先壹艘者、同間切之内雨天(宇天)湊(大島笠利間切蘆德)江御着岸、先一番、佐文爲轉江被レ向二御勢一畢、爲轉奉レ屬二薩州御手一、大島中之御手引、而則島人令二降參一、本琉球國從首里之大屋子職如レ本、琉球國迄令二降服一、御大將御上國之時、息佐伯爲季、十一歳而、爲二質人一、始而從二大島一、渡二海於薩州一、

○下略、一五八八年五月二十七日ノ條及ビ一六一三年九月十一日ノ條、參看、

〔笠利氏家譜〕第二卷　○龍郷町　奄美大島諸家系譜集

○○為輔（轉）

號佐文、大島笠利大屋職（大屋子）、

琉球國御支配之時、為二大嶋縣人造一（ママ）、本琉球、以二大屋職一令二下知一、其後、從二日本薩州一琉國御攻取之刻、屬二御手一、息佐伯為季、至二九歲一（ママ）、為二質人一、渡二海於薩州一、

○為有

○中略、一六〇九年三月七日ノ條及ビ一六一三年九月十一日ノ條、參看、

○為季

號佐伯、浦與人司相勤之砌、家內召列、名瀨間切之內瀨々子村（龍郷）江移、

及二九歲之時一（ママ）、琉國、日本從二薩州一御攻取之刻、父為輔（轉）令二降參一、即為二質人一、薩摩國江來帆、

○為季、薩摩國鹿兒島ヨリ大島ニ還リタル年月、詳カナラズ、為季ニ替リテ、為季ノ兄為有ノ男為成、質トシテ鹿兒島ニ出サル、コト、便宜、一六一三年九月十一日ノ條ニ收ム、

一六一一年（琉球國中山王尚寧二十三年・明萬暦三十九年・日本慶長十六年・辛亥）

二月三日、竿奉行伊地知重房等、琉球國ノ先島ノ検地ノタメ、那覇ヲ發ス、尋デ、五月、先島ノ検地ヲ終ヘ、七月四日、那覇ヲ發シ、與論島・徳之島及ビ大島ヲ經テ、八月八日、日本薩摩國鹿児島ニ著ス、

〔南聘紀考〕卷之下 ○東京大学史料編纂所所藏島津家本さI—12—33—64

（慶長）十六年（辛亥）二月三日、（伊地知）重房等、自二（琉球國）那覇一抵二計羅摩島一、（慶良間島）海路七里、四日、辰剋、発二計羅摩一、五日、戊（戌）剋、抵二（宮古諸島・八重山諸島）太平島一、々人有レ言云、「倭船、必自レ天祐レ島」、六日、着二船都島一、（宮古島）距二那覇一九十三里、有二村三十五一、凡長七里十二町、濶三里九町、七日、始莅二田畝一、遍正二經界一、島民慴覩、莫レ不二股栗一、十三日、正二中伽泊一、（宮古島中きや泊）二十六日、抵二八重山（西表島）島一、距二都島一七十余里、距二那覇一二百四十四里半、有二村三十一一、長七里半、闊四里半、二十九日、往皆舍二石墻島一、（石垣島）距二八重山一八里、三月、元親、抵二與那（與那國島）国一、俊昌、抵二波天留間一、（波照間島）五日、重房等、莅二正八重山一、七日、還舍二石牆一、九日、国重等、往正二湖（久米島）見島一、皆水田而、無二陸田一焉、十一日、重房亦往、十三日、還舍二石牆一、十六日、俊昌、亦還二石垣一、四月、○中略、本年四月七日ノ條參看、十一日、重房等、揚二帆石垣一、抵二嘉比良一、（石垣島川平）十九日、往正二多良摩島一、（多良間島）宇都

某・丸田某、正二氷〔水〕那島（水納島）一、○中略、本年五月是月ノ條參看、五月、各島丈完、田籍皆成、二日、重房等、發二還都島一、七日、揚レ帆、九日、還繋二計羅摩一、十日、還泊二那覇一、十七日、元親等船、十九日、国重等船、皆還二那覇一、○中略、本年五月是月ノ條參看、七ノ〔月〕四日、重房・元親・国重・家治等、揚二帆那覇一、繋二與論。島・德島（德之島）・大島等一、八ノ三日、解二纜。名瀬一、（大島名瀬間切）八日、皆歸二本府一、○下略、本年八月十日ノ條參看、南聘紀考、琉球國先島檢地ノ行程ノ次第ヲ、竿奉行伊地知重房ノ日記ニ據リテ編ジタルナラン、

〔續編島津氏世錄正統系圖〕十八代家久　巻三十七　○東京大学史料編纂所所藏島津家文書36―1―2―5

○家久、今年、降下檢二地乎琉球一之命上而、將二檢察一、夫、如二球國一、以レ隔二數百之海洋一、於二春和之時一、先欲レ濟二檢使一、故國老令三小吏書二數目之法令一、告二諸島之內檢使一、如レ左、○原本ノ訓假名及ビ返點、略ス、返點、編者ニ依リテ附ス、

正文在二伊地知越右衛門一、（琉球奉行連署狀寫）

○覺

一、御檢地之間、飯米、白米ニ而、一日壹人ニ付七合五勺宛、但、かミ之分者三合減、御內衆者二合減可レ爲候、

一、薪・野菜、人數ニ應而、米奉行衆、前より銘々御渡可レ有候、付、肴者、其所之有合ニハ可レ被二仰付一候、

一、御酒者、白酒・ミきの間ニ而、御檢地中、其間切々より、一日壹人ニ付三盃宛、可レ被二仰付一

候、

一、御検地隙明徒之日者、一日壹人ニ付能米五合ツヽ、勿論、従二在郷故実一、是有間鋪候、付、留守番ニ被二召置一候衆者、能米五合宛可レ為候、

一、故実分、米壹石ニ付銀九匁宛之直成ニ、百姓前より御請取可レ有候、

一、船頭・加子（水主）飯米之事、つき粟ニて、船頭一日壹升宛ニ、加子一日壹人ニ付七合五勺宛可レ為候、

一、油之事、御算用之間者、百姓前ヨリ調可レ申候、油無レ之所者、あかし松（明松）可レ為候、

一、田畠かくし不レ申候様ニ、其所之役人・百姓被二召寄一、堅被二仰付一可レ被レ下之事、

一、御検地衆、至二地下人一、無理非道無レ之様ニ憑存候、自然、地下衆慮外之者候者、其科如何様にも可レ被二仰付一候、

右之条々、我々申入事、慮外ニ存候へ共、去年、當國御検地衆も、加様成墨付可レ仕之由、被レ仰候間、〇琉球國沖縄島検地ノコト、一六〇九年是歳ノ條及ビ一六一〇年三月是月ノ條、参看、如レ此候、

以上、

慶長拾六年正月拾七日

日付之下有 本田伊賀守（親政）（花押影）

蒲池休右衛門（花押影）

(宮古島)
都之嶋御検地
御組頭参

○本文書ノ寫、東京大学史料編纂所所藏島津家本舊記雜錄後編卷六十六ニ、家久公御譜中正文在伊地知越右衛門トアリト注シテ收ム、鹿児島県史料旧記雑録後編四卷六十六、七九〇号、參看、本文書、大日本史料慶長十六年十二月十五日ノ第二條、薩藩舊記後集三十ニ據リテ收ム、

〔舊記雜錄〕後編 卷六十六
○東京大学史料編纂所所藏島津家本

(朱書)
「雑抄」

(喜入忠政・比志島國貞・三原重種連署書狀寫)
猶々、各与中同心之衆、不レ殘可レ有ニ歸帆一候、已上、

急度令レ啓候、其地(琉球國)御藏入方、此中取納之儀、御辛勞ニ候、節々可ニ申通一之處ニ、遠路之故、無ニ其儀一候、然ハ其地ヘ御検地衆被ニ差渡一候間、定而、頃日者相濟、可ニ隙明一候条、迎舟として六艘申付差渡候、検地衆ヘ以ニ談合一、早々、各事も与中之衆、同前ニ可レ有ニ歸帆一候、此地ヘ着船之時、以ニ面上一可ニ申達一候、恐々謹言、

慶長十六年カ
三月十四日

三原諸右衛門尉
重種(花押影)

比志島紀伊守
國貞(花押影)

喜入攝津守
忠政(花押影)

(竿奉行)
河上彥左衛門尉殿

川越右近將監殿

野村但馬守殿
伊地知釆女正殿 重康 御宿所

○本文書、鹿児島県史料旧記雑録後編四巻六十六、八〇七号、参看、本文書、大日本史料慶長十六年十二月十五日ノ第二條、薩藩舊記後集三十ニ據リテ収ム、

〔舊記雜錄〕後編 巻六十六 ○東京大学史料編纂所所蔵島津家本

「雑抄」（市來家繁書狀寫）（朱書）尚以、御宿本無事之由候、可レ易二御心一候、已上、

二月十八日之御狀、細々令二披見一候、永々其許御辛労、「慶長十五年琉球竿打ニ下ルヿアリ、其時ナルヘシ、」○傍注 不レ及二是非一候、仍各可レ被レ成二歸朝一之由、檢地衆渡海之刻、被二仰渡一候キ、然者、去納之殘米過分ニ在レ之ニ付、拂方之儀、心遣之由、被二仰上せ一候、則御老中へ申達候、先早々被レ成二歸朝一候而、可レ然之由、御返事候、殘米之事者、其元役人へ被二渡置一、次第ニ可二相拂一由申遣ニ而候、將又、税所弥右衛門尉殿・蒲地〔池〕備中守殿迄被レ遣候条書、巨細御返事兩人江申入候間、定而可レ被二仰越一候、万々御歸国之時分、可二申承一候、恐惶謹言、

疑慶長十六年
三月廿二日　市來八左衛門尉
家繁（花押影）

伊地知釆女正殿 重康
野村但馬守殿 御報

○本文書、鹿児島県史料旧記雑録後編四巻六十六、八一〇号、参看、本文書、大日本史料慶長十六年十二月十五日ノ第二條、薩藩舊記後集三十ニ據リテ収ム、

〔御當國御高幷諸上納里積記〕 ○那覇市歴史博物館架藏比嘉春潮藏本複寫版

(內題)
御當國御高幷諸上納里積記

御當國之儀、慶長拾四己酉年、「万暦三十七」○朱書 御國元御下知ニ相成候付而、同拾五庚戌年、「万暦三十八」○朱書 始而御検地被二仰付一、「本行墨ハ和年号、朱書ハ唐年号也、此下右同斷、」○朱頭書 御竿入奉行拾四人、携之役々百六拾八人被二差渡一、地下諸離、两先嶋、道之嶋迄、御手分を以、地面之御支配有レ之、同拾六辛亥年、「万暦三十九」○朱書 御目録被二召下一候、寛永六己巳年、「崇禎八、二」○朱書（一六二九年） 右御目録高減少被二仰付置一候處、同拾二己亥年、「崇禎八」○朱書（一六三五年） 御朱印高御不足之由ニ而、盛増高幷上木高御取立、「享保八卯、江戸御増高始、」○頭書 御目録被二召改一候、其以來御高之増減無レ之候處、享保七壬寅年、（一七二二年） 御國元就二大御支配一、御當地江茂御検使被二差渡一由、被二仰下一候付、翌年、年延之御訴訟被二仰上一候処、年數被二差延一候而者、御支配之御支ニ相成由ニ而御御検使ハ御免被レ成、「衍」 寛永盛増之半分増高被二仰付一、同拾二丁未年、「雍正五」○朱書 御目録被レ下候、

○目録略ス、

(朱)「◯」 慶長拾五庚戌年、「万暦三十八」○朱書 従二御國元一御検地被二仰渡一候事 ○目録ニ記サレタル題、異事ナシ、同朱頭書ニ、一トアリ、

此御検地之御法様者、先、村之位を上・中・下・下々ニ而、四段ニ差分ヶ位を定、又地之位を、右之ことく四段差分ケ、位を定、竿之積りハ、六尺五寸一間ニメ、竹ニ貳間宛相積り、是竿を以、田畠之形を見合、長横十文字ニ打込、其長横之間を帳面ニ相記し、原名・檢地名相付候、

検地名ハ、其時之持人之名を時之、御記シ被ㇾ置由候、左候而、畝歩を取立候ニは、右長横之間を掛合歩数となる、是の歩数を、田地之法三匀ニ而、三拾歩迄は割付、貳拾九歩以下ハ不ㇾ割ニメ、何町何反何畝何拾何歩と成ル、右通ニメ、畝反取立多御高を居候ニは、田方ハ分大豆と号して、右段々之位々ニ例を左之通定

□、

上村

上田一畝分米壹斗六升　中田一畝同壹斗四升

下田一畝同壹斗貳升　荒田一畝同壹斗貳升

下々田一畝同壹斗

上畠一畝分大豆壹斗貳升　中畠一畝同壹斗

屋敷一畝同壹斗　下畠一畝同八升

荒畠一畝同八升　山畑一畝同三升

（此御検地朱頭書）
「△此慶長御法ハ、文禄年間、大閤秀吉公、日本國中一統御検地被ㇾ成、其時之御法様ニ而、俗ニ京規をいへ□、京竿共申由也、」

（田地之法朱頭書）
「△田地之法ニ、一間四方ヲ一歩と云也、然者、三十歩ニ而一畝といへり、是□□□合て、三百歩を一反と云、是を十ニ合て、三千歩を一町と云、故ニ三を用て、是ゟ上ハ、何万何千何百何拾何町何反何畝何歩と筭る也、」

（上村朱頭書）
「△慶長御検地ニハ、畠方ニも下々村相立候處、當分御行之名寄帳ニ者下々村無ㇾ之候、然者、名寄帳御組立之砌、皆共下村ニ御取直し被ㇾ置ニて、可ㇾ有ニ御座一哉、其訳不ニ承知一候、然者、本文之例ハ名寄帳之表也、」

中村

上田一畝分米壹斗四升　中田一畝同壹斗貳升
下田一畝同壹斗　荒田一畝同壹斗
下々田一畝同八升
上畠一畝分大豆壹斗　中畠一畝同八升
屋敷一畝同壹斗　下畠一畝同六升
荒畠一畝同六升　山畑一畝同三升
（屋敷朱頭書）「△屋敷ハ地ノ上・中・下ニ依りて、其鍬替り方を評判ニ而一統懸ニ御定被レ置ニて、可レ有レ之哉之由、相見得候也、」

下村

上畠（田）一畝分米壹斗貳升　中田一畝同壹斗
下田一畝同八升　荒田一畝同八升
下々田同六升
上畠一畝分大豆八升　中畠一畝同六升
屋敷一畝同壹斗　下畠一畝同四升
荒畠一畝同四升　山畑一畝同三升

下村

下々村

上田一畝分米壹斗　　中田一畝同八升

下田一畝同六升　　荒田一畝同六升

下々田一畝同四升

右例を以、其段《位》之畝反ニ相掛、何十何歩ハ三ヶ割候て懸る也、此石盛を擧而高と號し候、右通、御高御取立、地下・諸離・兩先嶋（宮古諸島・八重山諸島）迄、一村ツヽ相總、此御高を國中挙而御目録高となる也、又此帳を御検地帳与申て、於レ今、御格護有レ之候、

（右例を以其位之畝反ニ相掛朱頭書）

「△高と号する事、文祿御検地ゟ始り候也、然者、分米・分大豆之例を懸出候付てハ、穀高と云へきを、唯高計申候儀、其謂然と不二相知一、於二御國元一も、評判（計）有レ之由候、世俗ニ、現米、擧句之頭を現高米□□いへは、是も穀付擧ニて之頭高なれハ、穀高と云へき、畧して高と斗云ものなるへしといへる、また、畠高者、大豆ニ被二相定一候、根本之意□□□□候、乍レ然、文祿之御検地ニも、畠方ニ相付候石付ハ、大豆と相見得候、其以前ゟ、薩州所領ニ於て、畠方大豆ニ相付候、又、粟ハ陸種之首と敎ニ書ニ有レ之候得者、粟と可レ申二相付一儀ニ候得共、粟ハ直（値）段下直候物、大豆ハ高直之物ニ而候故、粟ニ相付候ハヽ、□多少も納る間敷と之僉議ニ而、大豆ニ相付候哉と申人有レ之候得共、此儀、實不二相知一事候、雖レ然、日本一統之文祿御検地ニ畠方大豆相付たる儀、本法と存候由、相見得申候、」

但、村位定之儀、一ヶ村ニ、田上・中・下・下々、亦畠上・中・下・下々と、四段ツヽ、差分ヶ有レ之候、是卽村位也、左候得者、題目地之厚薄、所之遠近、村々橥勞等、御差引罷成、御定被レ置ニ而可レ有御座候、右位定之儀、下座ニ相見得申候故、爰ニ略ス、

上木とて、はせを敷・唐苧敷・宝ゐ（藺草）敷・桑・漆・塩屋、棕櫚網・くり（刳）舟・はき（接）舟、九年母・酢

之木・橙・青唐九年母・皮ふち九年母、唐竹、嶋尻方小塩屋等、御改有レ之、其村々御検地帳ニ御記被レ置候、

但、此上木之儀、帳面ニ記ス迄ニ而、上納ハ不レ被ニ仰付一候処、寛永拾二乙亥年（一六三五年）、右品々ノ内、はせを・唐苧・宝ゐ・桑・漆・塩屋・宗呂（棕櫚）七品は御高御取立（取）、是を上木高と申候、本高同前之上納被ニ仰付一、網・くり舟・はき舟、九年母・酢之木・橙・青唐九年母・皮ふち九年母、嶋尻方小塩屋九品は御沙汰無ニ而候得者、御當地ニ而之御支配方ハ納分被ニ仰付置一候、唐竹之儀〔も〕□御買入之筋被ニ仰付置一候、其御支配方、下座ニ相見得申候、是又、ひらた舟（艜）・大長くちや舟・長くちや舟・楷船・はき舟、名寄帳ニ取立有レ之由候処、上納御免之趣、是又、其訳委細下座ニ相見得申候、

牛馬之儀、御改迄ニ而何茂上納ハ不レ被ニ仰付一候処、寛永拾二乙亥年ゟ、口銀上納被ニ仰付一候、其御支配方下座ニ相見得申候、人數改も有レ之候、此改ハ切支丹宗門改とハ格別ニ而候、切支丹改ハ、「崇禎」寛永十三丙子年（一六三六年）ゟ始ル也、○朱書 ○下略、本年九月十日ノ條參看、那覇市史資料篇第1巻2所收御当国御高並諸上納里積記ニ依リテ訂補ス、

〔島津國史〕巻之二十三 慈眼公上 ○島津家編集所刊 新刊島津國史

（慶長）十六年辛亥春正月、○中略 十一日、琉球王（中山王尚寧書状）獻ニ公（島津家久）書一曰、「向在ニ貴國一、辱賜ニ欵待一、於レ今不レ忘、殊蒙ニ此地安堵之命一、見レ惠ニ楮國（圍）三百帖、茶壺一箇一、厚恩重ニ於泰山一、爰獻ニ華酒二壺一、用充ニ薄儀一、不

宣」、（慈眼公舊譜）同上、楮國、蓋謂レ紙、○本記、東京大学史料編纂所所藏島津家文書御文書家久公十四巻十九所收（萬暦四十年）（一六一二年）端月十一蓂（正月十一日）中山王書狀（島津家久宛）ヲ慶長十六年譜ニ採錄シタル同所藏島津家文書續編島津氏世錄正統系圖十八代家久第三十七ニ據レリ、本年九月十日ノ條參看、公、命二有司一、議二琉球丈量事一、十七日、本田伊賀守與兵衞改稱二伊賀守一・蒲地〔池〕休右衛門、書二丈量法九條一、○慶長十六年正月十七日琉球奉行連署狀、上ニ收ム、以授二都之島丈量有司一、其告二諸島有司一、亦如レ之、（慈眼公舊譜）同上、都之島、蓋謂二宮古島一、諸島、蓋謂二大島・喜界島・德之島等一、

〔球陽〕附巻一 目錄 ○東京大学史料編纂所所藏謄寫本

尚寧王

○中略

鄭○鄭秉哲

二十一年、○中略、朱頭書ニ、萬暦卅七己酉、行末朱書ニ、同十四（慶長）トアリ、

附

鄭 久米島具志川大掟、纏二石于身一沈二沒洋中一、

〔球陽〕附巻一 尚寧王 ○東京大学史料編纂所所藏謄寫本

二十一年、○中略、朱頭書ニ、卅七己酉、行末朱書ニ、同十四トアリ、

○中略

附 久米島石那覇按司男孫仲城、赴二中華一、肆レ業時、日々遨遊、于レ外專玩間事、不二曾讀書習禮一、而歸至二故鄉一、父仲城按司（石那覇按司男）聞二知其事一、遂逐二放之一、至二于父卒一、遂令三次男繼二家統一、任二

仲城按司職一、而幼稚孩童、不レ能三專務二政事一、莅二治人民一、即托二堂之比屋一、攝二理其事一、至二於後日一、堂之比屋、心懷二謀叛一、密弑二其幼男(仲城按司次男)一、而揜二其弑害一、假爲二病卒一、以奏二中山一、且疏請拜二受其職一、幸蒙二兪允一、實授二仲城總地頭職(久米中城間切)一、自レ此之後、威勢日盛、矜傲愈極、後撰二吉辰一、赴二仲城一時、行到二中途一、自レ馬落レ地、驟然而卒焉、即時、仲城嫡子久米仲城(石那覇按司孫)、繼二先父之業一、拜二受仲城按司職一、而仲城、前爲二大掟一時、薩州商船颶二到久米島一、長礁衝二破船隻一、具志川大掟、要以二殺害一、仲城深諫止レ之、給二與口粮一、修二製船隻一、送二還故郷一、萬曆庚戌(三十八年)、薩州人民、來二到中山一、正二經界一均二田地一之時、招二來大掟二名一、即擒二具志川大掟一、故流二先島一、而赴二慶良間一時、纏二石于身一、沈二沒洋中一、仲城荷二蒙褒美一、拜二受久米兩郡總地頭職一、擢二座敷位一、其次男島仲城、爲二夫地頭一、兼二任地頭代職一、至二崇禎年間(一六二八年〜一六四四年)一、製二養小蘇鐵樹一、移二植盆上一、以備二聖覽一、聖主(中山王尚豐カ)、深蒙二褒嘉一、今、小蘇鐵、自レ此而始焉、嫡子島仲城、繼二父之家統一、拜二受夫地頭職一、改二名儀間一、後爲二地頭代役一、擢二座敷位一、時令三郡民毎レ名栽二植蘇鐵樹三十顆一、以備二荒凶之資一、 ○蘇鐵栽培ノコト、便宜、揭グ、

○鹿兒島城主島津家久、伊地知重房等ヲ竿奉行ニ任ジ、琉球國ノ先島ヲ檢地セシムルコトヲ定ム、尋デ、十二月、竿奉行伊地知重房等、薩摩國鹿兒島ヲ開帆シ、德之島及ビ沖永良部島ヲ經テ、同月二十一日、琉球國那覇ニ至ルコト、一六一〇年十月是月ノ第一條ニ、竿奉行、島津家

久ニ、琉球國久米島幷ニ先島等檢地帳ヲ呈スルコト、本年八月十日ノ條ニ見ユ、

○正月十七日、琉球奉行本田親政等、宮古島檢地組頭ニ覺ヲ與フルコト、便宜合敍ス、

四月七日、是ヨリ先、鹿兒島城主島津家久、相良頼豊幷ニ有馬重純ニ德之島ノ租税ヲ掌ルコトヲ命ズ、是日、頼豊等、大隅國根占ヲ發シ德之島面縄ニ赴ク、

〔南聘紀考〕巻之下 ○東京大学史料編纂所所藏島津家本さI―12―33―64

(慶長)十六年、(辛亥)○中略、本年二月三日ノ條參看、四月、公、(島津家久)又遣二相良勘解由頼豊・有馬次右衞門重純一、率二根占士人蜂須賀次右ヱ門・脇田三左ヱ門・脇田金兵衞・高崎監口(ママ)・脇田彦右ヱ門・稲留治右ヱ門・高崎七右ヱ門・山下葛右ヱ門・鶴田早兵衞・大内山甚三郎・磯永長次郎、大工、武正才右ヱ門、小工、助三・大塚六右ヱ門・大塚源六、船頭、岩重・肥前、目案、竹之内六右ヱ門、父入野新三、橋左近將監等一、往鎭二德島一、(德之島)掌二租税事一、七日、頼豊、出二船根占一、(大隅國肝屬郡根占湊)赴二于面縄一、(德之島面縄間切面縄湊)○四月ノ記、西藩田租考巻下琉租第二十五、異事ナシ、

五月是月、琉球國進貢使王舅毛安頼、明皇帝勅ヲ捧ジテ明ヨリ琉球國ニ還ル、尋デ、日本薩摩國鹿兒島ニ至リ、琉球國中山王尚寧ニ明皇帝勅ヲ

呈ス、

〔歴代寶案〕○第一集 第十八 國王咨 自成化十七年至天啓七年 ○沖縄県立図書館史料編集室編歴代宝案校訂本第一冊

（琉球國中山王尚寧咨）
琉球國中山□〔王〕尚 □〔爲〕ニ

開讀、進 貢、謝

恩等事一、萬曆參拾玖年拾月拾九日〔ママ〕、出奔歸國、

欽ミ奉

皇帝勅ニ諭中山王尚寧一、「近、（皇帝勅）該福建撫按官題稱、（巡撫・巡按）「差來王舅毛鳳儀、（福建撫按官題）齎ニ捧表文・□〔方〕物一稱、「王國、（琉球國中山王府法司咨）因レ遭ニ倭乱一、致レ□〔緩〕□〔貢〕期一レ、○以上、福建撫按官題、念爾、當ニ□〔喪〕亂之□〔秋〕一、□〔猶〕切ニ緩レ貢□〔之〕□〔懼〕一、□〔深〕□〔惻〕ニ

朕懷一、茲、□□〔特降〕レ勅□□〔撫慰〕、爾、還レ國□□〔之日〕、□□〔務當〕撫ニ安流散一、保ニ□□〔守疆〕場一、脩貢□〔如〕レ□〔常〕、永堅ニ□〔恭〕

□〔順〕一、庶レ不レ負ニ朝廷恤ニ遠字〔宇〕一之意上、□〔其〕該國與□〔倭〕國前後事情、爾、再行ニ奏報一、以憑裁處、故諭レ爾□〔知〕」○以上、萬曆三十八年十二月十六日皇帝勅、等情、欽レ此欽遵、先據ニ案照一、萬曆三十九年五〔月〕內、據下差飛ニ報倭乱事情一王舅毛鳳儀〔安頼〕・長史金應魁等、□□〔齎捧〕ニ

皇帝勅諭一、到レ□〔國〕、□□〔隨航〕海入レ□〔倭〕稱上、「報ニ倭乱一、事竣回還」（毛安頼等言）、據レ稱、「□〔紫〕泥□〔封〕內、未レ知レ作ニ何緣由一、未三敢擅ニ便開啓一」（毛安頼等言）等情、據レ□〔此〕、□□〔切以〕

天威遠播、夷酋、咸惶喪レ膽、

帝勅頒□〔臨〕、倭君〔島津家久〕亦悉傾レ心、歸國爪〔瓜〕期、本有レ定レ吉、
欽ニ奉　勅諭一、遂加レ礼隆、〔福建等處承宣布政使司咨〕「增ニ差二員首目一、帶ニ領二百餘從一、□〔坐〕ニ駕二船一、護送□〔歸〕國」等情、□〔旧〕
〔萬曆三十九年〕(ママ)年拾月十九□〔日〕、□〔臨〕ニ按藩城〔首里城〕一、□〔官〕□〔民〕胥慶□□、遵將ニ欽□〔奉〕
勅諭一
開讀、「欽依奉行」〔皇帝勅〕、□〔欽〕レ□〔此〕欽遵、復蒙下
□〔當〕ニ進　貢謝
天恩疊賜ニ哨船二□〔隻〕一、給中與毛鳳儀□〔等〕上、坐駕□□〔歸國〕、恩同頂戴、茲當下平ニ定疆土一如レ故、士民維新上、例
恩供ニ脩藩職一、今、特遣ニ法司馬良弼・正議大夫鄭俊一、率ニ同使者・通事□□〔等官〕一、齎ニ捧
表箋一、坐ニ□□□〔駕船隻〕一、裝ニ載馬四匹、硫磺一萬觔一、慮下□〔因〕ニ船□〔隻〕窄一□〔不〕レ堪重載上、□〔内〕、先伍千伍百觔、
封下載在ニ參拾九年十□□［一］〔月〕内一差遣急ニ報歸國事一人船上、前來投遞、請、候ニ正貢船隻到レ省、一□〔并〕〔福建〕
類齊〔齎〕、進ニ奉萬曆參拾九年
貢額一、○中略、本年九月十日ノ條參看、希、咨文事理、伏乞ニ逐一查照歸國一、倭寇平定情由、伏乞、
題奏施行、爲レ此移咨、須至レ咨者、
右　咨ニ
福建等處承宣布政□〔使〕司一、

萬暦四拾年（一六一二年）正月　　日

咨勅 ○全文、本年九月十日ノ條ニ收ム、本咨文ニ引載セラレタル萬暦三十八年十二月十六日明皇帝勅（琉球國中山王尚寧宛）、歴代寶案第一集巻一所收ニシテ、一六一〇年正月三十日ノ條ニ收ム、

二

〔系譜抄〕 ○沖縄県立図書館所蔵東恩納寛惇文庫架蔵明治四十一年採集史料

（氏集二番）
2　章姓　上間親方当二佐久間一

大宗正成宜野灣親方

○中略、同上、

○中略、一六〇九年五月十五日ノ條參看、

尚寧王代

万厂（暦）三十七年己酉、薩刕与興レ兵、本国始降、乃寧王（尚寧）航二于薩刕一、○中略、一六〇九年五月十五日ノ條參看、爲二小赤頭一、扈二従寧王一、到二江府及駿河一、事畢、歸在二薩州一正逢、○一六一〇年八月十六日ノ條參看、辛亥（慶長十六年、一六一一年）之夏、貢使毛氏使池城親方安頼、來到二薩刕一、稟二明中国公事一、太守家久公、卽命二安頼一、見二家康（徳川）公一、又随二安頼一、再到二駿河一、是年冬、後二于寧王一而歸国、○本年五月是月ノ條參看、琉球國中山王尚寧、本年九月二十日ニ鹿児島ヲ出デ、十月二十日ニ琉球國那覇湊ニ著スルコト、本年九月十日ノ條ニ見ユ、

〔續編島津氏世錄正統系圖〕十八代家久　第三十七 ○東京大学史料編纂所所藏島津家文書36―1―2―5

正文在二琉球國加賀壽一、

（島津家家老連署書狀寫）
○先年、自二琉球一池城爲二遣唐使一渡楫之時、爲二船主一被二渡海一、無二異儀一歸朝之段、

（島津家久）
奥州様簡要被㆑思召㆒候、自㆑今以往、別而被㆑抽㆓忠貞㆒、可㆑有㆓御奉公㆒候、恐々謹言、

慶長十六年三月十五日

比志島紀伊守
國貞（花押影）在㆓日付下㆒、

樺山權左衞門尉
久高（花押影）

加賀壽

○本文書ノ寫、東京大学史料編纂所所藏島津家本舊記雜錄後編卷六十六ニ、正文在琉球國加賀壽、家久公御譜中ニ在リト注シテ收ム、鹿児島県史料旧記雑録後編四巻六十六、八〇八号、參看、加賀壽、王舅毛安頼ニ先ジテ、琉球國ニ還リ、尋デ、鹿児島ニ參リ島津家久ニ毛安頼ノ入明ノ次第ヲ報ジタルナラン、

〔中山世譜〕附卷　卷之一　○沖縄県所藏康熙四十年序本

尚寧王

○中略
（萬曆）
三十九年辛亥、爲㆑稟㆓出㆑使中國㆒、竣㆑事、毛氏池城親方安頼到㆓于薩州㆒、赴㆓駿府㆒、

〔中山世譜附卷〕卷之一　○琉球史料叢書第五卷

尚寧王

○中略
（萬曆）
三十九年辛亥、○中略、本年九月十日ノ條參看、

本年、爲㆘稟㆓明進貢王舅事竣回國㆒事㆖、遣㆓毛氏池城親方安頼㆒、到㆓薩州㆒、又赴㆓駿府㆒、其冬回國、○中略、一六〇九年九月三十日ノ條參看、翌年（萬暦三十八年）正月二十日、安頼爲㆘乞㆑體㆓恤遭難㆒、兼贖㆓修貢職㆒事㆖、奉㆑命、爲㆓王舅㆒、同㆓長史金應魁・使者俞氏重光等㆒、坐㆓駕楷船㆒、入㆑閩赴㆑京、○一六一〇年正月三十日ノ條參看、辛亥夏、事竣歸㆑國、卽赴㆓薩州㆒復命、又赴㆓駿府㆒、以聞㆓將軍家康公㆒、而回國、

〔球陽〕附卷一 目錄 ○東京大学史料編纂所所藏謄寫本

尚寧王

○中略

二十一年、鄭○鄭秉哲 ○中略、朱頭書ニ、同（萬暦）卅七己酉、行末朱書ニ、同（慶長）十四トアリ、

鄭（安頼）毛鳳儀等、馳㆓報兵警㆒、致㆑緩㆓貢期㆒、

〔球陽〕附卷一 尚寧王 ○東京大学史料編纂所所藏謄寫本

二十一年（尚寧王）、○中略、朱頭書ニ、同卅七己酉、行末朱書ニ、同十四トアリ、

毛鳳儀等、馳㆓報兵警㆒、致㆑緩㆓貢期㆒、

○中略、一六一〇年正月三十日ノ條參看、爲㆘恤㆑遭㆓倭難㆒兼贖㆓修貢職㆒事㆖、鳳儀、爲㆓王舅㆒、仝長史金應魁具志親雲上等、坐㆓駕楷船㆒、赴㆑閩、進㆑京、公務全竣、辛亥之夏（一六一一年）、歸㆓來本國㆒、卽赴㆓麑府㆒、（島津）家久公、賞賜㆓腰刀・馬鞍等㆒、拜㆓受法司㆒、亦到㆓駿府㆒、朝㆓見 將軍家康公㆒、奏㆓聞中國之事㆒、公務全竣、其冬、

歸國、前請ニ命於（徳川）家康公一、故赴ニ駿河一、復レ命、

〔南聘紀考〕巻之下 ○東京大学史料編纂所所藏島津家本さＩ―12―33―64

十六年（慶長）、（辛亥）○中略、本年二月三日ノ條及ビ同四月是月ノ條、參看、四月、○中略、本年四月七日ノ條參看、此月、奉行本田親政等、催ニ麻文仁等一、遣ニ紋船一、聘ニ貢于魔府一、（家久）公乃遣レ使、飛ニ報山口直友一、以聞ニ神祖（徳川家康）一、○紋船ノ來航、南聘紀考、慶長十六年四月此月ニ掲グレドモ、慶長十七年（一六一二年）三月ナルコト、大日本史料慶長十六年十二月十五日ノ第二條合敘、明年ニ至リ、尚寧使ヲ遣シ、質ヲ島津氏ニ納レ、義弘之ニ復書シ、又、家久、琉球ノ政令ヲ定メ、幕命ニヨリテ、琉球ノ婦女ヲ徵スル事等參看、五月、○中略、本年二月三日ノ條參看、前レ此、神祖、命レ公、屢勸ニ中山王通ニ信于明國一、○一六一〇年正月三十日ノ條參看、至レ是、二十六日、山口直友、奉レ旨、使ニ遣使一致ニ公書一令レ聞ニ彼消息一、復。（更）催レ之、且饋ニ小屏風一、○（慶長十六年）五月二十六日山口直友書狀（島津家久宛）、下ニ收ム、六月四日、所ニ嚮遣一飛報、達ニ駿府一、直友以告ニ神祖一、神祖、大懽曰、「琉使所レ言、今爲ニ若何一欲レ有ニ親聞一、以猶能諭レ汝、其傳レ之」、直友、乃六日、復ニ公書一、使和久甚兵ィ（衛）來、傳ニ其事一、

〔御文書〕家久公十五 巻二十 ○東京大学史料編纂所所藏島津家文書Ｓ島津家文書5―7―12

（山口直友書狀）（折紙）
以上、

一書令ニ啓上一候、爰許相替儀無ニ御座一候、

（徳川家康）上様御機嫌能駿府被レ成ニ御下着一候、○家康、京ヲ發シテ駿府ニ還ルコト、大日本史料慶長十六年四月十八日ノ條ニ見ユ、弥々御息災之儀候、御心易

可レ被二思召一候、先度御在京之砌も、○家康、上洛シテ二條城ニ入ルコト、大日本史料慶長十六年三月十七日ノ條ニ見ユ、琉球ゟ唐へ通用之儀、無二御油斷一、御才覺可レ被レ成旨、御諚候キ、琉球王ゟ唐へ之御使者、（毛安頼）漸可レ爲二歸朝一候条、其口上之趣、被二聞召届一、唐へ重而様子被二仰渡一、御尤存候、猶於レ趣ハ、御年寄衆迄申入候条、可レ被レ得二御意一候、將亦、小屏風一双進上申候、表二寸志一計候、猶口上ニ申含候、恐惶謹言、

（慶長十六年）五月廿六日　山口駿河守
　　　　　　　　直友（花押）

（島津家久）奥州様
　參人々御中

○本文書ノ寫、東京大学史料編纂所所藏島津家文書續編島津氏世錄正統系圖十八代家久第三十七ニ、正文在文庫、慶長十六年ト注シテ、同所藏島津家本舊記雜錄後編卷六十六ニ、御軸物拾番箱中、家久公御譜中ニ在リ、慶長十六年ト（朱カキ）注シテ收ム、鹿児島県史料旧記雑錄後編巻六十六、八三五号、參看、

○琉球國中山王府攝王妃王弟暫看掌國事法司馬良豐、明福建等處承宣布政使司ニ、倭亂ニ依リテ貢期ヲ緩シテ貢職ヲ修スルヲ咨スルコト、一六一〇年正月三十日ノ條ニ見ユ、

○五月ヨリ後、琉球國進貢使王舅毛安頼、日本駿河國駿府城ニ參リテ、前征夷大將軍徳川家康ニ明ヘノ進貢ノ次第ヲ奏スルコト、便宜合敍ス、

八月十日、竿奉行、鹿児島城主島津家久ニ、琉球國久米島幷ニ先島等検地帳ヲ呈ス、

〔南聘紀考〕巻之下 ○東京大学史料編纂所所藏島津家本さI―12―33―64

（慶長）十六年、（辛亥）○中略、本年二月三日ノ條及ビ同四月七日ノ條、参看、八（月）ノ三日、解二纜一（名瀬）、八日、皆歸二本府一（鹿児島）、十日、造レ朝、就二岩切彦兵ｲ（衛）国信一、進二撿地帳一、沖縄及先島、總計税額捌萬玖仟捌拾陸斛、一説、作二拾壹萬參仟肆拾壹斛玖斗陸升零一、蓋應下併二道島一計上之也、然當時道島未レ正二田税一、恐追書誤、△但其量地、因二京制一、以二六尺五寸一爲レ歩、三十歩爲レ畝、而所レ謂、壹石以二籾壹石五升一定レ之、蓋如二我藩（慶長）十九年例云一、△海東諸國記、計田用二日本町段一、其法以二中人平歩一、兩足相距爲二一歩一、六十五歩爲二一段一、十段爲二一町一、一段准二我五十負一、○鼇頭ニ、抹消セラレタル海東諸國記以下ノ文アリ、○下略、本年九月十日ノ條参看、西藩田租考巻下琉租第二十五、慶長十六年八月八日ノ記、一説ノ石高ヲ、十七年竿琉球税額則拾壹萬參仟百本百、或作四拾、壹石玖斗陸升陸合壹勺伍撮云ニ作ル、

〔御當國御高幷諸上納里積記〕○那覇市歴史博物館架藏比嘉春潮藏本複寫版

慶長御検地以前御當國地方御支配之事○目録ニ記サレタル題、異事ナシ、同朱頭書ニ、四十一トアリ、

慶長御検地以前御當地御支配之次第、田者稲之かやを付、畠ハ粟之ぬきを付、上納何分与被二召定一、支配方有レ之、右上納を三かない（貢）と爲レ号由候、

〔要用集〕一 ○鹿児島県史料集第二八集 要用集（上）

一 京竿以来御検地高作様之事

（一五九六年）文禄五年京竿高総帳之惣高

一 高頭六拾萬五千八百六拾三石余

薩隅並日向諸縣郡

○中略但、琉球国並道之島ハ京竿之御検地帳無二御座一候付、高之候様相知不レ申候、

慶長十五年之竿

一　高頭拾壱萬三千四拾壱石九斗六升余

琉球国

右、如二京竿一（文祿三年檢地）上中下之村・田畠、応レ位、分米・大豆を以て相定高如レ此之由、古帳相見得申候、

慶長之新竿、籾三俵、石にして、壱石五升ニ而高壱石ニ作ル、

○薩隅並日向諸縣郡高ノ記、略ス、東京大学史料編纂所所藏島津家文書薩隅日田賦雜徵所收要用集書拔、本書ト少異アレドモ、略ス、

〔琉球産業制度資料〕○近世地方經濟史料第十巻 第九巻 古老集記類の一

慶長御高并寛永御高、道之島高付屆之事

御當國之儀、慶長十四年、御國元御下知に相成候に付て、同十五年初、御檢地被二仰付一、御竿入奉行十四人、携之役々百六拾八人、被二差渡一、地下・諸離島（宮古諸島・八重山諸島）・兩先島・道之島迄、御手分を以、地面之御支配有レ之、同十六年、御目録被二差下一候、寛永六年（一六二九年）、右御目録高減少被二仰付置一候處、同十二年（一六三五年）、盛增高并上木高共御取立、御目録被二召改一、其以來、御高之增減無レ之候、○下略

〔琉球國中山世鑑〕○沖縄県所藏尚家本 序

琉球國中山王世繼總論○中略、一六〇九年五月十五日ノ條參看、

尚寧、○中略、同上、

明年、又遣二本田伊賀守(親政)・蒲地(蒲池)久〔休〕右衛門尉一、使二都鄙有一レ章上下有一レ服、○本田親政及ビ蒲池休右衛門尉、一六〇九年五月ノ島津軍ノ那覇出船ニ際シ、琉球國ニ留マリタル奉行ナルコト、一六〇九年五月十五日ノ條參看、又使二阿多氏・相郎〔良〕氏・野村氏・市來氏・高崎氏・別符氏・栢原氏・毛利氏・瀧聞氏・伊地知氏・鹿嶋氏・上井氏等一、正二經界一、均二井地一矣、始有下伍二我田疇一、褚二我衣冠一之謗上、終有下我敎二子弟一、我植二田疇一之頌上矣、其明年、家久公、垂レ仁厚レ禮、解二呉囚一、爾來、○中山王尚寧、本年九月二十日、薩摩國鹿兒島ヲ發シ、十月二十日、琉球國ニ歸著スルコト、本年九月十日ノ條參看、球國入二貢於薩州一每年也、

尚寧、在位三十二年、薨、○下略

〔中山世譜〕附卷 卷之一 ○沖縄県所藏康熙四十年序本

尚寧王

○中略

本國爲二薩州附庸一者、至レ此百有餘年矣、○中略、一六〇九年四月一日ノ第一條參看、於レ是、(萬曆)三十七年己酉、 薩州太守家久公、遣レ師來伐、小大難レ敵、開城而降、王、從二彼軍師一、到二于 薩州一、達二投誠之情一、次年庚(萬曆三十)

八年）戌、薩州、遣二本田伊賀守等一、使二都鄙有レ章上下有レ服、又遣二阿多氏等一、正二經界一、均二井地一、而始爲レ抽二稅田里一、〇下略、本年九月十日ノ條參看、

〔中山世譜附卷〕〇卷之一 琉球史料叢書第五卷

尙寧王

〇中略

（萬曆）三十八年庚戌、〇中略、一六一〇年八月十六日ノ條參看、

本年、薩州太守、遣二本田伊賀守等一、都鄙有レ章、上下有レ分、又遣二阿多氏等一、均二井地一、正二經界一、而始爲二賦稅一、從レ此每年、納二貢于薩州一、永著爲レ例、

〔球陽〕附卷一 目錄 〇東京大学史料編纂所所藏謄寫本

尙寧王

〇中略

鄭〇鄭秉哲 二十二年、薩州遣レ使、始定二本國田地所レ出米數一、〇朱頭書ニ、萬曆卅八庚戌、行末朱書ニ、慶長十五トアリ、

〔球陽〕附卷一 尙寧王 〇東京大学史料編纂所所藏謄寫本

二十二年、薩州遣レ使、始定二本國田地所レ出米數一、〇朱頭書ニ、萬曆卅八庚戌、行末朱書ニ、慶長十五トアリ、

（島津家久）薩州大守、遣二高崎氏・尾張氏等一、均二井地一、正二經界一、始定二賦稅一、貢二于薩州一、此時、本國田地

所レ出之米數、通共八萬三千八十四石九斗四升五合八勺六才、（撮、下同ジ）

〔琉球國都之嶋平良間切松原村御檢地帳〕○田村浩『琉球共產村落之研究』第三章

○上略

竿

鹿島駿河守（國重）

慶長十六年辛亥四月七日　井尻勝右衞門

別府藤內左衞門

以下十三人連名

○上井里兼、日本薩摩國鹿兒島ニ還リ、鹿兒島城主島津家久ニ琉球國沖縄島檢地帳ヲ呈スルコト、一六一〇年三月是月ノ條ニ、竿奉行伊地知重房等、琉球國ノ先島ノ檢地ノタメ、那覇ヲ發ス、尋デ、五月、先島ノ檢地ヲ終ヘ、七月四日、那覇ヲ發シ、與論島・德之島及ビ大島ヲ經テ、八月八日、日本薩摩國鹿兒島ニ著スルコト、本年二月三日ノ條ニ見ユ、

○本條幷ニ本條參考ニ揭グル琉球國檢地ノ史料、沖縄島檢地帳及ビ久米島幷ニ先島等檢地帳ヲ併セテ記セルコトアリ、慶長十五年三月ニ島津家久ニ呈サレタル琉球國沖縄島檢地帳及ビ同十六年八月十日ニ家久ニ呈サレタル琉球國先島等諸島檢地帳、今傳ハラザルニ依リテ、御當國御高幷諸上納里積記及ビ御財政等ニ收ムル慶長十五年沖縄島檢地帳及ビ慶長十六年先島等檢地帳

ノ記ニ關ハル文書等ヲ、参考ニ掲グ、

〔参考〕

〔御當國御高幷諸上納里積記〕〇那覇市歴史博物館架蔵比嘉春潮蔵本複寫版

(朱)「〇」「崇禎八」寛永拾二乙亥年、(一六三五年)〇朱書盛増高・上木高御取立御目録御改被レ下候事〇目録ニ記サレタル題、異事ナシ、同朱頭書ニ八トアリ、

御朱印高御不足之由ニ而、盛増・上木高御取立御登中、御連名之御目録被ニ召下一候、

(島津家家老連署盛増高上木高取立目録)

琉球諸嶋

恵平屋嶋(伊平屋島)

一、高五百石壹斗九升三合五勺　前竿(慶長竿)

〇盛増、上木方及ビ合高、略ス、以下、同ジ、

伊是名嶋

一、高六百九拾六石六斗貳升壹合　前竿

〇中略

伊恵嶋(伊江島)

一、高三千三百七拾石九斗三升八合　前竿

〇中略

沖縄

一、高五万七千九拾石五斗三升四合　前竿

（中略）

計羅（摩）广島

一、高百八拾八石八斗貳升三勺　前竿

（中略）

戸無嶋（渡名喜島）

一、高四拾壹石四斗四升四合五才　前竿

（中略）

粟嶋（粟國島）

一、高六百七拾五石八斗五升六合　前竿

（中略）

久米嶋

一、高三千貳二百五拾壹石四斗七升九合　前竿

（中略）

宮古嶋

一、高壹万千貳百八拾八石壹斗貳升五合九勺　前竿〇宮古島ノ高、下ニ收ムル寛永六年（一六二九年）八月二十一日琉球國知行目錄ニ據リテ、慶長竿高ヨリ六千餘石ヲ減ゼラレタル高ナリ、

略〇中

八重山嶋

一、高五千九百八拾石九斗三升三合六勺六才　前竿

略〇中

合高九萬八百八拾三石九斗壹合貳勺七才〇各島ノ、前竿、盛增及ビ上木方ヲ合シタル高ナリ、

内

八万三千八拾四石九斗四升五合八勺六才〇諸島前竿ノ合高、

〇盛增及ビ上木高、略ス、

右之外、道之嶋者、新竿之内檢、□（無）ニ出入一有レ之候間、相除者也、

〇本高及ビ上木高ノ増高取立様、略ス、

右、定所如レ斯、

寛永拾二年乙亥八月十日　鎌田出雲守（政統）〇上木高ニツキテノ頭書、略ス、

三原（重庸）左衞門佐
山田（有榮）民部少輔
川上（久國）左近將監
嶋津（久慶）彈正大弼

三司官
金武（尚朝貞）王子

〇慶長竿高、本書ニ收ムル、享保拾二丁未年御國元就大御支配增立被仰付候事所收享保拾二丁未六月十五日島津家家老種子島久基署判增盛高御取立御目錄ニ記セル琉球國諸島ノ慶長竿高ト、異事ナシ、

〔御當國御高并諸上納里積記〕 〇那覇市歷史博物館架藏比嘉春潮藏本複寫版

〇寛永六己巳年「崇禎二」〇朱書、御目錄高減少被㆓仰付㆒候事 〇目錄ニ記サレタル題、異事ナシ、同朱頭書ニ六トアリ、

慶長御目錄高之內、相違之儀有㆑之、右御目錄、可㆓差登㆒由、寛永五戊辰年「崇禎元」〇朱書（一六二八年）、依㆓御下知㆒以㆓金武王子㆒、被㆓差上申㆒候ニ付、六千石六斗九升被㆓召減㆒、久公（島津家久）御判之御目錄御改被㆑下候、

（琉球國知行高目錄寫）
琉球國之內知行高目錄写

沖繩

高五万七千九拾石九斗三升

久米

高三千貳百五拾壹石四斗七升

計羅广（摩）

高百八拾八石八斗貳升

宮古嶋

高壹万千貳百八拾八石壹斗二升五合九勺

八重山島

高五千九百八拾石九斗三升四合

粟嶋

高六百七拾五石八斗五升

登那幾島（渡名喜島）

高四拾壹石四斗四升

伊是名嶋

高六百九拾六石六斗貳升○伊是名嶋ノ二行、高四拾壹石四斗四升ノ行ト伊惠嶋ノ行ノ下ニ追記サル、

伊惠島

高三千三百七拾石九斗三升

与部屋嶋（伊平屋島）

高五百石壹斗九升

惣合高八萬三千八拾石三斗壹升

右、知行之事、永々進置候間、可レ有二御承知一也、

寛永六年己巳八月廿一日　家久（島津）御在判

中山王（尚豊）

（琉球國之内知行高目録写朱頭書）「△慶長御高之内、宮古嶋高相違之儀有レ之、六千石餘被二召除一由候、其御算用目録、下座ニ相見得候也、」

「○」（朱）慶長御目録高之内、六千石餘被二召減一候御算用目録之事　○目録ニ記サレタル題、異事ナシ、同朱頭書ニ七トアリ、

（御算用目録寫）御算用目録

高八万三千八拾四石九斗四升五合九勺六才

右之外

高六千四拾石九斗貳升四合貳勺

右者、宮古嶋高相違ニ付、此節先被二召除置一候、後日御沙汰可御沙汰可レ有之由候、

寛永五年五月十三日「崇禎元戊辰」○朱書　新納々納田次官（勘解由）判

本田伊豫守判

町田縫殿判

児玉源介殿

（寛永五年五月十三日朱頭書）「△此ノ被二召除一候御高、寛永六之御目録引當少々替目有レ之候、」

〔琉球産業制度資料〕第九巻　古老集記類の一　○近世地方経済史料第十巻

寛永六年、御目録高減少被二仰付一候事

慶長御目録高之内相違之儀有レ之、右御目録可二差登一由、寛永五年、御下知、以金武王子之差三上之□に付、六千石六斗九升被二相減一、家久公御判之御目録御改被レ下候、

〔御當國御高并諸上納里積記〕○那覇市歴史博物館架蔵比嘉春潮藏本複寫版

○本地物成米雜石上納之事○目録ニ記サレタル題、異事ナシ、同朱頭書ニ十四トアリ、

此物成ハ、代懸を以御取立御取納有レ之候、然者、代定之儀、御當地御製法ニ而御座候、右代作り様ハ、慶長御検地以前之上納と田畠共村々、慶長之御高を以割付御定メ被レ置候、田方、七斗五升六合ゟ貳斗壹升迄、畠方、貳斗五升ゟ九合迄、段々高下有レ之候、○中略

（朱）「○」牛馬出米上納之事○目録ニ記サレタル題、異事ナシ、同朱頭書ニ十八トアリ、

牛馬出米之儀、慶長御検地之時、現改有レ之、○中略

（牛馬出米之儀朱頭書）「牛馬口銀と云ハ、御検地之内、其所々之牛馬居分御改、右牛馬調申、山野を竿入不レ申、見懸を以納銀御取立、此納銀を牛馬數ニ割付、是を牛馬口銀と申由候也、無納之山野ニ而ハ無レ之候、○下略」

「〇」(朱)唐竹御支配之事〇目録ニ記サレタル題、異事ナシ、同朱頭書ニ二十七トアリ、

唐竹之儀、慶長御検地之時、御改付之竹、又ハ其以後仕立之竹藪共、毎年本數御改被レ置、御用入之砌者、右之有竹ニ割符ヲ以、入付御取納有レ之候、〇中略

「〇」(朱)國中并諸離里積之事〇目録ニ記サレタル題、異事ナシ、同朱頭書ニ三十九トアリ、

〇國中

一、惣廻し百拾里四合三勺五才

一、惣長、國頭間切奥之嶋ゟ喜屋武間切り具志川嶋迄、道法三拾四里七合壹勺九才、直渡し貳拾三里六合□勺壹才、方角丑未下小間上ニ當ル、

一、横廣き所、讀谷山之内小西崎ゟ勝連間切平敷屋崎迄、道法五里七合九勺貳才、

一、同狹き所、恩納間切仲泊村ゟ美里間切石川濱迄、道法七合四勺壹才、〇以上ノ里積ノ記、一六一〇年三月是月ノ條ニ收ムル南聘紀考巻之下慶長十五年三月條ノ里積ト異事ナシ、以下ノ首里・泊村幷ニ那覇、及ビ嶋尻方・中頭方・國頭方・久米方・宮古嶋幷ニ八重山嶋等ノ里積ノ記、略ス、

〇中略

「〇」(朱)御當國中村位定之事〇目録ニ記サレタル題、異事ナシ、同朱頭書ニ四十五トアリ、

此村位ハ、慶長御検地之時、相定候村位ニ而候、〇慶長検地嶋尻方・中頭方・國頭方幷ニ久米方ノ村位、及ビ乾隆拾八年(一七五三年)内御調願濟ト注サレタル宮古嶋諸村位定幷ニ年号上同ト注サレタル八重山嶋諸村布幷位定、(乾隆十八年)略ス、

〔御財制〕一○沖縄県立図書館所蔵東恩納寛惇文庫

御當國御高八萬九千八拾六石之內、五万石御藏入ニ相定、殘分ハ諸士可レ致二配分一旨「旨」「、」○朱書、下同ジ、○朱點、下同ジ、慶長十六辛亥年、從二御國衆〔元〕一被二仰渡置一候處、御高之內相違之儀有レ之、右御書付可二差登一由、寛永五戊辰年、依二御下知一、以二金武王子〔尚朝貞〕一被二差上〔登〕之一候間、六千石六斗九升相減、同六「己」「、」己巳年、御高八万三千八拾五石三斗壹升、被二召定一「、登」「定」、家久公御判之御目錄被二成下一候、其□「以」「、」後、御藏・諸士之御配分、不レ被二仰渡一候、○中略

一（以下、細字）慶長拾五庚戌年御檢「檢」「、」地之時、村位を定、田ハ「者」「。」分米「分米」を付、畠者分六勺「分六勺」「を」「、」を付、田方、上之村、上田壹反、付「三」壹石六斗「斗」、中之村、壹「壹」石四勺「斗」「、」、下之時「村」「、」、壹石貳斗、頭ニメ「頭ニメ」「、」、中田・下田「田」「、」等類下リテ支配、畠方、上之村上畠壹反ニ付壹石貳斗「頭ニメ」、田之「標カ」準、此石盛を擧て高ト号候、

一出物之儀、御檢「檢」「、」地以後「後」「、」、上米「木」「、」上草「草」「、」「○」爲レ納、芭蕉布・上布・「○」「ママ」布・唐苧・綿子・筵・赤黑「赤黑」之綱・牛皮上納、被二仰付一候、慶長十六辛亥年御目錄被二下置「置」一候、現色難「色難」レ調段「段」「、」、依「依」二御「油」改「斷」「、」「、」一、慶長十八癸丑年、代銀三十貳文目宛、被二仰渡置一候處、○下略

九月十日、是日ヨリ先、八月九日、鹿兒島城主島津家久、琉球國中山王尚

寧ニ琉球國ヘノ歸國ヲ命ジ、是日、家久、尚寧ニ、大島・鬼界島・徳之島・沖永良部島幷ニ與論島ヲ除キタル琉球國領知ヲ命ズ、尋デ、九月二十日、尚寧、薩摩國鹿兒島ヲ發シ、大島宇檢、徳之島龜津、沖永良部島ヲ經テ、十月二十日、琉球國ニ歸著ス、

〔喜安日記〕○琉球大学附属図書館所藏伊波普猷文庫

○上略、一六一〇年九月十五日ノ條參看、年暮年新て、慶長十六年になる、去程に關東より還御あり《ツ》て、いつとなく、至二鹿兒嶋一ありき、三月三日、報恩〔寺〕□齋(恩叔)、桃花一枝に詩を添て御進上ある、

欽奉レ献二庭前《ノ》桃花《ノ》一枝《ヲ》吾王(中山王尚寧)一、帝祝二九千歳遐齢一、添《ニ》以レ詩、

境似《ハニ》二玄都観裡《ノ》奇一　桃花爛熳最催レ詩

吾王可レ保二九千歳一　紅雨天々献二一枝一恩齋(恩叔)

含レ笑蟠桃奇外《ノ》奇　献二君王一得レ好吟《シ》レ詩

莫レ言仙洞有二公道一　方朔遐齢偸《ム》二一枝一菊隱

移二得瑤池一勝景奇《ナリ》　桃花含レ笑好題レ詩

聖君今日以レ何献《ン》　春域三千五木枝《ノ》□□〔天叟〕

立ならふ千年の松の松の葉の常盤に習へ桃の一枝喜安(閔蕃元)

前圓覺天叟長老、其比、御見舞に上国して、折節御前□〔に〕參、和歌□□〔して〕そ叡聞□〔に〕入らる、去程に、去年の□〔秋〕□〔の比〕、御弟具□□〔志上〕王子尚宏、駿河国にて薨御し給ふ、□□□〔御子息〕（尚朝盛）御幼少にまします間、御孝養の御營ミに、佐敷王子尚豐・恩齋長老歸国可レ有との詔命をうけ給ハり給て、三月中旬、歸楫ある、跡に殘る人々ハ、或ハ朱買臣か錦を着さる事を歎き、或ハ王昭君か胡国に赴し恨も角やとそ悲ひあはれける、恩齋長老・菊隱惠命に詩作、被二名殘惜一、

伏以、唐堯者得二禹公一治レ國、虞舜者得二皐陶一治レ國、湯王者得二伊尹一治レ國、高宗者得二傳〔傅〕說一治レ國、文王者得二呂望一治レ國、高祖者得二張良一治レ國、昭王者得二郭隗一治レ國、刘（劉）備者得二孔明一治レ國、句〔勾〕踐者得二範〔范〕蠡一治レ國、其宜哉《ナルカナ》、唐玄宗《ノ》者、愛二貴妃一亡レ国、幽王者、愛二褒姒一亡レ国、夫差者愛二西施一亡レ国矣、吾中山尚寧愛二若那（鄭迵）一亡レ国、其要哉斯《ニ》云《フ》矣、粵《ニ》羽㹫《カン》○《ママ》（恩叔・菊穩）一緇而卽郎二當《スル》〔于〕千扶桑国一者、三二歳《ナリ》于茲一矣、今也春之季、如レ予者、於二店旅一聽二望帝《ノ》一聲一、而欲レ赴二故鄕一日、詩作《テ》以奉レ寄二菊隱和尚一、而比二蘇武・李陵之別一□〔者〕乎、郢斧一哂唾《ツバキ》擲、

三歳遭レ囚寓二薩陽《ニ》一　一封雁信淚千行
如今恰《モ》似二武（蘇武）陵（李陵）別一　公《ハ》（天叟）住二此関一吾《ハ》故鄕

十五日巳時、麑嶋より御船出し、申時、山川（薩摩國指宿郡）に付せ給ふ、遙の海上を渡り、四月十三日、申時、那覇の津に付せ給ふ、○佐敷王子尚豐及ビ僧恩叔、中山王尚寧ノ命ニヨリ、具志頭王子尚宏逝去ヲ琉球國王府ニ報ゼムガタメ、萬曆三十九年（一六一一年）四月十三日、那覇ニ歸著ノコト、一六一〇年八月十六日ノ

條ニ收ムル琉球國由來記卷十諸寺舊記、靈芝山建善寺記、參看、去程、薩州御逼〔逗〕留の中、誰人の申候哉覽、知羅美《チラミ》（薩摩國川邊郡知覽カ）に皇居を定まるとも聞ゆ、又、向か嶋（大隅國櫻島）に移し奉るとも《タテマツラル□モ》聞へけり、彼をきゝ是を聞にも、只耳を驚し、肝魂をけすより外の事そなき、供奉の人々差集り、歸郷の思たへ果たり、如何なる憂事をか聞んすらん、如何なる憂目をか見んすらんと歎あひ悲ミ合れけり、其中に老人○年寧尚の申さるゝハ、「只首里の城の内にて如何にもならせ給へと、さしも申つる物を、我身一ツの事ならねハ、心よはうあく《焦》かれ出、今かゝる憂目を見る口惜さよ」とそ。宣ひける、誠に理と覺て哀也、たとひ烏の頭白くなり、馬に角生共、歸郷の期を不レ知、定て此儘朽□〔果〕ん事の悲さよと思切ての候《そ》ける、かゝりける處に、思ハすも、八月九日午刻計に、太守家久公ゟ被二仰出一ハ、急度御歸国御座《セ》との。御諚也、御使者町田勝兵衞尉・鎌田左京亮也、御供の上下、是を聞て餘りに思へハ、夢やらん、又うつゝ哉覺とあはてふためきけり、九月十日、御領知可レ有一紙目錄、被レ爲レ參ル、御使ハ伊勢兵部少輔（貞昌）也、

（島津家久判琉球國知行高目錄寫）

琉球國知行高目錄　一　惡鬼納　一　伊江　一　久米嶋　一　伊勢那嶋（伊是名島）　一　計羅摩（慶良間島）　一　与部屋（伊平屋島）　一　宮古嶋　一　登那幾（渡名喜島）　一　八重山嶋、惣合八萬九千八拾六斛、右之諸嶋之封彊、爲二國主之履《リエク》禄也一而、配二分之一、永々可レ有二御領知一者也、慶長十六年辛亥九月十日、御判（家久ノ署及ビ花押）、○中略、慶長十六年九月十日〔十九日〕島津家家老樺山久高等連署琉球國知行高配分覺、下ニ收ム、と被レ書たり、○下略、慶長十六年九月十日島津家家老樺山久高等連署琉球國上木納物目錄等、下ニ收ム、朱句點、朱返點幷ニ墨返點、略ス、返點、編者ニ依リテ附ス、本書ノ闕損部分、屋良朝陳編琉球王代文獻頒布會本ニ依リテ校ス、

○慶長十六年九月十日琉球國知行高目錄、喜安日記ニ掲グル寫ノミ殘ル、次ニ、鹿兒島城主島津家久ヨリ琉球國中山王尚寧ヘノ知行宛行等ニ關ハル文書等ヲ、日付順ニ掲グ、慶長十六年九月十日琉球國上木納物目錄、左ノ如シ、

〔續編島津氏世錄正統系圖〕十八代家久 第三十八
○東京大学史料編纂所所藏島津家文書36—1—2—6

正文在㆓琉球國司㆒、

（島津家家老樺山久高等連署琉球國上木納物目錄寫）
○沖那波　けら滿　与部屋　いぜな　伊惠嶋《（伊江島）》　となき嶋　粟嶋《（粟國嶋）》　久米　やえま《（八重山）》　宮古嶋

右、嶋々より、毎年、可㆑被㆓相納㆒物數之目錄、

一、はせを《（芭蕉）》布三千端
一、上布六千端
一、下布壹萬端
一、から《（唐）》苧千三百斤
一、綿三貫目
一、志ゆろ《（棕櫚）》綱百方《（房）》眞なし
但、長六十ひろツヽ、
一、くろ綱《（黑つぐ綱）》百方眞なし

但、長六十尋ツヽ、

一、莚三千八百枚

内、三百枚ハ長むしろ、

一、うし(牛皮)の皮貳百枚

以上、

慶長拾六辛亥年　三原諸右衞門尉
在年号之下　　　　重種（花押影）
九月拾日　　伊勢兵部少輔
　　　　　　　　貞昌（花押影）
　　　　　　町田勝兵衞尉
　　　　　　　　久幸（花押影）
　　　　　　比志嶋紀伊守
　　　　　　　　國貞（花押影）
　　　　　　樺山權左衞門尉
　　　　　　　　久高（花押影）

琉球國
　三司官

○本文書ノ寫、東京大学史料編纂所所蔵島津家本舊記雜錄後編卷六十六ニ、「同」(朱書)、此一書家久公御譜中(家久公御譜中)ニ在リ正文在琉球國司トアリト注シテ收ム、鹿児島県史料旧記雑録後編四巻六十六、八五五号、參看、本文書、大日本史料慶長十六年十二月十五日ノ第二條、薩藩舊記後集三十ニ據リテ收ム、

〔御當國御高幷諸上納里積記〕　○那覇市歴史博物館架藏比嘉春潮藏本複寫版

「○」(朱)「萬暦三十九」○朱書
慶長拾六御國元江上納之諸雜物員數付御手形之事　○目錄ニ記サレタル題、異事ナシ、同朱頭書ニ、三トアリ、

（島津家家老樺山久高等連署琉球國上木納物目錄寫）

沖那波・けら満・与部〔屋脱〕・以世那（伊是名島）・伊江・となき嶋・粟國嶋・久米嶋・やゑま嶋（八重山島）・宮古嶋、右、嶋々ゟ、毎年、可レ被二相納一物數之目錄、

一、はせを布三千反

一、唐苧千三百斤　一、上布六千反

一、綿三貫目

一、志ゆろ綱百房眞なし、但、長六拾尋ツヽ、

一、くろ綱百房眞なし、但、長六拾尋ツヽ、

一、莚三千八百枚、内三百枚ハ長筵、

一、牛之皮貳百枚

一、下布壹万反

以上、

慶長拾六年辛亥九月十日　三原諸右衛門□〔重〕種

伊勢兵部少輔貞昌

比志嶋紀伊守國貞

町田勝兵衛尉久幸

琉球國
三司官
　　　　椛山權左衛門尉
　　　　　　　　久高

〇中略
「〇（朱）」享保御目録高を以出物被レ取立一之事〇目録ニ記サレタル題、異事ナシ、同朱頭書ニ、十一トアリ、
〇中略
出物之儀、慶長拾六辛亥年、「万暦三十九」〇朱書上木上草之爲レ納、はせを布・上布・下布・唐苧・綿子・莚・赤黒之綱・牛皮、上納被二仰付一候処、現色難レ調段、依二御斷一同拾八癸丑年、「万暦四十一」〇朱書（一六一三年）代銀三拾貳貝め〔貫〕ツヽ、被二仰渡置一候、〇下略

〔喜安日記〕〇琉球大学附属図書館所蔵伊波普猷文庫

年暮年新て、慶長十六年になる、〇中略、上ニ収ムル三月ヨリ八月ニ至ル記参看、九月十日、御領知可レ有一紙目録被二爲参一ル、〇中略、上ニ収ムル慶長十六年九月十日島津家久判琉球國知行高目録及ビ下ニ収ムル同九月十日〔十九日〕島津家家老樺山久高等連署琉球國知行高配分覺、参看、悪鬼納・計羅摩・与部屋・以世那・伊江・渡嶋（渡名喜島）・粟嶋（粟國島）・八重山・宮古、右、嶋々より、毎年、可レ被二相納一物數之目録、一、芭蕉布三千端、一、上布六千端、一、下布一萬端、一、唐苧十三百〔千〕斤、一、綿子三貫目、一、棕櫚綱百房、一、黒綱百房、一、莚三千八百枚、一、牛皮三百枚、慶長十六年辛亥九月十日、三原諸右衛門尉重種・伊勢兵部少輔貞昌・町田勝兵衛尉久幸・比志嶋紀伊守國貞・椛田〔山〕權左衛門尉久高、琉球□〔國〕

三司官へと被レ書ル、

〔南聘紀考〕巻之下 ○東京大学史料編纂所所蔵島津家本さⅠ―12―33―64

(慶長)十六年(辛亥)、○中略、本年八月十日ノ條參看、於レ是、九月十日、国老樺山久高・比志島国貞・町田久幸・伊勢貞昌、令二於三司官一、定二沖縄・計羅摩・與部屋(伊平屋島)・伊是名・伊恵島・戸無島(渡名喜島)・粟島・久米島・八重山・宮古島等、毎歳、應レ輸二調物一、曰、「芭蕉布三千端、上布陸仟端、下布壹萬端、唐苧(苧)仟參佰斤、綿參貫目、椶櫚赤綱黑綱・各百房、長六十尋、莚參仟捌佰枚、就レ中、三百枚爲二長席一、牛皮貳佰張」云、○下略、下ニ收ムル九月十三日ノ記及ビ九月十九日ノ記、參看、

○慶長十六年九月十九日琉球國知行高配分覺、及ビ鬼界嶋等知行高ノ記、左ノ如シ、

〔喜安日記〕○琉球大学附属図書館所蔵伊波普猷文庫

年暮年新て、慶長十六年になる、○中略、上ニ收ムル三月ヨリ八月ノ記、及ビ九月十日ノ琉球國知行目錄ノ記、參看、(島津家家老樺山久高等連署琉球國知行高配分覺)惡鬼納幷諸嶋高八萬九千八拾六斛之內、五萬斛者、王位之御藏入ニ可レ被二相定一候、餘分者、侍ニ可レ被二配分一候、支配之餘分候者、王位之御藏入ニ而被二召置一候、仍狀如レ件、　慶長十六年九月十日(十九日)、伊勢兵部少輔貞昌・比志嶋紀伊守国貞・町田勝兵衞尉久幸・樺山權左衞門尉久高、三司官(充所)・西來院(菊隱)へと被レ書たり、○下略、慶長十六年九月十日琉球國上木納物目錄、上ニ收ム、島津家家老樺山久高等連署琉球國知行高配分覺、下ニ收ムル御當國御高幷諸上納里積記、慶長拾六年辛亥年御目錄被召下候事ノ條ニ、慶長拾六年九月十九日トシテ收ム、

〔御當國御高幷諸上納里積記〕○那覇市歴史博物館架藏比嘉春潮藏本複寫版

「萬曆三十九」○朱書

慶長拾六辛亥年御目錄被二召下一候事○目錄ニ記サレタル題、異事ナシ、同朱頭書ニ、二トアリ、

右通、御高被レ定、是を御知行高ニメ御目録被レ下候、上納之儀、諸雑物を以可二相納一旨、御手形被二下置一候処、米ニ御繰替被二仰付一候、下座ニ相見得申候、

（島津家家老樺山久高等連署琉球國知行高配分覺寫）

覺

惡鬼納幷諸嶋高八万九千八拾六石之内、五万石ハ、王位之藏入ニ可レ被二相定一候、殘分者、諸士江可レ被二配分一候、支配之餘分候ハ、王位之御藏入ニ可レ被二召置一候、仍狀、如レ件、

慶長拾六年九月十九日

伊勢兵部少輔 貞昌在印

（比）□志嶋紀伊守 國貞印

町田勝兵衛尉 久幸印

椛山權左衛門 久高印

三司官 西來院

（題朱頭書）
「△村位帳、下座ニ相見得申候、」

（覺朱頭書）
「△是之御目録を一紙御目録と申由候也、」

○一紙目録、本文書ニ非ズシテ、喜安日記ニ據リテ上ニ収ムル島津家久判琉球國知行高目録ナリ、

右之外、道之嶋ハ、御目録ニ被二召除置一候、何様之訳ニ而、被二召除一候趣も無レ之候処、寛永拾二御目録ニ者、新竿之内検ニ付、出入有レ之間、被二召除一候趣、相見得申候、高、左之通、

高六千九百三拾貳石四斗 鬼界嶋

高壹万九石七斗　　徳之島

高壹万四百九拾五石五斗　　大嶋

高壹万〔四千〕百五拾八石五斗　　永良部嶋（沖永良部島）

高千貳百七拾貳石五斗　　與論島

〆高三萬貳千八百貳拾八石六斗〔斗〕

○中略

「雍正五ニアタル」○朱書（一七二七年）享保拾二丁未年、盛増高御取立御目録被レ下候事○コノ記、目録ニ「十」（朱頭書）享保拾二丁未年御國元就大御支配増立被仰付候事ト記セル條ノ内ナリ、○享保十二年六月十五日琉球國盛増高目録、略ス、本目録ニ記セル慶長竿高、本年八月十日ノ條ニ収ムル御當國御高并諸上納里積記所引寛永十二年八月十日盛増高上木高御取立目録ニ記セル前竿高ト異事ナシ、

一、道之嶋之儀、「万暦三十八ニアタル」○朱書慶長拾五庚戌年、御當地一同ニ御支配有レ之、五嶋ニ而高三萬貳千八百貳拾八石六斗有レ之候処、其以後漸々相増、享保御支配ニハ高五万千七百五拾六石六斗四升九勺相成申候、然者、慶長御高を以割付候得ハ、一石ニ付五斗七升六合五勺七才(撮)増ニ相當り申候、○下略、上ニ収ムル琉球國知行高配分覺、道之嶋高及ビ道之嶋之儀ノ記、近世地方経済史料第十巻所収琉球産業制度資料第九巻、古老集記類の一、異事ナシ、

〔御當國御高并諸上納里積記〕○那覇市歴史博物館架蔵比嘉春潮蔵本複寫版

(朱)「○」寛永拾二（一六三五年）御目録高を以御所帯・検地御高并物成御差分之事○目録ニ記サレタル題、異事ナシ、同朱頭書ニ、二十八トアリ、

慶長拾六一紙御目録ニ者、御藏・諸士之御支配等分賜て御定有レ之候処、寛永両度（寛永六年・同十二年）之御目録ニ

者、其御差分ヶ無レ之候、依レ之、「康熙五十四」（一七一五年）正徳五乙未年、○朱書 寛永拾二御目録高を以、御藏・諸士之御差引分止六ヶ有レ之候、右之算□慶長拾六御目録高八萬九千八拾六石之內、五万石者御藏、三万九千八拾六石者諸士江配分可レ仕由御座候付、○寛永御高田畠差分ノ記、略ス、

〔南聘紀考〕巻之下 ○東京大学史料編纂所所藏島津家本さI—12—33—64

（慶長）十六年、（辛亥）○中略、於レ是、九月○中略、本年八月十日ノ條、及ビ上ニ収ムル本年九月十日ノ記幷ニ下ニ収ムル九月十三日ノ記、參看、十九日、久高・久幸・国貞・貞昌、奉レ旨、授二三司官書一、（琉球國知行高配分覺）使下於二惡鬼納及諸島稅額捌萬玖仟捌拾陸石中一以二伍萬斛一爲二王廩入一、自餘頒中給諸臣上、猶或所レ餘、宜下混二廩入一供中王雜費上、○下略、下ニ収ムル掟十五條ノ記參看、西藩田租考巻下琉租第二十五、九月十九日ノ記、異事ナシ、

〔續編島津氏世錄正統系圖〕十八代家久 第三十八 ○東京大学史料編纂所所藏島津家文書36—1—2—6

○慶長十六年九月十九日掟、左ノ如シ、

正文在二琉球國司一、
（島津家家老樺山久高等連署掟寫）
○掟

一、薩摩御下知之外、唐江誂物可レ被二停止一之事、

一、從二往古一由緒有レ之人たりといふ共、當時、不レ立二御用一人ニ知行被レ遣間敷之事、

一、女房衆江知行被レ遣間敷事、

一、私之主、不レ可レ賴之事、

一、諸寺家、多被二立置一間敷之事、
一、従二薩州一御判形無レ之商人、不レ可レ有二許容一事、
一、琉球人買取、日本江渡間敷之事、
一、年貢其外之公物、此中日本之奉行、如二置目一、加レ被レ致二取納一之事、
一、閣二三司官一就二別人一、可レ爲二停止一事、
一、押賣押買、可レ爲二停止一事、
一、喧嘩口論、可レ令二停止一事、
一、町人・百姓等ニ被二定置一諸役之外、無理非道之儀申懸る人あらは、到二薩州麑府一、可レ被レ致二披露一事、
一、従二琉球一他國江商船一切被レ遣間敷之事、
一、日本之京判升之外、不レ可レ用之事、
一、博奕・僻事、有間敷之事、
右條々、於二違犯之輩有一レ之者、速可レ被レ處二嚴科一之者也、仍下知、如レ件、
慶長十六年辛亥九月十九日
兵部少輔(伊勢貞昌)（花押影）

（比志島國貞）紀伊守（花押影）
（町田久幸）勝兵衛尉（花押影）
（樺山久高）權左衛門尉（花押影）

○本文書ノ寫、東京大学史料編纂所所藏島津家本舊記雜錄後編卷六十六ニ、家久公御譜中正文在琉球國司トアリト注シテ收ム、鹿児島県史料旧記雜録後編四卷六十六、八六〇号、參看、本文書、大日本史料慶長十六年十二月十五日ノ第二條、內務省所藏舊琉球藩評定所書類ニ據リテ收ム、

〔南聘紀考〕卷之下 ○東京大学史料編纂所所藏島津家本さI―12―33―64

（慶長）十六年、（辛亥）○中略、本年八月十日ノ條、及ビ上ニ收ムル九月十日ノ記并ニ下ニ收ムル九月十三日ノ記、參看、（九月）十九日、○中略、琉球國知行高配分覺ノ記、上ニ收ム、又裁二制令十五章一、此日、令亦援二三司官一、皈以布二於琉球一、其一曰、勿下非二藩令一通中事於唐上、其二曰、雖二動舊人一、非レ有二職務一、勿二徒食レ祿、其三曰、勿二婦畀レ祿、其四曰、勿二私隷レ人、其五曰、勿二多建レ寺、其六曰、勿下非二藩符許一來互上市、其七曰、勿下沒二琉人一歸中化倭貫上、其八曰、嚮遣奉行應二是本田・蒲池兩人一、納二年貢物一、宜レ遵二其法一、其九曰、凡三司官、爲二國要樞一、禁下媚二權寵一別求中出納上、其十曰、禁下迷二己利一强レ人賣買上、其十一曰、禁下起二爭論一忘レ躬及上レ傷、其十二曰、農市租稅既有二定法一、若於二法外一濫責徵納、宜三必陳レ實速白二麑府一、其十三曰、恣遣二商舶一、通二於他邦一、最所二堅禁一、勿二敢弛背一、其十四曰、凡升量物必由二京判一、其十五曰、勿レ耽二博奕一、苟爲レ非二違於右條令一、若或違犯、其必行レ罪、故令如レ是、○下略、下ニ收ムル中山王尚寧起請文等ノ記參看、西藩田租考卷下琉租第二十五、九月十九日ノ記、又裁制令十五章令亦皈布於國ノ文ノミヲ收ム、

○慶長十六年菊月中山王尚寧起請文及ビ同年九月二十日琉球國三司官等連署起請文、左ノ如シ、

〔續編島津氏世錄正統系圖〕 十八代家久 第三十八 ○東京大学史料編纂所所藏島津家文書36―1―2―6

○去年、家久公、使下中山王尚寧匪二啻赦一レ死、且割二琉球國一與レ之、臣從共還中中山上、於レ是、尚寧、深感二家久之仁德一、奉二報謝一以二神裁一、諸按司、亦從捧二神裁一、自レ是、琉王繼統之初、以レ捧二神裁一爲二法例一、其情炳二焉乎盟書一、 ○原本ノ返點及ビ振假名、略ス、返點、編者ニ依リテ附ス、本記、東京大学史料編纂所所藏島津家本舊記雜錄後編卷六十六、家久公御譜中ト注シテ收ム、鹿児島県史料旧記雑録後編四卷六十六、八六一号、參看、

〔御文書〕 家久公十五 卷二十 ○東京大学史料編纂所所藏島津家文書S島津家文書5―7―17

（琉球國中山王尚寧起請文）（竪紙）
敬白 天罰靈社起請文之支

一、琉球之儀、自二往古一、爲二
薩州島津氏之附庸一、依レ之、 太守被レ讓二其位一之時者、嚴二艤レ船、以奉レ祝焉、或、時々、以二使
者・使僧一、獻二陋邦之方物一、其禮義終無レ怠矣、就レ中、
大閤秀吉公（豊臣）之御時、所レ被二定置一者、相二附 薩州一、徭役諸式、可二相勤一旨、雖レ無二其疑一、遠國之
故、不レ能二相達一、右之御法度多罪々々、因レ茲、球國被二破却一、且復、寄二身於貴國一上者、永止二
歸鄕之思一、宛如三鳥之在二籠中一、然處、
家久公、有二御哀憐一、匪三啻遂二歸鄕之志一、割二諸島一、以錫二我其履一、如レ此之御厚恩、何以可レ奉レ謝

レ之哉、永々代々、對二薩州々君一、毛頭不レ可レ存二疎意一叓、

一、到二子々孫々一、讓三与此靈社起請文之草案一、不レ可レ忘二御厚恩之旨一、可レ令二相傳一叓、

一、所レ被二相定一之御法度、曾以不レ可レ致二違乱一叓、

右條々、僞於レ有レ之者、

（那智瀧寶印續紙七紙、紙背）（神文）
敬白天罰靈社起請之事、

謹請散供再拜々々、夫惟年号慶長十六年辛亥歳、月並十二箇月、日數者三百五十餘箇日、撰二吉日良辰一、而致二信心一請白、大施主等謹奉二勸請一、○神名等及ビ誓約文言、略ス、

仍靈社上卷起請文如レ件、

中山王

慶長十六年辛亥菊月　尚寧（花押）

進上　（島津）羽林家久公

（懸紙）（外題）
「靈社起請文　中山王」

○本文書ノ寫、東京大学史料編纂所所藏島津家文書續編島津氏世錄正統系圖十八代家久第三十八ニ、正文在文庫ト注シテ、同所藏島津家本舊記雜錄後編卷六十六ニ、正文在官庫ト注シテ收ム、鹿児島県史料旧記雑録後編四巻六十六、八六二号、參看、本文書、大日本史料慶長十六年十二月十五日ノ第二條、薩藩舊記後集三十ニ據リテ收ム、

〔御文書〕　家久公五　十七通　卷十七

○東京大学史料編纂所所藏島津家文書S島津家文書12—5—17

（琉球國侍衆連署起請文）（竪紙）
敬白　天罰靈社起請文之事

一、琉球之儀、自二往古一、爲二
薩刕之附庸一之条、諸事、可レ相二随御下知一之處、近年、依レ致二無沙汰一、被レ成二破却一、始二國主一、
王子幷侍衆至迄、被レ召二寄貴邦一上者、再止二歸國之思一候處、
家久様、以二御哀憐一被レ爲二歸國一、加レ之、過分之御知行被二宛行一、開二喜悦之眉一候、以レ何如レ斯可
レ奉レ謝二御厚恩一候哉、永々代々、奉レ對二
薩刕之君一、不レ可レ奉レ存二疎意一候事、

一、若球國之輩、忘二右之御厚恩一、企二悪逆一者在レ之而、縦國主雖レ爲二其旨同心一、唯今、此起請文連
署之輩者、屬二
薩州御幕下一、毛頭不レ可レ相二随逆心之無道一候事、

一、此靈社起請文之草案、銘々写置、讓二与子々孫々一、奉レ對二
薩刕二不レ可レ致二不忠一之旨、可レ令二相傳一候事、

右之旨、若於二僞申上一者、

(那智瀧寶印及ビ熊野山寶印續紙七紙、紙背)(神文)
敬白天罰靈社上卷起請文事
謹請散供再拜々々、夫惟年号慶長十六年辛亥歲、月之並者十二月、日之數者三百五十餘箇日、撰二
吉日良辰一、而致二信心一請白、

謹奉ニ勧請一、〇神名等及ビ誓約文言、略ス、仍靈社上巻起請文如レ件、

慶長十六年辛亥九月廿日勝連（勝連親雲上馬良繼）（花押）

江曾（花押）

江洲（江洲親方毛盛韶）（花押）

豐美城（三司官、豐美城親方毛盛續）（花押）

池城（池城親方毛安頼）

雲心（花押）

御奉行中

（懸紙）（外題）「靈社起請文　侍衆」

〇本文書ノ寫、東京大学史料編纂所所藏島津家文書續編島津氏世錄正統系圖十八代家久第三十八ニ、正文在文庫ト注シテ、同所藏島津家本舊記雜錄後編卷六十六ニ、（朱書）「同」、此正文御文庫十七番箱十七巻中ニ有之引合濟二通共家久公御譜中ニ在リト注シテ收ム、鹿児島県史料旧記雑録後編四巻六十六、八六三号、参看、大日本史料慶長十六年十二月十五日ノ第二條、薩藩舊記後集三十ニ據リテ收ム、

〔喜安日記〕〇琉球大学附属図書館所藏伊波普猷文庫

年暮年新て、慶長十六年になる、〇中略、上ニ收ムル三月ヨリ八月ノ記及ビ九月十日ノ記、参看、

去程ニ御歸國に相定候上ハ、御別心あるましき御神文可レ被レ遊とて、

（琉球國中山王尚寧起請文寫）
敬白天罰靈社起請文之事

一、琉球之儀、自二往古一、爲二薩州嶋津氏之附屬一、依レ之、太守被レ讓二其位一之時者、嚴艤《ヨソホヒテ》レ船、以奉レ祝焉、或、時之(々)、以二使者・使僧一、献二陋邦之方物一、其礼義終無レ怠矣、就レ中、太閤秀吉公之御時、被二定置一者、相二附薩州一、徭役諸式、可二相定(勤)一旨、雖レ無二其疑一、遠国之故、不レ能二相達一、右之御法度多罪々々、因レ茲、球国被二破却一、且復、寄二身於貴国一上者、永止二貴卿之思(歸)一、宛《アタカモ》如三鳥之在二籠中一、然處、家久公、有二御哀憐一、匪三啻遂二歸鄕〔鄕〕之志一、割《ワケテ》二諸嶋一、以賜二我其履一、如レ此之御厚恩、何以可レ奉レ謝レ之哉、永々代々、對二薩州州君一、毛頭不レ可レ存二疎意一事、

一、到二子々孫々一、讓二與此靈社起請文之草案一、不レ可レ忘二御厚恩之旨一、可レ令二相傳一事、

一、所レ被二相定一之御法度、曾以不レ可レ致二違〔亂〕一事、

右條々、偽於レ有レ之者、奥ニ御神文あり、（薩摩國鹿兒島）大乘院にて書焉、慶長十六年九月十九日、尚寧御判、

次に侍衆も起請を書て奉上ル、

（琉球國侍衆連署起請文寫）
敬白　天罰靈社起請文之事

一、琉球之儀、自二往古一、爲二薩州之附庸一之条、請事(諸)、可レ相二隨御下知一之處ニ、近年、依レ致二無沙汰一、被レ成二破却一、二國主一(始)、王子幷侍衆至迄、召二寄貴邦一上者、歸国之思(再)を止め候處、家久様、以二御哀憐一被レ爲二歸國一、加之《シカノミナラス》、過分之御知行被二宛行一、開二喜悅之眉一候、如何如レ斯可レ奉レ謝二御厚恩一候哉、永々代々、奉レ對二薩州州君一、不レ可レ奉レ二疎意(存)一候事、

一、若球國之輩、忘二右之御厚恩一、企二惡逆一者有レ之而、縦国主雖レ爲二其旨同心一、唯今、此起請文連署之輩者、属二薩州ノ御幕下一、毛頭不レ可レ相二随逆心之無道ニ一候事、

一、此靈社起請文之草案、銘々写置、譲二與子々孫々一、奉レ對二薩州一不レ可レ致二不忠一之旨、可レ令二相傳一候事、

右之旨、若於二僞申上一者、此次に神文、諏訪(諏訪神社)の座主(薩摩國鹿児島)被レ書焉、

慶長十六年九月十九日、各連判ありて奉レ捧レ□〔之〕、御檢使ハ相良《サガラ》日向《ヒウカ》守也、○下略、鄭迥ノ記、下ニ收ム、朱句點幷ニ返點略ス、

返點、編者ニ依リテ附ス、

〔南聘紀考〕巻之下 ○東京大学史料編纂所所藏島津家本さI—12—33—64

(慶長)十六年、(辛亥)○中略、本年八月十日ノ條參看、於レ是、九月、○中略、上ニ收ムル九月十日ノ記、下ニ收ムル九月十三日ノ記、及ビ上ニ收ムル九月十九日ノ琉球國石高配分覺幷ニ掟十五條ノ記、參看、乃二十日、尚寧王尚寧誓表無レ日、而函題十八日、及三司官誓表書二日侍衣一、勝連・江曾・江沕・豐美城・池城・雲心等、咸聽二其令一而呈二誓書一、三司官誓表書二廿日一、各三章、(慶長十六年九月菊月琉球國中山王尚寧起請文)尚寧、第一章曰、琉球、自レ古、附二庸薩藩一、島津君侯、毎レ有二承襲一、必飭二紋舩一、遣レ使慶吊、獻二之方物一、莫レ懈二聘問一、就レ中、豐太閤〔閤〕(豐臣秀吉)公所レ定制、亦使下隷二薩侯一輸中諸徭役上、雖二固無一レ疑、南溟遐國、不レ能二悉輸一、至下忘二舊章一坐愆中其期上、寔自招レ禍、由レ是、遣レ師問レ罪レ弊、邦主、無レ辭二遁罪一、又無二一策一、禦二其敵鋒一、奔潰二失国一、擒棲二貴邦一、猶二鳥栖一レ籠、既絶二歸情一、非レ宛二反魂一、豈圖、生回二復王故国一、然今、(島津家久)君侯、惟仁惟恕、憫二孤流離一、斯錫二恩寵一、

匪レ啻、縱得レ歸二于故国一、多割二諸島一、永爲レ履矣、實是再造、何日忘レ之、何歳謝レ之、永隷二藩侯惟命一、是從無二敢貳一矣、其二章曰、今斯所レ呈神載副本、永貽二子孫一、使三之傳二無窮一、以亦勿三世々遺忘二此鴻恩一矣、其三章曰、凡所レ授制令、逐條遵守、不二敢違一焉、若負三回斯盟二神霊一、其殛之、又

（慶長十六年九月十九日琉球國侍衆連署起請文）

勝連《（馬良繼）》按司等所レ呈二国老一、第一章曰、琉球自レ古附ヨ庸薩藩一、雖四毎事應三以循二舊章一、近歳疎濶負二不庭罪一、由レ是、遣レ師数罪蔽、邦主・臣、畏懦無レ辭レ遁レ罪、伏乞二和降一、於レ是、諸將斂レ兵、王及王子以下至二僕等一、遠得二不死一、就擒二於貴邦一、既已失レ国、無レ路二復回一、然幸君侯《（島津家久）》、愍二王流離一、使二再歸㆑国、特封二数島一、僕等、亦得三従与回二故鄉一、寔君侯之賜也、何日忘レ之、何以謝レ之、永隷二薩藩一、惟命是從、無二敢貳一矣、其二章曰、於二琉球国一、若或雖レ有下忘二斯恩寵一謀二叛逆一者王亦應上之、今於二僕等一、既呈二誓書一、及二藩結㆑好、故屬二　君侯一、不二敢負㆑盟、其三章曰、今所レ與ヨ呈神載副本一、永貽二子孫一、使三之傳二世々一、以亦莫レ不レ竭二忠乎藩侯一矣、若負二斯盟神霊一、其殛之、〇下略、鄭迥ノ記、下ニ收ム、

〇九月十九日、鹿兒島城主島津家久、琉球國三司官鄭迥ヲ誅スルコト、左ノ如シ、

〔喜安日記〕〇琉球大学附属図書館所藏伊波普猷文庫

年暮年新て、慶長十六年になる、〇中略、上ニ收ムル三月ヨリ八月ノ記、九月十日ノ記及ビ九月十九日ノ記、参看、九つら〳〵事の心を思ふに、今度琉国の乱劇の根本を尋るに、若那（鄭迥）一人の所爲也《シワザナリ》、其上佞臣也、是等を助置る《れ》ハ、養虎の憂あるへきとて、殊に沙汰ありて、九月十。《九》日、申時計、首を刎られけるとそ聞る《へ》ける、昨日まてハ朝恩に

誇て、餘薫《コン》を一門に及ひしか共、今日ハ誅戮を蒙りて、愁歎を九族にほとこす、朝につかへてたのしひを春の花の前にひらき、□□〔夕〔に〕〕いましめを□〔蒙〕りてハなきき《ケ》を秋の霜のもとにあらハす、去□〔は〕武道に決氣の勇者、仁□〔義〕の勇者を本とすと云事あり、いかにも仁□の勇者を本とす、若那□隨分血氣の勇者にて、拔群の仁《ヒト》なりしか共、仁義なきか故に、身を亡けるそあはれ也なる、（向朝師）浦添親方ハ暫く在二鹿兒嶋一と聞けり、○下略、中山王尚寧、琉球國歸還ノ記、下ニ收ム、

〔（沖縄）県史編纂史料〕　縣史々料　那覇ノ部　壱　縣史編纂資料　久米村　○沖縄県立図書館所藏真境名安興文庫

（表紙寫）
「始宗鄭氏湖城家」

○中略

九世祖諱迥謝名親方

○中略、一六〇九年五月十五日ノ條參看、

一　萬曆三十七年己酉五月十四日、現任法司、隨二（尚寧）先王一、赴二麑島一、上二江戶一、至二萬曆三十九年辛亥一、被レ殺二於麑島一、迥預知二其死一、故稱二蔡堅之才一、足レ可レ托二貢典之事一、遂薦二於　王一、王歸國、即擢二蔡堅一、爲二總理貢典唐榮司一云、○本史料、那覇市史資料篇第1巻6家譜資料㈡久米系家譜所收真境名安興編「県史編纂史料・那覇ノ部」拔粹、始宗鄭氏湖城家トシテ收ム、

〔舊記雜錄〕後編　卷六十四　琉球入ノ記　○東京大学史料編纂所所藏島津家本

（琉球征伐記）○上略、一六〇九年五月十五日ノ條參看、然者、慶長十四年酉、○中略、同上、同年八月、鹿兒嶋ゟ江戶江御參勤之砌（ママ）り、三司官・（毛安頼）池城親方・（謝名親方鄭迥）蚫那親方、其外相隨候由、其後、蚫那を被二召寄一、口柄被二聞召上一候得者、諸船

頭共草履片足計踏申候様申付候処、何れも相背双方(止)方共にはき申候ニ付、咎分として片膝を挾為申由、然者、申分、段々筋違之故、御詮議之上御仕置被㆓仰付㆒、川上泰助殿討手之由候、〇中略、一六〇九年五月五日ノ條参看、

一、右虵那宿主、鹿児嶋下納屋町之内、桶屋折田嘉兵衛と申者ニ而候処、虵那御仕置被㆓仰付㆒候節、跡目諸道具等、御構不㆑被㆑成候而、其侭召置候故、諸道具等、惣様右嘉兵衛取込、分限ニ為㆓相成㆒由候、其後、納屋町二町割ニ而、本町者船津町、又壱町者大黒町と申候、嘉兵衛事、大黒町之内罷居、下町年行司役相勤候而、大小迄蒙㆓御免㆒候、

〇下略、一六〇九年七月七日ノ條参看、鹿児島県史料旧記雑録後編四巻六十四、六五九号、参看、

〔南聘紀考〕巻之下 〇東京大学史料編纂所所蔵島津家本さI―12―33―64

(慶長)十六年、(辛亥)〇中略於㆑是、九月、〇中略、上ニ收ムル九月十日ノ記、下ニ收ムル九月十三日ノ記、及ビ上ニ收ムル九月十九日ノ記并ニ九月二十日ノ記、参看、独謝那、不㆓屈服㆒、公遣㆓所司㆒、詰㆓濫刑罪㆒、乃僞飾曰、「凡琉球制、如㆓船長等㆒、禁㆔兩着㆓草履㆒而、許㆓偏足㆒耳、若有㆑犯㆑禁、必械㆓其足㆒」、他多利口、罪至㆑覆㆓邦家㆒、故遣㆓川上泰助㆒、莅誅㆓殺之㆒、其來㆑府也、僦㆓魚市店㆒、待㆑罪而、雖㆑殺㆑之、不㆑問㆑齎㆓装物㆒、魚市店曰㆓折田嘉兵亻(衛)㆒、由㆑是、富至㆓膏富㆒云、後割㆓其市㆒曰㆓船津町㆒、°曰㆓大黒町㆒而、折田居㆓大黒町㆒、爲㆓年行司㆒許㆓帯刀㆒云、既而周煌著國史略、(琉球國志略)收㆓之忠節部㆒云、(巻十三人物、忠節、鄭迵)「鄭迵、字利山、祖本閩人、賜㆓籍中山㆒、都通事祿(鄭)次子、(次男)嘉靖中、入㆓太学㆒讀書、帰累㆑官至㆓法司㆒、球例、法司無㆑用㆓三十六姓㆒者、

有レ之、自レ迴始、自ニ薩摩洲一、擧レ兵入ニ中山一、執ニ王及羣臣一以帰、留二年、迴不レ屈被レ殺」、此云ニ謝那一、卽鄭迴也、〇下略、下ニ收ムル中山王尚寧ノ琉球國歸還ノ記參看、

〇九月十三日、中山王尚寧ニ先ジテ、薩摩國鹿兒島ヨリ琉球國ニ歸還セシメラレタル者ノ記、左ノ如シ、

〔向姓家譜〕小祿按司 紀錄 〇那覇市史資料篇第1巻7家譜資料㈢首里系 氏集一番3

四世朝長 島添大里王子

〇中略、一六〇九年五月十五日ノ條參看、

尚寧王世代（一五八九年〜一六二〇年）

萬曆年間、任ニ中城間切惣地頭職一、

同三十七年己酉、中山、爲ニ薩州之附庸一、由レ此、同五月十九日、我 王、渡ニ御薩州一而投情時、爲ニ隨從一、此日、那覇開洋、到ニ于薩州一、同三十九年辛亥九月十三日、歸國矣、

〇下略

〔向姓家譜〕邊土名親雲上 紀錄 〇那覇市史資料篇第1巻7家譜資料㈢首里系 氏集一番8

向姓家譜

紀錄

六世朝智　玉城親方

〇中略、一六〇九年三月二十日ノ第一條參看、

尙寧王世代

〇中略、一六〇九年三月二十日ノ第一條、同三月二十五日ノ條及ビ同五月十五日ノ條、參看、

本年（萬曆三十七年）、尙寧王、渡二御于薩州一、時任二當職（中り衆）一供奉、三十九年辛亥九月十三日、歸國、

〇下略、一六〇九年五月十五日ノ條參看、

〔麻姓家譜〕田名親雲上　麻姓家譜正統　紀錄
〇那覇市史資料篇第1巻7家譜資料㈢首里系　氏集十番1133

六世眞常　儀間親方

〇中略、一六〇九年五月十五日ノ條參看、

尙寧王世代

〇中略、同上、

萬曆三十七年己酉四月、爲二薩州之幕下一、　尙寧王御上國之時、爲二勢頭（船頭）役一、隨二從　聖上一、五月十七日、那覇開船、同三十九年辛亥九月十三日、歸國、同十二月一日、敍二座敷一、此時、眞常、持二渡木綿種子一、幸哉、日本之女人梅千代・實千代二人者、居二住於泉崎村（那覇）一、眞常、呼二二人女一、始使レ織二造木綿大帶一、是當國木綿之始也、

○下略、同上、

〔南聘紀考〕巻之下 ○東京大学史料編纂所所蔵島津家本さI―12―33―64

（慶長）十六年、（辛亥）○中略、於レ是、九月、○中略、上ニ收ムル九月十日ノ記參看、十三日、聽三儀間親方等先出船同二于琉球一、乃尚寧之從官也、此行、儀間、乞二木綿種子於本邦一、殖三繁琉國一、招二倭二女一、梅千代・實千代、使三之教二弘織業於国中一、凡琉球綿布、首二于斯一云、（琉球國志略巻十四、物産、貨之屬）「夏錄云、土不レ宜、棉今間有レ之、姑米（久米島）・葉壁（伊平屋島）・八重・太平（宮古島）諸島、出價拯（極）貴」云、按、是、夏子陽也、而子陽則來二于慶長十一年（一六〇六年）一、據レ此、不レ与二本文一合レ註竣レ考爾、○下略、

上ニ收ムル九月十九日ノ記參看、

〔系譜抄〕一 ○沖縄県立図書館所蔵東恩納寛惇文庫架蔵明治四十一年採集史料

（氏集七番）
7易姓　上運天筑登之親（雲上）

万（暦）三十七年己酉、尚寧王、渡三御于薩刕一故、爲二扈從一、中城王子尚熙公、被レ赴二薩刕一時、爲二主部一、隨二尚熙公一、到二江戸・駿府一、○一六〇九年五月十五日ノ條參看、同三十九年辛亥九月二十三日、歸國、

〔能姓家譜〕正統 嶋袋筑登之親雲上 紀錄 ○那覇市歴史博物館所藏複寫本　氏集八番934

二世宣源石川親雲上

○中略、一六〇九年五月十五日ノ條參看、

尚寧王世代

萬曆三十七年己酉、王上、渡三御薩州一之時、爲二引之筑登之役（軸頭）一供奉、入二麑嶋一、到二于江府一、

同三十九年辛亥十一月十三日、歸國、因レ爲レ忠、賞賜ニ知行高三十斛一、

○下略、同上、

○九月二十日、中山王尙寧、薩摩國鹿兒島ヲ發シ、十月二十日、琉球國ニ歸著スルコト、及ビ尙寧ノ歸國ニ關ハルコト、左ノ如シ、

〔喜安日記〕○琉球大学附属図書館所蔵伊波普猷文庫

年暮年新て、慶長十六年になる、○中略、上ニ收ムル三月ヨリ八月ノ記、九月十日ノ記、九月十九日ノ記及ビ鄭迵ノ記、參看、去程に、（九月）廿日、申の刻、主上、御船に召れ、鹿兒府を出させ御座す、守護の武士にハ、平田大久坊・肥後宮內少輔也、抑羽林家ヶ家久公、內に八五戒を持、平家には十戒○平家物語巻一鱸 慈悲を先とし、外には五常をこたらす、不レ惰 禮儀□〔正〕うせさせ御座せ、三年の間むつましき御情、或時ハ御茶湯有、或時ハ御□〔能〕あり、所々の御參詣、御馬追なとゝて、主上御慰ありし事、思召出され、御名殘惜□□〔く思〕も召を理也、廿一日、申の時、山川に御付ある、廿四日、卯時、山川を御出ありて、廿六日、未時、口之永良部（大隅國熊毛郡）に付せ給ふ、廿九日、辰時、永良部より御出船ありて、十月二日、申時、大嶋（燒內間切宇檢）うけんに付給ふ、行宮しつらへ入せ給ふ、琉球より、越來親方、御迎に被レ參ル、九日、辰時、御出楫ありて、（德之島）土□〔久〕龜（東間切龜津）尾に付せ給ふ、十八日、午時、龜尾□□〔出〕て、酉□〔時〕、（沖永良部島）永良部に御付ある、丑時、永良部を御出船□〔あ〕りて、廿□〔日〕、未刻、那覇の湊に御着御座す、主上、御船より御輿に被レ召、先、臨海寺（那覇西村）に入御有ル、御迎王子部を始、三司官・親方部・親雲上・里主以

下、都而人とかそへらる官加階ニ望をかけ、所帯所職帯する程の人、一人ももるゝハ無りけり、廼、各供奉仕り、同日、申時、美御殿（大美御殿）へ入せ御座す、或ハ親子兄弟、或ハ知音近□〔付〕、馬乗物を寄迎、その人々多かりけり、其中に喜安法師、便りゆかりもなかりけり、迎の者一人となし、歩行にて遙に行幸に後れ、漸夜に入、山川（首里眞和志之平等）の千手院の傍に吾山庄のありけるに落付て、先角そ思ひ讀ける、

思ひきやあれたる軒の板間よりも□□〔れく〕る月の影をみんとハ

夫、王法、私ならぬ事なるにや、程なく還御ならせおはします、帝王と申すハ、白虎通にハ叶人をハ帝とせうし、仁義に叶人をハ王といへり、正法念經（正法念處經第三十カ）に云、「初胎内にやとり給ふ時より、諸天是を守護す、三十三天、其徳をわかちてあたへ給ふ故に天子と稱す」といへり、彼經（正法念處經第五十五）にハ、三十七法具足□〔せ〕るを国王とすと云、常に恵施をおこなひて惜ま□〔す〕、柔和にしていからす《不レ怒》、正直にことはり《理》て偏頗なく、古き道を正しくして捨す、よの人の好惡をしり、能世のりらん《理乱》をかゝみ《鑑》、貪欲なく邪見なく、一切をあはれミ給ひ、天下を治め給ふを賢王とハ申すとかや、吾か中山帝王、柔和正直に御座す故に、再御本国に還幸なるこそ目出度けれ、去程に、内裏三年か程に荒はて、旧苔道《舊キコケ》を塞き、秋の草門を閇し、瓦に松生、垣に蔦茂れり《ツタシケレリ》、臺《ウテナ》傾へて苔むせり《生》、公卿僉議有て、大内にハ兇徒殿舎に宿し、狼藉繁多□□〔な〕〔り〕、清《キヨメ》められすして遷幸ならん事、不レ然由、義定あり、金武親方奉行に立て、久しく捨置しかハ、殿舎傾危し、樓閣荒癈《アレスタル》〔廢〕して、野郎の宿り、雉兎の不《ふ》しとゝなりたりしを、一兩

月の中に造畢《ツクリオハリ》して遷幸なし奉る、外鄭〔墎墎〕《ミクハク》重疊たる百浦添御殿、宝聚閣、金御殿（黄金御殿）、西御殿、奉神門、廣富（廣福御門）御門□〔に〕至《イタルマテ》るまて成就《イニナシ》風の功《ミスヒテノ功ナランカ》、月を經すして不日になりしか共、民わつらいひもなく、国のつへ〔ひへ〕邊□〔も〕なかりけり、十一月下旬に遷幸なし奉る、文人詩□□〔を作〕り、伶人樂を奏して、内裏へ入せ御座す、去者、詩歌管弦のあそひ、お〔を〕りにふり〔れ〕て相催し、九重の儀式、昔を恥す、萬事の禮法ふるき〔古〕か如し、萬機の政を行ひ給ふ、忠ある者を賞しおはします事、聖代聖主の先規にたかはす、罪ある者をもなため給ふ事、大慈大悲の本誓にかなひおはします、されハ、恩光にてらされ、徳澤にうるほいて、国土冨、民も安すかりき、

◯慶長十四年二月二日島津義弘書狀（中山王尚寧宛）略ス、一六〇九年七月七日ノ條參看、朱句點、略ス、返點、編者ニ依リテ附ス、原本ノ闕損部分、屋良朝陳編琉球王府文獻刊行會本ニ據リテ校ス、

〔球陽〕附巻一　目録　◯東京大学史料編纂所所藏謄寫本

尚寧王

◯中略

鄭（鄭秉哲）二十三年、◯中略、朱頭書ニ、同卅九（萬暦）辛亥、行末朱書ニ、同十六（慶長）トアリ、

鄭菊隱國師創ニ建西來院一、

〔球陽〕附巻一　尚寧王　◯東京大学史料編纂所所藏謄寫本

（尚寧王）二十三年、◯中略、朱頭書ニ、萬暦卅九辛亥、行末朱書ニ、慶長十六トアリ、

菊隱國師創㆓建西來院㆒、○中略、一六〇九年三月五月十五日ノ條參看、而扈㆓從　聖主㆒、(中山王尚寧)到㆓薩州㆒、赴㆓江府㆒、○一六一〇年八月十六日ノ條參看、辛亥之年、回國、　王、(尚寧)勞㆓其勳㆒、賜㆓地于儀保邑㆒、建㆓立達磨山西來院㆒、時人未㆑知㆓倭俗㆒、菊隱、奉㆑　命、爲㆓加判役㆒、拜㆓受大里縣㆒、並賜㆓知行高八百斛㆒、且擢㆓王子位㆒、賜㆓五色浮織掛落及球陽國師號㆒、而後、告㆓老致仕㆒時、賜㆓知行四百斛㆒、(四十八年)萬曆庚申年、(一六二〇年)國師遷化、○下略

〔系譜抄〕一　○沖縄県立図書館所藏東恩納寛惇文庫架藏明治四十一年採集史料

(氏集)二番

閔姓家譜正統　居分寒水川村(首里眞和志之平等)

田湊親雲上

○世系圖、略ス、一六〇九年五月十五日ノ條參看、

一世喜安入道蕃元喜安親方

○中略、同上、

万厂三十七年己酉、○中略、一六〇九年五月十五日ノ條、同五月十九日ノ條、同六月二十六日ノ第一條及ビ一六一〇年八月十六日ノ條、參看、次年庚戌、○中略、一六一〇年八月十六日ノ條參看、

同三十九年辛亥九月二十日、麑府出船、同十月二十日、回国、

〔大宗家豐見城氏系圖〕毛氏家譜　○那覇市歴史博物館所藏複寫本　氏集十三番1513

五世盛續豐見城親方

○中略、一六〇九年五月十五日ノ條參看、

尚寧王世代

○中略、同上、

萬暦三十七年己酉四月初一日、署ニ任法司官一、原是、薩州興レ兵伐レ國、○中略、同上、尚寧王、率ニ法司等官一、隨ニ其大將一、入ニ薩州一投降、故署ニ任其官一、同ニ法司官馬氏名護親方良豐等一守レ國、翌年、良豐等相議、遣ニ盛續一入ニ薩州一、恭請ニ　王上金〔全〕安一、翌年〔一六一一年〕辛亥九月、隨レ　王回國、

○下略、同上、本書、紀錄ノ各丁ニ、「系訂紀印」ノ方形朱印ノ割印影ヲ模シタル「印」ヲ書ス、

〔系譜抄〕一

○沖縄県立図書館所蔵東恩納寛惇文庫架藏明治四十一年採集史料

〔氏集〕一番　向姓家譜（大宜見親方）

四世朝致國頭親方

尚寧王世代

萬厂三十七年己酉四月初日、薩刕大州守攻ニ琉囗〔國〕一、奈弱不レ能ニ敵强一、尚寧王赴ニ薩刕一、此時、爲ニ当〔中り衆〕役一隨レ駕、到ニ彼地一、○中略、一六〇九年五月十五日ノ條及ビ本年八月十六日ノ條、參看、万般事竣、隨ニ龍舩一回国、

〔毛姓家譜〕平安名里之子親雲上　紀錄
○那覇市歴史博物館所藏毛氏門中会刊毛姓世系図複寫本　氏集十番1206

三世榮明　前兼城

〇中略、一六〇九年五月十五日ノ條參看、

尚寧王世代

〇中略、同上、

萬暦三十七年己酉、〇中略、同上、而同五月十四日、那覇開船、同二十三日、到二薩州一、〇中略、一六一〇年八月十六日ノ條及ビ同九月十五日ノ條、參看、而翌年（萬暦三十九年）辛亥九月二十日、發二鹿兒府一、同十月二十日、歸國、本年、任二兼城間切惣地頭職一、

〇下略、一六〇九年五月十五日ノ條參看、

〔易姓家譜〕安次富里之子親雲上紀録　〇那覇市歴史博物館所藏複寫本　氏集七番789

四世寛唯照屋親雲上

〇中略、一六〇九年五月十五日ノ條參看、

尚寧王世代

萬暦三十七年己酉、尚寧王渡二御薩州一之時、尚氏具志頭王子朝盛（尚宏）爲二与力一上國、然処、朝盛、於二駿河一、不レ意罹病卒、〇一六一〇年八月十六日ノ條參看、是以、尚寧王供奉而歸國、

〇下略、同上、

〔系譜抄〕　二○沖縄県立図書館所蔵東恩納寛惇文庫架蔵明治四十一年採集史料

13（氏集十三番）毛姓　冨川親方

五世盛韶讀谷親方　鳳朝　○中略、一六〇九年三月二十五日ノ條及ビ同五月十五日ノ條、参看、

（萬暦）同三十七己酉三月十六日、（マヽ）○中略、同上、同五月十四日、那覇開駕、赴二薩州一、○中略、一六〇九年六月二十六日ノ第一條参看、同三十九年辛亥九月十三日、随二聖駕一歸国、○九月十三日トアレドモ、随聖駕歸國トアリテ、鹿児島ヲ出タルハ九月二十日ナラン、

〔蘇姓家譜〕　棚原筑登之親雲上　紀録　○那覇市歴史博物館所蔵複写本　氏集十二番1483

二世憲之

○中略、一六〇九年五月十五日ノ條参看、

萬暦三十七己酉、

尚寧王渡二御于薩州一時、爲二酒庫理役一、御酒當役也、供奉、同三十九年辛亥、歸國、○下略、同上、

〔湛姓家譜〕　岳原筑登之親雲上　紀録　○那覇市歴史博物館所蔵複写本　氏集官江差出候地系圖八番2683

一世宣存恩納親雲上　○「系訂紀印」ノ方形朱印一顆ヲ踏ス、

○中略、一六〇九年五月十五日ノ條参看、

萬暦三十七年己酉、　尚寧王、渡二御薩州一時、敍二黄冠一、爲二御唄役一供奉、至二于薩州一、事畢囘國、○下略、同上、

〔系譜抄〕 二 ○沖縄県立図書館所蔵東恩納寛惇文庫架藏明治四十一年採集史料

2 (氏集二番) 章姓 上間親方当ニ佐久間一

○中略、一六〇九年五月十五日ノ條參看、

大宗正成宜野灣親方

○中略

尚寧王代

万厂三十七年己酉、○中略、一六一〇年八月十六日ノ條參看、辛亥之夏、(萬暦三十九年、一六一一年)貢使毛氏使池城親方安頼、來到ニ薩刕一、稟ニ明中国公事一、太守家久公、卽命ニ安頼一、見ニ(徳川)家康公一、又隨ニ安頼一、再到ニ駿河一、○本年五月是月ノ條參看、是年冬、後ニ于寧王一而歸國、

〔系譜抄〕 二 ○沖縄県立図書館所蔵東恩納寛惇文庫架藏明治四十一年採集史料

13 (氏集十三番) 馬姓添石親雲上

四世奕基伊計親方 (良德) 万厂十年壬午、(一五八二年) 生、

万厂三十七年己酉、○中略、一六〇九年三月二十五日ノ條及ビ同五月十五日ノ條、參看、五月十四日、那覇開船、同二十三日、到ニ薩刕一、翌年庚戌四月十一日、爲レ見ニ將軍秀忠公一、渡ニ臨于江府一、良德又隨從、八月二十五日、到ニ于江府一、事成、同九月十五日、發ニ駕江府一、同十二月二十四日、回ニ于麑府一、万般事竣而、○一六一〇年八月十六日ノ條參考、翌年

辛亥九月二十日、發二麑府一、十月二十日、回國、
○下略

○十一月、琉球國中山王尚寧、明ニ、琉球國ヘノ歸國ヲ報ズルコト、左ノ如シ、

〔歷代寶案〕第一集　卷二十六　符文　自隆慶二年至崇禎十七年
○沖縄県立図書館史料編集室編歴代宝案校訂本第二冊

（琉球國中山王尚寧符）
琉球國中山王尚（尚寧）　爲二
開讀・進
貢・謝
恩事一、萬曆參拾玖年拾月拾玖日（ママ）、歸國（琉球國）、欽二奉
皇帝勅諭一、欽遵奉行、欽レ此、欽遵、例當二進
貢謝
恩一、今特遣二法司馬良弼（良豊）一、同二正議大夫鄭俊等一、賚二捧
表文壹通一、○中略
今開、　赴レ
京
法司壹員　馬良弼　人件壹拾名

正議大夫壹員　鄭俊　人伴拾名

使者壹員　蔡寶　人伴伍名

都通事壹員　梁順　人伴伍名

〇中略

右符文、付二都通事梁順一、准レ此、

（一六一二年）萬曆肆拾年正月二十六日給

〇二行空

符文

〔歷代寶案〕第一集　巻十八　國王咨　自成化十七年至天啓七年
〇沖縄県立図書館史料編集室編歴代宝案校訂本第一冊

（琉球國中山王尚寧咨）琉球國中山□〔王〕尚　□〔爲〕二

開讀・進　貢・謝

恩等事一、萬曆參拾玖年拾月拾九日（ママ）、出奔歸國、

欽三奉

皇帝勅二諭中山王尚寧一、「近（皇帝勅）、該福建撫按官（巡撫・巡按）、題稱、「差來王舅毛鳳儀（福建撫按官題）、齎三捧表文・□〔方〕物一稱、「王（琉球）

國（國中山王府法司咨）、因レ遭二倭亂一、致レ□〔緩〕二□〔貢〕期一」」、〇以上、福建撫按官題、念爾、當二□〔喪〕亂之□〔秋〕一、□〔猶〕切二緩レ貢□〔之〕□〔懼〕一、□〔深〕□〔惻〕二

朕懐、茲、□□〔特降〕勅□□〔撫慰〕、爾、還國□□〔之日〕、□□〔務當〕撫安流散、保□□〔守疆〕場、脩貢□〔如〕□〔常〕、永堅□〔恭順〕、庶不負朝廷恤遠字（宇）之意、□〔其〕該國與□〔倭〕國前後事情、爾、再行奏報、以憑裁處、故諭爾□〔知〕」○以上、萬暦三十八年十二月十六日皇帝勅、等情、欽此欽遵、先據案照、萬暦三十九年五（月）内、據差飛報倭乱事情王舅毛鳳儀（安頼）・長史金應魁等、□□〔齎捧〕

皇帝勅諭、到□〔國〕、□□〔隨航〕海入□〔倭〕稱、「報倭乱（毛安頼等言）、事竣回還」、據稱、「□〔紫〕泥□〔封〕内、未知作何緣由（毛安頼等言）、未敢擅便開啓」等情、據□〔此〕、□□〔切以〕

天威遠播、夷酋、咸惶喪膽、

帝勅頒□〔臨〕、倭君（島津家久）亦悉傾心、歸國爪〔瓜〕期、本有定吉、欽奉勅諭、遂加礼隆、「增差二員首目（福建等處承宣布政使司咨）、帯領二百餘從、□〔坐〕駕二船、護送□〔歸〕國」等情、□〔旧〕（萬暦三十九年）（ママ）年拾月十九□〔日〕、□〔臨〕按藩城（首里城）、□□〔官民〕胥慶□□、遵將欽□〔奉〕

勅諭、

開讀、「欽依奉行（皇帝勅）」、□〔欽〕□〔此〕欽遵、復蒙

天恩疊賜哨船二□〔隻〕、給與毛鳳儀□〔等〕、坐駕□□〔歸國〕、恩同頂戴、茲當平定疆土如故、士民維新、例□〔當〕進　貢謝

恩供脩藩職、今、特遣法司馬良弼・正議大夫鄭俊、率同使者・通事□□〔等官〕、齎捧

表箋一、坐三□□□〔駕船隻〕一、裝三載馬四匹、硫磺一萬觔一、慮下□〔因〕二船□〔隻〕窄一□〔不〕上堪二重載一、□〔內〕、先伍千伍百觔、

幇下載在二參拾九年十□□[二]〔月〕內一差遣急三報歸國事一人船上、前來投遞、請、候二正貢船隻到一レ省、〔福建〕一□〔幷〕

類齊〔齎〕、進三奉萬曆參拾九年

貢額一、○以上、本年五月是月ノ條參看、仍、眞金沙魚皮靶眞金結束黑漆鞘腰刀二把、眞銀□〔沙〕魚皮靶眞銀□□〔結束〕黑漆鞘

腰刀二把、沙魚□〔靶〕鍍金綱結□〔束〕黑漆□□〔鞘腰〕刀二十把、鍍金綱結束黑漆鞘□□□〔紅漆〕〔柄袞〕刀壹拾把、鍍金綱

結束黑漆鞘□〔紅〕漆□□〔柄〕〔鎗〕一拾把、扣線結黑角甲二領、□〔鐵〕盔二□〔領〕、□〔護〕面・胸掩・手套・護腿、全陸幅、

眞□□〔金描〕帷□□〔屏〕[二]對、前來、謝

恩、方今、倭寇甫定、國困民貧、儀物不レ齊、乞レ念二恤憐一、前萬曆三拾四年（一六〇六年）、差二王舅毛鳳儀・正

議大夫鄭道〔鄭迵〕等一、前來、進三奉萬曆三拾三年（一六〇五年）□〔貢〕額硫磺一萬觔一、據二員役回稱一、經蒙レ貯レ庫、未レ蒙

レ解レ京、茲、當二倭乱平□〔定〕一、進貢前來、原貯硫磺、伏乞、類三同今年硫磺一煎銷、聲說明白、一

併解進、庶レ毋レ缺三失歲貢之常一、仍、土夏布二百疋、歷兌二絹帛二拾五疋一、此三拾三年夏布、亦

未レ蒙二兌回一見積レ庫、據下中間有三無鼠耗朽爛一、慮中恐積久濕灰上、今、續□〔附〕二□[一]百疋一、□〔前〕來抵補、

除レ耗兌□〔額〕、此原係二歷□〔年〕

恩典一、伏乞、查照、今年二百疋、湊三□〔成〕四□□〔百〕[疋]一、□[一]併兌三換絹帛一齎回、庶下

朝廷柔二遠字〔宇〕一之意、外夷沾二

恩典一之例、兩不ㇾ失矣、爲ㇾ此、理合□〔移〕ニ咨
貴司一知會、希、咨文事理、伏乞ニ逐一査照歸國一、倭寇平定情由、伏乞、
題奏施行、爲ㇾ此移咨、須至ㇾ咨者、

右

咨ニ

福建等處承宣布政□〔使〕司一、

萬曆四拾年正月　日

咨○本咨文ニ引載セラレタル萬曆三十八年十二月十六日明皇帝勅（琉球國中山王尚寧宛）、歷代寶案第一集卷一所收ニシテ、一六一〇年正月三十日ノ條ニ收ム、

〔南聘紀考〕卷之下　○東京大学史料編纂所所藏島津家本さⅠ―12―33―64

十六年（慶長）（辛亥）、○中略於ㇾ是、九月、○中略、上ニ收ムル九月十日ノ記、九月十三日ノ記、九月二十日ノ記及ビ鄭迵ノ記、參看、既而、二十七日（ママ）、尚寧王及三司官等、揚ニ帆山川一、皈ニ琉球國一、凡尚寧王在ㇾ藩者、三年矣、国史略所〔志〕ㇾ謂、「倭入ニ中山一襲執ㇾ王、不ㇾ屈ニ倭酋一、慶長（島津家久）異ㇾ之曰、「有ニ此氣象一、無ㇾ惑乎、受ニ天朝封号一也、卒放回」」、或云、（徐葆光撰中山傳信錄卷三中山世系、尚寧）「王危坐不ㇾ爲ㇾ動一、慶長異ㇾ之、「卒送ㇾ王歸国」云」、是也、舊乘十五年冬、尚寧還ㇾ自ニ江戸一、乃使ニ不ㇾ踰ㇾ年得ㇾ回ニ琉球一、慶長日記亦同ㇾ之、而十六年九月、尚寧及三司官等、自ニ琉球一獻ニ此誓書一（當代記慶長十五年九月二十七日條）云、然今季安（伊地知）按、橋氏日記、尚寧王、發ニ山川港一、爲ニ慶長十六年九月廿七日事一、又中山王系圖及世譜、尚寧回国、竝爲ニ辛亥。一、即十六年也、又其從臣儀間眞常譜（麻姓家譜）、亦回国爲ニ十六年九月十三日一、又承應元年平田純昌答川上久国書云、「十六年九月許、琉球王解ニ帰国之纜一、于ㇾ時、迄ニ于子孫一、不ㇾ可ㇾ違ㇾ意之有ニ誓紙一」云、鎌田政昭自記、「爲ニ十六年辛亥九月琉王得ㇾ赦歸帆一」云、又南浦文集所載尚寧王与福建軍門書云（南浦文集一、癸丑春月日与大明福建軍門書）、尚寧、在ㇾ薩者三年矣、州君待ㇾ我三年、一ㇾ心、送ニ還我於小邦一云、

按、尚寧十四年五月二十三日、着二山川港一、則至二十六年一、實爲二三年一矣、據レ是、橋氏所レ記、似レ得レ實焉、今〔故〕從レ之爾、尚寧既回、以二毛鳳朝一、爲二法司一、補二鄭迵闕一也、
又擧二西來院主僧菊隱一、爲二国相一、以二尚宏卒故一也、○中山王尚寧ノ琉球ヘノ歸國ヲ記シタル當代記、一六一〇年九月十五日ノ條ニ收ム、

○おもろ御さうし第十三ニ收ムル中山王尚寧妃ノ中山王尚寧ノ歸國ヲ待ツおもろ、一六〇九年五月十五日ノ條參看、

○十月二十八日、鹿兒島城主島津家久、琉球國中山王尚寧ニ書ヲ送リテ、明ニ使者ヲ遣シテ通交ヲ許サレムコトヲ請スベキヲ命ズルコト、左ノ如シ、

〔續編島津氏世錄正統系圖〕十八代家久 第三十八 ○東京大学史料編纂所所藏島津家文書36—1—2—6

正文在二琉球國司一、

(島津家久書狀寫)
○日本國薩摩州少將島津家久、拜二書于琉球國中山尚老(尚寧)大人殿下一、恭聞、國家興廢、天命之常、政敎不レ施レ之、愆至二于五常不一レ守、是亦、喪レ邦之基也、按、汝琉球、自レ開レ古、爲二我州之屬一鎭、近歲以來、荒淫無レ道二信義一、不レ行二貢物古禮一也、而不二我供一大位新嗣也、而我賀二厚禮一、而不レ謝二累約一、而不レ踐二左右一、不レ甘二神人一共憤用、是、擧レ兵門(問)レ罪、戰帆南渡、征旗一麾、國破君俘、此皆汝琉之自取レ禍耳、非二人過一也、茲念、足下(尚寧)、懦弱純善、爲二好臣一所レ陷、是以、斬二鄭法司(鄭迵)一、而送二足下一、歸レ國安レ民、 足下、可レ不レ忘二寡人(家久)之恩一、堅守二舊盟一、速差二官于大明一、請レ許二船商往來通好方一、可二以レ功補一レ過、且 足下、拜二關東一時、

大將軍家康公、發二令西海道九國之衆寇一レ明、寡人、以二仁義之言說一而止レ之、蒙レ許、候二琉球通商議好一、否則進レ兵未レ晩、此郭氏之所二備知一而、　足下之所二悚聞一也、至レ今、入寇之兵未レ動及二寡人力一矣、寡人以二文敎一治二國內外一、臣僚皆學二四書經一、吏各守二禮讓一、亦、　足下之所二目睹一也、　足下、宣二奏一聞明國一、懇下從二日本一三事上、其一、割二海隅偏島一處一、以下通二我國一舟商使上、彼此各得レ无レ咎、其二、歲通二餉船一交接、琉球、倣二日中交易一爲レ例、其三、孰若來往通使、互致二幣書一、嘉意勤禮、交相爲レ美、此三者、從二我一事一、則和二好兩國一、萬民受レ惠、社稷保安長久、不レ然、

大將軍旣耀レ德、不レ服、使令入寇戰船、蔓渡二沿海一、勦除陷二城邑一殺生、靈明之君臣、能無レ憂乎、是則、通商之與二入寇一利害、判二若白黑正一、　足下之所レ宣二急告一也、惟盡レ言無レ隱、免レ致二後禍一、是幸、餘不宣、

慶長十六年辛亥十月二十八日　　在御判（家久署・花押）

○本文書ノ寫、東京大学史料編纂所所藏島津家本舊記雜錄後編卷六十六ニ、家久公御譜中、正文在琉球國司ト注シテ收ム、鹿児島県史料旧記雜錄後編四卷六十六、八七六号、參看、

○東京大学史料編纂所所藏島津家文書S島津家文書5—6—23

〔御文書〕　家久公十四　卷十九

（琉球國中山王尚寧書狀）

去杪冬初廿三日御書、同十一月下旬、到來、謹而拜閱、抑貴國永々致二淹滯一處、情意之厚、于レ今（慶長十六年、一六一一年）（十月）
遺、失無レ之、殊更此地案堵之条、千喜万悅、珎々重々、次爲二御音問一、楮國（圍）三佰帳幷御茶壺壹箇拜

受、厚恩重ニ於泰山一者也、随而雖ニ僅少之至候一、薬酒貳壺進上之、補ニ夙志計一候、恐惶謹言、

（正月）端月十一蓂　（尚寧）中山王（花押）
（萬暦四十年、一六一二年）

羽林家久公

○本文書ノ寫、東京大学史料編纂所所藏續編島津氏世錄正統系圖十八代家久第三十七ニ、正文在文庫、（朱書）「慶長十六年」ト注シテ、同所藏島津家本舊記雜錄後編卷六十六ニ、御軸物十番箱中、家久公御譜中ニ在リ、慶長十六年ト注シテ收ム、鹿児島県史料旧記雜錄後編四巻六十六、七八九号、參看、本文書、舊記雜錄後編、萬暦三十九年《朱カキ》、迺チ慶長十六年トシテ收ムト雖モ、萬暦四十年（一六一二年）正月十一日ノ書ナリ、一六一一年二月三日ノ條所收島津國史卷之二十三慶長十六年正月十一日ノ記、參看、

〔明實錄〕○大明神宗顯皇帝實錄卷四百九十七　○中華民國中央研究院歷史語言研究所刊國立北平圖書館紅格鈔本影印本

萬暦四十年七月癸巳朔、○中略（七日）○己亥、○中略○福建巡撫丁繼嗣奏、琉球國夷使栢壽（栢良宗）・陳華等、執ニ本國（琉球國）咨文一言、「王已歸國、特遣修貢、○中略又今日所レ宣亟圖」、章下ニ禮部一、覆如ニ撫臣言一、○琉球國咨文、上ニ收ムル萬暦四十年正月日琉球國中山王尚寧咨（福建等處承宣布政使司宛）ナリ、

○十二月十五日、鹿兒島城主島津家久、前征夷大將軍德川家康ニ、琉球國中山王尚寧ヲ琉球國ニ歸還セシメタルコトヲ報ジ、琉球國使者、日本駿河國駿府城ニ參ズルコト、左ノ如シ、

〔駿府記〕○史籍雜纂第二

慶長十六年辛亥

○中略

十二月

○中略

十五日、○中略島津龍伯(義久)爲二遺物一長光刀左文字脇指獻レ之、就レ之、去歳、所二擒來一之琉球王歸レ之、如二前々一琉球之往來可レ爲之由、自二大明國一依レ請レ之、則彼王歸遣之旨言上、依レ之、琉球人着レ府(駿府)、則於二前殿一御二覽之一、藥種及彼邦之異物等獻レ之、○一六一一年十二月十五日、島津家久、徳川家康ニ島津義久ノ遺物ヲ獻ジ、併セテ琉球國使ヲ駿府ニ送リテ貢セシムルコト、

大日本史料慶長十六年十二月十五日ノ第二條參看、

〔續編島津氏世錄正統系圖〕十八代家久 第三十八
○東京大学史料編纂所所藏島津家文書36—1—2—6

正文在二文庫一、
(山口直友書狀寫)
○以上、

急度今啓上候、仍琉球ニ珎敷草花在之由、被レ爲二 聞召一候、然者、何ニても珎布草花御座候者、御上セ可レ被レ成候、於二御座候一ハ不レ及レ申候へ共、遠路參事御座候条、かれ候ハぬやうに被レ成御尤存候、右之通、 御諚之由候て、本三州(本多三河守正信)ゟ被二申越一候間、如レ此申入候、則本上州(本多上野介正純)ゟ書狀、爲二御披見一進申候、必御報ニ可二預示一候、尚追而可レ得二御意一候、恐惶謹言、

慶長十六年
八月十九日 山駿河守
直友(花押影)

・11

少将様
参□々御中 摺

○本文書ノ寫、東京大学史料編纂所所藏島津本舊記雜錄巻六十六ニ、家久公御譜中、正文在文庫、慶長十六年ト注シテ收ム、鹿児島県史料旧記雑録後編四巻六十六、八五〇号、参看、 朱カキ

〔西藩野史〕 巻之十五 家久公 上
○鹿兒島縣私立教育會明治二十九年刊

(慶長十五年)○九月、○中略、一六一〇年八月十六日ノ條及ビ同九月十五日ノ條、参看、以下、慶長十六年九月ノ記ナリ、尙寧ガ罪ヲ救ルシ、琉球國ノ内八万九千余石ヲ給フテ、國ニ歸ラシム、按ニ、琉球十五島アリ、大島高一万四百五十五石余、鬼界島六千八百三十二石余、徳島一万九百石余、永良部島四千百五十八石余、與論島千二百七十二石余、五島合テ三万余石收ラレ、沖繩島六万二千百九十九石、計良广島(慶良間諸島)二百三石、戸無島(渡名喜島)四十五石余、久米島三千六百七十七石余、西米〔粟〕島七百二十七石余、伊惠島三千六百四十三石、伊是那島七百五十石余、惠平屋島(伊平屋島)五百四十一石余、宮古島一万二千四百五十八石余、八重山島六千六百三十七石余、合十一島ヲ尙寧ニタマフ、於レ是、尙寧、感佩シテ枯藁復產ストシ、書ヲ献シテ金石ニ誓フ、國王即位、今ニ至テ、世々誓書(琉球館)ヲ献ス、宅地ヲ府下ニ給フ、是ヨリ琉球國紫巾太夫以下、數十人、更爰ニアリテ、公ニ朝請過コトナシ、

〔島津國史〕 巻二十三 慈眼公上
○島津家編集所刊 新刊島津國史

(慶長)十六年辛亥、○中略九月○中略十日、三原重種・伊勢貞昌・町田久幸・比志島國貞・樺山久高連署、書二琉球歲貢之數一(慶長十六年九月十日琉球國上木納物覺)、以授二三司官一、曰、「芭蕉布三千端、上布六千端、下布壹萬端、唐苧千三百斤、綿三貫目、棕梠繩百方、黑綱百方、筵三千八百枚、牛皮貳百枚」、同上、(慈眼公舊譜)百方、依二當時語一、猶レ云二百束一、○中略十九日、兵部少輔・紀伊守・勝兵衞尉・權左衞門尉連名、書二法令十餘條一(慶長十六年九月十九日掟)、同上、琉球王尙寧、上二盟書於公一(慶長十六年九月琉球國中山王尙寧起請文)曰、「自レ今以後、不三敢携二貳一、有レ渝二此言一、諸神殛レ之」、同上、勝連・江曾・江溺・豐美城・池城・雲心、上二連名盟書於奉行中一、亦如レ之、同上、○中略十月、○中略幕府、使三公命二琉球王尙寧一、令下諭二明人一與二日

本一互市通好上、明人不レ聽、將レ用レ師焉、二十八日、公、以レ書告二琉球王一、同上、○中略諸侯築二王宮一之月、此年四月、琉球貢獻、文船至二山川港一、公、因二山口直友一、以白二神祖一、○琉球國、紋船ヲ島津家久ニ遣スコト、一六一二年四月ナルコト、本條參考參看、尋送二使者於駿府一、十二月十五日、使者登城、獻二方物藥品一、同上、

〔南聘紀考〕卷之下 ○東京大学史料編纂所所藏島津家本さI—12—33—64

（慶長）十六年、（辛亥）○中略、本年二月三日ノ條、同四月七日ノ條、同八月十日ノ條及ビ上ニ收ムル諸記、參看、是歳、公遣レ人導二琉使一如二駿府一、十二月、抵二駿府一、十五日、琉使、造レ朝以獻二方物一、神祖權喜、既而還、

○六月、琉球國、質トシテ、金安恒ヲ鹿兒島城主島津家久ニ送ルコト、及ビ琉球國中山王尚寧ノ歸國ヲ記セル琉球國ノ史書、左ノ如シ、

〔中山世譜〕附卷 卷之一 ○沖縄県所藏康熙四十年序本

尚寧王

○中略

（萬曆）三十九年辛亥、○中略、本年五月是月ノ條參看、

本年、爲二國質事一、遣二金氏摩文仁親方安恒一、到二薩州一、次年壬子、安恒沾レ病歸レ國、嫡子松金安基、代レ父、留二麑府一、

〔中山世譜附卷〕 卷之一 ○琉球史料叢書第五卷

尙寧王

○中略

（萬曆）三十九年辛亥、○中略、本日ノ條、一六一〇年正月三十日ノ條、一六〇九年九月三十日ノ條及ビ本年五月是月ノ條、參看、

本年、爲二國質事一、遣二金氏摩文仁親方安恒一、六月、到二薩州一、

翌年、（萬曆四十年、一六一二年）安恒沾レ病回レ國、嫡子松金安基、代レ父、留二薩州一、（萬曆四十一年、一六一三年）癸丑十二月、回レ國、松金、奉二薩州命一、與レ父俱赴二薩州一、

〔中山世譜〕 卷之一 ○沖縄県所藏康熙四十年序本

尙寧王

○中略

本國爲二薩州附庸一者、至レ此、百有餘年矣、○中略、一六〇九年四月一日ノ第一條及ビ本年八月十日ノ條、參看、辛亥年、（一六一一年） 家久公、垂二仁慈之念一而、許二王回レ國、每年納二貢于 薩州一、從レ此始焉、

同年九月十日、 家久公、出二一紙目錄一、此時、鬼界・大島・德島・永良部・與論、皆屬二薩州一、然今、彼五島、容貌衣服、留下與二我國一無上レ異者、原係二吾國管轄之地一故也、不レ可レ不レ明故、書二于此一、

〔中山世譜附卷〕 卷之一 ○琉球史料叢書第五卷

尚寧王

○中略

（萬暦）三十七年己酉、薩州太守家久公、遣レ師征伐、○中略、一六〇九年四月一日ノ第一條參看、王從二彼師一、到二于薩洲一、

至二辛亥年一、王已回レ國、○一六〇九年四月一日ノ第一條參看、

○中略

三十九年辛亥、家久公、出二賜琉球一紙目錄一、此時、鬼界・大島・德島・永良部・與論、始屬二薩州一、

然、彼五島、原係二吾國管轄之地一、故容貌衣服、迄レ今留、與二吾國一無二以相異一、

本年、爲下稟二明進貢王舅事竣回レ國事上、遣二毛氏池城親方安賴一、到二薩州一、又赴二駿府一、○本年五月是月ノ條參看、其冬回レ國、

〔中山世譜〕卷七 ○沖繩県所藏雍正三年序重修本

尚寧王

○中略

紀

〇中略、一六一〇年正月三十日ノ條參看、

三十九年（萬曆）□□〔辛亥〕、□〔王〕留二薩州一二年、王言、「吾事二中朝一、□〔義〕當レ有レ□〔終〕、□〔卒〕被二放回一、然後、國復晏然、

□□〔本年〕、□〔因〕二□□〔法司〕鄭迵有レ罪被レ誅、而毛鳳朝（盛韶）、繼任二其職一、

本年、因二國□□〔相尚〕宏卒一、而西來院住僧菊隱國師、任二相臣加判役一、在レ役年月不レ詳、

本年、因二法司向里端（朝師）致仕一、而毛鳳儀（安賴）、繼任二其職一、

四十年（一六一二年）壬子、王、遣二使栢壽・陳華等一咨言、王已被二縱歸一、國復安然、仍遣二修貢一、〇下略、本書ノ闕損部分、琉球史料叢書第四卷中山世譜ニ依リテ校ス、

〔球陽〕卷之四 目錄 〇東京大学史料編纂所所藏謄寫本

尚寧王

〇中略

鄭〇鄭秉哲

二十三年、王自二薩州一回二駕本國一、

〔球陽〕卷之四 尚寧王 〇東京大学史料編纂所所藏謄寫本

（尚寧王）二十三年、王（尚寧）自二薩州一回二駕本國一、〇朱頭書ニ、同（萬曆）卅九年辛亥トアリ、

王、留二薩州一、已經二二年一、王言、「吾、事二中朝一義、當レ有レ終」、太守公、深嘉二其忠義一、卒放回、然後、國復二晏然一、

〔球陽〕附巻一　目録　○東京大学史料編纂所所藏謄寫本

尚寧王

○中略

鄭○鄭秉哲

二十三年、始賜㆓知行于士臣㆒、○朱頭書ニ、同（萬暦）卅九辛亥、行末朱書ニ、同（慶長）十六トアリ、

○中略

鄭

鬼界等五島始屬㆓薩州㆒、

〔球陽〕附巻一　尚寧王　○東京大学史料編纂所所藏謄寫本

（尚寧王）二十三年、始賜㆓知行于士臣㆒、○朱頭書ニ、同卅九辛亥、行末朱書ニ、慶長十六トアリ、

昔世有㆓勳功㆒者、但賜㆓采地㆒而已、萬暦己酉、（三十七年）尚寧王到㆓薩州㆒時、家久公、已分㆓本國費用並俸祿等㆒、以授㆓本國㆒、至㆓辛亥年㆒、聖駕回旋、而始賜㆓群臣知行輿俸祿並切米㆒、

○中略

鬼界等五島姓（始）屬㆓薩州㆒、

鬼界・大島・德島・永良部・與論等五島、素係㆓琉球㆒、是年、薩州　大守家久公、出㆑賜琉球一紙目錄㆒、此時、鬼界等五島、始屬㆓薩州㆒、而以㆓吾國管轄之地㆒、容貌衣服、至㆓于今世㆒、與㆓本國人㆒無㆓以相異㆒、

○三月十五日、琉球國佐敷王子尚豐、琉球國ニ還ランタメ、薩摩國鹿児島ヲ發シ、尋デ、四月十三日、琉球國那覇ニ著スルコト、六月、琉球國、質トシテ、金安恒ヲ鹿児島城主島津家久ニ送ルコト、九月、琉球國中山王尚寧、起請文ヲ捧ジ、同月二十日、琉球國三司官毛盛續等、起請文ヲ捧ズルコト、九月十三日、琉球國中山王尚寧、自ラノ歸國ニ先ンジテ、向朝長等ヲ琉球國ニ歸還セシムルコト、九月十九日、鹿児島城主島津家久、琉球國三司官鄭迵ヲ誅スルコト、十月二十八日、鹿児島城主島津家久、琉球國中山王尚寧ニ書ヲ送リテ、明ニ使者ヲ遣シテ通交ヲ許サレムコトヲ請スベキヲ命ズルコト、十一月、琉球國中山王尚寧、明ニ、琉球國ヘノ歸國ヲ報ズルコト、及ビ十二月十五日、鹿児島城主島津家久、前征夷大將軍徳川家康ニ、琉球國中山王尚寧ヲ琉球國ニ歸還セシメタルコトヲ報ジ、琉球國使者、日本駿河國駿府城ニ參ズルコト、便宜合敍ス、

〔參考〕

○一六一二年四月、琉球國ノ紋船、日本薩摩國山川湊ニ至ルコト、便宜、參考トシテ掲グ、

〔南聘紀考〕巻之下 ○東京大学史料編纂所所藏島津家本さⅠ—12—33—64

十六年、(辛亥)○中略、本年二月三日ノ條參看、四月、○中略、本年四月七日ノ條及ビ同二月三日ノ條、參看、此月、奉行本田親政等、催二麻文仁等一、遣二紋船一、聘二貢于麑府一、公(家久)乃遣レ使、飛二報山口直友一、以聞二

神祖一、○下略、本年五月是月ノ條、參看、鹿兒島ヘノ紋船ノ來航、南聘紀考、慶長十六年四月此月ニ掲グレドモ、慶長十七年（一六一二年）四月ナリ、

〔續編島津氏世錄正統系圖〕 十八代家久 第三十七 ○東京大学史料編纂所所藏島津家文書36—1—2—5

○琉王尚寧、去冬（慶長十六年十月）、還二中山一、悔二先非一、於レ是、今茲（慶長十七年）四月、差二使節一、如二舊式一來二文船一、文船、着二岸山川灣（薩摩國指宿郡）一、則、家久、先賴二山口直友一稟レ之、乃達二高聽一、大御所（家康）快然曰、「猶委聞二琉使所レ說、應レ須レ告二稟其旨二」、直友、齎二一簡於和久氏（甚兵衛尉）一、遙下二于薩一達レ之、既而至レ冬、使二琉使一、副二護送士一、赴二關東一、十二月、至二駿府一、同月十五日、琉使登營、獻二藥物及中山之土產一、甚愜二台意一、而后賜レ暇、歸二至于麑府一、○本記、東京大学史料編纂所所藏島津家本舊記雜錄後編卷六十六ニ、家久公御譜中ト注シテ收ム、同書、本記ヲ慶長十六年ノ巻六十六ニ收ムレドモ、本記、慶長十七年ナリ、鹿兒島県史料旧記雜録後編四巻六十六、八三七号、參看、

〔續編島津氏世錄正統系圖〕 十八代家久 第三十七 ○東京大学史料編纂所所藏島津家文書36—1—2—5

正文在二琉球國三司官一

（島津家久書狀寫）
○今度爲レ使江洲渡海候間、用二一翰一候、仍其地之儀、王位被レ成二歸國一候刻、申渡候樣、諸事不レ可レ有二油斷一候、別而、西來院（菊隱）之儀者、日本之樣子能依二存之儀一候、雖二沙門之事候一、相二加三司官一候間、無二遠慮一被レ入レ精尤候、猶委細態以二使者一可レ申候間、期二其節一候、恐々謹言、

慶長十六年（七）
六月九日　家久（花押）

琉球三司官

○本文書ノ寫、東京大学史料編纂所所藏島津家本舊記雜録卷六十六ニ、「在琉球」(朱書)國三司官、家久公御譜中ニ在リ、慶長十六年ト注シテ収ム、鹿児島県史料旧記雑録後編四巻六十六、八四〇号、参看、

家久公 (朱カキ)巻二

○東京大学史料編纂所所藏島津家文書S島津家文書4—9—15

〔御文書〕

(山口直友書状)

已上、

去四月十八日之御狀、六月四日來着、令ニ拝見一候、仍従ニ琉球一綾船、其御國山川ヘ着岸之由、御注進之趣、則令ニ披露一候、一段 御機嫌之儀候、御心易可レ被ニ思食一候、猶彼使者被レ申様共、被ニ屆聞召一、様子可レ被ニ仰越一、將亦、(甘蔓)あまつら御進上候、是又披露申候、三年ニ成申通申上候へハ、一入 御祝着ニ被ニ思食一候、何も和久甚兵衛罷上候砌、萬事可レ蒙レ仰候、猶追而可レ得ニ貴意一候、恐惶謹言、

六月六日 (慶長十七年)　山口駿河守 直友(花押)

(家久) 奥州様 参貴報

○本文書、大日本古文書島津家文書之二、一〇三九號、ニ収ム、本文書ノ寫、東京大学史料編纂所所藏島津家文書續編島津氏世録正統系圖十八代家久第三十七ニ、正文在文庫、慶長十六年ト注シテ、同所藏島津家本舊記雜録後編巻六十六ニ、「在官庫」(朱書)、(朱カ)慶長十六年幷ニ家久公御譜中ニ在リト注シテ収ム、鹿児島県史料旧記雑録後編四巻六十六、八三八号、参看、本文書、大日本史料慶長十六年十二月十五日ノ第二條合敍條、薩藩舊記後集三十ニ據リテ収メ、同書ノ慶長十六年ノ注ニ、慶長十七年ノ誤リナラント注記ス、

○大日本史料慶長十六年十二月十五日ノ第二條合敍、明年ニ至リ、尚寧使ヲ遣シ、質ヲ島津氏ニ納レ、義弘之ニ復書シ、又、家久、琉球ノ政令ヲ定メ、幕命ニヨリテ、琉球ノ婦女ヲ徴スル

事等ノ條參看、

九月二十三日、鹿児島城主島津家久、徳之島ニ遣シタル相良頼豊幷ニ有馬重純ニ、琉球國中山王尚寧ヲ歸國セシメタルヲ告グ、

〔續編島津氏世錄正統系圖〕十八代家久　第三十六
○東京大学史料編纂所所藏島津家文書36―2―1―4

正文在二相良權兵衞一

（島津家久書狀寫）
○其許長々滯留辛勞候、仍今度王（琉球國中山王尚寧）位歸國付而、知行令レ割符、（慶長十六年九月十日琉球國知行目錄）惣別諸法度等、（慶長十六年九月十九日掟等）申遣候、向後之儀ニ候間、能々無レ緩樣ニ可レ申レ調候、就レ中、來春渡唐船之事、入レ精候間、要ニ候也、

慶長十五年
九月廿三日家久（花押影）

有馬次右衞門尉（重純）との

相良勘解由次官（頼豊）との

○本文書ノ寫、東京大学史料編纂所所藏島津家本舊記雜錄後編卷六十五、家久公御譜中、正文在相良權兵衞、慶長十五年ト注シテ收ム、朱カキ 鹿児島県史料旧記雜録後編四卷六十五、七四二号、參看、

○四月七日、相良頼豊等、大隅國根占ヲ發シ徳之島面縄ニ赴クコト、本年四月七日ノ條ニ、鹿児島城主島津家久、琉球國中山王尚寧ニ、大島・鬼界島・徳之島・沖永良部島幷ニ與論島ヲ除キタル琉球國領知ヲ命ズ、尋デ、九月二十日、尚寧、鹿児島ヲ發シ、十月九日、徳之島龜津ニ

著シ、同月十八日、龜津ヲ出テ、十月二十日、琉球國ニ歸著スルコト、本年九月十日ノ條ニ見ユ、

一六一二年（琉球國中山王尚寧二十四年・明萬暦四十年・日本慶長十七年・壬子）

九月十五日、沖永良部島大親思鎌戸、歿ス、

〔八十八吾良謝佐榮久由緒記〕 ○伊仙町東伊仙　永喜家文書　文政六年佐久田跋本寫本

幼名思祢戸金、旧名者、東之主與云也、

東ケ之主

（一六〇八年）萬暦三十六年戊申二月、抄、法名德山大親安佐（臣）居士、

日本年號慶長十三年戊申二月、抄、相當ル也、

幼名思鎌戸与爲レ申由也、 ○中略、一六〇八年二月ノ條參看、

首里之衆　慶長十七年壬子九月十五日、死去、法名、皈元亀兵瑞宝重靈位、世名不二相知一、

右、沖永良部嶋詰之主大親役也、（德之島）當嶋主大親病死ニ付、右跡役拔二召立一迄之間、爲二差引一被レ渡、（東ケ之主）德之嶋主大親後妻ニ縁組、（德之島東間切）龜津江居所之假屋相立候、此時、御國御支配ニ相成候、其節、右首里之衆儀者、永良部嶋江被二詰居一、御手ニ被二召附一候以後迄も、有來候通、一往者兩嶋之差引被二仰渡一、當嶋江茂子共致二出生一、右大親役、無レ程御引役ニ被二仰出一、大親役被二召止一

候、〇一六〇八年二月ヨリ後ノ條參看、以後者、其子孫共江、用人・高官役ニ被ニ仰付一、可レ被ニ召仕一旨被ニ仰渡一勤來候、龜津之旧用人大勝子孫大勝・大屋宜・內城・池城・旧中勝・浦濱抔之親祖也、三間切（東・面縄・西目）江庶子支流有（多）有レ之也、

―佐武良兼掟〇中略、一六〇九年三月二十日ノ第一條參看、
―思吾良兼同前、〇中略、
―女子 思登加年 東間切和瀬村之義眞時之配江嫁、

右者、當嶋主大親安佐臣之女子、後妻腹ニ致ニ出生一、母者、後、永良部首里之衆江緣組ニ而、龜津役屋江□（移）、

〇御大殿地祖先系圖、平家系圖及ビ寶滿家系圖、異事ナシ、

〔雜書由緒記寫〕 〇伊仙町東伊仙 永喜家文書 徳之島町図書館架藏複寫本

三家錄寫

一、本琉球御時代、從ニ首里一之侍、徳之嶋大親役相勤居付、子共致ニ出生一候、〇中略、一六〇八年二月ノ條參看、徳之嶋大親役致ニ死去一、從ニ琉球一右跡役被ニ召立一迄之間、沖永良部島大親役兩人在レ之、爲ニ指引一致ニ往來一、當嶋旧（安佐臣）大親後妻ニ緣組、子共致ニ出生一候、〇中略、思鎌戸ト安佐臣後妻トノ子、一六〇八年二月ヨリ後ノ條參看、

一、秋徳(徳之島東間切)佐安元所者、徳之嶌旧大親(安佐臣)致二隠居一、於二彼所ニ一病死、以後、右之子共、秋徳佐安元致二居住一候、〇中略、秋徳濱ニ於ル島津軍トノ戰ニ關ル、一六〇九年三月二十日ノ第一條參看、然者、徳之嶋旧大親役之子共、其時、於二秋徳ニ一戰死仕候ニ付、右之子共孤子ニ相成及二難儀ニ一候故、永良部大親妻所縁之就レ床ニ、右從二夫婦一憐憫之上、被レ加二慈悲ヲ一、子共同前ニ相生立預二助力ニ一、故、秋徳佐安元所家屋敷、永良部大親之子共ニも相渡候、而、東ケ主子共、諸田村(徳之島東間切)江引移候、〇下略、東ケ之主子共諸田村江引移トノ記、東ケ之主安佐臣ノ子ニシテ秋徳濱ニテ戰死シタル思吾良兼ノ子東之主思禰戸、佐安元所ヨリ諸田村ニ移リタルコトニ關ル、

〇琉球國中山王尚寧、沖永良部島ノ大屋子思鎌戸ニ徳之島ヲ差引セシムルコト、一六〇八年二月ヨリ後ノ條ニ、島津軍大將樺山久高、兵船十艘ヲ率テ沖永良部島へ進ミ、尋デ、沖永良部島ヲ征スルコト、一六〇九年三月二十一日ノ條ニ見ユ、

一六一三年（琉球國中山王尚寧二十五年・明萬曆四十一年・日本慶長十八年・癸丑）

八月十一日、鹿兒島城主島津家久、大島間切役人扶持方ヲ定ム、

〔笠利氏家譜〕嫡家本 ○奄美市立奄美博物館資料室架藏田畑氏嫡家本複寫版貼込本複寫本

爲轉、號佐文、

○中略、爲轉ノ譜、一五八八年五月二十七日ノ條及ビ一六〇九年三月七日ノ條ニ收ムル奄美大島諸家系譜集所收笠利氏家譜第一巻ト異事ナシ、

（島津家家老連署定寫）
役人扶持方定

よひと五人、但一人ニ付米三石、

めさし三人、但一人ニ付米貳石、

如レ右、相定上ニ、少も於二百姓一違亂申間敷候、不レ依二何篇一、致二抑留一間敷者也、

慶長十八年八月十一日

（伊勢貞昌）兵部少輔（「敬緘」方形印影模）

（三原重種）諸右衞門（「重種」隅凹方形印影模）

大嶋之内
笠里間切惣役人（笠利間切首里大屋子）（爲轉）
○下略、本年九月十一日ノ條參看、奄美市立奄美博物館資料室架藏複寫本ノ元版ノ複寫本、原本ノ複寫版ヲB4判原稿用紙ニ貼込ミタルモノニシテ、原本ノ天邊幷ニ上部ノ文字及ビ地邊ヲ闕キ、且、釣線明カナラズ、

○本條ニ掲グル役人扶持方定、本年九月十一日ノ條及ビ同九月二十四日ノ條ニ收ムル知行高ノ制ト異ナレルニ依リテ、施行ノ實否、尚、檢ズベシ、

九月十一日、鹿兒島城主島津家久、大島笠利間切赤嶺與人爲有ヲ大島笠利間切惣役ニ任ジ、役職米十石ヲ宛ツ、

〔笠利氏家譜〕嫡家本 ○奄美市立奄美博物館資料室架藏田畑氏嫡家本複寫版貼込本複寫本

爲轉、號佐文、
○中略、本年八月十一日ノ條參看、
（島津家家老連署補任狀寫）
大嶋之内笠里間切（笠利大屋子）之惣役、被㆓仰付㆒、則爲㆓役職米㆒拾石被㆑下訖、尤以㆓面目㆒、不㆑可㆑過㆑之候、然者、所々定置之年貢等、慥致㆓上納㆒、百姓等不㆓困窮㆒樣、於㆑抽㆓奉公㆒者、向後、可㆑有㆓御恩賞㆒者也、仍狀如㆑件、

伊勢兵部少輔

慶長十八年九月十一日　貞昌（花押影）

三原諸右衛門

重種（花押影）

赤嶺乃与人（為有）（笠利間切）○為有、笠利氏第五代為轉ノ嫡男ニシテ、同氏第六代ナリ、

（大島代官預狀寫）右、本書を訴詔〔訟〕ニ付、我等持登申候、為ニ後證一如レ此ニ候、重而被ニ返下一之時分、可レ被ニ相返一候、

以上、

亥（元祿八年、一六九五年）六月三日　大嶋代官

伊地知五兵衛印

○元祿八年六月三日大島代官預狀ニ記セル本書トハ、慶長十八年九月十一日島津家家老連署補任狀一通ノミヲ示スニハ非ズシテ、笠利氏初代為春ヨリ五世第五代為轉ニ至ル諸世ノ譜ニシテ、各世ノ譜中ニ、一五六八年八月二十四日ノ條ニ收ムル（年月日闕）琉球國中山王詔書（為充宛）幷ニ隆慶二年八月二十四日琉球國中山王尚元詔書（為明宛）、一五八八年五月二十七日ノ條ニ收ムル萬曆十六年五月二十七日琉球國中山王尚永詔書（為轉宛）、及ビ本年八月十一日ノ條ニ收ムル慶長十八年八月十一日島津家家老連署定（為轉宛）幷ニ本日條ニ收ムル慶長十八年九月十一日島津家家老連署補任狀（為有宛）ノ模寫ヲ收メ、笠利氏家譜第一巻トシテ製セラレタルモノナラン、笠利氏家譜第一巻ハ、笠利氏第五代為轉ノ略譜ヨリ八世第十二代為辰迄ノ譜ヲ收ムル笠利氏家譜第二巻ト併セテ、元祿八年、訴訟ノタメ、笠利氏七世第十一代為壽ノ大島代官伊地知五兵衛ニ托シテ鹿兒島城ノ記録所ニ呈上シタル笠利氏ノ系圖ナラン、笠利氏家譜嫡家本複寫本、八世迄ヲ收ムルト雖モ、七世為壽ノ子女八世ノ諸譜ヲ闕クルハ、原本巻尾ノ佚失シタルニ依ルナラン、奄美大島諸家系譜集ニ收ムル笠利氏家譜第一巻、慶長十八年八月十一日島津家家老連署役人扶持方定、慶長十八年九月十一日島津家家老連署補任狀幷ニ元祿八年六月三日大島代官預狀ヲ闕キタル外ハ、各代譜幷ニ三通ノ琉球國中山王詔書、笠利氏家譜嫡家本ト異事ナシ、

○伊地知五兵衛、元祿六年（一六九三年）、喜界島代官ニ任ジラレ、同年ニ任ジラレタル大島代官村田半助卒スルニ依リテ大島代官併任ヲ命ゼラレ、同七年（一六九四年）閏五月五日、大島ニ渡リ、同八年（一六九五年）、長谷場源助

ニ大島代官ヲ繼ギタルコト、大島代官記ニ見ユ、

〔笠利（田畑）家々譜〕○龍郷町 隱居跡所傳 奄美市立奄美博物館所藏名瀬市史編纂委員会資料架藏筆寫本複寫本

爲轉 號佐文、童名思次郎金、

○中略、一五八八年五月二十五日ノ條幷ニ一六〇九年三月七日ノ條ニ收ム奄美大島諸家系譜集所收笠利氏家譜第一卷及ビ一六一〇年是歲ノ條、參看、

●爲有 號佐宣、童名摩三郎金、

實子爲成者、上三國于薩州二而、島津中書老（ママ）（家久）江奉公故、○島津氏ニテ中書ト稱サルル者ハ、天正十五年（一五八七年）六月五日ニ卒シタル中務大輔島津家久ニテ、鹿兒島城主島津家久ノ叔父ナリ、鹿兒島城主島津家久、權中納言ニ任ジラルルコト、史料綜覽寛永二年（一六二五年）八月十九日ノ條ニ見ユ、祖脈之總領職、弟佐伯爲季請三續之二、初笠利間切赤峯（赤嶺）（與人）用人司相勤、畢後、笠利間切首里大屋子（笠利間切笠利大屋子）職被二仰付一、爲二役扶持一而、御切米拾石下賜之、于レ時、慶長十八年九月十一日也、最伊勢兵部少輔貞昌・三原諸右衞門尉重種御兩老之御判物頂戴之、

妻、笠利村（笠利間切）大屋釜、童名見付躬大良女也、

奉レ屬二薩州御手一以形來、自二御國老一下三賜御判物一者、何方江錐（雖）レ有レ之、皆當家之格護證書也、他家於レ有二所持一者、可レ所三望之一也、

元和九年（一六二三年）、大島中、首里大屋子職被二召止一、○一六二三年閏八月二十四日ノ條參看、故無役而后死、○笠利氏家譜嫡家本複寫本、爲有ノ譜ノ

次ニ、元和九年閏八月二十五日大嶋置目ヲ收ム、

女子磨奈芋樽金、
東間切（大島）渡連村之住居也、
西古見（大島西間切）用人司（與人）佐麿妻、

女子夫樽金、
出二奔喜界島一、灣（喜界島灣間切）村住居、於二此所一死、

爲成號佐元、童名忠次良金、
名瀬（大島名瀬間切）用人司勤役之也、
自二于（十）一歲一、致下於二薩川（州）一上國上、改二假名敷根權之助一、島津中書老被二召仕一、至二三十一歲一、
其中、江城（江戸城）御參勤之供奉及二兩度一也、○爲成、鹿兒島城主島津家久ノ質トナルハ、一六一〇年ニ同ジキ質トナリタル叔父爲季ニ相替リテノコトニシテ、鹿兒島ニ至レル年月及ビ大島ニ還リタル年月、詳カナラズ、

女子垂目樽、
大島笠利間切笠利村住居、志戸桶（喜界島志戸桶間切）用人司妻、夫死後、依レ無二實子一、佐郁爲壽介抱、
母名瀬間切內大熊村知名瀬掟女、

●為秀〔季〕號佐伯、童名菊千代金、

○中略、為季、鹿児島城主島津家久ヘノ質トシテ鹿児島ニ遣サルコト、一六一〇年是歳ノ條參看、

凡為有息為成者、數年上二國于薩州一、故弟為季、當家歴代之請二嫡家督一也、後年為成歸島、此年而死去、無二嫡子一、愈為二總領職一無レ疑乎、此代系圖記錄悉燒亡、故未レ詳、

〔笠利氏家譜〕第二巻 ○龍郷町 奄美大島諸家系譜集

○奄美市立奄美博物館資料室架藏笠利氏家譜嫡家本複寫版貼込本複寫本ニ依ルニ、複寫版、原本ノ天邊幷ニ地邊ヲ闕クルトコロアルニ依リテ釣線明カナラザレドモ、譜、異事ナシ、

○為有

號佐宣、大島笠利大屋司、總領職附二屬弟佐伯為季一、

女子

出二奔喜界島一、灣村住居、

為成

名瀬與人司勤役之、自二十一歳一、致二薩州上國一、阪〔改〕假名敷根權之助、島津中書老被二召仕一、至二三十一歳一、其中、江城御參勤供奉及二數度一也、

女子

（大島東間切渡連）戸連與人室、大島東間切戸連村江住居、
女子
大島笠利村住居、志戸桶與人室、
○一六九五年（元禄八年）五月、大島代官、間切役人等ニ訴訟ニツキ文書ノ差出ヲ命ジタルコトニ關ル史料、本年九月二十四日ノ條參看、
○是歳ヨリ後、大島笠利間切首里大屋子爲有ノ男爲成、鹿兒島城主島津家久ノ質トシテ薩摩國鹿兒島ニ送ラルルコト、便宜合叙ス、

九月二十四日、是日及ビ二十五日、鹿兒島城主島津家久、大島・喜界島及ビ沖永良部島ノ間切役人ニ知行ヲ宛行フ、

〔松岡家文書〕○奄美市立奄美博物館所藏名瀬市史編纂委員会資料架藏複寫版

（島津家家老連署知行目録）○料紙右端闕損ニ依リテ、上闕ク、

右、知行之事、於二其地一、別而依レ被二召仕一、被二宛行一畢、田坪字有二別紙一、□〔彌〕抽二御奉公一者、可レ有二御恩賞一之旨、所レ被二仰出一也、仍目錄如レ件、

慶長十八年九月廿四日　〔伊勢兵部少輔〕□□□□□○コノ行ノ中央部、原本複写版ノ紙繼目ニ依リテ闕ク、　貞昌（「敬緘」方形印影）
三原諸右衛門
重種（「重種」隅凹方形印影）
〔大島〕西間切
〔惣役〕□□人方、○西間切ノ左料紙闕損、
〔松岡家文書〕○奄美市立奄美博物館所蔵名瀬市史編纂委員会資料架蔵複写版

（島津家家老連署知行目録写）
知行目録

大嶋西間切之内
高弐拾石
右、知行之事、於二其地一、□□○料紙地邊闕損ス、依レ〔被〕□二召仕一、被二宛行一訖、田□○料紙地邊闕損ス、有二別紙一、弥抽二
御奉公一者、可レ有二御恩賞一之旨、所レ被二仰出一也、仍目録如レ件、
慶長十八年九月廿四日
伊勢兵部少輔
貞昌（「敬緘」方形印影模）
三原諸右衛門
重種（「重種」隅凹方形印影模）
西間切
惣役人○本文書、上ニ収ムル文書ノ写ナリ、〔名不詳〕繼紙破損ニ依リテ左右ニ分カタル、
〔松岡家文書〕○奄美市立奄美博物館所蔵名瀬市史編纂委員会資料架蔵複写版

（大島代官伊地知五兵衛預狀）（切紙）
此本書訴訟之由□〔二〕付、鹿兒嶋へ我等持登り申候、重而爲二證據一如レ此ニ候、本書□返之時分、此書付可レ被二相返一候、以上、

元祿八年亥六月二日　〔伊地〕□□知五兵衛（印文不詳丸印影）（○日下、署名上部、料紙闕損ス、）

○大島代官伊地知五兵衛預狀、上ニ收ムル慶長十八年九月二十四日知行目錄、及ビ嘉靖二十七年十月二十八日琉球國中山王尚清詔書（○一五四八年十月二十八日ノ條參看、）・萬曆七年十月一日琉球國中山王尚永詔書（○一五七九年十月一日ノ條參看、）幷ニ元和九年閏八月二十五日大嶋置目（○一六二三年閏八月二十五日ノ條參看、）ノ四通ノ文書、或ハ四通ノ中ノ何レカノ寫ヲ預リタルコトヲ記セルナラン、

〔和眞至氏所藏文書〕（○大和村中央公民館所藏長田（大和）須磨文庫架藏寫眞版）

（島津家家老連署知行目錄）（○知行目錄ノ行ナレドモ、墨書部分ノ料紙闕失ス、）

〔之カ〕□□間切之内（○大嶋西ノ文字部分ノ料紙闕失ス、）

（○高十石ノ墨書部分ノ料紙闕失ス、續ク三行ノ天邊、料紙闕失ス、）

〔之〕□□事、於二其地一、別而依

〔被〕□□二宛行一畢、田坪字有二別紙一、

□御奉公者、可レ有二御恩賞一之

旨也、〔被〕□□二仰出一也、仍目錄如レ件、

慶長十八年九□〔月〕□〔廿〕四日　三原諸右衛門
重種（「重種」隅凹方形印影）
伊勢兵部少輔（印文「敬緘」カ）
貞昌（方形印影）

□〔尓〕□〔志カ〕之間切（大島西間切）
よひと　□（墨寫リカ）（名不詳）

○本文書、寫眞版ニ依ルニ、一枚ノ料紙ノ右端幷ニ右上半部闕失シ、マタ殘存部紙面ニ闕損幷ニ墨寫リアリ、仍テ、行頭闕失部分明示ノタメ原本ノ行ノママニ掲グ、本文書ノ宛所某間切與人某、和家系圖及ビ宇宿大親家譜系圖ニ見エズ、

〔系圖文書写　永代家傳記〕　○大和村大和浜　大和村教育委員会所藏和家文書

○前略、一五七九年五月五日ノ條、一五七二年正月十八日ノ第二條及ビ一五二九年十二月二十九日ノ條、参看、

（島津家家老連署知行目録寫）
知行目録

大嶋焼内間切之内

高五石

右、知行之事、於二其地一、別而依レ被二召仕一、被二宛行一畢、字〔田坪〕別紙有、弥抽二御奉公一者、可レ有二
御□〔恩〕賞一旨、□〔所〕レ被二仰出一也、仍目録如レ件、

慶長十八年九月廿四日　伊勢兵部少輔
貞昌印
三原諸右衛門
重種印

（大島）焼内間切
めさし（思樽金）

（前大島代官伊地知五兵衛送状寫）（國遣座取次）
此本書之儀、依二訴訟一、中原伊兵衛殿へ御取次ニ而差上至候間、写如レ此候、以上、

大嶋先代官
伊地知五兵衛印

元禄九年子九月十八日

屋喜内
川地〇宇宿大親家六世思樽金（大島屋喜内間切大和濱方與人）

土連
佐度知〇宇宿大親家六世（大島東間切渡連方與人）

〇系圖文書写永代家傳記ニ収ムル琉球國中山王詔書及ビ本知行目録等ノ文書ノコト、一五二九年十二月二十九日ノ條參看、

〔宇宿大親家譜系圖〕〇大和村大和浜　大和村教育委員会所藏和家文書

（世系圖）三世　四世　五世

- 〔犬〕大樽金
  - 美鳥里主
  - 女子
  - 思樽金
    - 女子
    - 保元金
    - 比屋里與銘
  - 比屋里與銘

○中略（紀錄）四世屋喜內（焼內）目指

童名思樽金、行一、

父、犬樽金、

○中略、一五七九年五月五日ノ條參看、

爲二讀書習業事一、赴二 中山一、隨二圓覺寺（琉球國首里）和尚一、晝夜攻學、奈因三父不レ知二其所レ往、歸島、續二父家統一、既及二成長一、任二屋喜內間切目指職一、前至二 中山一、朝二覲 國王一、公務全竣、歸島、○琉球國中山王、思樽金ヲ大島焼內間切目指ニ任ズルコト、一五七九年五月五日ノ條ニ合敍ス、至二萬曆三拾（七脱）年一、本島爲二陸（薩）府之管轄一、雖レ然、忠義之志、愈勵愈盡、數十年、全□（勤）二其職一、因レ此、慶長十八年、賞賜二俸米並知行五石一、其時、三原諸右衞門樣・伊勢兵部少鋪（輔）樣御印形之御目錄、至レ今、尚有レ藏存也、

○下略、犬樽金ノ子女及ビ弟妹ノ譜、一五七九年五月五日ノ條參看、和家文書所收宇宿大親家譜系圖（別本）（五世知屋具盛里主ノ紀錄闕ク）、異事ナシ、

〔和家系圖〕○大和村大和浜 大和村教育委員会所藏和家文書

犬樽金

○中略、一五七二年正月十八日ノ第二條及ビ一五七九年五月五日ノ條、參看、

「思樽金

爲二學文修行一、中山國へ赴《茂》キ、圓覺寺和尚門人ニ罷成、昼夜無二懈怠一、攻學相勤居候處、萬曆七年（一五七九年）、父犬樽金、赴二中山國ニ一候節、逢二逆風ニ一、行衛不二相知一候ニ付、歸島、父之家督相續いたし、成人仕候ニ付、屋喜内間切目指職（二字分空）、從二中山國王様一被二仰付一、□□爲二御禮一　中山國江相渡、國王様へ御見得、首尾得二相濟一、歸嶋相勤候處、萬曆三拾年（慶長八年アタル、）大島之儀、御當地之御支配ニ被二相成一候得共、不二相替一相勤忠義之志ヲ勵相勤候、御取訳を以、慶長拾八年（同四十年）、御賞褒トメ御俸米幷御高之内五石被二成下一候旨、三原諸右衛門様・伊勢兵部少輔様御印形之御目錄頂戴被二仰付一、難レ有致二格護置一候、

○下略、犬樽金ノ弟妹及ビ子女ノ譜、一五七九年五月五日ノ條參看、和家文書所收和家系圖（別本）、異事ナシ、

〔喜界島泉家文書〕○喜界町山田　アチックミューゼアム彙報第四一　喜界島調査資料第二　喜界島代官記

（島津家家老連署知行目錄寫）

知行目錄

鬼界嶋之内

高拾石

右、知行之事、於二其地一、別而依レ被二召組（仕）一、被二充行一畢、田坪字、在二別紙一、彌抽二御奉公一者、可レ有二御恩賞一之旨、所レ被二仰出一也、仍目錄如レ件、

伊勢兵部少輔
貞昌印

慶長十八年九月廿四日

三原諸右衛門
重◯（種）

きかひ
よひと（名不詳）

〔喜界文書〕○喜界町白水 九州国立博物館所蔵
（島津家家老連署知行目録）

知行目録

鬼界嶋之内

高拾石

右、知行之事、於二其地一、別而依レ被二召仕一、被二充行一畢、字田坪有二別帋一、弥抽二御奉公一者、可レ有二
御恩賞一旨、所レ被二 仰出一也、仍目録如レ件、

慶長十八年九月廿四日　重種（「重種」隅凹方形印影）
三原諸右衛門
伊勢兵部少□〔輔〕

貞昌（「敬緘」方形印影）

鬼界嶋之
よひと○料紙右端
（勘樽金）下部闕損ス、

〔續編島津氏世錄正統系圖〕

十八代家久　第四十
○東京大学史料編纂所所藏島津家文書36―1―2―8

正文在二琉球國內鬼界島荒木本横目浦治一、

（島津家家老連署知行目錄寫）
○知行目錄

鬼界嶋之內

高拾石

右、知行之事、於二其地一、別而依レ被二召仕一、被二充行一畢、田坪字有二別帋一、弥抽二御奉公一者、可レ有二

御恩賞一旨、所レ被二　仰出一也、仍目錄如レ件、

本書在二日之字之通一、
三原諸右衛門

慶長十八年九月廿四日

右在二日付之下一、
重種□（「重種」印影模）

伊勢兵部少輔

貞昌□（「敬緘」印影模）

鬼界嶋之
よひと
（勘樽金）

○本文書ノ寫、東京大学史料編纂所所藏島津家本舊記雜錄後編巻六十八ニ、家久公御譜中、正文在琉球國內鬼界島荒木本横目浦治ト注シテ收ム、鹿児島県史料旧記雑録後編四巻六十八、一〇四八号、参看、本文書、上ニ收ムル喜界文書所收慶長十八年九月二十四日知行目錄ノ寫ニテ、浦治ハ、下ニ收ムル勝原家系圖ニ依ルニ、勘樽金ノ孫ナリ、

〔島津國史〕巻之二十三 ○島津家編集所刊 新刊島津國史

(慶長)十八年癸丑、○中略秋九月○中略二十四日、伊勢貞昌・三原重種連名書二琉球法令十餘條一、以授二三司官一、又、連名書與二鬼界島與人田祿十石一、賞二功勞一也、(慈眼公舊譜)同上、與人、職名、

○慶長十八年九月二十四日島津家家老連署覺(琉球國三司官宛)、東京大学史料編纂所所藏續編島津氏世錄正統系圖十八代家久第四十及ビ同所藏島津家本舊記雜錄後編巻六十八ニ收ム、鹿児島県史料旧記雑録後編四巻六十八、一〇四九号、参看、

〔喜界文書〕○喜界町白水 九州国立博物館所藏

(島津氏家老連署知行目録)

知行目録

鬼界嶋之內

高五石

右、知行之事、於二其地一、別而依レ被二召仕一、被二充行一畢、田坪字有二別帋一、弥抽二御奉公一者、可レ有二御恩賞一之旨、所レ被二仰出一也、仍目録如レ件、

慶長十八年九月廿四日 三原諸右衛門 重種(「重種」隅凹方形墨印影)

伊勢兵部少輔 貞昌(「敬織」方形墨印影)

(別筆)「□」

鬼界 めさし(思德)

〔勝原家系圖〕　○喜界町図書館郷土資料室架藏複寫版

○上略、一五九五年正月二十八日ノ條ニ收ムル折田馨「喜界島諸系圖についての若干の考察（一）」奄美高等学校紀要『あまみ』三号所收勝山家系圖抄出版勝家系圖抄ト異事ナシ、

○金多羅

○中略、一六〇三年十月十七日ノ條及ビ一六〇六年十一月二十八日ノ條ニ收ムル勝家系圖抄ト異事ナシ、

○勘樽金

爲二荒木目指（鬼界島荒木間切）一、慶長十四年（一六〇九年）、琉球國及諸嶋、屬二于日本薩摩州一、是時、爲二與人一、慶長十八年九月二十四日、公（島津家久）、命二家老三原重種・伊勢貞昌一而、賜二年米十石一也、寛永八年（一六三一年）、公、命二家老宦上土佐守（義時）一而、以二妻恵久樽一、令レ爲二大婆務一、其簿書○喜界文書所收寛永八年九月二十三日島津氏家老宦上義時申渡狀作レ巻而藏レ之、○島津家久、喜界島荒木間切手久津久與人女房ヲ喜界島大あむ役ニ任ズルコト、奄美群島編年史料集稿寛永年間編寛永八年（一六三一）九月二十三日ノ條ニ見ユ、

女思菊

荒木間切嘉鉄村浦與人妻、手久津久村中間爲二（ノ脱）口役一

○思徳

爲二荒木目指一、慶長十八年九月二十四日、公、命二家老三原重種・伊勢貞昌一而、賜二年米五石一、

後爲二手久津久與人一也、病、若年而死、故無レ子、

女孫瀬樽

爲二大婆務一、而志戸桶間切佐手久村嫁二于志戸桶與人一也、大婆務事、終又徒〔徙〕二于他家一、

○思鍋

爲二灣〔間〕問切浦原與人一、

思三郎

爲二手久津久與人一、

思蓋

爲二手久津久與人一、

女思松

爲二手久津久村神船頭一、

女思戸金

爲二白水村神船頭一、

○浦治

爲荒木間切横目、後爲同間切與人、○浦治、元祿八年（一六九五年）、大島代官伊地知五兵衛ニ托シテ、祖父勘樽金ノ授ケラレタル慶長十八年九月二十四日知行目録ノ寫等ヲ記録所ニ呈シタルナラン、

思語羅早世、

思多羅早世、

女次羅吾瀬

荒木間切花良治村小野津與人室、爲白水村（喜界島東間切）向之ロ役、

女小針金

伊實久村（喜界島伊砂間切）小野津（志戸桶間切）掟役室、爲白水村向之ロ役、

○勝家系圖抄、思徳ノ子女ノ譜ニ省略アルニ依リテ、勝山家系圖ヲ元トセル勝原家系圖ヲ掲グ、

〔要家文書〕○知名町上城　知名町誌

（島津家家老連署知行目録寫）

□□□○料紙右端上部闕損ス、
〔目録〕

高拾石

右、知行之事、於其地、別而依被召仕完〔宛〕行畢、田坪字有別□〔紙〕、□〔彌〕抽御奉公者、可有御恩賞之旨、所被仰出也、仍目録如件、

慶長十八年九月廿五日　貞昌印

伊勢兵部少輔

三原諸右衞門尉
重利印
種歟 本書不㆓分明㆒

永良部之嶋
よひと（次郎かね）

○知名町上城 知名町誌

〔要家文書〕

（要家系圖）
高拾石之目錄、伊勢兵部様・三原諸右衞門様御判有、

右、拜領之先祖、（沖永良部島内城）直城之大屋、わらへ名次郎かね、女房、大あむしられ、わらへ名おめミつかね、

○中略、全文ハ、一六〇九年二月ヨリ先ノ第二條ニ收ム、

右之目錄、親より請取、覺悟仕置候、此節、先祖之次第、爲㆓子孫㆒、書付置者也、

（一六九八年）（ママ）
元祿拾壹年丁丑五月廿五日　わらへ名 生城部（思なつ子）

○系圖ニ記セル慶長十八年知行宛行、左ノ如シ、

〔嬉姓喜志統親方系譜〕 ○奄美大島諸家系譜集

五代
宇宿大屋子（大島笠利間切）

字垂金里主、

○中略、一五九五年是歳ノ條參看、

宇宿與人　六代

字思太良肥、於二屋仁村（大島笠利間切）一誕生、母、佐仁村（大島笠利間切）掟女、

傳曰、世々、笠利間切大屋子職之處、和朝慶長年間、中山王尚寧、叛二大守中納言島津家久公一、其時、慶長十四年己酉三月、國老樺山美濃守（久高）・平田太郎左衞門（増宗）兩將、渉二渡中山國一、責二其非一、故直中山王及三司官、降二軍門一、其時、當島幷鬼界島・徳之島・沖永良部島、永爲二公田一、以二代官職一、令レ司二政要一之時、除二首里大屋子職一、爲二與人一、令レ支二配一間切一、其時、人雖レ降二一統一、在レ役者、準レ士、慶長十八年九月二十五日、伊勢兵部少輔貞昌・三原諸右衞門金種（重）兩國老御判物證書、從二古來一、以二筋目由緒一、任二宇宿與人役職一、知行二十石（ママ）、役料十石（ママ）下賜、

寛永十五年（一六三八年）戊寅、大守中納言君御逝去、爲二御悔一、代官有馬丹後守（純定）、傳レ命、上國、〇奄美群島編年史料集稿寛永年間編寛永十五年（一六三八）是歳ノ條參看、其后、及二老年一退役、於二屋仁村一卒、墓所在二同所一

奥掟

字思鍋、后、奥智、母、天花峯村（大島笠利間切手花部）住、

次垂與人（大島住用間切須垂）

字那遍金、湯灣村（大島屋喜内間切）居、住用次垂與人、母、同前、

┬女子
└東掟（大島東間切）

七代
宇宿與人

初、足金、垂金、母、赤木名（大島笠利間切）喜世與人女、

○屋仁掟、父、思太良肥、依二勳功一、迹役宇宿與人、墓所有二屋仁村一、

〔前里家家譜〕○大和村恩勝 奄美大島諸家系譜集

○眞手金

父（惠桂目）家督ヲ請次、屋喜內（大島）間切首里之大親（大屋子）職相勤之也、○中略、一六〇九年二月ヨリ先ノ第六條參看、

├佐喜治

屋喜內與人司數年勤役之ス、

└茂手樽

父（眞手金）家督ヲ請次、本琉球江差渡、國主樣江御目見得仕、黃冠之項（頂）、屋喜內間切大親職被二仰附一、

御朱印致ニ項〔頂〕戴一、然處ニ鹿府ヨリ椛山美濃守様、本琉球爲ニ對地〔治〕一、當津大和濱（屋喜内間切）江御差入之剜〔刻〕、則茂手樽致ニ降參一、○中略、一六〇九年三月七日ノ條參看、其後、爲レ押法元〔允〕仁右ヱ門様御在勤、○法元仁右衛門、大島奉行ニ任ゼラル、コト、本年是歳ノ條參看、茂手樽事、大和濱方（屋喜内間切）思勝村之前里江數年居住ス、

女子

實名ハ富御女ト號ス、

○中略、一六〇九年二月ヨリ先ノ第六條參看、

眞手金

但、屋喜内間切崎原與人役相勤申候處ニ、右時代、大島御國元御支配被ニ仰付一、其時、爲ニ御代官一、法元仁右衛門様被レ遊ニ御下島一、大島中道、垂ニ御竿一、案内看仕被ニ仰附一相勤申候、○本年是歳ノ條參看、右、與人知行目錄○慶長十八年九月二十四日知行目錄ナラン、頂戴仕候得共、紛失仕、木〔于〕レ今承知不レ仕候、

女子　實名郁樽、

大和濱野呂久目相勤候、

女子　實名油樽、

大和濱目差妻ト成ル、

茂手樽
無役、
女子　實名思鍋、
大和濱野呂久目相勤候、
女子　實名乙間樽、
大和濱野呂久目相勤申候、
女子　實名思満金、
笠利間切赤木名屋仁與人妻ト成ル、

〔元家系圖〕○宇検村須古　宇検村誌資料編第二集奄美大島屋喜内の文書

○○○元祖
思ちやり
○中略、一六〇九年二月ヨリ先ノ第七條參看、

○
思樽金
思ちやり嫡子ニ而、父隠居以來、大島之内屋喜内間切御見〔目〕差被二仰付一、知行相應下給、相

勤申候處、万暦三拾(三十七)年之頃、大島之儀、御國許御藏入被二召成一候、其節、屋喜內間切屋喜內與人役被二仰付一、數十年首尾能相勤申候處、慶長十八稔、御扶持米とメ知行拾石拝領仕候、　三原諸右衛門様・　伊勢兵部様　成下候御印形御目錄、于レ今、所持仕申候、

―た□〔うカ〕兎

思ちやり二男、部連村(大島屋喜內間切)居住仕終申候、子孫無二御座一候、

―女子

思ちやり女子、部連村居住仕、部連村女頭役のろくミ(のろくめ)被二仰付一、本琉球江差渡、國司様(中山王尚寧カ)江御見廻仕、一世首尾好相勤終申候、

○
―思ちやり

思樽金嫡子、屋喜內宇檢村掟役被二仰付一、相勤居申候處、早世仕申候、

―女子

思樽金女子、部連村居住仕、女之頭役神船頭被二仰付一、本琉球江差渡、國司様江御見廻仕、一世首尾能相勤終申候、

○下略、同上、

〔屋宮家自家正統系圖〕　○宇検村名柄　宇検村誌資料編第二集奄美大島屋喜内の文書

（四世第四代）與多里大親

童名武大金、

傳曰、幼到二琉球一、任二東間切大親職一（大島瀬戸内東間切大屋子）、其後、繼二父（唯知）之家督一、任二東間切首里大親職一（首里大屋子）、被レ允二許黄鉢卷・御座鋪之位一、無レ幾、罹レ病退レ役隱居、○一五七一年是歳ノ第二條參看、

（五世第五代）八摩喜大親

童名前間藤金、

傳曰、父（與多里）退役時、幼不レ繼二父之役職一、二十年來無二勤務一、

夫、琉球、從レ昔、與二薩摩州一通レ使交易地、久有二懇馴之好一、然近相共排擠、終琉球叛二薩摩一、太守黄門公（家久）、赫怒、以二樺山美濃守・平田太郎左衞門一爲レ將、從二兵船三百餘艘一、度二航琉球一、令レ征二伐之一、慶長十三〔四〕年、解二纜山川湊一、渡二海琉球地一、蔫地、攻二首里大城一、中山王及三司官、乞レ命降二幕下一、其時、八摩喜、已壯年、從レ倭数代、爲二東間切總頭（首里大屋子）一旨、達二上聞一、到二鹿府一、初謁見、忝任二東間切大親職（首里大屋子）一、知行二十石、以二三原金種〔重〕・伊勢貞昌兩老之證書一、拜二領之一、家門面目、不レ過レ之、自レ此、蒙二太守命一、布二一島政令一、其後、到二琉球一、被レ允二許黄鉢卷・御座鋪之位一、

清渡知（五世第六代）大親

童名摩三郎金、

傳曰、與レ兄（八摩喜）共被二召出一、任二東間切與人役一、爲二役料米一十石拜領、兄八摩喜病死、無二子孫一、
繼二兄之家督一、上二鹿府一、任二東間切首里大親（大屋子）職一、初遂二
謁見一、爲二役料米二十石、切米五石一、元和六年（一六二〇年）、以二蒲地（蒲池）備中守・税所彌右衛門兩老證書一、拜ニ
領之一、○一六二〇年是歳ノ條參看、

元和九年（一六二三年）、島中一統、被レ召ニ止大親職一、○一六二三年閏八月二十五日ノ條參看、

〔與與世戸見一流系圖〕○瀬戸内町篠川 芝家文書 奄美大島諸家系譜集

○上略、一六〇九年二月ヨリ先ノ第四條參看、

○米阿久

○受二老君（嘉留持）之讓一、居二乎（于）同縣（大島瀬戸内西間切）一、

○中略、同上、則降二王命（琉球國中山王）一、使三米阿久任二大島西縣（瀬戸内西間切）實久大親（大屋子）職一、子孫亦世可レ任二斯縣令一也、及（乃）賜二
其印章一（琉球國中山王詔書）同上、○中略、丁（于）下米阿久勤二大親職一之時上、爲二薩侯之屬島一、奉ニ仕大君（家久）一、

○嘉留持

○筮二仕琉國一、不幸早世、

○福留

○家兄嘉留持、不幸短命、無二嗣子一、故承二繼家統一、勤二實久（大島瀬戸內西間切）大親職一、○一六〇九年二月ヨリ先ノ第四條參看、因慶長十八年、薩侯大夫三原諸右衛門重種・伊勢兵部少輔貞昌下二賜食祿印章（知行目録）一、祿目在二別楮一、至レ今、笥藏焉、

女子

手金

○居二篠川（大島西間切）村一矣、

○實久

初、思犬金、

○與レ父、居二平同村一矣、

○勤二西（大島西間切）縣橫目役一、

思松

女子

○任二東縣（大島東間切）・西縣・屋喜內縣（大島屋喜內間切）之巫宗一、謁二款神明一、祓レ災禱レ福、居二住乎東縣嘉鐵村一矣、

―中田

〔喜界島大蛇良一流系圖〕　○喜界町志戸桶　奄美市立奄美博物館資料室架藏筆寫本複寫版

○眞世知金

○中略、一五八二年是歲ノ第二條及ビ一六〇九年二月ヨリ先ノ第十二條、參看、

○金波多羅

○共レ父同居、

○國司（琉球國中山王）有レ命、勤二志戸桶間切預瀨戸（與人）役一、此役者、爲下專監二田地一主中萬雜公事上之任職、

○夫琉球國者、素爲二薩州附庸之地一、于レ時、慶長十四年、國王（中山王尙寧）、有二黑心一、不レ獻二苞茅之貢一、以二之故一、薩府君（家久）怒レ之、遙航レ兵、征代（伐）天誅、何豈敵、不レ自レ乞レ降、府君、有二仁惠一、宥レ罪、拏二國王一凱旋、自レ爾以來、喜界・大島・德・永良部之四島、共爲二薩州之有土一、止二預瀨戸一、成二與人役一、金波多羅、勤二與人役一、

―正利金

○共レ父同居、

○勤ニ志戸桶村與人役一、
○此子孫、佐手久村志戸桶本與人喜志頭也、（喜界島志戸桶間切）

女子
惠久加樽、

○屋比久
○居ニ住志戸桶村一、
○承應元年（一六五二年）、伊集院左京殿御代（大島代官）官之節、
○伊集院左京、慶安四年（一六五一年）、大島ニ著任ノコト、大島代官記ニ見ユ、爲ニ灣間切中里與人役一、
○萬治二年（一六五九年）、川上右京（左京）殿御代、
○川上左京、明暦三年（一六五七年）、大島ニ著任ノコト、大島代官記ニ見ユ、轉ニ移志戸桶與人役一、勤レ之數有年、
○元祿十六年（一七〇三年）癸未五月十一日、死、法名仙峯道椿居士、
○妻、寶永元年（一七〇四年）甲申五月十七日、死、法名月桂凉團木姉、

大我原
○居ニ住佐手久村一、
勤ニ志戸桶筆子役一、

女子

思徳金、

女子

思鐺〔鍋ヵ〕、

女子

思仁幾屋、

○喜界島大蛇良一流系圖乾家本及ビ同南家本、異事ナシ、

〔金樽一流系圖〕 ○喜界町坂嶺 郡家文書 奄美大島諸家系譜集

宇呂金多羅

○中略、一六〇九年二月ヨリ先ノ第十一條參看、

前摩戸金

◎居住同〈喜界島西目間切西目村〉レ父、

◎勤二西目〈喜界島〉間切與人役一、子孫伊砂〈喜界島〉間切與人伊野覇也、

金樽

◎居住同レ父、

◎勤二伊砂與人役一、

◎慶長十八年、頂二戴與人知行御目録一、而勤務數年也、

◎金樽（樽金）

◎居住同レ父、

◎勤二小野津與人役一、

○下略、一六二三年閏八月二十五日ノ條参看、金樽一流系圖支流本ヲ以テ訂補ス、

〔基家系圖〕　○与論町麦屋　基家文書　与論町誌

○上略、一五二六年是歳ヨリ後ノ條参看、

三

○―屋口首里主◎（與論島大水間切城）

四

◎屋口與論主◎　大四○大、大水與人、　与四○与、與論主、

此代ヨリ、薩摩御入ニ被二召成一候、琉球國司ハ手《テ》タガ末（中山王尚寧）ニテ候、守護中納言家〔久脱〕公御代ニテ候、

與論主分トシテ、御知行弐拾石、切米拾石（マヽ）拜領仕ル、

目多喜里子　魔法神通ノ人ナリ、諸〔之〕一遺跡アリ、薩劢鹿兒嶋致二上國一、歸レ下〔リ〕リ之節、与比屋（伊平屋島）

嶋ニテ乗船破船、於二彼地一打死ナリ、同船又吉筑登之、琉球國之生、年三十、以上之兩人ニテ寄〔奇〕術之働アリト、歳十〔廿〕一、

五 伊名平大水與人○ 大五

後 得瀨賀大水與人○ 大六

〔屋口〕□□古里掟〔大水間切〕○天邊ノ闕損部、闕損以前ノ複寫本ニ據リテ校補ス、

○屋口朝戸掟〔大水間切〕

○下略、同上、以上、基家系圖別本日本與論主系圖、異事ナシ、

〔東家系圖〕○与論町城東家文書 与論町誌

又吉大主

花城与論主

屋口首里主

屋口与論主

此代ヨリ、薩州御入ニ被二召成一候、琉球國司午〔手〕（中山王尚寧）タカ末ニテ候、守護中納言家久公御代ニテ候、

与論主分トシテ、御知行弐拾斛、切米拾斛（ママ）拜領仕ル、

目多喜里子

魔法神通ノ人ナリ、諸遺跡アリ、薩州鹿児島致二上國一、歸リ下リ、与比屋島ニテ乗船破船、

彼地□□打死ナリ、又吉□□〔筑登〕之兩人ニテ寄□〔奇〕之動〔働〕アリ、

伊名平大水与人

得須大水与人

屋口古里掟

屋口朝戸掟

殿内与論主

花城大主遺跡相続、前原海ニ網主無二斷絶一、故大城イヤヲト申ス網〔フ〕ツクル（袋）、永伝シテ川内ニアリ、

又吉里主

向井里主

中古里主

石峯東与人（與論島東間切）

ヒケ長大水与人

前代大水与人

下廻大主

伊名平与論主

祖父殿内主網〔フ〕ツクル相伝スル、寛永十一歳（一六三四年）辛寅（ママ）四月十二日癸寅（ママ）時、卒ス、寿七十一、法名世與道者禪定門ト改、首〔里脱〕埼山（琉球國首里南風原之平等崎山）吉祥庵達全長老ヨリ授ル、施者、嫡子前川内与論主、

喜久主

○原本ノ寫眞版未見ニテ、与論町誌ノ用字ニ依リテ記ス、

〔徳之島面縄院家藏前錄帳〕○奄美史料集成所収 道之島代官記集成

〔序〕慶長二（一五九七年）、三年（一五九八年）之頃、琉球中山王

尙寧様御時代、三司官池城親方(毛安頼)・蚫那親方(鄭迵)、此時、國王御方江銀子御支之儀有レ之、七島之諸船頭共江被二仰談一、殿様御方與里貳百五拾貫目之銀子御借入被二成置一候処、御返済之儀ニ付而、三司官右兩人與里及二難澁一候故、従二御國許一爲二御鎭守一御使者琉球江御差越被レ仰趣有レ之候得共、猶以及二異儀一不都合成儀共申上候付、其侭ニ而依レ難レ被二召置一、琉球爲二御征伐一、同十四年己酉二月下旬、薩摩中納言家久公御家老衆、爲二御大將椛山(樺山)美濃守殿久高・副將平田太郎左衞門尉殿増宗一、御渡海ニ而、大島・德之島・沖之永良部島御手ニ付候、軍船七拾五艘、皆五枚帆ニ而、德之島秋德濱江入津ニ而、軍立爲レ有レ之事覺居、天和二、三年(一六八二・一六八三年)之頃迄者、男女餘程存命之人々有レ之、老人共物語書付等有レ之候、○一六〇九年三月二十日ノ第一條參看、同十五年與里、御藏入ニ相成候、以後迄茂諸役人之數者、琉球時代不二相替一被二召立置一、尤琉球江參、鉢卷等之免申請候事茂有來候通被レ成二御免一、大親役江御知行弐拾石、御切米五石、用人(與人)役江御知行拾石、御切米弐石、目指役御知行五石、筆子・掟役江茂御役断〔料〕拜領被二仰付一、御切米弐石被二成下一頂戴仕候、同十八年、伊勢兵部少輔殿・三原諸右衞門尉殿、且亦、蒲地(蒲池)備中守殿(元和六年知行目錄)幷稅所彌右衞門尉殿御判物之御知行御目錄、○一六二〇年是歳ノ條參看、道之島江被二仰渡一頂戴仕候、其後、諸役人琉球江參、位ニ付、鉢卷之免ヲ申請候筋ニ有レ之候而者、猶又、琉球江慕親、自然与御奉公疎略仕候躰ニ茂有レ之候哉、○下略、一六二三年閏八月二十五日ノ條、一六一六年是春ノ條、一六〇八年二月ノ條及ビ同二月ヨリ後ノ條、參看、本書序ニ、慶長十八年知行宛行ニ於テ、大親・與人幷ニ目指ニ知行高ニ加ヘ

テ切米ヲ給スト記セルコト、元和六年知行宛行ノ制トノ混亂アルナラン、慶長十八年知行宛行ニ於テ、筆子・掟ヘ切米ヲ給シタルトノ記、猶、検ズベシ、

○一六九四年（元祿七年）八月十一日、鹿兒島城主島津家記錄所、領國ノ諸宗氏ニ系圖差出ヲ命ズルコト、東京大学史料編纂所所藏謄寫本新編伴姓肝屬氏系圖卷二十一肝屬年兼譜所收（元祿七年）戌八月十一日記錄所奉行連署達、○鹿兒島県史料旧記雑録拾遺家わけ二新編伴姓肝屬氏族譜、四四二号、参看、及ビ同所藏島津家本穆佐悟性寺義天様御石塔一件勘考書卷下所收戌八月二十六日記錄所奉行連署達○東京大学史料編纂所所藏島津家本穆佐悟性寺御石塔一件私考及ビ鹿兒島県史料旧記雑録拾遺伊地知季安著作史料集八穆佐悟性寺御石塔一件私考、四三号、参看、ニ見ユ、一六九五年（元祿八年）、大島代官伊地知五右衞門、記錄所ニ呈セムガタメ大島ノ諸家ノ慶長十八年知行目錄幷ニ元和九年大嶋置目等ヲ預リタルコト、一六二三年閏八月二十五日ノ條ニ收ムル（正德元年）卯八月日四島與人申狀等ニ見ユ、大島要文集、田畑家隱居跡文書所收四島與人等由緒文書幷ニ松岡家文書所收大島與人等由緒文書ニ收ムル慶長十八年九月知行目錄ノ傳來ヲ記セル文書、便宜、一六二三年閏八月二十五日ノ條ニ收ム、

是歲、鹿兒島城主島津家久、法元仁右衞門ヲ大島奉行ニ任ジ、併テ喜界島ヲ支配セシメ、假屋ヲ大島笠利間切笠利ニ置ク、

〔大島代官記〕○奄美史料集成所收道之島代官記集成

一(序)述曰、以レ小不レ可レ爲レ敵レ大、殊小島之中山國、劍刀之無レ具、何以永可二防守一哉、尤危而已、

一琉球國、元來日本之屬島也、御當家忠國(島津)公御代、○陸奥守島津忠國卒スルコト、大日本史料文明二年正月二十日ノ條ニ見ユ、忠賞之對ニ御感一、尊(足利)氏卿六代之將軍義教(足利)卿拜領地ハ、永享四年(一四三二年)中位之國王(尚巴志)、不レ違二礼號一、綏〔綾、下同ジ〕舩ハ、在レ島之珍物、年中捧二一舩一、無二二心一旨、通來也、○幕府、薩摩大隅日向守護島津貴久ノ、義昭ヲ擊チシ功ヲ賞シ、琉球國ヲ其附庸ト爲シ、劍馬等ヲ與ヘ、老臣五人ニモ亦物ヲ給ス、又義昭ノ餘黨ヲ捜捕セシムルコト、史料綜覽嘉吉元年四月十三日ノ第三條ニ見ユ、

一司官之內、蛇名(鄭迵)親方、短慮愚蒙之計略ヲ以、企二逆心一、背二御當家一、右兩艘之綏舩、止令レ不レ通事、及二兩歲一、于レ時、中納言家久(島津)公、此旨、將軍達二家康(德川)卿一、薩隅日三州之士卒催、琉國爲二成敗一指渡、大將軍樺山權左衞門(久高)尉・同平田太郎左衞門(增宗)尉兩將、數千騎之軍士指渡、慶長十五〔四〕年(一六〇九年)酉四月、速令二退治一也、國王尚寧ト奉レ申也、當尚貞迄五代目ナリ、○琉球國中山王尚貞、康熙八年(一六六九年)卽位、同四十八年(一七〇九年)薨ズルコト、雍正三年序重修本中山世譜卷八等參看、

一從二此時一、始テ王城ニハ爲二靜謐一、在番(在番奉行)ヲ定オク、端島ニハ守護代官居、剩地分テ令二年貢一ナリ、

一歎哉、禍ハ自招ト言事、無レ疑候故、天之ナセル禍ハ□〔サ〕クヘシ、自ナセル災ハ□〔イ〕クヘカラスト言、蛇名(鄭迵)一人之依二短慮一、永王土之類島迄、於二于今一、往古ヲ慕、無益ト云々、

大島・喜界島、兩島之御奉行始リ、○道之島代官記集成所収喜界島代官記ノ底本タル鹿児島県立図書館所藏大島代官記（本文、喜界島代官記）ノ序、異事ナキヲ以テ、略ス、

慶長十五〔四〕年、本琉球、薩摩之御手ニ付、

一　慶長十八年癸丑年
　　奉行　假屋、笠利、（笠利間切）法元（元）仁右衛門殿

一　元和元年（一六一五年）乙卯春
　　右同（奉行）　川越（河越）將監（重能）殿

〇下略、一六一五年是春ノ條參看、

〔大嶋私考〕〇東京大学史料編纂所所藏島津家本さⅡ―8―27

代官權輿附役姓名之事

慶長十八年癸丑、法元仁右衛門なるものをもて、初て此職に置而三年交代と見へたり、喜界島も大嶋代官支配す、元和乙卯年（元年）、川越將監、〇下略

〔大嶋私考〕〇東京大学史料編纂所所藏島津家本さⅡ―8―27

代官假屋之事

慶長十八年、法元仁右衛門を以、大嶋代官職と成、于レ時、名瀬間切大熊村に假屋を建、是より以來廿四年之間、代官爰に居住し、寛永十四（一六三七年）、有馬丹後（純定）、笠利間切赤木名金久村に移す、〇大島代官記ニ依ルニ、寛永十二年（一六三五年）、大島代官吉岡宮内左衛門ノ代ニ、假屋ヲ笠利村ヨリ名瀬大熊村ヘ直ストアレドモ、有馬純定、寛永九年（一六三二年）十月、寛永十年（一六三三年）ヨリノ大島代官ニ任ゼラレ、寛永十年三月七日、大島名瀬湊ニ著シ名瀬間切大熊村代官假屋ニ入ルコト、奄美群島編年史料集稿寛永年間編寛永九年（一六三二）十月ノ條及ビ同寛永十年（一六三三）二月十七日ノ條ニ、大島代官有馬治右衛門、大島ニ著スルコト、同寛永十四年（一六三七年）是春ノ條ニ、有馬純

定、鹿児島ニ歸著スルコト、同寛永十四年五月二十二日ノ條ニ見ユ、仍リテ、大島代官假屋ノ大島笠利間切笠利ヨリ同名瀬間切大熊ニ遷サレタル年、尚、検ズベシ、

〔前里家家譜〕 ○大和村恩勝　奄美大島諸家系譜集

○眞手金

○中略、一六〇九年二月ヨリ先ノ第六條参看、

佐喜治

屋喜内與人司數年勤役之ス、

茂手樽

父〔眞手金〕家督ヲ請次、本琉球江差渡、　國主様江御目見得仕、黄冠之項〔頂〕、屋喜内間切大親職被二仰附一、御朱印致二項〔頂〕戴一、然處ニ鹿府ヨリ椛山美濃守様、本琉球為二對地〔治〕一、當津大和濱〔屋喜内間切〕江御差入之剋〔刻〕、則茂手樽致二降參一、○中略、一六〇九年三月七日ノ條参看、其後、為レ押法元仁右ヱ門様御在勤、茂手樽事、大和濱〔屋喜内間切〕方思勝村之前里江數年居住ス、

女子

實名ハ、富御女ト號ス、

○中略、一六〇九年二月ヨリ先ノ第六條參看、

眞手金

但、屋喜內間切崎原與人役相勤申候處ニ、右時代、大島御國元御支配被二仰付一、其時、爲二御代官一、法元仁右衞門様被レ遊二御下島一、大島中道、垂二御竿一、案内看仕被二仰附一相勤申候、右、與人知行目錄○慶長十八年九月二十四日知行目錄ナラン、頂戴仕候得共、紛失仕、木〔于〕レ今承知不レ仕候、○本年九月二十四日ノ條參看、

女子　實名郁樽、

（屋喜內間切）大和濱野呂久目相勤候、

女子　實名油樽、

大和濱目差妻ト成ル、

○下略、本年九月二十四日ノ條參看、

一六一四年（琉球國中山王尚寧二十六年・明萬曆四十二年・日本慶長十九年・甲寅）

十二月二日、〇ユリウス暦十二月二十二日、是ヨリ先、九月九日、幕府、暹邏國渡航ノ朱印ヲウィリアム・アダムズ三浦按針ニ下ス、尋デ、イギリス商館長リチャード・コックス、ウィリアム・アダムズヲ船長トシテ、シー・アドヴェンチャー號ヲ暹邏ニ遣スコトトシ、十一月十一日、〇ユリウス暦十二月一日、シー・アドヴェンチャー號、肥前國松浦郡平戸ヲ出港シ暹邏ニ向ヒ、是日、大島ニ著ス、

〔異國渡海御朱印帳〕〇東京大学史料編纂所架藏南禪寺金地院所藏本寫眞帳

七 暹邏國《シャム》（Siam）

〇中略

一、自二日本一到二暹邏國一舟也、（三浦按針）みうらあんじんニ被レ下候（本多正純）本上州狀アリ、寅ノ五月十六日、於二駿府一書レ之、空手ニメ來、

右、

慶長十九年甲寅九月九日

〔リチャード・コックス書翰〕一六一四年十一月二十五日、平戸よりロンドン・東インド會社宛○Anthony Farrington, "The English factory in Japan, 1613-1623", Vol. I, No. 75

(書翰第一葉表)日本《(Japan)》の平戸《(Firando)》、一六一四年《(ユリウス暦)》十一月二十五日○日本暦慶長十八年十一月五日、グレゴリオ暦一六一四年十二月五日、

閣下《(イギリス東インド會社總督)》

一六一三年十二月五日、クローブ號が當地よりイギリスに向かい出發してより、私は其後、三日の内にウィリアム・アダムズ《(wim Adams)(William)》君とエドモンド・セイヤー《(Edmond Sayer)》君を連れて長崎《(Langasaque)(肥前國彼杵郡)》に往き、ジョン・セーリス《(Ino Saris)》船長の殘せる命令に従い、季節風を用いてシャム《(Siam)》へ航海を行うためジャンク《(Junk)(戎克)》を購入せんとしたことを宜しく御承知頂きたい、○中略(書翰第二葉表)今、我等は、約二百噸のジャンクを購入した、閣下、此の船は、船に積込む荷物の外に、修繕と装備に約一千リーブラ・スターリング《(ポンド)》の費用を要す、ウィリアム・アダムズ君は同船の船長と船主として、リチャード・ウィッカム《(Richard Wickham)》君とエドワード・セイヤー《(エドムンド)(Edmund Sayer)》君は商務員として行く、○中略(書翰第二葉裏)私は、この者《(ウイリアム・アダムズ)》は従順で好意を以て閣下のために最善の勤めを爲すであろうと認める、而してシー・アドベンチャー《(the Sea Adventure)》號と稱する我等のジャンクの修繕について大層力を盡した、然らざれば、同船は、今年、シャム航海を爲すべき準備を成し得なかつた、彼は、此の地よりイギリスへの北方航路を發見せんとする大望を有し、また此の地の皇帝《(徳川家康)》が彼の援助を爲すことを考えればそれは容易に爲さるべきことと考えている、而して、閣下におかれては、私が彼を助けて此の地域にて使用することを許可せられたく、私は諸人と等しく之を望んでいることを諒解せられたい、○中略

斯して、全能の神に、貴殿の全ての事業に於て閣下に祝福の有らんことを希う、以上、

閣下の命令に従う

リチャード・コックス《(Ric: Cocks)》《(Richard)》

○書翰第三葉表、中略、同葉裏、空、○書翰第四葉裏、包紙表、

(宛先)イギリス東インド會社總督閣下へ

ロンドンにて渡す、

神が保護するシー・アドベンチャー號によりシャムを經由して、

○リチャード・コックス封蠟

(受領記)(別筆)「リチャード・コックス《(Rich. Cox)》、一六一四年十一月二十五日、日本《(Japan)》より、バンタム《(Bantam)》《(番旦)》○ジャワ島西部經由にて、一六一七年五月十九日、ドラゴン《(the dragon)》號より受領した、

受領」

○原本、British Library, India Office Records E/3/2, 189、本書翰ト同文ヲ有スルロンドン・東インド會社宛一六一四年十二月十日リチャード・コックス書翰○India Office Records E/3/2, 201ニ據リテ補訂セル、下ニ収ムル翻刻文ニ據リテ、翻譯文ヲ掲グ、本書翰ノ翻譯文、大日本史料慶長十九年年

末雜載第十六條、貿易ノ條、東邦に在る使傭人より東インド商會に贈りし書翰所收千六百十四年十二月五日平戸發、リチャルド・コックスより、東インド商會本社に贈りし書翰○抄録、及ビ岩生成一譯註『慶元イギリス書翰』、五一、千六百十四年十一月二十五日附、平戸發、リチャード・コックスより、東印度會社に送りし書翰、ニ收ム、

〔The Letter of Richard Cocks at Hirado to the East India Company in London〕

○Anthony Farrington, "The English factory in Japan, 1613-1623", Vol. I, No. 75 (British Library, India Office Records E/3/2, 189)

〔*this letter's folio 1r*〕

Firando in Iapan the 25th novembr. 1614

Right Wor

May it please yow to understand/ that the Clove being depted from [hence] towards England, the 5th of decembr 1613./ I [went within 3] daies after to Langasaque, Accompanied wth [mr wim Adames] & mr Edmond Sayer./ to the entent to [have bought a] junk to have made a voyage for Siam [and have saved the monson] as Capt Ino Saris left order./ 〔*several paragraphs omitted*〕

〔*this letter's folio 2r*〕

At present we have bought a Iunck of som two hundred tonns. She [doth stand yor] wor wth reparing & seting [out very neare 1000li str] besids the Cargezon of goods wch goe in her [mr. W'm Adam]s goeth Capt. and mr in her./ and mr Richard [Wickham and Mr Edwar]d Sayer. for mrchants. 〔*several paragraphs omitted*〕

〔*this letter's folio 2v*〕

I find the man v〔ery〕 Tractable &. willing to doe yor. Wor. the best servcie he may & hath. taken greate paines about the reparing our. Iunck Called the Sea Adventure/ otherwaies she wold not have by〔n〕 ready to have made the Syam voyage this yeare/ He hath [a] great desire to find out the norther passage for England from hence/ and thinketh it an easie matter to be donne in Respect the Emperour of this place offreth his assstance and yor wor. shall find me as willing as any man it shall please yow to ploy into these parts to Second hym/ &c/ 〔*several paragraphs omitted*〕 & soe beseeching the Allmightie [God to] blesse yor wor in all yor pceadings. I rest/

Yor Wor. in duty at Command/
Ric: Cocks

〔*the post script paragraph on this letter's folio 3r omitted*〕

〔*this letter's folio 4v, the envelope r*〕

〔*Addressed*〕
To the Right Worll the Governor Comitties, and generalletie of the East India Company of England

dd

in
London

By the Sea adventure. Whome god Pserve and by way of Syam.
〔*Seal of Cocks*〕
〔*Endorsed*〕
Rich. Cox from Japan
the 25 Novemb: 1614
Receaved the. 19. May 1617 by the dragon from Bantam

ec

○本書翰、東京大学史料編纂所架蔵寫眞版"Archives in England: Original Correspondence Anno 1611-23", Vol.2, 36ニ依ルニ、各料紙左邊上部幷ニ同下部ニ闕損アリ、本書翰ト同文ヲ有スル書翰ニ、一六一四年十二月十日付リチャード・コックス書翰○British Library, India Office Records E/3/2, 201, Richard Cocks at Firando in Japan to the East India Company, the 10th of December, 1614.アリ、同書翰ニ依レル料紙缺損部ノ補訂、"The English factory in Japan, 1613-1623", Vol.I, No.75幷ニ"Letters Received by the East India Company from its Servants in the East: transcribed from the 'Original Correspondence' Series of the India Office Records", Vol.II. 1613-1615, 189ノ本文幷ニ注記、及ビ"Archives in England: Original Correspondence Anno 1611-23", Vol.2, 43" 参看、大日本史料慶長十九年年末雑載第十六條、貿易ノ條、"Letters Received by the East India Company from its Servants in the East" Vol. II, 189ニ據リテ抄錄ス、

デントン宛
No.77

〔リチャード・コックス書翰〕

一六一四年十一月二十五日、平戸ヨリ太泥ニ在ルイギリス商館員アダム・
○Anthony Farrington, "The English factory in Japan, 1613-1623", Vol.I,

（書翰第一葉表）
一六一四年十一月二十五日　日本の平戸(Firando)

デントン(Adam Denton)君、六月一日、バンタム(Bantam)發ハルナンド・シメネス(Harnando Ximeñes)書翰に同封の貴殿の書翰は、翌七月二十

七日に平戸に於て私の手に入つた、私は貴殿に、貴殿の望み通りに、パタニ《(Pattania)》(太泥)〇マレー半島東岸へ返事としてこの數行を書した、〇中略

(書翰第一葉裏)本書翰は、シー・アドヴェンチャー號と稱し、我等が購入し、今、シャムに遣す、我等のジャンクに依て送る、その船は、約二百噸であり、ウィリアム《(Wm.)》・アダムズ君が船長及び船主として、リチャード・ウィッカム君とエドモンド・セイヤー君は商務員として往く、〇中略私は、エブレット《(Ebrett)》君に、パタニ《(Patania)》發の六月二十三日の彼の書翰への返書を書いた、そこで、私は貴方方二人幷に其外の私の友人や知人に心よりの敬意を表し、貴殿等諸君に全能の神の加護あらんことを祈る、以上、

貴殿の最愛の友

リチャード・コックス

〇追伸、略ス、

(書簡第二葉裏、封筒表)(宛書)親愛なる友、イギリス商館員アダム・デントン君へ、パタニ《(Patani)》にて渡す、
神の加護するシー・アドヴェンチャー號に乘船しシャム《(Syam)》に向うリチャード《(Ric)》・ウィッカム君に依る、

〇リチャード・コックス封蠟

(受領記)「一六一六年三月二十六日受領、」

〇原本、British Library, India Office Records E/3/2, 190、本書翰ノ翻譯全文、岩生成一譯註

『慶元イギリス書翰』、五二、千六百十四年十一月二十五日附、平戸發、リチャード・コックスより、太泥滯在中のイギリス商館員アダム・デントンに送りし書翰ニ收ム、大日本史料慶長十九年年末雜載第十六條、貿易ノ條、東邦に在る使傭人より東インド商會に贈りし書翰所收千六百十四年十二月五日平戸發、リチャルド・コックスより、パタニ滯在のイギリス商人アダム・デントンに贈りし書翰の一節、本書翰翻譯文ヲ抄錄ス、○右ニ收ムル文、採錄ナシ、

〔The Letter of Richard Cocks at Hirado to Adam Denton at Pattani, 25 November 1614〕 ○Anthony Farrington, "The English factory in Japan, 1613-1623", Vol. I, No. 77 (British Library, India Office Records E/3/2, 190)

〔*this letter's folio 1r*〕

Firando in Japan le the 25th of Novembr 1614

Mr. Denton, yor. Ioynt letter. written in that of Harnando Ximeñes in Bantam/ the first of June, came to my hands in Firando the 27th. of Iuly following/ wch is the occation I wrote yow these few lynes in Answer to Pattania; as yow desired., 〔*some paragraphs omitted*〕

〔*this letter's folio 1v*〕

This letter Cometh p our Iunk called the Sea Adventure we have bought & now bound for Syam/ She is of burthen som 200 tonns/ and mr. Wm. Adames goeth Capt and mr. in her, And mr. Richard Wickham and mr. Edmond Sayer for mrchnts 〔*some paragraphs omitted*〕 I have written mr. Ebrett Answer of the Receapte of his letter of the 23th of Iune dated in patania/ And so wth my 〔very〕 heartie comendations to yow both wth the rest of our Good friends & Acquaintances I Comit yow all to the ptection of the Allmightie/ Resting

Yor. very loving friend
Ric: Cocks

〔*the envelop r*〕

〔*post script omitted*〕

〔*Addressed*〕
To his Loving frend mr Adam Denton Englishe marchnt dd
in
Patania
By way of Syam/ by mr Ric Wickham in the Sea Adventure whom god prserve
〔*Seal of Cocks*〕
〔*Endorsed*〕
Rec the 26th of March 1616

○“Letters Received by the East India Company from its Servants in the East: transcribed from the ‘Original Correspondence’ Series of the India Office Records”, Vol. II. 1613-1615, 190参看、東京大学史料編纂所架蔵寫眞版“Archives in England: Original Correspondence Anno 1611-23”, Vol. 2, 37ニ依ルニ、本書翰、書翰本紙一葉及ビ封筒一紙ヨリナレリ、大日本史料慶長十九年年末雑載第十六條、貿易ノ條、“Letters Received by the East India Company from its Servants in the East”, Vol. II, 190ニ據リテ本書翰原文ヲ抄録ス、○右ニ収ムル文、採録ナシ、

〔ウィリアム・アダムズ航海記〕第一航海記 ○菊野六夫『ウィリアム・アダムズの航海誌と書簡』

（第一葉表）日本では未だ霜《Shemo》と呼ばれる月の八日　成功せしめ給わんと神に祈るシャム《Siam》への航海の記録は一六一四年《ユリウス暦》十一月《十一月》二十八日に始まつた、本日は月曜日、七時頃抜錨し、直ぐに逆風となつたので再度投錨する、晴天、南風、

○十一月二十九日及ビ同月三十日ノ記、略ス、

日本暦《Japan reckning》で霜月《Shemortssekee》と名付ける十一日　十二月《ユリウス暦》一日、私《William Adams》は平戸《ferando》○肥前國松浦郡平戸島を出帆した、風は北西、二リーグ○一リーグ、三海里、約五・五キロメートル、航行して投錨、木曜日、

○十二月二日ヨリ同月四日ノ記、略ス、

霜十五日　十二月五日、降雨、我等は依然として停泊中、西風、この日、私は平戸へ行つた、

霜十六日　六日、晴天、風は西、北西、強風、晴天、火曜日、――　――私は平戸から帰り、再度乗船した、

○十二月七日ヨリ同月十一日ノ記、略ス、

二十二　十二日、風は北北西、晴天、月曜日、――平戸から明方に帰つた、

二十三　十三日、晴天、風は南で穏やか、火曜日、この日、私は出航し、河内《Cochine》○肥前國松浦郡平戸島川内に、大層良い港に入港した、本日は穏か、オランダ船が河内《cochinn》に入港し、キャプテン・ブルワー《Henrik Brouwer》とキャプテン・スペックス《Jacob Specks》が河内《cochin》で私の船《シー・アドヴェンチャー號》に遣つて來た、

○十二月十四日及ビ同月十五日ノ記、略ス、

二十六（第一葉裏）　十六日、風は北、晴天、我等は抜錨し出港し、オランダ船と並び航行した、金曜日、

十七日、朝五時頃、我等は抜錨し航路を南南西に進み、十二時頃、我等は平島《freshema》○肥前國松浦郡と五島《goto》○肥前國松浦郡中通島の間の水路を通過した、この時、私は太陽を観測し、私は高度が三十三度五十分の高さであることを知つた、

霜月二十七日　赤緯は二十三度二十二分、それが加算されて五十七度十二分、これが九十度から引かれて、残りが三十二度四十三〔八〕分で緯度（北緯）、この十七日、――――

この十七日、終日、我等は南南西に進んだ、そして五時頃、我等は、平戸《ferrando》から二十二リーグ離れた五島《gotto》（五島列島）の南部、割れた島々《broken Illands》を通過した、○下ニ收ムル第十五葉表ノ記参看、

五時から八時　―　南南西　―　六・五（リーグ）

八時から十二時　―　南南西　南風　七

十二時から四時　―　南南西　―　七

四時から八時　―　南西　―　六　この時、我等は女島《mvshema》（肥前國松浦郡）を我等の北七リーグに見た、

○十二月十八日及ビ同月十九日ノ記、略ス、

二十日（ユリウス暦十二月）、正午、火曜日、我等は琉球諸島《the Illands of Leque》から五十リーグ東南東に居ることが分かつた、そ

して我等の船が漏水しているので、我等の漏水を止めるため琉球《(the Leques)》に行くよう努力することが合意された、八時、我等は風を捉えて北西微西に向かう、激しい嵐により外洋へ向かう、

八時から十二時まで、五・五リーグ南東微南へ、

（第二葉表）〇十二月二十日ノ記、略ス、

二十一日（ユリウス暦十二月）二十一日　十二時から四時　四リーグ　東微南

四時から八時　四リーグ　東微南

八時から十二時　三リーグ　東微南　そしてその後、私は琉球《(the le)》は遠くないと判断して

十二時から四時　二・五リーグ　南西　西に向かつた、

四時から八時　四リーグ　東南東

二十二日木曜日　八時から十二時、二十二日、木曜日、風は北北西、この時間、明方迄に、私は、琉球《(the leques)》諸島の北八リーグに三つの島を見た、そして六時から、我等は、大島《(woshema)》と呼ばれる琉球《(the leque)》に向け東南東に進んだ、二十二日夜四時頃、神に祈りつつ、私は、全ての風から大層安全な〇一語分空と呼ばれる港《(笠利灣)》に投錨した、しかし、一マイル内で投錨したが、その所は海底水深五十尋であつた、〇一尋、六フィート、しかし、更に三イギリス・マイル〇一イギリス・マイル、五二八〇フィート、内側に二つの港があり海底は良く、全ての風等から安全である、

島々《(大島等)》は東北東に在る、○火山島描畫、略ス、　爆發している、
大島《(Wo)》の港から九リーグ北西に在る、
この島《(横当島)》は、一つに見えたが、もう一つ《(上ノ根島)》と共に二つから成る、

二十三　二十三日、我等は停泊し漏水箇所を探した、風は北北西、―
金曜日、この時、我等は漏水箇所を見付けた、――――
他の箇所も見付けるよう神に祈る、
二十四日、我等は大琉球《(the great leques)》へ向かう用意をした、この日、我等は錨と錨綱を失つた、風に乗
つて出港するのには風が弱い、本日土曜日、
二十五日《(日本暦十二月五日)》、キリストの日または彼の降誕の日、我等は大島《(woshimaye)》を九時頃出港した、そして私は、
十二時に太陽の高度を観測した、そして私は高度五十一度十分になると知つた、この日の
赤緯は二十二度四十八分で、それを高度から引くと、大島の南部の緯度は二十八度二十分
である、○大島湯灣岳、北緯二十八度十八分、

(第二葉裏)

二十六日、月曜日、我等は大琉球《(the great Leques)》の○一語分空と呼ばれる島《(伊平屋島)》に到著した、そこは王《(琉球國中山王)》が君臨する、
そして夜、その島の北部と九リーグ離れた本島《(沖縄島)》との間を通過した、そしてそこで夜を過ご
した、我等は二十七日朝迄、船首を風上に向け停船した、

二十七日、朝、我等は南に港《（那覇）》に向かい航行した、そして十時頃、神に無事を感謝しつつ到著した、その港は、狭い航路から九リーグの島《（伊平屋島）》の北部から十八または二十リーグのところに在る、今日は火曜日、穏やかな天候、強い風、そして少し俄雨、

二十八日、我等は、王《（琉球國中山王尚寧）》に謁見するか、或は我等の船の装備のために我等の荷物を陸揚げすることを許可する彼の王からの回答を待つた、此日夕方、我等が望む時に我等の荷物を陸揚げせよとの回答が來た、

○十二月二十九日ヨリ一六一五年一月十二日ノ記、略ス、

（第三葉裏）十三日《（一六一五年一月）》、我等は、我等が大島《（wooshima）》で失つた錨綱に替る新しい錨綱を造ることを始めた、本日は晴天、風は北東、

○一月十四日ヨリ二月十七日ノ記、略ス、

（第六葉表）二月一日《（日本暦慶長二十年）》 十八日《（ユリウス暦二月）》、土曜日、風は南、本日、王の祕書官が首里《（Ceeoore）》より那覇《（nata）》に來て、我等に、我等は我等の船を此處で艤裝することは出來ない、だが我等は此處から三か月の内に出て行かねばならないなどと告げた、斯して此日は終わつた、激しく雨が降つた、

○二月十九日ヨリ同月二十日ノ記、略ス、

四《（日本暦二月）》 二十一日《（二月）》、火曜日、悪天候、降雨、風は西、そして夜に北北西となつた、本日、首里《（Ceeooree）》の役

人達が那覇《natta》に來て、三か月程の内に船またはフネ《fvnia》がシナ《China》から來る、そしてもし我等が此處に居ると、彼らが生活する唯一の手段である彼らの貿易を損なう機會となる故に、私に、我等の船は大島《woshima》に行くように說得した、しかし、私は、私が此處でか海でか死ぬことは氣にしない、しかし私は凡そ百二十人または百三十人の乘客と水夫の兩者への憐みを持つように懇願する、と答えた、そして此の答をして、私は彼らと別れ、彼らからの更なる返答を待つこととした、

○二月二十二日ヨリ五月二十日ノ記、略ス、

五（第十一葉裏）（ユリウス暦五月）（日本暦五月四日）二十一日（日曜日）、安息日、朝、我等は那覇《nafa》の港を出て、我等が、我等の小舟を持つて來て我等の船に取り付けるまで外に停泊した、そして十二時頃、我等は拔錨し航行し我等の航路を北へ向けた、

○五月二十一日航海記錄及ビ同月二十二日航海記錄、略ス、

七（六日）二十三日、十二時、この二十四時間は穩やかであつた、本日、私は觀測した、太陽の高度は、

八十四度五十分

赤緯二十二度十三分を引く、

八十九度(天頂高度)六十分

残り六十二度三十七分を引くと、

{二十七度二十三分}

緯度(北緯)二十七度二十三分を得た、本日十二時、沖島(woshimshima)(沖永良部島)の東に向かい、○沖永良部島大山、北緯二十七度二十二分、そして
鳥島(tore shima)(硫黄鳥島)の八リーグ南から北へ向かい、○一語分空島の東八リーグに在り、そして南へ向かい、西
へ八リーグ進んだ、

○五月二十三日航海記録及ビ五月二十四日ヨリ同月二十六日ノ記、略ス、

二十七日、主の日、南東、八時、この時、甑島(the Illand of Coovske)、(第十二葉表)東南東へ向かい五リーグ、

八時から十二時　四リーグ　北微東

十二時から四時　三・五　北北西

四時から八時　三・五　西北西　この時、我等は五島(the land of gooto)を見た、そして、我等は四リーグ西に進み、樫之浦(kassina wora)(肥前國松浦郡福江島)という良港に入った、神の加護に感謝し、神の御名を祈り、アーメン、
この日と夜は大雨、この日、領主(五島盛利)からの帆掛船が來た、我等が何處の帆船で何處から來たのかを知るためで、私に上陸して領主の下に行くように求めた、そして私は二、三日、日夜十分休みを取つていないことを考慮し、そして大雨であつたので、私は上陸するのは氣

が進まず、翌日に領主の代理の下に行くことを約束した、等々――この日は月曜日、二十九日、そして日本では未だ五月十三日《(十二日)》、等々、
五月三十日、火曜日、我等は用意して、ウィッカム《(wikm)》君と私は領主の代理の所に行った、彼は我等を大層親しく歓待してくれた、そしてその後、我等は、帰って乗船してから彼に贈物を送った、この日、夜九時、私は、艦載の小舟にウィッカム君を乗せて平戸《(ferrando)》の船長の下《(リチャード・コックス)》へ派遣し、我等は平戸《(ferrando)》に帰る可きか、または我等は此處で我等の船の準備をする可きか、彼の意向を知るためである、等々、

○五月三十一日ヨリ六月三日ノ記、略ス、

十八《(日本暦五月)》六月四日《(ユリウス暦)》、主の日、我等は何もしなかった、本日、我等の小舟が平戸《(Ferando)》から手紙を持って來た、本日は雨、風は東南東、

○六月五日ヨリ同月九日ノ記、略ス、

二十四《(日本暦五月)》　十日、土曜日、晴天、微風、四時または四時と五時の間に、私は錨を引き上げた、そしてその後一時間、穩かであるので、私は一リーグ航行し投錨した、その時、風は南南西に變わった、そこで私は海に出た、そしてその夜十時に河内《(Cochin)》の停泊地に投錨した、神に安全を感謝する、

二十五　六月十一日、主の日、私は船長に《コックス》、河内で船の艤装を行う可きかまたは平戸に行く可きか
彼の意向を聞くために、平戸《fferando》に使者を送つた、

二十六　十二日、月曜日、私は船を河内《Cochi》の港に入港させた、そしてこの日、全ての小麥を陸揚げし
た、等々、この日は晴天、北風、晴天、よりて、神が、我等が我等の苦難の航海を終えた
ことを讃えられんことを、

○六月十三日ヨリ同月二十四日ノ記幷ニ收支簿、及ビ第一回暹邏行航海收支簿、略ス、

五島《gotto》（第十五葉表右邊）の南部は割れた島々であり、そしてこのような形で最南端は西に向いている、平戸《Ferando》からの航路
は南南西、そして北北東、距離は二十二リーグ、

○二島ノ描畫アリ、

西二・五リーグに幾つかの他の島々が此處彼處に在る、

○菊野六夫翻刻文ノ英文原本、Oxford University, Bodleian Library, Savile Collection, MS. Savile 48, "William Adams' log-book on four voyages to Cochin-China and Siam, 1614-19", 日本語譯、比嘉洋子「ウィリアム・アダムズ：琉球諸島航海日誌　1614—15年」『南島史学』九号、及ビ島田ゆり子「ウィリアム・アダムズの航海日誌—一六一四年から一六一五年　琉球への航海—」『相模英文学』二三号、参看、

〔William Adams' log-book on four voyages to Cochin-China and Siam, 1614-19〕 Voyage to the Ryukyu Islands, intended for Siam, 1614-15.
○菊野六夫『ウィリアム・アダムズの航海誌と書簡』

〔*Folio 1r*〕

Iapan 〔*stil*〕 8 daye of the moun called Shemo	a 〔rememb〕ranc of a vyage to Siam wch I praye god to prosper begoon the 28 of nouember 1614 wch day being mondaye about 7 a cllock wayd my ankers and being a Contrari wind came pressently to an anker agayn being fayr weether the wind sotherly

〔*the paragraphs of the 29th and the 30th of November omitted*〕

the 11 of Iapan reckning called Shemortssekee	the first of december I wayed in ferando, the wind being nor west and ssaylled 2 llegés and Cam to an anker agayn being thursdaye

〔*the paragraphs from the 2nd of December to the 4th of December omitted*〕

the 15 of shemo	The 5 of december geven to rain we rood still the wind westerley the wch day I went to ferando
the 16 of Shem	The 6 day fayre wether the wind west norwest harde gall fayr wether being tewsdaye ——— ———I cam from ferando abourd agayn

〔*the paragraphs from the 7th of December to the 11th of December omitted*〕

22	The 12 daye the wind at nor nor wst fayr wether beinge mondaye ——— ——— came from ferando at the break of daye
23	The 13 daye ffayr wether the wind Sourtherly and Callme being tewesdaye wch day I wayd and entered into Cochine into the havenn being a very good

harbore this day cam the holland ship to the rood of cochinn and C bruer & C speecks came abord of me in cochin

〔*the paragraphs of the 14th and the 15th of December omitted*〕

26 The 16 daye the wind northerlly fayr wether wee wayd our ankers and went ovt of the haven & rod by the hollander being frydaye

〔*folio 1v*〕

The 17 in the morning about 5 a cllocke we wayed a[nker] and derected our Courss SS west and a bout 12 a cllock we passed the passedg [between] freshema and goto at wch tym I did obsserue the ssoon and I found the alltitud to be elleuated 33d. 50m

27 of Sheemo heke the decllinacion wass 23 - 22 wch being added together is 57 - 12 wch beinge svb[tracted] ovt of 90 rest 32d–43–m the Latid this 17 daye —— —— —— ——

this 17 day all the daye we went So So wst and a bout 5 of the cllok we weear thawrt of the sother pt of gotto being distanc frome ferrando 22 ll the southermost pt broken Illands 〔*see folio 15r*〕

from 5・to 8 - SSW —— 6 1/2
from 8・to 12 SSW Southerll — 7
from 12 to 4 SSW —— 7
from 4 to 8 SW —— 6 at wch tym we saw mvshema 7 ll no of vs

〔*the paragraphs of the 18th and the 19th of December omitted*〕

the 20 daye at nonn being teusdaye found that we weer 50ll ESE from the Illands of Leque and being our ship lleek agreed to do our endeuor to go to the Leques to stop our Leeke wch at 8 a cllock we tak the wind in the no W & be

W a greuos storme stired afor the sea from 8 to 12 5½ So E & b E —— ——

〔*folio 2r*〕

〔*the log data of the 20th of December omitted*〕

the 21 — the 21 from 12 to 4 4ll E & b S ——
from 4 to 8 - 4ll - E & b S
from 8 to 12 - 3ll - E & b S and then I cast about to t[he] westward
from 12 to 4 - 2½ SW deming The le[que] not to be far of

the 22 day be thurday — from 4 to 8 4ll - ESE
from 8 to 12 the 22 being thurdaye the wind no no W at wch tym by the break of the day I saw 3 Ilands being to the no ward of the Illands of the leques 8 ll so from 6 of the clok we stirred ESE wth the leque called woshema the 22 at night about 4 of the clock prays be to god I ankered in the hauen therin called [*blank*] being very good for all winds but ankering a myll wthin the poynt fo-oull ground deep 50 ffadomes but far in about 3 Inglish myll is 2 hauens fayr ground for all winds &c

burninge
The Illands bering E no E [*the sketch of the islands*] being allege from
wo[shema] the harbor
distanc 9 ll W no
this Illand semed to be on but was 2 on with in the other

23 — The 23 we rode sseking the leeke the wind no no W —
it beinge fridaye at wch tym wee found our lleeake —— —— ——
praying god to find the rest ——

The 24 wee mad redi to go for the great Leques wch day we lost an anker and a Cabell the wind being skant in warping to get ovt this day being satterday
The 25 being Christdaye or the day of his natiuiti we pvt ovt of woshimaye about 9 a clocke and at 12 of the clocke I did obserue the latitud of the sovn & I found the elleuacion to be 51 - 10 minnits the declinacion was that day 22 - 48 being [*sevral letters deleted*] svbstracted from the elleuacion is 28 - 20 minits the latitud of the So pt of woshimae

〔*folio 2v*〕

The 26 beinge mondaye we cam to the great Leques the Illand Called [*blank*] whear the King Remayneth and at night passed bettwen on Illand and the mayn wch was from the no pt of the Illand 9 ll and ther at night being past we layd a trye tell the 27 in the mornynge
The 27 in the morning we steered So for the harbor & cam in about 10 a cllok thank be to god in ssaffety wch harbor lyeth 9 lleges from the narrow passedg wch is from the no pt of the Illand soum 18 or — 20 ll this daye wass twess-daye ressonnabell wether mvch wind & sovmting littell shoowres
The 28 daye we wayted awnsser from the kinge for Covming to him or other-wis as his pllessur wass to land our goods for trimming of our ship wch daye towards the evining awnsser Cam to land our goods when we would,

〔*the paragraphs from the 29th of December, 1614 to the 12th of January, 1615, omitted*〕

〔*folio 3v*〕

The 13 wee went about to make too new Cabell in place of a Cabell wee lost in wooshima this day wass fayre wether the wind at no est

〔*the paragraphs from the 14th of January to the 17th of February omitted*〕

〔*folio 6r*〕

the 1 daye of ningwache	The 18 being satterday the wind So this day the King Secretary Cam from Ceeoore to nata and told vs we covld not trym our ship heer but told vs we mvst go from henc the 3 moonne &c so this day ended it rayned very mvch

〔*the paragraphs from the 19th to the 20th of February omitted*〕

4	The 21 beinge Tewesdaye foull wether it Rayned the wind westerly and at night Cam vp to the no no wst this day the gentellmen of Ceeooree Cam to natta to psswad me to go wth our ship to woshima becass about 3 mounth henc a ship or fvnia would Coum from China and yf we weer heer it would bee an occacion to Cass them to looss ther trade wch oenly theay by ther mens did lyve vppoon but I awnssered that I wass but on I did not Car wheer I died eayther in heer or in the sseea but I prayed to have Covmpacion of them that weer belongind both passingers and mariners about 120 or 130 pssoons & wth this awnsser I did leve them waytting for fourther awnsser from them &c

〔*the paragraphs from the 22nd of February to the 21st of May omitted*〕

〔*folio 11v*〕

5	The 21 daye being the saboth daye in the morrning we povt ovt of the hauen of nafa and ankered wth ovt tell we had taken our boot and fitted our ship so abovt 12 a clocke wee did wayd and set sayll and derexted our coursse no 〔*the log data of the 21st of May and the paragraph of the 22nd of May omitted*〕
7	The 23 at 12 of the cllock this 24 ours Callm this day I did observe and the alltitud of the svnn was

84 – 50 min
the decli 22 – 13 being Svbstracted
89 – 60
ther ramay 62 – 37 wch beinge taken
{27 – 23}
ovt of the zenith the ll of that I was 27 – 23 minits this day at 12 a cllock boor woshimshima Est and be So 8 ll of tore shima bore no & be Est 8 ll of and [*blank*] shima bore S and be wst 8 ll of
[*the log data of the 23rd of May and the paragraphs from the 24th to the 26th of May omitted*]
the 27 being the lords day cam the to the So est at 8 of the cllock at which tyme [*folio 12r*] the Illand of Coovske boor E So E 5 ll of
from 8 to 12 4 ll no & be E
from 12 to 4 3½ no no w
ffrom 4 to 8 3½ w no wst at wch tyme we saw the land of gooto so we boor vp 4 ll to the wst in a good harbor called kassina wora thankes bee to god in ssaffit for wch his nam be prayssed amen this day & the night past exsseeding rayni wether this day came a bark from the governor to know what Iunk we weer and from whenc we came being dessirovs to hav me go a shorr to the governor & in Conssideracion that in 2 or 3 days and nights I had not taken mvch rest and being exsseeding rayni wether I was vn willing to go a shoor promissing the next day to go to the gvnor depety &c — this daye was movndaye the 29 daye and the Iapan still the 13 daye of the moovnne &c

The 30 of maye beinge tvsdaye wee mad ovr sselves redi mr wikm and I & went to the governor depeti he entertained vs veri frindly & after we had geuen him a pressent returned abourd agayn. this day at 9 a cllock at night I sent my pnnes to ferando wth mr wikam to the Captain to know his will whether we shall covm to ferrando or that we shall mak reddi our ship heer &c

〔*the paragraphs from the 31st of May to the 3rd of June omitted*〕

18 The 4 of Iune being the lordes daye we did nothind this day ovr boot from Ferando wth lletters this daye it rayned the wind E So est

〔*the paragraphs from the 5th of June to the 9th of June omitted*〕

〔*folio 12v*〕

24 The 10 daye being Satterdaye ffayr wether littell wind at 4 or bettwenn 4 & 5 I ffet an anker aboord & on owr afterward I wayd being Callme and towed a leeg at wch tyme the wind Came vp to the So So wst so I put ovt to see and that night about 10 a cllocke Cam to an anker in the rood of Cochin thankes be to god insaffetye

25 The 11 of Iune being Saboth Day I sent to the Captain to fferrando to know his will yf I shuld trim the ship in Cochin or to Covm to fferando

26 The 12 daye being monday I brought the ship unto the hauen of Cochi & this anladed all the whet &c this ffayr wether the wind notherly fayr wether thvs god hav the praysse we ended ovr troubellsoom vyage

〔*the rest of paragraphs of the log book and the account book on this first voyage for Siam omitted*〕

〔*folio 15r, on the right edge of the recto*〕

The sothermost pt of goto is broken Illands and the Southermost bering west the wch in this forme & the courss from Ferando is So So wst & no no est. distance 22 ll.

[*the sketch of the broken ilalnds*]

being W 2 ll $\frac{1}{2}$ of diuers others Illa wthin heer thee

〔*the rest omitted*〕

○原本、Oxford Univeersity, Bodleian Library, Savile Collection, MS. Savile 48, "William Adams' log-book on four voyages to Chochin-China and Siam, 1614-19"ニシテ、"EAST MEETS WEST: Original Records of Western Traders, Travellers, Missionaries and Diplomats to 1852", Part 1, Reel 12所収ノマイクロフィルム版アレドモ、便宜、原本ヨリ翻刻シタル菊野六夫『ウィリアム・アダムズの航海誌と書簡』ニ據リテ掲ゲ、併テ、"EAST MEETS WEST: Original Record of Western Traders, Travellers, Missionaries and Diplomats to 1852", Part 1, Reel 12ノ畫像及ビChristopher James Purnell, "The Log-Book of William Adams, 1614–19"幷ニAnthony Farrington, "The English factory in Japan, 1613–1623", Vol. II, No. 409ニ收メラレタル活字版ヲ參看ス、

〔A summary catalogue of Western manuscripts in the Bodleian Library at Oxford which have not hitherto been catalogued in the quarto series: with references to the Oriental and other manuscripts〕Vol. II, Part II XVI MSS. SAVILE

6594. (48). In English, on Japanese paper: written in 1614-19 by William Adams: 15 $\frac{2}{5}$ × 10 $\frac{4}{5}$ in., ii+81 leaves.

The original log-book of William Adams made during four voyages to Japan, Siam, and Cochin China in 1614-19, identified by mr. Strickland Gibson in the *Athenaeum* (Apr. 8, 1905) and edited by C.J. Purnell as *The Log-Book of William Adams* (1916). The first log *beg*, 'A [rememb]rance of a vyage to Siam. . . begoon the 28 of nouember 1614', and the fourth is fellowed by some miscellaneous accounts.

Now MS. Savile 48.

〔リチャード・ウィッカム書翰〕一六一四年十二月二十三日、大島ヨリ平戸ノリチャード・コックス宛 ○Anthony Farrington, "The English factory in Japan, 1613-1623", Vol. 控寫 I, No. 93

親愛なる友コックス君、我衷心より敬意を表す、同十七日(ユリウス暦一六一四年十二月)、土曜日、○日本暦慶長十九年十一月二十七日、良い強き北北東の風を得て、終日晴天にて、我等は河内(Cochin)の停泊地から出航した、しかし、同日夜は、強風と雷光であつた、そして翌日は、天候が極めて悪く、我等は、女島(Mexma)の南方へ七リーグのところで更に帆走することが出來なくなつた、此の日の朝、我等の船の平戸(firando)以來の漏水が擴大し始めた、そこで晝間から夜に及び、日本人達は様々な部位や船倉の部屋で、休まずに排水し汲み出した、十九日、暴風雨が強まつたので、我等は皆、陸地を更に見ることが出來るのか疑つた、我等の漏水の在るジャンクは、帆を張り排水を續ける作業を行う水夫の多くを疲勞させた、これにより商人とその外の何もしない船客は不平を呟き反抗し始め、我等が彼等を溺らせる爲に朽ちたジャンクにて連れ出したと言い出した、そして、彼等は皆、水夫と意を合せて、翌朝キャプテン・アダムズの下に來て、尋で私の下に來て、若し我等が琉球諸島の何處かに立ち寄ろうとしないなら、彼等は一汲みも排水しないと言つた、彼等の言う如く、そして私も、皆が極度に勞働し疲勞していることを理解していたので、我等のシナ《(China)》の沿岸への航行を續けるため、キャプテン・アダムズと私の認識ではシナの沿岸に三十リーグ以内にあると彼等に告げたが、彼等は同意しようとしなかつた、其の時、風は北西に轉じたので、我等は我等の進路に留まることが出來ず、若し我が船の漏水がこれ以上少しも増すこと無くとも我々は瀕死の危機にあると知つた、彼等の內、彼等の脚で立ち上がることが出來る者は今や十五人を越えることが無い、彼等は士官である、殘りの者は船醉または勞働で殆ど死せる如くである、そこで、二十日朝十時頃、我等は我等の進路を大琉球《(the leques grande)》に定めた、天候の許す限りにおける正午天測では、二十《(北緯)》九度二十五分、キャプテン・アダムズに依れば二十八度五十七分であった、そして東微南、更に時に東に舵を取つた、船員は晝夜汲み出しと排水を行つた、そして我等は舷側の數箇所からの漏水を發見すると大騒ぎとなつた、惡天候にも關わらず、我等は止めたが、なお船を免れさす術はなかつた、そして二十二日明方、神の思し召しで我等は火の島《(the Island of fuego)》《(横当島)》、別名イャヴェア《(iavea)》、○横当島東峰山頂、北緯二八度四八分、を附近の他の二つの小島と共に見た、そして半時間以内に我等は、火の島《(fogo)》の南西《(南東)》九リーグに大島《(the Iland of Oxima)》と、また大島《(Oxima)》または大島《(Oshima)》の南方の別の小さな島々を見た、此等は琉球諸島《(the lequeo Iland)》の北端である、我等は此の夜、この大島《(Oxima)》という島の北西端の大層良い港《(笠利灣)》に碇泊した、そこでは知事《(大島奉行)》と他の者《(法元仁右衛門)》が船上に來て、此の地で供し得る全ての友誼を我等に約した、我等は彼等に長刀また槍を贈つた、しかし、彼は我等に那覇《(Nafe)》に行くよう助言した、そこは王の居す大琉球島《(the Iland of Lequeo grande)》《(沖縄島)》の主なる港である、そして神の思し召しで、我等は、そこで、何よりも我等の船を陸に揚げて、漏水を止めることを重要と考える、他の方法では、我等は全員の明かな危険無くしては成し遂げることが出來ない、我等が失つた時と風は、我等の漏水した船の不幸なる證明の經驗により、私に書くことを憂慮させる、私は大なる障害を防ぐことに助力するに値しなかつたことを遺憾とする、然れども、我等が經驗したこの危険から我等を救い出した最も慈悲深き神は、我等を尚助け、更に我等の進路において助けられん、それ故、私は、此の月の内または直ぐに我等は再び我等の航海を進める準備をなしうると信ずる、神の御心に叶うなら、我等は、若し風と天候の助けがあるならば、一月末頃に企てることを目指す、近頃、薩摩《(satchma)》から南京《(Nanquin)》に向かうシナのジャンクが此の海岸に漂著した、また同様に、今年、長崎《(Nangasaq)》または薩摩からシナの沿岸に向けて出發した他の一船が本島の或る地に到著した、そして數日中に大琉球《(the Lequeo grande)》の那覇《(Nafe)》に行くと決めた、我等は、神の御心に叶うなら、此の地で我等の目的を達成することが出來ないため、行くことを決めた、〇料紙闕ク、は貴殿が期待された以上である、しかし今は、全ての〇料紙闕ク、のために堪える外に回復策はない、私の任務のために、〇料紙闕ク、を援けるため、私の最善の努力が缺かされる可きではない、もし、私が、傳達の機會を得ば、我等の行動を貴殿に書こう、其の時まで、私は、衷心より、貴殿と貴殿の業務について、全ての繁盛と幸運なる成功を授けて下さる者である全能の神の祝福に委ねん、貴殿よりイートン君(William Eaton)と我等が友ニールソン君(William Nealson)、平戸(Firando)に在る其の他諸君に宜しく傳えられたい、以上、

大島(Oxima)(日本暦慶長十九年十二月三日)、一六一四年十二月二十三日

從順にして貴殿が愛する友

追伸

この地からの持參人はこの島の知事にして、二か月以内に薩摩(Satchma)に向かう、そして我等の書翰の搬送を約束した、何故なら、彼は、琉球諸島(lequeo Ilands)の者共と同じく、薩摩の王の臣下である、〇一六一五年春、法元仁右衞門ニ替リテ、川越重能、大島奉行トシテ大島ニ著任ノコト、一六一五年是春ノ條ニ見ユ、此處の民は、大層、シナ人(the Chines)と似ているが、日本語(the Iapan toungue)を話す、日本人(the Iapons)に理解されるには困難ではあるが、彼等はシナ人の如く、長髪を上に束ね髪指を突き刺している、しかし、それは彼らの頭の右側に結われている、そして大層穏やかで禮儀正しい民である、

友へ

リチャード・ウィッカム(Rchd)〇以上、料紙表及ビ料紙裏ノ上半部ニ書セリ、

(書翰控書寫文)平戸(Firand)に在るキャプテン・コックスに送りたる書翰の寫、琉球(the Lequeos)の内の一つ大島(the Iland of Oxima)に到著したシー・アド

ベンチャー號と稱するジャンクより、一六一四年十二月二十三日、○日本暦慶長十九年十二月三日、コノ文、料紙裏下半部右端ニ書サル、

○本書翰、リチャード・ウィッカムノ自ラ控へ寫シタルモノナルコト裏面ニ記サル、ウィッカムノ控へ寫セル本書翰、British Library, India Office Records E/3/2, 216、本書翰ノ翻譯全文、大日本史料慶長十九年年末雜載第十二條、貿易ノ條、及ビ岩生成一譯註『慶元イギリス書翰』、六四、千六百十四年十二月二十三日附、奄美大島發、リチャード・ウィッカムより、平戸のリチャード・コックスに送りし書翰ニ收ム、

〔The Letter of Richard Wickham at Oshima to Richard Cocks in Hirado〕

○Anthony Farrington, "The English factory in Japan, 1613–1623", Vol. I, No. 93 (British Library, India Office Records E/3/2, 216)

〔*this letter's folio rect and the upper part of verso*〕

Loving ffrend Mr Ccks my hartiest Comendations Remembred &c. Havinge a ffayre gale at NNE one Saterdy the 17th dicto we sett sayle from the roade of Cochin wth fayre weather all the same day but all the same night we had much lighteninge with much winde & the next day very foule weather so that we could not beare much sayle being 7 leagues to the southward of Mexma This morninge our ould firando leakes began to encrease soe that this day & the whole night following the Iapanners never left pumping & bayling in many places or petackas of the hould. The 19th the storme encreased soe that we all doubted to see any more land, our leake Ionke hauing almost tired the most pt of the marriners laboring to heaue out & pumpe the water Continually wch struke the merchants & other Idle passengers into such a feare that they began to murmure

& mutinie saying that we had brought them out in a rotten Ionke to drowne them & soe they all agreeing with the marriners Came the next morning unto Capt Adams & afterwards unto me saying that yf we would not stand with some of the Lequeos that they would not pumpe a stroke being as they sayd & as I doe well knowe all extremly labourd & tired soe that to hould one our course for the coast of China they would never agree therunto although both by Capt Adams reconing & mine (as we told them) we weare neyther of us 30 leagues of the coast of China & at that present the winde vearing to the northwest so that we could not lie our course & seing our selves in extreme pill of death yf that our leakes should yncrease never soe little more, having now not above 15 men being the officers wch could stand uppon theire leggs, the rest being ether sea sicke or almost dead with labour so that the 20th about 10 of the morning we shaped our course ffor the leques grande having by observation at noone as neare as the weather would give leave 29^{d}. 25′. & p Capt Adams 28^{d} 57′ & soe steering est & by south & est sometimes our men bayling & pumping night and day & much adoe we had to seeke some of the leakes within bord some few places notwithstanding the foule weather we stopped yet by no means could ffree her & the 22th by the breake of day, it pleased God that we had sight of the Iland of fuego alias iavea with other 2 smale Ilands adjoyninge & within half an hower after we had sight of the Island of Oxima 9 leagues to the south westward of fogo & alsoe of divers other small Ilands to the southwards of Oxima or Oshima being the northernmost of the lequeo Iland. on the northwest side of this Iland of Oxima/ we came to an ancor this eveninge in a very fine harbour where the Governour & others came aboord & promised us all the frindshipp that this place afforded uppon whom we bestowed a langanatt or pike, but he hath advised vs to goe ffor Nafe being the cheefe harbour on the Iland of Lequeo grande where the king is Resident & there God willing we make accompte to stopp our leakes cheefly by bringing our shipp on grownd wch otherwayes we cannot possible accomplish without apparant hazard of all. The time & windes we have lost doth greve me to wright of through the unfortunate proofe of our leake shipp I am sorry I was not woorthy to be a helpe to have prevented so great a hinderance Nevertheles God most mercifull that hath delivered us out of this daunger wch we have passed will still help us & ffurther us in our pceed-inges soe that I trust within this moneth & lesse we shalbe redy to pceed uppon our voyage again wch God willing we purpose to attempt about the fine of Ianuary yf winde & weather serve. There hath bin a China Iunke lately Cast away uppon this coast wch came ffrom satchma & Bownd for Nanquin, There is also one other arived one some pt of this Iland wch likewise this yeare depted ffrom Nangasaq or satchma ffor the Coast of China & determineth within few dayes to goe to Nafe on the Lequeo grande whither God willing to we determine to goe unto ffor we cannot effect our purpose in this place. The [*3cm missing*] more then you did exspect but now there is no remedy but patience ffor all [*4cm missing*] for my pte my best Indevours shall not be wanting to help what [*8cm missing*] yf I see likelihood of Conveyance I will wright 〔*verso*〕 you of our pceedings untill wch time I most hartely Commit you and all your [affairs to the] Blessing of the Almighty God the Giver of all psperity & happy successe desiring you to Comend me to mr Eaton & to our ffrend mr Nealson with [the rest at] Firando & soe for the present I Rest

Oxima le 23th December 1614. Your loving friend to comand

post script.

The Bearer herof is the Governor of this Iland being within this two monethes bound for Satch-ma & hath promised Conveyance of our letters ffor he is vassayle unto the [king of Satchma] as alsoe those of lequeo Ilands are. These people do much resemble the Chines y[et] speak the Ia-pan toungue although with difficulty to be understood of the Iapons They wear [theyre] hayre longe bownd upp like the Chines with a bodkin thrust through but it is made up [on the] Right side of theyre heads & are a very gentle & curteous people./　　Yours Rchd〔Wickham〕

〔*Wickham's note*〕　〔*this letter's folio v*〕

The coppy of a letter sent unto Capt Cocks in Firand uppon the arrival of the Ionke Called the Sea Adventure one the Iland of Oxima one of the Lequeos le 23th December 1614

○"Letters Received by the East India Company from its Servants in the East: Transcribed from the 'Original Correspondence' Series of the India Office Records", Vol. II. 1613–1615, 216 及ビ東京大学史料編纂所架蔵寫眞版"Archives in England: Original Correspondence Anno 1611–23", Vol. 2" 参看、寫眞版ニ依ルニ、本書翰、料紙一葉ヨリナレリ、

〔リチャード・ウィッカム書翰〕

一六一五年一月十九日、那覇ヨリ平戸ノリチャード・コックス宛　控寫
○Anthony Farrington, "The English factory in Japan, 1613–1623", Vol. I No. 95

親愛なる友コックス君、私は衷心より敬意を表す、私は、先月二十三日（ユリウス暦一六一四年十二月）○日本暦慶長十九年十一月二十七日、の大島《(Oxima)》と呼ばれる琉球《(the lequeos)》の北端の島からの私の前の書翰を、貴殿が受領したと望む、その中で、私は、悪天候に遭遇し漏水する我等のジャンクの為に、シナ沿岸よりこれら琉球《(lequeos)》に不運にも到著したことを記した、そして、神の慈悲が我等の窮状を越えた、さもなくば我等は二度と陸地を見ることは無かつた、そして、先月二十二日に大島《(the Iland of Oxima)》という一つの島に投錨した、翌日、我等が抜錨しようとした時、水夫達の不注意により、最良の錨索と錨を取り残し、それらはその地に置いて來た、そして我等のジャ

ンクを艤裝する手段も場所も見出すこと無く、我等は大琉球《(the Great Lequeo)》へ航行し、同月二十七日、那覇《(Offro)》の港に投錨した、其處は大層良い港である、それにも關わらず、私は、我等のジャンクを揚陸し、季節風に間に合わせることが出來ないかもしれないと懸念する、王《(中山王尚寧)》は我等に我等の貨物の必要に應じた陸揚げを自由に行う許可を與えた、私は、キャプテン・アダムズと他の人々の同意を得て、ジャンクの中に殘つた全ての物を處分した、それを行なわねば、望み通りに漏水を止める見込みが無い、しかし、王と奉行《(the Bungeos)》は、我等のジャンクが求める必要とする物を遲らし、我等をして季節風を逸せしめんとして、大層我等を妨げた、しかし今、彼等は、我等が要求する物を我等に供給し始めた、〇中略その他に就いては、全能の神の助けにより最も都合良くなる可きことを齎す我が愛と心遣いを疑う勿れ、私は、現在と將來、貴殿を神の庇護に託さん、

從順にして貴殿の愛する友

リチャード・ウィッカム

大琉球《(Lequeo Grande)》、那覇《(Naffro)》にて、一六一四年〇イギリスノユリウス暦ノ改年、三月二十五日ナリ、一月十九日〇日本暦元和元年（慶長二十年）正月一日、

私は、我等が全ての友に宜しく傳えられんことを願う、

〇本書翰ノ翻譯全文、岩生成一譯註『慶元イギリス書翰』、六五、千六百十五年一月十九日附、琉球發、リチャード・ウィッカムより、平戸のリチャード・コックスに送りし書翰ニ收ム、

〔The Letter of Richard Wickham at Ohshima to Richard Cocks in Hirado〕

○Anthony Farrington, "The English factory in Japan, 1613-1623",
Vol. I, No. 95 (British Library, India Office Records G/12/15, folio 15)

Louing ffrend mr Cocks I most hartely Comend me &c. My last of the 23th vltimo ffrom the Northermost Iland of the lequeos Called Oxima I hope you haue Rcd, wherin I wrote you of our vnfortunate ariuall ffrom the Coast of China vnto these lequeos by reason of our leake Ionke meeting with foule weather./ soe that the mercy of God exceeded our misery or else we had never seene land againe: & Coming to an ancor the 22th vltimo one the Iland of Oxima the next day as we were wayeng our ancors the marriners through negligence lett slipp our best Cable & ancor wch there we lefte behinde us; And ffinding neyther meanes nor place to dresse or Ionke we set sayle for the Great Lequeo & came to an ancor in the harbour of Offro le 27 dicto wch is a very good harbour/ nevertheles I doubt we shall not be able to grownd our Iunke & saue our monsoyne The King hath giuen vs free leaue to land our goods wch of necessity with the consent of Capt Adams & the Rest I was enforced to doe/ wth all the Rest that is in the Ionke without the wch there is no hope of stopping our leakes to purpose, yet the kinge & the Bungeos hath much hindered vs seeking to make vs loose our monsoyne by delaying vs with those necessarys that our Ionke wanteth/ yet now they begin to picure us what we want. 〔*several paragraphs omitted*〕
As for the Rest make no doubt of my love & care to effect what shalbe most convenient by the assistance of Allmighty God unto whose ptection I both now & ever Commend you &c.

Your lovinge ffrend to Comand
Richard Wickham

Lequeo Grande in Naffro le 19 of. Ianuary 1614

I pray Comend me to all or ffrends in Generall

○Christopher James Purnell, "The Log-Book of William Adams, 1614–19", Appendix III. Letters from Richard Wickham, No. 13、東京大学史料編纂所所藏筆寫本 "Letters of Richard Wickham, a member of the English trading residents at Hirado, Japan, to his colleages, 1614–1617" 及ビ東京大学史料編纂所架藏寫眞版 "Archives in England: R. Wickham's Letters Anno 1614–17"、參看、寫眞版ニ依ルニ、本書翰、料紙一葉ノ表ニ書サル、

〔リチャード・コックス日記〕○日本關係海外史料イギリス商館長日記原文編之上

一六一五年○各葉天邊ニ書セラレタル一六一五年ノ記、以下略ス、

(第二葉表)

六月(ユリウス暦)

ウィッカム君平戸到著

ジャンクは航海失敗して五島に

一日、○日本暦元和元年(慶長二十年)五月十五日、中略、

また、夜遅くウィッカム君がダミアン・マリネス(Damian marines)を伴い當地に到著した、そして、ジャンク(シー・アドヴェンチャー號)が五島(Goto)に在るとの報を齎した、彼等は、彼等のシャム(Syam)への航海を續けるために琉球(Liquea)を出發した、しかし、海上で、規律に順わぬ乗組員がコーチシナ(Cochinchina)(交趾支那)へ行こうとしたので、ウィッカム君は、(私が彼に命じていた通りに)我等が以前に彼の地で損害を蒙つたことを想い起してそれに反對した、彼等は此の地へ戻つて來た、キャプテン・アダムズは、私に、水夫長と大工が最も惡く、不服従で不正

直であると書いて寄越した、

二日、○中略

キャプテン・アダムズとエド(Ed)・セイヤーが、五島發五月三十日附書翰二通を私に寄越した、またアダムズ君は私に一袋の藷○甘藷カ、を送つてきた、そしてエド・セイヤーは私にリンネルに似たもの（または寧ろ絹）一反を送つてきた、そして同様の物をイートン君とニールソン君にも、そしてウィッカム君は私に藷一壺を送つてきた、そしてダミアン・マリネスは、私に、一皿のプランティアンス○バナナノ一種、ともう一皿の藷を持ち來つた、

二日、○中略またウィッカム君は、豊後殿(Bongo dono)（松浦豊後守信實）を訪ねて行き、琉球(Liquea)の布二反と一皿の藷の贈物を持参した、そして彼に我等のジャンクに何事が起きたかを語り、そしてその上で、整備の爲に我等のジャンクを五島に碇泊させるのと、そうではなくそれを平戸(Firando)に齎すのと、何れが最善であるかと、彼の助言を求めた、そして、彼の考えは（多くの他の人々と同様に）、私自身はそれ以外の者であつたが、船を平戸(Firando)へ齎すのが最善であるということであつた、○中略

三日、○中略

キャプテン・アダムズとエド・セイヤーからの二通の手紙とダミアンからの土産

（第二葉裏）

私は、帆掛舟を五島に向けジャンクへ送り返し、そして三通の書翰を書いた、則ち、キャプテン・アダムズ、エド・セイヤー及びファン《(John)》・デ・リエバノ《(Ino de Lieuano)》宛、そしてそれと共に送った、則ち、

○贈物目録、略ス、

三通の書翰

そして、私は三通の書翰を書いた、則ち、一つはキャプテン・アダムズ宛、一つはエド・セイヤー宛、そして一つはファン・デ・リエバノ宛、○中略

（第三葉表）

四日、○中略

薩摩の王への贈物

そして、正午頃、我等は、薩摩《(Shashma)》（島津家久）の王が此の道に、兵士を満載した五百隻の帆掛舟と共に此の停泊地に遣つて来るとの情報を得た、そこで、我等は彼への贈物を次のように用意した、則ち、

○贈物目録、略ス、

そこで、ウィッカム君が私と同行して我等は出かけ、贈物を手渡した、彼は、それを愛想よく受け取り、もしも我等が彼の領地へ通商に来るなら我等の領民は好意を以て歓待すると提案した、私は、琉球人《(the Liqueans)》は、我等が、其の地からシャム《(Syam)》への

（第三葉裏）

我等の航海を續けるために我等のジャンクを整備することをどのように拒絶した

のか一言述べた、〇第三葉裏ノ第一行行頭ニ、四日ノ記アリ、しかし、彼はそのことについては殆ど語らなかつたが、彼は、帰る時に、私と話し、私に贈物をすると答えた、私は、大層強力な薩摩《(Shashma)》の王の尊顔を拝する大いなる幸運を、閣下御自身より得たことに満足を得たと言つた、そこで彼は微笑んだ、そして、我々は暇を乞い、戻つた、〇中略、大日本史料元和元年四月二十日ノ第一條、是ヨリ先、家康、島津家久、鍋島勝茂ニ出陣ヲ命ズ、是日、更ニ之ヲ令ス、尋デ、家久、勝茂、其居城ヲ發スル條参看、

（第四葉裏）

十日、〇中略

（第五葉表）
六月記録

十日、そして、正午前、我等のジャンク《（シー・アドヴェンチャー號）》が外に見えたとの報があつた、そこで私は、彼等が港に入るのを見て、キャプテン・アダムズを訪れるため、小舟を河内《(cochi)》に遣す準備をした、

日曜日

十一日、〇中略

シー・アドヴェンチャー號平戸到著

我々のジャンク、シー・アドヴェンチャー號は、昨夜十時に、平戸《(firando)》の河内《(cochi)》の灣に到著した、今年、同船はシャムへの航海に失敗した、私は船上に赴き、宴會の食材の一個の箱を添えて、葡萄酒一樽、四半身の豚肉、麵麭十塊を持ち込んだ、そして、知事〇松浦家重臣カ、の命令に依り、船員達が全員帰還したかまた努力したかを知るために、三人の奉行を帯同した、キャプテン・アダムズは、我等に悪い報告を

することになるので、問題となつている人物の名前を提示することを望まなかつた、そこで私は、此の際、そのことは成り行きに任せた、〇下略

〇翻譯全文、日本關係海外史料イギリス商館長日記、譯文編之上、參看、原本、British Library, Western Manuscripts, Add MS 31300, "Diary of Richard Cocks, head of the English factory at Firando [or Hirado] in Japan, 1615–1622", Vol. 1

〔Diary of Richard Cocks〕 日本關係海外史料イギリス商館長日記、原文編之上 〇British Library, Western Manuscripts, Add MS 31300, "Diary of Richard Cocks, head of the English factory at Firando [or Hirado] in Japan, 1615–1622", Vol. 1

〔*folio 2r*〕

1615 〔*1615 on the following folios' upper edge omitted*〕

June 1 〔*several paragraphs omitted*〕

Mr. Wickham Arrived at firando & Iunck at Goto. lost voyage

And late wthin night Mr. Wickham arived here. in Company of Damian marines/ & brought word the Iunck was at Goto; they being put frõ Liquea. to haue poceaded on their voyage for Syam/. but being at Sea. the vnruly Companie would haue gon for Cochinchina; & so mr. Wickham standing against it remem-bring our former Losse theare (as I gaue hym in Comition) they retorned back for these ptes/. Capt. Adames hath wrot me that the Boateswaine and Carpen-ter are in most falte being mvteuouse knaues etc./

2 〔*several paragraphs omitted*〕

2 Letters frō Capt Adams & Ed: Sayers. Prsents frō damian

Capt. Adames &. Ed; Sayer. wrot me 2 letters frō Goto of 30th may. & mr. Adames sent me a bag of potatos/ & Ed: Sayer sent me a pece lik lynen (or rather silk) & the lyke to mr. Eaton & mr nealson, & mr Wickham gave me a Iare of potatos. And damian marines brought me a dish of plantians And an other of pottatos/ etc

〔*folio 2v*〕

to bongo dono

2 〔*one paragraph omitted*〕 And mr Wickham went & visited Bongo Dono and Carid hym a prsent of 2 pec. Liquea cloth And a dish of pottatos/ & tould hym how matters stood about our Iunck and withall Asked his Counsell. whether it wero best to let our Iunck stay at Goto to be trymbd/ or else to bring her for firando/ & his opynion was (as many others are the lyke.) & among the rest my selfe that it is best to bring her for firando. for divers occations/. 〔*several paragraphs omitted*〕

3 〔*several paragraphs omitted*〕

I sent back the bark for Goto to the Iunck. & wrot 3 Lettrs viz. to Capt. Adames/ Ed: Sayer/ and Ino de Lieuano and sent wth it vz

〔*the list of the present omitted*〕

3 lettrs

And I wrot 3 Lettrs, vz. 1 to Capt Adames/ 1 to Ed: Sayer/ and a therd to Ino. de Lieuao/. 〔*several paragraphs omitted*〕

〔*folio 3r*〕

A present to

4 〔*several paragraphs omitted*〕 And about nowne wo had news that the King of Shashma: was coming into this road wth 500 barks full of Sonldiers/ soe we

the King of Shashma

laid out a prsent for hym as followeth. vz.
〔*the list of present omitted*〕
Soe Mr wickham Accompaying me we went. and dld the prsent wch he took in good pte/ offring our nation favorable entertaynmt yf we came to traffick in his domynions/. I put ont a word how the Liqueans Refused to let vs trym our
4 Iunk to haue pceaded 〔*folio 3v*〕 from thence on our voyag for Syam/ but he said Littell therto. but answered at his Retorne he wold talke wth me &. geve me a prsent/ I said, I had Receved Suffition at his highnes handes in havinge the good hap to See the face of soe mightie a king as the King of Shashma/ whereat he Smiled/ And Soe we Craved lycence & Retorned/ 〔*several paragraphs omitted*〕

〔*folio 4v*〕

10 〔*several paragraphs omitted*〕

〔*folio 5r*〕

June.
Nota

10 And before nowne word Came that our Iunck was seene wthout/ soe I made ready to boate to goe out to cochi/ to see them put in harbor & to vizet Capt Adames/ &c.

Sunday

11 〔*one paragraph omitted*〕

Sea Aduentur ariued at firando.

Our Iuncke the Sea Adventure arived in the bay of cochi in firando. at 10 cloth the last night/ haveing lost her voyage for Syam this yeare./ I went abord. & carid a barill of wyne/ a quarter porke & 10 loves bread wth a box. bankiting stuffe/ & p order of the gouerner carid 3 bongews to looke the mariners were all retorned. & had vsed their Indeuours/ Capt. Adames was vnwilling we

should bring any mans name in question for geting vs an ill report/ soe I did
Let it pas for that tyme/ 〔*the rest omitted*〕

○東京大学史料編纂所架藏寫眞版 "Archives in England: Richard Cocks' Diary Anno 1615–22", Vol. 1 參看、

〔リチャード・ウィッカム書翰〕 一六一五年六月二十七日、平戸ヨリ京都ノウィリアム・イートン宛 ○Anthony Farrington, "The English factory in Japan, 1613–1623",

Vol. I, No. 104

親愛なる友イートン君、貴殿の健康と貴殿の業務の幸運なる成功を、私自身のことと同様に望む、貴殿は以下のことを了解す可し、我等が、我等のシャム《(Siam)》への航海に出航した二、三日後、海上の惡天候の苦境に因り、我等のジャンクが大層漏水したので、我等は我等の命を救うため、琉球諸島《(the Luequeo ilandes)》に向かつた、彼の地で、我等は、不従順なる我等の仲間と島民の邪惡とに因り、同地からの我等の出發の日の先月《(五月)》二十二日○日本暦元和元年（慶長二十年）五月五日、迄、毎日多くの困難に耐えながら滯在した、そして、全能の神に祈り、六月十日○日本暦元和元年（慶長二十年）五月二十四日、平戸《(firando)》の河内《(Cochi)》の港に到著した、○中略 さらば、再び、

平戸《(Firando)》、一六一五年《(ユリウス暦)》六月二十七日○日本暦元和元年（慶長二十年）六月十二日、

従順にして貴殿が愛する友
R. W.《(リチャード・ウィッカム)》

○追伸、略ス、

○本書翰ノ翻譯全文、岩生成一譯註『慶元イギリス書翰』、六八、千六百十五年六月二十七日附、平戸發、リチャード・ウィッカムより、京坂滞在中のウィリアム・イートンに送りし書翰ニ收ム、

〔The Letter of Richard Wickham at Hirado to William Eaton at Kyoto〕 ○Anthony

Farrington, "The English factory in Japan, 1613-1623", Vol.I, No.104 (British Library, India Office Records G/12/15, folio 16)

Louing ffrend mr Eaton your health & happy svccesse in your Businesses desired as my owne &c. you shall vnderstand that after we depted ffor our voyage towards Siam after 2 or 3 dayes tryale of Badd weather at sea our Ionke ffell so leake that we were Inforced to saue our lives ffor to beare with the Luequeo Ilands where we stayed Induringe many troubles dayly by Reson of or mutinous Compa & the prversnes of those Ilanders vntil the day of our depture ffrom thence wch was the 22th of May last & arived in the harbour of Cochy in firando the 10th of Iune prayed be Almighty God soe that it hath not pleased God that this yeare we should make Any pfitt of our labour & trouble. 〔*several paragraphs omitted*〕 Vale Iterum

Your lovinge ffrend to Comand R. W.

Firando the 27 of June 1615.

〔*postscript omitted*〕

○Christopher James Purnell, "The Log-Book of William Adams, 1614-19", Appendix III. Letters from Richard Wickham, No. 14（抄録文）、東京大学史料編纂所所藏筆寫本“Letters of Richard Wickham, a member of the English trading residents at Hirado, Japan, to his colleagues, 1614-1617”及ビ東京大学史料編纂所架藏寫眞版“Archives in England: R. Wickham's Letters Anno 1614-17”、參看、寫眞版ニ依ルニ、本書翰、料紙一葉ノ表ニ書サル、

○ウィリアム・アダムズ幷ニリチャード・ウィッカム等及ビ彼等ノ乗船シタルシー・アドヴェンチャー號ノ琉球國ニ於ケル記録、島津家ニ關ハルコト等アレドモ、略ス、

○一六一四年十一月二十五日附○ユリウス暦リチャード・コックスヨリリチャード・ウィッカムニ與ヘタル命令書幷ニシー・アドヴェンチャー號積荷目録（原本、‘Comission from Richard Cocks at Hirado to Richard Wickham for the Sea Adventure's voyage to Siam, with an invoice of goods, 25 November 1614’, British Library, India Office Records E/3/2, 191、翻刻文、Anthony Farrington, “The English factory in Japan, 1613-1623”, Vol. I, No. 76、翻譯文、岩生成一譯註『慶元イギリス書翰』、五三、參看）、大日本史料慶長十九年年末雜載第十六條、貿易ノ條ニ、“Letters received by the East India Company from its Servants in the East”, Vol. II, 191ニ據リテ、原文幷ニ翻譯文ヲ抄録ス、ユリウス暦一六一四年十二月五日ヨリ同月十六日迄ニリチャード・コックスヨリ河內碇泊中ノシー・アドヴェンチャー號乗組ノリチャード・ウィッカムニ

送リシ十通ノ書翰、“The English factory in Japan, 1613–1623” Vol. I, No. 79–81, 83, 87–92及ビ『慶元イギリス書翰』、五四〜六三、參看、

○一六一四年九月九日、幕府、暹邏國渡航ノ朱印ヲウィリアム・アダムズ○三浦按針ニ下スコト、大日本史料慶長十九年正月十一日ノ第四條、幕府、東京、安南、呂宋、暹邏、柬埔寨、交趾渡航ノ朱印ヲ出ダス、尋デマタ、呂宋、暹邏渡航ノ朱印ヲ出ダス條ニ、一六一五年五月二十四日、ウィリアム・アダムズ、琉球國ヨリ肥前國松浦郡平戸島河内ニ歸著スルコト等、大日本史料元和元年年末雜載第十五條、貿易ノ條ニ見ユ、

○十二月五日、○ユリウス暦十二月二十五日、ウィリアム・アダムズ、シー・アドヴェンチャー號ヲ以テ大島ヲ發シ、尋デ、同月七日、○ユリウス暦十二月二十七日、琉球國那覇ニ著スルコト、及ビ一六一五年五月四日、○ユリウス暦一六一五年五月二十一日、ウィリアム・アダムズ、シー・アドヴェンチャー號ヲ以テ那覇ヲ發シ、尋デ、同月二十四日、○ユリウス暦一六一五年六月十日、日本肥前國松浦郡平戸島河内ニ歸著スルコト、便宜合敍ス、

一六一五年（琉球國中山王尚寧二十七年・明萬暦四十三年・日本元和元年・乙卯）

是春、是ヨリ先、鹿児島城主島津家久、河越重能ヲ大島奉行ニ任ズ、尋デ、是時ニ至リテ、河越重能、大島ニ著任ス、

〔大島代官記〕○奄美史料集成所収道之島代官記集成

一　慶長十八年（一六一三年）癸丑年

假屋、笠利、○大島笠利間切笠利

奉行　法元（法元）仁右衛門殿○一六一三年是歳ノ条参看、

一　元和元年乙卯春

右同（奉行）　川越（河越）将監殿（重能）

但、右年、大坂亂、五月八日、落城、○大日本史料元和元年五月七日ノ第一條、同年五月八日ノ第一條及ビ同年五月九日ノ第一條等、参看、

一　元和三丁巳春（一六一七年）

右同（奉行）　川上（久康）彦左衛門殿（彦左衛門尉）○一六一七年是春ノ条参看、

〔喜界島代官記〕○鹿児島県立図書館所蔵大島代官記
○奄美史料集成所収道之島代官記集成

一　大島・喜界島兩島ノ御奉行始、御奉行
　　　法元仁右衛門殿
　右（奉行）同
元和元　　河越將監殿
同（元和）三丁巳　河上彦左衛門尉殿

〔大嶋私考〕○東京大学史料編纂所所藏島津家本さII―8―27

代官權欒輿附附役姓名之事

慶長十八年癸丑、法元仁右衛門なるものをもて、初て此職に置而、三年交代と見へたり、喜界島も大嶋代官支配す、元和乙卯年、川越將監、同三丁巳年、川上彦左衛門、

○大島奉行、大島○加計呂麻島、與路島幷ニ請島ヲ含ム、及ビ喜界島ヲ統治ス、元祿四年（一六九一年）ヨリ喜界島代官補任セラレタルコト、大島代官記幷ニ喜界島代官記ニ見ユ、

○鹿兒島城主島津氏ニ依ル大島奉行幷ニ大島代官、及ビ德之島奉行幷ニ德之島代官ノ補任、任地著任ノ前年冬ニ家老仰渡ニテ爲サレ、奉行幷ニ代官、補任ノ翌年春ニ任地ニ著スルコト、奄美群島編年史料集稿寛永年間編寛永九年（一六三二）十月ノ條所引有馬丹後純定大嶋附肝付表代官相勤候覺等ニ記サレタル大島代官幷ニ德之島代官ノ補任及ビ赴任ノ例ニ依リテ知ラル、

七月三日、イギリス船ホジアンダー號、是ヨリ先、日本肥前國松浦郡平戸島平戸ニ向ヒ、パタニヲ發シ、是日、〇ユリウス暦八月十六日、大島ノ沖ヲ通過ス、尋デ、同月二十二日、〇ユリウス暦九月四日、平戸ニ著ス、

〔ホジアンダー號船主ジョン・ハント日誌抄錄〕〇Anthony Farrington, "The English factory in Japan, 1613–1623", Vol. II, No. 408, Extract from the journal of John Hunt, master of the Hosiander, 10 July 1615–26 April 1616

一六一五年七月（ユリウス暦） 此月の十日、月曜日、〇日本暦元和元年（慶長二十年）六月二十五日、朝五時、我等はパタニ(Potanie)〇マレー半島中部東岸の投錨地から出帆した、

一六一五年八月 十六日、水曜日、…我等は、大島(Meamexima)という島から三十五リーグに在つた、北微東に進む、水深三十四フィート、細かい黑砂、

二十三日、水曜日、我等は、この二十四時間穏やかで、船を北微西へ四リーグ進めた、正午、風が西に變つた、少し強い風、我等は日本の沿岸に向けて進路を東微北に向けた、緯度三十二度三十分、五島(Gota)（日本肥前國松浦郡）の島から二十六リーグ離れている、

〇八月二十五日、二十七日、二十八日、三十日及ビ三十一日ノ記、略ス、

一六一五年九月 四日、月曜日、〇日本暦元和元年七月二十二日、神の意に叶い、我等は、日本(Japan)の平戸(Ferando)（肥前國松浦郡）の港に安全に到著した、

十一日、月曜日、我等の船長《(Ralph Coppindall、ラルフ・コッピンドール)》は、平戸《(Firando)》から都《(Meacko)》を目指して出發した、
○一六一六年一月十一日ヨリ四月二十六日ノ記、略ス、

〔Extract from the journal of John Hunt, master of the Hosiander, 10 July 1615–26 April 1616〕

British Library, India Office Records L/MAR/A/XXIII: Journal on the Hosiander (10 Jul 1615–26 Apr 1616, John Hunt)
○Anthony Farrington, "The English factory in Japan, 1613–1623", Vol. II, No. 408

July 1615　The 10th of this moneth, beinge Mondaie, at 5 in the mor', we seat saile in the rode of Potanie.

August 1615　The 16th, Wensdaie . . . wee where dist' of the iland Meamexima 35 le', bering No by E, the depth 34 fad', small blacke sand.

〔*the journal from the 23th to the 31st of August omitted*〕

September 1615　The 4th day, Mondaie, it plesed God we saflie arived into the harbore of Ferando in Japan.

〔*the rest of the extracts of the journal omitted*〕

The 11th daie, Mondaie, our Captan departed from Firando bownd for Meacko.

○イギリス船ホジアンダー號船長ラルフ・コッピンドール、ウイリアム・アダムズ等ト共ニ、駿河國駿府ニ抵リ、前征夷大將軍徳川家康ニ謁スルコト、大日本史料元和元年九月是月ノ條ニ、ホジアンダー號、一六一六年二月二十日、○日本暦元和二年正月十四日、平戸ヲ出航シタルコト、ホジアンダー號船主ジョン・ハント日誌抄錄幷ニリチャード・コックス日記ニ、及ビ同年四月二十六日、

バンタン(Bantam)(番旦)〇ジャワ島西部ニ著シタルコト、ホジアンダー號船主ジョン・ハント日誌抄錄ニ見ユ、

一六一六年（琉球國中山王尚寧二十八年・明萬曆四十四年・日本元和二年・丙辰）

是春、是ヨリ先、鹿兒島城主島津家久、相良頼豊ヲ徳之島奉行ニ任ズ、尋デ、是時ニ至リテ、相良頼豊、徳之島ニ著任ス、

〔徳之嶋面縄院家藏前録帳〕○奄美史料集成所收道之島代官記集成

（序）○上略、一六二三年閏八月二十五日ノ條參看、元和二天（一六一六年）丙辰年、從二御國許一、昔者探題ニ、御奉行衆与被二名付一、御功家方與里御壹人、御家來被二召列一、當島・沖永良部島・與論島爲二御押役一、徳之島ニ御下初、當島主大親之儀者、旧秋徳（徳之島東間切）江致二居所一候処ニ死去、○徳之島ノ大屋子思祢戸金、歿スルコト、一六〇八年二月ノ條參看、以後ニ而、跡役琉球與里被二召立一迄之間、沖永良部島與里當嶋迄一往差引有レ之、龜津（徳之島東間切）江假屋被二立置一候、○琉球國中山王尚寧、沖永良部島ノ大屋子思鎌戸ニ徳之島ヲ差引セシムルコト、一六〇八年二月ヨリ後ノ條參看、時、御國御支配相成候付、右假屋江三年御在島ニ而、御代合御上國被レ成來候、御奉行御役目之時者、御仕置迄ヲ爲レ被レ召由候、御高務御仕登方用人役頭取・目指・掟・筆子役與里相勤、御勘定方ニ付、用人與里筆子役々召列、三ヶ年ニ壹度ツヽ、上國仕、遂二御勘定一候、夫與里御奉行御役目ヲ御代官御役目ニ被二仰替一候節與里、○一六三二年（寛永九年）十月、鹿兒島城主島津家久、野村五郎左衞門ヲ翌年ヨリノ徳之島代官ニ任ズルコト、有馬丹後守純定大嶋附肝付表代

官相勤候覺ニ見ユ、奄美群島編年史料集稿寛永年間編寛永九年（一六三二）十月ノ條參看、道之島與里用人御上國被二召止一、御代官御附役御下初、御請込ニ而、島方、於二御代官一、所々遂二御勘定一候筋ニ、御國許與里道之島ニ被二仰渡一候、上古者御奉行衆、

中古與里御代官衆・御附役衆年號目錄、

○中略、元龜ヨリ元和ニ至ル元號幷ニ年數ヲ記ス、

慶長十四年（一六〇九年）己酉二（三）月下旬、秋徳濱江御着船ニ而御征伐被レ成候、翌十五年與里御藏入相成候、元和二天丙辰春與里、御奉行衆御下知、慶長十五年戊與里、安永三年（一七七四年）午迄、百六拾五年ニ當ル、○以上、序、

元和二年丙辰春、初而御下島、

初代相良勘解由殿（頼豊）○鹿児島城主島津家久、徳之島ニ遣シタル相良頼豊幷ニ有馬重純ニ、琉球國中山王尚寧ヲ歸國セシメタルヲ告グコト、一六一一年九月二十三日ノ條參看、

右者、慶長四年（一五九九年）己亥年、庄內入御供ニ、此人相見得申候、

元和四年戊午春ヨリ同五己未

二代曾木甚右衛門殿（甚右衛門尉）

○下略、一六一八年是春ノ條參看、

〔詰役系圖〕○和泊町立図書館

慶長拾四年、琉球御征討より七年目、

元和二年丙辰
相良勘ケ由（解）

元和四年戊午
曾木甚右衛門

〔代官記事録〕○与論町朝戸池上家文書複寫版

慶長拾四年己酉、琉球御征罰以後七年目、嶋方代官支配被仰渡、沖永良部島・與論島之儀、徳之島代官御支配ニ而、春秋兩度、於徳之嶋勘定相遂候、

元和二丙辰年　代官（ママ）　相良勘解由殿

同　四戊午年　同　曾木甚右衛門殿

〔八十八呉良謝佐榮久由緒記〕○伊仙町東伊仙永喜家文書 文政六年佐久田跋本寫本

一、慶長十五年御藏入ニ罷成候以後、但、七ケ年目當ル、元和二天丙辰年、徳之嶋・沖永良部嶋・與論嶋爲御押役、昔者、御高家方より御奉行衆御役目御壹人、御家來被召烈、爲探題、徳之嶋江御下、初龜津仮屋江三年御在嶋ニ而、御代合御上國被成來候、○コノ記、東ケ之主ノ孫女、思津たか年ノ譜ノ次ニアリ、

○徳之島奉行、徳之島、沖永良部島幷ニ與論島ヲ統治ス、沖永良部島幷ニ與論島ヲ統治セル沖永良部島代官、元祿四年（一六九一年）ヨリ補任セラル、コト、詰役系圖ニ見ユ、

八月二十八日、是ヨリ先、大島西間切與人、薩摩國鹿兒島ニ貢米ヲ上納ス、是日、鹿兒島城主島津家久、薩摩國ヨリ歸帆スル大島西間切與人ニ船切手ヲ與フ、

〔芝家文書〕 ○瀬戸内町篠川 改訂名瀬市誌巻上

（家老連署船切手寫）
切　手

拾端帆壹艘、船頭大嶋西（西間切）之与人、
水手五拾六人、積荷、櫃（俵カ）七拾三束、櫃九ッ、船釘六百三拾四斤、鍋三拾枚、かま（釜）拾四、貝扇子百拾本、中紙弐束、肥前焼之皿弐束、かけ硯一ッ、□□壹ッ、折敷弐束、高麗つほ（壺）四拾、
右者、大嶋西目東より米上納申□帰帆□無二異儀一可レ被レ通候、若此外ニ、積荷於二積有一レ之者、堅相改、可レ及二其沙汰一□也、

元和弐年八月廿八日　比紀伊守（比志島國貞）判
町勝兵衛（町田久幸）

諸浦
船改衆

一六一七年（琉球國中山王尚寧二十九年・明萬暦四十五年・日本元和三年・丁巳）

是春、是ヨリ先、鹿児島城主島津家久、川上久康ヲ大島奉行ニ任ズ、尋デ、是時ニ至リテ、川上久康、大島ニ著任ス、

〔大島代官記〕○奄美史料集成所收道之島代官記集成

一　元和元年（一六一五年）乙卯春　右同（奉行）　川越（河越）将監（重能）殿○一六一五年是春ノ條參看、

○中略、一六一五年是春ノ條參看、

一　元和三丁巳春　右同（奉行）　川上（久康）彦左衞門（彦左衞門尉）殿

一　元和五（一六一九年）己未春　右同（奉行）　黒葛原筑後殿○一六一九年是春ノ條參看、

〔喜界島代官記〕鹿児島県立図書館所藏大島代官記○奄美史料集成所收道之島代官記集成

右（奉行）同

元和元　河越將監殿

（元和）同三丁巳　河上彦左衛門尉殿

同五己未　黑葛原筑後殿

〔大嶋私考〕○東京大学史料編纂所所蔵島津家本さⅡ—8—27

代官權轝〔輿〕附附役姓名之事

○中略、一六一五年是春ノ條參看、元和乙卯年、川越将監、同三丁巳年、川上彦左衛門、同五己未年、黑葛原筑後、

一六一八年（琉球國中山王尚寧三十年・明萬曆四十六年・日本元和四年・戊午）

三月二十一日、是ヨリ先、日本肥前國松浦郡平戸ニ在ルイギリス商館長ウィリアム・コックス、肥前國松浦郡ニ在ル明人肥後四官ヨリジャンク○船名不詳ヲ借用シ、ウィリアム・アダムズヲ水先案内人、リチャード・ウィッカム并ニエドモンド・セイヤースヲ商務員トナシ、交趾支那ニ遣スコトトス、三月一日、○ユリウス暦三月十七日、イギリス商館ノジャンク、肥前國彼杵郡長崎ヲ出航ス、是日、○ユリウス暦四月六日、イギリス商館ノジャンク、大島ニ著ス、

〔リチャード・コックス日記〕○日本關係海外史料イギリス商館長日記原文編之中

（ユリウス暦）一六一七年○各葉表裏天邊ニ書セラレタル一六一七年ノ記、以下、略ス、

（第五十三葉表）

十二月

三十一日、○日本暦元和三年十二月十四日、中略、

一月

一日、○日本暦元和三年十二月十五日、中略、

（第五十五葉表）

八日、○中略

二官

二官(niquan)、〇日本肥前國彼杵郡長崎在明人キャプテン・アダムズ(Capt Adames)(ウイリアム・アダムズ、三浦按針)に水先案内人(pilot)としてコーチシナ(Cochinchina)(交趾支那)〇インドシナ半島東南部へ行くことを同意させるため、長崎(Langasaqe)より來る、

一月(第五十五葉裏)

キャプテン・アダムズへの書翰

九日、〇中略

私は、(リチャード・コックス)キャプテン・アダムズに、彼等(李旦)が、日本人(the Japons)よりは寧ろシナ人(the Chinas)と共に、エド・セイヤー(Ed: Sayer)(Edmund Sayers)を連れて船に乘り、尊敬すべき會社(東インド會社)の冒險に出れば、他の誰よりも多くのものを彼に與えると申し出ているチャイナ・キャプテン、アンドレア・ディティス(Andrea Dittis)(李旦)、の要請を示すために、書翰を書いた、

一月(第五十六葉表)

キャプテン・アダムズよりの書翰

〇中略

十二日、〇中略

私は、今月九日に急便で彼に送った私の書翰への返信である長崎發二日前附のキャプテン・アダムズ書翰を受領した、彼は、二、三日の内に平戸(firando)(肥前國松浦郡)に歸り、シナ人(the Chinas)とのことを終らせるつもりである、

一月(第五十六葉裏)

〇中略

十三日、〇中略

十四日、〇中略

長崎よりキャプテン・アダムズ

キャプテン・アダムズが、長崎から、悪天候と逆風のために途上四日を要して到著した、〇中略

（第六十一葉裏）二月

二日、〇日本暦元和四年正月十七日、中略、

三日、〇中略

チャイナ・キャプテン、長崎へ

チャイナ・キャプテン、アンドレア・ディティスは、長崎に行つた、そして、彼が出かける前に、キャプテン・アダムズは、約束を守りコーチシナへの航海を行うと傳えた、

〇中略

（第六十三葉表下部）

覺書

十三日、〇中略

私は、キャプテン・アダムズ、ウィッカム（Wickham）君そしてエド・セイヤー君を伴い、我等の船はバンタム（bantam）〇ジャワ島西部に、そしてエド・セイヤーはコーチシナへ出掛ける準備がなつたと告げるために、王（松浦隆信）の許に赴いた、そして、もしも彼が、バンタム、イングランドまたはコーチシナについて私が奉仕することを命じたいなら、我等はそうする準備があると彼に告げた、（第六十三葉表）彼はそれについて我等に感謝した、〇中略

三書翰
（第六十五葉裏）
日曜日
二月
私は長崎に
行つた
（第六十六葉表）
二月
午餐に
招かれた

さらにまた、私はアンドレア・ディティス、チャイナ・キャプテン、からの書翰三通を受取つた、これらは、彼がキャプテン・アダムズを水先案内人として送出すこと、そして彼がトットン《(Totton)》君へゴコ銅五十ピコルを送つたことを、さらに私にオレンジ一籠を贈物として送つたことを書いている、等々、○中略

二十二日、○日本暦元和四年二月八日、中略、

二十三日、○中略

我等は、今朝、長崎に向けて出發した、そしてアドヴァイズ《(Adviz)》號の傍を通過すると、彼等は大砲を五發發射した、そして我等は平戸から十七リーグの瀬戸《(Setto)》（肥前國彼杵郡瀬戸浦）へ行き、泊つた、○中略

二十四日、○中略

二十五日、○中略

富裕なシナ人で、エド・セイヤーが乘つてコーチシナへ向かうジャンク《(戎克)》の船主の四官《(Shiquan)》（肥後四官）○實名不詳が、我等を、明日、そしてキャプテン・ハウ《(Whaw)》（華宇）は明後日、午餐に招いた、○中略

贈物を送る

三月(第六十八葉表) 四日、〇日本暦元和四年二月十八日、中略、

五日、略〇中

私は、次のように贈物を送つた、則ち、

略〇中

エド・セイヤーズが乘つて行くジャンクの船長チムポウ(Chimpow)に、則ち、黄色ベイ(羅紗)二間、ワイン二樽、魚二匹、

略〇中

三月(第六十八葉裏) 六日、略〇中

私は、シナ人の肥後四官(fingo shiquan)に、船長の名は〇名前記載闕ク、で〇行先記載闕ク、に向かう彼のジャンクに載せる紹介状一通とイギリス國旗一枚とを與えた、

略〇中

三一三九カティー六十匁の銅

三月(第七十一葉〇第七十葉表) 十二日、略〇中

藤左衞門殿(Tozayemon dono)(平野屋)が、エド・セイヤーに四十一ピコル三十九カティー六十匁のゴコ銅を引渡した、それを彼は、コーチシナへの航海のため肥後四官のジャンクに搭載した、一ピコル當り六十五匁、

三月（第七十一葉〇第七十葉裏）

〇中略

十六日、〇中略

十七日、〇日本暦元和四年三月一日、中略、

肥後四官ジャンク出航

今夜日没頃、肥後四官のジャンクが海に出た、そこには、キャプテン・アダムズが水先案内人として、エド・セイヤーとロバート(Robert)・ホーレイ(Robt Hawley)とが尊敬すべき會社のために、シナ人のチムポウが船長として、乗込んだ、等々、

〇中略

一六一八年〇各葉表裏天邊ニ書セラレタル一六一八年ノ記、以下、略ス、

四月（第七十五葉〇第七十四葉表）

二日、〇日本暦元和四年三月十七日、中略、

三日、〇中略

私は、エド・セイヤーから、五島(goto)の奈留(narra)（肥前國松浦郡奈留島）發先月二十五日〇日本暦元和四年三月九日附書翰一通を受取つた、彼等は同月十八日にジャンクでそこに到著し、そして海底が惡く、岩礁の上を通航し、彼等の舵を失い、それが吊るしてあつた艫の柱が外れ、全てを失う危険な状態となつた、しかし、神の意向により、船は離れ、舵を取り戻した、そして不具合なところを修理して、先月二十六日、再度、海に出た、彼は、私に、

シナ人の四官のもう一つ別のマニラ《manillas》諸島に向かうジャンクが五島《gota》(肥前國松浦郡)の他の停泊地に入り座礁したが結局は助かつたので、彼等の航海に出るよう望んでいると書いている、彼はまた、最近、長崎を出た全てのジャンクは、平戸から出た二隻と共に、(第七十五葉(第七十四葉)裏)皆、五島《Goto》または薩摩《xaxma》に入港したことも書いていた、神よ彼等に良き航海を与え給え、此のエドモンド・セイヤーからの書翰は、長崎經由で、その所の我等の主人《宿主》五郎作《Gorosaqe》が、五島から離れた彼に送られてきたものを封入して、私に送つて來たものである、

五郎作からの書翰

○中略

四月(第七十八葉○第七十七葉裏)

二十三日、○日本暦元和四年閏三月九日、中略、

二十五日、○中略

キャプテン・アダムズからの書翰

私は、先月三月二十八日附奈留の停泊地、又は避難港、よりのキャプテン・アダムズからの書翰を長崎經由で受取つた、その中で、彼は、私に、エド・セイヤーが私に通知してきたように、私が彼の書翰を受取り、先に記録したように、彼等は彼等の舵を失つた經驗をした窮地について書いてきた、

○翻譯全文、日本關係海外史料イギリス商館長日記譯文編之下參看、原本、British Library,

Western Manuscripts, Add MS 31301, Diary of Richard Cocks, head of the English factory at Firando [or Hirado] in Japan; 1615–1622. Vol. 2′

〔Diary of Richard Cocks〕○日本關係海外史料イギリス商館長日記原文編之中

〔*folio 53r*〕

1617 〔*1617 on the following folios' upper edge omitted*〕

December 31 〔*several paragraphs omitted*〕

January 01 〔*the diary from the 1st to the 7th of January omitted*〕

〔*folio 55r*〕

8 〔*several paragraphs omitted*〕

niquan — niquan came frõ Langasaqe to Accord wth Capt Adames to goe pilot for Cochin-china.

〔*folio 55v*〕

Ianuary 9 〔*one paragraph omitted*〕

A letter to Capt Adams — I wrot a letter to Capt Adames Expreesse at request of China Capt Andrea Dittis to will hym to goe wth the Chinas Rather then the Iapons, in respect the honorable Compã adventure wth Ed; Sayer goeth in her, & they offer to geue hym more then any other.

〔*the rest of this day's paragraph and the diary from the 10th to the 11th of January omitted*〕

〔*folio 56r*〕

January

12 〔*one paragraph omitted*〕

A letter frõ Capt Adames

I Rec a letter from Capt Adames dated in Langasaqe. 2 daies past/ in Answer of myne sent hym p Expres the 9th. Currant. & that he meaneth to retorne to firando wthin 2 or 3 daies/ & end wth the Chinas/

〔*the rest of this day's paragraph and the diary of the 13th of January omitted*〕

〔*folio 56v*〕

Ianuary

13 〔*the rest of this day's paragraphs omitted*〕

14 〔*two paragraphs omitted*〕

Capt Adams frõ Langasaqe

Capt Adames Retorned from Langasaqe haveing byn 4 daies on the way p meanes fowle wether & Contrary winde/. 〔*the rest of this day's paragraphs and the diary from the 15th of January to the 1st of February omitted*〕

〔*folio 61v*〕

ffebruary.

2 〔*the diary of the 2nd of February omitted*〕

3 〔*one paragraph omitted*〕

China Capt, to Langasaqe

The China Capt Andrea dittis went to Langasaqe. and Capt Adams tould hym before he went/ that he would be as good as his word/ & goe on the voyage to Cochinchina/

〔*the diary from the 4th to the 12th of February omitted*〕

〔*the lower part of folio 63r*〕

13 〔*one paragraph omitted*〕

Nota

I went to the king Accompanid wth Capt Adames mr. Wickham/ & Ed; Sayer. to tell hym our ship was ready to goe out towards bantam. & Ed. Sayer for Cochinchina; soe yf he pleased to Comand my service to bantam. England or coffebruary 13 chinchina we were redy to do 〔*folio 63v*〕 ffor the wch he thanked vs/ 〔*two paragraphs omitted*〕

3 letters. Also I Rec. 3 lettrs from Andrea dittis China Capt. tuching sending Away Capt Adames to goe pilot/ & that he sent 50 pico Goco Copp. for mr. Totton/./. Also sent me a baskett of orenges for a prsent &c/

〔*the rest of this day's diary and the diary from the 14th to the 23rd of February omitedd*〕

〔*folio 65v*〕

Sonday 22 〔*the diary of the 22nd of February omitted*〕

ffebruary. 23 〔*one paragraph omitted*〕

I went to Languesaque We set forwards towards Langasaqe this mornyng And passing by the Ship Adviz, they shot affe 5 pec. ordinance/. And we went to bed to Setto/ 17. Leagues from firando/.

〔*the rest of this day's diary and the diary of the 24th of February omitted*〕

〔folio 66r〕

ffebruary 24 〔*the diary of the 24th of February omitted*〕

25 〔*several paragraphs omitted*〕

envited to dyner Shiquan. the Rich China. owner of the Iunk ed Sayer goeth in for Cochinchina envited vs to dyner to morrow/ And, Capt. Whaw the day after/

〔*the diary from the 26th of February to the 4th of March omitted*〕

〔folio 68r〕

Marche. 4 〔*the diary of the 4th of March omitted*〕

5 〔*one paragraph omitted*〕

present geven — I Sent prsentes as followeth. viz

〔*a few paragraphs omitted*〕

To/ Chimpow. capt. Junk wch Ed. Sayer goeth in viz Two tatta. yello bayes/ 2 barsos wyne 2 fyshes/

〔*the rest of this day's diary omitted*〕

〔*folio 68v*〕

Marche 6 〔*several paragraphs omitted*〕

I gaue fingo shiquan. the china a letter of favour &. an ~~flag~~ English flag in his Iunck bound for [*blank*] capt. name/ [*blank*]

〔*the rest of this day's diary and the diary from the 7th to the 11th of March omitted*〕

〔*folio 71(70)r*〕

Marche 12 〔*one paragraph omitted*〕

3139 Cattis 6 tais Copper — Tozayemon dono deliverd Ed: Sayer 41 picull 39 cattis 6 ta goco Copp wch he laden abord fingo shiquans Iuncke for voyag to Cochinchina. at 65 mas picull/

〔*the rest of this day's diary and the diary from the 13th to the 15th of March omitted*〕

〔*folio 71(70)v*〕

Marche 16. 〔*the diary of the 16th of March omitted*〕

17 〔*several paragraphs omitted*〕

Sanguach fingo Shiquan Junk put to Sea — This night about Son Seting the Junck of fingo Shiquan put to Sea. wherin Capt Adames went pilot and Ed. Sayer & Robt Hawley for worll Company Chimpow a China being Capten./ &c

〔*the rest of this diary and the diary from the 18th of March to the 1st of April omitted*〕

〔*folio 75(74)r*〕

1618 〔*1618 on the upper edge of the following folios omitted*〕

Aprill. 2 〔*this day's diary omitted*〕

3 〔*one paragraph omitted*〕

I rec. a letter frõ Ed. Sayer. dated at narra in goto the 25th vltimo/, haw they put in there wth the Junk. the 18th ditto. &. the grownd being bad were driven vpon the Rockes. lost their Ruther. &. Splip the sterne post it was hanged at, & were in danger to haue lost all. yet p the pleasure of god. got her affe/. recoverd the rother/. &. mended that wch was Amis/ &. put to Sea Againe. the 26th. vltimo// he writs me that an other Junk of Shiquan a China bownd for manillas put into an other roade of gota. & was driven agrownd, yet saved in the end, & hope to goe on their voyage/ he also wrot how all the Iunks wch put out of Langasaqe of late wth the 2 went out of firando are all 〔*folio 75(74)*

Aprill 3 *v*〕 All driven ether into Goto or xaxma./ god send them a good voyage/ this
A lettr frõ letter from Edmond Sayer. Came p way of Langasaqe. send me enclozed frõ
Gorosaku our host Gorosaqe of that place/ yt being sent hym thither from/ Goto/

〔*the diary from the 4th to the 23rd of April omitted*〕

〔*folio 78(77)v*〕

Aprill 23 〔*the last part of the diary of the 23rd of April and the diary of the 24th of April omitted*〕

25 〔*one paragraph omitted*〕

A lettr frõ Capt Adames　I Rec. a Letter from Capt. Adames p way of Langasaqe, dated in goto le 28th. of mrche last in the rode (or haven) of narra. in wch he wrot me of the extremely they passed in loosing of their rudder. as Ed: Sayer had advised me, as I haue noted in recept of his lettr heretofore/

○原本、British Library, Western Manuscripts, Add MS 31301, Diary of Richard Cocks, head of the English factory at Firando [or Hirado] in Japan; 1615-1622. Vol. 2〞東京大学史料編纂所架蔵寫眞版〝Archives in England: Richard Cocks Diary Anno 1615-22〞, Vol. 6 参看、

〔ウィリアム・アダムズ航海記〕第三航海記 ○菊野六夫『ウィリアム・アダムズの航海誌と書簡』所収翻刻文

(第四十八葉表)
二月《日本暦》　私が、三月九日《ユリウス暦》、日本《Iappan》の二十三日○日本暦元和四年二月二十三日、我等のコーチシナ《Cochechinna》への航海を始める
にんぐわち《ningwach》　ため乗船したことを記録する條、しかし、强風により岸に再び戻った、
二十三日　三月十一日條、水曜日、我等は、三月十一日、そして日本の月の二十五日に、出航した、
三月《日本暦》　三月十六日、月曜日、我等は再度出航した條、そして長崎《langasake》の入口まで一・五《リーグ》航行し、
一日　再び碇泊した、同様に日本《Iapan》の三月一日、○日本暦二月三十日、本記ノユリウス暦三月十六日ヨリ同月二十七日ノ諸條ニ記サレタル日本暦三月一日ヨリ同月十一日ノ日附、元和四年二月大ヲ小トシタルニ依リテ一日違ヘリ、
二日　十七日條、○日本暦三月一日、以下、ユリウス暦三月二十七日ニ至ル各條ニ記サレタル日本暦三月ノ日付、各々、一日ヲ減ズベシ、夕方六時頃、我等は出航し海に出た、東の微風、そして西にさらに微南に舵を取り、約九リーグ、西そして微

南へ、十八日水曜日まで航行した、晝十二時、風は南、微風、それから大雨を伴い風は大層强くなつた、そして我等は風下へと五島《(gotto)》の近くまで進んだかと思われた、そし

三日

て我等は奈留《(narra)》と呼ばれるところに著いた、一艘の小舟を使い我等を案内させた、そして港の側に著いた、我等は我等の舵を打ち突けてしまつた、大波が大きな力で打ち、舵が取付けられている肋材を破損させた、そこで我等は貨物を陸揚げせんとした、そ

四日

れが主檣には良いからである、我等はそれを始めた、四日、木曜日、そして三月十九日、…

二十日、金曜日、そして同様に日本《(Iapans)》の五日、我等は何を爲すべきか協議した、そして我等の船を堅固に艤装し、航海を續けることに決めた、

二十一日、土曜日、我等は、各自が準備すべきことを準備する努力を行うことを引き續き協議した、西風、

六日

二十二日、日曜日、我等の舵の作業は終わつた、そして、我等は、荷積みを始めた、

七日

二十三日、月曜日、我等は全ての荷物を再度積んだ、此日、我等は、二艘のジャンクが平戸《(ferrando)》から出發して薩摩《(sasima)》に至つたとの連絡を得た、――――

本日、南風、

八日　二十四日、火曜日、全て済み、全員休み、南南西風、此夜、十二時頃、ジャンクに乗
った、等々、

九日　二十五日、水曜日、聖母マリアの日《受胎告知の日》、日本の九日、強い風雨そして雷、南西風、我等
は依然として停泊し何事もせず、

（第四十八葉裏）十日　二十六日、木曜日、南風、我等は依然として停泊、日本の十日、
日本の十一日、そして我等の二十七日、我等は依然として停泊、南風、強風、金曜日、

十一日　二十八日、土曜日、風は北東より吹く、そして十時頃、我等は出航し海に出た、そし
て夜八時頃、五島の西端の北微東七リーグまで進んだ、…

八時より十二時　五リーグ　南西微南
十二時より四時　七リーグ　南西微南
四時より八時　六《リーグ》　この時間、女島《missema》《日本肥前國松浦郡》は十三リーグ北東に在り、
八時より十二時　四・五《リーグ》　南西　二十九日正午、日曜日、私が自ら測定したところで
は、女島《meashima》から南西十八リーグ、
二十九日、日曜日、日本の十三日、
十二時より四時　四・五《リーグ》　南西

四時より八時　五リーグ　南西南
八時より十二時　四・五《（リーグ）》　南西微南
十二時より四時　五リーグ　南西微南
四時より八時　三リーグ　南西微西
八時より十二時　二・五リーグ　西に向かう、月曜日、正午、同月の三十日、
九・五リーグ　南西　九・五リーグ　南西微南　更に四・五《（リーグ）》西微南に進む、三月三十日、月曜日、
十二時より四時　二リーグ　北微西
四時より八時　二・五リーグ　北
八時より十二時　二・五リーグ　北　それから我等は進み、北東微東へ舵を取つた、
十二時より四時　三・五《（リーグ）》　東北東　それから我等は、南へ船首を回した、
四時より八時　二・五《（リーグ）》　南
八時より十二時　二リーグ　南　本日は三月最後の日《（三十一日）》、朝六時、我等は、我等の舵を折つた、そして我等はもう一つの舵を取付けるまで、六時から午後一時まで全てを用いて操船し、そして再度操船するために取付けて琉球《（the lukess）》へと、五十六リーグ、南南東、

東へ進んだ、
十二時より四時　二リーグ　南東微南
四時より八時　二・五《リーグ》　南東微南
八時より十二時　三リーグ　南東微南
十二時より四時　四リーグ　南東微南
四時より八時　四リーグ　南東微南
八時より十二時　二・五《リーグ》　南西へ　本日は四月一日、そして水曜日、そして日本の十
六日、
十五リーグ　南東微南　南へ　そして二・五《リーグ》　南

（第四十九葉表）

四月一日
十二時より四時　二・五《リーグ》　南西微西
四時より八時　四リーグ　南西微西　西へ
八時より十二時　三リーグ　南西微西　西へ
十二時より三時　二リーグ　南西微西　西へ
三〇（文字不詳、時カ）、より、我等は風に順い進み、我等の舵が壊れる恐れを感じた、

三時より八時　我等は西に進み、三リーグ航海した、
八時より十二時　二リーグ　南西　四月二日、そして木曜日、
此の二十四時間　十三リーグ　南西微西、そして三リーグ　西――四月二日、正午、
東南東風、好天、しかし大波、
十二時より四時　三リーグ　南西
四時より八時　四リーグ　南西
八時より十二時　三・五《リーグ》　南西
十二時より四時　一・五《リーグ》　南西
四時より八時　穏か
八時より十二時　穏か　北西に進む、少し困つた、本日は金曜日、そして四月三日、
そして日本の同前《三月》の十八日、霧、南西風、
此の二十四時間　十二リーグ　南西
四月三日、十二時より四時　〇・五《リーグ》
四時より八時　一・五リーグ　東　西へ
八時より十二時　二リーグ　東へ

十二時より四時　二リーグ　東　西　南へ
四時より八時　三リーグ　東微南へ
八時より十二時　二・五《リーグ》　東微南　東へ　本日は四月四日、そして土曜日、日本の十（三月）九日、風は南西、激しい強風、
此の二十四時間、我等は十一・五リーグ東へ、南へ、
十二時より四時　穏か　大波
四時より八時　穏か　此の時、我等は、三度、後檣に聖體光《セント・エルモの火》を見た、
八時より十二時　穏か
十二時より四時　〇・五《リーグ》　南東
四時より八時　二リーグ　南南西
八時より十二時　四・五《リーグ》　東南東　五・五リーグ　東南東　南へ　そして二リーグ
南南西　本日は四月五日、そして日曜日、そして復活祭、

（第四十九葉裏）

四月五日
十二時より四時　五リーグ　東南東
四時より八時　六・五リーグ　南東微東

（日本暦）二十六（三月）

八時より十二時　六リーグ　東南東　南へ
十二時より四時　四リーグ　東南東　南へ
四時より八時　四リーグ　東南東　六時に、私は、大島(the Illand of wosshima)を東南東八リーグに見た、そして十一時に、我等は到著し安全に錨を下した、神にアーメンと祈る、四月六日、七日、我等は、惡天候が心配なので〇（一語分空白）、と呼ばれる町に行つた、火曜日、同日、我等は舵を作る木を伐採するために森に人々を送つた、
同日、私は濱に宿泊した、
七日、我等は、彼等が良い木を見付け、それを伐採したとの知らせを得た、
八日、水曜日、好天、南風、
九日、木曜日、木は中が朽ちていたので役に立たないとの知らせを森から得た、本日は南風、
十日、金曜日、彼等は別の木を伐採した、本日は南風、なお雨降らず好天、此日は同（三月）様に日本の二十五日、
十一日、伐採された木は悪く役に立たないとの知らせが來た、本日は木曜日、南風、好天、

二十七　日曜日、十二日、好天、南風、本日、コーチシナへの航海を中止するか、季節初めの風で日本《(Iappann)》へ行くか協議した、または船を再度艤装し冬に航海するか協議した、等、

二十八　月曜日、十三日、我等は、我等は何を為すべきか再度協議した、此日は強い南西風、そして夜、大雨、

二十九　火曜日、十四日、風は凡そ北から吹いた、雨天、

一　四月十五日、水曜日、我等は、日本へか琉球《(the lukes)》へか、どちらの進路を選ぶか協議した、本日好天、北北西の風、新しい月の第一日、日本の第二の三月《(閏三月)》、

二　木曜日、我等は何事もせず、好天、南風、本日は四月十六日、そして二度目の三月《(閏三月)》の二日、金曜日、十二時まで南風、好天、それから降雨、風は北から強く吹いた、本日は十七日、

四　土曜日、十八日、北風、まずまずの好天、――

此日、薩摩《(Sassima)》から帆船が、我等の停泊している港に來た、

五　日曜日、十九日、雨天、風が吹き回った、大部分は北風、此日、琉球《(the lukkeesse)》に行くことが合意された、

(第五十葉表)六　二十日、月曜日、好天、南風、此日、我等は、我等の早船《(ffia ffvnne)》を準備した、

七　二十一日、火曜日、好天、南風、强風、此日、那覇(nafo)から帆船が來た、そして我等に、イートン(Ettonn)(William Eaton)君は艤装をしていることを話した、天候によりジャンク(Sea Adventure)が傷んだので餘儀なくされた、○一六一七年十二月十六日○ユリウス暦一六一七年一月二日、イギリス商館長リチャード・コックスノ暹羅ニ遣セルシー・アドヴェンチャー號、肥前國松浦郡平戸島河内ヲ出航スルコト、大日本史料元和三年年末雑載第十六條、貿易ノ條○リチャルド・コックス日記ニ見ユ、

八　二十二日、水曜日、好天、南風、强風、

九　二十三日、木曜日、好天、强い南風、

十　二十四日、金曜日、好天、北風、

十一　二十五日、土曜日、南風、强風、午後、雨、

十二　二十六日、惡天候、南西風、此日は日曜日、そして日本では同じく十二日(閏三月)、此日は夜まで强い雨、

十三　二十七日、月曜日、好天、南西の强風、

十四　二十八日、火曜日、南西風、鬱陶しい天氣、

十五　二十九日、水曜日、西北西風、好天、

十六　三十日、木曜日、我等は港口に向かわんとした、しかし、逆風、我等は依然として停泊した、北西風、

十七　五月一日、金曜日、我等は出航し南の岸に向けて一・五リーグ進んだ、そこに日本《(Jappann)》へ向かう南風を待つために碇泊した、
五月二日、土曜日、〇日本暦閏三月十八日、好天、風、良し、船長が來ないので我等は十時迄碇泊していた、その時刻に我等は出航し港を出た、それは十二時頃であつた、その時、我等は港口を出て、八時迄、北西に舵を取つた、その時刻に、私は、私の北東に横當島《(yakkco shima)》のある所に導いた、それから私は北北西に舵を取つた、

十八　八時より十二時　五リーグ　北北西
十二時より四時　五・五《(リーグ)》　北へ
四時より八時　五《(リーグ)》　北へ
八時より十二時　五月三日、正午、日曜日、北北東へ三リーグ進んだ、正午に東五リーグに二つの島、〇以下、吐噶喇列島及ビロ永良部島・竹島・硫黄島幷ニ黒島等それから西北西の風となつた、そして私は四時まで南へ向かつた、それから八時まで北に向かつた、それから北東微東二リーグに島々の一つがあつた、そして他の一島から東南に凡そ四《(リーグ)》、更に五リーグ南東微南へ進み、四時迄南へ向け南南西へ、少し東へ約五リーグ進んだ、それから北西微西の風となつた、そして四時より八時迄に二・五《(リーグ)》南西微南に進んだ、此間に僅か二・五リ

ーグ進み他の三島と共の一小島の近くに至つた、そこで、(第五十葉裏)琉球(lyk)の帆船二隻を見た、四日の十二時、此日は南の微風、次いで十二時より八時、潮流は我等を東へ約一・五リーグ運んだ、八時に北西へ一・五リーグ進んだ、もう一つの島が三リーグ彼方にあつた、西へ進んだ、そして燃える島が西南西十または十一リーグにあつた、此日は月曜日、そして五月四日、夜三時、

八時より十二時　穏やか

十二時より四時　穏やか

四時より八時　四リーグ　南　小さな島、東北東へ向かう、

八時より十二時　四・五(リーグ)　北西　此時、私は五リーグ北東に遠く島を見た、此日は五日、火曜日、十二時、

十二時より四時　四・五リーグ　北微西　此時、私は、東五リーグにある遠方の大層(日本大隅國屋久島カ)高い島を見た、

四時より八時　五・五リーグ　北　風が南から吹いた、

八時より十二時　五・五リーグ　北

十二時より四時　五リーグ　北

四時より八時　四リーグ　北微西
八時から十二時　四・五（リーグ）　約二十五リーグ北へ、〇・五ポイント〇羅針盤ノ一ポイント、十一度十五秒、西へ、
六日、正午、そして水曜日、此時、私は四リーグ北微東に甑島（the Illand of Couskee）（日本薩摩國薩摩郡）を見た、それにより船は十リーグ進んだと推定した、東向きの潮流に依り、私は船首方位を定めた、

〇菊野翻刻文ノ英文原本、Oxford University, Bodleian Library, Savile Collection, MS. Savile 48, "William Adams' log-book on four voyages to Cochin-China and Siam, 1614–19"

〔William Adams' log-book on four voyages to Chochin-China and Siam, 1614–19〕 Voyage to the Ryukyu Islands, intended for Cochin China, 1618 〇菊野六夫『ウィリアム・アダムズの航海誌と書簡』

〔*folio 48r*〕

2 month　Item to remember I went a bourd the 9 day of march [1618] to a begounn our vyage ningwach for Cochechinna the 23 day of Iappan and being monday, but being mvch wind retthe 23　vrned a shorre agayn

Item the 11 of march being wedenday we wayed being the 11 of march and the 25 of the Iappan month

the 3 month　Item we wayed again the 16 of march being monday and saylled 1½ to the en-
1　teranc of langasake and ankered again. being the first day of the 3 month Iapan still.
2　Item the 17 day about 6 a cllok in the euening we wayed and pvt to Sea being litell

wind at est and stered wst and be So & mad svm 9 ll wst and b So way tell the 18 day being wedenday at 12 a clloke at noon the wind being southerly leittell wind & then the wind begann to bllow veri hard with mvch rayn that we weer faynt to beer
3 vp for gotto being neer vnto it so that wee got into narra so called hauing a hirred a bot to pillot vs in and being vppon on side of the harbor we strok wth our roother & being a great tyd strok wth svch a forss that brok the beeams that the rother hounge in. so that we weer faint to anlad the good wch wass abast the maynn mast wch wee
4 begoun to do the 4 daye being thvrday & the 19 day of march —

The 20 daye being ffryday & the 5 of the Iapans still wee had Counssell what wee should do and concllewded that to do our best to trym our ship svbstanshally and to proceed of our vyage

the 21 being satterdaye we had still a Counnssell to evs our endeuor to mak redi every on what he had to mak redi &c the wind westerly

6 The 22 being sovnday our roudder wourk wass made an end & wee begoun to lade —

7 The 23 daye being movnday wee touk all our goods in a gaine the wch day wee had newes of the deptting of the 2 Iounkes from ferrando & that theay weear pvt into sasima — — —

this day the wind So

8 The 24 daye being tewsday all things being in our men rested the wind So So W this night came in a Iounk abought midnight &

9 The 25 day, being weddenday & our Lady day and the 9 of Iapann wee had mvch wind & rayn and thunder the wind at So wst wee rood still doing nothing &c

〔*folio 48v*〕

10 The 26 being thvrssdaye the wind at So we rode still being the 10 of Iapan

11 The 11 of Iapan stille & the 27 of ours wee rod still the wind at So mvch wind. being ffryday

The 28 being Satterday the wind Cam vp to the no Est & about 10 of the cllock wee wayed and pvt to seea and abought 8 of the cllock at night the westermost pt of gotto did beer no & be Est 7 ll of. ―

ffrom 8 to 12 5 ll SW & b S
ffrom 12 to 4 7 ll SW & b S
ffrom 4 to 8 6 ll SW at wch tym missema was 13 ll of no E
ffrom 8 to 12 4$\frac{1}{2}$ SW the 29 day at nooun being Soondaye I did by reckning Iudg my self 18 ll So W from meashima

the 29 day being Sonday & the 13 of Iappan
ffrom 12 to 4 4$\frac{1}{2}$ SW
ffrom 4 to 8 5 ll SW Southerly
ffrom 8 to 12 4$\frac{1}{2}$ So W & b S
ffrom 12 to 4 5 ll So W & b S
ffrom 4 to 8 3 ll SW & b W
ffrom 8 to 12 2 ll $\frac{1}{2}$ a w way this being monday and noon & the 30 daye of the month

9 ll $\frac{1}{2}$ So W 9 ll $\frac{1}{2}$ SW & b So & 4$\frac{1}{2}$ W & b S way the 30 day of march being monday
ffrom 12 to 4 2 ll no & b w
ffrom 4 to 8 2$\frac{1}{2}$ ll no

from 8 to 12 2$\frac{1}{2}$ no & then we bor vp & steered no E & b E
from 12 to 4 3$\frac{1}{2}$ E no E & then wee cast about to the So wards
from 4 to 8 2$\frac{1}{2}$ So
from 8 to 12 2 ll So this wass the last of march at 6 a clocke in the morning we brok ovr rother & wass ffrom 6 tell 1 of the cllocke in the afternoon beffor we had mad another rother to steer with all sso being ffyttet to steer agayn bor vp for the lukess beringe 56 ll SSE Eesterlly
from 12 to 4 2 ll SE & b S
from 4 to 8 2$\frac{1}{2}$ SE & b S
from 8 to 12 3 ll SE & b S
from 12 to 4 4 ll SE & b S
ffrom 4 to 8 4 ll SE & b S
ffrom 8 to 12 2$\frac{1}{2}$ a So W this was the first of aprill & wedenday & the 16 of Iapan
15 ll So E & b So Southerlly & 2$\frac{1}{2}$ So

〔*folio 49r*〕

the first of Aprill
ffrom 12 to 4 2$\frac{1}{2}$ So & b W
ffrom 4 to 8 4 ll SW & b W Westerly
ffrom 8 to 12 3 ll SW & b W westerlly
ffrom 12 to 3 2 ll SW b W westerlly
ffrom 3 of the [clock] wee bor vp affoor the wind and ssee for fear of breaking ovr roother
ffrom 3 to 8 wee steered west & mad 3 ll Waye

ffrom 8 to 12 2 ll So W the 2 of aprill and thvrssdaye
this 24 ovres 13 ll SW & b W & 3 ll W ——— the 2 of aprill at noonne the wind ESE fayr wethr but a great sea
ffrom 12 to 4 3 ll So W
ffrom 4 to 8 4 ll So W
from 8 to 12 3$\frac{1}{2}$ SW
ffrom 12 to 4 1$\frac{1}{2}$ So W
ffrom 4 to 8 Callm
ffrom 8 to 12 Cam driuing no W a small matter this wass ffryday & the 3 of Aprill and the 18 of Iapans still misti wether the wind SW
this 24 ovrs 12 ll So W
the 3 of aprill ffrom 12 to 4 $\frac{1}{2}$
ffrom 4 to 8 1$\frac{1}{2}$ EW Way
ffrom 8 to 12 2 ll E Way
ffrom 12 to 4 2 ll EW Southerly
ffrom 4 to 8 3 ll E & b S Way
ffrom 8 to 12 2$\frac{1}{2}$ E & b S Eesterly this wass the 4 of aprill & satterday & the 19 of Iappann, the wind at So W a stife gall of wind
this 24 ours wee mad a 11 ll $\frac{1}{2}$ an est way Southerlly
ffrom 12 to 4 Callm wth a great sea
ffrom 4 to 8 Callm at wch wee saw 3 Corpesants over our myssan mast
from 8 to 12 Callm
from 12 to 4$\frac{1}{2}$ SE

ffrom 4 to 8 2 ll SSW
ffrom 8 to 12 4 $\frac{1}{2}$ E So E 5 ll $\frac{1}{2}$ ESE southerlly and 2 ll SSW this being the 5 of Ap-prill and Sondaye & Esterdaye

〔*folio 49v*〕

The 5 of Aprill
from 12 to 4 5 ll E So E
ffrom 4 to 8 6 ll $\frac{1}{2}$ SE & b E
from 8 to 12 6 ll ESE Southerlly
from 12 to 4 4 ll ESE Southerlly
ffrom 4 to 8 4 ll ESE at 6 of the cllock I saw the Illand of wosshima bering ESE 8 ll of and at 11 of the cllock wee cam to an anker in safti prayss be to god amen being the 6 of aprill
The 7 day we went neer a tooun called [*blank*] for feer of foovll wether being Tews-daye the ssam daye wee sent in to the wood to cvt a tree to make a roother
the ssam daye I toovke a logind a shoor
the 7 wee had newes that thay had ffound a good tree and had cvt it doounne
the 8 being wedenday ffayr wether the wind Sotherly
the 09 being thvrssday cam newes ovt of the wood the tree wass perished in the myddell and would not sseearve this daye Sotherlly wind
the 10 being ffryday they had cvt dovnn annother tree this day Sotherly wind still ffayr weether wthout rayn this wass the 25 of Iapan still
the 11 day Cam newes that the tree that wass Cvt was bade & would not sarve this daye was satterday the wind Sotherlly ffayr wether

27 ssovnday being the 12 ffayr wether the wind Sotherllye this daye wee toovk Counssell to geue over the vyag fo chochechinna & to go wth the first wind for Iappann or to tak covnnsell to trym our ship again & to go in the winter of our vyage &c

28 monday being the 13 wee had Covnnssell again what wee should doo this day mvch wind at So west and at night it rayned mvch

29 Teweday the 14 the wind cam about northerly rayny wether

1 the 15 of Aprill being weddenday wee had a Counnssell what Courss to take eyther ffor Iappan or the lukes this day ffayr wether the wind no no W the first of the new mounn the Iapan Sangwach the 2

2 Thvrsday we did nothing ffayr wether the wind northerly this wass the 16 of Aprill & the 2 day of the second sangwche ffryday wee had tell 12 a cllock the wind Sotherlly fayr wether & then wth rayn the wind Cam vp northerlly & bllew harde this wass the 17 day

4 Saterday the 18 the wind northerly ressonabell fayr wether —— ——
this day cam a barke from Sassima in to this harbor wher we rode

5 Sonday the 19 rayny wether the wind rounning rounabout the most pt notherly this day agreed for to goo to the lukkeesse

〔*folio 50r*〕

6 The 20 being monday ffayr wether the wind Sotherly this day wee set up our ffia ffvnne

7 The 21 being Tewesday fayr wether the wind Sotherlly a stife galle this day cam a bark from nafo & told vs mr Ettonn was ther tryming the Iounke being wether beeton was forced in

8 the 22 day being weddenday fayr wether the wind Sothelly a hard gall
9 the 23 day being Thursday fayr wether mvch wind Sotherly
10 The 24 day being ffryday wee had ffayr wether the wind northerly
11 The 25 being Satterday the wind at So a stiff gall after noon rainy
12 The 26 ffoull weether the wind So wst this day being sondaye & the 12 of Iapan still mvch rayn this daye tell night
13 The 27 being monday ffayr weether a stife gall at So wst
14 The 28 being Tewday the wind at So W clloss wether
15 The 29 being weddenday the wind a w no W fayr wether
16 The 30 day being Thvrsday wee pvrpossed to go to the havens mouth but the wind Contrary wee lay still the wind no W
17 The first of may being fryday wee wayed and went 1½ to the So shor whear we ankered wayting a Sotherlly wind to goo for Iappann
18 The 2 of maye being satterday ffayr wether the wind good the Capti not covming wee rod still tell 10 of the clock at wch tym we wayed and pvt out of the hauen it being about 12 a clock when we wear out of the harbores mouth & thn we stered no w tell 8 a cllocke at wch tym I had brought yakkco shima no E of mee & then I steered away no no W

from 8 to 12 5 ll no no W
from 12 to 4 5½ no Waye
from 4 to 8 5 no Way
from 8 to 12 the 3 day of may at noounn being Sondaye went 3 ll no no E the 2 Illand a nounn did beer E 5 ll of & then the wind Cam vp to the wst no wst & I Cast about

to the So wards tell 4 & then cast about to the no wards tell 8 a cllok then being 2 ll of on of the Illands bering no E & b E & about 4 from on other bering E Southerll and on 5 ll of bering So E & b So and lay to the Sotherd tell 4 a cllok making a So So Waye a lytell esterly sovm 5 ll & then the wind came to the no W & b W & went from 4 to 8 $2\frac{1}{2}$ SW & b S at wch tyme only 2 ll $\frac{1}{2}$ short of on littell Illand wth 3 others wch shew 〔*folio 50v*〕 lyk 2 ssaylles this 4 day at 12 a clock being this day lyttell wind so from 12 to 8 the courrant cared vs to the Estward a bout $1\frac{1}{2}$ ll that at 8 a cllock it boor no W $1\frac{1}{2}$ ll the other Illand being 3 ll ffrom it boor west & the burning Illand boor W & SW 10 or 11 ll off this being monday & the 4 of may at 3 of the cllok at night

from 8 to 12 Callme
ffrom 12 to 4 Callm
ffrom 4 to 8 4 ll so that the llyttell Illand did bear E no E
ffrom 8 to 12 $4\frac{1}{2}$ no W at wch tym I saw the ovttermost Ille did beear no E 5 ll of this wass the 5 day & Tewesday at 12 a cllocke
ffrom 12 to 4 4 ll $\frac{1}{2}$ no & b W at wch tym I saw the ovttermost Illand bering E 5 ll of being a very hiland
ffrom 4 to 8 5 ll $\frac{1}{2}$ no the wind cam vp to the So
ffrom 8 to 12 5 ll $\frac{1}{2}$ no
ffrom 12 to 4 5 ll no
ffrom 4 to 8 4 ll no & b W
ffrom 8 to 12 $4\frac{1}{2}$ no & b W neer 25 ll no $\frac{1}{2}$ a poynt Westerlly
The 6 day at noon & weddenday at wch tym I saw the Illand of Couskee 4 ll no a llyt-

tell esterlly by wch Reckning the ship wass a hed of me 10 ll and wth the Courrant to the Estwards I wass set on poynt

○原本、Oxford University, Bodleian Library, Savile Collection, MS. Savile 48, "William Adams' log-book on four voyages to Cochin-China and Shiam, 1614–19"ニシテ、"EAST MEETS WEST: Orignal Records of Western Traders, Travellers, Missionaries and Diplomats to 1852", Part 1, Reel 12所収ノマイクロフィルム版アレドモ、便宜、原本ヨリ翻刻シタル菊野六夫『ウィリアム・アダムズの航海誌と書簡』ニ據リテ掲ゲ、併テ、"EAST MEETS WEST: Original Record of Western Traders, Travellers, Missionaries and Diplomats to 1852", Part 1, Reel 12ノ畫像及ビChristpher James Purnell, "The Log-Book of William Adams, 1614–19"并ニAnthony Farrington, "The English factory in Japan, 1613–1623", Vol. II No. 413ニ收メラレタル活字版ヲ參看ス、

〔エドモンド・セイヤース航海日誌〕第二航海日誌○Christopher James Purnell, "The Log-Book of William Adams, 1614–19"
(ユリウス暦)一六一七年二月二十二日○日本暦元和四年二月八日

(第十四葉表)
二十二日　一六一七年二月二十二日、我等は、平戸(fferando)を出發し、同月二十四日、長崎(Langasackee)に到著し、コーチシナ(Cochanchena)への航海の準備を行った、

三月十七日　本日、水曜日、〇ユリウス暦一六一七年三月十七日、日本暦元和四年三月一日、我等は、長崎から北風を得て出航した、そして終夜吹き續けた、

十八日　本日は暗く大雨、南風の故に船員と水夫は航行續行を恐れ、五島《goota》に碇泊せんとしてキャプテン・アダムズの許に來た、彼はそのようにした、そして荒天と雨の爲、我等は奈留《narr》と稱される港から約三リーグに至つた、其處にて一人の漁師が我等の許へ來て、彼が我等を停泊地に水先案内すると告げた、我等はそこに至り砂洲無き約八尋の海中に投錨した、砂洲が無く錨が戻つてきた、惡しき惡しき底にて錨が岩礁を打ち、舵が壊れ、船尾材が壊れた、舵は垂れ下がり岩礁に引懸つた、そこでジャンクの中に水が浸入し、ジャンクを失う大いなる危機に瀕した、しかし、神は讃えられん、我等は直ぐに船を救い停泊地に運航させた、

十九日　本日、我等は、新しい船尾材を付けるため、ジャンクを輕くするので、貨物の陸揚げを開始した、

二十日　本日、金曜日、商人の間にて、長崎《Langasacke》に再度戻るべきか、または留まつてそのうちにジャンクが修補され得るか否かを確認するか、數回の談合《dankoes》が行われた、

二十一日　本日、土曜日、全員が作業に從い、ジャンクの貨物は全て下され、新しい船尾材のた

めの木材が切られた、

二十二日　本日、日曜日、全員が、木材を切り船尾材を取り付ける作業に従つた、

（第十四葉裏）

二十三日　本日、金曜日、月曜日、我等は全ての貨物を再度積み込む準備を行つた、

一六一七年三月二十四日〇日本暦元和四年三月八日

二十四日　本日、火曜日、ジャンクは再度修繕され航海の準備が爲つた、ただ風が反對向きで雨の悪天候、南風、であつた、

一六一八年三月二十五日　本日、一六一八年、二十五日、依然として南風、我等は、南東の强風にて出航出來なかつた、

二十六日　本日、木曜日、我等は依然として停泊、引き續き南風、

二十七日　本日、金曜日、我等は、依然として南風のため、依然として停泊、

二十八日　本日、土曜日、風は北から吹く、そして我等は錨を揚げ出航した、南西微南さらに南西に航行した、本日深夜、我等は、强風を得つつ、女島(the Iland of meshma)を通過した、

二十九日　本日、日曜日、北北東の强風、我等は南西に航行した、本日正午、私は我等が女島(meshma)から約二十一リーグであると觀た、

三十日　本日、月曜日、夜半まで北東微東風が續き、此の日の正午まで、我等は南東西微南に

航行した、私は、我等は約十六リーグ航行したと考えた、

三十一日　本日、火曜日、昨日正午から夜半まで、大浪と暴風雨で南西風にて、我等は風により止まっていた、我等は風を得て七リーグ北西に航行した、そして今朝、我等は北西風を得て南南西に航行した、大波にて、主舵が破損し中央部より折れた、此日、古い舵を取付け萬事を整えた、船長が此の舵は半ば壊れており更に航海を續けることはできないと言うので、琉球《(the Leuckes)》に向かい航行することに決めた、そして北北東風にて、我等は南東微南へ夜半迄航行し、（第十五葉表）我等は約七リーグ進んだ、それから風が少し凪いだので、我等は、午前八時迄に約二・五リーグ進んだ、

四月一日　本日、水曜日、我等は、東南東風を得て、南東微南へ航行した、

二日　本日、木曜日、東風、そして東北東風、我等は南西に航行した、本日夜、我等は天體観測し、ジャンクが（北緯）二十八度三十五分にあると判斷した、

三日　本日、金曜日、午前二時から午後四時迄、穏やか、それから南西に吹き始めたので、我等は東南東に航行した、此夜、我等は緯度二十八度に在つた、

四日　本日、土曜日、南西風そして大浪、我等は波浪に向かい、薩摩《(sachamer)》に向けて北東に約四リーグ航行した、それから穏やかになつた、夜に雷鳴と雷光と豪雨があつた、此夜八時、

我等の旗竿の上方に、三度、聖體光が現れた、それらは言われる如く荒天の前兆である、

五日

本日、日曜日、そして復活祭、北東西微東西風、そして我等は南西に航行した、それから海は幾分緩となつた、彼等は談合《(a danka)》を行つた、我等は、他の舵を得ることが出來るなら琉球諸島《(the Leuckes)》の一つの島の大島《(woshma)》に進路を取ることに合意した、そして我等は船首を南に向け航行した、正午には三十五リーグ進んだ、

（第十五葉裏）

一六一八年四月六日〇日本暦元和四年三月二十一日

六日

本日、月曜日、風は昨日中から此日を通して北西の强風が續いた、我等は大島《(the Iland of woushmay)》より約八リーグにあつたが、我等の航海を成し遂げるために新しい舵を我等が入手できるかを調べるため、無事、午後三時に停泊地に投錨した、

七日

本日、火曜日、我等は町の丁度前の水深二十五尋の停泊地に入つた、そして、彼等はジャンクの主舵を製作するための木を探しに出かけた、そして一本の適當なものを見付けた、しかし、翌朝まで奉行《(the boungeue)》（大島奉行川上久康）よりそれを伐採する許可は來なかつた、

八日

本日、水曜日、朝、南風、我等は依然として停泊し、奉行《(the boungewe)》からの回答を待つた、彼は我等が碇泊している所から二日の行程の別の島に居住している、

九日　本日、木曜日、南西風、我等は、我等の舵を製作する木材の到着を待つた、

十日　本日、金曜日、南風、水夫と船員が行き、舵を製作するための他の木を伐採した、しかしそれは徒勞であつた、

十一日　本日、土曜日、南風、我等は尚、確りした木を探した、しかし良い物をまだ見付けることが出來ない、此日朝七時、地震、

（第十六葉表）

一六一八年四月十二日〇日本暦元和四年三月二十七日

十二日　本日、日曜日、全ての船員と水夫が森より歸つて來た、そして十分なる舵を製作出來る木を得ることが出來なかつた、そこで我等は今年はもう航海を行う望みが無くなつた、

十三日　本日、月曜日、依然として南風が續く、彼等は多くの協議を彼らの間で行つた、そして日本《(Iapane)》に向かうか大琉球《(the Leuckee grande)》に向かうか決定できなかつた、

十四日　本日、木曜日、大雨を伴う北風の惡天候、我等は依然として大島《(woshma)》に碇泊、何を爲すべきか決められていない、

十五日　本日、水曜日、我等は、依然として大島《(woushma)》に碇泊し、日本人《(the Iapanes)》と、屢、談合《(dankoes)》した、

十六日　本日、木曜日、北風、船長と商人達とは如何なる航路を取るべきか合意せず、

十七日　本日、金曜日、朝からの南風は、午後一時迄、續いた、それから大雨を伴う北風となつた、

十八日　本日、土曜日、朝、北の强風、午後一時迄續いた、それから午後三時に北東風となつた、薩摩《(shachmer)》からの帆掛船が來た、私の舊知の商人がその帆掛船に乘つて來た、彼は我等に、那覇《(nafa)》には我等の舵を製作する木材が缺くことはないと告げた、そこで商人達と其の地に行くことを協議した、

一六一八年四月十九日○日本暦元和四年閏三月五日

(第十六葉裏)

十九日　本日、日曜日、依然として大島《(woushamee)》に滯在、風不定、雨天、

二十日　本日、月曜日、薩摩《(shachmare)》から一隻の帆掛船が來た、その中に一人の那覇《(naffa)》の商人が居た、彼は我等が那覇《(naffa)》で舵を得られるであろうと語つた、船長と商人達は、風が我等に都合良ければ同地に行くことと決した、

二十一日　本日、火曜日、薩摩《(shachmar)》より、那覇《(nafa)》に向かう帆掛船一隻來る、我等は、マニラ《(the meenella)》《(馬尼剌)》に赴くジャンク一隻が吹き流されて德之島《(doucka noushamee)》の岸に著いたことを聞いた、本日更に、我等は我等のジャンクシー・アドヴェンチャー號が逆風が續き那覇《(nafa)》に入港したこと、同船は船首に龜裂を生じ海上で大層困難したことを聞いた、

二十二日　本日、水曜日、引き續き南風、我等は、我等を大琉球《the Leuckes grande》に送る順風を待つた、

二十三日　本日、木曜日、南風、我等は依然として我等を那覇《naffa》に送る北風を待ち大島《wowshma》に碇泊した、

二十四日　本日、金曜日、船長は、彼はジャンクと日本《Iapane》に歸ると私に回答してきた、

二十五日　本日、土曜日、南風、依然として大島《woushma》に碇泊した、

二十六日　本日、日曜日、南風、我等は依然として大島《woushama》に留まる、

（第十七葉表）

一六一八年四月二十七日〇日本暦元和四年閏三月十三日

二十七日　本日、月曜日、南風、船長と日本人《Iapanares》は、さらにどの航路を取るべきか談合《dankoes》を行つた、

二十八日　本日、火曜日、南風、我等は依然として大島《woushama》に碇泊した、

二十九日　本日、水曜日、我等は北西風を得たので港口を出ることを考えた、

三十日　本日、木曜日、四月最後の日、西北西風、我等は港口から出るために抜錨した、

五月一日　本日、金曜日、〇日本暦閏三月十七日、ジャンクは河口に向かつた、

二日　本日、土曜日、我等は、貨物を積込み、乗船し、そして南風を得て日本に向けて出航した、

三日　本日、日曜日、北風、そして我等は、大島《woushama》から約二十五リーグの、大島《wooshama》の北方の七島《the 7 Ilands》（吐噶喇列島）に至つた、

四日　本日、月曜日、穏やかだが風は不定、我等はこれらの島の附近に留まった、

五日　本日朝、夜を通して穏やか、朝、東東微北風、そして我等は北北西そして北微西に航行した、

六日　本日、水曜日、昨夜から一日中、大雨、本日、南東風、我等は北微東へ航行した、今夜半、我等の早舟《(ffyafune)》が沈没した、そして午後三時、我等は甑島《(Coouska)》に向かった、

（第十七葉裏）

一六一八年五月七日〇日本暦元和四年閏三月二十三日

七日　本日、木曜日、東微南の微風、朝、我等は長崎《(Langasackee)》から約五リーグ以内に在った、四時《(午後)》に我等は長崎《(Langasack)》の碇泊地に投錨した、

八日　本日、金曜日、大雨にして、我等は我等の食料を陸揚げした、

十一日　本日、月曜日、我等は好天を待ち、長崎《(Langasackee)》に滞在した、

〇水銀計算表、略ス、

〇本航海日誌ノ名稱、下ニ収ムル原本ノ翻刻文ニ依リテ掲グ、翻譯文、大日本史料元和四年年末雜載第十六條、貿易ノ條、ウィリアム・アダムス航海日記附錄歐文材料第十三號譯文、一六一八年、エドモンド・セーリス《(セーヤー)》琉球諸島行第二航海日記ニ據リテ収ム、歐文材料第十三號、大日本史料第十二編之三十、DAI NIPPON SHIRYO Part XII. Volume XXX. European Materials ニ

依ルニ、Christpher James Purnell, "The Log-Book of William Adams, 1614–19" ニ 'Ed. Saris's Journal of the Second Voyage to the Riu Kiu Islands, 1618' ト題シテ收メラレタル翻刻文ニ據レルナラン、

〔Journal on an un-named ship, Edmund Sayers, merchant (22 February 1618–11 May 1618)〕

○Christpher James Purnell, "The Log-Book of William Adams, 1614–19", Ed. Saris's Journal of the Second Voyage to the Riu Kiu Islands, 1618

〔*folio 14r*〕

ffebuarey the 22th of 1617./

22 the 22th of ffebuary 1617 wee weent ffrome fferando and a Riued att Langasackee the 24th of the same to preuiede ffor our viege ffor Cochanchena/

march the 17 this daye binge wedensday wee seett sall ffrome Langasackee with the wind att north soo Contenewinge soo moste part of that night/

18 this daye binge darke and verey Raney wether with the wind att south the ofeseres and mareneres binge fferfoull to Cepe the seae Came to Capten adames to bare vp ffor goota the which hee died and binge verey ffoull and Raney wether wee Came with in some three Leges of a harbore Called narr where Came to vs a ffisher man and tould vs hee woold piellett vs in to the Rood where wee Came to an anker in some 8 ffadame water withe out the bare our ankeres Came home binge ~~ffoull~~ ffoull ground and wee strouck one the Rocks strouck of oure Roudere and broucke oure starne poste where our Rouder died hange and broucke our too Rouck towes thene wee staued all the water in the Iounke binge in greatt dangere of the lose of the

Iounke but good bee prased wee with in a short tyme goot hure of and brought hur in to the Rood/

19 this daye wee beegan to vnlayed our goods to liten the Iounke to pout in a newe starne poste/

20 this daye binge ffrydaye there was maney dankoes helld amonge the marchants whether thaye should Retourne agane ffor Langasacke or staye to see whethere the Iounke Could bee mended in tyme or not

21 thes daye binge satardaye the Iounke was all vnladen and a pece of tember Couct ffor a newe starne poste with all handes att woorke/

22 this daye binge sondaye all hands ware att woorke in hewinge of the tembere and poutinge the starne poste in/

23 theis daye binge ~~ffriday~~ monday wee ware preuiedinge to Carey all thinges abourd agane/

〔*folio 14v*〕

march the 24th 1617

24 this daye binge teusdaye the Iounke binge agane mended and Reedey to seett sall onlye the wind binge Contrary ffoull Raney wethere att south/

march the 25: 1618 this daye binge the 25th 1618 the wind Conteneuinge att south wee Coauld not seatt sall hauinge a great storme att souuth Easterly/

26 this daye binge thursdaye wee Rood stell the wind Contenewinge att south/

27 this daye binge ffridaye wee hauinge the wind still att south wee Rood still/

28 this daye binge satardaye the wind Came to north and wee wayed ankere and sett sall, steringe a waye south weste and by south and south weste this daye att med-

night wee paste the Iland of meshma hauinge a stife gall of wind/

29 this daye binge sondaye the wind binge att nor nor Easte a stiefe gall wee steringe a waye south weste this daye at noune I thenke wee ware ffrome meshma some 21 leges/

30 this daye binge mondaye hauinge had the wind vntell mednight laste paste att nore Easte, and by Easte wee stering a waye south ~~Ea~~ weste and by south vntell this day att noune wee Roun as I died gese some 16 leges/

31 this daye binge teusday hauinge had the wind att south weste ffrome yesterday att noune with a greatt seae and a storme of wind and Rane vntell meednight wee standinge Close by a wind steringe a waye north weste some 7 leges thin this morninge wee had the wind att nor weste wee steringe a waye south south weste hauinge a greatt seea wee breck oure mane Roodere short ofe in the medeste this daye hauinge pout in oure ould Roudere and ffitidd all theinges a gane the Captene sayinge that this Roudere binge halfe splett would not goo ffarder one the viege soo Concleuded to stand ffor the Leuckes thene the wind Cominge to nor nor Eeaste wee stered a waye south Easte and by southe 〔*folio 15r*〕 vntell mednight so that tyme wee had Roune some 7 leges thene the wind somtheinge skent wee Roune tell 8 of the Clocke in the morninge some 2$\frac{1}{2}$ leges

aparall 1 this daye binge wensday wee hauinge the wind att Easte south Easte steringe a waye south Easte and by south/

2 this daye binge thursdaye the wind binge att Easte and Easte north Easte wee steringe a waye south weste this daye att night wee mayed an obsaruacion and mayed the Iounke to bee in 28 dgres and 35 menouts/

3 this daye binge ffrydaye hauinge had it Calme ffrome 2 of the Clocke in the morninge vntell 4 of the Clock in the afternoune then it beegan to blowe att south weste wee steringe a waye Easte south Easte this night wee war in the lateteud of 28 degrese

4 this daye binge saterday the wind binge att south weste and binge a greatt seae wee bare vp beefore the seae steringe a waye ffor sachamer north Easte some 4 leges then it ffell Calme hauinge att night thounder and litninge and a greatt storme of Rane this night att 8 of the Clocke there was 3 Corpasantas stoud ouer oure fflagestafe which as thaye saye is a tocken of ffoull wether/

5 this daye binge sondaye and Easter daye the wind Came to north ~~Easte~~ weste and by ~~Easte~~ weste and wee stered a waye south weste then the seae binge somthinge grene thaye hielld a danka wee ware agreed to stand ffor woshma an ielland of the Leuckes to see if wee Could gett another Roodere soo wee stered awaye steame by soathe binge att noune some 35 Leges ffrom it

〔*folio 15v*〕

Aparall the 6th 1618

6 this daye binge mondaye the wind hauinge Contenewed all the laste daye paste and all this daye a verey stefe gall att north weste wee mayed the Iland of woushmay some 8 Leges of and Came safe to an anker in the Rood att 3 of the Clocke in the aftere noune to see if wee Could gett a newe Roodere to parforme oure viege/

7 this daye binge teusdaye wee Came in to the Rood Iouste beefore the toune in 25 ffadame watter then presently thaye sent out to Loucke ffor a tree to make a mane Roudere ffor the Iounke and ffound one ffitinge but had not Leue Come to Coott it

ffrome the boungeue vntell the morowe morning

8 this daye binge wensdaye hauinge the wind in the morninge att south wee Rood still watting an answere ffrome the boungewe whome dwelt 2 dayes Iorney ffrome the plase where wee Rood in another Iland

9 this daye binge thursday the wind binge att south weste wee wattinge ffor the Comininge of the tember to mak oure Roader/

10 this daye binge ffryday the wind binge att south the mareneres and ofesares went and Coott another tree to mak a Roader but it proued nought/

11 this daye binge satardaye the wind binge att south wee ~~sch~~ searchinge still ffor a sound tree butt as yett Could ffind none that was good this daye in the morninge att 7 of the Clocke wee had an Earthquacke/

〔*folio 16r*〕

Aparall the 12th 1618

12 this daye binge sondaye all the ofeseres and marenes Retourned outt of the woods and Could not geett neuere a tree to mak a sofisaint Roudere soo wee had noo hopes to make any viege this yere/

13 this daye binge mondaye the wind Contenewed still att southe thaye hauinge maney Counselles amonge theme and ware not Resouled ffor Iapane nore ffor the Leuckee grande/

14 this daye binge thusday the wind Cominge to north with much Rane and ffoull wether wee Rod stell in woshma still and war not Resoullued what to doo/

15 this daye binge wensdaye wee Rood still in woushma hauinge maney dankoes with the Iapanes/

16 this daye binge thursdaye the wind northarly and the Captan and marchants agred not what Cours to take/

17 this daye binge ffrydaye the wind in the morning southerly and soo Contenewed vntell it was one of the Clock in the aftear noune and thene it Came to the north with much Rane/

18 this daye binge sattardaye in the morninge hauinge a stife gall of wind att north vntell it wase one a Clock in the after noune then it Came to north Easte att 3 of the Clock in the aftear noune there Came in a barke fffrome shachmer where Came in the barke a marchant of my aquantance whome tould vs there was noo want of tember to mak vs a Roudere att nafa and soo thear was a Counsell heeld with the marchants Consarninge gooinge thouther

〔*folio 16v*〕

the 19th of aparall 1618

19 this daye binge sondaye stayinge still in woushamee the wind varabell and Raney wether/

20 this daye binnge mondaye theare Came a bark fffrome shachmare where in was a marchant of naffa whome tould vs wee might haue a Rouder att naffa where vpon the Captane and marchants Concleuded to goo thouthere if the wind would ffauere vs/

21 this daye binge theusdaye there Came a barke fffrome shachmar which was bound ffor nafa/ wee hard thatt there was a Iounke Caste a waye bound ffor the meenella ffor theare Came a sall and mell terouene a shorre att doucka noushamee more this daye wee hard newes thatt oure Iounke sea aduentere was poutt into nafa hauinge

had the wind Conteneallly Contrarey and that shee had sprounge a leccke in the ffore pecke with Laberinge att seea/
22 this daye binge wensdaye the wind Conteneuinge att south wee stayeinge ffor a ffayer wind to Caree vs to the Leuckes grande/
23 this daye binge thursdaye the wind binge att southe wee Ridinge still in wowshma ffor a northerelye wind to Caree vs to naffa/
24 theis daye binge ffrydaye the Captane mayed mee answer thatt hee would Retourne with the Iounke for Iapane/
25 this daye binge satardaye the wind att south Ridinge still att woushma/
26 this daye binge sondaye the wind att south wee stayinge still att woushama/

〔*folio 17r*〕

the 27th of aparall 1618

27 this daye binge mondaye the wind att south the Captane and Iapanares houldinge more ~~Ia~~ dankoes what Course to take/
28 this daye binge theusdaye the wind att southe wee Rood still att woushama/
29 this daye binge wensdaye wee had the wind att north weste and wee ware minded to goo out to the harberes mouth/
30 this day binge thursdaye and the laste of aparall the wind binge att weste north weste wee wayed ankere to goo out to the harberes mouth////
maye 1 this daye binge ffrydaye the Iounke ffell doune to the Reueres mouth/
2 this daye binge satardaye wee inbarked oure theinks and went a bourd and sett sail towards Iapan with the wind att south/
3 this day binge sondaye the wind Came north and wee ware twhart of the 7 Ilands

to the lorthwards of wooshama some 25 Lege fframe woushama/

4 this daye binge mondaye hauinge it Callme and the wind varabell wee laye too and agane about those Ilands/

5 this daye in the morning hauinge had it Calme all this night paste in the morninge Came to Easte and Easte and by north and wee stered awaye north north weste and north and by weste/

6 this daye binge wensdaye hauinge hade much Rane all this Laste night and this daye the wind binge att south Easte wee steringe a waye north and by Easte this night paste wee sounke our ffyafune/ and att 3 of the Clock in the aftear noune wee ware twhart of Coouska/

〔*folio 17v*〕

maye the 7th 1618

7 this daye binge thoursdaye hauinge Litell wind att Easte and by south wee ware with in some 5 Leges of Langasackee in the morninge and att 4 of the Clocke wee Came to an anker in the Rood of Langasack/

8 this daye binge ffrydaye we landed oure preuesiane hauinge much Rane/

11 this daye binge monday wee stayinge in Langasackee ffor ffayer wether/

〔*accounts of quicksilver ommitted*〕

○原本〻 British Library, India Office Records L/MAR/A/XXVI, Gift of God: Journal, Edmund Sayers, merchant (20 March 1617–7 September 1617) and Journal on an unnamed ship, Edmund Sayers, merchant (22 February 1618–11 May 1618) ヽJournal on an unnamed ship, Edmund Sayers, merchant (22 February 1618–11 may 1618) ニシテ、文書名、India Office Records ノ目錄ニ依リテ掲グ、大日本史料第十二編之三十、DAI NIPPON SHIRYO Part XII. Volume XXX. European Materials, XIII. ED. SARIS'S JOURNAL OF THE SECOND VOYAGE TO THE RIU KIU ISLANDS, 1618. 幷ニ Anthony Farrington "The English factory in Japan, 1613–1623" Vol. II, No. 414, Edmund Sayers' journal of his voyage to the Ryūkyū Islands, 22 February–11 May 1618、及ビ東京大学史料編纂所架藏寫眞版 "Archives in England: E. Sayers' & R. Adams' Journals Anno 1615–1618"、參看、

〔リチャード・コックス日記〕〇日本關係海外史料イギリス商館長日記原文編之中

(第八十一葉〇第八十葉裏)　　　　一六一八年〇日本暦元和四年、

日曜日(ユリウス暦)五月十日、〇日本暦元和四年閏三月二十六日、中略、

中國船長長崎より歸る　キャプテン・アダムズと他の

中國船長アンドレア・ディティス、長崎《(Langasaque)》より歸り、キャプテン・アダムズが乘つて行つたジャンクは(出航した他の全ての船と同樣に)長崎に歸還したこと、我等のジャンク、シー・アドヴェンチャー號は琉球《(Liqueas)》に在りシャム《(Syam)(暹羅)》への航海に失敗したこと、また(キャプテン・アダムズより一月前にフィリピン《(Philipinas)(比律賓)》へ出航したはずである)ビラング・ルイス《(billang Ruis)》のジャンクも航海に失敗し戻つて來たが、三度、嵐(ま

ジャンク、航海中止し歸還

たは颱風《(tuffons)》に遭い船を輕くする爲に積荷の大部分を投棄したこと、を傳えた、

○中略

(第八十二葉○第八十一葉表)

しんぐあち一日(四月)(日本暦)

一六一八年

五月

十四日、○日本暦四月一日、中略、

キャプテン・アダムズとエド・セイヤー歸還

キャプテン・アダムズ、エド・セイヤー《(セイヤーズ)》及びロバート・ホーレイと共に、長崎《(Langasaque)》より本日到著した、ジャンクはコーチシナ《(Cochinchina)》への航海に失敗した、そこで、エド・セイヤーは、その航海に送られた以下の商品と貨幣を持ち歸つた、○約二十行分空白ニシテ、商品目録闕ク、

季節風失す

十五日、○中略

エド・セイヤーよりの書翰

私は、エド・セイヤーが長崎《(Langasaqe)》で私に書いた今月七日付書翰を受取つた、それには書翰の寫し三通が入れられていた、一通は琉球《(Liqueas)》○大島ナルコト、上ニ収ムセイヤースノ航海日誌ニ見ユ、から私宛に書かれたもの、そして他の二通はイートン君宛のもの、彼《(イートン)》は、同じ琉球の他の(沖繩島)一島に在り、彼の航海または季節風を失したが、なお次の季節風が始まる迄滯在しそれから航海に出る豫定であるらしい、しかし、彼《(セイヤース)》は、イートン君に、船に小麥を積んで日本《(Japon)》に歸るようにとの意見を傳えた、私は、先に彼《(イートン)》に、もし彼が季節

風を失したらその方針を採用するように注意してあつた、神よ彼がこの方針を採用するよう願を叶えさせ給え、

○翻譯全文、日本關係海外史料イギリス商館長日記譯文編之下參看、原本、British Library, Western Manuscripts, Add MS 31301, Diary of Richard Cocks, head of the English factory at Firando [or Hirado] in Japan; 1615–1622, Vol. 2′

〔Diary of Richard Cocks〕○日本關係海外史料イギリス商館長日記原文編之中

〔*folio 81(80)v*〕

1618

Sonday
May 10 〔*one paragraph omitted*〕

China Capt retorned frõ Langasaqe / Capt Adames & other Junks Retod & lost voyage

The China Capt. Andrea dittis retorned from Langasaqe. & brought word how the Iunck wherin Capt Adams went is retorned back to Langasaqe (as all the rest wch went out are the lyke) & that our Iunck Sea Adventure is at Liqueas & lost her voyag for Syam/ also that the Iunck of billang Ruis (wch should haue gon for phillippinas & went out a month before Capt. Adames) hath also Lost her voyag & retorned back haveing in 3 stormes (or tuffons) cast most pte of her Lading over board/ to Lighten her/

〔*the rest of this day's paragraphs and the diary from the 11th to 13th of May omitted*〕

〔*folio 82(81)r*〕

Singuach 1 day

1618

May

14 〔*two paragraphs omitted*〕

Capt Adams & Ed Sayer returned & lost monson

Capt. Adames, wth Ed. Sayer & Robt Hawley arived this day from Langasaqe: the Iunck having lost her voyag for Cochinchina/ So Ed. Sayer brought back the goods & monies sent in that voyag. viz/

15 〔*one paragraph omitted*〕

A lettr frõ Ed Sayer

I Rec the Letter Ed Sayer wrot me frõ Langasaqe dated the 7th prsent wth 3 Coppis Letrs in it one written from Liqueas to me. & other 2 to mr Eaton whoe is in an other Iland of Same Liqueas. & hath Lost his voyag or monson yet as it seemed ment to stay theare, till begining next monson & then prcead on her voyag/ but he advized mr Eaton his opinion to Lade her wth wheate/ & retorne to Japon wch Course I formerly advised hym to take yf he lost his monson/ god grant he take it/

○原本、British Library, Western Manuscripts, Add MS 31301, Diary of Richard Cocks, head of the English factory at Firando〔or Hirado〕in Japan; 1615–1622, Vol. 2、東京大学史料編纂所架蔵寫眞版 "Archives in England: Richard Cocks' Diary Anno 1615–22", Vol 6 参看、

○英吉利人うぃりあむ・あだむす、三浦按針、肥前平戸ニ歿ス、幕府、其遺領ヲ嗣子じょせふニ授クルコト、大日本史料元和六年四月二十四日ノ第二條ニ見ユ、

○閏三月七日、〔○ユリウス暦四月二十一日、〕琉球國那覇ヨリ大島ニ船來リテ、イギリス商館ノシー・アドヴェンチャー號、那覇ニ入港ノコトヲ傳フ、同日、薩摩國ヨリ琉球國那覇ニ向フ船、大島ニ來リテ、マニラニ赴クジャンク一隻、徳之島ニ著シタルコトヲ傳フルコト、及ビ同月十八日、〔○ユリウス暦五月二日、〕イギリス商館ノジャンク、〔○船名不詳、〕大島ヲ出航シ、尋デ、閏三月二十三日、〔○ユリウス暦五月七日、〕長崎ニ歸著スルコト、便宜合敍ス、

是春、是ヨリ先、鹿兒島城主島津家久、曾木甚右衛門尉ヲ徳之島奉行ニ任ズ、尋デ、是時ニ至リテ、曾木甚右衛門尉、徳之島ニ著任ス、

〔徳之嶋面縄院家藏前録帳〕〔○奄美史料集成所收道之島代官記集成〕

元和二年(一六一六年)丙辰春、初而御下島、

初代相良勘解由(賴豐)殿　〔○中略、一六一六年是春ノ條參看、〕

元和四年戊午春ヨリ同五己未

二代曾木甚右衛門(甚右衛門尉)殿

右者、慶長四己亥年、庄內入御供ニ、此人相見得申候、

（一六二〇年）元和六年庚申春ヨリ同七年辛酉

三代野村但馬守殿（守綱）

〇下略、一六二〇年是春ノ條參看、

〔詰役系圖〕〇和泊町立図書館

元和二年丙辰

相良勘ケ由（解）

元和四年戊午

曾木甚右衞門

〇下略、代官記事錄、異事ナシ、

元和六年庚申

野村但馬

一六一九年（琉球國中山王尚寧三十一年・明萬暦四十七年・日本元和五年・己未）

是春、是ヨリ先、鹿児島城主島津家久、黑葛原筑後守ヲ大島奉行ニ任ズ、尋デ、是時ニ至リテ、黑葛原筑後守、大島ニ著任ス、

〔大島代官記〕○奄美史料集成所収道之島代官記集成

一　元和三丁巳春（一六一七年）　右同（奉行）　川上彦左衞門殿（久康）（彦左衞門尉）○一六一七年是春ノ條參看、

一　元和五己未春　右同（奉行）　黑葛原筑後殿（筑後守）

一　元和七辛酉春（一六二一年）　右同（奉行）　鮫島孝左衞門殿（宗昌）

○下略、一六二一年是春ノ條參看、

〔喜界島代官記〕○鹿児島県立図書館所蔵大島代官記○奄美史料集成所收道之島代官記集成

右（奉行）　同

○中略、一六一七年是春ノ條參看、

同（元和）三丁巳　河上彦左衞門尉殿

同五己未　黑葛原筑後殿

同七辛酉　鮫島孝左衞門殿

〔大嶋私考〕○東京大学史料編纂所所藏島津家本さⅡ―8―27

代官權轝（輿）附附役姓名之事

○中略、一六一五年是春ノ條參看、同（元和）三丁巳年、川上彦左衞門、同五己未年、黑葛原筑後、同七辛酉、鮫島孝左衞門、

一六二〇年（琉球國中山王尚寧三十二年・明泰昌元年・日本元和六年・庚申）

是春、是ヨリ先、鹿児島城主島津家久、野村但馬守ヲ徳之島奉行ニ任ズ、尋デ、是時ニ至リテ、野村但馬守、徳之島ニ著任ス、

〔徳之島面縄院家藏前録帳〕○奄美史料集成所収 道之島代官記集成

元和四年（一六一八年）戊午春ヨリ同五己未

二代曾木甚右衞門（甚右衞門尉）殿

○中略、一六一八年是春ノ條參看、

元和六年庚申春ヨリ同七年（一六二一年）辛酉

三代野村但馬守殿

右者、慶長二（一五九七年）丁酉年高麗入御供、同四己亥年庄內入御供ニモ相見得申候、

元和八年（一六二二年）壬戌春ヨリ

四代伊地知釆女（釆女正）殿（重康）○一六二二年是春ノ條參看、

〔詰役系圖〕○和泊町立図書館

○上略、一六一六年是春ノ條參看、

元和四年戊午 曾木甚右衞門

元和六年庚申 野村但馬

元和八年壬戌 伊地知采女 ○代官記事録、異事ナシ、

是歳、鹿兒島城主島津家久、大島東間切首里大屋子清渡知等ニ、知行幷ニ切米ヲ與フ、

〔屋宮家自家正統系圖〕○宇検村名柄 宇検村誌資料編第二集奄美大島屋喜内の文書

（五世第五代）
八摩喜大親 ○中略、一六一三年九月二十四日ノ條參看、

（五世第六代）
清渡知大親

童名摩三郎金、

傳曰、與レ兄（八摩喜）共被二召出一、任二東間切與人役一、爲二役料米一十石拜領、○一六一三年九月二十四日ノ條參看、兄八摩喜病死、無二子孫一、繼二兄之家督一、上二鹿府一、任二東間切首里大親職（大屋子）一、初遂二謁見一、爲二役料米二十石、切米五石一、元和六年、以二蒲地（蒲池）備中守・稅所彌右衞門（彌右衞門尉）兩老證書一、拜二領之一、

元和九年（一六二三年）、島中一統、被レ召二止大親職一、〇一六二三年閏八月二十五日ノ条参看、

佐頭兼（六世第七代）

童名思徳金、於二渡連村（大島東間切）一誕生、〇父、清渡知、

母、清水（大島東間切）金四郎大親女、

傳曰、十五歳、初任二東間切渡連與人一、〇中略、一六二三年閏八月二十五日ノ条参看、

二十四歳、卒、無二子孫一、

佐摩頭（六世第八代）

童名思金四郎、母、同前、〇父、清渡知、

傳曰、住二渡連村一、兄（佐頭兼）病死、無二子孫一、繼二兄之家督一、任二渡連與人一、其後、喜世（大島笠利間切喜瀬）・西古見（大島西間切）與人順轉、

本琉球冠船來著、依レ之、爲二貢物宰領一、渡二琉球一、無事勤了退役、延寶六年（一六七八年）午十二月、行年七十歳卒、

荒田

童名圓目金、母、同前、〇父、清渡知、

傳曰、任二名瀬（大島）間切與人一、其後退、子孫昌榮、

女子〇父、清渡知、
傳曰、任二東間切大波牟職一、無二子孫一、

〔松岡家文書〕〇大島等與人由緒文書〇南西諸島史料集第五巻
（大島七間切與人連署申狀寫）

大島與人并諸役人、此以前、金銀之髮指用、朝衣・廣帯着用仕來申候由緒、御尋被レ成候付、蒙二御免一、仕來申候趣申上候、

〇中略、一六二三年閏八月二十五日ノ條參看、

一、大親役江御知行弐拾石、與人役江御知行拾石、目指役江御知行五石、筆子・掟役江も御役料被二仰付一候、慶長十八年伊勢兵部少輔（貞昌）様・三原諸右衞門（重種）様御判物之御知行御目錄頂戴仕候、〇一六一三年九月十一日ノ條及ビ同九月二十四日ノ條參看、其後、大親役江、御知行弐拾石、御切米五石、與人役江、御知行拾石、御切米弐石、筆子役江、御切米弐石、被二成下一候、元和九〔六〕年税所弥右衞門様・蒲地備中守様御印形之御書付所持仕候、大親役無レ程被二召止一、御知行・御切米被二召上一候、與人役江被二下置一候御知行も被二召上一、御切米までヲ被レ下候、〇一六二三年閏八月二十五日ノ條ニ收ムル大嶋置目第二條及ビ第五條、參看、諸役人琉球江參り、位ニ相付、鉢巻之免被二申受一候事、堅く御禁止被二仰付一候、〇大嶋置目第十七條參看、元和九年御家老仲様御判物之御條書（大嶋置目）所持仕候、

〇中略、一六二三年閏八月二十五日ノ條參看、

右者、大島與人幷諸役人、金銀之髪指用、朝衣・廣帯着用仕來申候次第、右之通御座候間、

此段申上候、以上、

○笠利間切與人以下ノ大島十三與人連署略ス、同上、

正德年間（ママ）

丑四月十三日（享保六年、一七二一年）

大島

御代官座

○月日（享保六年以降）喜界島與人申状案寫、略ス、

（大島與人口上覺案寫）

口上覺

○中略、一六二三年閏八月二十五日ノ條參看、

一、慶長十五年、大島御藏入ニ被二相成一候以來も、諸役人數ハ不二相替一被二召立置一、琉球江參り鉢巻申受候事も有來通被レ遊二御免一、大親役江知行弐拾石、與人役江拾石、目指役ヘ知行五石、筆子・掟役ヘ御役料拝領被二仰付一頂戴仕候、慶長十八年伊勢兵部少輔様・三原諸右衛門様御判物之御知行御目録、且又、大親役ヘ御知行弐拾石、御切米五石、與人役ヘ御知行拾石、御切米弐石、筆子・掟役ヘ御切米弐石、被二成下一候、元和九年〔六〕税所弥右衛門様・蒲生〔池〕備中守様御印判御書付等、

于ㇾ今、所持仕候、〇中略、同上、

月　日　　大島與人中

〇南西諸島史料集第五巻所收松岡家文書、山下文武氏筆寫本ニ據レリ、松岡家所藏原本ヨリ書寫セル寫本ニ、奄美市立奄美博物館所藏童虎山房架藏原口虎雄氏筆寫本口上覺、及ビ原口虎雄氏筆寫本口上覺ヲ複寫シタル鹿児島県立奄美図書館所藏名瀬市史編纂委員会資料本複寫版田畑佐文仁目録及大島与人並諸役人服装由緒書アリ、（享保六年）丑四月十三日大島七間切與人連署申狀寫幷ニ月日大島與人口上覺案寫ノ筆寫本ニ、南西諸島史料集第五巻田畑家隠居跡文書四島與人等由緒文書所收第一斷簡幷ニ第三斷簡及ビ奄美市立奄美博物館所藏名瀬市史編纂委員会資料架藏田畑家隠居跡文書筆寫本複寫版所收（年闕）斷簡寫アリ、松岡家文書所收本及ビ田畑家隠居跡文書所收本ノ原本不詳ニ依リテ、童虎山房架藏口上覺ニ據リテ訂補シタル文ヲ掲グ、

〔徳之島面縄院家藏前録帳〕〇奄美史料集成所收道之島代官記集成

（序）〇上略、一六二三年閏八月二十五日ノ條參看、同（慶長）十五年與里御藏入ニ相成候、以後迄茂諸役人之數者、琉球時代不ニ相替一被ニ召立置一、尤琉球江參、鉢巻等之免申請候事茂有來候通被ㇾ成ニ御免一、大親役江御知行貳拾石、御切米五石、（與人）用人役江御知行拾石、御切米貳石、目指役御知行五石、筆子・掟役江茂御役断拜〔料〕領被ニ仰付一、御切米貳石被ニ成下一頂戴仕候、同十八年、伊勢兵部少輔殿・三原諸右衛門尉殿、且亦、蒲地備中守殿（元和六年知行目録）幷税所彌右衛門尉殿御判物之御知行御目録、道之島江被ニ仰渡一頂戴仕候、其後、諸役人琉球江參、位ニ付、鉢巻之免ヲ申請候筋ニ有ㇾ之候而者、猶又、琉球江慕親、自然与御奉公疎略仕候躰ニ茂有ㇾ之候哉、〇下略、一六二三年閏八月二十五日ノ條、一六一六年是春ノ條、一六〇八年二月ノ條及ビ同二月ヨリ後ノ條、參看、本書序ニ、慶長十八年知行宛行ニ於テ、大親・與人幷ニ目指ニ知行高ニ加ヘテ切米ヲ給スト記セルコト、元和六年知行宛行ノ制トノ混亂アルナランヘ、マタ、慶長十八年知行宛行ニ於テ、筆子・掟ニ切米ヲ給ストノ記、猶、検ズベシ、

○鹿児島城主島津家久、大島・喜界島及ビ沖永良部島ノ間切役人ニ知行ヲ宛行フコト、一六一三年九月二十四日ノ條ニ、鹿児島城主島津家久、大島・喜界島・徳之島・沖永良部島及ビ與論島ニ就キテ、大親ヲ停メ貢租等ノ制ヲ定メタル置目ヲ定ムルコト、一六二三年閏八月二十五日ノ條ニ見ユ、

○是歳ヨリ先、鹿児島城主島津家久、大島東間切與人清渡知ヲ大島東間切首里大屋子ニ任ズルコト、便宜合敍ス、

一六二一年（琉球國中山王尚豐元年・明天啓元年・日本元和七年・辛酉）

是春、是ヨリ先、鹿兒島城主島津家久、鮫島宗昌ヲ大島奉行ニ任ズ、尋デ、是時ニ至リテ、鮫島宗昌、大島ニ著任ス、

〔大島代官記〕○奄美史料集成所収道之島代官記集成

一　元和五己未春（一六一九年）　右同（奉行）　黒葛原筑後殿（筑後守）○一六一九年是春ノ條參看、

一　元和七辛酉春　右同　鮫島孝左衞門殿（宗昌）

但、右御代、大島・喜界島御檢地有レ之、○本年是歳ノ條參看、

一　元和九癸亥春（一六二三年）　右同　町田勘解由殿（久則）

○下略、一六二三年是春ノ條參看、

〔喜界島代官記〕○鹿児島県立図書館所蔵大島代官記○奄美史料集成所収道之島代官記集成

（奉行）右　同

○中略、一六一九年是春ノ條參看、

（元和）同五己未　　黒葛原筑後殿

同七辛酉　　鮫島孝左衞門殿

同九癸亥　　町田勘解由殿

〔大嶋私考〕○東京大学史料編纂所所藏島津家本さⅡ―8―27

代官權輿附附役姓名之事

○中略、一六一五年是春ノ條參看、（元和）同五己未年、黒葛原筑後、同七辛酉、鮫島孝左衞門、同九年癸亥、町田勘解由、

○鹿兒島城主島津家久、川上久國ヲ惣竿奉行、鮫島宗昌ヲ大島幷ニ喜界島ノ竿奉行、有馬純定ヲ同附役ニ任ジ、大島等ノ檢地ヲ行ハシムルコト、本年是歲ノ條ニ見ユ、

是歲、鹿兒島城主島津家久、川上久國ヲ惣竿奉行、鮫島宗昌ヲ大島幷ニ喜界島ノ竿奉行、有馬純定ヲ同附役ニ任ジ、大島等ノ檢地ヲ行ハシム、

〔有馬丹後純定大嶋附肝付表代官相勤候覺〕○鹿児島県奄美市立奄美博物館資料室架藏寫眞版　有馬家文書

（一六三二年）寛永九年申十月、御老中嶋津下野守殿（久元）・喜入攝津守殿（忠政）・川上因幡守殿（久國）・山田民部少輔殿（有宗）、國分衆中有馬丹後（純定）御用之由被二仰渡一、則鹿兒嶋江參上申候、因幡守殿ヨリ被二仰渡一候者、大嶋之儀、（元和七年）十年以前御竿有レ之候時分、道之嶋惣竿奉行ニ而因幡守殿御渡海之時分、大嶋・鬼界之竿奉行、鮫嶋孝左衞門殿ニ而候□（處）、□□（丹後）（有馬純定）儀茂附衆之內ニ而、彼地之勝手茂能ク爲レ存儀ニ候、琉球國御手ニ入、（大親、大屋子）大屋差引ニ而年貢被二仰付一候得共、不埒耳有レ之ニ付、鹿兒嶋ヨリ代官被レ遣、三年ツヽ被二相詰一候得共、田地幷取納方之儀、無レ功人計參候故、始末大形ニ候、○下略、一六三二年十月、有馬純定、大島代官ニ、中野五郎左衞門、德之島代官ニ任ゼラル、コト、奄美群島編年史料集稿寛永年間編寛永九年（一六三二）十月ノ條參看、

〔南聘紀考〕巻之下　○東京大学史料編纂所所藏島津家本さI―12―33―64

（元和）七年、辛酉○中略是歲、川上左近將監久国、奉レ旨、使二鮫島孝左ィ（衞）門宗昌一爲二竿奉行一、有馬丹後守純定爲二附役一、往丈三量大島・鬼界島等一、凡道五島稅額肆萬參仟貳佰伍拾柒斛柒斗陸升零、所レ謂、壹石亦卽籾壹斛伍升云、按、前レ此、国老三原重種・比志島国貞・喜入忠政、使二川越右近將監重能・河（川上）上彥左ィ（衞）門久康・伊地知釆女正重康・野村但馬守綱□一、各爲三代官於二大島等一、見下重種・国貞・忠政與二此四人一書上、而據二其文一、有レ遣二撿地使一、想應二功成一、因遣二迎舟六艘一、宜三催撿與二早歸朝之語一、且国貞、既死二于元和三（ママ）年一云、○比志島國貞、元和六年（一六二〇年）六月十四日歿スル、コト、舊記雜錄後編卷七十六參看、則遣二宗昌等一、應三必在二其前一也、然、大島代官記、爲二七年事一、蓋言二其終一、可二以知一焉、

〔西藩田租考〕巻下　琉租第二十五 ○東京大学史料編纂所所蔵島津家本さⅠ—12—33—353

元和○中略七年、川上久國奉レ旨、使下鮫島孝左衛門宗昌爲二竿奉行一、有馬丹後守純定爲二附役一、往丈中量大島・鬼界島等上、○中略、一六二四年六月ノ條參看、遣二川上久國一、徧二歴道島一、抵二于琉球一命二租調事一、○下略、同上、

〔大島代官記〕○奄美史料集成所收道之島代官記集成

一　元和七辛酉春

右同（奉行）　鮫島（宗昌）孝左衛門殿

但、右御代、大島・喜界島御檢地有レ之、

○川上久國ノ職名、有馬丹後守純定大嶋附肝付表代官相勤候覺ニ道之嶋惣竿奉行トアレドモ、元和七年、職名ニ道之嶋ノ稱ヲ用ヒタルコト不詳ニテ、便宜、惣竿奉行ノ稱ヲ用フ、徳之島、沖永良部島幷ニ與論島ノ檢地、徳之島奉行ヲシテ務メシメタルナラン、

○鹿兒島城主島津家久、鮫島宗昌ヲ大島奉行ニ任ズ、尋デ、鮫島宗昌、大島ニ著任スルコト、本年是春ノ條ニ、惣竿奉行川上久國、琉球國ヨリ鹿兒島ニ還ル、尋デ、鹿兒島城主島津家久、大島・喜界島・徳之島・沖永良部島及ビ與論島ノ石高ヲ定ムルコト、一六二四年六月ノ條ニ見ユ、

一六二二年（琉球國中山王尚豐二年・明天啓二年・日本元和八年・壬戌）

是春、是ヨリ先、鹿兒島城主島津家久、伊地知重康ヲ德之島奉行ニ任ズ、尋デ、是時ニ至リテ、伊地知重康、德之島ニ著任ス、

〔德之島面縄院家藏前錄帳〕○奄美史料集成所收道之島代官記集成

元和六年庚申（一六二〇年）春ヨリ同七年辛酉

三代野村但馬守殿

○中略、一六二〇年是春ノ條參看、

元和八年壬戌春ヨリ

四代伊地知釆女（釆女正）殿（重康）

寛永元年甲子春ヨリ同二己丑

五代平山藏人殿○奄美群島編年史料集稿寛永年間編寛永元年（一六二四）是春ノ條參看、

〔詰役系圖〕○和泊町立図書館

元和六年庚申
野村但馬
寛永元年甲子
平山藏人

元和八年壬戌
伊地知采女
○下略、代官記事錄、異事ナシ、奄美群島編年史料集稿寛永年間編寛永元年（一六二四）是春ノ條參看、

一六二三年（琉球國中山王尚豐三年、明天啓三年・日本元和九年・癸亥）

是春、是ヨリ先、鹿兒島城主島津家久、町田久則ヲ大島奉行ニ任ズ、尋デ、是時ニ至リテ、町田久則、大島ニ著任ス、

〔大島代官記〕〇奄美史料集成所收道之島代官記集成

一　元和七辛酉春（一六二一年）　右同（奉行）　鮫島孝左衛門殿（宗昌）

〇中略、一六二一年是春ノ條及ビ同是歲ノ條、參看、

一　元和九癸亥春　右同（奉行）　町田勘解由殿（久則）

但、右御代、大親役被二召擧一、與人役ヨリ御勘定相遂候樣、被二仰渡一候、〇本年閏八月二十五日ノ條參看、

一　寛永二乙丑春（一六二五年）　右同（奉行）　是枝仲存坊殿〇奄美群島編年史料集稿寛永年間編寛永二年（一六二五）是春ノ條參看、

〔喜界島代官記〕○鹿児島県立図書館所藏大島代官記○奄美史料集成所収道之島代官記集成

（奉行）右　同

○中略、一六二一年是春ノ條參看、

（元和）同七辛酉　鮫島孝左衞門殿

同九癸亥　町田勘解由殿

寛永二乙丑　是枝仲存坊殿

〔大嶋私考〕○東京大学史料編纂所所藏島津家本さⅡ―８―27

代官權𢍰〔輿〕附附役姓名之事

○中略、一六一九年是春ノ條參看、（元和）同七辛酉年、鮫島孝左衞門、同九年癸亥、町田勘解由、寛永二乙丑年、是枝仲存坊、○奄美群島編年史料集稿寛永年間編寛永二年（一六二五）是春ノ條參看、

閏八月二十五日、鹿兒島城主島津家久、大島・喜界島・德之島・沖永良部島及ビ與論島ニ就キテ、大親ヲ停メ貢租等ヲ定メタル置目ヲ制ス、尋デ、惣竿奉行川上久國ヲ琉球ニ遣シテ、置目ヲ琉球國ニ傳ヘシム、

〔南聘紀考〕巻之下○東京大学史料編纂所所藏島津家本さⅠ―12―33―64

（元和）九年癸亥閏八月、国相島津久元・喜入忠政・三原重種・比志島国隆・伊勢貞昌、定二諸制度（置目）一、令二於大島等一曰、〇中略、置目、下ニ収ム、九月、遣二川上久国一、徧二歴道島一、（大島等）五日、抵二琉球一、使二以播一レ之、〇中略、寛永元年ノ紀、便宜、改行ス、寛永元年（一六二四年）〈甲子〉、〇中略六月、久国還レ自二琉球一、於レ是乎、大島等、始貢二于本府一如レ制、〇下略、一六二四年六月ノ条参看、川上久國、琉球國ニ抵レル月日、猶、検ズベシ、

〔大島代官記〕〇奄美史料集成所収道之島代官記集成

一　元和九年癸亥春

　　右同（奉行）　町田勘解由殿（久則）

但、右御代、大親役被二召挙一、與人役ヨリ御勘定相遂候様、被二仰渡一候、〇本年是春ノ条参看、

〔大嶋置目〕〇大和村大和浜和家文書　大和村中央公民館所蔵長田（大和）須磨文庫架蔵和眞至氏所蔵文書写眞版

大嶋置目條々

一、嶋中田畠之名寄帳、可レ□（被）二□（書）調一事、付、□□□□（あれち幷）仕明地、可レ被二相糺一事、

一、おほや（大親）、大屋子、向後相やめられへきの事、付、御扶持被レ下間敷□（事）、

一、上木之よひと（與人）・めさし（目指）、可レ被二相止一之事、

一、一郡（間切）ニ用人三人宛ニ相定候事、

一、ひと村にをきて（掟）壹人つゝに相定候、但、壹人ニ付、切米壹石可レ被レ下事、

一、一郡ニてくこ（筆子）壹人つヽに相さたまり候、但、壹人ニ□〔付〕、切米壹石くたさるへき事、

一、よひと壹人ニ付切米五石被レ下、此中之知行者めしあけられへきの事、

一、用人・てくこ幷諸役人之數、御定之外、可レ爲二停止一事、

一、からつ（唐津）（陶器）・米・むしろ（莚）・布、男女ニよらす、出すましき事、

一、よひと・てくこ、百姓をいろ〳〵召仕儀、かたく可レ爲二停止一事、

一、おつか（遣）の方（形）に御百姓を人之内之者に召なし候儀、曲事□〔候〕間、元和五年（一六一九年）より以來のハ可二相返一事、

一、諸役人田畠作職いたすましく候、但、百姓に罷成候ハヽ、作職つかまつるへき事、

一、嶋中におゐて、わたくしに人を致二成敗一儀、堅可レ爲二停止一、但、ころし候ハてかなはさる科人ハ、可レ得二御意一事、

一、諸役人百姓にたいし、私に檢斷いたす儀、可レ爲二停止一之事、

一、嶋中之諸役人、百姓を雇、ともに召列ましき事、

一、□□□□□□□□□□〔かいせんつくるましき事〕（楷船）、○料紙傷ミニテ行ノ右半擦レタリ、

一、日本衆、其嶋に被レ參候共、礼物いたすましき事、

一、をりめまつり（折目祭）、早々仕、米すたり（廢）候ハぬ様に、自由可二取納一事、

一、諸役人、至二琉球一、はちまき（鉢巻）のゆるしを取事、可レ爲二停止一、付、嶋中之者共百姓已下ニいたる迄、

さうり《草履》はくへき事、
一、赤つく《棕櫚》・黒つく《桄榔子》・牛馬之皮、不レ殘、御物を以て買取事、
一、嶋中之麥之納ハ、小麥を専ニ可レ被レ取事、
一、から苧・莚・はせを《芭蕉》・わた《綿》は、以二御物一買取、可二相納一事、
一、牛馬、年々ニ付記、役儀つかまつるへき事、
一、諸百姓、借物三わり《割》の利にとるへき事、
一、諸百姓、可レ被レ成ほと、焼酒を作、可二相納一事、
一、追立《衝》むしろ之儀、人數付之上を以、相おさめへき事、
一、納物、なにいろ《何色》によらす、百姓ニ請取出すへき事、
一、諸役人、御物を取籠候、御沙汰之事、
一、數年百姓未進之事、
一、百姓手前より役人共へいろ〳〵出物仕候、向後、何色によらす、可レ爲二停止一之間、田畠之納、
可レ被二相重一之事、
一、米、此地《鹿兒島》へ仕上之時分、従二一月一、舟を被レ遣、三月、此方へ着船之事、又従二四月一五月六月迄
ニ、一上下可レ仕事、

一、七月より明正月迄者、仕上舟之上下、可レ為二停止一之事、
一、用人御算用ニ可二罷上一刻、主従三人可二罷上一候、多人數召つれ候儀、可レ為二停止一事、付、逗留中飯米ハ可レ被レ下事、
一、右御算用につゐて可二罷上一刻、よひと壹人ニ付、御舟間貳拾石足、可レ被レ下事、

右條々、もし相背ものあらは、稠可レ有二其沙汰一者也、

元和九年閏八月廿五日

（伊勢貞昌）兵部少輔（「敬緘」方形印影）
（比志嶋國隆）宮内少輔（圓形印影）
（三原重種）備中守
（喜入忠政）攝津守（「忠政」方形印影）
（島津久元）下野守（「久元」方形印影）

〔大嶋郡旧記取調〕明治三拾年
○青森県立図書館所蔵笹森儀助資料大島関係資料17―8

（目錄）
琉球王ノ朱印寫

大嶋々政綱領
（琉球王ノ朱印寫）
○中略、一五二九年十二月二十九日ノ條補遺、一五七二年正月十八日ノ第二條補遺、及ビ一五七九年五月五日ノ條補遺、參看、

（大嶋々政綱領）

大島置目條々

一、嶋中田畠之名寄帳、可レ被二書調一事、附荒地幷 元ノ侭 と　と仕明地、可レ被二相糺一事、

○中略、本文書、上ニ收ムル和眞至氏所藏文書寫眞版トシテ遺リタル大嶋置目ノ寫ニシテ、條文、異事ナキヲ以テ略ス、

元和元〔九〕年閏八月廿五日

兵部少輔□ ○方形ノ郭ノ内ニ印ト記シ、郭ノ下方ニ八部角ト注記ス、

宮内少輔◯ ○圓形ノ郭ノ内ニ印ト記シ、郭ノ下方ニ直徑壱寸ト注記ス、

備中守 但捺印ナシ

攝津守□ ○方形ノ郭ノ内ニ印ト記シ、郭ノ右方ニ七部、下方ニ七部半ト注記ス、

下野守□ ○方形ノ郭ノ内ニ印ト記シ、郭ノ下方ニ七部角ト注記ス、

吏務練人ノ住左應謙翁曰フ、旧藩大嶋々政、右三拾四條ヲ以テ政針ヲ爲セル久シ、

○下略

〔奄美史譚・大島置目條々・他〕 ○沖縄県教育庁文化財課史料編集班所藏複寫版

（本文第一丁表）（題）「奄美史譚、大島置目條々、下人下女書出帳」

○中略、一五二九年十二月二十九日ノ條補遺參看、

（本文第一二丁表）

大島置目條々

○大嶋置目、略ス、上ニ収ムル和眞至氏所藏文書寫眞版ト異事ナシ、
（本文第一五丁表）

鹿児島縣大島郡名瀬町和眞至氏所藏物ヨリ寫ス、

○和眞至氏所藏文書所收嘉靖八年（一五二九年）十二月二十九日琉球國中山王尚淸詔書、略ス、一五二九年十二月二十九日ノ條補遺參看、

○文久元年酉秋下人下女書出帳及ビ奄美大島御布れ書、略ス、
（本文第八三丁表）

大和濱の和眞至氏所藏を七條喜一君昭和三年（一九二八年）八月渡島の際ニ借れ（ママ）來て寫し置くもの、小出（滿二）教授（九州帝國大學農學部）
（大和村）

○本書ノ書誌幷ニ目錄、一五二九年十二月二十九日ノ條補遺參看、

〔系圖文書写　永代家傳記〕 ○大和村教育委員会所藏和家文書

大嶋置目條々

一、嶋中田畠之名寄帳、可レ被二書調一事、付、あれち〔地〕幷仕明帳、可レ被二相糺一事、

一、おほや、向後相やめられへきの事、付、御扶持被レ下間敷事、

一、上木之よひと・めさし、可レ被二相止一之事、

一、一郡ニ用人三人宛ニ相定候事、

一、ひと村にをきて壹人つヽに相定候、但、壹人ニ付、切米壹石可レ被レ下事、

一、一郡てくこ壹人ツヽに相さたまり候、但、壹人ニ付、切米壹石くたさるへき事、

一、よひと壹人□〔二〕付、切米五石被レ下、此中之知行者めしあけられへきの事、

一、用人・てくこ幷諸役人之數、御定之外、可ㇾ為二停止一事、
一、からつ・米・むしろ・布、男女ニよらす、出すましき事、
一、よひと・てくこ、百姓をいろ〳〵召仕儀、かたく可ㇾ為二停止一事、
一、おつ□〔か〕の方に御百姓を人之内之者□〔に〕召なし候儀、曲事候間、元和五年より已來のハ、可二相返一事、
一、諸役人田畠作職いたすましく候、但、百姓に罷成候ハヽ、作職つかまつるへき事、
一、嶋中におゐて、□〔わ〕たくし人を致二成敗一儀、堅可ㇾ為二停止一、但、ころし候ハんかなはさる科人ハ、可ㇾ得二御意一事、
一、諸役人、百姓に□□〔たい〕し、私に檢斷いたす儀、可ㇾ為二停止一□□〔之事〕、
一、嶋中之諸役人百姓を雇、ともに召□□〔連ま〕しき事、
一、かいせんつくるま□□〔しき〕事、
一、日本衆、其嶋に被ㇾ參候□〔共〕、礼物いたすましき事、
一、をりめまつり、早々仕、□すたり候ハね様に、自由可二取納一事、
一、諸役人、到二琉球一、はちまきのゆるしを取事、可ㇾ為二停止一、付、嶋中之者共、百姓□〔以〕下ニいたる迄、さうりはくへき事、

一、赤つく・□つく・牛馬之儀、不レ殘、御物を以て買取事、
一、嶋□□麥之納ハ、小麥を専ニ可レ被レ取事、
一、から苧・莚・はせを・わた□、以二御物一買取、可二相納一事、
一、牛馬、年々ニ付記、役儀つかまつるへき事、
一、諸百姓、償物三わりの利にとるへき□〔事〕、
一、諸百姓、可レ被レ成ほと、焼酒を作、可二相納一□〔事〕、
一、〔追〕上立むしろ□〔之〕儀、人數付之上を以、相□□めへき事、
一、納物、なにいろに□□〔よら〕す、百姓ニ請取出すへき事、
一、諸役人、御物を取籠候、御沙汰之事、
一、數年百姓未進之事、
一、百姓手前より、役人共へいろ〳〵出物仕候、以後、何色によらす、可レ爲二停止一之間、田畠之
納、可レ被二相□〔重〕一□〔之〕事、
一、米、此地へ仕上候時□〔分〕、従二二月一船を被レ遣、三月此方へ着船之事、又、従二四月一五月六月迄、
一上下可レ仕事、
一、七月より明正月迄、仕上船之上下、可レ爲二停止一之事、

一、用人御算用ニ可二□〔罷〕上一刻、之〔主〕上従三人可二罷上一候、多人數召つれ□〔儀〕、可レ爲二停止一事、付、逗留
中飯米ハ可レ被レ下事、

一、右御算用について可二□〔罷〕上一刻、よひと壹人ニ付而、御船間弐拾石足、可レ被レ下事、

右條々、もし相背ものあらは、稠可レ有二其沙汰一者也、

兵部少輔印

宮内少輔印

元和九年閏八月廿五日　備中守

攝津守印

下野守印

（伊地知五兵衛送狀寫）
此本書之儀、依二訴訟ニ一、中原伊兵衛殿（國遣座取次）（尚政）へ御取次ニ而、差上至候ニ付、写如レ此ニ候、以上、

大島先代官
伊地知五兵衛印

元祿九年子九月十八日

屋喜内
川地

土連
佐渡知○系圖文書写永代家傳記所收琉球國中山王詔書等ノ文書ノ祖本、宇宿大親家ニ相傳サレタル原本ナルコト、一五二九年十二月二十九日條參看、

〔大嶋置目〕○奄美市立奄美博物館資料室架藏所崎平氏撮影寫眞版松岡百代家文書

（第十條）
○料紙缺失ニ據リテ上闕ク、殘存料紙第一紙右端ニ、停止之事ノ前行ノ文字ノ左端殘畫アリ、

停止之事、

一、おつかの方ニ御百姓を人之内之ものに召なし候儀、曲□□間、元和五年より以來のハ相かへすへき事、

一、諸役人田畠作職いたすましく候、但、百姓に罷成□□作職つかまつるへき事、

一、嶋中におひて、私ニ人を成敗いたす儀、かたく可□停止、但、ころし候ハて不レ叶科人ハ、可レ得二御意一事、

一、諸役人百姓にたいし、私ニ檢斷いたす儀、停止之事、

一、嶋中諸役人、百姓をやとい供につれ間敷事、

一、かいせん作ましき事、

一、日本衆、其嶋へ被レ參候共、礼物いたすましき事、

一、おりめまつり、早々つかまつり、米すたり候ハぬやうに、じゆうに可レ被二取納一事、

一、諸役人、琉球にいたりはちまきのゆるしを取事、□〔可〕□停止、付、嶋中のもの共百姓以下にいたる迄、さう□〔り〕はくへき事、

一、赤つく・黑つく・牛馬之皮、不レ殘、御物を以て買取事、
○寫眞版ニ依ルニ、コノ行、殘存料紙第一紙左端ニシテ、同第二紙トハ、繼目剝レタリ、

一、嶋中麥之納者、小麥をもはらにとられへき□〔事〕、

一、から苧・むしろ・はせを・わた、御物を以買取、可二相納一□〔事〕、

一、牛馬、年〱ニ付しるし、役儀可レ仕事、

一、諸百姓借もの、三わりの利にとるへき事、

一、諸百姓、なるへき程、しやうちうを作り、可二相納一事、

一、追立莚之儀、人數付の上を以、可二相納一事、

一、おさめもの、何色によらす、百姓に請取を可レ出事、

一、諸役人御物をとりこミ候、御沙汰之事、

一、數年百姓未進之事、

一、百姓手前より役人共へいろ〱出物仕候、向後なにいろによらす可レ爲二停止一之間、田畠のおさめ相かさむへき事、

一、米、此地へ仕上之時分、二月より船を被レ遣、三月此方へ着船之事、又四月より五月六月迄ニ、一上下可レ仕事、

一、七月よりあくる正月まてハ、仕上船之上下停止之事、

一、用人御筭用ニ可二罷上一刻ハ、主従三人たるへし、多人數めしつれ候儀、停止候事、付、逗留中

之飯米は可レ被レ下事、

一、右御筭用ニ付、まかりのほるへき時ハ、よひと壹人ニ付御舟間貳拾石あしくたさるへき事、

右、條々もし相そむくものあらは、きひしく可レ□〔有〕ニ其沙汰一者也、

元和九年閏八月廿五日

宮内少輔（圓形印影）　○本行、殘存第二紙ト同第三紙ノ繼目上ニ書セラル、繼目中央（八ノ左方）裏ニ圓形繼目裏印影アリ、

備中守

兵部少輔（「敬緘」方形印影）

攝津守（「忠政」方形印影）

下野守（「久元」方形印影）

○奄美市立奄美博物館所藏名瀬市史編纂委員会資料架藏松岡家文書複寫版アレドモ、鮮明ナル所崎平氏撮影寫眞版ニ據リテ揭グ、

〔松岡家文書〕　○奄美市立奄美博物館所藏名瀬市史編纂委員会資料架藏松岡家文書複寫版

（大島代官伊地知五兵衞預狀）（竪切紙）

此本書、訴訟之儀ニ付、鹿兒島へ我等持登り申候、重而爲ニ證據一如レ此ニ候、本書□返之時分者、此書付可レ被ニ相返一候、以上、

元祿八年亥六月二日　□□□□□〔大島代官伊地〕知五兵衞（印文不詳圓形印影）　○本文書、料紙左半部中央ニ缺損アリ、

○本文書、松岡家文書ニ收メラレタル、嘉靖二十七年十月二十八日琉球國中山王尚淸詔書○久留家

所藏松岡家文書原本アリ、一五四八年十月二十八日ノ條參看、萬暦七年十月一日琉球國中山王尚永詔書寫○奄美市立奄美博物館所藏名瀬市史編纂委員会資料架藏松岡家文書複寫版アリ、一五七九年十月一日ノ條參看、慶長十八年九月二十四日知行目錄○原本複寫版、奄美市立奄美博物館所藏名瀬市史編纂委員会資料架藏松岡家文書複寫版ニアリ、一六一三年九月二十四日ノ條參看、及ビ元和九年閏八月二十四日大嶋置目ノ何レカノ文書ノ預狀ナラン、便宜、本條ニ掲グ、

〔笠利（田畑）家々譜〕隱居跡所傳○奄美市立奄美博物館所藏名瀬市史編纂委員会資料架藏筆寫本複寫版

爲有○中略、一六一三年九月十一日ノ條參看、

元和九年、大島中首里大屋子職被二召止一、故無役而后死、

〔笠利氏家譜〕嫡家本○奄美市立奄美博物館資料室架藏田畑家嫡家本複寫版貼込本複寫本

（新追筆）「爲有」
□有　號佐宣、○中略、上ニ収ムル笠利（田畑）家々譜ト異事ナシ、

大嶋置目之條々

□嶋中田畠、名よせ帳可レ被二書調一事、付、あれ地幷仕あけ可二相糺一事、

□おほや、向後可レ被二相止一事、付、御ふち被レ下ましき事、

□上木の用人・めさし、相やめらるへき事、

□一郡ニよひと三人宛相定候事、

□一むらにをきて壹人つゝに相定候、但、壹人ニ付、切米壹石くたさるへき事、

□一郡にてくこ壹人宛ニ相定候、但、壹人ニ付、切米壹石可レ被レ下事、

□用人壹人ニ付、切米五石被レ下、此中之知行、可レ被二召上一事、

一、よひと・てくこ幷諸役人之かす、御定之外ハ停止たるへき事、

一、からつ・米・莚・布・酒、男女によらす、出ましき事、

一、用人・てくこ、百姓を色々めしつかふ儀、かたく可レ為二停止一候事、

一、おつかの方ニ、御百姓を人之内之者に召なし候儀、曲事候間、元和五年ゟ以來のハ、相かへすへき事、

一、諸役人、田畠作職いたすましく候、但、百姓に罷成候ハヽ、作職つかまつるへき事、

一、嶋中におひて、私ニ人を成敗いたす儀、かたく可レ為二停止一候、但、ころし候ハて不レ叶科人ハ、可レ得二御意一事、

□諸役人、百姓にたいし、私ニ検斷いたす儀停止候事、

□嶋中諸役人百姓をやとい供につれ間敷事、

□かいせん作ましき事、

□日本衆、其嶋へ被レ参候共、礼物いたすましき事、

□おりめまつり、早々つかまつり、米すたり候ハぬやうに、しゆうに可レ被二取納一事、
□諸役人、琉球へいたりはちまきのゆるしを取事、可レ為二停止一付、嶋中のもの共、百姓以下にいたるまて、さうりをはくへき事、
一、赤つく・黑つく・牛馬之皮、不レ殘、御米を以可二買取一事、
□嶋中麥之納は、小麥もはらにとられへき事、
□から苧・むしろ・はせを・わた、御物を以買取、可二相納一事、
□牛馬年々付しるし、役儀可レ仕事、
□諸百姓借もの、三わりの利にとるへき事、
□諸百姓、なるへき程、しやうちうを作り、可二相納一事、
□追立莚之儀、人數付の上を以、可二相納一事、
□おさめもの、何色によらす、百姓へ受取を可レ出事、
一、諸役人、御物をとりこミ候、御沙汰事、
一、數年百姓未進之事、
一、百姓手前より役人共へいろ〳〵出物仕候、向後、なにいろによらす、可レ為二停止一候間、田畠のおさめ相かさむへき事、

一、米、此地へ仕上候時分、二月より船被ㇾ遣、三月此方へ着船之事、又四月より五月六月迄、一上下可ㇾ仕事、

一、七月よりあくる正月まてハ、仕上船之上下停止之事、

一、用人御筭用ニ可二罷上一刻ハ、主従三人たるへし、多人数めしつれ候儀、停止候事、付、逗留中之飯米は可ㇾ被ㇾ下事、

□右御筭用ニまかりのほるへき時ハ、よひと壹人ニ付、御船間弐拾石あしくたさるへき事、

右條々、もし相そむくものあらは、きひしく可ㇾ有二其沙汰一者也、

元和九年閏八月廿五日

宮内少輔印

備中守

兵部少輔印

攝津守印

下野守印

○奄美市立奄美博物館資料室架蔵複寫本ノ元版ノ複寫本、原本ノ複寫版ヲＢ４判原稿用紙ニ貼込ミタルモノニシテ、原本ノ天邊幷ニ上部ノ文字及ビ地邊ヲ闕ク、大嶋置目ノ寫、元版複寫版ニ文書影天邊闕ケタルニ依リテ、條首ノ一ノ闕、□ヲ以テ記ス、元版複寫版ニ於テ文書影闕クルトコロニ、一ノ新追筆アル條アリ、

〔大島要文集〕　○東京大学史料編纂所藏島津家本さⅡ—2—32

「（印影）元國事執掌史料」

（本文第一丁表）（内題）「大島要文集　全
自元和　年
至寛文　年　」　○内題ノ行上部ニ、「公爵島津家編輯所圖書之印」ノ方形朱印一顆ヲ踏ス、

（序）

大島要文集自元和年度、至寛文年度、

（文化二年、一八〇五年）コトシノ春、大島ノ代官トナリテ其職掌ヲ司リ、日々事ヲ議ル、其津〔律〕令・活法は、渡海ノ時、大夫〔島津家家老〕渡シオカレシ二巻ノ條書、一巻ハ奥ニ文化二年（一八〇五年）丑二月ト記シ、大夫六人連名アリ、一巻ハ月日ト記シ、其下ニ御勝手方御坐〔座〕印アリ、マタ享保ノ令條三冊アリ、一冊ハ、大島規摸帳、一冊ハ大島細定帳、一冊ハ用夫改規模帳ト題セラル、共ニ享保十三年（一七二八年）申十二月十五日定メラル令條ニテ、時ノ大夫六人連名連印アリ、又異國舩方・宗門方ノ條書アリテ、千偖〔楮〕万端コレニ洩事ナシ、シカハアレドモ、予、才ミシカク、智タラス、令條ノミヲモテ事ヲハカリナシカタシ、故ニ、夏日冬夜ノ隙、舊牒ヲ探ニ、アルハ虫ニ傷レ、アルハ濕ニ汚テ、全キモノ多カラス存、マタ時ニ従ヒ、變ニ應シテ、制度ヒトシカラス、改メカハル事イクタヒモアリテ、ソノ事、長クオコナハレス、今ヤ無用ノフミトモイフヘケレハ、舊牒アルトイヘト、其時ノ要文ニテ、今ハ糟粕ナリ、カノ糟粕ヲ拾ヒカキアツメ、共ニ十有五冊トナシ、題シテ要文糟粕集トイフ、上ハ元和九年閏八月ニ始リ、下ハ文化二年二月ニ終リ、鳴〔嗚〕呼、大夫ノ令條ヨク下ニ流レ、下情ヨク上ニ通スルノ人、予カ職事ヲ執ハ、嶋民野ニテウ

チ、濱ニウタヒ、豊饒ノ嶋トナル事、疑ヒナカルヘシ、文化二年乙丑十月四日ノ夜、筆ヲ本舘〇大島名瀬間切伊津部代官假屋ノ燈下ニトル、

本田親孚〇本田孫九郎親孚、大島代官ニ任ゼラレ、文化二年春、大島ニ著任シ、同四年春迄勤ムルコト、大島代官記ニ見ユ、

要文糟粕集巻之一

目録

一、元和九年大島置目之事

〇中略

大嶋置目條々

（本田親孚傍書、以下同ジ）

「本文ノ御條書、屋喜内門〔間〕切宇検方田地横目佐和子致二御司〔笥〕藏一候由ニテ寫、」〇本田親孚傍書、便宜細字トス、以下同ジ、

一、島中田畠ノ名寄帳、可レ被二出納一事ニ付、荒地幷仕明地、可レ被二相糺一之事、

「當時、大親ト云、與人ノ上ノ役アルト見エタリ、」

一、オホヤ、向後、相ヤメラレヘキノ事ニ付、御扶持被レ下間敷事、

「ウハキトハ、尺莚ノコトナリ、尺莚方掛リ與人ナルヘシ、」

一、上木〔之〕ミヨヒト・メサシ、可レ被二相止一ノ事、

「與人ナルヘシ、」

一、一部〔郡〕ニ用人三人ツヽニ相定候事、○闕文アリ、但壹人ニ付、切米壹石可レ被レ下事、

一、一部〔郡〕ニテクコ「筆子ノコト、」壹人ツヽ相サタマリ候、但壹人ニ付、切米壹石被レ下ヘク事、

一、與人壹人ニ付、切米五石被レ下、此中ノ知行シ〔ヲ〕メシアケラレヘキノ事、

一、用人・テクコ幷諸役人ノ數、御定ノ外、可レ爲二停止一候事、

一、カラス〔ツ〕・米・ムシロ・布、男女ニヨラス、出スマシキ事、

一、ヨヒト・テクコ、百姓ヲイロ々々召仕儀、カタク可レ爲二停止一事、

一、於ツカノ方ニ、御百姓ヲ人ノ内ノ者召ナシ候儀、曲事候間、元和五年ヨリ以來ノハ可二相返一事、

一、諸役人田畠作職イタスマシク、但、百姓ニ罷成候ハヽ、作職仕ヘキ事、

一、嶋中ニオヒテ、私ニ人ヲ致二成敗一儀、堅可レ爲二停止一、但、コロシ候ハテ不レ叶科人ハ、可二御意得一事、

一、諸役人、百姓ニタイシ、私ニ撿斷イタス儀、可レ爲二停止一事、

一、島中ノ諸役人、百姓ヲ雇モノニ召列マシキ事、

一、カハヤ〔イセン〕ヲツクルマシキ事、

一、日本衆、其島ニ被レ參候共、禮物イタスマシキ事、

一、ヲリメマツリ、早々仕、米スタリ候ハヌ様ニ、自由ニ可二取納一事、
一、諸役人、至二琉球一ハチマキノユルシヲ取事、可レ為二停止一ニ（ママ）、付、嶋中者共、百姓已下ニイタルマテ、サウリハクヘキ事、
一、赤津久・黒ツク・牛馬ノ皮、不レ残、御物ヲ以可二買取一事、
一、島中ノ麥ノ納ハ、小麥ヲ専ラニ可レ被レ取事、
一、カラ芋〔苧〕・莚・ハセオ・ワタハ、以二御物一買取、可二相納一事、
一、牛馬年々ニ付記、役儀ツカマツルヘキ事、
一、諸百姓借物、三ワリノ利ニトルヘキ事、
一、諸百姓、可二相成一ホト、焼酒作、可二相納一事、
一、廻〔追〕立ムシロ之儀、人數付之上ヲ以、可二相納一事、
一、納物、何色ニヨラス、百姓ニ請取出スヘキ事、
一、諸役人、御物ヲ取籠ニ、御沙汰之事、
一、數年百姓未進之事、
一、百姓、手前ヨリ役人共イロ々々出物仕候、向後、何品ニ不レ寄、可レ為二停止一候間、田畠ノ納、可レ被二相重一之事、

一、米、此地江仕上ノ時分、従二月ヨリ（マヽ）舩ヲ被レ遣、三月此方江着舩之事、又、従二四月一五月六月迄ニ、一上下可レ仕事、

一、七月ヨリ明正月迄ハ、仕上舟ノ上下、可二停止一之事、

一、用人御算用ニ可二罷上一割〔刻〕、主従三人可二罷上一候、多人数召シツレ候儀、可レ為二停止一事ニ付、逗留中飯米ハ可レ被レ下事、

一、右御算用ニツ井テ可二罷上一刻、ヨヒト壹人ニ付、御舩間貳拾石足可レ被レ下事、

右條々、モシ相背モノアラハ、稠可レ有二其沙汰一者也、

元和九年閏八月廿五日　兵部少輔□
宮内少輔◯
備　中　守□
下　野　守□

〔列朝制度〕巻之十四　道之島
○藩法集八　鹿児島藩上

大島置目之條々

一、島中田畠之名寄帳、可レ被二書調一事、
付、荒地并仕明地、可二相記一事、

一、おほや、向後相やめらるべき事、

付、御扶持米、被レ下間敷事、

一、うハ《ママ》木の與人・目指、可レ被レ止事、

一、一郡ニ與人三人宛、相定候事、

一、一村ニ掟壹人相定、壹人ニ付、切米壹石可レ被レ下事、

一、一郡ニ筆者壹人ヅツ相定候、

但、壹人ニ付、切米壹石ヅツ可レ被レ下事、

一、與人壹人ニ付、切米五石被レ下、知行可二召上一候事、

一、與人・筆子并諸役人之數、御定之外は停止たるべき事、

一、かつら〔らつ〕・米・莚・布・酒、男女によらず、出間敷こと、

一、與人・筆子、百姓を色々召仕儀、皆爲二停止一事、

一、おつる〔か〕の方ニ、御百姓を、人々内之者ニ相成候儀、曲事候間、元和元年より以來の者、相かへすべき事、

○第十二條、闕ク、

一、島中におゐて、私ニ人を致二成敗一儀、堅可レ爲二停止一、

但、殺し候ハで不レ叶科人は、可レ得二御意一事、
一、諸役人、百姓ニ対し私ニ検断致儀、可レ為二停止一事、
一、島中諸役人、百姓をやとひ、供につれまじき事、
一、かいせん作まじき事、
一、日本衆、其島へ被レ参候共、致二進物一間敷事、
一、折目祭、夫々（ママ）仕、米すくる（ママ）やふに、しやうに取納可レ致事、
付、島中之者、百姓等ニ至迄、草履はくべき事、○第十九条前半部闕ク、
一、赤津久・黒つぐ・馬之尾・牛皮、不レ残、御物を以可二買取一事、
一、島中麦之内、小麦を専ニ可レ仕事、
一、からを・莚・芭蕉・わた、御物を買取可レ納事、
一、牛馬、年々ニしるし、役儀可レ仕事、
○第二十四条闕ク、
一、諸百姓、可レ成程焼酎作、可二相納一事、
一、追立莚之儀、人数付之上を以、可二相納一事、
一、納物、不レ依二何色一、百姓ニ請取を可レ出事、

〇第二十八條闕ク、
一、數年百姓未進之事、
一、百姓手前より、役人共色々出物仕候、向後、何色によらず、可レ爲二停止一候間、田畠之納、相かさむべき事、
一、米、此地仕上せ之時分、二月より船を被レ遣、三月此方へ着船之事、又四月より六月迄先は〔に〕、上下可レ仕事、
一、七月より明ル正月迄は、仕上せ船之上下、可レ爲二停止一事、
一、與人、御算用可レ參刻は、主從三人可二罷登一候、多人數召列候儀、可レ爲二停止一、付、滯在中飯米、可レ被レ下事、
一、右御算用ニ付、可二罷上一刻ハ、與人壹人ニ付、御船間貳拾石、可レ被レ下事、
右條々、若於二相背一は、稠敷可レ有二其沙汰一事、
元和九年癸亥八月廿五日

備中守印
宮內輔印
兵部輔印

攝津守印
下野守印

〔琉球征伐記〕○鹿児島大学附属図書館所蔵玉里文庫架藏天の部五　四部合本所收

（巻末附收）

大嶋置目之條々

一　嶋中田畠之名寄帳、可レ被二書調一事、
　付、明地幷仕明地、可レ被二相記一事、
一　大親、向後、相やめらるへき事、
　付、御扶持米、被レ下間敷事、
一　宇ハ木「黍カ」の與人○朱書・目差、やめへき事、
一　壹郡ニ與人三人宛、相定候事、
一　壹村ニ掟壹人宛相定〔立〕、
　但、壹人ニ付、切米壹石ツヽ、可レ被レ下候事、
一　壹郡ニ筆者壹人ツヽ、相定候事、
　但、壹人ニ付、切米壹石可レ被レ下〔候〕事、
一　與人壹人ニ付、切米五石ツヽ、被レ下、此內之知行可二召上一候事、

一　與人・筆子并諸役人數、御定之外ハ爲ニ停止ー事、

○第九條及ビ第十條闕ク、

一　おつか「負債ノコ」○朱書の方に「カタ」○朱書、百姓を人の內のものに仕なし候儀、曲事候間、元和五「九カ」○朱書年ゟ以來者、相かへき（ママ）事、

一　諸役人、田畑作職致間敷事、百姓ニ罷成候ハヽ、作職可ﾚ仕候事、

一　於ニ嶋中ー私ニ人をせいはひ致儀、堅停止たるへき、

但、殺す候而不ﾚ叶科人、可ﾚ得ニ御意ー事、

一　諸役人、百姓ニ對し私ニ棓〔檢〕「本ノママ」○朱書斷致儀、停止事、

一（第十六條）　かいぜん作間敷事、

一（第十五條）　嶋中諸役人、百姓を屖《雇》「雇カ」○朱書、供つれ間敷事、

一　日本衆、其嶋江被ﾚ參候共、進物致間敷事、

一　おりめ祭、早々仕、米すこな「本ノマ、」○朱書様ニ定、取納可ﾚ致事、

一　諸役人、琉球「ミ」○朱抹消符ヱ鉢「ゟ」（朱書）巻巻ゆるし停止候、嶋中之者、百姓以下ニ至迄草履はくへき事、

一　赤つく・黑つく・牛馬皮、不ﾚ殘、御物を以買取、可ニ調置ー候事、

○第二十一條闕ク、

一　からを「苧」○朱書「ミ」○朱抹消符・莚・芭蕉・綿「布」○朱書「ミ」○朱抹消符、御物を以「ミ」○朱抹消符候「買取」○朱書「ミ」○朱抹消符可ニ相調ー事、

○第二十三條及ビ第二十四條、闕ク、

「一（行間朱書）諸百姓、可レ成程焼酎を作り、可ニ相納一事、」

一　追立むしろの儀、人數付之上、可ニ相納一事、

一　納物、何色ニ寄らす、百姓（「姓」○朱書「ゝ」○朱抹消符）ニ受取を可レ出事、

一　諸役人御物取込、御沙「汰」（朱書）事、

一　數年百姓まを（「本マ、」○朱書）の事、

一　百姓手前、役人共色々書物仕候而後者、何色ニによらす、可レ爲ニ停止一候間、田畑之納、可ニ相重一事、

右米、（第三十一條）此地仕登之時分、二月ゟ船被レ遣、三月此（「比」○朱書「ゝ」○朱抹消符）得ニ着舟一之事、又四月ゟ五月六月迄ニ、一度上下可レ仕事、七月（第三十二條）ゟ明ル正月迄者、仕登舟之上下、可レ爲ニ「停」（朱書）止一事、

一　役人、御算用可レ參刻、主從三人可ニ罷登一事、此人供召列候儀者、可レ爲ニ停止一、付、御留め中役○第三十三條末ヨリ第三十四條前半部、闕ク、間（「料カ」○朱書）貳拾石、可レ被レ下事、

右條々、若相消（「背」○朱書「ゝ」○朱抹消符）者有者、稠敷、其沙汰可レ有レ之者也、

元和九年壬八月廿五日

三原　備中守印

比志嶋　宮内少輔印
喜入　攝津守印
嶋津　下野守印

○四部合本書寫奥書、一六〇九年三月四日ノ條ニ收ムル琉球渡海人數賦ニ掲グ、

〔喜界島泉家文書〕 ○喜界町山田　アチック・ミューゼアム彙報第四一　喜界島調査資料第二　喜界島代官記

○慶長十八年九月二十四日知行目錄、略ス、一六一三年九月二十四日ノ條參看、

鬼界嶋置目條々

一、嶋中田畠之名よせ帳、可レ被二書調一事、付、あれ地幷仕明地、可レ被二相糺一候事、
一、おほや、向後、可レ被二相止一事、付、御扶持被レ下ましき事、
一、上來〔木〕の用人・めさし、相やめらるへき事、
一、一郡ニよひと三人つゝ相定候事、
一、ひとむらにをきて壹人つゝに相定候、但、一人ニ付、切米壹石可レ被レ下事、
一、一郡ニてくこ壹人ツヽニ相定候、但、壹人ニ付、切米壹石くたさるへき事、
一、用人壹人ニ付、切米五石被レ下、此中之知行可レ被二召上一事、
一、よひと・てくこ幷諸役人う〇〔之か〕のす、御定之外ハ、停止たるへき事、

一、かゝ〔ら〕つ・米・莚・布・酒、男女によらす、出すましき事、
一、用人・てくこ、百姓をいろ〳〵召つかふ儀、かたく停止事、
一、おつかの方に、御百姓を人々内のものに仕なす儀、曲事候間、元和五年より以來のハ、相かへすへき事、
一、諸役人、田畠作職いたすましく候、但、百姓にまかり成候ハヽ、作職可レ仕事、
一、嶋中におひて、私ニ人を成敗いたす儀、かたく可レ爲二停止一、但、ころし候ハてかなハさる科人は、可レ得二御意一事、
一、諸役人、百姓にたいし私ニ撿斷いたす義、停止候事、
一、嶋中諸役人、百姓をやとい、供につれましき事、
一、かいせん作ましき事、
一、日本衆、其嶋へ被レ參候共、禮物いたすましき事、
一、おりめまつり、早々仕、米すたり候ハぬやうに、自由ニとりおさむへき事、
一、諸役人、琉球ニいたり、はちまきのゆるし取事、可レ爲二停止一、付、嶋中之もの、百姓以下ニいたる迄、さうりはくへき事、
一、赤つく・◯〔黑〕つく・牛馬之皮、不レ殘、御物を以可二買取一事、

一、嶋中麥之納は、小麥をもつはらにとゝなへき事、
一、から苧・むしろ・はせを・綿、御物を以買取、可二相納一事、
一、牛馬、年ニ付〔々に〕しま〔るし〕、役義可レ仕事、
一、諸百姓物（償）三わりの利ニとるへき事、〇編者、姓ノ下ノ空格ニ、原本欠字ト注ス、
一、諸百姓、なるきほ〔へ脱〕と焼酒をつくり、可二相納一事、
一、追立莚之儀、人數付之上を以、可二相納一事、
一、おさめもの、何色ニよらず、百姓ニ請取を可レ出事、
一、諸役人、御物を取こミ候、御沙汰之事、
一、數年百姓未進之事、
一、百姓手前より、役人共江いろ〳〵出物仕候、向後、なに色ニよらす、可レ爲二停止一之間、田畠之納可二相守一之事、
一、米、此地江仕上の時分、二月より舩を被レ遣、三月此方江着舩之事、又四月より五月六月までニ、一上下可レ仕事、
一、七月より明る正月迄は、仕上舟之上下、可レ爲二停止一事、
一、用人、御算用ニ可二罷上一刻、主従三人たるへし、多人數めしつれ候儀、可レ爲二停止一事ニ付、逗

留中飯米可レ被レ下事、

一、右御算用ニ付可ニ罷上一刻は、よひと壹人ニ付、御ふなま貳拾石◯(あ)し被レ下へき事、

右條々、もし相そむ□(く)ものあらは、稠可レ有ニ其沙汰一者也、

元和九年八月廿五日

宮内少輔印

兵部少輔印

備　中　守印

攝　津　守印

下　野　守印〇本文書、今、佚シタルカ、鬼界嶋置目條々ノ題、元和九年閏八月ノモノナルカ、猶、検ズベシ、

〔南聘紀考〕巻之下 〇東京大学史料編纂所所蔵島津家本さI—12—33—64

(元和)九年癸亥閏八月、国相島津久元・喜入忠政・三原重種・比志島国隆・伊勢貞昌、定ニ諸制度(置目)一、令ニ於大島等一曰、闔島郡村(第一條)、須正ニ田畝一、爲ニ名寄帳一、且如ニ墾開及荒蕪田一、亦宜レ正レ之、凡自ニ那覇一所(第二條・第三條)レ置大役(大親)及上木用人今作ニ与人一・見指(目)等、宜ニ皆罷一レ之、而毎郡置ニ用人三員一、筆子一員一、給ニ之米俸一、各壹(第四條・第六條・第七條)斛、收ニ其食田一、給ニ用人一員米俸一、各伍斛、前レ此(第十九條)、島吏、多受ニ帽(帽)於首里一、以振ニ威權一、至レ是、禁レ之、又禁(第十條)ニ其或課一使ニ農民一、自レ古(第十九條)、農民雖レ禁レ着レ履、宜ニ皆着一レ之、凡負レ債者(第十一條)、没爲ニ家僕一、亦雖ニ

島俗一、五年(元和)以來、不レ得レ償者、宜レ復二本貫一、(第十二條)又居レ官者、勿二咨營田致事一、(第十三條)則否禁下私刑レ人且沒中資財上、(第十六條カ)禁下官吏等恣隨二農人一或建中舍館上、(第十七條)又遇二倭客一、勿二慢贈レ饋、(第十八條)歲時報賽、勿レ費二米穀一、宜下除二別貢一、更增中田租田上、(第二十一條)至二其輸レ麥、宜レ易二小麥一、(第二十七條)凡應レ輸物、不レ論二吏民一、必督二欠逋一、(第二十條及ビ第二十二條)若夫赤黑棧櫚網及牛馬皮、唐苧(苧)・尺莚・蕉布・綿等、所二給レ價徵一也、(第二十六條及ビ第二十五條)就レ中、庸筵(ママ)賦レ身、燒酒釀戸宜二多有レ輸、(第二十三條)牛皮多少、置レ吏歲計、(第三十一條)而其運送、則二月遣レ船、三月貢進、四月遣レ船、六月貢進、(第三十二條)禁下自二七月一迄二正月一間强發中貢艘上、(第三十三條及ビ第三十四條)須要每歲輸、撰二用人一、充二朝貢使一、許三一員別隨二僕二人一、給二船問(間)二十石一、必詣二府下一以會計焉、但滯留日、官給二之食一、於二此條一、令二若或違犯其必罪レ之、(閏八月)二十五日條令既成、凡三十三章、(ママ)今此取レ意總括焉文爾、○下略、

〔金樽一流系圖〕 ○喜界町坂嶺 郡家文書 奄美大島諸家系譜集

◎宇呂金多羅 ○中略、一六〇九年二月ヨリ先ノ第十條參看、

○前摩戸金 ○中略、同上、

◎金樽

○中略、一六一三年九月二十四日ノ条参看、

○金樽（樽金イ）
○居住同レ父、（喜界島西目間切西目村）○父金樽及ビ祖父宇呂金多羅、西目村ニ住ス、
○勤二小野津（喜界島志戸桶間切）與人役一、
○元和年中（九年）、拝二戴於喜界島置目御條書一、傳レ笥藏レ之也、
○爲二勘定一上國矣、御代官（大島奉行）是枝忠存坊、○大島奉行、寛永二年（一六二五年）春、元源左衛門、著任ノコト、是枝仲存坊、著任、寛永四年（一六二七年）春、野大島代官記ニ見ユ、奄美群島編年史料集稿寛永年間編寛永二年（一六二五）是春ノ條参看、

○金樽
○居住同レ父、
○爲二東間切（喜界島）監（鹽）道與人役一、御代官猿渡喜之助也、○大島代官、正保二年（一六四五年）春、猿渡喜之助、著任、正保四年（一六四七年）春、黒葛原周右衛門、著任ノコト、大島代官記ニ見ユ、其後、冨山九右衛門御代官之節、辭二與人役一矣、○大島代官、寛文二年（一六六二年）春、冨山九右衛門、著任、寛文四年（一六六四年）春、鎌田五太夫、著任ノコト、大島代官記ニ見ユ、

女子　小針金

○西目間切中間村西目大筆子妻、
○伊砂野呂（喜界島西目間切伊砂村）、

女子　思鍋
○荒木村（喜界島荒木間切）前間瀬戸（船頭）妻、
○伊砂野呂、

女子　思戸金
○川峯村（喜界島灣間切）思五郎妻、
○川峯村半田瀬戸妻、

女子　思米
○荒木村半田野呂、

○郡志頭
○住㆓川峯村㆒、
○母、中間村（西目間切）伊砂與人妻、
○冨山九右衛門爲㆓御代官㆒鑑㆑事之時、爲㆓灣間切筆子役㆒、

○左近允八右衛門御代官之砌、為二濔間切横目役一也、○大島代官、延寶五年（一六七七年）春、左近允八右衛門、著任、延寶七年（一六七九年）春、黒田嘉兵衛、著任ノコト、大島代官記ニ見ユ、

○澁江平內左衛門為二御代官一鑑レ事之時、為二東間切（喜界島）長峯與人一也、其役轉二東間切一而、為二荒木與人一也、○大島代官、貞享二年（一六八五年）春、澁江平內左衛門、著任、貞享四年（一六八七年）春、鮫島清左衛門、著任ノコト、大島代官記ニ見ユ、

○元祿四年（一六九一年）辛未、御代官猪俣休右衛門傳曰、「道島與人、可レ赴二鹿兒島一」、是兼日依レ有二令命一也、調進之品物、芭蕉布・燒酎・屋子貝之鹽漬等也、回（同）郡志頭受レ令而赴二鹿兒島一、與人跡役弟白濱也、其後四島之與人、大島・喜界島・德之島・沖之永良部島也、獻二納調進之品物斗一而、有下可二下島一之令上、依レ之、郡志頭、奉レ願二御目見之事一、捧下所二笥藏一之於文獻三通上、一通御證文、一通知行目錄（慶長十八年）、一通喜界島置目御條書也、御取次島方御筆者森市之丞也、依レ是、同年閏八月十日、於二御本丸一、謁二佐多豐州主（久達）一、是、光久（島津）尊君在二江戶一之故也、

○同十一年（一六九八年）丁丑、再赴二薩州一、跡與人弟豐文勤レ之、是時、太守綱貴（島津）公在二東武一也、故郡志頭・大島與人國覇、德之島・沖永良部島兩島之與人者下島、共越年、是、兼日依レ奉レ訴也、

同年十二月三日、奉レ拜二謁于尊君綱貴公一進獻之品物如レ前、也、

○寶永元年（一七〇四年）甲申、上國、跡與人役嫡子郡志玄勤レ之、是歲、綱貴尊君、於二東都一罹二疾病一、以故、修理太夫吉貴（島津）公、馳二尊駕一而赴二江府一、以故、同年九月朔日、於二御下屋敷一、奉レ謁二御家老中一而、下島、其後、轉二西目與人役一、為二荒木與人一也、

○同四年己亥（一七〇七年）、爲二御城御移徙之御祝儀一上國矣、下島之後、辭二與人役一也、嫡子具志玄爲二跡
役一矣、
○同五年戊子（一七〇八年）九月二十一日、死、法名明山常光居士、 ○支流本金樽一流系圖ヲ以テ訂補ス、

〔眞志部一統之系圖〕 ○喜界町　濱川家文書　喜界町図書館郷土資料室架藏複寫版

◎眞志部

居二住志戸桶村（喜界島志戸桶間切）一、

○昔時、球陽政道之砌、勤二首里之大役一、有レ年矣、 ○一六〇九年二月ヨリ先ノ第十二條參看、

○慶長己酉（十四年）（一六〇九年）春、依二嚴命一、使下薩藩之兩將帥（樺山久高・平田增宗）二數千之逞兵一征中伐球王上、所以寡不レ可レ爲レ敵レ衆矣、
爰爲レ可二孤立一哉與、以二德（徳之島）・永良部（沖永良部島）・大島・鬼界四島一、獻二于薩隅日三州之
太守中納言家久公一、 ○一六〇九年三月七日ノ條參看、 是以、廢二却一島主部官（首里大屋子）及大役（大屋子・大親）一、 ○大嶋置目第二條參看、 居二大島兼司（大島奉行・大島代官）
官一、故自致仕而終矣、

○下略、眞志部ノ子女、一六〇九年二月ヨリ先ノ第十二條參看、

〔眞三郎金一統之系圖〕 ○天明七年榮文仁序本　喜界町図書館郷土資料室架藏複寫版

◎眞三郎金

居二住坂嶺村（鬼界島西目間切）一、

○中略、一五八二年是歳ノ第一條及ビ一六〇一年是歳ノ條、參看、

○砂内主

萬暦卅八〔七〕年、當二于慶長十五年〔四〕之春一、薩陽、使三鋭兵征二伐　球王一、所以、小不レ可レ爲レ敵レ大、而以二徳・永良部・大島・鬼界之四島一、獻二于薩隅日之太守公一、至二其期一茫然、不レ能レ與二政事一、故不レ傳二其功業一矣、○一六〇九年三月七日ノ條參看、

○思次郎金

居二住坂嶺村一、依二　薩陽之嚴命一、廢二一島之主部官及大役一、而居二司島官（大島奉行・大島代官）一、故思次郎勤二羽〔喜界島灣間切〕里村掟役一、

○眞三郎金

居住同レ父、

勤二西目村掟役一、

思五郎

勤二坂嶺村掟役一、

思徳

勤二西目間切筆子役一、

○右ニ收ムル大嶋置目幷ニ鬼界嶋置目ト條文ヲ同ジクスル置目ノ寫本、徳之島・沖永良部島幷ニ與論島ニ今ニ殘ラザルト雖モ、下ニ收ムル史料及ビ一六二四年六月ノ條ニ收ムル南聘紀考ニ依ルニ、置目、川上久國ヨリ徳之島奉行ヘ下サレ、徳之島・沖永良部島幷ニ與論島ニ布達サレタルコト明カナリ、

○大島・喜界島・徳之島幷ニ沖永良部島ノ上國與人、島津家家老ノ下問ニ應ジ、正徳元年（一七一一年）八月幷ニ享保五年（一七二〇年）九月ニ、間切役人ノ金簪等装束ノ由諸ヲ申シ上リタレドモ、島津家家老、享保五年十月十二日、大島・喜界島・徳之島・沖永良部島幷ニ與論島ノ間切ノ與人幷ニ横目ノ金銀簪ノ著用禁止ヲ命ジ併テ間切役人等ノ装束ヲ定ム、尋デ、重ネテ四島與人等、装束由緒ヲ申シ金銀簪等著用ヲ許サレンコトヲ訴フルコト、大島要文集、松岡家文書所收大島等與人由緒文書及ビ田畑家隠居跡文書所收四島與人等由緒文書ニ見ユ、此等ノ間切役人装束由緒ノ申狀等ニ、慶長十八年知行宛行、元和六年知行宛行幷ニ元和九年置目ニ關ル記アルニヨリテ、次ニ掲グ、

〔大島要文集〕○東京大学史料編纂所藏島津家本さⅡ―２―32

要文糟粕集巻之一

目録

〇中略

一、道ノ島與人役々ノ者、（（正徳元年）卯八月日四島與人申狀寫）金髪指幷朝衣・廣帶用候儀、由緒御尋ニ付、與人磨文仁申上候書付之事

〇中略

（本文料紙第三十三丁、中扉）

大島要文集自元和年度至寛文年度

一、道之島與人役ノ者共、（（正徳元年）卯八月日四島與人申狀寫）金髪指並朝衣・大帶用候儀、由緒ヲ以用來候哉、其夜（ママ）委細可二申上一旨、御內證ニテ被レ遊二御尋一候由、被二仰渡一奉二承知一候、右ニ付、申傳候儀共、御內意ニテ申上候覺

一、金髪指與人役ノ者用候儀、由緒ノ證書（琉球國中山王詔書）等ハ、不二存申一候得共、本琉球御支配ノ節、先祖ノ內、道ノ嶋頭役ニテ親方官申傳、尤髪指ノ外支度等、其外身廻リノ様子、何ソ無役ノ者共、相替爲申儀無二御座一候、

一、朝衣・大帶幷胴衣・袴着用仕候儀トモ、前々ヨリ役目ニ不レ依、高下無役ノ者モ、何ソ祝事、又ハ屹ト立候砌、持合候者共ハ、着用仕來、嶋ノ風俗ト存知居、其子細何様共、私共ニハ存知不レ申候、諸役人ノ外、百姓共ノ義ハ、公界等モ存候所ニテハ、袖緒（ママ）ヲ仕申事ニ御座候、

一、右、段々申上候通、前代、本琉球御支配ノ内ハ、カナ染鉢巻ニテ、親方官ノ者モ道ノ島頭役相

勤（為）申儀ハ、無二別条一申傳モ御坐候、其以後、御國許御藏入リニ罷成候テモ、與人役ノ者へ御知行被二成下一候節、〇慶長十八年知行宛行、一六一三年九月十日ノ條及ビ同九月二十四日ノ條、參看、且亦、島中ノ御掟書（元和九年置目）御家老様御判物ノ御直書頂戴仕候、右由緒ノ儀ハ、大島ニテ右ノ子孫共代々與人役無二斷絶一相勤來候者共ヨリ、御訴訟申上候趣ニ付、元祿八年（一六九五年）亥五月、大島御代官伊地知五兵衛殿御差上置被レ成候御家老様御判物（知行目録・置目）之御書付、若御見合ニモ可二罷成一儀御座候ハヽ、五兵衛殿御取次ニテ差上置候寫所持仕居申候間、差上可レ申候、此儀者不レ入二申上事ニ一御座候へ共、金髪指前代ニ用可レ申筈ノ者、道ノ島頭役相勤、夫ヨリ段々右ニ申上候通リ相傳申儀ニ御座候付テ、申上事ニ御座候、

加子保躰〔染鉢〕巻御免ノ者モ有レ之候、其後、御國元御藏入罷成候テ、本琉球ヨリ鉢〔巻脱〕取申儀、御差留被レ遊、且又、大親役被二召上一、其子共へ與人役被二仰付一、于レ今、其子孫共、過半與人相續勤居申事ニ御座候、道ノ島ノ儀、前代ニハ大親子頭役ノ官ニテ、大親子ノ内ニモ依二人柄一躰〔鉢〕巻之品一相替為申由候へ共、金髪指ハ何レモ用為申候様、申傳候、

右之通ニモ御座𠋫〔候〕哉、御藏入ニ罷成候テ、其以後、大親子役被二召留一、與人ニ被二仰付一、鉢巻ノ位、本琉球ヨリ取𠋫儀、御差留被レ遊候故、〇大嶋置目第二條、第四條及ビ第十八條、參看、以前ノ頭役大屋子用𠋫金髪指ヲ、子共與人役へ指ト（ママ）傳為申候由、頭役ノ儀ニ𠋫へハ、左様ノ品少シハ相替不レ申候テハ無二差別一由ニテ、于レ今、用來ノ由、申傳候、且亦、道ノ嶋御藏入ニ被二召成一、本琉球江相掛鉢巻等ノ免存候事、

御差止被レ遊、其外諸事、本琉球へ不二相伺一様爲レ被二仰渡一候付テハ無レ之哉ト奉レ存候、本琉球江ハ、親類共御座候へ共、付屆遠慮仕、万端本琉球江ノ古風ヲ忘、御國許御仕置ノ一筋ヲ専ニ可二相守一旨、老人共申傳、私共承リ覺居申候、

一、於二道ノ島ニ一、銀髪指用候掟・笄子類ノ役人、前代用來爲申由ニテ、于レ今、其通ニ御座候、左様御座候へハ、鉢巻御免無二御座一、髪指ヲ以何々ノ次第、前代ヨリ習セ來爲申ノ由モ、右之通、私共承傳申候、道ノ島中、老功ノ者、又ハ島々御代官座へハ、前々被二仰渡一候御書付等モ御座候テ、慥ニ由緒相知可レ申事モ可レ有二御座一候也、私共儀ハ、申傳承居迄ニテ御座候得ハ、何分ニモ難二申上一候得共、御當地ニテ私共申合候テ承傳候趣、乍レ恐、御内意ヲ以申上事ニ御坐候條、右ノ旨、成合候様ニ、宜敷御取成被二仰上一可レ被レ下様奉レ願候、以上、

正徳元卯

八月日

沖〔沖〕永良部島與人
平安山

徳ノ嶋右同
儀間○政家系圖幷ニ義家系圖、一世古千代ノ孫、三世義間、

喜界嶋與人
眞佐知

大島與人
麻〔磨〕呂文仁○屋宮家自家正統系圖十世摩文仁譜參看、

○四島與人等由緒文書
○南西諸島史料集第五巻

〔田畑家隠居跡文書〕
(四島與人申狀寫)

○上闕(第十斷簡)申傳候、尤髪指之外支〔度〕床等、其外身廻り之様子、何ぞ無役之者共ニ相替申儀無二御座一候、

一、朝衣・大帯幷明〔胴〕衣・袴着用仕候儀ハ、前々より役目之子依〔ニ不〕、高下ニ無〔衍〕役之者茂、何ぞ之祝事、又者屹与立候砌、持合候者共者、着用仕來、島之風俗ニ及居〔存知〕候、其子細何様共、私共ニ者存不レ申候、諸役人之外、百姓共之儀者、公界等皆存知候所ニ而者、袖詰（ママ）を仕申事ニ御座候、

一、右、段々申上候通、前代本琉球御支配之内、〇脱文アリ、道之島頭役相勤爲申儀者、無二別條一申傳茂御座候、其以後、御國元御藏入ニ被レ成候而茂、與人役之者江御知行被二成下一候節、且又、島中之御掟書御家老様江御判物之御直書頂戴仕候、右由緒之儀者、大島ニ而右之子孫共代々與人役無二斷總〔絶〕一相勤來候者共より、（第十一斷簡前半部）御訴訟申上置候趣ニ付、元祿八年亥五月、大島御代官五兵衞殿より御取上置被レ成候御家老様御判物之御書付、若御見合ニ茂可レ被レ成儀ニ御座候ハバ、五兵衞殿御取次ニ而差上置候寫所持仕居申候間、差上可レ申候、此儀者不レ入二申上事ニ一御座候得共、金髪旨〔指〕前代ニ用可レ申筈之者、道之島頭役相勤、夫より段々右ニ申上候通相傳爲申儀ニ御座候ニ付、申上事ニ御座候、

〇中間闕ク、

（第十斷簡首部）前代より用來爲申之由ニ而、今に其通ニ御座候、左様御座候得者、鉢卷御免無二御座一、髪指を以役々次第、前代より替せ來爲申由茂、右通、（第十一斷簡後半部）私共承傳申候、道島中、老功之者、又者島々御代官座江、前々被二仰渡一候御書附等も御座候而、恒（ママ）々由緒相知可レ申事も可レ有二御座一候哉、私共儀者、

申傳承居候通ニ而御座候得者、何分ニ茂難二申上一候得共、御當地ニ而私共申合せ候ニ付承傳候趣、乍レ恐、御内意を以申上事ニ御座候条、右之旨成合候様、宜御取成被二仰上一可旨（ママ）儀、奉レ頼候、以上、

永良部島與人　平安山

徳之島與人　儀間

喜界島與人　眞佐知

大島與人　磨文仁

（第七斷簡）

〇後闕

〇本文書、首部幷ニ中間ヲ闕キ、マタ年月日ヲ闕キタレドモ、殘リタル文及ビ永良部島與人平安山・徳之島與人儀間・喜界島與人眞佐知幷ニ大島與人磨文仁ノ連署ニ依ルニ、上ニ収ムル大島要文集所收（正徳元年）卯八月日四島與人申狀案ノ原トナレル文書ト同一ノ文書ヲ原トシタル文書ノ寫ナリ、田畑家隱居跡文書〇龍郷町屋入、佐應志・佐應仁辭令文書〇假稱、嘉永年間砂糖出入帳〇假稱幷ニ四島與人由緒文書〇假稱ノ三文書群及ビ笠利（田畑）家々譜（隱居跡所傳）ノ系圖等ヨリ成レリ、奄美市立奄美博物館所藏名瀬市史編纂委員会資料ニ、筆寫本田畑家隱居跡文書その一・その二、幷ニ田畑家文書〇山下文武氏謄寫本、原本寫眞版田畑家隱居跡文書佐應子・佐應仁父子關係、及ビ筆寫本笠利（田畑）家々譜（隱居跡所傳）アリ、南西諸島史料集第五巻所收田畑家隱居跡文書、上ニ掲グル三文書群ヲ山下文武氏筆寫本ニ據リテ收ム、田畑家隱居跡文書その二ニ收ムル四島與人由緒文書、（享保六年）丑四月十四日大島與人連署申狀寫（前闕）幷ニ地書・（享保六年）大島與人中口上覺寫（殘簡）マデニテ、四島與人由緒人文書ノ殘簡ノ寫ノ全テヲ收ムルハ南西諸島史料集第五巻所收田畑家隱居跡文書ナリ、南西諸島史料集第五巻所收田畑家隱居跡文書ニ收ムル正徳元年（一七一一年）ヨリ享保六年（一七二一年）ニ至ル大島與人・喜界島與人・徳之島與人幷ニ沖永良部島與人ノ島津家家老ヘノ上申文書等寫、斷簡ヲ聚シタル文書集ノ殘簡ナラン、上申文書群、文書ノ趣意ニ依リ、四島與人等由緒文書ト假稱ス、マタ四島與人等由緒文書ヲ、南西諸島史料集第五巻所收田畑家隱居跡文書ニ翻刻サレタル様態ニ依リテ、便宜、十四斷簡ニ別ケ、斷簡名ヲ附ス、

〔田畑家隠居跡文書〕 四島與人等由緒文書
○南西諸島史料集第五巻

（第八斷簡）（四島與人口上覺寫前書）
享保五子年（一七二〇年）、若殿様（島津繼豐）、御初入部　被レ遊候ニ付而、爲ニ御祝儀一、道之島與人上國被ニ仰付一、大島名瀬間切與人佐文仁、子夏、罷登候節、道之島諸役人、金銀之笄・朝衣・廣帯着用仕候由緒、書付を以可ニ申上一旨、被ニ仰渡一、依レ之、四ケ島與人、銘々書附を以申上候次第、左ニ書記、

（第二斷簡）（大島名瀬間切與人佐文仁口上覺寫）
口上覺

乍レ恐申上候、大島與人役之者、金髪指幷ニ朝衣・廣帯着用仕候由緒之次第、書付差上□ニ而被ニ仰渡一、具ニ承知、大體左ニ書記候事、

一、本琉球御支配之砌者、大保屋役之者（大親・大屋子）江（ママ）ニ者、黄鉢巻・金之髪指・朝衣・廣帯御免ニ而着用仕居、次ニ與人・目指・下役之者共、役目依ニ高下一、笄・鉢巻着用、朝衣・廣帯之儀者、下役迄爲ニ着仕一由、申傳候、

（第四斷簡）
一、御國元御支配以後、大屋役之者、御引役ニ被ニ仰渡一、與人官役ニ被ニ仰付一、（○大嶋置目第二條及ビ第四條、參看、）金之笄御免之由申傳候、朝衣・廣帯之儀ハ、筆子・掟迄茂、折目節、今以着用仕事ニ御座候、

一、於レ島、金髪指當時用候者、與人役ニ□（蟲損）横目役迄ニ而御座候、

一、金髪指・朝衣・廣帯着仕候儀ニ付而ハ、由緒有レ之由、前代より傳來候得共、私、不覺ニ而、委細書附、難ニ差上一奉レ存も、成合申儀と御座候ツツ、島へ被レ下、考へ〔老人〕共江相尋、委細書記差上

申度御座候、

一、先卯年（正徳元年、一七一一年）、大島與人麿〔磨〕文仁上國之砌り、右由緒之儀御尋ニ而、委細書記差上置爲申由承候、

右ケ條、前代に申傳、今以着仕事ニ御座候故、大體書記差上申候、右ニ申上候通、委細之儀ハ島江被ㇾ下、同役中江申談、考〔老〕人共江相尋、由緒之次第相記、連書ニ而差上度、奉ㇾ願候、以上、

大島與人

（第五斷簡）享保五子九月（付年號）（一七二〇年）

佐文仁（○笠利氏（田畑家）八世第十二代爲辰、大島名瀬間切與人、）

○田畑家隱居跡文書所收四島與人等由緒文書ニ收ムル享保五年四島與人ノ申狀等寫、猶、子九（享保五年）月喜界島與人永語（○永語ノ上國、勘樽金一流系圖八世永語譜參看、）申狀（○第十二斷簡、前闕、）、子九月四日德之島與人前幸口上覺（○第十三斷簡、德之嶋面縄院家藏前錄帳享保五年條參看、）及ビ沖永良部島與人某申狀（年月日闕）（○第十四斷簡、半部及ビ尾部闕、）ノ三通アレドモ、慶長十八年知行宛行、元和六年知行宛行并ニ元和九年置目ニ直接ニ關ハル記無キニ依リテ、略ス、

〔田畑家隱居跡文書〕 四島與人等由緒文書 ○南西諸島史料集第五卷

（第二斷簡）
地書

此節、大島與人を初、其外諸役人、金銀之髮指相止、向後、眞鍮之髮指可二相用一旨、且又、絹之布之衣服、唐織廣帶、御禁止被二仰渡一、（○下ニ收ムル松岡家文書大島與人等由緒文書所收（享保五年）十月十二日島津家家老種子島久基仰渡參看、）謹而御請仕、則〔卽〕日相改申候、絹布之衣服、唐織廣帶、不ㇾ仕候樣、堅固相守、下知可ㇾ仕候、朝衣・廣帶、紬衣服者、

役人中江者御免許被二仰下一、難レ有奉二承知一候、右ニ付、前代より金銀之髪指相用來候由緒之次第申上、乍レ恐、奉レ訴候、○地書ニ續キテ收ムル大島與人口上覺案寫（後闕）、下ニ收ムル松岡家文書大島與人等由緒文書所收月日大島與人口上覺寫ト異事ナキヲ以テ略ス、

〔松岡家文書〕

○大島與人等由緒文書
○南西諸島史料集第五巻

（大島與人口上覺寫）

口上覺

一、大島之儀者、遠海殊ニ琉球諸島之內ニも、別て手廣島ニ而御座候ニ付、上古ニ者、按司位壹人在島被レ成、御仕置爲在御座候由、中古ハ、琉球差立候士之內ゟ、大親役与被二名付一、黄鉢巻親雲上之內ニも御座敷位ニ而、大島一ヶ間切、押役として壹人ツヽ、以上七人、居付ニ被二差渡一在島仕、年々琉球江罷渡、御仕置方之儀相伺、勤來申候人之內、御奉公方之依二勤功一かな染鉢巻・金髪指頂戴仕候者も爲有御座候由、申傳も御座候、大島江在島仕候內、出生仕候子共之儀も、若人之節、琉球江被二召仕一、依二其器量一、親之跡役被二仰付一候子孫、直ニ居付、大島人ニ罷成、御藏入ニ被二相成一候以來も、代々私共ニ至り被二召仕一候、右差渡候七人之內、大島へ居付御斷申上、琉球へ歸國仕候も御座候由、代り役者、琉球士之內ゟ段々被二差渡一、當時私とも同役之內、程近く、右役目ニて被二差渡一候子孫之儀ハ、琉球差立候士之內親類有レ之、今以書通仕候者も御座候、勿論、先祖共大親役被二仰付一、琉球御朱印（琉球國中山王詔書）、于レ今、所持仕候も御座候、且亦、大親役差次、與人役・目指役・筆子・掟役被二差立置一、與人役相勤候者之內ハ、親雲上位ニも黄鉢巻頂戴仕候も御

座候由、目指・筆子・掟役目之者、人々琉球江罷渡、築〔筑〕登位・赤鉢巻御免ニ而、髪差ハ諸役人一同ニ銀之髪指相用申候由、申傳候、奉公人ニ而被二召仕一候者之內、下役ニても眞鍮之髪指相用申候、承傳候者無二御座一候、將又、右諸役人朝衣・廣帯着用仕候儀、琉球ニ而被二召仕一候親雲上、築〔筑〕登位之者、相替無二御座一由、申傳御座候、

一、慶長十五年、大島御藏入ニ被二召成一候以來も、諸役人數ハ不二相替一被二召立置一、琉球江參り鉢巻申受候事も有來通被レ遊二御免一、大親役江知行弐拾石、與人役江拾石、目指役ヘ知行五石、筆子・掟役ヘ御役料拜領被二仰付一頂戴仕候、慶長十八年伊勢兵部少輔様・三原諸右衞門様御判物之御知行御目錄、且又、大親役ヘ御知行弐拾石、御切米五石、與人役ヘ御知行拾石、御切米弐石、筆子・掟役ヘ御切米弐石、被二成下一候、元和九〔六〕年税所弥右衞門様・蒲生〔池〕備中守様御印判御書付等、于レ今所持仕候、右之通御藏入ニ被二召成一候以後も、難レ有被二召仕一下候得共、諸役人琉球江參り、鉢巻之位ニ付、免ヲ申受候筋、無二御座一候而者、一向琉球江慕親、自然与御藏入之方御奉公疎略ニ仕躰ニも御座候哉、大親役被二召止一、被二成下置一候御知行被二召止一、〇大嶋置目第二條參看、與人役江御切米迄ニ被二召成一、〇同第四條及ビ第七條、參看、諸役人琉球江官位ニ相付、鉢巻之免越申請候事、堅御禁止ニ被二仰渡一候、元和九年御老中様方御判物之御條ケ書、于レ今所持仕申候、右被二仰渡一候通、位成鉢巻之免を申〇請ヨリ免をマデノ五十字、田畑家隱居跡文書所收四島與人等由緒文書第三斷簡ニ據リテ追補ス、不二申請一筋ニ御座候得者、〇大嶋置目第十九條參看、諸役人之訳相立不

レ申儀ニ御座候間、何卒、有來通被レ遊二御免一被レ下度旨達、可三訴爲二申上一由御座候得共、琉球へ參り、鉢卷之免ヲ請候儀、弥御禁止被二仰付一、大親役以來、其子共ゟ與人役相勤候筋被二仰渡一、與人役者島中之頭役之由ニて、金髮差被レ遊二御免一、其外之諸役人者、一同限ニ銀之髮差相用、支度等〇田畑家隱居跡文書所收四島與人等由緒文書第三斷簡、支度等ノ次ニ、其以前之通着用可仕旨被仰渡候由御座候得共與人役へ金之髮差御免被下候ニ付難有御請仕琉球へ參位成鉢卷申請候儀相止與人役江金髮指其外諸役者一同ニ銀之髮指相用支床等者ノ文アレドモ、文、整ハザルトコロアリ、有來通、朝衣・廣帶、今以不二相替一相用來候由ニ御座候、不レ蒙二御免ヲ一、私ニ金銀之髮差相用來候儀ハ無二御座一候間、將又、大島御藏入被二召成一候以後も、島中諸上納取拂御仕登方、大親役ゟ差引仕、三ヶ年一度ツヽ、大親役上國仕、遂二御勘定一候、其內御在島被レ遊候御奉行・御附役之儀ハ、島中御仕置迄ヲ爲二聞召一〔之〕上由御座候も、元和九年、大親役被二召止一候以後も、與人役御物取拂御仕登方相勤、三ヶ年間上國仕遂二御勘定一爲申之由御座候、其後、多年程過、御奉行・御附役ヲ御代官之御役目ニ被二相改一候節ゟ、〇寛永九年（一六三二年）十月、鹿兒島城主島津家久、有馬純定ヲ翌年ヨリノ大島代官ニ任ジ、寛永十年三月七日、純定、名瀨間切大熊村代官假屋ニ著任ノコト、有馬丹後守純定大嶋附肝付表代官表相勤候覺ニ見ユ、奄美群島編年史料集稿寛永年間編寛永九年（一六三二）十月ノ條參看、與人役御筭用ニ上國仕候儀被二召止一、於レ島、御代官御座江相付、遂二御勘定一候由、被二仰付一、其通ニて、今以相勤來候由申傳御座候、右、申上候通、元和九年、鉢卷之免ヲ受候事、被二召止一、官位取離候得共、勤方之次第ニ者、以前ニ差て相替儀無二御座一候、其上、先祖共差立候士之內ゟ被二差渡一、代々頭役相勤候次第、其砌まて、島中諸百姓ニ者存知之前ニ御座候ニ付、訳も相立候樣、爲有御座由候得共、其後多年間有レ之、初而手札御改被二仰渡一候節、於二御國元一御奉公人與之訳、手札之節ニテ〇御改ヨリニテマデノ二十四字、田畑家隱居跡文書所收四島與人等由緒文書第三斷簡ニ據リテ補ス、表御取訳御座候段、遠島之故、不案內ニ而、存知無二御座一候ニ付、其涯御訴不二申上一、百姓〇不案ヨリ百姓マデノ二十二字、田畑家隱居跡文書所收四島與人等由緒文書第三斷簡ニ據リテ補ス、一同之在鄉手札申受來、漸弐三拾年程過候而承傳、驚入仕合御座候間、〇寛永十一年（一六三四年）是歲春、入佐鄉左衞門、德之島代官トシテ著任シ、任中ニ人躰ニ手札ヲ渡スコト、德之島面縄院家藏前錄帳幷ニ詰役系圖ニ見ユ、奄美群島編年史料集稿寛永年間編寛永十一年（一六三四）是歲ノ條參看、御取訳被レ下度候旨、段々御訴申上候得共、重立候御訟訴ニて候間、此節も見合申上候樣ニ者、時々其節之御代官樣ゟ被二召留置一候、近年ハ、私共役目之者被二召登一、難レ有御目見被二仰渡一、誠ニ以身ニ餘冥加至極奉レ存候、然共、內々ニ者、百姓共同輩ニ罷成、先祖以來之由緒も取失、別て歎入奉レ存候ニ付、私共同役之內ゟ、弐拾五ヶ年前之亥年（元祿八年、一六九五年）、御代官伊地知五兵衞樣御取次ニて、御訴申上、且又、九ケ年之辰年（正德二年、一七一二年）、里村茂兵衞樣御取次ニ而御訴申上〇且又ヨリ申上マデノ二十三字、田畑家隱居跡文書所收四島與人等由緒文書第三斷簡ニ據リテ補ス、候得共、終ニ者御取揚無二御座一候ニ付、百姓共究て同輩ニ存居申候ニ付、適々御用向ニ付、下知仕候儀共も、心得違ニて畏兼申事も間々御座候、島中手廣事御座候得者、以來ハ弥私共役目ヲ輕存成、上下之訳も不二相立一、御仕置方之滯ニも可二罷成一哉、旁以歎ヶ敷奉レ存候、右時節を以、御訴可二申上一候、念願ニ御座候處、此節、髮差迄被二召改一、右申上候通、琉球御支配內ゟ當時ニ至迄、輕キ奉公人ニ而も、其數ニ入候役人者、皆共銀之簪相用來事ニ御

座候、眞鍮笄之儀者、琉球御支配諸島人共人家數へ來候者、幷諸百姓一同ニ相用申候由、承傳申候、此程者、百姓同前之在郷手札ハ、被二仰付一來候得共、右由緒ニて、當役人・本役人共ニ役人筋之者ハ、笄迄ハ金銀之笄相用來、此事諸百姓迄御取訳も御座候処、笄迄諸百姓同輩ニ罷成候段、誠ニ以歎入仕合ニ御座候、

一、當島之者、琉球江參候処、金銀之笄絹布之衣類相用事、御禁止被二仰渡一候、惣而支配等品能不レ仕、琉人相交り候節、奢候爲レ躰無二御座一、成程質素可二相嗜一候處、此節被二仰渡一趣、謹て御請仕候、以後者、琉球へ參り候者共、其節儀守候樣、時々堅固ニ下知可レ仕候、此已前、琉球衆ゟ當島諸役人參會之節、睦敷可二相交一候、基〔其〕段々御座候樣子ハ、前代當島諸役人琉球へ參り、鉢卷之免ヲ受候儀、御禁止被二仰渡一候節、琉球御支配內者、諸百姓草履はき候事、堅御法度御座候得共、草履はき候樣被二仰渡一、〇大嶋置目第十九條參看、惣て百姓迚も格式被二相改一候得共、島人共姿ヲ被二相改一事ニ候得者、自然与御藏入之御奉公方疎意ニ罷成、御咎目ニも逢可レ申候間、以來役人筋之者、其心得可レ仕旨、先祖共ゟ申傳候ニ付、於二只今一ハ、琉球衆へ不二相親一事を御奉公之樣思ひ罷居候ニ付、琉球、御國元(鹿児島)御上下之節、當島之內へ汐掛ニ被レ成、諸役人參會仕事、每ニ御座候、御奉公人之儀候間、一向者無音者難レ仕故、在合野菜・肴ヲ送り、永々滞船被レ仕候節ハ、陸宿ニも申付、一座之挨拶、私共ゟ無レ構仕申事無二御座一候、且亦、琉球御奉行樣、德之島・沖永良部島御代官幷御附

役衆中御乘船、當島之御汐掛被レ成候砌者、叮嚀ニ御取持仕候、依二時宜一者、琉球衆乘船も一湊へ滯船被レ成候節、御取持之次第差別御座候儀、見聞有レ之筈御座候、前代琉球御支配之所ニ而候越、於二于今一ハ、右躰疎遠仕候ヲ遺恨ニ被レ存候而御座候半、且亦、當島諸役人共、百姓同前ニ在郷札被二仰付一、無官無位ニて金笄相用候儀、法外之仕形ニて候由、前方ゟ、琉球衆、當島諸役人ヲ賤しめ、惡口仕様子ニ御座候、然共重立候御役目衆江ハ私共ゟ相敬、御相對仕候故ニても候哉、終ニ無禮躰之儀無二御座一候、琉球輕キ奉公人衆ゟ、別而、賤め無禮之挨拶共御座候、私共存候者、琉球按司方御筋目之儀ハ格別、其以下諸役目之儀ハ、御奉公之依レ功、官位上下之分有レ之、被二召仕一候由御座候、私共先祖之儀も、大島押役として同列ゟ被二差渡一、御藏入被二召成一候以後も、代々被二召仕一候、尤御藏入ニ被二相成一候ニ付、格式者被二相改一候得共、金笄之儀ハ蒙二御免一相用來候越、右之通、賤メ被レ申候事、不二成合一候様ニ相考、相應之挨拶共仕候ニ付、何時も取會之節相互ニ睦敷無二御座一候、右次第之儀茂鬱憤ニ被レ存候哉、私共相用候金笄ヲ爲レ祓可レ有レ之、取沙汰拾ヶ年以前ゟ、内々琉球ニて風聞御座候ニ付、當春琉球へ參り、内々ニも當島ニて金笄相用候者も御座候得共、私共用事ニ付遠海ニ參り、地下人共ゟ惡越請候事不レ宜故、銀笄相用、金笄・絹布之衣服ハ着用不レ仕由、琉球人江相交り候節も萬端嫌下り、愛憐越受候様、身持相慎候得共、全躰之非道ニ逢、無二是非一次第御座候由、琉球江參り候者ゟ得与承知仕候、然処ニ、今度眞鍮之笄被二相改一候付而ハ、先様、猶以二琉球衆參會仕候節一、相對難レ仕可レ有二御座一候旨、乍レ恐、奉レ考様子候、眞鍮之髪指之儀ハ、琉球御支配之諸島共ニ百姓等相用候由、右髪指相用候者ハ、琉球重立候御役目衆江ハ、一座仕事も不二相叶一候様承知仕、右ニ付而ハ、琉球衆當島へ汐掛被レ成、私共御取合仕候節、琉球御支配之百姓共ゟも取持同前ニ相敬不レ申候時ハ、髪指ニ不二成合一無礼仕候由ニて、悪口而已可レ被レ致儀も可レ有御座候哉、左様御座候而、島中頭役ニて被二召仕一事御座候得者、琉球百姓ゟ相敬候様迄ハ取持仕賦奉レ存候、假令、無禮之儀被二申掛一候而も、成所まてハ仰渡之一筋ヲ堪忍可レ仕事御座候得共、依二時宜一用捨不二相叶一訳も御座候節ハ、出合仕儀も可レ有二御座一候哉と心遣シ奉レ存候、且又、右申上候通、琉球ニて眞鍮之笄越相用候者ハ、重立候御役目之衆江、一座罷出候儀方へ不二相叶一由ニ御座候処、私共事、近年被二召出一、乍レ不二成合一、難レ有　御目見被二仰渡一候役目ニ者、眞鍮之笄相用候事、成合不レ申様、乍レ憚奉レ存候、

一、當時琉球御支配之八重山島・宮古島其外之諸島諸役目之者、御取訳之次第ヲ承傳申候、前代當島諸役人御取訳御座候通、頭役ハ親雲上鉢巻、其外諸役人者築〔筑〕登位赤鉢巻、何連も銀之笄相用筋御座候、當島諸役人無官無位ニて鉢巻之免ヲ受候儀ハ無二御座一候得共、難レ有　御目見被二仰渡一との御藏入、被二召仕一成被レ下候御規模ヲ、誠ニ以冥加至極奉レ存候、然處、髪差之儀ハ、琉球御支配下之百姓笄被二仰渡一候事、琉球御支配之諸島諸役人及不レ申事、如何ニ奉レ存候、且亦、當島百

姓共之儀、万端慈悲之御仕置御座候筋ゆへ、琉球御支配内之百姓共ゟ居成、渡世之續方、格別宜敷御座候段者、存之前ニ御座候處、當島諸役人、琉球御支配之百姓同前之髪指ニ被二仰渡一候而も、其支配之百姓ニて御座候条、百姓迄も琉球御支配之百姓ゟ、身劣之姿ニ成行可レ申事ニ御座候間、左様御座候ハヽ、御奉公方可二相勵一力付も無二御座一、上下之禮儀ヲ相乱、島中風俗悪敷罷成候儀可レ有御座候与、乍レ恐、奉レ考候、〇以下、便宜、改行ス、

右條々申上候通、私共儀、琉球御支配内ゟ、御藏入被二召成一以來、代々被二召仕一、一筋ニ御座候處、右由緒ヲ取失、以後共、元來大島平百姓同案ニ罷成候段、誠ニ以歎入仕合ニ御座候、依レ之、其恐不レ顧、奉レ訴事御座候条、何卒被レ加二御憐愍一、役人筋目之者之儀ハ、何分ニも百姓迄御取分被レ下事、謹て奉二願上一候、髮差之儀も諸役人者、訳相建候様被二仰渡一被レ下度奉レ存候、左様御座候へ者、役々之者昇進之心掛無レ之、御奉公之勵ニも薄罷成、且又、御仕向之締ニも罷成間敷哉与、乍レ恐、奉レ考候間、何連之筋ニも御沙汰次第被二仰渡一、眞鍮之笄相用事ハ蒙二御免許一候様、偏ニ奉二願上一候、〇下ニ收ムル（享保五年）子十月十二日島津家家老種子島久基仰渡寫參看、此等之趣成合候様、宜敷被二仰上一可レ被レ下事、奉二頼上一候、以上、

月　日　大島與人中

〇本文書、月日トノミアリテ年ヲ闕クト雖モ、文中ニ、元祿八年（一六九五年）ヲ弐拾五ヶ年前之亥年、正德二年（一七一二年）ヲ九ケ年之辰年ト記セルニ依リテ、享保五年（一七二〇年）ニ作成サレタル文書ナリ、マタ本文書、文中ニ、眞鍮之笄相用事ハ蒙御免許候様偏ニ奉願上候ト記セルニ依リテ、下ニ收ムル眞鍮髮差使用ヲ許シタル子（享保五年）十月十二日島津家家老種子島久基仰渡ヨリ前、享保五年夏ニ鹿兒島ニ上國シタル大島與人佐文仁、鹿兒島ニ

テ作成シ島津家ニ呈シタル申狀ノ寫、或ハ呈セラレザレタル草案ノ寫ナラン、月日大島與人口上覺寫ノ筆寫本ニ、南西諸島史料集第五巻田畑家隱居跡文書四島與人等由緒文書所收第三斷簡（後闕）幷ニ奄美市立奄美博物館所藏名瀬市史編纂委員会資料架藏田畑家隱居跡文書筆寫本複寫版所收ノ（年闕）斷簡寫（前後闕）アリ、松岡家文書所收本ノ脫落ヲ、松岡家文書所收本及ビ田畑家隱居跡文書所收本ノ原本不詳ナルニヨリ、田畑家隱居跡文書筆寫本複寫版ニ據リテ補シ、奄美市立奄美博物館所藏童虎山房架藏口上覺ニ依リテ訂補セル本文ヲ揭グ、

〔松岡家文書〕○大島等與人由緒文書○南西諸島史料集第五巻

（島津家家老種子島久基仰渡寫）

大島・德之島・喜界島・沖永良部島

右四島與人・橫目、此間者、金之笄幷朝衣・廣帶致二着來一候由候得共、向後、金銀髮指令二禁止一候、眞鍮髮差用可レ申候、朝衣・廣帶者、與人・橫目・目指・筆子・掟迄、令二免許一候条、其外ハ曾て用間敷候、廣帶之儀、唐織用候儀者、令二禁止一候、

一、右役々之者ハ、紬着用ハ令二免許一候、絹布ハ令二禁止一候間、曾て着用致間敷候、

一、右役々之外ハ、木綿着用いたし、絹布幷紬迄も曾て着用致間敷候、

右之通可二申渡一旨、彈正殿（種子島久基）御差圖ニて候、以上、

（付年號）享保五子十月十二日　和田次兵衛（勝手方取次）

大島代官

上村半左衛門殿○享保四年（一七一九年）春、上村半左衛門、大島代官トシテ著任ノコト、大島代官記參看、

○中略

（大島七間切與人連署申狀寫）

大島與人幷諸役人、此以前、金銀之髮指用、朝衣・廣帶着用仕來申候由緒、御尋被レ成

候付、蒙ニ御免一、仕來申候趣申上候、

一、大島之儀、琉球支配之節、上古ニ者、按司位之人、御仕置在レ島被レ成候、中古以來ハ、琉球ニ而差立候士之內ゟ、大親役と被ニ名付一、黄鉢卷親雲上之內ニも御座敷位之人爲ニ押役一、一間切ニ壹人ッヽ、以上七人被ニ差渡置一、年々琉球江罷渡、御仕置方之儀、相伺勤來候、其內御奉公之依ニ勤功一、かな染鉢卷、金之髮指頂載仕候者も御座候由、大島江在島之內、出生仕候子共も、若年之內琉球江被ニ召仕置一、依ニ器量一、親之跡役被ニ仰付一候由申傳候、然處、慶長十五年御藏入ニ被ニ仰付一候節、右七人之內御斷申上、琉球江歸國仕候も御座候、亦者直々大島江居付ニ罷居候も御座候、其子孫、御藏入ニ被ニ相成一候以來、代々引續、私共迄難レ有被ニ召仕一候、尤先祖共江大親役被ニ仰付一候琉球御朱印所持仕候も御座候、

一、慶長十五年、大島御藏入ニ被ニ仰付一候以後も、與人・諸役人琉球江參り、鉢卷申受候儀も有來通、被レ遊ニ御免一候ニ付而、私共先祖與人役相勤候者之內ニも、親雲上位・黄鉢卷頂戴仕候者も御座候、且亦目指・筆子・掟役之者も琉球江渡海仕、筑董〔童〕(筑登之)位・赤鉢卷御免御座候、髮指ハ、一同ニ銀髮指用候由、目指役ハ、元和九年被ニ召止一候、〇大嶋置目第三條參看、

一、大親役江御知行弐拾石、與人役江御知行拾石、目指役江御知行五石、筆子・掟役江も御役料被ニ仰付一候、慶長十八年、伊勢兵部少輔様・三原諸右衞門様御判物之御知行御目錄頂戴仕候、〇一六一三年

九月十一日ノ條及ビ同九月二十四日ノ條、參看、其後、大親役江、御知行弐拾石、御切米五石、與人役江、御知行拾石、御切米弐石、筆子役江、御切米弐石、被二成下一候、元和九年〔六〕、税所弥右衞門様・蒲地（蒲池）備中守様御印形之御書付所持仕候、〇一六二〇年是歳ノ條參看、大親役無レ程被二召止一、御知行・御切米被二召上一候、與人役江被二下置一候御知行も被二召上一、御切米までヲ被レ下候、〇大嶋置目第二條、第五條及ビ第六條、參看、諸役人琉球江參り、位ニ相付、鉢巻之免被二申受一候事、堅く御禁止被二仰付一候、〇大嶋置目第十九條參看、元和九年、御家老仲様御判物之御條書所持仕候、

〇中略

右者、大島與人幷諸役人、金銀之髪指用、朝衣・廣帯着用仕來申候次第、右之通御座候間、

此段申上候、以上、

笠利間切與人

稲里〇稲里、嬉姓喜志統親方系譜十一世第十二代稲里譜參看、

能民

名瀬間切與人

佐文仁（爲辰）〇笠利（田畑）家々譜隱居跡所傳八世第十二代爲辰譜參看、

前沢

屋喜內右同

（爲治）佐冨○佐冨爲治、佐文仁弟、笠利（田畑）家々譜隱居跡所傳八世二男家始祖爲治譜及ビ田畑勇弘「笠利氏家譜（三）」（『奄美郷土研究会報』六号）所收田畑二男家系圖二男家第一代爲治譜等、參看、

國覇

西間切右同

三統○嬉姓喜志統親方系譜十一世三統譜參看、

豐嶺○嬉姓喜志統親方系譜九世豐嶺譜參看、

東間切右同

磨文仁

實統○與與世戸見一流系圖六世第六代實統譜參看、

住用間切右同

浦世○師玉家系圖六世浦世譜參看、

古見間切右同

佐渡知○宇宿大親家譜系圖及ビ和家系圖、六世佐渡知譜參看、

喜秀

正德年間（ママ）
丑（享保六年、一七二一年）四月十三日

大島
御代官座

（喜界島與人申状案寫）
乍レ恐口上書ヲ以奉二御訴一

一、喜界島之儀、前代本琉球御支配ニ而御座候節、島之頭役・大屋役弁與人格迄被二仰付置一、鉢巻・金之笄御免ニて用來申候、然處、御藏入ニ被二仰付一候節、大屋役御滅被レ遊、與人役島之頭役ニ爲、被二仰付置一由、○大嶋置目第二條・第三條及ビ第四條、参看、傳承申候、當時與人・横目相勤申候者共、大屋役弁與人役相勤申候者共之子共ニて御座候、右由緒を以、與人・横目之儀ハ、金之笄用來申候、筆子役・掟役之者共、銀笄用來申候、元錄〔祿〕四年（一六九一年）未年、道之島與人初て上國被二仰付一、當島ゟ與人郡志島、〔頭〕○上ニ収ムル金樽金一流系圖参看、大島ゟ與人佐渡知罷登候、御目見被二仰付一候節も、同前、金之笄・廣帯相用來申候、寶永三年（一七〇六年）戌年、毎年上國之儀被二召止一、何楚、御折目之節、御祝儀罷上可レ申旨、被二仰付一候故、御祝儀之節、御差圖次第罷登來申候、正德元年（一七一一年）卯年、大島ゟ與人磨文仁、當島ゟ與人眞佐知罷登候砌、金之笄・廣帯用來申候謂、御尋被レ遊候ニ付、書付を以段々申上候由承申候、其節、何分被二仰付一候付、此以前之通、金髪指・廣帯用來申候處、享保五年（一七二〇年）子之年、當島ゟ與人永語、大島ゟ與人佐文仁罷登申候節、島諸役人金銀之笄相止、向後、眞鍮之笄相用、朝衣・廣帶、紬着用可レ仕候、絹布幷唐織之廣帶御禁止被二仰渡一、且亦、右役々之外者、木綿着用仕、絹布幷紬迄も曾て着用仕間敷旨、被二仰渡一候趣、〔○上ニ収ムル子十月十二日島津家家老種子島久基仰渡参看、〕謹可レ奉二承知一御請申上、則金銀之笄相改申候、右ニ付而、近比成合不レ申儀、奉レ存候得共、道之島與人ニも琉球格式を以、御目見被二仰付一候、眞鍮之笄之儀ハ、琉球ニ而も末々之者着用、島ニ而も末々之者相用申事ニて御座候、與人役之儀、右由緒も御座候而、島頭御役被二仰付置一儀ニ而御座候間、何卒、品相替り申候様、被二仰付一被レ下度奉二願上一候、此等之趣掛合申儀御座候ハヽ、宜被二仰付一被レ下候様、奉二頼上一候、以上、

（享保六年）
月日
喜界島
與人中

〇南西諸島史料集第五巻所收本松岡家文書、山下文武氏筆寫本ニ據レリ、松岡家所藏本ヨリ書寫セル寫本ニ、奄美市立奄美博物館所藏童虎山房架藏原口虎雄氏筆寫本口上覺及ビ、原口虎雄氏筆寫本口上覺ヲ複寫シタル鹿児島県立奄美図書館所藏名瀬市史編纂委員会資料本複寫版田畑佐文仁目錄及大島與人幷諸役人服裝由緒書アリ、松岡家所藏ノ文書ニ、寶永三年（一七〇六年）系圖文書差出令・田畑佐文仁關係文書幷ニ正德三年ヨリ享保年間ニ至ル大島等與人由緒上訴關係文書ノ十六通ヲ聚セル文書集寫本（後闕）ノ一書アリ、此書ヲ、山下文武氏、奄美郷土研究会報十九号及ビ南西諸島史料集第五巻ニ於テ松岡家文書ト稱シ、原口虎雄氏書寫本外題ニ口上覺トアレドモ、便宜、大島等與人由緒文書ト假稱ス、丑四月十三日大島七間切與人連署申狀ノ筆寫本ニ、南西諸島史料集第五巻田畑家隱居跡文書四島與人等由緒文書所收第一斷簡幷ニ奄美市立奄美博物館所藏名瀬市史編纂委員会資料架藏田畑家隱居跡文書筆寫本複寫版所收ノ（年闕）四月十三日大島七間切與人連署申狀寫（前闕）、マタ、月日喜界島與人口上案寫ノ筆寫本ニ、南西諸島史料集第五巻田畑家隱居跡文書四島與人等由緒文書所收第六斷簡（後闕）アレドモ、松岡家文書所收本及ビ田畑家隱居跡文書所收本ノ原本不詳ニシテ、童虎山房架藏口上覺ニ依リテ訂補セル本文ヲ掲グ、

〔德之島面繩院家藏前錄帳〕

○奄美史料集成所収道之島代官記集成

（序）○上略、一六一三年八月十一日ノ條參看、同（慶長）十五年與里、御藏入ニ相成候、以後迄茂諸役人之數者、琉球時代不二相替一被二召立置一、尤琉球江參、鉢卷等之免申請候事茂有來候通被レ成二御免一、大親役江御知行弐拾石、御切米五石、用人（與人）役江御知行拾石、御切米弐石、目指役御知行五石、筆子・掟役江茂御役断拜（料）領被二仰付一、御切米弐石被二成下一頂戴仕候、同十八年、伊勢兵部少輔殿・三原諸右衞門尉殿、且亦、蒲地備中守殿（元和六年知行目錄）幷稅所彌右衞門尉殿御判物之御知行御目錄、○一六二〇年是歲ノ條參看、道之島江被二仰渡一頂戴仕候、其後、諸役人琉球江參、位ニ付、鉢卷之免ヲ申請候筋ニ有レ之候而者、猶又、琉球江慕親、自然与御奉公諫（疎）略仕候躰ニ茂有レ之候哉、無レ程、大親役被二召止一被二成下一候、御知行茂被二召上一、御切米迄ヲ被レ下候、大○嶋置目第二條及ビ第七條、參看、諸役人、琉球江參官位ニ相付、鉢卷之免申請候事、堅御禁制被二仰渡一候、○同第十九條參看、大親役被二召止一候以後者、其子孫共ニ用人・高官役可レ被二仰付一旨、道島江被二仰渡一候、以後迄茂四島用人役之者共、其子孫代々引續被二召仕一來候、無位無官ニ罷成、鉢卷等取離候儀、別而歎入爲申由候得共、用人役江花金之髮指被レ成二御免一、其外之諸役人者、一同ニ、銀之髮指、以前之通被二仰付一候付、難レ有御請仕、琉球江參位官成鉢卷申請候儀、屹与相止、髮指・朝衣・大帶・胴衣・袴、今以不二相替一用來候、元和二（一六一六年）天丙辰年、從二御國許一、昔者探題ニ、御奉行衆与被二名付一、御功家方與里御壹人、御家來被二召列一、當島・沖永良部島・與論島爲二御押役一、德之島ニ御下初、○下略、一六一六年是春ノ條參看、

○鹿児島城主島津家久、大島等ノ間切役人ニ知行ヲ宛行フコト、一六一三年九月十一日ノ條、同年九月二十四日ノ條幷ニ一六二〇年是歳ノ條ニ、鹿児島城主島津家久、川上久國ヲ惣竿奉行ニ任ジ、大島等ノ検地ヲ行ハセシムルコト、一六二一年是歳ノ條ニ、及ビ惣竿奉行川上久國、琉球國ヨリ日本薩摩國鹿児島ニ還ル、尋デ、鹿児島城主島津家久、大島・喜界島・徳之島・沖永良部島及ビ與論島ノ石高ヲ定ムルコト、一六二四年六月ノ條ニ見ユ、

一六二四年（琉球國中山王尚豐四年・明天啓四年・日本寛永元年・甲子）

六月、惣竿奉行川上久國、琉球國ヨリ日本薩摩國鹿兒島ニ還ル、尋デ、鹿兒島城主島津家久、大島・喜界島・徳之島・沖永良部島及ビ與論島ノ石高ヲ定ム、

〔南聘紀考〕巻之下　○東京大学史料編纂所所藏島津家本さⅠ―12―33―64

七年、(元和)〈辛酉〉○中略是歳、川上左近將監久国、奉レ旨、使ニ鮫島孝左(衛)門宗昌一爲ニ竿奉行一、有馬丹後守純定爲ニ附役一、往丈ヨ量大島・鬼界島等一、凡道五島税額肆萬參仟貳佰伍拾柒斛柒斗陸升零、所レ謂、壹石亦卽籾壹斛伍升云、○中略、一六二一年是歳ノ條參看、

九年癸亥閏八月、国相島津久元・喜入忠政・三原重種・比志島国隆・伊勢貞昌、定ニ諸制度(置目)一、○中略、一六二三年閏八月二十五日ノ條參看、九月、遣ニ川上久国一、徧ヨ歷道島(大島等)一、五日、抵ニ琉球一、使ニ以播レ之、○中略、川上久國、道之島ヨリ琉球國ニ抵レル月日、猶、檢ズベシ、寛永元年ノ紀、便宜、改行ス、

寛永元年、(一六二四年)〈甲子〉○中略六月、久国還レ自ニ琉球一、於レ是乎、大島等、始貢ニ于本府一如レ制(置目)、凡大島・喜界島・

永良部島・德島（徳之島）・與論島、所二總計一税額肆萬參仟貳佰伍拾（柒脱）石柒斗陸升參合參勺肆撮、所レ謂、壹石以二籾壹石伍升一定レ之、如二本琉球例一、

〔西藩田租考〕巻下　琉祖第二十五　○東京大学史料編纂所所藏島津家本さⅠ—12—33—353

元和○中略七年、川上久國奉レ旨、使下鮫島孝左衞門宗昌爲二竿奉行一、有馬丹後守純定爲二附役一往丈中量大島・鬼界島等上、○一六二一年是歳ノ條參看、凡五島税額、總計肆萬參千貳佰伍拾柒斛柒斗陸升參合參勺肆撮、亦以二籾壹斛伍升一爲二高壹斛一、所レ謂、元和十年（寛永元年、一六二四年）竿云者此也、而其五島、則大島・喜界島・永良部島・德島・與論島也、遣二川上久國一偏二歷道島一、抵二于琉球一命二租調事一、寛永元年六月、久國還レ自二琉球一、是年、大島等、始貢二于本府一、

〔薩隅日田賦雜徵〕○東京大学史料編纂所所藏島津家文書65—8

寛永十年（一六三三年）竿幷慶安五年（一六五二年）御船手竿

○中略

一、高頭四萬三千貳百五拾七石七斗六升餘　　琉球道之島

右、寛永元年より御藏入之故、爲二收納一內檢高、壹石に付、籾三俵賦之高に相見得申候由、古帳相見得申候、

○下略、奄美群島編年史料集稿寛永年間編寛永十二年（一六三五）八月二十八日ノ條參看、

○大島東間切幷ニ西間切ニ屬セル加計呂麻島、及ビ同西間切ニ屬セル與路島幷ニ請島ノ石高、大島ニ含マル、

○鹿兒島城主島津家久、惣竿奉行川上久國ヲ琉球ニ遣シテ、置目ヲ琉球國ニ傳ヘシムルコト、一六二三年閏八月二十五日ノ條ニ、德川家光、島津家久ニ、薩摩、大隈兩國併セテ日向國諸縣郡六十萬五千石餘及ビ琉球國十二萬三千七百石ノ領知ヲ許スコト、奄美群島編年史料集稿寛永年間編寛永十一年（一六三四）八月四日ノ條ニ見ユ、寛永十二年、道之島五島高ヲ定ムルコト、同寛永十二年（一六三五）八月二十八日、川上忠通、琉球國三司官ニ、島津家久領知目錄寫ヲ下セルコトヲ傳ヘ、併セテ薩摩、大隈兩國等幷ニ道之島ニ倣ヒたはこ出物上納ノコト等ヲ命ズル條ニ合敍ス、

上巻補遺

一四三三年（琉球國中山王尚巴志十二年・明宣德八年・日本永享五年・癸丑）

五月八日、是ヨリ先、琉球國中山王尚巴志、明ニ使者物志麻結制等ヲ遣シ、禮部ニ咨文ヲ呈シ馬及ビ方物ヲ貢ズ、是日、明皇帝、琉球國使者等ニ宴ヲ賜ヒ、尋デ、九日、明皇帝、琉球國使者等ニ綵帛等ヲ賜フ、

〔明實録〕大明宣宗章皇帝實録卷之一百二
○中華民國中央研究院歴史語言研究所校印本所收國立北平圖書館藏紅格鈔本

宣德八年五月癸丑朔、○中略（三日）乙卯、琉球國中山王尚巴志、遣二使者物志麻（大島）結制（掟）等一、奉二表箋一、貢二馬及方物一、○中略（八日）庚申、賜二日本國・琉球國・（韃靼阿魯台王）迤北和寧王等處貢使宴一、○中略（九日）辛酉、○中略賜二琉球國使臣物志麻結制等・泰寧衞（兀良哈、ウリヤンハイ）指揮僉事板不來等綵幣・絹・布一有レ差、

〔歴代寶案〕第一集　卷十六　國王咨　起洪熙元年至宣德十年
○沖縄県立図書館史料編集室編歴代宝案校訂本第一冊

琉球國中山王尚　爲レ謝二
恩等事一、今、將二各□（件）事理一、合行開坐移咨、施行、須レ至レ咨者、

計二件

一件、謝

恩事、近、據二使者佳期巴那（垣花）等告一称、○琉球國中山王尚巴志ノ使者佳期巴那、明ニ入貢スルコト、明實錄大明宣宗章皇帝實錄巻之七十宣德五年九月癸丑（十五日）第二條及ビ同大明宣宗章皇帝實錄巻之七十一宣德五年十月甲戌（七日）ノ條ニ、佳期巴那ノ齎捧シタル宣德四年十月十日咨文、歷代寶案第一集巻十六ニ、見ユ、「（佳期巴那等告）係丁蒙二本國差一、令丙齎二捧

表文一、駕レ船裝二載方物一、赴レ京、慶乙

賀宣德伍年（一四三〇年）

萬壽聖節甲、緣三本船不二堪駕使一、

欽蒙下於二福建一換中與海船一隻上、到レ國一、又、據二使者由南結（與那）制等○琉球國中山王尚巴志ノ使者由南結制、明ニ入貢スルコト、明實錄大明宣宗章皇帝實錄巻之八十二宣德六年八月辛亥（十九日）條及ビ同大明宣宗章皇帝實錄巻之八十三宣德六年九月丁卯（六日）條ニ、由南結制ノ齎捧シタル宣德六年三月十九日咨文、歷代寶案第一集巻十六ニ、見ユ、告一称、「（由南結制等告）宣德（一四三一年）六年間、差駕二船隻一、賚二捧

表文・方物一、赴レ京、謝

恩、□（緣）二本□（船）不レ堪二□（駕）用一、

欽蒙下於二福建一撥中於海船一隻上、到レ□（國）一、據レ告□（參）二照前事一、理合通行、今、遣二使者物□（志）麻一、同二使

者均□□（周佳）結制等一、賚二捧

表箋文各一通一、及坐二駕猛字等号海船貳隻一、裝二載馬伍拾疋、硫黃伍阡柒百斤一、（赴脫）

京、謝

恩進

貢、咨請㆓施行㆒、

一件、番貨事、照得、同差使者均周佳・通事李教駕去船隻所有附搭蘇木、煩

奏、給㆓價絹匹等物㆒、誠爲㆓便益㆒、咨請㆓施行㆒、

右　咨㆓

禮　部㆒、

宣徳七年〔一四三二年〕八月十六日

差船二隻

〔一隻〕□□、使者、通事梁振・物志麻結制、○通事梁振、氏集十七番2170呉江梁氏家譜（○那覇市史資料篇第一巻6家譜資料㈡久米系家譜）所收呉江梁氏見於舊案中而祖譜無徴者錄、通事振、參看、

進㆓馬貳拾五疋、硫黄一〔万〕□斤小、官報五千七百斤㆒、

〔一隻〕□□、使者、通事李教・均周佳、

進㆓馬貳拾五疋㆒、

咨

〔中山世譜〕巻四　○沖縄県所藏雍正三年序重修本

尚巴志王

○中略

紀

○中略

(宣徳)八年癸丑、○中略

本年、王、遣レ使、入貢者凡二、宴賚如レ例、

○コノ條、物志麻結制、大島掟トノ説アルニ依リテ掲グ、物志麻ノ奄美諸島ノ大島ナルコト、尚、検ズベシ、

○明皇帝、楊載ヲ遣シテ琉球國ニ詔諭スルコト、明實錄大明太祖高皇帝實錄巻之七十一洪武五(一三七二年)年正月甲子（十六日）條幷ニ同書巻之七十七同年十二月壬寅（二十九日）條、及ビ琉球國中山王察度、王弟泰期等ヲ遣シテ明皇帝ニ表ヲ奉ズルコト、同書巻之七十八洪武六(一三七三年)年正月戊申（六日）條幷ニ同書巻之九十三洪武七(一三七四年)年十月庚申（二十八日）條ニ、洪武五年壬子、中山王察度・山南王承察度幷ニ山北王帕尼芝、皆、明皇帝ニ表ヲ奉ズト傳フルコト、琉球國中山世鑑巻二ニ見ユレドモ、歴代寶案第一集ニ収ムル最モ古キ琉球國中山王表・咨ハ、巻十二所収洪熙元(一四二五年)年閏七月十七日琉球國中山王咨（三通）、巻十六所収洪熙元年閏七月十七日琉球國中山王表（五通）ナリ、

一四五〇年（琉球國中山王尚金福元年・明景泰元年・日本寶徳二年・庚午）

閏正月八日、前年秋、琉球國中山王尚思達、使者亞間美等ヲ明ニ遣ス、尋デ、是日、明皇帝、中山王尚思達ヘノ勅ヲ使者亞間美等ニ下ス、

〔琉球國中山世鑑〕巻三 ○沖縄県所蔵尚家本

正統十年（一四四五年）乙丑、尚思達御卽位、

尚思達ハ尚忠ノ世子也、永樂六年（一四〇八年）戊子ニ御誕生、御歳三十八ニシテ御踐祚有リ、○中略、正統十四年（一四四九年）、明皇帝、正統十四年九月十六日勅ヲ以テ尚思達ヲ琉球國中山王ニ封ズルコトニ係ル、

正統十四年己巳ノ秋、遣二亞麻美於大明一、奉レ表、及進二方物一、

尚思達、在位五年、壽四十二ニシテ、正統十四年己巳十月十三日ニ薨給、男子ヲハシマサヽルニ依テ、叔父尚金福立給、

景泰元年庚午、尚金福御卽位、

尚金福ハ尚巴志第六ノ王子也、洪武三十一年（一三九八年）戊寅ニ御誕生、御歳四十八ニシテ御踐祚有リ、

景泰二年（一四五一年）辛未ノ夏、去年（ママ）渡唐ノ使者亞間美等歸朝ス、○正統十四年（一四四九年）、琉球國中山王尚思達、使者亞間美等ヲ明ニ遣スコト、下ニ収ムル康熙四十

年序本中山世譜卷之三尙思達王ノ紀及ビ雍正三
年序重修本中山世譜卷三尙思達王ノ紀ニ見ユ、（景泰帝）大明皇帝御返書幷綵幣等物ヲ賜、其勅諭ニ曰、「（皇帝勅）

皇帝、勅㆓諭琉球國中山王尙思達㆒、

國家、一視同仁、無㆓間遠邇㆒、況於㆘謹㆓脩職貢㆒之國㆖、尤所㆑當㆑厚、爾琉球、於㆓中國㆒爲㆓東藩㆒、

世脩㆓職貢㆒、逾久益勤、今、王、遣㆓使亞間美等㆒、奉㆑表、及進㆓方物㆒、禮意勤至、朕、承㆓

列聖嗣㆒、登㆓大寶㆒、期㆘與㆓四海㆒、同樂㆗雍熙㆖、王、能篤㆓於事大㆒、良足㆓嘉尙㆒、使還、特賜㆓王及妃綵

幣㆒、以答㆓誠意㆒、王、其欽崇㆓

天道㆒、仁㆓卹生民㆒、永固㆓藩屛㆒、以副㆓朕懷㆒、故諭、頒賜㆓

國王㆒、

粧花絨錦

龍鳳四季圓花紅二段

明黃白花二段

紵絲

織金胸背白澤紅一匹

織金胸背麒麟青一匹

暗花骨朶雲紅一匹

暗花靈芝骨朶雲八寶青一匹
素紅一匹
素綠一匹
紗
織金胸背麒麟紅一匹
織金胸背麒麟青一匹
暗花骨朶雲紅一匹
暗花骨朶雲綠一匹
暗花骨朶雲藍一匹
素青一匹
素綠一匹
羅
織金胸背麒麟紅一匹
織金胸背麒麟綠一匹
素紅一匹

素青一匹
素綠一匹
素藍一匹
王妃
粧花絨錦
穿花龍鳳凰紅一段
明黃花一段
紵絲
織金胸背獅子紅一匹
暗花寶相紅一匹
暗木香青一匹
素綠一匹
紗
織金胸背白澤紅一匹
暗細花鸞哥綠一匹

素青一匹
素藍一匹
羅
織金胸背麒麟青一匹
素紅一匹
素綠一匹
素藍一匹
廣　運
景泰元年閏正月初八日
之　寶〔○廣運之寶、明皇帝玉璽方形印ノ文ナリ、〕」〔○以上、皇帝勅、〕
竊ニ念ニ、當初、察度王、大明ヘ朝貢シ給テヨリ以來、往來ノ詔勅表文、雖レ有レ之、尚寧ノ乱ニ（一六〇九年四月）失却スヘシ、今存スルモノヲハ記レ之、以二後日一、復出來ンヲ待者也、

〔中山世譜〕卷之三〔○沖縄県所藏康熙四十年序本〕

尚思達王
〔○中略〕

紀

（一四四五年）正統十年乙丑、卽位、

（一四四八年）十三年戊辰、

皇帝、遣ニ正使給事中陳傅・副使行人萬祥一、

封爲ニ中山王一、且

諭ニ祭先王尚忠一、

頒ニ賜國王・王妃一、照ニ先代之例一、

○中略、明皇帝、琉球國中山王尚思達ノ正統十三年（一四四八年）ニ遣シタル謝恩使馬權度ニ下セル正統十四年九月十六日勅（琉球國中山王尚思達宛）ニ係ル、本條連絡按文參看、

（一四四九年）十四年己巳之秋、爲ニ進

貢事一、遣ニ亞間美等官一、捧ニ

表文一、進ニ獻方物一、所レ貢之物、在レ案、

本年十月十三日、薨、在位五年、壽四十一、

尚金福王

○中略

紀

景泰元年庚午、卽位、

二年辛未夏、（一四五一年）前年（正統十四年、一四四九年）所レ遣使者亞間美等官、回國、○前年以下ノ記、琉球國中山王尙思達、使者亞間美等ヲ明ニ遣スコトニ係ル、因レ之、

皇帝賜二勅及綵幣等物一、所レ賜之物、件在レ案、景泰元年庚午閏正月初八日、賜レ勅、其勅諭曰、「（皇帝勅）

皇帝、勅二諭琉球國中山王尙思達一、

國家、一視同仁、無二間遠邇一、況於下謹脩二職貢一之國上、尤所レ當レ厚、爾琉球、於二中國一爲二東藩一、

世脩二職貢一、逾久益勤、今、王、遣二使亞間美等一、奉レ表、及進二方物一、禮意勤至、朕、承二

列聖嗣一、登二大寶一、期下與二四海一、同樂中雍熙上、王、能篤二於事大一、良足二嘉尙一、使還、特賜二王及妃綵

幣一、以答二誠意一、王、其欽崇二

天道一、仁二卹生民一、永固二藩屛一、以副二朕懷一、故諭」、○以上、皇帝勅、

〔中山世譜〕卷五 ○沖縄県所藏雍正三年序重修本

尙思達王

○中略

紀

明正統十年（一四四五年）乙丑、卽位、

○中略

（一四四八年）十三年戊辰、冊封使給事中陳傅・行人萬祥、賫レ勅至レ國、諭祭、故、王尚忠、封二世子尚思達一
爲二中山王一、○中略
（一四四九年）十四年己巳、王、遣二亞間美等一、奉レ表、貢二方物一、宴賚如レ例、
本年十月十三日、薨、在位五年、壽四十二、

尚金福王

○中略

紀

明景泰元年庚午、卽位、

○中略

二年辛未、遣二亞間美等一、貢二方物一、時、未レ以二王訃告一、○遣亞間美等ノ記、琉球國中山王尚思達、正統十四年秋、使者亞間美等ヲ明ニ遣スコトニ係ル、景帝、命下賫二勅幷文綺綵幣一、歸賜中尚思達王及妃上、勅曰、（皇帝勅）「國家、一視同仁、無二間遠邇一、況於下謹脩二職貢一之國上、尤所レ當レ厚、爾琉球、於二中國一爲二東藩一、世脩二職貢一、逾久益勤、今、王、遣二使亞間美等一、奉レ表、及進二方物一、禮意勤至、朕、承二列聖嗣一、登二大寶一、期下與二四海一同樂中雍熙上、王、能篤二於事大一、良足二嘉尚一、使還、特賜二王及妃綵幣一、以答二誠意一、王、其欽崇二天道一、仁二卹生民一、永固二藩屏一、以副二朕懷一、故諭」、

○コノ條、琉球國中山王尚思達ノ明ニ遣シタル使者、亞間美ト稱スルニ據リテ掲グ、
○琉球國中山王世子尚思達、中山王尚忠薨ジタルニヨリテ襲封ヲ請スルコト、明實錄大明英宗睿皇帝實錄卷之一百五十正統十二年（一四四七年）二月丁未（十五日）條ニ、明皇帝、給事中陳傅〔傳〕幷ニ行人萬祥ヲ遣シテ故中山王尚忠ヲ諭祭シ、王世子尚思達ヲ册封スルコト、同卷之一百五十一正統十二年三月丁亥（二十五日）條ニ、明皇帝、琉球國中山王尚思達ノ使馬權度ヲシテ賫サシムルコト、同卷之一百八十一正統十四年八月丁丑（三十日）條ニ、明皇帝、琉球國中山王尚思達ニ勅ヲ下シ、尚思達ノ使馬權度ヲシテ賫サシムルコト、同卷之一百八十三正統十四年九月甲午（十七日）條ニ見ユ、
○明皇帝、琉球國使者亞間美等ニ宴ヲ賜フ、尋デ亞間美等、明ヨリ琉球國ニ歸ルコト、一四五一年四月三日ノ條ニ見ユ、

一四五一年（琉球國中山王尚金福二年・明景泰二年・日本寶徳三年・辛未）

四月三日、明皇帝、琉球國使者亞間美等ニ宴ヲ賜フ、尋デ、七月二日、明

皇帝、尚金福ヲ琉球國中山王ニ封ズルタメ、冊封正使左給事中喬毅幷ニ冊封副使童守宏ヲ琉球國ニ遣ス、

〔明實錄〕大明英宗睿皇帝實錄卷之二百三　廢帝郕戾王附錄第二十一　○中華民國中央研究院歷史語言研究所校印本所收國立北平圖書館藏紅格鈔本

景泰二年夏四月己巳朔、○中略○辛未、（三日）○中略○琉球國中山王尚思達（尚金福）、遣二使臣亞間美等一、奉レ表來朝、貢二馬及方物一、賜レ宴、幷賜二綵幣表裏・絹・鈔（紗）一有レ差、

〔明實錄〕大明英宗睿皇帝實錄卷之二百六　廢帝郕戾王附錄第二十四　○中華民國中央研究院歷史語言研究所校印本所收國立北平圖書館藏紅格鈔本

景泰二年秋七月丁酉朔、○中略○戊戌、（二日）遣二左給事中喬毅・行人童守宏一、諭二祭故琉球國中山王尚思達一、封二其叔父尚金福一、爲二中山王一、

〔琉球國中山世鑑〕卷三　○沖縄県所藏尚家本

景泰元年（一四五〇年）庚午、尚金福御卽位、

尚金福ハ尚巴志第六ノ王子也、洪武三十一年（一三九八年）戊寅ニ御誕生、御歲四十八ニシテ御踐祚有リ、

景泰二年辛未ノ夏、去年（ママ）渡唐ノ使者亞間美等歸朝ス、○中略、一四五〇年閏正月八日ノ條參看、

景泰三年（一四五二年）壬申、大明景皇帝、欽三差正使給事中陳謨（ママ）・副使行人董（童）守宏一、封爲二琉球國中山王尚金福一、且錫以二冠服綵幣等物一、御妃ニモ綵幣等物ヲ賜、○陳謨、明實錄大明英宗睿皇帝實錄卷之一百五十一正統十二年（一四四七年）三月丁亥（二十五日）條ニ見ユル冊封使陳傅ノ誤記ナラン、

〔中山世譜〕○沖縄県所蔵康熙四十年序本 巻之三

尚金福王

○中略

紀

○中略、一四五〇年閏正月八日ノ條參看、

二年(景泰)辛未夏、前年(正統十四年、一四四九年)所レ遣使者亞間美等官、囘國、○中略、同前、

三年(一四五二年)壬申、

皇帝、遣二正使給事中陳謨(ママ)・副使行人董守宏一、

封爲二中山王一、且

諭二祭先王尚思達一、

頒二賜國王・王妃一、照二先代之例一、

四年(一四五三年)癸酉四月十八日、薨、在位四年、壽五十六、

〔中山世譜〕○沖縄県所蔵雍正三年序重修本 巻五

尚金福王

○中略

紀

○中略、一四五〇年閏正月八日ノ條參看、

（景泰）三年壬申、尚金福、表稱二王叔一、遣レ使入貢、

本年、景帝、遣二左給事中陳謨（ママ）一作二喬毅一、未レ知二孰是一・行人董守宏一、齎レ勅至レ國、諭二祭故王尚思達一、封二王叔尚金福一、爲二中山王一、頒賜如レ例、

○コノ條、琉球國中山王尚思達ノ明ニ遣シタル使者、亞間美ト稱スルニ依リテ掲グ、

○一四四九年、琉球國中山王尚思達、使者亞間美等ヲ明ニ遣スコト、一四五〇年閏正月八日ノ條ニ見ユ、

○一四五一年夏、琉球國使者亞間美等、明ヨリ琉球國ニ歸ルコト、便宜合敍ス、

一四五二年（琉球國中山王尚金福三年・明景泰三年・日本享徳元年・壬申）

三月八日、是ヨリ先、琉球國中山王尚金福、使者亞間美ヲ明ニ遣ス、是日、明皇帝、琉球國使者亞間美等ニ宴等ヲ賜フ、

〔明實錄〕大明英宗睿皇帝實錄卷之二百十四 廢帝郕戾王附錄第三十二
○中華民國中央研究院歷史語言研究所校印本所收國立北平圖書館藏紅格鈔本

景泰三年三月甲午朔、○中略○辛丑、（八日）○琉球國中山王尚思達、（尚金福）遣二使臣亞間美一、陝西必里衞指揮僉事康泰・烏思藏等處番僧公葛卒陸等來朝、貢二馬及方物等一、賜二宴幷衣服等物一有レ差、

○コノ條、琉球國中山王尚金福ノ明ニ遣シタル使者、亞間美ト稱スルニ依リテ掲グ、琉球國中山王尚金福、使者亞間美ヲ再ビ明ニ遣シタルコト、一四五一年秋ヨリ後ナラン、

○琉球國中山王尚思達ノ明ニ遣シタル使者亞間美、一四五一年夏、明ヨリ琉球國ニ歸ルコト、一四五一年四月三日ノ條ニ見ユ、

一五二六年（琉球國中山王尚眞五十年・明嘉靖五年・日本大永六年・丙戌）

是歳ヨリ先、琉球國中山王、米須里之子（顧氏祖）ヲ鬼界島ニ遣ス、尋デ、米須里之子、鬼界島ニ歿スト傳フ、

〔謂書並顧姓系圖家譜拔書〕○喜界町佐手久博田家所藏寫本

（表紙）
「明治六年癸酉大陽歷十二月休日寫之也
（一八七三年）

謂書並顧姓系圖家譜拔書」

琉球翁長公（顧助法）鹿児嶋縣ヨリ御歸琉之節、當嶋江漂泊致遊、一族中江謂書寫、左之通、

（顧助法謂書）左記

癸酉之春、自二鹿児嶋一回國、漂ニ來喜界嶋一、祭二始祖米須公墓（喜界島志戸桶間切佐手久）一、因賦

忠心義胆百夫英　萬世芳名北島鳴　來祭二古墳一恩二女往事一　如レ城岩下涙頻傾

中山顧國杜（助法）草稿姈〔始〕ヨリ忠信篤敬姈〔終〕迄ヨリ奉二佐手久村諸君一、

原是同家連理技〔枝〕　參商相淳不二相知一　一朝會合吾生幸　兩地由來仔細推　萍水相逢弟与兄　惠ニ承

嘉錫一咸深情　貧人覊旅無二長物一　聊献二鹿茶一表二寸誠一　漂來二喜界一是度〔奇〕緣、尋レ祖還聞孫子綿

寄レ語諸君分手後　天南天北信書傳

明治（六年）癸酉中（春）琉（球）（二月）琉同家顧國杜姈〔終〕

（顧姓家譜）顧姓系圖大宗

（序）

鼻祖米須里之子者、原、居ニ住於首里王府一之人也、于レ時、使二鬼界島一而、旅ニ死於彼地方一矣、幸

而、七歳之幼子（比嘉親雲上）存矣、雖レ然、喪レ父発而、殆將レ及二顚覆一、於レ茲、外祖父、泊之住、眞樽筆者、乃

愛養レ之、逮二成人之時一而、奉ニ仕于聞得大君御殿一、因敍二黄冠一、而後爲二于時大鳥〔島〕東〔西〕面大親（大屋子）（瀬戸內東間切・瀬戸內）一、則稱二

（西間切）比嘉親雲上一也、然而、世遠歲久、不レ得二以審考一焉、故以二嫡子助輝一、爲二元祖一也、

顧姓家譜

紀錄

○一世顧助輝ヨリ四世顧助豊ノ顧姓家譜紀錄、略ス、一六〇五年是歲ヨリ先ノ條、一六〇九年二月ヨリ先ノ第四條○補遺條文、及ビ同三月七日ノ條、參看、

右、爲ニ御見合ニ書拔表いたし候、

明治拾貮年（ママ）癸酉三月

（顧助法）普天間親雲上

明治六年癸酉旧（暦）十月二十六日
（西）政（暦）十二月十五日

（書寫奥書）
西（暦）歴一九四九年昭和廿四年太陽（暦）六月八日陰（暦）五月十二日佐手久村博田（旧姓顧）昌繼復寫レ之也、

○寫本ノ返點幷ニ訓假名、略ス、返點、編者ニ依リテ附ス、

〔氏集首里那覇〕十番 1248 ○那覇市歴史博物館刊

大宗顧保安比嘉筑登之親雲上助輝　顧氏　普天間親雲上○原本、今、佚シタルカ、

○琉球國中山王尚泰、一八七二年七月、日本國東京ニ慶賀使伊江王子朝直ヲ遣シ、慶賀使一行、任ヲ終ヘ、一八七三年正月、琉球國ニ還ラントシテ鹿兒島ヲ發シ、喜界島ニ漂到スルコト、喜舍場朝賢著琉球見聞錄卷之一等ニ見ユ、顧助法、琉球王府評定所筆者主取トシテ、慶賀使ニ隨行ス、

○コノ條、顧姓家譜紀録ニ、一世顧助輝比嘉親雲上男、嘉靖十四年（一五三五年）生ト記シ、顧姓家譜序ニ、比嘉親雲上、七歳ノ時、父米須里之子歿ス、ト記セルニ依リテ、中山王尚眞代末ニ掲グ、
○琉球國中山王、比嘉親雲上米須里之子男ヲ大島瀬戸内東間切大屋子幷ニ同瀬戸内西間切大屋子ニ任ズト傳フルコト、一六〇五年是歳ヨリ先ノ條ニ見ユ、

一五二九年（琉球國中山王尚淸三年・明嘉靖八年・日本享祿二年・己丑）

十二月二十九日、琉球國中山王尚淸、ちやくもいヲ大島笠利間切宇宿大屋子ニ任ズル條、和眞至氏所藏文書〇上、八三頁ノ次、

〔大嶋郡旧記取調〕明治三拾年〇青森県立図書館所藏笹森儀助資料大島関係資料17—8

（目錄）琉球王ノ朱印寫

大嶋々政綱領

（琉球王ノ朱印寫）志よ里の御ミ事〇行ノ上端ニ方形印ノ郭ヲ描キ「朱印」ト記シ、郭ノ上方ニ「三寸壱部角」ト注記ス、

かさ里まき里の

うすくの大やこハ
もとの志よ里の大やこか（不明）へ（方へ歟）に
一人ちやくもひに
たまわり申候、
志よ里より屋まとはまめさし方〔か脱〕へまいる、〇本行ト次行ノ上端ニ方形印ノ郭ヲ描キ「朱印」ト記シ、郭ノ上方ニ「三寸壱部角」ト注記ス、
隆慶六年正月十八日〇コノ一行、次ニ收ムル文書ノ末行ヲ誤記シタルモノナリ、
嘉靖八年十二月廿九日
〇下略、一五七二年正月十八日ノ條、補遺、參看、

〇本文書、笹森儀助、一八九四年九月ヨリ一八九八年八月ノ大島島司在任中、大島大和濱方大和濱村和家所藏原本ヨリ寫シタルナラン、

〔奄美史譚・大島置目條々・他〕〇沖縄県教育庁文化財課史料編集班所藏複寫版

（目次第一丁ヨリ第三丁）（目次）

總目次　頁

奄美大島御布れ書一冊　五五

〇中略

大島取締規則　一六五

〇中略

竹木取締申渡一冊　二五五

田地川普請取扱向仰渡一冊　二六九

島中申渡一冊津口取締切支丹宗門改帳一冊　二七九

〇中略

南島雑話　農事ニ付　三一一

〇中略

以上

（本文第一丁表）（題）
奄美史譚、大島置目條々、下人下女書出帳

（本文第二丁表）（題）
奄美史譚

薩藩治下ノ官制

〇奄美史譚、略ス、

（本文第一二丁表）
大島置目條々
○中略、一六二三年閏八月二十五日ノ條參看、
（本文第一五丁表）
鹿兒島縣大島郡名瀬町和眞至氏所藏物（和家文書）ヨリ寫ス、
（本文第一五丁裏）
よひと任命の書札

印

志よりの御ミ事かさりまきりの
うすくの大やこはもとの志さ《よ》りのおおやこ
より一人大やくもいにたまわり申候、
しよりより大やくもいのかたにまいる、

○一行空

印　嘉靖八年十二月二十九日

○本文第一七丁表ヨリ同第二七丁ニ收ムル文久元年酉（一八六一年）九月大島大和濱方抱下人下女書出帳、略ス、
（本文第二八丁表）（題）
奄美大島御布れ書○戌（天保九年、一八三八年）十二月大島御定帳
○奄美大島御布れ書、略ス、
（本文第八三丁表）
（大和村）大和濱の和眞至至氏所藏を七条喜一君昭和三年（一九二八年）八月渡島の際ニ借れ（ママ）來て寫し置くもの、小出（滿二）教授

（本文第八四丁表）（題）
大島取締規則〇嘉永六年（一八五三年）七月大島代官勤・見聞役大島十三方與人宛申渡

〇本文第八五丁表ヨリ第一二六丁表ニ収ムル大島取締規則略ス、本文第一二六丁裏ニ収ムル大島取締規則ノ本奥書、下ニ収ムル奄美関係資料ニ収メラル、

〔奄美關係資料〕　〇沖縄県立図書館所蔵複写版

（目次第一丁ヨリ第三丁）（目次）
總目次

〇總目次、上ニ収ムル奄美史譚・大島置目條々・他ノ總目次ト同ジ複寫版ニシテ、略ス、總目次ニ次デ、本文第一丁表（奄美史譚・大島置目條々、下人下女書出帳）及ビ本文第一二六丁裏（頁付闕ク）幷ニ同第一二七丁表（頁付闕ク）ノ田地川普請取扱向仰渡ノ末尾ノ複寫版ヲ収ム、

（本文第一二六丁裏）
（大島取締規則本奥書）
右、名瀬金久の大和弥一郎氏所藏を七条喜一君写せるもの也、
昭和四年二月
小出生
大島取締規則とは唯便宜命じたるもの也、

（本文第一二七丁表）（題）
竹木取締申渡一冊〇寅（嘉永七年、一八五四年）九月八日大島代官・見聞役申渡（大島十三方與人宛）寫

（嘉永七年閏七月）
田地川普請取扱向仰渡一冊〇寅（嘉永七年）七月二十三日大島代官申渡（大島十三方與人・横目・黍横目・田地横目宛）寫

〇本文第一二八丁表ヨリ同第一三四丁ニ収ムル竹木取締申渡及ビ同第一三五丁表ヨリ同第一三九丁表ニ収ムル田地川普請取扱向仰渡、略ス、田地川普請取扱向仰渡ノ末尾ノ複寫版、本書巻首ニ収ムルコト上ニ記ス、

（本文第一三九丁裏）
（竹木取締申渡・田地川普請取扱向仰渡本奥書）
昭和三年八月　七條喜一君渡島名瀬町大和彌一郎氏より借覧謄寫、
小出教授

（本文第一四〇丁表）（題）
島中申渡一冊津口取締切支丹宗門改帳一冊

〇本文第一四〇丁裏ヨリ同第一五一丁ニ收ムル天保五年（一八三四年）九月大島代官申渡（大和濱方與人・横目・黍横目宛）寫、同第一五二丁表ヨリ同第一五三丁表ニ收ムル午九月大島代官申渡（大和濱方津口横目宛）寫及ビ同第一五三丁裏ヨリ同第一五五丁表第一行ニ收ムル天保十五年（一八四四年）辰四月切支丹宗門改帳（時市郎差出）寫、略ス、

（本文第一五五丁表）（本奥書）

昭和三年（一九二八年）八月渡島の節

名瀬町金《金》久大和弥一郎氏所藏を写したるもの也、七条　喜一君ニ代リテ、

小出教授

〇本文第一五六丁表ヨリ同二〇一丁裏ニ收ムル南島雜話、略ス、南島雜話ノ書寫本奥書ナシ、

（本文第二〇二丁表）（書寫識語）

右、　九州帝國大學農學部教授小出滿三〔二〕殿より借覽謄寫せるものなり、

昭和七年（一九三二年）六月

奥田　彧（臺北帝國大學教授）

〇奄美史譚・大島置目條々・他及ビ奄美關係資料ノ二書、奥田彧ニ依リテ、臺北帝國大學罫紙二〇五紙ニ書サレタルモノノ複寫版ニシテ、奄美史譚・大島置目條々・他ト題セラレタル沖縄県教育庁文化財課史料編集班所藏ノ前半部ト、奄美關係資料ト題セラレタル沖縄県立図書館所藏ノ目次幷ニ後半部ニ分タル、今、奥田彧書寫本〇原書名不詳ノ所在未詳ニ依リテ、複寫版ニ據リテ揭グ、

〇本書ニ揭グル嘉靖八年十二月二十九日琉球國中山王詔、今佚シタル和眞至氏所藏原本ニ據レリ、

一五三四年（琉球國中山王尚清八年・明嘉靖十三年・日本天文三年・甲午）

是歳、明皇帝、琉球國ニ正使陳侃幷ニ副使高澄ヲ遣シ、尚清ヲ琉球國中山王ニ封ズ、是時、陳侃ノ從人ノ日本路程ヲ識リタル者、福建使往日本針路ヲ著シ、德之島・加計呂麻島幷ニ大島ヲ記ス、

〔明實錄〕大明世宗肅皇帝實錄卷之一百三十八　○中華民國中央研究院歷史語言研究所校印本所收國立北平圖書館藏紅格鈔本

嘉靖十一年（一五三二年）五月戊申朔、○中略　○癸亥（十六日）、○中略　○遣下吏科左給事中陳侃爲二正使一、行人司行人高澄爲中副使上、往二琉球一、封二故中山王尚眞子淸（尚清）一、爲二琉球王一、

〔明實錄〕大明世宗肅皇帝實錄卷之一百七十七　○中華民國中央研究院歷史語言研究所校印本所收國立北平圖書館藏紅格鈔本

嘉靖十四年（一五三五年）七月庚申朔、○中略　○甲子（五日）、○中略　○陞二吏科左給事中陳侃一爲二光祿寺少卿一、行人高澄爲二尚賓司司丞一、倶（以イアリ）奉レ使二琉球一還也、○中略　○丙戌（二十七日）、先レ是（史科イ）、左給事中陳侃奉レ使二琉球一（還イアリ）、因訪二其山川風俗一、撰二使琉球錄一冊一進呈（上イ）、請下下二史館一以備中採擇上、從レ之、○下略、校異、明實錄附校勘記明世宗實錄校勘記ニ依リテ記ス、

〔使琉球錄〕使事紀略　○原田禹雄訳注『陳侃　使琉球録』所收明嘉靖刻本影印

使事紀畧

嘉靖丙戌（五年）（一五二六年）冬、琉球國中山王尚真薨、越戊子（嘉靖七年）（一五二八年）、世子尚清表請襲封、〇中略越壬辰（嘉靖十一年）（一五三二年）春、禮部肇上其議、請差二使往封、給事中爲正、行人爲副、侃（陳）與澄（高）適承〔之〕焉、命下之日、時夏五望（五月十六日）也、〇中略越甲午（嘉靖十三年）、〇中略四月十八日、舟先發於南臺（福建布政使司福州府閩縣）、〇中略二十六日、予等啓行、三司（福建承宣布政使司・按察使司・都指揮使司）諸君送至南臺、〇中略五月朔、予等至广石（閩江河口）、大舟（封舟）亦始至、二日、祭海、登舟守、〇中略至八日、出海口、〇下略、以下ノ紀ニ、陳侃ノ乗リタル封舟、小琉球、平嘉山、釣魚嶼、黄毛嶼、赤嶼ノ沿海ヲ航シ、古米山、熱壁山ヲ経テ、五月二十五日、琉球國那覇港ニ著シタルコト、六月十六日、諭祭、七月二日、封王ヲ行ヒタルコト、及ビ九月十二日、陳侃、封舟ニ乗ジ、尋デ那覇港ヲ出デテ、十月二日、明福州府城ニ歸還シタル次第ヲ記セリ、

〔日本一鑑〕 第五冊 桴海圖經卷之一 〇民國貳拾八年（一九三九年）據舊鈔本影印文殿閣刊

（内題）日本一鑑桴海圖經卷之一

奉使宣諭日本國新安郡（南京直隷徽州府）人鄭舜功撰述

（桴海圖經序）歲乙卯（嘉靖三十四年、一五五五年）、功（鄭舜功）、方

奉

使日本、取道嶺南（廣東）、惟時、治事偵風、故召司方之人、以供其事、司方者、司趨向方之人也、爰究指南之書、而詢蹈海之要、廣求博采者、久之、人有以所錄之書應者、謂之曰、「鍼譜按考・日本路經、言之未詳」、後得二書、一曰、渡海方程、一曰、海道經書、此兩者、同出

而異レ名也、歴二按是書一、多載二西南夷國方程一、而日本程途、雖レ有二其名一、亦鮮レ有二詳者一、一曰、四海指南、內載三（寶太監）王進之使二日本一、取二道太倉一（南京蘇州（由）府太倉州）、田二韮山一（韮山湖、韮山列島）（浙江布政使司寧波府象山縣）放洋、而往取二野顧（屋久）寄音一、次抱里（坊津）寄音、沿入二其都一、夫彼路經如レ斯而已、近考二前代日本之役一、魏晉隋唐、各亦遣使、皆緣二朝鮮一往焉、今

國家、前所レ遣使、皆由二寧波郡一（浙江布政使司寧波府）往來之役、雖レ勞俱未レ見二其方程一也、

國初、僧宗泐、爲レ詩贈二使者一、行云、「滄茫熊野山　一發（髮カ）青雲際」、按考、熊野（日本紀伊國）、在二彼南海・紀伊間一、秦逋方士徐福祠堂在焉、據二夫詩言一、莫レ非レ取二道其右一歟、又學士宋濂之跋云（恭跋御製詩後）、「自二翁州一揚レ帆五日、至二其國一、又踰レ月入二其都一」、言雖レ如レ此、亦未レ見二其詳一也、自二嘉靖初一（嘉靖十三年、一五三四年）、給事中陳侃出使二琉球一、取二道福建一以往、其從人、有下識二日本路程一者上、故閩海人（福建布政使司閩州府）、因レ知レ取二道於小大琉球一、沿二諸海山一一路而去、又廣海人（廣東布政使司廣州府）郭朝卿、販レ稻航海、市二漳泉一（福建布政使司漳州府）（福建布政使司泉州府）、因レ風漂流、至二其國一（日本）、故廣海人、自レ後亦知二其道一矣、　〇下略、一五五六年五月ノ條參看、宗泐ノ明使ニ贈リタル詩、日本考畧日本國考畧補遺國朝貢變畧洪武五年（一三七二年）條ニ、學士宋濂ノ同詩跋、日本考畧日本國考畧補遺國朝貢變畧洪武五年條幷ニ宋文憲公全集卷十三〇小異アリ、ニ見ユ、大日本史料南朝文中元年・北朝應安五年（一三七二年）是歲ノ第四條、明使祖闡仲猷・克勤無逸、海壽椿庭・中巽權中ヲ伴ヒテ、博多ニ至ル、尋デ、書ヲ天台座主承胤法親王ニ捧呈スル條參看、宋濂ノ傳、明史卷一百二十八　列傳第十六ニ見ユ、

〔日本一鑑〕 第五册　桴海圖經卷之一
〇民國貳拾八年（一九三九年）據舊鈔本影印文殿閣刊

萬里長歌〇刊本、全句ト雙行句注解ノ全文ヲ行頭ヨリ一字下ヨリ掲ゲ、且、平出ヲ以テ改行セルヲ、便宜、對句ヲ一行トナシテ行頭ヨリ掲ゲ、平出サレタル字句ハ注記ス、

欽奉二宣諭日本國一平出、○宣、驅三馳嶺海(廣東)一乘レ槎出○鄭舜功ノ記セル注略ス、

五羊(廣東布政使司廣州府五羊驛)歌鼓渡二三洲一　先取二虎頭(虎頭門)一出二幞頭(幞頭門)一略○注

○中略、一五五六年是歲ノ條參看、

一自二回頭(泉州府)一定二小東(小琉球)一　前望二七島(吐噶喇列島)一○日本薩摩國川邊郡・白雲峯(大隅國熊毛郡屋久島)一略○注

或自二梅花(福建布政使司福州府長樂縣梅花所)東山麓一　雞籠(雞籠山)上開二釣魚目(釣魚嶼)一○中略　誰某、自二梅花一渡二彭湖一、之二小東一、至二琉球一、到二日本一、爲三昔陳(陳侃)給事出二使琉球一時、從二其從人一得二此方程一也、一自二彭湖一、次高華、次黿鼊、次大琉球、亦使程也、而彭湖島在二泉海中一、相三去回頭二百六十里、釣魚嶼、小東小嶼也、盡レ嶼南風、用二正卯鍼一、東南風、卯乙縫鍼、約至四更、取二黄麻嶼(東)(東徹南)一、

○日本一鑑ニ、福建ヨリ琉球國ニ發シタル陳侃ノ從人ニ日本路程ヲ識リタル者有リト記サレタルニ依リテ、次ニ、福建使往日本針路ヲ收ムル鄭若曾等ノ著書ヲ掲グ、

〔鄭開陽雜著〕一海防圖論・海運圖説・黄河圖議・蘇松浮糧議 ○静嘉堂文庫所藏康熙三十六年鄭定遠序本

(內表紙)「崑山鄭開陽(若曾)先生著

海防圖論　海運圖説

黄河圖議

蘇松浮糧議　本衙藏板」

(內表紙題郭天邊橫書)「康熙癸酉重鐫」(三十二年)(一六九三年)

(周裳序)
序○版心、周序、

○中略

(一七〇〇年)康熙三十九年(庚辰)上章執徐之歲涂月(十二月)望後五日(二十日)、(婁東書院)婁東後學(清蘇州府太倉州)周裳拜撰幷書、時年八十有一、○奥ニ、「周裳之印」及ビ「與彥」ノ方形印模印影アリ、

(目錄)
鄭開陽先生圖議合刻○版心、總目、

崑山鄭若曾伯魯著　男(鄭)應龍左卿校
(鄭)一鸞音卿
五世孫(鄭)起泓(鄭)男定遠重訂
孫(鄭)肇熹
(鄭)發祥校字

○第一册海防圖論ヨリ第四册蘇松浮糧議ヲ記シタル目錄略ス、

(鄭定遠序)
重刻海防一覽小引○版心、海防引、

○中略

(一六九七年)康熙三十六年歲在丁丑仲秋(八月)上浣之吉、六世孫定遠百拜謹識、○奥ニ、「定遠」及ビ「遠齋」ノ方形印模印影アリ、

○静嘉堂文庫所藏鄭開陽雜著ニ依ルニ、第一册、康熙癸酉(三十二年)重鐫海防圖論・海運圖說・黃河圖議・蘇松浮糧議、第二册、康熙辛未(三十年)重刻日本圖纂、第三册、康熙辛未重鐫江防圖考、第四册、康熙癸酉重鐫朝鮮圖說・安南圖說・琉球圖說ナレドモ、第一册ニ附セラレタル鄭定遠重刻海防一覽小引ニ、康熙三十六年トアリ、東洋文庫所藏萬里海防圖論二卷日本圖纂一卷、静嘉堂文庫所藏鄭開陽雜著第一册幷ニ第二册ト、同書ナリ、本書、静嘉堂文庫所藏本ニ依リテ書名ヲ掲ゲ、併セテ東洋文庫所藏本ヲ參看シテ本文ヲ掲グ、

〔鄭開陽雜著〕二 日本圖纂 ○静嘉堂文庫所藏康熙三十六年鄭定遠序本

(原内表紙)「崑山鄭開陽先生著

日本圖纂

本衙藏板」

(原内表紙題郭天邊橫書)「康熙辛未重鐫」

(周裳序)重刻日本圖纂序(三十年)(一六九一年)○版心、周序、

○中略

康熙三十年歳在辛未仲夏天中節後一日(五月六日)、婁東後學周裳拜二識於潯陽旅次(江西省九江府潯陽驛)一、○奥ニ、「周裳之印」及ビ「與彦」ノ方形印模印影アリ、

(王畿序)日本圖纂序○版心、日本圖纂王序、

○中略

嘉靖辛酉(四十年)季夏(六月)上浣之吉(一五六一年)、山陰龍溪外史王畿拜撰、○王畿ノ傳、明史卷二百八十三列傳百七十一儒林二ニ見ユ、

(茅坤序)日本圖纂序○版心、日本圖纂茅序、

日本圖纂者、予(茅坤)友崑山鄭君(若曾)、手圖二日本諸島所レ錯海而峙一、與レ纂二其州郡土貢道路形勝語言什器戰闘之習一者也、大略按二舊所傳日本考畧(薛俊著)一、次及二海上針經一、○中略旹、

嘉靖辛酉秋七月之朔、

賜進士出身中憲大夫河南按察司副使歸安（浙江布政使司湖州府歸安縣）茅坤拜識、○茅坤ノ傳、明史卷二百八十七列傳一百七十五文苑三ニ見ユ、

日本圖纂序（鄭若曾序）○版心、日本圖纂自序、

日本、地方甚大、限二隔山海一、其國無二典籍一、流二於中國一、山城（山城國）以東、漫無レ可レ考、今所レ據者、日本考略焉而巳（已）、其圖眞歟否歟、則莫二我敢知一、昔年、予、捧レ檄至レ浙（浙江）、詢二諸有識一、皆諱二考畧一、爲二未眞無一、何詣二招寶（浙江布政使司寧波府定海縣）・金塘（定海縣）諸山一、登眺諮訪、凡浙洋山沙、國初、設二險要害一、罔レ不二昭晰一、惟日本諸島、訊二之長年火掌一、不レ知也、訊二之擒獲倭黨一、不レ知也、訊二之貢臣一、不レ知也、訊二之通事一、不レ知也、訊二之被擄去人一、不レ知也、歸質二所レ疑總督大司馬胡（宗憲）公一、謂レ予曰、「於レ識（胡宗憲言）是也、何有二鄞（寧波府鄞縣）弟子員蔣洲・陳可願志士一也、宣三諭日本一、能レ道、其山川遠近風俗强弱之詳、其言不レ誣、且召二彝來レ廷數輩一、陳所睹記、奉化人宋文、復持三示南畧倭商祕圖一、參互考訂、默有レ所レ得」、乃命レ工重レ繪而綴、以二所レ聞衆說一彙、成二一編一、名曰二日本圖纂一、與二考畧一並傳、俟二後之天使往而正一レ之、或曰、「焉知二其不一レ謬而取レ之、似レ未レ得レ爲二闕疑一乎」、曰、「不レ然、倭之來也、有二發軔之源一、有二分艅之岐一、有二入寇必經之道一」、譬レ之奕然、海圖者其枰也、兵者其子也、攻守餌伏者其着也、若非二先界文路一、則當局者、迷三何以辨二敵之所一レ下レ手、而待レ之以先着乎、兵法（孫子）曰、「知レ彼知レ己」、地形彝情者、禦レ倭之先務也、予、故汲汲焉、廣示二四方一、知二兵之士一、盡二善與

否、蓋不レ暇レ計云、

嘉靖辛酉夏五月既望（十六日）、崑山（南京蘇州府崑山縣）鄭若曾伯魯氏識、○民國二十一年壬申（一九三二年）陶風樓刊江蘇省立第一圖書館藏本影印本鄭開陽雜著第三冊所收卷四日本圖纂ニ收ムル鄭若曾序、異事ナシ、胡宗憲ノ傳、明史卷二百五列傳第九十三ニ見ユ、

（目錄）日本圖纂○版心、日本圖纂目、

崑山鄭若曾伯魯著　男應龍左卿 一鸞音卿校

五世孫起泓男定遠重訂

孫肇熹 發祥校字

日本國圖

○中略

使倭針經圖說

太倉使往日本針路

福建使往日本針路

○以下、目錄略ス、文淵閣藏欽定四庫全書史部十一、鄭開陽雜著卷四日本圖纂、鄭若曾序及ビ目錄ナシ、

（本文）○日本國圖等、略ス、

（使倭針經圖說第一丁表）使倭針經圖說○版心、日本圖纂、

太倉使往二日本一針路

見二渡海方程及海道針經一、

○太倉使往日本針路、蘇州ヨリ發シ屋久島ニ至ル航路ニテ、琉球諸島幷ニ奄美諸島ノ記無キニ依リテ略ス、太倉使、明成祖文皇帝（永樂帝）、永樂九年（一四一一年）二月ニ日本ニ遣シタル王進ナルコト、明史巻三百二十二列傳第二百十外國三日本、永樂八年四月ノ記、及ビ籌海圖編巻二王官使倭事畧幷ニ上ニ收ムル日本一鑑桴海圖經巻之一桴海圖經序等ニ見ユ、大日本史料應永十八年（一四一一年）九月九日ノ第二條、是ヨリ先、明使王進來ル、京ニ入ルコト能ハズ、是日、兵庫ヲ發シテ歸國スル條參看、

（第二丁裏ヨリ第六丁表）
福建使往日本針路

梅花（梅花嶼）東外山開船、用二單辰針（東南東微南）・乙辰針（東南東）一、或用二辰巽針（南東微東）一、十更、船取二小琉球（臺灣）一、○第二丁裏上欄ニ、小琉球山ノ畫アリ、

小琉球套レ北過、船見二鷄籠嶼及花瓶嶼・澎嘉山一、○第三丁表上欄ニ、鷄籠嶼、花瓶嶼、澎嘉山及ビ釣魚嶼ノ畫アリ、

澎嘉山北邊過船、遇二正南風一、用二乙卯針（東微南）一、或用二單卯針（東）一、或用二單乙針（東微南）一、西南風、用二單卯針一、東南風、用二乙卯針一、十更、船取二釣魚嶼一、

釣魚嶼北邊過、十更、船南風、用二單卯針一、東南風、用二單卯針一、或用二乙卯針一、四更、船至二黃麻嶼一、

黃麻嶼北邊過船、便是赤嶼、五更、船南風、用二甲卯針（東微北）一、東南風、用二單卯針一、西南風、用二單甲（東北東微東）針一、或用二單乙針一、十更、船至二赤坎嶼一、○第三丁裏上欄ニ、黃麻嶼・赤坎嶼・古米山及ビ馬岊山ノ畫アリ、

赤坎嶼北邊過船、南風、用二單卯針及甲寅針（東北東）一、西南風、用二艮寅針（北東微東）一、東南風、用二甲卯針一、十五更、至二古米山（久米島）一、

古米山北邊過船、有レ礁、宜レ知レ避、南風、用二單卯針及甲寅針一、五更、船至二馬岳山(慶良間諸島)一、
馬岳山、南風、用二甲卯針一、或甲寅針、五更、船至二大琉球(沖縄島)一、
大琉球那覇港泊船、○第四丁表上欄ニ、大琉球山、離倚山、熱壁山及ビ硫黄山ノ畫アリ、
土官把二守港口一、船至レ此、用二單卯針及甲寅針一、行二更、進二那覇內港一、以入二琉球國中一、○静嘉堂文庫本、文淵閣藏欽定四庫全書史部十一所收本及ビ民國二十一年壬申(一九三二年)陶風樓刊江蘇省立第一圖書館藏本影印本ノ鄭開陽雜著第四冊卷七琉球圖說所收福建使往大琉球鍼路、梅花東外山開船ヨリ以入琉球國中マデ、島嶼圖ヲ闕クト雖モ本文ハ本書ト同文ヲ掲ゲ、次項ノ那覇港外開船以下ノ日本ヘノ針路ノ記ニ替ヘテ那覇港ヨリ五虎門ヘノ回鍼ノ記ヲ收ム、
那覇港外開船、用二單子(北)針一、四更、船取二離倚嶼(粟國島)外一過船、南風、用二單癸(北微東)針一、三更、船取二熱壁山(伊平屋島)一以行、
熱壁山、南風、用二單癸針一、四更、船取二硫黄山(硫黄鳥島)一、
硫黄山、南風、用二丑癸(北北東)針一、五更、船取二田嘉山(徳之島)一、又南風、用二丑癸針一、三更半、船取二夢加刺山(加計呂麻島)一、
南風、用二單癸針及丑癸針一、三更、船取二大羅山(大島)一、○第四丁裏上欄ニ、大羅山、七島山及ビ野顧山ノ畫アリ、
大羅山、用二單癸針一、二更半、船取二萬者通〔者萬通〕(島津)七島山西邊一過船、○七島山、寶島・惡石島・諏訪之瀬島・平島・臥蛇島・中之島及ビ口之島等、
萬者通七島山、用二單寅(東北東微北)針一、五更、船取二野顧(屋久島)・七山島(七島山)內一、各呌兵之妙是麻山嶼、
野顧山、用二巽(南東)・寅針一、二更半、船取二但午山(熊毛郡種子島)一、用二艮寅(北東微東)針一、四更、船取二亞甫山一、○亞甫山、大隅國大隅郡佐多郷大泊、又ハ日向國宮崎郡飫肥郷大島ナラン、

一云、野顧山、對面行六十里、有二小礁四五箇一、最宜レ避、在二北邊一過船、用二艮寅方一百五十里一、至二旦午山(種子島)一、用二艮寅方一、行二二百四十里一、至二亞甫山一、○第五丁表上欄ニ、亞甫山、亞慈理美妙、烏佳眉山及ビ而是麻山ノ畫アリ、
亞甫山平二港口一、其水望レ東流甚急、離二此山一、用二艮寅針一、十更、船取二亞慈理美妙(土佐國幡多郡足摺岬)一、若不レ見二此山一、用二單艮(北東)針一、二更、船又艮寅針、五更、船取二沿灣似(阿波國)一云、渡似、烏沿佳(佳)眉山(那賀郡蒲生田岬カ)一、
沿灣似烏佳眉山、用二單癸針一、三更、船若船開時、用二單子針一、一更、船至二而是麻山(淡路國淡路島)一、而是麻山南邊、有二沉礁(淡路國三原郡沼島)一、名二套礁一、一云、名二佐沉礁一、東北邊過船、用二單丑針(北北東微東)一、一更、船是正路、却用二單子針一、四更、船取二大門山中(紀伊國海部郡友ケ島)一、○第五丁裏上欄ニ、大門山ノ畫アリ、
大門山傍西邊過船、用二單丑針一、三更、船取二兵褲山港(攝津國兎原郡兵庫)一、
兵褲港循二本港一、直入二日本國都(平安京)一、
若曾按、已上針路、乃歷代以來及二本朝國初一、中國使臣入番(蕃)之故道也、頻年、倭寇之入、往往取二間道一突至、便利特甚、予、已稍從二入寇圖中一指畫、然不レ欲二條書一之者、恐傳者、或貽二奸孽一以二倖釁一也、有二志於經世一者、必須二以レ意會一レ之、而得二予之一、所以不レ詳レ書焉、斯善矣、
○國朝貢式以下、略ス、東洋文庫所藏萬里海防圖論二卷日本圖纂一卷ノ日本圖纂、靜嘉堂文庫所藏鄭開陽雜著第二冊所收日本圖纂ト同版ニシテ、異事ナシ、使倭針經圖說、民國二十一年壬申(一九三二年)陶風樓刊江蘇省立第一圖書館藏本影印本鄭開陽雜著第三冊所收卷四日本圖纂及ビ文淵閣藏欽定四庫全書史部十一鄭開陽雜著卷四影印本、異事ナシ、

〔鄭開陽雜著〕 卷一 欽定四庫全書史部十一
○文淵閣藏欽定四庫全書影印本

○卷首附箋校勘記、略ス、

（本文）（內題）
欽定四庫全書　　史部十一

鄭開陽雜著　　地理類五邊防之屬

提要

臣等謹案、鄭開陽雜著十一卷、明鄭若曾撰、若曾、字伯魯、號開陽、崑山人、嘉靖初、貢生、是書、舊分二籌海圖編・江南經略・四隩圖論等編一、本各自爲レ書、國朝康熙中（一六六二年～一七二四年）、其五世孫（鄭）起泓及子（鄭）定遠、又刪汰重レ編、合爲二一帙一、定爲二萬里海防圖論二卷、江防圖考一卷、日本圖纂一卷、朝鮮圖說一卷、安南圖說一卷、琉球圖說一卷、海防一覽圖一卷、海運全圖一卷、黃河圖議一卷、蘇松浮糧議一卷一、其海防一覽圖、卽萬里海防圖之初藁、以二詳略一互見、故兩存レ之、若曾、尙有二江南經略一書一、獨缺不レ載、未レ喩二其故一、或裒緝者偶佚歟、若曾、少師二魏校一、又師二湛若水・王守仁一、與二歸有光・唐順之一、亦互相切磋、數人中、惟守仁・順之、講二經濟之學一、然守仁用レ之而效、順之用レ之不レ甚レ效、若曾、雖レ不二大用一、而佐二胡宗憲幕一、平二倭寇一有レ功、蓋順之求二之於空言一、若曾得二之於閱歷一也、此十書者、江防海防形勢、皆所二目擊一、日本諸考、皆諮二訪考究一、得二其實據一、非下剽二掇史傳一以成上レ書、與二書生紙上之談一、固有レ殊焉、乾隆四十六年（一七八一年）十一月、恭校上、

總纂官臣紀昀・臣陸錫熊・臣孫士毅
總校官臣陸費墀○明鄭若曽撰ヨリ固有殊焉マデノ記、文淵閣藏欽定四庫全書總目影印本巻六十九史部二十五地理類二所收提要ト、異事ナシ、

第一册
○民國二十一年壬申（一九三二年）陶風樓刊江蘇省立第一圖書館藏本影印本

〔鄭開陽雜著〕

（表紙）（外題）
「鄭開陽雜著　一・二」

（扉表）（内題）
「鄭開陽雜著　（方形印影）「盋山精舍」」

（扉裏）（刊記）
「壬申夏六月陶風樓印行」
（民國二十一年、一九三二年）

（提要）
四庫全書總目
（欽定四庫全書總目提要史部二十五地理二）

鄭開陽雜著十一巻浙江巡撫採進本

○右ニ掲グル書名、幷ニ明鄭若曽撰ヨリ固有殊焉マデノ記、略ス、文淵閣藏欽定四庫全書影本史部十一鄭開陽雜著巻一所收提要幷ニ同欽定四庫全書總目影印本巻六十九史部二十五地理類二所收提要ト異事ナシ、

（巻一）
鄭開陽雜著

巻一○第一行幷ニ第二行ノ下部ニ、方形印影「江蘇省立第一圖書館藏書」及ビ方形印影「嘉惠堂丁氏藏書之記」アリ、

明　鄭若曽　撰

萬里海防圖論一

○本文略ス、

〔鄭開陽雜著〕第四冊
○民國二十一年壬申（一九三二年）陶風樓刊江蘇省立第一圖書館藏本影印本

(柳詒徵跋)崐新合志文苑傳、「鄭若曾、字伯魯、文康公孫〔元〕、幼有二經世志一、凡天文地輿・山經海籍、靡レ不レ得二其端一、委二婦翁魏校一、最器二重之一、(崑新兩縣續修合志卷三十人物文苑一)(柳詒徵按)按、若曾婦翁、名庠、乃校之弟、見二歸有光外舅魏公墓志銘一、嘉靖中、以二諸生一、入二北雍闈中一、擬レ元者、再竟二不遇一、倭擾、東南總制胡宗憲、辟爲二贊畫一、偵知レ倭、不レ諳二地境一、導レ之者、爲二內地奸人一、以計間之寇遁、敍レ功、授二錦衣一、世蔭不レ受、歸而著レ書、薦レ修二國史一、不レ就レ歷、與二王守仁・唐順之・羅欽順・王畿・茅坤・歸有光諸人一、研磨實行、不レ角二立門戸一、爲二空言一無レ補二之學所一、箸〔著〕レ書、皆切實經濟、不下以二文詞一爲上工也」、又著述目、(崑新兩縣續修合志卷四十九著述目上)「鄭若曾、江南經略八卷、籌海圖編十三卷、萬里海防圖論二卷、江防圖攷一卷、日本圖纂一卷、朝鮮圖說一卷、安南圖說一卷、琉球圖說一卷、海防一覽圖一卷、海運全圖一卷、黃河圖議一卷、蘇松浮糧議一卷、原注、俱見二四庫書目一」、按二庫目一、(欽定四庫全書總目卷六十九史部二十五地理類二)以二籌海圖編一、爲二胡宗憲著一、其萬里海防圖論等、則標曰二鄭開陽雜著一、蓋圖編雖レ出二若曾手據一、茅鹿門(茅坤)序○籌海圖編卷之一嘉靖壬戌春三月既望茅坤刻籌海圖編序稱、宗憲、聘二君幕府一、裒二次其事一、其體裁、多出レ自二丹陽(南京鎭江府丹陽縣)邵芳一、蓋鄭・邵合輯、而胡綜其成也、雜著十一卷、論江防海防(萬里海防圖論・江防圖考)及日本(日本圖纂)者、卽圖編原稿(籌海圖編)、其朝鮮・安南諸圖說、則未レ載二入圖編一、圖編行レ世之本尚多、而雜箸〔著〕罕レ見、則欲レ知二鄭氏經世之學者一、尤宜三一讀二其雜著一矣、館藏寫本、橅圖甚精、丞二與平倭通錄(嘉靖東南平倭通錄)・山海漫談二書一、次比印行、以二證明之學者一、精二究國防一、不三徒以二空談一、心性爲レ事、又以見二明人措レ意二倭患一、實兼規及二海上諸小國一、不二僅僅一就レ倭言、倭是則恢二復舊屬一、扶二翼小邦一、張二輔車之勢一、以挫二虎狼之鋒一、正二神州一、赤縣人士、所レ宜三高瞻レ遠學爲二亞東一、宗主惡可下以二局部一抗扞上、爲レ巳（已）二盡其職一哉、壬申（一九三二年）夏六月、鎮江（中華民國江蘇省）柳詒徵、○崑新合志文苑傳、光緒七年（一八八一年）刊崑新兩縣續修合志ヲ以テ校ス、

○柳詒徵、○一八八〇年生、一九五六年歿、鄭開陽雜著所收萬里海防圖論、江防圖考及ビ日本圖纂ヲ籌海圖編原稿ト評ス、

〔籌海圖編〕第三冊 ○国立公文書館所藏内閣文庫架藏昌平坂學問所舊藏嘉靖四十一年范惟一序本

（後補表紙）「籌海図編二三四二始欠三」 ○右上ニ、「昌平坂學問所」ノ長方形墨印影アリ、

（序）籌海圖編序 ○版心、序、第一丁右下ニ「淺草文庫」ノ長方形朱印影及ビ「希經樓」ノ楕圓形朱印影アリ、

○中略

嘉靖壬戌（四十一年）（一五六二年）三月朔日、浙江按察司提督學校副使范惟一撰、

籌海圖編目錄 ○版心、籌海圖編目錄凡例、

崑山鄭若曾輯 男應龍一鸞校

○中略

卷之二

王官使倭事畧入倭針經附

倭國入貢事畧

倭國事畧倭國圖入寇圖附

（中略）

凡例

（中略）

一、附倭國圖者、先レ內而後レ外也、附入寇圖者、知レ所レ由レ入、則知レ所レ由レ禦矣、

一、王官使倭、附入倭針經者、便使事也、

（中略）

參過圖籍

（中略）

渡海方程

海道針經

（下略）

〔籌海圖編〕第一冊 ○国立公文書館所藏内閣文庫架藏昌平坂學問所舊藏嘉靖四十一年范惟一序本

（後補表紙）（外題）
「籌海図編　一　二　一」○表紙右上ニ「昌平坂學問所」ノ長方形墨印影アリ、

（見存本文第一丁表第一行）
或爲穽以詐坑○版心ニ、籌海圖編巻之二トアリ、三十五ノ丁付アリ、第一丁表右
（巻之二寇術）
ニ「淺草文庫」ノ長方形朱印影及ビ「希經藏」ノ楕圓形朱印影アリ、
○寇術ノ末
行マデ略ス、
（見存本文第二丁裏）
倭刀○中略、版心ノ丁付ニ三十六トアルハ見存第二丁ノ裏ニ渉リテ記サル、
○倭刀ノ條ニ續キテ、日本國圖二丁及ビ日本島夷入寇之圖一丁アリ、日本島夷入寇之圖ノ次ニ籌海圖編巻之三アリ、
○本書、籌海圖編巻之二、右ニ掲グル料紙五丁ノミ存シ、本文第一丁ヨリ本文第三十四丁ヲ佚スルニ依リテ、本文第六丁裏ヨリ第九丁裏ニ収メラレタル太倉使往日本針路及ビ福建使往日本針路ヲ闕ク、

〔籌海圖編〕巻之一
○静嘉堂文庫所藏嘉靖四十一年茅坤序本第一册

（表紙）（外題）
「籌海圖編」

○後闕唐樞籌海圖編序ノ殘二丁、及ビ前後闕某序ノ殘一丁、略ス、序第二・三・五・六・七・九丁、新補白紙、唐樞ノ傳、明史巻二百六列傳第九十四ニ見ユ、

（序第一○丁表）
（茅坤序）
刻籌海圖編序○版心、序、
○中略、刻籌海圖編序ノ第二丁佚シ、新補白紙ノ第一一丁ヲ充ツ、
（序第一二丁裏）
嘉靖壬戌春三月既望、
賜進士中憲大夫河南按察司副使歸安茅坤撰、○本書、第八册巻末ニ、（嘉）□靖歳壬戌春正月之吉盧鏜跋アリ、

（目録凡例第一丁表）
籌海圖編目録○版心、籌海圖編目録凡例、

巻之一
明少保新安胡宗憲輯議　孫擧人胡燈重校　崑山鄭若曽編次

〇中略

卷之二

王官使倭事略入倭針經附

倭國入貢事畧

倭國事畧倭國圖入寇圖附

〇中略

（第三丁表）
凡例

〇中略

（第三丁裏）
一、王官使倭附入倭針經者便使事也、

〇中略

（第五丁表）
參過圖籍

〇中略

（第八丁裏）
海渡方程

海道針經

〇下略

〔籌海圖編〕卷之二　○静嘉堂文庫所藏嘉靖四十一年茅坤序本第二冊

（第一丁表）（目錄）
籌海圖編卷之二　○版心、籌海圖編卷之二目錄、

明少保新安胡宗憲輯議　孫擧人胡燈重校　崑山鄭若曾編次

王官使倭事略　○細目、略ス、

國朝七條

使倭針涇〔經〕圖説

倭使朝貢事畧　○細目、略ス、

（第一丁裏）
國朝二十二條

倭國事畧

（第二丁表）（本文）
籌海圖編卷之二　○版心、籌海圖編卷之二、

明少保新安胡宗憲輯議　孫擧人胡燈重校　崑山鄭若曾編次

○王官使倭事略、略ス、

（第六丁裏）
太倉使往日本針路見二渡海方程及海道針經一

○中略

（第八丁裏第七行ヨリ）福建使往日本針○第七丁裏上欄ニ、小琉球及ビ澎嘉山ノ畫アリ、

梅花東外山開船、用二單辰針・乙辰針一、或用二辰巽針一、十更、船取二小琉球一、

小琉球套レ北過、船見二鶏籠嶼及梅花瓶・彭嘉山一、

彭嘉山北邊過船、遇二正南風一、用二乙卯針一、或用二單卯針一、或用二單乙針一、西南風、用二單卯針一、東南風、用二乙卯針一、十更、船取二釣魚嶼一、○第九丁表上欄ニ、釣魚嶼・黄麻嶼・赤坎嶼・古米山及ビ馬岳山ノ畫アリ、

釣魚嶼北邊過、十更、船南風、用二單卯針一、東南風、用二單卯針一、或用二乙卯針一、四更、船至二黄麻嶼一、

黄麻嶼北邊過船、便是赤嶼、五更、是船南風、用二甲卯針一、東南風、用二單卯針一、西南風、用二單甲針一、或用二單乙針一、十更、船至二赤坎嶼一、

赤坎嶼北邊過船、南風、用二單卯針及甲寅針一、西南風、用二艮寅針一、東南風、用二甲卯針一、十五更、船至二古米山一、

古米山北邊過船、有レ礁、宜レ知二畏避一、南風、用二單卯針及甲寅針一、五更、船至二馬岳山一、

馬岳山、南風、用二甲卯一、或甲寅針、五更、船至二大琉球一、

大琉球那覇港泊レ船、土官把二守港口一、船至レ此、用二單卯針及甲寅針一、行二一更、進二那覇內港一、以入二琉球國中一、○第九丁裏上欄ニ、大琉球・熱壁山・硫黄山及ビ大羅山ノ畫アリ、

那覇港外開船、用二單子針一、四更、船取二離倚嶼外一過船、南風、用二單癸針一、三更、船取二熱壁山一以行、

熱壁山、南風、用二單癸針一、四更、船取二硫黃山一、

硫黃山、南風、用二丑癸針一、五更、船取二田嘉山一、又南風、用二丑癸一、三更半、船取二夢加剌山一、南風、用二單癸針及丑癸針一、三更、船取二大羅山一、

大羅山、用二單癸針一、二更半、船取二萬者通七島山西邊一過船、

萬者通七島山、用二單寅針一、五更、船取二野顧・七山島〔島山〕內一、各叫兵之妙是麻山嶼、野顧山、用二巽・寅針一、二更半、船但〔午〕尓山、用二艮寅針一、四更、船取二亞甫山一、一云、野顧山、對面行六十里、有二小礁四五箇一、最宜二畏避一、在二比〔北〕邊一過船、用二艮寅方行一百五十里一、至二旦午山一、用二艮寅方一、行二二百四十里一、至二亞甫山一、○第九丁裏上欄左端ヨリ第一〇丁表上欄ニ、七島山、亞甫山、亞慈美理妙、烏隹眉山、而是麻山及ビ大門山ノ畫アリ、

亞浦山平港口、其水望レ東流甚急、離二此山一、用二艮寅針一、十更、船取二亞慈理美妙一、若不レ見二此山一、用二單艮針一、二更、船又艮寅針、五更、船取二沿灣奴一云、沿渡奴、沿烏隹眉山一、沿渡奴烏佳眉山、用二單癸針一、三更、船、若船開時、用二單子針一、一更、船至二而是麻山一、

而是麻山南邊、有二沉礁一、名二套礁一、一云、名二佐沉礁一、東北邊過船、用二單丑針一、一更、船是正路却、用二單子針一、四更、船取二大門山中一、

大門山傍西邊門過船、用二單丑針一、三更、船取二兵褲山港一、

兵褲港循二本港一、直入二自〔日〕本國都一、

曽按、巳上針路、乃歴代以來及二本朝國初一、中國使臣入沓〔蕃〕之故道也、頻年、倭寇之入、往往取二間道一突至、便利特甚、予、巳〔已〕稍從二入寇圖中一指畫、然不レ欲二條書一之者、恐傳者、或貽二奸孽一以二倖釁一也、有二志于經世一者、須二以レ意會レ之、而得二予之一、所以不レ詳レ書焉、斯善矣、

○倭奴朝貢事畧以下、略ス、

〔籌海圖編〕卷之一

○国立公文書館所藏内閣文庫架藏紅葉山文庫舊藏隆慶六年吳鵬序重刻本第一册

（新補表紙）（外題）
「籌海圖編　金」

（序第一丁表）（吳鵬序）
重刻籌海圖編序○版心、序、

籌海圖編者、鄭伯魯氏、綜羣策而成之者也、○中略

（序第四丁表）（六年）
隆慶壬申（一五七二年）三月吉、前

賜進士出身光祿大夫

太子太保吏部尚書奉

旨允歸田秀水吳鵬序、（浙江布政使司嘉興府秀水縣）○吳鵬、嘉靖三十五年（一五五六年）三月、吏部尚書ニ任ゼラレ、同四十年三月、致仕ノコト、明史卷一百十二表十三七卿年表二ニ見ユ、

（序第五丁表）（鄭若曾序）
刻籌海圖編引

○中略

（序第六丁裏）嘉靖辛酉冬十有二月朏日（三日）、崑山鄭若曽謹識、

○中略、籌海圖編目錄、凡例及ビ參過圖籍、静嘉堂文庫所藏籌海圖編嘉靖四十一年茅坤序本ト異事ナシ、

（第一丁表）籌海圖編卷之一　○版心、籌海圖編卷之一目錄、

崑山鄭若曽輯　男應龍一鸞校

○卷之一目錄以下、略ス、静嘉堂文庫所藏籌海圖編嘉靖四十一年茅坤序本ト異事ナシ、

〔籌海圖編〕卷之二　○国立公文書館所藏内閣文庫架藏紅葉山文庫舊藏隆慶六年吳鵬序重刻本第二册

（表紙外題）「籌海圖編　石」○表紙右邊下部ニ、「二」ノ墨書アリ、

（第一丁表）（內題）籌海圖編卷之二　○版心、籌海圖編卷之二、

崑山鄭若曽輯　男應龍一鸞校

王官使倭事畧

○中略

（第六丁裏）太倉使往日本針路　見ニ渡海方程及海道針經一、

○中略、静嘉堂文庫所藏籌海圖編嘉靖四十一年茅坤序本ト異事ナシ、

（第七丁裏）福建使往日本針路

○中略、静嘉堂文庫所藏籌海圖編嘉靖四十一年茅坤序本ト異事ナシ、
（第九丁裏）
兵褲港循二本港一、直入二日本國都一、
○本書、曽按以下ノ按文ヲ闕ク、

〔籌海圖編〕卷之一 ○天啓四年重刻本
（表紙）
「茅鹿門先生鑒定
（坤）
籌海圖編
本衙藏版　」
（題郭天邊横書）
「新安少保胡宗憲編輯」
（序第一丁表）
刻籌海圖編序○版心、序、
○中略
（序第三丁裏）
嘉靖壬戌春三月既望
賜進士中憲大夫河南按察司副使歸安茅坤撰
（序第四丁表）
籌海圖編敍○版心、序、
○中略
（序第五丁表）
天啓甲子（四年）（一六二四年）仲春（二月）月

賜進士中憲大夫巡撫保〔保〕定等府提督紫金等關兼理海防軍務都察院右僉都御史思仲謹序

（目錄凡例第一丁表）
籌海圖編目錄〇版心、籌海圖編目錄凡例、

明少保新安胡宗憲輯議　曾孫庠生胡維極重校

孫擧人胡燈　擧人胡鳴岡階慶仝刪

〇卷之一目錄以下、略ス、參過圖書ノ末一丁分ヲ闕ク外、静嘉堂文庫所藏籌海圖編嘉靖四十一年茅坤序本ト異事ナシ、

〔籌海圖編〕卷之二　〇天啓四年重刻本

（目錄）
籌海圖編卷之二〇版心、籌海圖編卷之二目錄、

明少保新安胡宗憲輯議　曾孫庠生胡維極重校

孫擧人胡燈　擧人胡鳴岡階愛仝刪

〇下略、目錄以下、静嘉堂文庫所藏籌海圖編嘉靖四十一年茅坤序本ト異事ナシ、

〇文淵閣藏欽定四庫全書史部十一地理類五邊防之屬所收籌海圖編十三卷、同欽定四庫全書總目卷六十九史部二十五地理類二ニ安徽巡撫採進本トアリテ、明胡宗憲撰トスレドモ、本文、静嘉堂文庫所藏籌海圖編嘉靖四十一年茅坤序本ト異事ナキニ依リテ、略ス、

〇鄭舜功、日本一鑑桴海圖經ニ徳之島・加計呂麻島幷ニ大島ヲ記スコト、一五五六年五月ノ條參看、

一五四四年（琉球國中山王尚清十八年・明嘉靖二十三年・日本天文十三年・甲辰）

六月二十日、琉球國中山王尚清、首里城世續石墻ノ普請ヲ命ジ、自奥渡上及ビ宮古・八重山ノおゑか人等ヲ普請ニ従ハセシム、尋デ、一五四六年七月二十八日、普請ノ功畢ル條、中山世譜○一二八頁ノ次、

〔おもろ御さうし〕第三○沖縄県所蔵尚家本

一きこゑ《聞》あちおそい《按司襲》《琉球國中山王尚清》きや　大きミ《君》はのたて《宣立》ゝ　しよりもり《首里杜》けらへて《造》　おほつ《天上》のよもつ《世持》とて《門》○琉球大学附属図書館

所藏伊波普猷文庫架藏おもろさうし仲吉本、とてニ、世の肝要成門といふ事也ノ朱書言葉間書アリ、

あちおそいにミおやせ《奉》

又とよむ《鳴響》わう《王》にせかせたかこ《精高子》は　のたてゝ　またまもり《眞玉杜》《首里杜》けらへて

又いへ《威部》のいのり《祈》しよわちへ《給》　くになかのもり《國中杜》《首里城内》に　世のこし《腰當》やて　あおり《煽》やたて《嶽》おり《織》やあけ《上》て

又つかさ《司》いのりしよわちへ　あかる《揚》たけ《嶽》　ミや《見》《國中社》くむたけ　よつたけ　つミ《積》あけて

又すへつき《添繼》《添繼御門》きや　ミみもん《見物》いちやちや《板門》けらへて

又きミ《君》かとて　世そう《添》とて　さし《鎖》よわちへ

又あちおそいや　いミ（今）やからと　天きや下いと（絲）かけ（掛）てちよわれ○本歌、第三ノ一四番、通番一〇一、句切、琉球大学附属図書館所蔵伊波普猷文庫架蔵おもろさうし仲吉本ノ朱句點ヲ参看シ、空格ヲ以テス、

一五五六年（琉球國中山王尚元元年・明嘉靖三十五年・日本弘治二年・丙辰）

五月、是ヨリ先、明總督南直隷浙福軍務南京兵部右侍郎楊宜、南京直隷徽州府人鄭舜功ヲ、日本國王宣諭ノ使ニ任ズ、是月、鄭舜功、日本ニ向ケ明福建布政使司福州府ヲ出船シ、日本豐後國ニ至リ大友義鎮ニ面謁シ、尋デ、十二月、義鎮ノ報使清授ヲ伴ヒテ明ニ向ヒ、翌年正月、琉球國永良部島沖永良部島ヲ經テ、明廣東布政使司廣州府ニ歸著ス、鄭舜功、明歸還ノ後、日本一鑑ヲ撰述シ、同書桴海圖經ニ德之島・加計呂麻島幷ニ大島ヲ記ス、

〔明實錄〕大明世宗肅皇帝實錄巻之四百二十三○中華民國中央研究院歷史語言研究所校印本所收國立北平圖書館藏紅格鈔本

（一五五五年）嘉靖三十四年六月甲子朔、○中略○壬午（十九日）、○勅、總督直隷浙福軍務都御史周抗（琉）・巡撫浙江都御史李天寵爲二民政一、南京戸部右侍郎楊宜爲二兵部右侍郎兼右僉都御史一、代レ琉陞二巡撫浙江御史一、胡宗憲爲二

右僉都御史一、代二天寵一、先是、　上聞、琉疾甚、又以二天寵嗜レ酒廢一レ事、遂幷默レ之、仍勅二工部右侍郎趙文華一、悉レ心督察、令二禮部鑄督察軍務關防一、馳賜レ之、○趙文華ノ傳、明史卷三百八列傳第一百九十六姦臣ニ見ユ、

〔明史〕卷十八　本紀第十八　世宗二
○文淵閣藏版影印欽定四庫全書史部　明史自卷十七至卷二十一

(嘉靖)三十四年○中略六月壬午、命下兵部侍郎楊宜總二督軍務一討上レ倭、

〔明實錄〕大明世宗肅皇帝實錄卷之四百三十二
○中華民國中央研究院歷史語言研究所校印本所收國立北平圖書館藏紅格鈔本

嘉靖三十五年二月庚寅朔、○中略(九日)○戊戌、○中略○罷二總督南直隷浙福軍務南京兵部右侍郎楊宜一、○下略

〔明實錄〕大明世宗欽天履道英毅聖神宣文廣武洪仁大孝肅皇帝實錄卷之四百五十
○中華民國中央研究院歷史語言研究所校印本所收國立北平圖書館藏紅格鈔本

(一五五七年)嘉靖三十六年八月辛巳朔、○中略(二十四日)○甲辰、○中略先レ是、浙直總督胡宗憲、爲二巡撫一時、奏差二生員陳可願・蔣洲一、往二諭日本一、至二五島一、遇二王直・毛海峯一、先送二可願一還、洲留諭二各島一、至二豐後(日本豐後國)一阻レ留、轉令三使僧前往二山口(日本周防國)等島一、宣二諭禁戢一、於レ是、山口都督源義長(大内)、且(具イ)咨送三回被擄人口一、咨乃用二國王印一、豐後太守源義鎭(大友宗麟)、遣二僧德陽等一、具二方物一、奉表二謝罪一、請レ頒二勘合修貢一、護三送洲還一、及前總督揚直(楊宜)所レ遣鄭舜功、出レ海哨三探夷情一者、亦行至二豐後一、豐後島遣二僧淸授一、附レ舟前來、謝レ罪言、(大友義鎭言)「前後侵犯、皆中國姦商潛三引小島夷衆一、義鎭等初不レ知也」、○下略、明人王直、我邊民ヲ誘ヒテ明ヲ侵シ、明將胡宗憲、擊チテ之ヲ擒ス、仍リテ、大友義鎭、明

大内義長、使ヲ明ニ遣シ、好ヲ修ムルコト、史料綜覽弘治三年(一五五七年)是歲ノ第二條ニ見ユ、

〔明史〕卷三百二十二　列傳第二百十　外國三　日本
○文淵閣藏版影印欽定四庫全書　明史自卷三百二十二至卷三百二十三

○上略嘉靖二年（一五二三年）、○中略此（嘉靖）三十四年九月事也、○中略明年二月、○中略七月、○中略先レ是、○中略前楊宜所レ遣鄭舜功、出海哨探者、行至二豊後島一、島主（大友義鎮）亦遣二僧清授一附レ舟來謝レ罪、○下略

〔日本一鑑〕第三冊　窮河話海巻之九
○民國貳拾八年（一九三九年）據舊鈔本影印文殿閣刊本

（表紙）（外題）「日本一鑑窮河話海　下冊」○扉ノ題、同ジ、

（扉裏）「民國貳拾八年
據舊鈔本影印」

○中略

（題）日本一鑑窮河話海巻之九

奉使宣諭日本國新安郡人（明南京直隷徽州府）鄭舜功纂敍

接使

○中略、以下、鄭舜功ノ日本宣諭ニ關ル、便宜、行跡ニ従ヒ改行ス、嘉靖癸未（二年）（一五二三年）、布衣鄭舜功、奏三奉宣二諭日本國一、自二歳庚戌（嘉靖二十九年）（一五五〇年）一以來、倭寇猖獗、荼三毒生靈一、命レ將調レ兵、遠近搔動、功、原草茅生、逢二聖明之世一、追三念先世忠義書史一、旌二常奮一輒二狂愚一、廣詢博採、伏覩二我皇祖宗之舊章一、感三懷淵穎（呉萊）之心志一、○呉萊ノ傳、元史巻一百八十一列傳第六十八黄溍ニ見ユ、且以二博望一、未レ究三定遠餘詐一、但欲下謹持二忠信一布三宣文德一、用レ夏變レ夷、塞レ源拔レ本、以爲中東南長治久安之計上、

於二歳乙卯一（嘉靖三十四年）（一五五五年）、赴レ闕陳言、「（鄭舜功言）荷二蒙聖明一、不下以二愚昧一罪上功、特下二兵部一、咨二送總督軍門一、轉二咨浙福軍門一、文移二浙江司道一、議下功使往二日本國一、採二訪夷情一、隨レ機開諭、歸報施行上」等因、功募二從事沈孟綱等一、訂盟歃血、忠義一心、盡レ忠報レ國、取二道嶺海一、治レ事偵レ風、丙辰（嘉靖三十五年）汎月、舟至二日本豐後國一、〇鄭舜功、嘉靖三十五年五月、廣東ヲ發シタルコト、下ニ收ムル日本一鑑桴海圖經卷之一ニ見ユ、自以二大明國客之名一、隨諭二西海修理大夫源義鎭禁戢所部六國地方一、其餘列國、止可レ移レ書、由二其禁否一、功按二大體一、必先曉二諭日本王一、乃得レ遍二行通國一、協一禁止、我舟、因レ風不レ可レ泛レ海、又按、豐後、且有二姦宄顚倒一、其間、功、加二深慮一、隨レ爲二批書一、付二與從事沈孟綱・胡福寧一、潛濟二二海一、曉二諭日本王一、期下得二眞情一歸二報朝廷一以爲中東南長治久安之計上、庶、不レ負、功、捐レ軀圖レ報之心也、

從事去後、功、於二豐後國一、察二知姦宄之淵藪、盜賊之盤根一、必欲三塞レ源拔レ本期無二東滅西生之患一、既得二要領一、漸次曉二諭修理大夫源義鎭一、與二國臣鑑續（臼杵）・長生・鑑增（臼杵）・鑑治・親守（志賀）・鑑速（臼杵）・鑑（吉弘）直・國僧清梁等一議、欲二遣レ人附レ舟報使一、請下奉二國典一還レ國一體遵照施行以順中天朝之意上、此其先知二向化之心一也、功、以二白手空談一、仰二伏聖德一、用レ竭二愚忠一、獲二其聽信一、自謂二一奇一、遂不レ顧二非時之險一、與二報使清授一倶來、遡流溯風、延二廻大小琉球國一、凡四十晝夜、萬死一生、乃克至レ廣（廣東布政使司廣州府）、歸二報軍門一、奏二聞區處一、庶、使二東海之夷早定、遍鄙之民早安、南顧之懷早紓一、於

レ是、備二言軍門一、非三惟不二用巧謀一、而更陷二功於獄一、

繼而、從事沈孟綱・胡福寧、曉二諭日本國王(天皇)源知仁(後奈良)一、與二其文武陪臣近衞(前久)・三條西(實枝)・柳原(資定)・飛鳥井(雅敎)・滕長慶(三好)○滕ヲ三好長慶ノ姓ニ當テタルハ、河内國岸和田城、滕城ト稱サレタルニ依レリ、等一、會二議行レ禁、遂與二回書一、幷付二信旗一、與二孟綱等一、經二過豐後一、豐後君臣、告以二差レ僧附レ舟報使之意一、亦與二信旗一、盡二彼之域一、回至二潮州海上(廣東布政使司潮州府)一、執レ批投赴、闞二望巡檢司一、照驗竟、被二弓兵一、毀二滅批文一、誣執下レ獄、信報得レ知、言二於軍門一、而不二之信一、令二人赴レ廣伸救一、已陷二殺於其間一矣、

既而、任三臣助(鄭舜功)二長償事一、致二臣幽禁一、乃以二報使淸授一、妄引二典例謬一、請安二揷於四川一、圖レ滅二欺罔之跡一、

前二此事情一、功、於二丁巳(嘉靖三十六年、一五五七年)・己未歲(嘉靖三十八年、一五五九年)一、三次奏聞、痛遭二彌縫一、今數年矣、而忠勇智謀之人、雖レ歷二抱火積薪之憂一、蓋以二功與沈孟綱等一、爲レ戒、無二復敢言者一、自二匪人(胡宗憲)去レ位之後一、○胡宗憲、逮セラルコト、明史卷十八本紀第十八嘉靖四十一年十一月丁亥條、同卷二百五列傳卷九十三胡宗憲等ニ見ユ、訴蒙二憲司哀憐一釋レ獄、赤心未レ灰、步二走京師一上言、兵部以二心迹一、蒙二哀朴忠津一、咨二浙江軍門一、收二錄之一錄、○下略、日本一鑑第三册、京都大学附属図書館所藏大正十年（一九二一年）書寫本ニ據リテ補セラレタル册ナリ、

〔日本一鑑〕第三册　窮河話海卷之九　○民國貳拾八年（一九三九年）據舊鈔本影印文殿閣刊本

海神

○中略、功、得二要領一、隨レ許二報使一、急欲レ歸二奏聖明一、庶、使二邊鄙之民早安、南顧之懷永紓一、於レ是、歸

志甚速、時非二汎月一、衆皆疑沮、乃告二諭之一曰、「（鄭舜功言）我等、既爲二地方一、共效二忠義一、必蒙二天神之佑一、行將無レ危」、衆不二之信一、乃具二牲醴一、質二之於神一、神皆協二吉衆一、毋二敢譁一、隨與二報使一倶來、出二外洋水道一、風忽轉レ逆、左右皆馬蹄礁、○馬蹄礁、環礁ナラン、或ハ、下ニ收ムル日本一鑑桴海圖經卷之一萬里長歌ニ、馬蹄礁名在乞島西六十里ト注シ、桴海圖經卷之二滄海圖經ニ、乞島ノ傍ニ畫ケル馬蹄礁カ、猶、檢ズベシ、舟觸卽破レ舵、經二處所一忽漏、舟之水浸者數板、而莫レ知二水從レ何入一、卜二諸神一云、占二舵倉一也、驗視得二孔竇一、遂窒レ之、舟得レ不レ溺、隨レ風、延二廻大琉球一、見二兩石山嵯峨如レ刀、而入レ目曰二石劔門一、門路正窄、禱蒙二神佑一、我舟正出二其間一、且舟泛二淡水一、遂泊二一小島一、夷音耶剌問（永良部）付、○沖永良部島問レ泉尚遠、日晡不レ及レ夜、得レ風乃行、舟至二天明一、見二石塲間有レ泉上涌如レ虹、意、上涌者爲二澹水一也、令二人取レ之、以活二舟衆一、且行風作、凡一晝一夜、舵牙折者二十許、舟之備木易レ之殆盡、已而併舵倶折、衆皆祈禱、有二光類レ火、其大如レ升二降於舟一、又異香襲レ人、風稍恬、乃以二備舵一易レ之乃行、風張二於前一、惟舵着レ水、夜甚昏黑、無レ所レ見、衆伸二祈禱一、頃之有レ光、一道如レ纜拽レ舟、迤邐至レ廣、○下略、海神ノ題、天邊ヨリ二字下、本文、同ジク二字下ナレドモ、便宜、本文ヲ行頭ヨリ配ス、

〔日本一鑑〕　第五册　桴海圖經卷之一
○民國貳拾八年（一九三九年）據舊鈔本影印文殿閣刊本

（表紙）（外題）「日本一鑑桴海圖經　壹冊」　○扉ノ題、外題ト同ジ、扉裏ノ刊記、日本一鑑第三册窮河話海ト同ジ、

（内題）日本一鑑桴海圖經卷之一

奉使宣諭日本國新安郡人鄭舜功撰述

（桴海圖經序）歳乙卯（嘉靖三十四年、一五五五年）、功、方

奉レ

使二日本一、取二道嶺南（廣東）一、惟時、治レ事偵レ風、故召二司方之人一、以供二其事一、司方者、司二趨向方一之人也、爰究二指南之書一、而詢二蹈海之要一、廣求二博采者一、久之、人有下以二所レ錄之書一應者上、謂レ之曰、「鍼譜按考・日本路經、言二之未一レ詳」、後得二二書一、一曰、渡海方程、一曰、海道經書、此兩者、同出而異レ名也、歷三按是書一、多載二西南夷國方程一、而日本程途、雖レ有二其名一、亦鮮レ有二詳者一、一曰、四海指南、內載三三〔寶太監〕王進之使二日本一、取二道太倉（南京蘇州〔由〕府太倉州）一、田二韮山（韮山湖、韮山列島）（浙江布政使司寧波府象山縣）一放洋、而往取二野顧（屋久）寄音一、次抱里（坊津）寄音、沿入二其都一、夫彼路經如レ斯而已、近考二前代日本之役一、魏晉隋唐、各亦遣使、皆緣二朝鮮一往焉、今

國家、前所レ遣使、皆由二寧波郡（浙江布政使司寧波府）一往來之役、雖レ勞俱未レ見二其方程一也、

國初、僧宗泐、爲レ詩贈二使者一、行云、「滄茫熊野山　一發〔髮カ〕青雲際」、按考、熊野（日本紀伊國）、在二彼南海・紀伊間一、秦逋方士徐福祠堂在焉、據二夫詩言一、莫レ非レ取二道其右一歟、又學士宋濂之跋云（恭跋御製詩後）、「自二翁州一揚レ帆五日、至二其國一、又踰レ月入二其都一」、言雖レ如レ此、亦未レ見二其詳一也、自二嘉靖初（嘉靖十三年、一五三四年）一、給事中陳侃出使二琉球一、取二道福建一以往、其從人、有下識二日本路程一者上、故閩海人（福建布政使司閩州府）、因レ知レ取二道於小大琉球一、沿二諸海山一一路而去、又廣海人（廣東布政使司廣州府）郭朝卿、販レ稻航海、市二漳泉（福建布政使司漳州府）（福建布政使司泉州府）一、因レ風漂流、至二其國一、故廣海人、

自レ後亦知二其道一矣、若浙海(浙江)人、則因二彼來朝一、向館二寧波一、雖レ聞二彼島之名一、未レ聞二向方之的一、
逮レ今廿有餘年、中國私商、絡繹市レ彼、各有二路經一、但抵二其域一、市二諸貨財一而已、詎究二彼都之
域之詳一耶、間知二彼地名一、何亦皆倭音、且如二野顧・抱里之類一是也、況不レ審二彼倭字一、又何從
正二華文一、至二於山川之險易、道里之遠近一、尤不レ可二得而知一矣、夫既不レ知、則雖レ欲レ往二彼國一、
何以爲二從入之途一哉、抑自二庚戌(嘉靖二十九年)(一五五〇年)一以來、姦宄禍亂、逮レ今未レ寧、彼從レ逆者、於二華夷往來遠近之
道一、多稔三知之一、而我當二事之公一、尚有二不レ知之者一、又何從得二彼域之詳一耶、丙辰仲夏(嘉靖三十五年五月)、人事既具、
風汛乃期、我方津發、自レ廣(廣東)至レ倭、山水物色、見無レ不レ詢、詢無レ不レ志、雖レ不レ得二乎山海文字
之精詳一、亦必記二其聲音向方之彷彿一、既入二其境一、但以二國客之名一、布二忠信一、以宣二
文徳一、陳二仁義一、以定二姦僞一、致レ使二日本豐後(大友義鎭)君臣豁然開悟、後先歸レ化、然當二是時一、勸二事於彼一、
經二歷數旬一、凡得二諸履涉及諏諮者一、若島嶼都域之統屬、水陸途次之程期、住泊經由之處所、莫
レ不三各究二其指歸一、又非三特記二其地名倭音之彷彿一、且考二諸翻譯一、寄二我文字之精詳一矣、既以得二
其要領一、率二彼向化之人一、稽首來
王、以作二尊安之計一、數奇下獄七歲、方申復何言耶、但今姦宄賊寇、東滅西生已而、復作二焦爛之
痛一、方深二匪鹽之傷一、更切伏念三
聖帝(世宗肅皇帝)仁王之立二中國一、而撫二四夷一、近則、馭レ之以レ情、遠則、懷レ之以レ徳、此治二天下一常經也、抑且

⿰阝絶海之夷、遠隔㆓萬里鯨波㆒、若非㆑察㆓其性精㆒、宣㆔乎
文德㆒、容㆓其向化㆒、禍亂何時而定耶、此昔區區、所以輙奮㆓狂愚㆒、但欲㆑變㆑夷、從㆑夏定㆑亂、尊
王草奔、孤忠所㆑效、雖㆑微、而
國家政體所㆑關實大、然則、此方程也、豈不㆑宜㆑知㆑之乎、功、以㆓摹圖一本㆒（滄海津鏡）、前賦㆓長歌一闋㆒（萬里長歌）、又次
述㆓其方輿㆒焉、目曰㆓桴海圖經㆒、嗟夫、爲㆓此書㆒也、固雖㆑不㆑成㆓章句㆒、然而、究㆑心經世之士、
有㆓能察㆑功、奉
忠㆔愛
使之誠、效忠之實、紀錄之詳、庶乎、有㆑會㆑心者、當㆑知㆑非㆓泛泛㆒焉矣、爾嗚呼、治安流涕、徒勞
國家㆒、心博望㆓窮河㆒、尚未㆓根源㆒、宿㆓星海㆒痛、昔明徵定保也、今此、感切以爲㆑書、書曰（尚書大禹謨第三）、「無㆑稽
㆑之言勿㆑聽、弗㆑詢㆑之謀勿㆑庸」、若夫區々所㆑言者、不㆓自知㆒、其如㆑之何、

〔歴代鎮西要略〕○卷七上　○東京大学史料編纂所所藏寫本

弘治年表

○中略

（弘治）二年　丙辰

○中略

秋七月、大明之官使鄭舜功、來二豐後一、賜二書於京非「兆歟」一○朱書曰、「日本之邊民、來三侵大明之地一、是鎭西之海賊、漂三泊於海島一者也云云」、

〔日本一鑑〕第三冊　窮河話海卷之七　○民國貳拾八年（一九三九年）　據舊鈔本影印文殿閣刊本

（内題）日本一鑑窮河話海卷之七

奉使宣諭日本國新安郡人鄭舜功纂敍

奉貢

○中略嘉靖丙辰（三十五年）、日本西海修理大夫六國刺史豐後土守源義鎭、遣二僧清授報使一、先レ是、布衣臣舜功、奏三奉宣二諭日本國一、行至二豐後一、得二彼之情一、一面着令三從事沈孟綱・胡福寧齎レ書往二諭日本國王一、一面曉二諭西海修理大夫源義鎭一、禁三止賊寇一、故遣二僧清授一、附レ舟報使、請下奉二國典一還國一體遵照施行上、皆當レ事者、不レ用レ忠、謀三助長債事一、而乃妄引二典例一、謬請レ置二使清授之於四川茂州治（四川布政使司成都府）平寺一、○下略

〔日本一鑑〕第三冊　窮海話海卷之六　○民國貳拾八年（一九三九年）　據舊鈔本影印文殿閣刊本

（内題）日本一鑑窮河話海卷之六

○中略

奉使宣諭日本國新安郡人鄭舜功纂敍

流逋

備按流逋誘倭入寇、〇中略嘉靖丙辰、〇中略冬十二月庚子（十五日）、日本西海修理大夫六國刺史豊後土守源義鎭、僧淸授附舟報使、先是、布衣鄭舜功、奉使日本、至是、報使、請乞國典、還國一體、遵照施行、嘉靖丁巳（三十六年）（一五五七年）春正月辛巳（二十六日）、賊首許四、帶同家小、匿汀贛（福建布政使司汀州府）（江西布政使司贛州府）、以俟許回船、裝載入倭、惟時、布衣鄭舜功、使日本還道、經汀贛、訪知許四踪跡、招諭不從、擒致總督軍門、〇下略

〔日本一鑑〕第五冊　桴海圖經巻之一
〇民國貳拾八年（一九三九年）據舊鈔本影印文殿閣刊本

萬里長歌〇刊本、全句ト雙行句注解ノ全文ヲ行頭ヨリ一字下ヨリ掲ゲ、且、平出ヲ以テ改行セルヲ、便宜、對句ヲ一行トナシテ行頭ヨリ掲ゲ、平出サレタル字句ハ注記ス、

欽奉宣諭日本國〇宣、平出、　驅馳嶺海（廣東）乘槎出〇鄭舜功ノ記セル注略ス、

（廣東布政使司廣州府五羊驛）五羊歌鼓渡三洲　先取虎頭（虎頭門）出幞頭（幞頭門）〇注略

（廣東布政使司惠州府大鵬所）大鵬飛鳴平海札　看看碣石（碣石衞）定鐵甲〇注略

（廣東布政使司潮州府靖海所）靖海東頭馬耳還　大家井里傍牛田〇注略

（潮州府）天道南陽（潮州府）王莽滅〇天、平出、　（福建布政使司漳州府詔安縣）詔安・走馬（走馬溪）心旌節〇詔、平出、注略、

（漳州府漳浦縣鎭海衞）鎭海先須定六鼇（漳浦縣六鼇所）　下門（下門寨）平靜金門（福建布政使司泉州府同安縣金門所）高〇金、平出、注略、

（泉州府同安縣永寧衞）永寧東覓烏邱（烏邱山）側　有馬（日本肥前國高來郡）行之是準則〇注略

一自回頭(泉州府)定小東(小琉球)　前望七島・白雲峯(屋久島)

回頭地名、泉海地方、約去金門四十里、下去永寧八十里、或自回頭、徑取小東島、島即小琉球(臺灣島)、彼云大惠國、按、此海島、自泉(泉州府)永寧衞間、抽一脉渡海、乃結彭湖等島(泉州府晉江縣)、再渡諸海、乃結小東之島、自島一脉之渡西南、乃結門雷等島、一脉之渡東北、乃結大琉球・日本等島、夫小東之域、有雞籠之山(基隆)、山乃石峯、特高於衆中、有淡水出焉、而我取道雞籠等山之上徑、取七島(口之島・臥蛇島・中之島・平島・諏訪之瀬島・惡石島・寶島等)、七島之間、爲琉球・日本之界、夫七島也、七山交錯、島峡水緊、宜愼避趨盡島、用正寅鍼(東北東微北)、約至五更、取野顧、即屋久島、寄音耀固世邁島、有白氣尋浮、故人目曰白雲島、此昔我之使程也、航海祕訣、一自回頭、用艮寅縫鍼(北東微東)徑、取日本、凡七八日、

或自梅花東山麓(福建布政使司福州府長樂縣梅花所)　雞籠(雞籠山)上開釣魚目(釣魚嶼)

○中略誰某、自梅花渡彭湖、之小東、至琉球、到日本、爲昔陳給事(陳侃)出使琉球時、從其從人得此方程也、一自彭湖、次高華、次黿鼊、次大琉球、亦使程也、而彭湖島在泉海中、相去回頭百六十里、釣魚嶼、小東小嶼也、盡嶼南風、用正卯鍼(東)、東南風、卯乙縫鍼(東微南)、約至四更、取黄麻嶼、

黄麻(黄毛山)・赤坎(赤嶼)・古米巓(琉球國久米島)　馬齒(琉球國慶良間諸島)・琉球・邐迤先(粟國島カ)

黄麻・赤坎・古米・馬齒・琉球・邐迤、皆海山也、盡黄麻嶼、南風、用甲卯縫鍼(東微北)、西南風、正甲鍼(東北東微東)、東南風、正卯鍼、約至十更(一日十更)、取赤坎嶼、盡嶼、南風、用正卯鍼、或寅甲縫鍼(東北東)、西南風、艮寅縫鍼、東南風、甲卯縫鍼、約十五更、取古米山、盡山、若西南風、用寅甲縫鍼、南風、正卯鍼、約十五更、取馬齒山、山北多礁、盡山、南風、用正卯鍼、或正寅鍼、徑取華山、即高華山、次取七島、否盡古米、南風、用寅甲縫鍼、或正卯鍼、約至五更、取馬齒山、盡山、南風、用甲卯縫鍼、或寅甲縫鍼、約至五更、取大琉球、若使大琉球、用正卯鍼、或寅甲縫鍼、入哪覇港(琉球國那覇)、否自港外、用正子鍼(北)、約至四更、取邐迤嶼、盡嶼之外、南風、用正癸鍼(北微東)、約至三更、取熱壁山(伊平屋島)、

熱壁行行夢家〔家 夢〕刺(加計呂麻島)　大羅(大島)前渡七島峡

熱壁・夢家・大羅、倶海山名、皆在琉球洋中、盡熱壁山、南風、用正癸(北微東)鍼、約至四更、取硫黄山(硫黄鳥島)、山產硫黄、在於本山河蘭埠、按、硫黄之山、非特一處、小東・日本、皆有之、夫此山島、日則障烟迷目、夜如野燒燭天、山麓、則有溫泉水、泉水可愈瘡疥、盡山、南風、用癸丑縫鍼(北北東)、約至五更、取田嘉山(徳之島)、自山左右海洋間、有種鯿魚、形不滿尺、翼不過尾、飛約數尋、

盡レ山、南風、用二癸丑縫鍼一、約三更半、取二夢家刺一、盡二夢家刺一、南風、用二正癸鍼一、或癸丑縫鍼、約至三更、取二大羅山一、盡レ山、用二正癸鍼一、約二更半、取二七島一、此七島者、在二日本南一、爲二琉球・日本之界一、又考畧圖、日本東海、有二七島一、於レ我未レ詳、盡二南七島一、用二正寅鍼一、約至五更、取二屋久島一、（全浙兵制考卷二日本考略）

屋久・棒津（日本薩摩國川邊郡坊津）我道中　槎浮影動擊二飛猕一〇注略

或取二種島（大隅國熊毛郡種子島）一定二延歴（延曆寺）一　或渡二棒津一沿レ山入〇注略

棒津・山河（薩摩國指宿郡山川）・大泊開（大隅國大隅郡佐多鄕）　千湊（日向國宮崎郡千野湊ヵ）・戸浦・耳之隈（日向國臼杵郡美々津）

細島（日向國臼杵郡）・赤水遠海接　竹島（臼杵郡高島）・釜江（豐後國海部郡蒲江）記二週折一〇注略

柏島・駒妻淸水湄　津龍・洲崎・浦戸垂

東津・上浦又椿泊（阿波國那賀郡）　奴島（淡路國）・堺江（攝津國住吉郡堺）・山城（京）郭

日本古來向二中天一〇中天、平出、　新羅・樂浪經二朝鮮一〇注略

後來舟自二肥前一發　壹岐・對馬・朝鮮落〇注略

四百八十一山（里）名　三渡三紀路三停〇注略

望二望遼陽一渡二鴨綠（鴨綠江）一　載二遵周道路［衍］一朝二王屋一〇王、平出、注略、

後改二貢道一入二明州（浙江布政使司寧波府）一　故彼大隅始發レ舟〇注略

肥前・大隅倶海澤　入唐道名見二書册一〇注略

十年一度使來レ庭〇庭、平出、　不レ遠二風濤萬里程一〇注略

鳥羽（山城國）・天堂（天堂山）覓二鄞邑（浙江布政使司寧波府鄞縣）一　上レ京（北京）三紀三千七　○上京、平出、注略、
奉使出三入韭山（寧波府）一　○使、平出、　前方位不レ易二指南篇一
姦宄亂生來昔夙　敢要二太利一通二支竺（倭）一
獲二罪於天竟一不レ歸　○天、平出、　搆三倭殘破二我籓籬一
邊氓無數受二荼毒一　江湖廊廟憂二心腹一
念言治レ亂如レ用レ醫　若還二忌諱一苦二瘡痍一
封書北三上黄金闕一　○黄金闕、平出、　廟廊俯二憫蒭蕘拙一
自持二忠信一代二戈兵一　良知文德聖神靈　○文德聖神靈、平出、
但將二仁義一作二舟檝一　大弓（夷）遠定二扶桑（日本）穴一　○注略
道レ廣飄飄入二澳濱（豐後國府中）一　策レ馬往見二豐後君一　○注略
因三彼部曲藏二姦慝一　用言二忠信一宣二文德一　○文德、平出、
叶二一之禁一在二夷王一　遣二使間關一苦海航　○注略
我居二豐後一究二夷俗一　得二其要領一思二歸復一
偕レ使（清授）來歸速治安　遡二風飄一忽二馬蹄（馬蹄礁）煩一　馬蹄礁、名在二乞島（草垣諸島）西六十里一、北近二五島一、東南懸對二屋久一、四更鍼、自二島之西一、有二礁四五一、織如二馬蹄一、故人目曰二馬蹄礁一、船觸卽破、彼夷至惡レ之、乃曰二課射（草垣）氣一、課射氣者寄音也、翻二譯華文一、則曰二乞礁一、夷以二是礁一惡レ之、猶二乞丐一爾、

延二廻大小琉球曲一　神光導引歸二盤谷一況既風、況非時、難レ縄二鍼路一、歴二諸險阻一、延二廻大琉球一、抵二一小島一、（沖永良部島）夷音耶刺付島、（永良部島）夷尚知二王化一也、續漂二小琉球一、此島夷、不レ遠二於禽獸一、○中略

四旬始定二海珠山（廣州府）一　豈非レ有三數存二其間一○注略

歸來衆楚咻齊説　耿耿孤忠繫二縲絏一

從レ事功成世數奇　身亡二嶺海一爾爲レ誰當レ使二日本一、館二於豐後一、故〔遣〕違二從事沈孟綱・胡福寧一、齎レ書往二諭日本王一、獲二其聽信一、既行二禁令一、與二之回書一、歸二經豐後一、來二至嶺海一、痛、被二姦宄要レ功、比白二有司一、而不二之信一、下二之於獄一、信二報鄭遵・程文元一、告二語軍門一、又不二之信一、比以二從事鮑仲麒一、往伸二救之一、既至二彼中一、而效レ役者、已陷二殺於其間一矣、痛、此使者、遠涉二鯨波一、深入二羊腸一、探二諸虎穴一、歸復二天朝一、歷二盡艱險一、竟遭二陷害一、雖二庸人孺子一、使レ之聞レ之、寧不二痍傷一也、夫○文字、闕ク、

痛下爲二華夷民一作上福　厄運未レ窮遭二僇辱一

那更身無レ爲二罪因一　坐二視航海一苦不レ休

悉怛謀兮重可レ惜　楊完者（楊宜）兮名不レ一

曲徒之言信レ不レ誣　燋二爛頭顱一苦奏敷○敷、平出、

初言不レ忍驗二今日一　世道痍傷殊二曩者一

昔不レ計二庚辛壬癸一　言不レ計二甲乙丙時一

〔衍〕年丁戊○嘉靖三十六年丁巳及ビ同三十七年戊午、　計レ年不レ計レ月

伐二取柯梅（寧波府定海縣舟山）一那見レ葉柯梅、舟山地名、○嘉靖三十七年（一五五八年）春、倭賊、柯梅ニ巣スルコト、明史卷二百五列傳卷九十三胡宗憲ニ見ユ、

明年潮海閑元宵（正月十五日）　室廬掃盡放燈燒

月港(漳州府)・洪塘(福州府閩縣)隨二火熱一　三爿(南京蘇州府)・五嶼(漳州府)飛二蝴蝶一○注略
去年嶺表(廣東)飛二烟灰一　閩下(福建布政使司)浙東(浙江布政使司)良可レ悲○注略
今年梅嶺(漳州府)兵火惡　浙海漁歌痛殘〔殘〕削○注略
閩浙浪過二打江西(江西布政使司)一　泉海湧湧漲二安溪(泉州府安溪縣)一○注略
雲蓋(雲蓋寺)十年聯絡繹(潮州府饒平縣南澳山)　循海(惠州府)潮聲殊惡逆○注略
羅源(福州府羅源縣)滋蔓苦二黔物一　撥レ亂反レ治聞何遲○聞、平出、注略、
蓊蕘自愛葵心赤　葵藿不レ堪レ憂二肉食一
肉食憂レ時早伐レ謀○時、平出、　伐レ謀早紓二宵旰憂一○宵、平出、
嗟彼狂愚鄭國客(鄭舜功)　况無二官守一無二言責一○注略
萬里飄然一羽輕　寧能東海作二長城一

〔日本一鑑〕第五冊　桴海圖經卷之二
○民國貳拾八年（一九三九年）據舊鈔本影印文殿閣刊本

(內題)日本一鑑桴海圖經卷之二

奉使宣諭日本國新安郡人鄭舜功叅繪

滄海津鏡

○小琉球ヨリ夷都ニ至ル地圖ヲ畫ク、便宜、奄美諸島ニ關ハル、小琉球ヨリ琉球國大琉球久米島ヲ経テ日本大隅國幷ニ薩摩國ニ至ル島名ヲ、無名ノ島ヲ除キテ、南西ヨリ北東ノ順ニ、島嶼群毎ニ掲グ、

(第一丁表)島土石山　瓶架山　小東島卽小琉球、彼云二大惠國一　雞籠山　硫黃山○噴煙ヲ畫ク、　花瓶嶼

島土石島　島石山

(第一丁裏)彭嘉山　釣魚嶼　黃蔴嶼　赤坎嶼

(久米島)古米山　馬齒山　島小山　島

(第二丁表)大琉球國　(那覇)哪覇港　壯山　島

人目レ之曰二石劔門一、　石峡

浬迤嶼　黿鼉嶼　(伊平屋島)熱壁山

(第二丁裏)華山　移山澳　灰堆山　(硫黃鳥島)硫黃山○噴煙ヲ畫ク、

田嘉山　夢家刺　大羅山

島　島　(第三丁表)島　島　島　島　七島

黑島

硫黃島湯　(川邊郡竹島)高島

白不　屋久島、人目レ之、曰二白雲島一、○白雲ヲ畫ク、

(第三丁裏)間島(馬毛島)　人目レ之、曰二牛馬洲一、　礁

古田、種島、人目レ之、曰二大隅洲一、上田

棒津　入唐道

島○第三丁表　島　天堂官渡　天堂山石山（草垣群島カ）

大島、一曰二乞島一、人目レ之、曰二亞甫山一（宇治群島カ）　馬蹄礁

○薩摩國ヨリ日本王宮ニ至ル圖ニ記サレタル地名、略ス、

○鄭舜功、大友義鎭ノ報使淸授ヲ伴ヒテ豐後ヲ發シタルハ、日本一鑑窮河話海卷之九接使ニ、豐後ヨリ福州ニ至ルニ四十晝夜ヲ要シ、日本一鑑窮河話海卷之六流通ニ、嘉靖三十六年正月二十六日、日本ヨリノ還道、福建汀州ニアルト記セルニ依リテ、嘉靖三十五年（一五五六年）十二月トス、

○明皇帝、王進ヲ日本ニ遣シタルコト、大日本史料應永十八年九月九日ノ第二條、是ヨリ先、明使王進來ル、京ニ入ルコト能ハズ、是日、兵庫ヲ發シテ歸國スル條、及ビ明史卷三百二十二列傳第二百十外國三日本永樂九年（一四一一年）二月ノ記幷ニ籌海圖編卷二王官使倭事畧等ニ見ユ、

○明ノ天界寺住持僧宗泐ノ明使ニ贈リタル詩幷ニ明ノ學士宋濂ノ同詩ヘノ恭跋御製詩後、大日本史料南朝文中元年・北朝應安五年（一三七二年）是歳ノ第四條、明使祖闡仲猷・克勤無逸、海壽

庭椿・中巽權中ヲ伴ヒテ、博多ニ至ル、尋デ、書ヲ天台座主承胤法親王ニ捧呈スル條、及ビ日本考畧日本國考畧補遺國朝貢變畧洪武五年（一三七二年）條幷ニ宋文憲公全集卷十三ニ見ユ、宋濂ノ傳、明史卷一百二十八列傳第十六參看、

○鄭舜功、豐後國ニ在リタル六箇月ノ間ニ、日本ノ風俗幷ニ地理ヲ諮詢シ、日本一鑑絶島新編四卷ノ稿ヲ編シタルコト、日本一鑑絶島新編卷之一鄭舜功序ニ、明使鄭舜功、豐後ニ到リ、我邊民ノ、明疆ヲ侵スヲ禁ゼラレンコトヲ幕府ニ請フコト、史料綜覽弘治二年七月是月ノ第二條ニ見ユ、

○明皇帝、琉球國ニ正使陳侃幷ニ副使高澄ヲ遣シ尚清ヲ琉球國中山王ニ封ズ、是時、陳侃ノ從人ノ日本路程ヲ識リタル者、福建使往日本針路ヲ著シ、德之島・加計呂麻島幷ニ大島ヲ記スルコト、一五三四年是歲ノ條ニ、明人、福建ヨリ琉球ヲ經テ日本攝津國兵庫港ヘ至ル針路ニ、德之島・加計呂麻島幷ニ大島ヲ記スルコト、一五七〇年是歲ヨリ後ノ條ニ見ユ、

一五七〇年（琉球國中山王尚元十五年・明隆慶四年・日本元龜元年・庚午）

是歳ヨリ後、明人、福建ヨリ琉球ヲ經テ日本攝津國兵庫港へ至ル針路ニ、徳之島・加計呂麻島幷ニ大島ヲ記ス、

〔順風相送〕 中華書局刊影印版順風相送・指南正法
○Oxford University, Bodleian Library, Ms. Laud Or. 145

（原表紙）（外題）「順風相送」

○本文第一丁表ヨリ第三丁裏ニ收ムル總序幷ニ神文、第三丁裏ヨリ第九丁表ニ收ムル行船更數法等ノ諸法、第九丁表ヨリ第一五丁裏ニ收ムル各處州府山形水勢深淺泥沙地礁石之圖等、第一六丁表ヨリ第五二丁表ニ收ムル南洋幷ニ西洋ノ針路記ナル福建往交趾針路・回針ヨリ瞞咖喇往舊港・回針ノ殘簡寫、略ス、第五二丁裏、空、奄美諸島ニ關ハル針路ヲ記シタル福建往琉球以下ノ針路記、本文第五三丁表ヨリ第六二丁表ノ殘簡寫ニ收ム、

（第五三丁表）
往澎湖

○中略

（第五五丁裏）
松浦往呂宋（フィリピン）（日本肥前國松浦郡）

○中略

（第五六丁表）
呂宋回松浦

○中略

（第五九丁表ヨリ第六二丁表）
福建往琉球○福建往琉球針路、出發地幷ニ經由地ニ依リテ複數アリ、以下、便宜、針路毎ニ改行ス、

（太武發針路）（福建布政使司漳州府漳縣大武山）
太武放洋、用㆓甲寅針㆒（東北東）、七更船、取㆓烏坵㆒、用㆓甲寅幷甲卯針㆒（東微北）、正南、東墻開洋、用㆓乙辰㆒（東南東）、取㆓小琉球頭㆒（臺灣）、又用㆓乙辰㆒、取㆓木山㆒（八重山諸島）○本針路、小琉球頭ヲ經テ、八重山諸島ヲ經ル針路ナリ、

北風、東湧開洋、用㆓甲卯㆒、取㆓彭家山(彭佳嶼)㆒、用㆓甲卯及單卯(東)㆒、取㆓釣魚嶼㆒、○本針路以下、小琉球頭ヲ經テ、釣魚嶼ヨリ、久米島及ビ慶良間諸島ヲ經ル針路ナリ、

南風、東湧放洋、用㆓乙辰針㆒、取㆓小琉球頭㆒、至㆓彭家㆒、花瓶嶼在㆑內、

正南風(梅花發針路)、梅花(福建布政使司福州府長樂縣)開洋、用㆓乙辰㆒、取㆓小琉球㆒、用㆓單乙(東南東微東)㆒、取㆓釣魚嶼南邊㆒、用㆓卯針㆒、取㆓赤坎嶼(赤尾嶼)(大正島)㆒、用㆓艮(北東)針㆒、取㆓枯美山(久米島)㆒、南風、用㆓單辰(東南東微南)㆒、四更、看㆓好風㆒、單甲(東北東微東)、十一更、取㆓古巴山(慶良間諸島)㆒、○古巴山、久場島、即馬齒山(渡嘉敷島)・是麻山(座間味島)・赤嶼(阿嘉島)、用㆓甲卯針㆒、取㆓琉球国㆒、爲㆑妙、

不㆑入㆑港欲㆑往㆓日本㆒、對㆓琉球山(沖繩島)豪霸港(那覇)㆒可㆓開洋㆒、琉球放洋、用㆓單丁(子)針㆒、○丁針、南南西微南ニシテ、正北ノ子針ノ誤寫ナラン、四更、船取㆓椅山(伊江島)外㆒過、單癸針(北北東微北)、二更半、是葉壁山(伊平屋島)、離㆓椅山㆒了、單癸、四更、取㆓流横山(硫黃)(硫黄鳥島)㆒、又用㆓單丑癸(北北東)㆒、五更、取㆓田家地(德之島)㆒、用㆓丑癸㆒、三更半、取㆓萬者通七島山(薩摩)(吐噶喇列島)(日本薩摩國川邊郡)○口之島・中之島・諏訪瀬島・惡石島・臥蛇島・平島・寶島等、邊㆒、用㆓單寅針(東北東微北)㆒、五更、取㆓野故山(屋久島)(薩摩國川邊郡)內㆒過、船離㆓野故山㆒、用㆓艮針㆒、二更半、船㆓但尔山(種子島)(薩摩國熊毛郡)㆒、又單艮、四更、取㆓西(亞)甫山㆒、平㆓港口㆒、○亞甫山、大隅國大隅郡佐多鄉大泊、又ハ日向國宮崎郡飫肥鄉大島ナラン、其水望㆑東、流十分緊、單寅、十更船、取㆓啞慈子(土佐國幡多郡足摺岬)里美山㆒、其山用㆓單艮㆒、二更、單寅、三更、沿度奴烏佳眉山(阿波國)(烏)(那賀郡蒲生田岬カ)、用㆓癸針(北)㆒、三更船、若是船開、單子、一更、取㆓是麻山邊(淡路國淡路島)㆒、南邊有㆓沈礁(淡路國三原郡沼島)㆒、名㆓傲長礁㆒、東邊過船、單丑、一更船、是正路、用㆓子針㆒、四更船、取㆓大山門(門山)(紀伊國海部郡友ケ島)中傍㆒、西邊門過船、用㆓單丑(北北東微東)㆒、是兵庫港(攝津國菟原郡)、爲㆑妙、

琉球往日本針路

計山、對二四個椅山一、共五十七更船、豪覇港口開船、單子、四更、取二椅山一外過、用二癸針一、二更半、取二葉壁一、單癸、四更、取二流横山一、用二丑癸一、五更、取二田家地山一、用二丑癸一、三更半、取二夢加利(加計呂麻島)山一、單癸、三更、取二大羅山(大島)一、單癸、二更半、取二萬者通七坵山(七島)邊一過、單寅、五更、取二野故山内一過、艮針、二更半、取二但尓山一、又艮針、四更、取二野角利山一、〇野角利山、鄭開陽雜著日本圖纂所引福建使往日本針路ニ見ユル、但午山ヨリ艮寅針四更ノ亞甫山ナラン、平二港口一、流水望レ東、十分急、離二野里山(野角利山)一、單寅、十更、取二啞慈子里美山(種子島)・妙佳眉山(烏佳眉山)一、單癸、三更、若是船開、單子、一更、取二而痲山(淡路島)一、邊一個沈礁、名二做長礁一、東邊過船、單丑、十更船、是正路、子針、三更、取二大山門(門山)中一、傍西邊門過船、單丑、三更、取二兵庫港一、爲レ妙、

兵庫港回琉球針路

港口開船、單未(南南西微西)、三更、單午(南)、四更、取二大門山中傍一西邊過、用レ午、四更、取二痲山(淡路島)一、單丁(南微西)、三更、取二沿渡奴烏佳眉山一、單辛針(西北西微西)、取二啞慈子里美山一、其山、用二辛針一、十一更、取二啞甫利山(野角利山)(亞甫山)一、單坤(南西)、六更、取二但尓山一、坤申(南西微西)、四更、取二野故山一、坤申、五更、取二萬者通七島山内一過、山名曰二坵奴名山一、共野山對面、一更船、有二小礁一、五更、舩千萬仔細、使船在二北邊一過、單丁、三更、取二大羅山一、丁(南南西)未、三更、取二夢加利山一、用二丁未一、五更、取二葉壁山外一過、單丁、三更、取二馬蹄山(水納島カ)一、單午(南)、四更、取二琉球港口(那覇)一、爲レ妙、

琉球回福建

港口、用㆓坤申（南西微西）㆒、一更半、平㆓古巴山・是麻山㆒、用㆓辛酉（西微北）㆒、四更半、用㆓辰戌㆒、○辰、東南東微南、戌、西北西微北ニシテ、辰戌、西北西ナル辛戌ノ誤記ナラン、山、坤未（南西微南）、十二更、單乾（北西）、四更、單辛、五更、辛酉、十六更、認是東路山、望㆑下勢、便是南杷山、坤未、三更半、臺山、坤未、三更、是烏麻山、坤針、見㆓官塘㆒、五更、平㆓官塘㆒、取㆓定海千戸（福建布政使司福州府江縣守禦定海千戸所）所前拋㆒、爲㆑妙、

日本港山水形勢

船見㆓雲貳山直隴㆒、是久志澳下（薩摩國川邊郡）、是秋目澳（川邊郡）、俗名、即阿根美、

船見㆓烏嶼直隴㆒、是山川（薩摩國指宿郡）、俗名、即夜鳴高及弥志、

女澳內浦港（大隅國肝屬郡内之浦）、俗名、即里之微、

船見㆓天堂頭（川邊郡草垣群島）㆒、○天堂、日本一鑑桴海圖經卷之二滄海津鏡ニ、高島（竹島）・硫黄島幷ニ黑島ト天堂官渡ヲ挾ミテ畫カレタル天堂山（草垣群島）ナリ、是片浦港（薩摩國川邊郡笠沙）、名曰㆓加刀里㆒、天堂內、是阿久根（薩摩國出水郡）、即是紅車里、下處、是京泊津（薩摩國薩摩郡水引郷）、即腔挑馬里、○日本一鑑桴海圖經卷之二滄海津鏡ニ、片浦幷ニ京津、記サル、

船見㆓天堂北隴㆒、是天草（肥後國天草郡）、即野馬堀沙、用㆓艮丑針（北東微北）㆒、取㆓志岐（肥後國天草郡支岐六ケ浦）㆒、在㆓東南邊㆒進、入去、即口津（肥前國高來郡口之津）在㆓北邊㆒、名曰㆓屈津澳㆒、子、即及㆓有馬大山（高來郡）㆒、即里馬國（有馬）、○日本一鑑桴海圖經卷之二滄海津鏡ニ、志木、天草、口野津幷ニ有馬島、記サル、

船見㆓日嶼（五島列島、日島）（肥前國松浦郡値嘉郷）㆒、即五島頭（値嘉郷）、美甚馬直隴（女島）（値嘉郡）（男女群島）、用㆓單寅㆒、收入㆓長岐港（長崎）（肥前國彼杵郡）㆒、即籠仔沙機、有㆓佛郎（佛郎機）㆒番在㆑此、○日本一鑑桴海圖經卷之二滄海津鏡ニ、五島列島幷ニ男女群島、畫カル、

船見㆓天堂㆒、用㆓壬子（北微西）・壬亥（北北西）㆒、取㆓松浦港（松浦郡松浦）㆒、

船見二五島頭一、用二艮寅一（北東微東）、取二髻仔山一（樺島カ）、進二柯子一入去、即平戸津（松浦郡平戸島）、名魚鱗島、〇平戸島、日本一鑑桴海圖經巻之二滄海津鏡ニ、平五島トシテ畫カル、

（第六二丁表左端）船見二對馬一（對馬國對馬島）、用二乙辰・乙卯一（東微南）、取二松浦一、爲レ妙也、〇下略、第六二丁裏料紙闕、第六三丁表料紙闕、第六三丁裏ニ浙江布政使司紹興府會稽縣銀山ヲ記セル針路記殘簡ノ寫アリ、以下、卷末ノ記、闕ク、

〇順風相送、英國國教會カンタベリー大司教 William Laud（一五七三年生、一六四五年歿）ヨリ、一六三九年、オックスフォード大學ニ寄贈サレタル書ニシテ、著者幷ニ原題不詳ナル一六世紀末撰述ノ針路書ノ三殘簡ヲ轉寫シタル明ノ寫本ナリ、

〇本條、順風相送ニ收ムル往澎湖以下ノ針路記ノ日本港山水形勢ニ、長崎港ニ番ヲ爲シテ佛郎機在ルト記セルコト、元龜元年（一五七〇年）ヨリ後ノコトナルニ依リテ、揭グ、

〇葡萄牙船、長崎ニ來航スルコト、史料綜覽永祿十年（一五六七年）八月二十三日ノ第二條ニ、肥前大村純忠、耶蘇會士ニ勸メテ、長崎ニ其會堂ヲ建テシムルコト、大日本史料永祿十一年（一五六八年）是歲ノ第七條ニ、南蠻船、肥前長崎ニ入港スルコト、大日本史料元龜元年（一五七〇年）是歲ノ第四條ニ見ユ、

〇福建往琉球、琉球往日本針路、兵庫港回琉球針路幷ニ琉球回福建ノ針路記、一五三四年是歲ノ條ニ收ムル靜嘉堂文庫所藏鄭開陽雜著日本圖纂幷ニ同所藏籌海圖編巻之二所收福建使往日本針路、及ビ一五五六年五月ノ條ニ收ムル日本一鑑桴海圖經所收萬里長歌幷ニ滄海津鏡ニ據ルト

コロアリ、福建使往日本針路、一五三四年是歳、明皇帝、琉球國ニ正使陳侃幷ニ副使高澄ヲ遣シ、尚清ヲ琉球國中山王ニ封ズ、是時、陳侃ノ從人ノ日本路程ヲ識リタル者、福建使往日本針路ヲ著シ、德之島・加計呂麻島幷ニ大島ヲ記スル條及ビ、一五五六年五月、是ヨリ先、明總督南直隸浙福軍務南京兵部右侍郎楊宜、南京直隸徽州府人鄭舜功ヲ、日本國王宣諭ノ使ニ任ズ、是月、鄭舜功、日本ニ向ケ明福建布政使司福州府ヲ出船シ、日本豐後國ニ至リ大友義鎭ニ面謁シ、尋デ、十二月、義鎭ノ報使淸授ヲ伴ヒテ明ニ向ヒ、翌年正月、琉球國永良部島（沖永良部島）ヲ經テ、明廣東布政使司廣州府ニ歸著ス、鄭舜功、明歸還ノ後、日本一鑑ヲ撰述シ、同書桴海圖經ニ德之島・加計呂麻島幷ニ大島ヲ記スル條ニ見ユ、

○一六〇九年是歳ノ頃、明愼懋賞、四夷廣記ヲ撰シ、朝鮮廣記日本國ニ收ムル明ヨリ日本ヘノ針路記ニ、德之島・加計呂麻島幷ニ大島ヲ記スルコト、便宜合敍ス、

〔四夷廣記〕朝鮮廣記 日本國
○玄覽堂叢書續集第九十二冊所收影印寫本第六冊

（卷首）朝鮮廣記

明吳人愼懋賞輯

日本國疆里

日本國、在二朝鮮之東南一、卽古倭國、奴國也、○中略

○隋裴清至日本路程、太倉往日本鍼路更數及ビ寧波至日本路程、略ス、

福建往日本針路更數

長樂縣(福建布政使司福州府)梅花、東外山開船、用二單辰鍼・乙辰鍼一、或用二辰巽鍼(南東微東)一、拾更船、取二小琉球一、 小琉球套レ北過船、見二雞籠嶼及花瓶嶼・彭嘉山(彭家)一、 彭嘉山北邊過船、用二乙卯鍼一、或用二單卯鍼一、或用二單乙鍼一、拾更船、取二釣魚嶼一、 釣魚嶼北邊過、拾更船、用二單卯鍼一、或用二乙卯鍼一、肆更船、至二黃麻嶼一、黃麻嶼北邊船、便是赤嶼、伍更船、用二單卯鍼一、或用二單甲鍼一、或用二單乙鍼一、拾更船、至二赤坎嶼一、 赤坎嶼北邊過船、用二單卯及甲寅鍼一、或用二艮寅鍼一、或用二單卯鍼一、十五更船、至二古米山一、 古米山北邊過船、有レ礁、宜レ知二畏避一、用二單卯鍼及甲寅鍼一、伍更船、至二馬岦(馬齒山)一、 馬岦山用二甲寅鍼一、伍更船、至二大琉球一、 大琉球那霸港泊レ船、土官把二守港口一、船至レ此、用二單卯及甲寅鍼一、行貳更、進二那霸內港一、以入二琉球國中一、那霸港外開船、用二單子鍼一、肆更船、取二離倚嶼(伊江島)一、外過船、用二單癸鍼一、參更船、取二熱壁山一以行、熱壁山、用二單癸鍼一、肆更船、取二硫黃山(硫黃鳥島)一、 硫黃山、用二丑癸鍼一、伍更船、取二田嘉山(德之島)一、又丑癸、參更半船、取二夢加剌山(加計呂麻島)一、用二單癸鍼一、參更船、取二大羅山一、 大羅山、用二單癸鍼一、貳更半船、取二萬者通七島山一、西邊過船、 萬者通七島山、用二單寅鍼一、伍更船、取二野顧七山(屋久島)一、島內(五字分空) 是麻山嶼、野顧山、用二巽寅(ママ)針一、肆更船、取二亞甫山一、一云、野顧山對面行陸拾里、有二小礁肆伍個一、最宜二畏避一、在二北邊一過船、用二退(艮)寅方一、行壹百伍拾里、至二旦午山一、用二艮寅方一、行貳百肆拾里、至二

亞甫山一、亞甫山平二港口一、其水望レ東流甚急、離二此山一、用二單寅鍼一、拾更船、取二亞慈理美妙一(足摺岬)、用二單艮鍼一、貳更船、又單寅鍼、參更般〔船〕、取二沿灣奴一云、沿渡奴、烏佳眉山一、沿渡奴烏佳眉山、用二單癸鍼一、參更船、若船開時、用二單子鍼一、壹更船、至二而是麻山一(淡路島)、　而是麻山南邊有二沉礁一、名套礁(沼島)、一云、名佐長礁、東邊過船、用二單丑鍼一、壹更船、是正路、却用二單子鍼一、肆更船、取二大門山中一、　大門山傍西邊門過船、用單丑鍼、參更舩、取二兵褲山港一(兵庫)、　兵褲港循二本港一、直入二日本國都一、

○日本貢道、略ス、

日本南至琉球國水程

由二薩摩州一開洋、順風柒日可レ到、

○日本西北至高麗水程、寧波往日本針位、日本往寧波針位及ビ松浦出港、略ス、

漳州往琉球幷日本針位

太武山開洋、用二單艮針一、七更船、取二烏坵山一、用二艮寅針一、四更船、取二牛嶼一、用二艮寅針一、五更船、取二東湧山一、用二單辰針一、西南風、用二乙辰針一、東南風、用二辰巽針一、八九更舡、取二小琉球幷籠嶼外一、平二彭佳山一、南風、用二單卯針一、東南風、用二乙卯針一、十更舡、取二釣魚嶼邊一過船、南風、用二單卯一、東南、用二單卯針一、四更船、取二黃麻嶼一北邊過、南風、用二單卯及甲寅針一、西南風、用二艮寅針、東南風、用二甲卯針一、十五更舡、取二粘〔古〕米山一(久米島)、北邊過舡、有レ礁、行舡子細、南風、用二單卯及甲卯針一、

十五更舡、取二馬歯山一、用二甲卯及甲寅針一、使（ママ）二更舡、取二琉球港口一進港、大吉妙也、開洋、用二單子針一、四更船、取二椅山一、用二單癸一、三更舡、取二葉礁山（伊平屋島）一、用二單癸一、四更舡、取二硫磺山（硫黄鳥島）一、用二丑癸一、五更舡、取二田佳地山（徳之島）一、用二丑癸一、三更半舡、取二度加剌山（加計呂麻島）一、用二單癸及丑癸一、三更舡、取二大羅山一、用二單癸一、三更半舡、取二萬者通七島山一、兩〔西〕邊過舡、單寅針、五更舡、取二野故山內一過、用二艮寅針一、二更半船、取二旦尓山一、用二艮寅一、四更船、取二亞甫山一、平二港口一、其水東流十分緊、用二單寅一、十更船、取二亞慈子里（足摺岬）一、美哉其山、或不レ見レ山、用二單癸針一、三更船、若船身開、用二單子針一、一更船、取二而是麻山一、南邊有二一沉礁一、名佐長礁、東北邊過船、用二單丑一、一更、是正路、用二單丑一、四更船、平二兵庫港一、爲レ妙也、

兵庫港回琉球并漳州針位

兵庫開船、用二單未針、四更舡、用二單午針一、四更船、取二山門一、傍西門過、用二單午針一、四更船、取二而是麻山一、用二單丁針一、三更船、取二沿渡奴鳥〔烏〕佳眉山一、用二單申針一、五六更、取二亞慈子里美妙其山一、用二單申針一、十更船、取二亞甫山一、用二單坤一、六更船、取二亘尓山一、用二坤申針一、二更半、取二野故山一、用二坤申針一、五更船、取二七島內一、名吲〔叫〕兵之奴是而麻山、共野故對面、一更船、有二小礁十四五個一、千萬子細、在二北邊一過船、用二單丁一、三更半船、取二大羅山一、用二單丁針一、三更舡、取二度加剌山一、用二丁未針一、三更半船、取二田佳地山一、用二丁未針一、五更船、取二硫磺山一、用二單丁針一、四更船、

取二葉壁山一、外過給〔船〕、用二單丁針一、三更船、取二椅山一、用二單午針一、四更船、取二琉球港口一、用二坤申針一、取二溪刺麻（慶良間）山尾一、雙連平平、用二坤申及單申針一、一更半船、取二平郡邑是麻山一、用二辛酉針一、三更船、取二粘米山一開洋、南邊過船、用二乾戌（北西微西）一、四更船、用二單乾針一、六更舡、取二赤嶼一、用二單癸及單酉一、十更船、取二黃麻山一、用二單酉（西）針一、四更船、取二釣魚嶼一、用二單針（ママ）一、十更船、取二彭佳山一、用二單卯針一、一更船、取二雞籠嶼一、用二單戌（西北西微北）針一、八更船、取二東湧山一、用二單申針一、取二牛嶼一、用二坤申針一、四更船、取二烏坵山一、用二單坤針一、七更船、取二大武山（太武山）一、是漳州、爲レ妙也、

〔四夷廣記〕

○朝鮮廣記　日本國
玄覽堂叢書續集第九十四冊所收影印寫本第八冊

朝鮮廣記

明吳人愼懋賞輯

琉球國疆里

大明往琉球針位

○中略

正南風、用二單卯針一、西南風、用二單卯針一、東南風、用二乙卯針一、拾更船、取二釣魚嶼一、北邊過船、南風、用二單卯針一、東南風、用二單卯針及乙卯針一、肆更船、取二黃尾嶼一、南風、用二申卯針一、東南風、用二單卯針一、西南風、用二單申針一、拾更船、取二赤嶼一、北邊過船、南風、用二單卯及甲寅針一、西南風、

用二艮寅針一、東南風、用二甲卯針一、拾伍更船、取二粘米山一、北邊過船、十分子細妙也、南風、用二單卯及甲卯一、肆更船、取二馬齒山一、南風、用二甲卯及甲寅針一、貳更船、取二琉球一、進レ港妙也、港口開船、用二單子一、肆更船、取二椅山一（伊江島）、用二單癸一、肆更船、取二硫磺山一、用二單癸一、伍更船、取二田佳地山一、用二癸丑一、參更半船、取二度加剌山一、用二單癸及丑癸一、參更船、取二大羅山一、用二丑癸一、參更船、取二七島山一、西（兩）邊過船、用二艮寅一、伍更船、取二野故大山一（屋久島）、內邊過船、用二艮寅一、貳更半船、取二旦尒山一、

○本書、史料三編所收四夷廣記ニ再錄サル、

○愼懋賞撰四夷廣記、萬曆三十七年（一六〇九年）以降ニ成ルトサル、明ヨリ日本ヘノ針路記、鄭開陽雜著日本圖纂使倭針經圖說幷ニ日本一鑑桴海圖經萬里長歌、及ビ本條ニ揭グル順風相送ノ明ヨリ日本ヘノ針路記ニ似タルニ依リテ、本條ニ合敍ス、

一五七二年（琉球國中山王尚元十七年・明隆慶六年・日本元龜三年・壬申）

正月十八日ノ第二條、琉球國中山王尚元、大島燒內間切大和濱目指犬樽金ヲ大島燒內間切燒內大屋子ニ遷任セシムル條、和眞至氏所藏文書○上、七八頁一ノ次、

〔大嶋郡旧記取調〕明治三拾年 ○青森県立図書館所蔵笹森儀助資料大島関係資料17―8

(目錄)琉球王ノ朱印寫

大嶋々政綱領

(琉球王ノ朱印寫)○中略、一五二九年十二月二十九日ノ條補遺、參看、

以下不明、然とも、志よ里の御ミ事歟、○行ノ上端ニ方形印ノ郭ヲ描キ「朱印」ト記シ、郭ノ上方ニ「同」(三寸壹部角)ト注記ス、

屋けうちまき里の

屋けうちの大やこハ

一人屋まとはまのめさしに

たまわ里申候、

志よ里より屋□ま゛とはまのめさしの方へまいる、

隆慶六年正月十八日印○前行ト本行ノ上端ニ方形印ノ郭ヲ描キ「朱印」ト記シ、郭ノ上方ニ「同」(三寸壱部角)ト注記ス、

○下略、一五七九年五月五日ノ條、補遺、參看、

○本文書、大島島司笹森儀助、大島大和濱方大和濱村和家文書原本ヨリ寫シタルナラン、

一五七九年（琉球國中山王尚永七年・明萬暦七年・日本天正七年・己卯）

五月五日、琉球國中山王尚永、大島焼內間切焼內大屋子犬樽金ヲ大島焼內間切部連大屋子ニ遷任セシムル條、和眞至氏所藏文書○上、二ノ次、○六頁

〔大嶋郡旧記取調〕○明治三拾年青森県立図書館所藏笹森儀助資料大島関係資料17—8

（目録）琉球王ノ朱印寫

大嶋々政綱領

（琉球王ノ朱印寫）○中略、一五二九年十二月二十九日ノ條補遺、及ビ一五七二年正月十八日ノ第二條補遺、参看、

志よ里の御ミ事○行ノ上端ニ方形印ノ郭ヲ描キ「朱印」ト記シ、郭ノ上方ニ「同」ト注記ス、（三寸壱部角）

屋け不明《うち歟》まき里の

へれんの大やこハ

一人屋けうちの大やこに

たまわ里申候、

志よ里より屋ま不明の《とはま歟》大やこか方へまいる、

萬暦七年五月五日○前行ト本行ノ上端ニ方形印ノ郭ヲ描キ「朱印」ト記シ、郭ノ上方ニ「同」ト注記ス、（三寸壱部角）

大島置目條々

○下略、一六二三年閏八月二十五日ノ條参看、

○本文書、大島島司笹森儀助、大島大和濱方大和濱村和家文書原本ヨリ寫シタルナラン、

一五九四年（琉球國中山王尚寧六年・明萬暦二十二年・日本文祿三年・甲午）

十二月、琉球國遣明使于灞等、明提督軍務兼巡撫福建地方許孚遠ニ、是ヨリ先、日本太閤豊臣秀吉、琉球國ニ、日本ヘノ北山（大島）ノ割讓ヲ求メタルコトヲ報ズ、

〔明實錄〕大明神宗顯皇帝實錄巻之二百七十三 ○中華民國中央研究院歴史語言研究所校印本所收國立北平圖書館藏紅格鈔本

萬暦二十二年五月戊寅朔、○中略（六日）癸未、先レ是、（兵部尚書）尚書石星、遣ニ指揮史世用等一、往ニ日本一偵探倭情、世用與ニ（福建布政使司宣州府同安縣）同安海商許豫一偕往、逾レ年、豫始歸ニ報福建巡撫許孚遠一、豫之夥商張一學・張一治、亦隨續報、互有ニ異同一、孚遠備述以聞、因請、「敕三諭日本諸酋長擒ニ斬（豊臣）秀吉一、朝廷不レ封ニ兇逆一、而封下能除ニ

兇逆一者上」、又云、「莫レ妙二於用間一、莫レ急二於備禦一、莫レ重二於征剿一」、疏下二兵部一、〇明史卷一百十二表十三七卿年表二ニ依ルニ、石星、萬曆十九年（一五九一年）八月、兵部尚書ニ任ゼラレ、同二十五年（一五九七年）二月、解任サル、

〔歷代寶案〕第一集　卷三十二　執照　起萬曆二十一年至天啓七年
〇沖縄県立図書館史料編集室編歴代宝案校訂本第二冊

（琉球國中山王世子尚寧執照）

琉球國中山王世子尚（寧）、爲下護二送官員一事上、照得、本年（萬曆二十二年）捌月貳拾玖日、據二北京兵部差委錦衣衞指揮史世用一、（史世用言）「奉レ使、日本公幹、不レ意、駕來船隻、遇レ風失レ所、待二侯〔候〕造船一回還、誠恐二違限一、不レ得レ不レ速、順二搭小船一、至レ國（琉球國）」、看得、本員（史世用）、奚是中朝使臣、審、遇レ難到レ此、禮當二轉送一、為レ此、今、遣二使者・通事等官于灞等一、率二領夷稍一、坐二駕鳥船壹隻一、順二載馬貳匹・生硫黃捌阡觔一、以備二明年正貢一、船小人衆、難二以重載一、貢船到日、壹并秤納、爲レ此、本府、除外今、給二宙（洪）字第玖號半印勘合執照一、付二通事鄭俊等一、收執前去、如遇二經過關津把隘去處及沿海巡哨官軍驗實一、即便放行、毋レ得二留難因而遲悞不一レ便、所有執照、須至二出給一者、

計開

使者貳員　于灞　熊普達　人伴柒名

通事貳員　葉崇吾　鄭俊　人伴肆名

管船火長直庫貳名　毛勢　勿布

稍水共貳拾參名

右執照、□〔付〕二通事鄭俊等一、准レ此、

萬曆貳拾貳年拾月十一日給

為レ護二送官員一事、　執照

〔歷代寶案〕 第一集　卷七　福建布政使司等咨　起成化十五年至天啓七年
○沖縄県立図書館史料編集室編歴代宝案校訂本第一冊

（福建等處承宣布政使司咨）
福建等處承宣布政使司為下護二送官員一事上、萬曆貳拾貳年十二月十三日准二　琉球國中山王世子尚（寧）咨一稱、「（尚寧咨）送回北京兵部差委錦衣衛指揮史世用呈稱、「（史世用呈）出使遇レ難、懇三恩撥レ船轉送以便二回報一」等情、到レ國、看（琉球國）□〔得〕、本員起居動靜、諒似二□〔官〕體一、雖三查無二文憑一、□〔以〕二其人品一、助三濟飢寒一、本欲三依レ禮供二給衣食一、□〔應〕該厚待、緣下本國不レ產二絲緞綿花之類一、只□〔有〕中蕉麻布匹上、應二其冬夏衣裳一、連年、被二關白□〔騷〕擾一、諸事不レ整、寧等、（尚寧）不レ勝二悵赧一、敝國遣船□〔參〕年二貢、荷三蒙天朝優待甚隆一、況今、使臣遇レ難至レ此、實當二加□〔倍〕報效一、因レ僻三居海島一、弗二克如一レ願、為レ此、特遣二使者・通事等官于灞等一、坐三駕鳥船一隻一、順三載馬二疋・生硫磺八千斤一、以備二明年正貢一、船至□〔日〕、一併交秤、煩下乞　貴司收納、轉三達撫按兩院一施行上」○以上、尚寧咨、等因、備咨准レ此、除下將二送到指揮史世用一轉発回上京外、該國差遣使者・通事等官于灞等、順三載馬二疋・硫磺捌千斤一前来候レ貢、切因二本船遭レ風、漂至二泉州府平（福建）

湖山地方一、硫磺消溶、馬疋倒斃、所據夷□〔使〕・人伴・稍〔梢〕水四十三員□〔名〕、照レ例、発レ驛安挿、□〔供〕ニ
應糧・米・蔬・薪一、及奉ニ
兩院詳允一、動ニ支司庫餉銀一百三十兩一□〔錢〕八分八釐一、給ニ発海防官溫同知一、轉発開□〔支〕、照レ例、
備ニ辦銀花紅段・布疋・宴賞一、及置ニ造□〔船〕隻一、過海行糧、隨ニ給夷□〔使〕・人伴・稍水一、于瀛□〔等〕收領、
聽ニ候風便一、回レ國外、今、准ニ前因一、合ニ就□〔咨〕覆一、爲レ此備由、移ニ咨
貴國（琉球國）一、煩爲、查照施行、須レ至レ咨者、

右　咨ニ

琉　球　國一

萬暦二十三年（一五九五年）五月廿七日○萬暦二十三年五月二十七日、是日、琉球國中山王世子尚寧ノ萬暦二十一年（一五九三年）十二月ニ明ヘノ進貢ニ遣シタル正議大夫鄭禮等ノ琉球國ヘノ歸國ヲ報ズル福建等處承宣布政使司咨ノ發セラレタルコト、歴代寶案第一集卷三十二萬暦二十一年十二月二十六日琉球國中山王世子尚寧執照及ビ同第一集卷七萬暦二十三年五月二十七日福建等處承宣布政使司咨等、參看、

〔歴代寶案〕第一集　卷七　福建布政使司等咨　起成化十五年至天啓七年
○沖縄県立図書館史料編集室編歴代宝案校訂本第一冊

（福建等處承宣布政使司咨）
福建等處承宣布政使司、爲下琉球乞ニ
恩冊封一事上、萬暦貳拾參年（一五九五年）七月貳拾肆日、奉ニ
欽差提督軍務兼巡撫福建地方都察院右僉都御史沈（沈秱）案驗一、（福建巡撫沈秱案驗）「准ニ（禮部咨）禮部咨一、「該本部（禮部）題、（禮部題本）「儀制淸吏司案呈、
奉ニ本部送禮科抄出一、

欽差軍務兼巡撫福建地方都察院右僉都御史許(許孚遠)題、(福建巡撫許孚遠題奏)「萬曆□〔貳〕拾二□〔年〕拾貳月內、據三□〔琉〕球國使者于灞・
通事業〔葉〕崇吾等呈二前事一、「□〔本〕(琉球國使呈)年(萬曆二十二年)八月貳拾玖日、有下
中國二人、身服二敝衣一、□〔蓬〕頭□〔跣〕足上、稱下說使臣指□〔揮〕史世用・承差鄭士元、奉二差日本一偵探、遇汎〔風脫〕船〔沈〕、
倖免レ死、脫至中琉球上、查、無二文憑可一レ據、視二其人品談論一、疑三似官體一、隨、撥レ船、差二灞等四
拾三人一、伴三送福省(福建)一、上三載硫黃捌千觔・馬二匹一、以備二明年正貢之用一、思得、琉球、雖レ僻三居
海嶋一、世奉二
天朝正朔一、每年修貢、稱レ藩、恪守二候□〔侯度〕一、比、因二天災流行一、地之所レ出、不レ足三以供二國之所用一、
又、爲二關白(豐臣秀吉)擾害一、拾玖年(萬曆)(一五九一年)、差レ人、要二金進貢一、貳拾年(萬曆)(一五九二年)、世子(尚寧)、差二僧天龍寺(桃庵)一、到二日本一、送二白〔關
脫〕金二百兩・蕉布等物一、關白、要下討二琉球北山(奄美諸島大島)一屯兵上、此僧、不二敢違一レ命、遂、賞二銀肆百塊、每
塊°重肆兩參錢一、及下同二倭使一至中琉□〔球〕上、見二世□〔子〕一、□〔不〕レ允、此僧、費三□〔去〕前銀一、遂自弔死、倭使回報、
關白乃曰、「既(豐臣秀吉言)□〔不〕レ肯レ與二北山一、何故受二我銀兩一、每年加レ利算、□〔要〕二銀肆千兩二」、世子、□〔不〕レ得
レ已□□〔賠還〕、貳拾壹年(萬曆)(一五九三年)、□〔又〕、差二僧建善寺一、到二日本一、□〔行〕禮、關白、將レ僧留住、卽差二倭使新納伊〔康
久〕勢一到二琉球一、要三萬人三年糧食載至二朝鮮一、世子、以二民窮國小錢糧無一レ處、貳拾二年貳月、差
レ僧、回三復關白一、假以レ賀二生子(豐臣秀賴)一爲レ由、觀二其動靜一、至二今拾月(萬曆二十二年)一、未レ回、不レ知二音信一、今、中
山王世子、惟レ修三貢□〔中〕朝一、耻レ稱二臣於關白一、年參拾歲、不二敢稱一レ王、□〔以〕二世子一當レ國、位號未

レ隆、懇乞、奏二
請加封一、仰二荷
聖恩之廣大一、益堅二效順之微忱一」○以上、琉球國使呈、等因、又、據二兵部原差指揮史世用呈一稱、「(史世用呈)琉球壹國、
效順貳百餘載、朝貢不レ絶、必□〔倚〕二冊封一、方敢稱レ王、屢歲、爲二関白擾害一、□〔蓋〕因二地勢聯屬一、倚
レ山而□〔行〕、風順開洋、逆收レ山、無二波濤之險一、由二薩摩一□〔開〕船四日、可レ到二琉球北山一、其山延袤
三百□〔餘〕里、爲二日本・琉球□〔之〕界一、三□〔日〕、可レ到二琉球國一、□〔隨〕レ路有レ山(島)、早行夜宿、関□〔白〕、見二其路
順一、欺二其國弱一、所以、聲二言發レ船來伐一、要二彼北山屯兵一、若果、據二北山一、則琉球必爲レ所レ得、
而閩(福建)・廣(廣東)、爲二其出沒之地一、盤據騷擾、將無二寧歲一、今中山王世子尚寧、年參拾歲、容貌英偉、
頗有二力量一、不レ肯レ臣二事関白一、一意向二化
天朝一、其年、大爲二世子一、不二敢請封一者、□〔因〕二舊時封王官貳員、隨從五百餘人、在レ彼半年、食費供
給、最是浩繁一、又、連年爲二関白所一レ擾、國貧民困、故力不レ能レ請、懇乞、酌處奏請、勅諭、
加二封國王一、頒二賜冠服一、愈、篤二其忠貞之念一、差去員役、不下必另造二海船一動中費官銀幾千兩上、
止、覓下慣二過海一者数人上、□〔以〕二商(商)船一□□〔護送〕、或、與二進貢夷使一帶回、豈不二便益一、世用、去年(萬曆二十一年)、
蒙二軍門差一、□〔往〕二日本一偵探、今年正月(萬曆二十二年)、開船回報、風逆沖レ□〔礁〕、打二沉於海一、幸救二□〔殘〕喘一、順二□〔搭〕
琉球船一歸國、所以、備二知其詳一」○以上、史世用呈、等因、各○琉球國使呈及ビ史世用呈、□〔到〕レ臣(許孚遠)、先レ是、臣、於二貳拾(萬曆)

壹年肆月內一、據下史世用奏〔奉〕二兵部石尚書（石星）差遣一打中探倭情上、臣、卽選二取同安人許豫商〔商〕船一、同二史世用一、前二往日本一、至二二十二年（萬曆）三月內一、據三許豫先回報二知倭情一、已經、臣、具本奏聞外、及二拾貳月內一（萬曆二十二年）、史世用、始自二□〔琉〕球一回還、益〔蓋〕世用、遭レ風沉船、僅以レ身免、流二落薩摩州一者數月、偶、遇二琉球使船一、脫至二琉球一、賴レ彼、世子、差二使者于灞等一、伴送還レ閩、臣、嘉二世子之義一、及恤二灞等之勞一、隨、行二布政司（福建布政使司）一、轉二行福州府（福建）一、重加二賞宴一訖、今、于灞及史世用、具二呈前因一、該臣看得、琉球遠在二海□〔外〕一、自レ古不レ通二于中國一、惟我

祖宗（明太祖洪武帝）威德遠被、朝貢始通、請封、則自二宣德問〔間〕□〔尙〕巴志一始、於レ今、十有二王矣、其、定二正使給□〔事〕中、副使行人一、起二□〔於〕正統□〔年〕間一、臣、嘗讀二先正刑部尙書鄭曉吾學編一、○鄭曉ノ事績、明史卷一百九十九列傳八十七等參看、有レ云、「海島之夷、勤二我封使往来之禮一歟、夷不レ言二往來一、往來言二諸候〔侯〕一也、四夷來王、八蠻通道、未レ聞レ有二報使一焉、然則、領封可乎、奚爲而、不レ可也」（吾學編皇明四夷考序）、夷官、請二命於京師一、使臣、到二命於海上一、兩得レ之矣、臣、又嘗、面二會先臣郭汝霖〔霖〕・蕭崇□〔業〕及見任南贛撫臣謝杰（江西南安府・贛州府）一、備聞下出二使琉球一事上、倶稱、「琉球、去レ閩萬里、曾無三地可二以止洎〔泊〕一、浩蕩風波、危險萬狀、出二百死一、得二一生一」（郭汝霖等言）、語間、猶□〔有〕二驚怖之色一、蕭崇業、有レ言曰、「昔者（蕭崇業言）、蘇武、幽二置窮窖一、彼猶然膏二草野一耳、茲、奉二不貲之軀一、僥二僥〔倖〕於陽候〔侯〕之險一、至戊欲下設二桴翼一□〔造〕中水帶上、又、欲丁藏レ棺懸レ牌、令丙見者瘞乙之□〔崖〕谷甲、豈□〔能〕□〔庶〕二幾於萬一一」、臣、竊危レ焉、臣聞、「往者、琉球使諸臣、往往計□〔爲〕二規避一、

有司、假以□〔勘〕覈應否、□〔故〕爲遷延、臨□〔期〕不得已、則以、付□〔之〕朴忠□□〔孤亢〕之臣、而不顧」、盖馳驅鞅掌、恆有不□〔得〕其平者矣、臣又考、嘉靖間、給事中陳侃・行人高澄之奉使也、以壬辰(嘉靖十一年)(一五三二年)夏五月、其行也、以甲午(嘉靖十三年)(一五三四年)夏四月、給事中郭汝霖・行人李際春之奉□〔使〕也、以己未(嘉靖三十八年)(一五五九年)夏四月、其行也、以辛酉(嘉靖四十年)(一五六一年)夏五月、萬曆初、給事中蕭崇業・行人謝杰使〔奉脫〕也、以丙子(萬曆四年)(一五七六年)□〔秋〕九月、其行也、以己卯(萬曆七年)(一五七九年)夏五月、或貳年三□〔年〕、其難如此、盖採木壹節、至爲繁費、合抱之桅、千不得壹、而又、巨艦造作、與□〔尋〕常異、非經年累月、則不能成、及其垂成而定艬、猶有如丁丑(萬曆五年)(一五七七年)壞裂、復□〔興〕工之事、所以難也、夫、以海外遠夷特煩

○蕭崇業・謝杰撰使琉球錄卷上使事紀ニ、丁丑秋七月、始定艬、乃艦匠弗恪、適壞裂之トアリ、

朝廷、〔近脫〕侍諸臣、奉

命、而往驅之萬分危險之地、本於事躰、有所未安、而況、於□〔造〕船・選役、繁擾百端、每一□〔使〕至閩(福建)中、便、增有司二三年之累、及其到彼也、以

帝臣而臨島服、恤前王而封後王、禮遇隆渥、彼、頂戴無地、於是、日有廩餼之供、旬有問安之禮、月有筵宴之設、隨從四□〔五〕百人、淹留三四五月、糧食犒賞費、尤不貲、則琉球之情、亦爲甚苦此、世子尚寧、所以既□□〔壯而〕不敢請封、而使者于灞等之所以陳乞□〔也〕、在

朝廷、遣使之難、既如此、在琉球、請封□〔之〕難、又如彼、然則、先臣鄭曉所謂領封之說、不於今日可議而行之乎、況琉球、方受日本之侵悔〔侮〕、正切歸戴於

聖朝一、不三爲及レ時封以二王號一、恐レ無下堅二其效順之志一而資中其得悍〔捍〕禦□〔之〕力上、誠、發二詔書壹通一、
諭二‐令中山王世子□□〔尚寧〕一、卽具本來奏、
朝廷、止遣二使臣壹員一、齎レ勅、至二福建省城一、聽二其差官面領一、或遣下慣二‐經海濤一武職壹員上、同二彼差
官一、前〔往脱〕致レ
命、其頒賜儀物與二受封謝　恩一、一如二舊禮一、則使臣無二波濤之險一、而
朝命已遠〔達〕二於避方一、夷邦省二供億之繁一、而封典得レ承二於　上國一、且、使三諸臣免二稽避之情一、有□〔司〕免二
採辦之累一、其爲三利益非二淺鮮一也、伏乞、
勅、下二該部一、再加二酌議一、如果、臣言不レ謬、乞、卽
詔二‐諭琉球世子尚寧一、亟來請封、遣官□〔如〕レ議、則
朝廷體統益尊、而夷邦受レ賜無量矣」○以上、福建巡撫許孚遠題奏、等因、奉二
聖旨一、（皇帝聖旨）「禮部知道」、欽レ此、隨該禮科、參二‐看‐得福建巡撫許（許孚遠題奏）　壹本一、（禮科奏言抄出）「爲下琉球乞二‐恩冊封一事上、照得、
琉球介二‐臣〔在〕海外一、冊封之使、遠涉二波濤一、萬一有二不測一、所レ損二
國體一不レ小、且彼國、頻年喪亂、亦以二供億一爲レ難、據レ議、使臣賚二
勅境上一、聽二其差官面領一、上尊二　國體一、下順二夷情一、誠爲二長便之策一、若三更遣二一武職一、恐レ及二多
事一、且所謂、行レ已有レ恥、不レ辱二

君命一者、又難、概靑二于若曹一也、按二故事一、琉球襲封、必後二世子表請一、今、所レ憑者、壹貳夷使之
呈請耳、
天朝冊命、似レ屬二太褻一、相應下遣二一夷使一歸國、齎二□〔世〕子表文一来請、然後與上レ之、庶下尊二
中國一懷二遠人一之義、兩不上レ失矣」、抄出酌レ之、○禮科奏言、下ニ收ムル明實錄萬曆二十三年五月丙申（二十四日）條所收禮科薛三才奏參看、通抄、○許孚遠題奏及ビ禮科奏言抄出、
到レ部（禮部）送レ司（儀制淸吏司）、案査、萬曆肆年（一五七六年）六月內、該琉球國中山王尚元嫡長男尚永、乞一レ要襲封父
爵一、已、該本部題、奉二
欽依一、遣二正使戶科左給事中蕭崇業・副使行人司行人謝杰二□〔前〕去、冊封遵行去後、今、□〔該〕前因、案
呈到レ部（禮部）、看得、福建巡撫許　題（福建巡撫許孚遠題奏）、「□〔據〕二琉球國使者于灞等呈一稱（琉球國使于灞等呈）、「琉球、世奉二
正朔一、近爲二関白擾害一、世子當レ國、不レ肯二臣事一」、宜及レ時封、以二王號一、遣二使臣一員一、賚レ
勅、止、到二福建省城一、聽二其差官面領一、及
頒賜儀物與二受封謝　恩一、一如二舊禮一、乞、
勅二該部（禮部）一、酌議」、各一節、爲照、我
國家、威德遠被、四夷咸賓、故、海外琉球諸夷□〔之〕向レ風者、不レ憚二梯山航海一、稽首、以納レ貢、
朝廷、亦嘉一レ與歸順一、而綏一レ柔之一、不レ難二命使一、遣レ官、賚レ
勅、以頒レ封、盖無外之化、所レ從二來舊一矣、但、每レ遇二封典一、則有司造船伐木諸費、動以レ萬計、

而御レ命者、間二‐関萬里之遠一、至レ出二萬死于壹生一、旦〔且〕也、命臣、奉二璽書一前往、雖二萬無一レ所レ覬
レ焉、而彼國供億宴勞之費、亦自有二不レ貲者一、故、先臣鄭曉領封之□〔説〕、職者亦多韙レ之、今琉球
國中山王世子尚□〔寧〕、當二彼國一、多故之餘、因下天朝名號未レ定、堅守二臣節一、不二敢稱一レ王、此其歸
順一念、信可中嘉尚上、應下査二‐照尚永襲封事例一、錫以中王號上無レ疑者、但、彼國累遭二関白之難一、
海洋未レ靖二　命使一、宜レ戒二不虞一、境土、未レ寧二行禮一、亦難二供具一、既經、巡撫具題前來、相應
依レ擬、姑准二
遣官一、頒二‐封福建省城一、俟二夷使詣一レ境、□〔聽〕二其面頒一□〔領〕、不下必別
遣二武臣一以滋中紛擾上、其一切　頒賜儀物與二受封謝
恩一、悉如二舊禮一、似下亦俯二‐順夷情一之一端上也、惟是、中山王襲封、向、由下世子奉レ　表請中
天朝冊命上付レ之乎、名器（爵號・車服）所レ関、豈宜二孱越若一レ此、恭候二
□□〔命下〕一、容二臣等一、移二‐咨□〔該〕（福建）省巡撫一、諭二‐令于灞等一、歸傳二‐示世子具
表前來申　請一、俟二　表文到日一、卽行二題請一、
遣使冊封、如二前議一、若異日、彼國寧謐海波不レ揚後、有下應レ行封典、仍復査二‐照先年事例一、　遣二官
彼國一、
頒封上、庶二懷柔之權變得一レ宜、而

典制之經常亦無レ失矣」○以上、禮部題本、等因、萬暦二十三年伍月二十一日、本部（禮部）尚書兼翰林院學士□〔范〕（范謙）等具
題、二十四日、奉二
聖旨一、「是（皇帝聖旨）、琉球襲封、待二其世子具表申請一、你禮部、具題遣官、頒二封福建省城一、聽二彼國使臣面
領一」、欽レ此、欽遵、擬合二就行一、爲レ
此、合咨前去、煩爲、查二炤本部題奉
欽依內事理一、欽レ此、欽遵施行」○以上、禮部咨、等因、准レ此、案照、先該本院（都察院）、具題去後、今、准二前因一、
擬合二就行一、爲レ此仰、抄案、回レ□〔司〕、着二落當該官吏一、照二依案驗一、備奉二
欽依內事理一、通二行各司・道一、轉二行所屬軍衞・有司等衙門一、一體知照、仍移文、傳二示彼國世子一、
欽二遵
聖旨一、具表請封、施行」、○以上、福建巡撫沈秱案驗、奉レ此、擬合二通行一、爲レ此備由、移二咨貴國一、煩、依二案驗一、
備奉二欽遵
聖旨內事理一、具表請封施行、須レ至レ咨者、
右　　咨二
琉　球　國一、
萬暦二十四年六月　　日

○福建等處承宣布政使司咨所引欽差軍務兼巡撫福建地方都察院右僉都御史許孚遠題奏、国立公文書館所藏内閣文庫架藏版本許孚遠撰敬和堂集第五冊疏卷所收題琉球冊封疏ヲ以テ校補ス、

○許孚遠、都察院右僉都御史巡撫福建提督軍務ニ任ゼラルルコト、明實錄大明神宗顯皇帝實錄卷之二百五十五萬曆二十年十二月丙申（十日）條、南京大理寺卿ニ任ゼラルルコト、明實錄大明神宗顯皇帝實錄卷之二百七十九萬曆二十二年十一月乙亥朔條、參看、

〔敬和堂集〕第四冊 疏卷 ○国立公文書館所藏内閣文庫架藏版本

請レ計レ處二倭酋一疏

題爲レ偵二探倭情一、有レ據三兼覩二
廷議紛紜一、懇乞、
聖明、審定大計レ
詔、令下中外殄二滅狂酋一、以快二寓内人心一、以圖中萬世治安上事、臣(許孚遠)、於二萬曆貳拾年拾月内一(一五九二年)、欽奉二
簡命一巡二撫福建地方一、入境之初、據二名色指揮沈秉懿・史世用先後見レ臣、俱稱レ奉下兵部石尙書密遣
前二往外國一打中探倭情上、臣、看得、沈秉懿、老而黠不レ可レ使、隨令レ還二報石尙書一、其史世用、
貌頗魁梧、才亦倜儻、遂於二(萬曆)貳拾壹年肆月内一、密行二泉州府(福建布政使司)同安縣一、選二取海商許豫船隻一、令三世
用扮二作商人一、同往二日本薩摩州一、陸月內、開洋去後、今貳拾貳年參月初壹日、據二許豫回報一、
舊年(萬曆二十一年)柒月初肆日、船收二日本莊內國內浦港(大隅國肝屬郡內之浦)一、距二薩摩州一尙遠、探得、州酋(島津)滕(藤)義久、同二許儀後一、

隨二關白一、去二名護屋地方(肥前國松浦郡)一、名護屋、乃關白、侵二高麗一、屯レ兵發レ船、出入之所、史(史世用)指揮、就二於內浦一、分別、潛去二名護屋一、尋二覓儀後一、又有三同伴張一學等密往二關白居住城郭一、觀二其山川形勢一、探二其動靜起居一、捌月拾參日(萬曆二十一年)、關白、同二義久・幸侃(伊集院)・儀後等一回レ家、儀後、隨二史指揮一、於二捌月貳拾柒日一、來二內浦一會レ豫(許)、玖月初參日、豫、備二段疋禮物一、以二指揮(史世用)一作二客商一、儀後、權重譯、進二見幸侃一、幸侃曰、「此、恐非二商販之人一」、儀後答曰、「亦是、

大明一武士也」、侃(幸侃)、將レ伊、自穿二盔甲一遂レ豫、九月拾玖日、被レ姦人洩機、有二大隅州一、正興寺倭僧玄龍、來二內浦一、就レ豫問曰、「船主、得レ非下

大明國福建州差來密二探我國動靜一之官上耶」、豫權答曰、「是、因尒國侵二伐高麗一、殺二害人民一、我

皇帝、不レ忍二發レ兵救援一、近聞、差二遊擊將軍(沈惟敬)一來、講二和好一、我福建許軍門(許孚遠)、聽知、欲下發二商船一前來貿易上、未レ審二虛實一、先差二我壹船人貨一來レ此、原無二他意一」、倭僧、將信將疑、拾月內、倭酋義久、差二儀後一、復往二高麗一、史指揮、於レ是、駕二海澄縣吳左沂鳥船(福建布政使司漳州府)一先行、不レ意、中途、遇レ風打轉、〇萬曆二十二年十一月ノ記等、略ス、係レ偵二探倭情一、有レ據三兼觀二

廷議紛紜一、懇乞、

聖明、審定大計レ

詔、令下中外殄二滅狂酋一、以快二寓內人心一、以圖中萬世治安上事、理未レ敢二擅便一、爲レ此、具本專差、

承二藍容親賚一、謹題、請レ旨、○皇明經世文編卷之四百敬和堂集所收請計處倭酋疏、疏ノ首尾ヲ略シタルト雖モ、史世用ノ記、異事ナシ、

〔明實錄〕大明神宗顯皇帝實錄卷之二百八十五
○中華民國中央研究院歷史語言研究所校印本所收國立北平圖書館藏紅格鈔本

萬曆二十三年五月癸酉朔、○中略（二十四日）○丙申、○中略○琉球國使者于灞等、爲二世子尙寧一請封、琉球、故世奉二正朔一、自二關白擾害一、欲二臣之世子不一レ爲レ屈、故于灞等來乞レ封、（福建巡撫）閩撫臣許孚遠、代爲レ請、禮科薛三才以、（禮科薛三才奏）「故事、琉球請レ封、必俟二世子表請一、若祇憑二夷使一、而遽與レ之、似レ爲二大褻一、禮臣範謙、請二遣レ官班封一、於二福建省城一、俟二世子具表前來一、然後許レ封、聽二使臣面領一」、從レ之、

〔中山世譜〕卷七 尙寧王紀
○沖繩県所藏雍正三年序重修本

尙寧王

○中略

紀

○中略

（萬曆）二十二年甲午冬、遣二使者于灞等一、迎二接京回貢臣一、時、于灞等、自爲二世子尙寧一、請レ封、福建撫臣許孚遠、以二海氛未一レ息、議奏、（許孚遠議奏）「遣レ使、齎レ勅、至二福建一、聽二來使面領一、或遣二慣レ海武臣一、同二彼國使臣一往、尙其無レ虞」、神宗曰、「待二世子表請一、然後、如レ議頒レ封」、

〔球陽〕○卷四目錄 ○東京大学史料編纂所所蔵謄写本

尚寧王

○中略

鄭○鄭秉哲十八年、冊封使夏子陽・王士楨等至レ國、

〔球陽〕○卷四 ○東京大学史料編纂所所蔵謄写本

尚寧王

○中略

十八年、冊封使夏子陽・王士楨等至レ國、○朱頭書ニ、明萬暦卅四丙午トアリ、

○中略至二甲午冬一（一五九四年）、使者于灞等、迎二接京回貢臣一、時、于灞等、自為二世子尚寧一、請レ封、福建撫臣許孚遠、以二海氛未一レ息、議奏、（許孚遠議奏）「遣レ使、齎レ勅、至二福建一、聽二來使面領一、或遣二慣レ海武臣一、同二彼國使臣一往、尚其無レ虞」、神宗曰、「待二世子表請一、然後、如レ議頒レ封」、○下略

○明人史世用、商人ニ扮シテ薩摩ニ來ルコト、史料綜覧文祿二年（一五九三年）四月是月ノ第二條ニ見ユ、

○豊臣秀吉、島津義弘ニ命ジ、使ヲ琉球王尚永ニ遣シ、入貢ヲ促サシムルコト、史料綜覧天正十六年（一五八八年）八月十二日ノ第一條ニ、秀吉、大佛殿建立ノ木材及ビ刀劍ヲ島津義弘ニ

徴シ、又琉球入貢、明國勘合符調製、海賊船禁止等ノコトニ就キ督促ス、是日、義弘、其臣伊地知增也ニ之ヲ傳ヘ、更ニ遲滯ナキヲ期セシムルコト、同天正十七年（一五八九年）正月二十三日ノ第一條ニ、是ヨリ先、秀吉、島津龍伯〇義久ヲシテ、琉球王尙寧ノ入貢ヲ促サシム、是日、尙寧、天龍寺桃庵等ヲシテ、來聘セシム、尋デ、龍伯、桃庵等ヲ伴ヒテ入京シ、聚樂亭ニ於テ、秀吉ニ謁スルコト、同天正十七年五月二十八日ノ第二條ニ、是ヨリ先、秀吉、島津義弘ニ命ジ、琉球王尙寧ヲシテ、來聘セシム、仍リテ、尙寧ノ使者、來朝シ國書ヲ呈ス、是日、秀吉、之ニ答書ヲ與フルコト、同天正十八年（一五九〇年）二月二十八日ノ第五條ニ、島津龍伯、琉球王尙寧ニ、秀吉ノ關東平定ヲ報ジ、速ニ方物、樂工ヲ獻ジ、之ヲ賀センコトヲ促スコト、同天正十八年八月二十一日ノ條ニ、明國福建省ノ商人陳申、琉球ニ在リ、秀吉ノ征明ノ擧ヲ聞キ、琉球長史鄭迵ト謀リ、潛ニ本國ニ歸リ、之ヲ告グルコト、同天正十九年（一五九一年）四月是月ノ第二條ニ、琉球王尙寧、島津龍伯ニ、秀吉ノ關東平定ヲ賀シ方物ヲ贈ルコト、同天正十九年八月二十一日ノ第二條ニ、是ヨリ先、秀吉、琉球王尙寧ヲシテ、朝鮮出兵ニ會セシム、是日、島津龍伯、尙寧ニ兵糧ヲ徴シ、其出兵ノ期ヲ定ムルコト、同天正十九年十月二十四日ノ第一條ニ、島津龍伯、重ネテ、琉球王尙寧ニ、肥前名護屋築城ノ賦役ヲ督促スルコト、同天正十九年十二月十九日ノ條ニ、秀吉、琉球王尙寧ニ朝鮮出兵ヲ命ズルコト、同文祿元年（一五九二年）

正月十九日ノ第二條ニ、島津龍伯、琉球王尚寧ノ、秀吉ノ命ゼシ兵糧等ヲ送ラザルコトヲ責ムルコト、同文祿元年七月二十六日ノ第二條ニ、秀吉、原田孫七郎ヲ高山國ニ遣シ、其入貢ヲ督促セシムルコト、同文祿二年十一月五日ノ第一條ニ、島津龍伯、秀吉ノ命ニ依リ、琉球王尚寧ノ、兵粮ヲ遣ルヲ謝シ、尚、之ヲ求ム、尋デ、尚寧、之ヲ拒絶スルコト、同文祿二年（一五九三年）十二月是月ノ第一條ニ、是ヨリ先、島津龍伯、屢、琉球王尚寧ニ兵粮ヲ徵ス、是日、尚寧、之ヲ謝絶スルコト、同文祿三年（一五九四年）六月十日ノ第二條ニ、島津龍伯、琉球王尚寧ニ秀吉ノ病ヲ報ジ、益、進物ヲ致サンコトヲ命ズルコト、同慶長元年（一五九六年）九月是月ノ條ニ見ユ、一五八八年ヨリ一五九六年ニ至ル間ノ秀吉幷ニ島津氏ノ琉球國ニ關ハル文書幷ニ記、大日本古文書島津家文書、東京大学史料編纂所所藏島津家本舊記雜錄後編巻二十二ヨリ巻三十八、沖縄県立図書館所藏東恩納寬惇文庫架藏古案集、及ビ南聘紀考巻中等、參看、

○一五九四年十二月、明錦衣衛指揮使史世用、是ヨリ先、兵部尚書石星ニ日本ニ往キ倭情ヲ偵探スルコトヲ命ジラレ、一五九三年七月四日、日本大隅國肝屬郡內之浦ニ著シ、倭情ヲ偵探シ、尋デ、一五九四年正月、明ニ向ケ內之浦ヲ發シ、同年八月、琉球國ニ漂到ス、琉球國中山王世子尚寧、使者于灞等ヲ遣シテ史世用ヲ明ニ護送ス、是月、史世用、明福建ニ歸還シ、提督軍務兼巡撫福建地方許孚遠ニ、琉球國北山大島、日本ト琉球國ノ界ヲ爲シ、日本薩摩國ヲ開船シテ四日

ニテ到ルコト、及ビ豊臣秀吉、北山ヘノ屯兵ヲ琉球國ニ要メタルコト等ヲ報ズルコト、便宜合敘ス、

一五九六年（琉球國中山王尙寧八年・明萬曆二十四年・日本慶長元年・丙申）

是歲、藤原肅（惺窩）、日本ヨリ明ニ渡ラントシテ、六月二十八日、京ヲ發シ、薩摩國ニ至リ、尋デ、八月ヨリ後、鬼界島ニ漂到ス、

〔藤原惺窩日記殘簡寫〕（日記殘簡）○東京大学史料編纂所所藏内藤虎次郎氏所藏文書影寫本

（第一丁表）六月小尽（文祿五年、一五九六年）

廿七日、雨レ灰、草木葉上如レ霜之白、終日陰晦、

廿八日、道心、携ニ來与二郎一、午時、發ニ京師一、至ニ鳥羽（日本山城國紀伊郡）一、而候ニ大坂（攝津國東成郡・西成郡）之舩一、（歸ニ小右衛門於京一）申刻、乗舩、々中、士女雜沓、有ニ三士後來一、（舩中陰塞、將レ）坐ニ予（藤原肅）之膝上一、予僕、怒責ニ三士一、々亦怒レ目切レ歯、容皃（類ニ）賊夫一也、賊見ニ予嚴殺（毅カ）之色一、退去乗ニ別舩一、夜間、（仰ニ）臥舟中一、見ニ天宇一、則篲星現、（廿九日）破曉、箸（著、下同ジ）ニ大坂一、（訪）ニ天満由己（大村）

廿九日（廬）即時、帰二又二郎於京一、
。之旧戸一、。門外、梅童平吉（梅庵由己）見レ予、而。入レ内告、文次来迎レ予、以二五扇一与二文次一、。以二果合五ヶ三貼扇五柄一、贈二梅
母一、々出請レ坐、侑二飲食一、話二由己老旧支一、濺レ涙感歎不レ止、記二一詩一投二灵（靈）前一、終日風荒、
裁二一簡一、遣二与二郎於相良勾勘宅一、与二愚、昏而不レ知二相良宅一而帰、。再遣、持二返簡一□來、

七月大尽

朔日、。雨、午後、微晴、至二相良宅一、相氏迎接、命二舟師一、々々載二什物一、開船、晡時也、予、犒黄帽。、九人、以□二紅酒一罇一、。竟日、陰雨、崎泊二舟
于舟中、川口一
二日、快晴、帆腹飽レ風、以レ酒侑二｜《マセタ》民部等三人一、。合香一炷郁々芬々黄雲一穟紅塵千里。所レ恨
臥二蓬〔篷〕窻之下一、合二香一炷一、々々烟中九衢塵裏、塵裏尚偸レ閑、况塵外哉、
者、与二香癖翁一不レ話二此支一、以二三扇一与二。三老一、長年五更頃刻望二右邊一、則兵庫、而須磨、々々而
明石、皆篷窓中之物也、晡時、經二高砂一而、終夜行舟、
三日、晴天、。早朝、經二播（播磨國）之室津・那波・坂越一、午時、与二酒於二船頭一、□〔經〕二ヒバノせトヲ一、暁泊二。｜《トモ》之（備後）
波上一、
四日　自レ｜《トモ》發、遙見二｜《アブトノ》觀音灵廟一、（備後國）□〔蓋〕前年□〔至〕二名護屋一之日、（文祿二年、一五九三年）所二歴過一也、自レ廟右、則名護屋
地也、自レ廟左、則此路也、
（五日）□□（料紙折目上端缺損）昧爽、暫泊二伊与｜《ゴヽノ》嶋一、有二十五六家一、待二潮生一、巳刻、開船、未刻、泊二青嶋一、
（第一丁裏）
（六日）□□（料紙折目上端缺損）自レ暁發、巳刻、泊二｜｜《ミツクエニ》一、（伊豫國三机浦）終二日夜一、逗レ此、候二風浪一、

七日、（暁發而、）巳刻、泊二豊後嵯峨関一、海涯蜑舎五（六）十許、午時、戯二漁戸一行浴、削レ瓜斟レ酒、頗消レ暑、
瞽者友珍、播之龍野之産也、哥二平家一、鼓二沙弥仙一、有二牛馬之牧一、
八日、暁發、風荒波高、經二ヨナウ津（豊後國米入津）・ニウ津一、晡時、泊二カマエ之津（豊後國蒲江津）一、此津風景奇勝、已前（昔者）、家
千間、乱後、纔數ケ云々、
九日、暁發、巳刻、泊二嶋浦（日向國）ノ一、候二潮信一、此浦實三家歩也、小舟三ケ繫二柴扉一、山圍樹茂而、如レ擁二
翠障一、夜半、發二此浦一、
十日、辰刻、泊二細嶋（日向まシマ）一、家百許、午時、息二一寺（寺架二岩上一、老木參レ天、数船隱二□（映カ）枝葉間一、絶景也、）一、主僧、設二茶菓一、予、亦買二一樽一侑レ之、（満壽坊 常陸之生云々、○右傍ニアリ、）隣僧亦呼
レ之、船頭賀右・勝藏、其外五六人、戯二町屋一行浴、又行酒、寺僧相伴、至二觀音寺一遊觀、
而後、乗二本船一、僧又贈二茄瓢等一、マセ田、従レ此行陸、賀右・勝藏、乗二鹿児嶋皈船一送
別、夜半、發船、僧寺席上有二畫軸一、樹下有レ人讀レ書、贊云、英雄未レ遇時　展卷斧斤餘　一旦風雲会　山林是顕梯　不レ題二姓名一、
十一日、申刻、泊二内海一、月落、開船、再会二賀石（右）・勝藏舟一、
十二日、卯刻、過二宇土岩屋《ウドノ》一、巳刻、過二大嶋一、牛馬之牧也、午時、經二イチキノ牧（市來）・ミサキノ牧（御崎）一、
逆風洪波、舟中人、如レ醉、終夜、攬レ船、至二暁更一、著二内ノ浦（大隅國肝屬郡）船頭弥二良父浄感宅一、此浦、
時□（泊）二唐船一、
十三日、辰刻、此浦之役人宗意竹下氏、拉二まくわ拾顆一、執謁、侑二酒肴一還レ之、「上命嚴重也、

宜レ就二我宅一」云々、予、以二旅泊之困労一辞レ之、午時、又、以二實子一請レ迎、予、又辞
レ之、再三來、家郎强。請レ之、虽レ牢辞畢、令下。課二兩奴一來執上役、淨感嫡子携二勝酒《チウ》・異域珎肴
等一來、予、傾二兩盞一、々者、ルスン瑠璃盞也、「呂宗《ルスン》」○頭書渠、去年、至二ルスン二一、彼國風土龍
象等、異物實見。、云々話次累レ刻、頗擊二旅泊之蒙想一、天地之至大而、此國之狹隘、豈不二游觀一
者、益二廣覽之智一哉、吁、申刻、宗意、將二晚飱一來、盤飣豊厚、菓子マクワ瓜・葡萄・勝
酒、相共喫了、説話及レ昏、談二琉球之風土一、盖宗意寓二琉球一而有二妻子一、故熟識云々、

（第二丁表）
十四日　早晨、呼二彦右衞門一、ルスン・琉球路程記錄之冊持來、一覽、絶域遐陬浮舟之時、失二方処一見レ星、
指針之訳、風雨霧雷之候等話之、午時、意（宗意）、持レ粥來、戶外有二一人一、著二肩衣・袴・腰
刀・脇指一、擊二小鼓一、唱レ哥、就聽レ之、則有レ為二無常之事一也、問レ之云、「京師説經者之□〔流〕亜
也」云々、感、盛二新米一盂一來、意、持二朝飯一來、終日風雨、秋思有レ餘、四郎・二郎・弥二
郎・感（淨感）等來、与二新酒・削瓜一、宗意、為レ慰二予旅懷一、地下之風俗躍來、□類二上都（京）一、但背上負レ旗、
横行如レ蟹。為レ異、

十五日　新五郎安童庵童　感應寺　陰晴不レ定、午時、至二意之第一、迎接杯盤丁寧、推奬尤厚、躍数番來哥、。彦右、會二安國寺周般一、持二世界
圖一來、盖蛮人之所レ記也、晩間、携レ感赴二松原一、今日土俗祭レ塚、松明、瓜菓、祭如在、
虽二邊鄙一、追遠之志可レ尚、

十六日　大明人來話、弥介、持二勝酒一來、予亦削瓜与レ之、座頭周般來、侑二酒瓜一、
十七日　晩、〻唐船來、考二鐘鼓一、擊二鉄炮一、盖報二〻來之信一也云々、
十八日　早晨、欲行二波見(肝屬郡)一、宗意、預報二波見役人山下宗安一云々、行次見二唐船一、淨感・彦右・弥二・弥介・四郎・二郎等陪侍、唐船々主吳我洲、泉州人、〇明福建布政使司泉州府〻迎レ予、筆談、侑二ニツハ蛮酒之名也、一・蜜漬之天門冬・梨實・冬瓜等之珎肴一、唐人六十人、通吏話云、「船主之子者、呂宗商賈之巨魁也、故此船、亦到二呂宗一云々、發船、至レ今、四十五日中流、粮竭水渴、困労不レ可レ言」云々、此日、午時、箸二波見一、洲前有二松原一、宗安所レ居者、太守(島津義弘)之行館云々、庭前、岩崖磐石、群木陰森、水流出二于岩石之中一、寄、天造自然之奇觀、而不レ假二人力一、座上一軸之墨跡、一瓶之花草、十器一陶之茶具、盤飣・酒肴・仏菓、不レ可二勝言一、嫡子四郎左衞門、次子岩童、爲レ予執役、挽レ衣留レ予、虽レ然固辞去、以二馬三疋、役夫廿五人一送レ之、〻途中相良《アイラ》八幡廟一、暫憩、日已昏、山中暗而不レ可レ行、先遣二人於高洲(肝屬郡)一、求二松明一、高洲役人右田監物、照二松火一、數十人而迎レ予、亥刻、箸二高洲一、喫二酒飯一、了就レ臥、昧、發舟、未刻、箸二山河(薩摩國指宿郡山川)三谷氏之宅一、役人野間口內藏助、欲レ迎二予於

(第二丁裏)
十九日　〻行館一、再三辞レ之、
廿日　今日、困了、終日、安臥养レ氣、三谷、生國京師而、松永久秀家臣也云々、

廿一日　風雨而不二發舟一、

廿二日　風雨未レ休、雖二出舟一、中流而皈、

廿三日　早朝、開船、内藏子彦二郎侍二予。、舟一泉界之淨土僧。、玄也憑二便船一待レ之、申刻、箸二鹿児島平野屋弥左衛門之屋一、役人染川源丞、持二双瓶一來、

廿四日　勝藏來、

廿五日　賀右、携二朋樽一來、

廿六日　將レ赴二濱市(大隅國始良郡)一、皆云、「龍伯(島津義弘)・幸侃(伊集院忠棟)、明日、來二此地一、廿八日、此地之神祭也」云々、故止二予行一、

廿七日　龍伯來、幸侃、以レ病不レ來、故、予、不レ會二龍伯一、會下僧來剃髮、与二酒飯一、

廿八日　祭祀、家々醉賞、會下僧並眞言僧巡宗來、与二酒飯一、宗(巡宗)話云、「高野・根來兩處共生立之地、十年前、以レ叓去二故土一、遊二琉球國一、々中止者、于レ今、十年、故熟二彼國叓一、終日話、

廿九日　今日、欲レ赴二庄内(日向國諸縣郡)一、言二乘船之事於染川一、々々云、「龍伯、欲レ赴二濱市一、然亦、以二逆風一、不レ行、可レ待二風息一」云々、

卅日　赴二庄内一、乘レ舟、至《自二》女久利《メグリ》一ヒ(大隅國始良郡廻)陸行、役人見崎《ケン》主水、以二人馬一送、庄内、夜半後刻、箸二庄内一、以二伊集院兵部少輔一報焉、幸侃云、「今晨、急以二龍伯之命一、赴二濱市一、雖レ然、待二之來過

礼一、不レ得レ已、倉卒、可二相面一」云々、即對顔、贈二衣裳并伏見院宸翰法帖一、頃刻、赴二濱市一、予、以二困労一、止二此地一、午時、至二兵部第一、兵卩、治具設宴、有二美少年一、座有二數十人一、

閏七月朔小尽

朔（第三丁表）尚在二此地一、

二日　亭主、爲レ予、治具、終日話二風土一、今日、此地交易市、有レ人、以レ刀傷二鉄匠一、喧聒不レ止、蓋楊〔揚〕子（揚雄）所レ謂、（揚子法言）（巻一學行篇）「一鬨市、立二之平一」、有二此言一哉、

三日　兵部報云、「幸侃不レ在」、予、不レ可レ堪二閴寂一、可レ赴二濱市一否、是幸侃之意也云々、予、即欲レ行、以二人馬一送レ之、午後、發、黄昏、箸二女久利之假館一、行浴安臥、

四日　早朝、自二女久利一發舟、即時、著二濱市一、以二付狀一与二役人前田一、々々□〔報〕二幸侃一、々々云、「今日、□□□」、予、亦可レ困、期二來日一云々、

五日　尚困憜〔惰〕、不レ赴二幸侃宅一、

六日　逢二幸侃一、說二予心事一、侃、領納、盤飣豊厚、茶果了閑話、□木下大膳・世多掃部、謫二鹿児〔薩摩國〕島・房津（薩摩國河邊郡坊津）兩処一、近日、可レ來、是鈞命也云々、

七日　幸侃云々、明日、可レ會二龍伯一云々、

八日　會二龍伯一、先客木入《イレ》(喜入)大炊也、

九日　赴二鹿児島一、乗舟、午時、著レ島、以二幸侃付狀一、与二伊集院本田六兵衞一、地震、微雨、

十日　以二風雨一遅留、

十一日　風雨不レ休、

十二日　風雨不レ息、大地震、夜亦震、

十三日　前度會下僧巡宗等來話、風雨、大地震、

○是日、畿內大ニ震ス、餘震、數箇月ニ涉ルコト、史料綜覽慶長元年閏七月十三日ノ第一條ニ見ユ、

十四日　風雨、晩來、雨止、出遊、至二長壽院・福聖寺(福昌寺)談義処・時宗道場・南林寺等一、及レ昏、帰宿、

十五日　風少息、故發舟、巳刻也、龍伯所レ乗舟而、壯麗新而大也、未刻、逆風起、舟不レ進、故寄二舟於新庄一、及レ昏、山下宗安、(第三丁裏)將レ赴二鹿児一、會二此地一、彼此忩々相別、予、又發舟、夜半、風順、而破暁、著二山河(薩摩國指宿郡)一、

十六日　役人內藏助・同子・三谷等、迎レ予、此日、乃以二走卒一、遣二狀於幸侃一、

十七日　內藏、迎二予於假舘一治具、三谷、亦後來、

十八日　三谷七衞門來館、

十九日　前山(山)々下有二温泉一、山間有二瀑川一、潮退則湧二沙中一、掘二沙土一爲二陷処一、浴レ之、晩、乗二小舟一遊レ茲、內藏諸童侍二予後一、帰路徒歩、跋二山腹一、其□□有二浴所興之一、

廿日　內藏贈二梨實一、大如レ盆、風味尤佳而、洗二條(滌)肺熱一、諸食味悉悪而、与二京師一不レ同、唯此梨、

有二上國之味一、

廿一日　申刻、幸侃返簡持來、

廿二日　內藏來話、

廿三日　內藏來話、

廿四日　三谷・內藏伴來、

廿五日　七衞門來話、

廿六日　內藏助來云、「欲レ行二濱市・庄內一、可レ遣二狀於幸侃一否」、乃裁二一封一付レ之、

廿七日　三谷來話、晩間、乗レ涼、至二洲崎一、三谷伴レ予、帰路、迎二予於三谷宅一、麪酒、閑話、頗遣レ興、及二深更一歸、

廿八日　三谷將レ行二邊邑一、故來而面別、

廿九日　今日、自二大坂一帰舩之客說云、「十二日之地震、京・伏見・大坂、家々破損、諸人落膽、其日、白日如二暗夜一、天雨レ灰、雨レ毛、此舟、廿二日、發二大坂一、至二其時一、昼夜地震終不レ止」云々、得二順風一、八日而著二此津一、

八月大尽

朔日　諸人來講、今日之俗礼、侑二酒・茗一、邸主饗二小豆飯一、盖此地今日祝儀云々、

二日　七衛門、赴二平戸（肥前國松浦郡）一、拝レ予而去、

三日　晩、至二權現前一、觀二潮生一、彦九侍二予後一、帰路、見二靑龍寺（正龍寺）・宝壽院・実勝院一、虽レ然、僧皆啞羊鳥鼠之類、非□可レ話者、

四日　彦九郎、以二実勝院所持日蓮親筆之書簡一、欲レ求二予解一焉、一覽還レ之、又見二明人所レ書之鴈鈎之二字一、

五日　陰雨冥昧、

（第四丁表斷簡）

五日〔六〕　風荒、雨暗、

ゝ六日〔七〕　快晴、溽暑尙殘、如二老酷吏一、地氣与二京師一大異、而煩悶惱二心頭一、長田藤五左衛門〔鳴川〕持二山下賀右狀一來、乗レ月

○以下、原料紙切斷サル、

（影寫跋）右藤原惺窩日記斷簡四葉、文學博士内藤虎次郎氏所藏也、

大正十四年（一九二五年）七月、借覽影写一校了、光壽

於二京都御所東山御文庫一、

〔藤原惺窩日記斷簡寫〕○東京大学史料編纂所所藏内藤虎次郎氏所蔵文書影寫本
和歌七言絶句稿

○和歌稿、料紙天邊ヨリ書ス、

枝高ミ思フ心ノ通ヘハヤ手折ラス花ノ袖ニ落ヌル
名ハキヘヌ言葉コトノ玉ノ緒ノ長《モ》キタメシノナトナカルラン○コノ歌、枝高ミノ一首ト雨ハナヲノ一首ノ行間ニ書セラル、
雨ハナヲ蓑ニ殘テ海士人ノ色ナキ袖ニ宿ル月影
薩广方(潟)八重塩風告ヤランアハレ□□［ウキ］□(身)ハ親タニモナシ　見渡せ《目モアヤニ》ハ霞ニコモル《コムラシ》《コメツ、》天
地ノ始ヲ《モ》春ノ今日ニ《今日ノ春ノ曙》知ヌル
夢カトテ《トノミ》驚クノミニ三年經テ□□□別ノ涙ヲソシル《ヨリタヘヌナミタヲハシル》　ヱニシアレナ仏ノ種ヤ栽
置シ花ユヘ入レ《ヌ》法ノ庭人○薩摩方以下ノ四首、雨ハナヲノ一首ト迷ヒナヲノ一首ノ行間ニ書セラル、ヱニシアレナノ一首、夢カトテノ一首ノ涙ヲソシルノ左傍ヨリ書セラル、
迷ヒナヲ殘レトソ《ン物ヲ》願フサク花ニ思ヒツク身ノ春ノ衣手
夢カトテ驚《ク》ノミニ過シ來テ去年ノ涙ヲ○コノ歌、迷ヒナヲノ一首トカサ、スハノ一首ノ行間ニ書セラル、
カサ、スハ悔フヘキ物□(ヲ)花タニ《(タ)□ニモ》羞ヘキ老ノ行末ノ春　烟立ツ澳ノ小島ヤ古ヘノ思色《ノ》ヲナヲ殘シツ《リ》、
(共ニミシ面影カヘテ)本ノ身ノ春ヤハアラヌ□□(花)泣キ鳥ニヲトロク心ノミシテ《春ノ空哉》○コノ一首、カサ、スハノ一首ト身ヨイカニノ一首ノ行間ニ書セラル、
身ヨイカニ雲路ノ島《鳥ハ》飛消ヘテ歸ルタノ山モ有ケリ
身ノ犬ノ雪ニ吠ケン薩广(摩)方花サク比ノ庭ノ梅カ枝
薩广方雪ニ吠ケン犬モサヤ梅《サク庭ノ》サカリナル冬ノ曙ノ○本歌五句ノ冬、慶長元年晩冬十二月ナラン、

月モ落《ハヤ》ツ夜ヤ深□□□□トテ立□〔去〕ヌヘキ花ノ影カハ

三月尽花モハヤ
春ハハヤ今日月□ノサソフ水花《春ノ》ノ行末□身モ流テヨ○本歌一句ノ春、一句傍書ノ三月尽、慶長二年（一五九七年）三月晦日ナラン、

香ニ匂フ己カ枝知ヌ松風ハ花ニメテヌル名ニヤ立ラン

涼サハ今日手ニ結フ水《ナヲ結フ手ノ》ヨリモクモスムヤ心ノ静ナル夏
結フ手ノ水ヨリモナヲ涼キハ静ニスマス心ナリケリ納涼

吹ヤイカニ己カエナラヌ手ニ匂フ花サクハカリ峯ノ松風

○次ノ二首、紙背左端上部、天正十載ノ記ノ左方ニ書セラル、

イツクニモスムラン物ヲスミニケリナラク□ツロノ秋ノ夜ノ月○本歌五句ノ秋、慶長二年初秋ナラン、

恨スヨ子テカサメテカツカノマモイツカハ面《アハヌ》□《ソ》ソサハヨ○薩广方八重塩風ノ一首、烟立ツノ一首、身ハイカニノ一首、薩广方雲ニ吠ケンノ一首及ビ恨スヨノ一首、下ニ収ムル惺窩先生文集ニ収メラル、

○次ニ掲グル七言絶句稿、料紙下部ノ餘白ニ書セラル、

俊寛此地謫生涯悤別懷小憐渠不耐嗟

懷小憐渠思我家

若將天地作家去

二十《（平康頼・藤原成經）》賜環一士《（俊寛）》嗟○二士以下ノ句、俊寛此地謫生涯ノ下句カ、

○コノ間ニ、見渡せハ、ヱニシアレナ、及ビ烟立ツノ和歌三首アリ、

愁沉　聞昔日俊寛此歴過

俊寛鬼海々中波　憐彼懐少愁恨多
（懐少憐渠客）
盍成以孤島爲枕流枕
（推推）
俯仰乾坤即我家　自然嶋屿遊仙枕
（大魂猷我）
幸其孤島枕流枕　俯仰乾坤唯我家
（睡眠島屿遊仙）
轉頭孤嶋遊仙枕　傾頭島屿遊仙枕
伸脚大塊佚我家　伸脚乾坤唯我家
夢繞皇州々裏家
嘗恨俊寛懐抱少
生前鬼海々中波　浮波鬼島一神楂
（愁沈　魂沉命危）（若浮遊天地去　是　外　波間鬼島即神楂）
〇ココニ記セル七言句、下ニ収ムル惺窩先生文集巻之三所收七言絶句一篇ノ草稿ナリ、

〇和歌七言絶句稿、次ニ掲グル文書寫ノ紙背ニ書セラル、大日本史料元和五年（一六一九年）九月十二日、藤原肅〔惺窩〕歿スル條、內藤虎次郎氏所藏文書ニ據リ、雨ハナヲノ和歌等、和歌九首ヲ掲グ、

（前大德寺住持玉仲宗琇與宗繁道號頌并序寫）

薩州之住繁〔宗繁〕公曲〔典〕藏禪師、曾遊㆓東魯㆒、成㆓青衿之法㆒、侍㆓學校之講席㆒、漁㆓獵□家之書㆒矣、要帰㆓古里㆒、入洛謁㆓龍宝山〔大德寺〕㆒、扣㆓愚陋室〔玉仲宗琇〕㆒、出㆓白楮㆒、求㆓道称㆒、不㆑得㆓固辞㆒、號㆓華溪㆒、因製㆓野偈章㆒、抒㆓其儀㆒、以祝㆓遠長㆒云、

「導〔試字〕師　師　京師　母后」

（道號頌）
王老師前陸亘来、牡丹如㆑夢一株開、平生凝滞悉氷釋、依㆓旧春風㆒至㆓綠苔㆒、

天正十〔一五八一年〕載龍集壬午夷〔則〕□〔七月〕如意珠日

前大徳玉仲叟宗球〔琇〕書

宗球〔琇〕亘〔直ヵ〕書

○大徳寺玉仲寂スルコト、大日本史料慶長九年（一六〇四年）十一月十六日ノ第二条ニ見ユ、大徳寺僧宗繁、大日本古文書大徳寺文書別集眞珠庵文書之二所収天正八年宗純一休百回忌出銭帳等ニ見ユ、

〔法用文集〕道號 ○国立歴史民俗博物館所蔵田中穣氏旧蔵典籍古文書

花渓諱宗繁

王老師前陸亘來、牡丹如レ夢一株開、平生凝滞皆氷釋、依二旧春風一至二緑苔一、

〔惺窩文集〕續之二 惺窩和歌集續巻二 ○東京大学史料編纂所所蔵寛永四年（一六二七年）序版承應三年（一六五四年）版本

もろこしへわたらんとのあらましにてつくしまてくたりし時、しる人のもとへよみてつかはしける

なれてこし人の心を月にはなにおもひいくへの山のおもかけ

〔惺窩文集〕五 惺窩和歌集巻五 ○東京大学史料編纂所所蔵寛永四年（一六二七年）序版承應三年（一六五四年）版本

もろこしへわたらんとて船を鬼界かしまにつなきてよめる

やまとうたのあはれかけゝり目に見えぬ鬼のしまねの月の夕なみ

〔惺窩文集〕一 ○東京大学史料編纂所所蔵寛永四年（一六二七年）序版承應三年（一六五四年）版本

惺窩先生行狀（林羅山撰）

○中略文祿二年（一五九四年）癸巳、赴二武州之江戸一、執二謁於源君（徳川家康）一、命令レ讀二貞觀政要一、閑暇作二四景我有文一、爲二東關之遨遊一、又旋レ洛僑居、環堵肅然、讀二聖賢性理之書一、思三當世無二善師一而、忽奮發欲レ入二大明國一、直到二筑陽一、泛二溟渤一、逢二風濤一、漂著二鬼海島一、先生常慕二中華之風一、欲レ見二其文物一、雖レ然、其盛志不レ遂而歸、先生以爲、聖人無二常師一、吾求二之六經一足矣、慶長之初、少將豐臣（木下）勝俊、號二長嘯子一、好詠二倭歌一、且藏レ書、聞二先生（藤原肅）名一而招レ之、○中略先生歿後、○藤原肅、元和五年（一六一九年）九月十二日、歿ス、明年庚申（元和六年、一六二〇年）某月某日、羅浮子（林羅山）道春謹狀、○惺窩先生文集首卷、異事ナシ、版本ノ訓假名及ビ返點略ス、返點、編者ニ依リテ附ス、

〔惺窩先生文集〕 ○享保二年（一七一七年）冷泉爲經跋版惺窩先生文集付惺窩先生倭謌集
惺窩先生倭謌集卷第二　冬部

題しらす

さつまかた雲にほえけん犬もさや梅さく庭のふゆの明ほの

〔惺窩先生文集〕 ○享保二年（一七一七年）冷泉爲經跋版惺窩先生文集付惺窩先生倭謌集
惺窩先生倭謌集卷第三　別離部

もろこしへわたり侍らんとてつくしまてくたりし時、しれる人のもとへよみてつかはしける

なれてうし人の心をつきにはなにおもひいくへの山のおもかけ

その時、船を鬼界かしまにつなきて

やまと哥のあはれかけゝり目に見えぬ鬼のしまねの月のゆふなミ

おなし時

薩广かた八重のしほかせ告やらんあはれうきミはをやたにもなし

けふりたつ澳の小しまやいにしへのおもひのいろをなをのこしつゝ

見よいかに雲路の鳥ハとひ消えてかへるゆふへの山もありけり

〔惺窩先生文集〕惺窩先生倭謌集巻第四　戀部
○享保二年（一七一七年）冷泉爲經跋版惺窩先生文集付惺窩先生倭謌集

戀

○中略

恨すよねてかさめてかつかの間もいつかはあはぬおもかけそさは

〔惺窩先生文集〕巻之三　七言絶句
○享保二年（一七一七年）冷泉爲經跋版惺窩先生文集付惺窩先生倭謌集

欲レ渡二大明國一遇二疾風一而到二鬼界島一

三人此地謫生涯、二十賜レ環一士嗟、若是浮遊天外去、波間鬼島卽神楂

○藤原肅ノ漂到セル鬼海島、薩摩國川邊郡ノ硫黄島トスル説アレドモ、本條、鬼界島トシテ揭グ、肅、鬼界島ヨリ日本ニ戻リタルハ、慶長二年（一五九七年）夏マタハ同年初秋ナラン、肅ノ鬼界島漂到ヲ元龜二年（一五九三年）トスル説、マタ、肅、薩摩國ニ戻リテ山川ノ正龍寺ニ於テ桂庵玄樹家法和點幷ニ文之玄昌和點本ヲ書寫シタルトノ説、三國名勝圖繪巻二十二海雲山

正龍寺幷ニ漢學紀源巻四正龍第三十七等ニ記ストイヘドモ、本條ニ採ラズ、
○藤原肅惺窩、薩摩ニ赴カントシ、京都ヲ發ス、尋デ、鹿児島ニ著シ、入明セントシ、鬼界島ニ漂著スルコト、史料綜覧慶長元年六月二十八日ノ第二條ニ、藤原肅ノ事蹟、大日本史料元和五年九月十二日、藤原肅惺窩歿スル條ニ見ユ、

一六〇一年（琉球國中山王尚寧十三年・明萬曆二十九年・日本慶長六年・辛丑）

四月十九日、是ヨリ先、一六〇〇年八月十九日ヨリ後、琉球國中山王世子尚寧、明ニ長史蔡奎等ヲ遣シテ襲封ヲ請ス、是日、明官兵、浙江布政使司溫州府ノ東海ニ於テ、琉球國使蔡奎ニ從ヒタル官舍熊普達等ヲ捕フ、捕擄ノ中ニ琉球國鬼界島ノ者三人○稽加・禿羅幷ニ馬加羅及ビ同大島ノ者一人○脱古アリ、尋デ、一六〇二年二月十五日ヨリ後、明浙江等處提刑按察使司、熊普達等十五名ヲ琉球國使蔡奎ニ交付シテ帶回セシメ、琉球國ニ熊普達等ヲ審明セシム、一六〇三年十月二十二日、浙江等處提刑按察使司、琉球國ヨリ、熊普達等十五名

ヲ査照シテ釋放シタルコトノ報ヲ受ク、

〔歴代寶案〕第一集 巻三十二 執照 起萬暦二十一年至天啓七年
○沖縄県立図書館史料編集室編歴代宝案校訂本第二冊

琉球國中山王世子尚（寧）、爲ㇾ進

貢・

請封等事一、今、特遣ニ長史・使者・通事等官蔡奎等一、齎ニ捧

表文壹通一、率ニ領夷梢一、坐ニ駕土船壹隻一、裝ニ載馬肆匹、生硫磺壹萬玖千觔、內玖千觔以補ニ上貢少欠

磺斤一、賫、赴ニ

福建等處承宣布政使司ニ交

納、所據、今差去人員、別無ニ文憑一、誠恐ニ所在官司盤阻不ㇾ便、王府（琉球國中山王府）、除外今、給ニ洪字第貳拾

貳號半印勘合執照一、付ニ都通事梁順等一收執前去、如遇ニ經過関津把隘去處及沿海巡哨官軍驗實一、

卽便放行、毋ㇾ得ニ留難因而遲悞不ㇾ便、所有執照、須ㇾ至ニ出給一者、

計開 赴

京

長史壹員 蔡奎 人伴壹拾名

使者貳員 毛如鳳 毛鳳威 人伴玖名

通事壹員　梁守德　人伴貳名
存留在船使者貳員　馬三魯　馬珠　人伴四名
存留通事貳員　梁順　王立思　人伴伍名
管船火長壹名　林世志
犯人壹名于灞
稍水共柒拾捌名
附搭土夏布貳百疋
右執照、付二通事梁順・王立思等一、准レ此、
（一六〇〇年）萬曆貳拾捌年捌月拾玖日給
執照

〔明實錄〕大明神宗顯皇帝實錄卷之三百六十一
○中華民國中央研究院歷史語言研究所校印本所收國立北平圖書館藏紅格鈔本

萬曆二十九年七月丙申朔、○中略（二十一日）○丙辰、○中略○宴二琉球國進貢使臣蔡奎等十四員一、侍郎朱國禎待、

〔明實錄〕大明神宗顯皇帝實錄卷之三百六十三
○中華民國中央研究院歷史語言研究所校印本所收國立北平圖書館藏紅格鈔本

萬曆二十九年九月乙未朔、○中略（十五日）○己酉、○中略○禮部覆、「（禮部奏）琉球、僻二處西南（東）一、世修二職貢一、時當二承襲一、累遣二倭警一、延逗至レ今、既經、世子尚寧奏請、相二應准封一、其該用皮弁冠服・紵絲等項、宜二照レ例

應付一、遣官已奉二 明旨一、但據二其陳乞情詞一、援二引會典一、必以二文臣一爲レ請、惟 聖明裁定」、奉レ旨、「(皇帝聖旨)尚寧、准レ襲二封琉球國中山王一、既遣レ官懇請、着、照レ舊差二文官一去」、

〔明實錄〕 大明神宗顯皇帝實錄卷之三百六十五 ○中華民國中央研究院歷史語言研究所校印本所收國立北平圖書館藏紅格鈔本

萬曆二十九年十一月乙未朔、○中略 ○己酉、(十五日) ○中略 ○命二兵部給(科)事中洪瞻(祖脫)・行人王士楨一、冊二封琉球國王一、先レ是、琉球國王尚永薨、世子尚寧、奏二請襲封一、仍援二據會典一、請下以二文臣一冊封上、既許レ之矣、(上イアリ) 浙(提督軍務巡撫浙江等處地方都察院右副都御史)江巡撫劉元霖報、「(劉元霖報)獲二夷船一、稱レ係下琉球差二探封工(貢)聲信一者上、其中雜二眞倭數人一、衣笠・刀伏(仗)、皆係二倭物一」、會同館、譯二問長史蔡奎一、奎不レ能レ辨(辨イ)也」、禮部言、「(禮部奏)海上聲息、未レ知二有無一、冊使之遣、關二國體甚重一、行止遲速、一惟 聖裁」、 上以、(神宗)「(皇帝聖旨)既レ遣二二臣一(洪瞻祖・王士楨)、又以○既遣二臣又以、紅格鈔本闕、廣方言館本ヲ以テ校補ス、下盤二獲夷船一、聲息未レ定、待二該國質審回奏、海上寧息一、方命二渡海行禮一」、

〔中山世譜〕 卷之五 尚寧王紀 ○沖繩県所藏康熙四十年序本

尚寧王

○中略 紀

○中略

(萬曆)二十八年庚子八月十九日、爲下請レ

襲㆓封王爵㆒等事㆖、遣㆓長史蔡奎・使者毛如鳳等官㆒、齎㆓捧
表文㆒、赴㆑
京、進㆓獻方物㆒、所㆑獻之物、在㆑案、
萬曆三十四年丙午、
皇帝、遣㆓正使夏子陽・副使王士禎㆒、
封爲㆓中山王㆒、且
諭㆓祭先王尙永㆒、
頒㆓賜國王・王妃
詔書㆒、物件皆無㆑案、

〔中山世譜〕卷七 ○沖縄県所藏雍正三年序重修本

尙寧王
○中略
紀
○中略
(萬曆)二十八年庚子秋、遣㆓長史蔡奎・使者毛如鳳等㆒、奉㆑表貢㆓方物㆒、仍請㆓襲封㆒、禮部右侍郎署事尙書

朱國祚、奏言、「（禮部奏）琉球國、僻二處東南一、世修二職貢一、時當二承襲一、屢遭二倭警一、延逭至レ今、既經、世子尚寧奏請、相二應准封一、其該用皮弁冠服・紵絲等項、宜二照レ例應付一、遣官已奉二明旨一、但據二其陳乞情詞一、援二引會典一、必以二文臣一爲レ請、惟聖明裁定」、神宗從レ之、命二兵科給事中洪瞻祖・行人司行人王士禎一、爲二冊封正副使一、但海氛未レ息、而未レ及二開洋一、瞻祖以レ病卒、命下以二兵科右給事中夏子陽一代上レ之、時長史蔡奎等、先回失レ路、由レ是、福建守臣、仍遣二漳人阮國・毛國鼎一、護送歸レ國、次後、毛國鼎奉レ旨、同二阮國一入レ國受レ仕、

〔歴代寶案〕○沖縄県立図書館史料編集室編歴代宝案校訂本第二冊 第一集 巻四 福建布政使司等咨 起成化十五年至天啓七年

（禮部咨）大明禮部爲二

進貢謝

恩事一、該本部（禮部）題、「（禮部題本）儀制清吏司案呈、「（禮部儀制清吏司案呈）先據二琉球國中山王世子尚寧奏一稱、「（尚寧奏）賚二捧

表文・方物一、謹奉二

進貢一外、臣、（尚寧）荷二

聖朝□（褒）嘉一、臣祖、首趨二奉貢一、優二隆

封典一、差二正使給事中、副使行人一、經レ今、一十二王、不幸、父王尚永、于二萬暦□（十）六年（一五八八年）十一月二□（十）

五日一薨逝、臣庶、擧レ臣、權二嗣國事一、例遵二

舊典一、卽奏二承襲一、因レ遣二關白（豊臣秀吉）侵擾一、未二敢恭
請一、至二舊年一、探二聞關白身斃一、敬遣二長史鄭道一、馳
請、蒙二禮部□〔咨〕一開、「（禮部咨）欲下差二武臣一
冊中封微臣上」等因、臣等惶懼、研二査內理情由一、不レ干二微臣咨叩一、且非二
聖祖舊製一、今、顯遣二長史□〔蔡〕奎等一、冒二瀆
聖明一、乘〔垂〕二照微臣歷代忠順一心向化一、乞、
准二會典一、
賜下差二文臣一、
勅、頒中皮弁冠服等件上、臣、方得レ鎭二服海邦人心一、四夷凜二仰
天威一、臣、感激感戴、若三改差二武臣一、臣聞、「吉事尙レ文、□〔凶〕事用レ武」、恐下臣所屬山頭、將疑二臣有
レ罪受レ討、終梗逆不レ服、則臣、上墜二祖宗典章一、下壞二子孫憲度一、不レ能レ爲二中山□〔一〕日之長一也、
伏懇二
聖恩一、□〔乞〕レ體二萬曆七年（一五七九年）父王尙永事例一、○萬曆七年、尙永、琉球國中山王ニ冊封サル、臣、無レ任二激切祈仰之至一」○以上、尙寧奏、等因、
奉二
聖旨一、「（皇帝聖旨）禮部知道」、欽レ此、欽遵、又、據二琉球國差來長史等□〔官〕蔡奎等呈一稱、「（蔡奎等呈）小國、蒙下

太祖高皇帝（洪武帝）稱、爲二禮義之邦一、先年一十二王、俱差二文官一
冊封上、昨（萬曆）二十七年（一五九七年）、世子尙寧、差二長史鄭道等一、
請封、蒙二移咨一開稱、「（禮部咨）欲下差二武臣一到上レ國」、世子、不レ勝二驚惶一、遂、將二先差鄭道等一、俱問二重罪一、
今特差二奎等一、復來奏
請、伏乞、垂三念小國守レ禮效レ順、三年二貢、不二敢有レ缺、查三照
舊典二、差二文官一、到レ國、
冊封、□□〔切照〕、奎等、在レ館日久、耗三費廩糧一、犬馬之心、實不二自安一、乞要、早賜二題（禮部題本）
請一、庶レ得二乘レ風歸國一、若少延遲、□〔必〕至下久候二順風一冒中費錢糧上、世子、不レ免二日夜懸思等候之苦一
矣」○以上、蔡奎等呈、等情、各到レ部（禮部）送レ司、案查、萬曆二年（一五七五年）七月內、該琉球世子尙永、
請封、本部（禮部）覆題、「（禮部題本）海外夷邦、事難二遙度一、封爵大典、尤貴二愼詳一、今據二尙永所レ奏、若不二查勘明
白一、恐二倫序不明情僞莫レ辨、合下照二嘉靖七年（一五二八年）事例一○中山王世子尙眞請封ノコト、明實錄大明世宗肅皇帝實錄卷之八十七嘉靖七年四月庚戌（九日）條、同卷之一百十一嘉靖九年三月甲辰（三日）條及ビ同卷之一百三十七嘉靖十一年四月壬午（四日）條、參看、移文查勘上」等因、奉二
聖旨一、「（皇帝聖旨）着、照レ例查勘具奏」、□〔欽〕レ此、隨、據二該國府臣王舅・法司・正議大夫・使者・通事等官翁
壽祥（盛順）等印信結狀申繳前來一、已經、本部題三奉
欽依一、遣レ官前三往該國一、

勅、封㆓尚永㆒爲㆓中□〔山〕王㆒訖、又、査得、萬暦二十三年〔一五九五年〕五月內、該□〔福〕建巡撫都御史許孚遠題、「〔許孚遠題本〕據㆓□〔琉〕球使者于灞等呈㆒稱、「〔于灞等呈〕琉球、世奉㆓正朔㆒、近爲㆓關白擾害㆒、世子當㆑國、□〔不〕㆑肯㆓臣事㆒」、宜及㆑時

封以㆓王號㆒、

遣㆓使□〔臣〕一員㆒、齎㆑

勅、止到㆓福建省□〔城〕㆒、聽㆓其差官面領㆒、及

頒賜儀物與受□〔封〕謝

恩、一如㆓舊禮㆒」○以上、許孚遠題本、緣由、該本部〔禮部〕覆題、「〔禮部題本〕中山王世子尙寧、堅㆓守臣節㆒、不㆓敢稱㆑王、歸順可㆑嘉、應㆘錫以㆓王號㆒無㆖疑〔礙〕、但□〔中〕山王襲封、向由㆓世子奉㆑

表請㆑

命、今、于灞等未㆑奉㆓尺書㆒、且中山國君尙〔尚永〕、未㆑委㆓其存亡㆒、將遂可㆓□〔以〕

勅命付㆑之乎、合㆘應移㆓咨該省撫臣㆒、諭㆓令于灞等㆒、歸國傳㆓示世子㆒、具

表申

請㆖」○以上、禮部題本、等因、奉㆓

聖旨㆒、「〔皇帝聖旨〕□〔是〕、琉球襲封、待㆓其世子□〔具〕表申請㆒、你部〔禮部〕裡具題、遣㆑官、頒㆓封福建省□〔城〕㆒、聽㆓彼國使臣面領㆒」、欽㆑此、已經、咨㆓行福建□〔巡〕撫衙門㆒、轉㆓行□〔該〕□〔國〕㆒、〔琉球國〕欽遵去後、又、査得、萬暦二十八年〔一六〇〇年〕正

□〔月〕內、該琉球□〔中〕山王世子尚寧、具
表、
請封、隨、據二該國差來長史鄭道等稟一稱、「〔鄭道等稟〕乞、照二萬曆〔七〕八年（一五七九年）事例一、○萬曆七年、尚永、琉球國中山王ニ冊封サル、コト、本咨ノ初ニ收ムル琉球國中山王世子尚寧奏參看、
遣ㇾ官渡ㇾ海、授ㇾ封」等〔因〕□、該〔禮部〕本部覆題、「
（禮部題本）累朝以來、
遣ㇾ使渡ㇾ海授ㇾ封、爲二使臣一者、則苦二波濤之不測一、爲二屬國一者、則苦二□〔供〕億之不貲一、故、原任福建
撫臣許孚遠、據ㇾ此具題、本部、覆二奉
欽依一、所三以省二屬國之費一、而非三徒憫二使臣之勞一、
廟堂、原有二成□〔議〕一、□〔而〕非ㇾ爲二夷使于灞等之一言一也、且、歷二查中山王襲封一、必取二具該國結狀一、今、
□〔陪〕臣鄭道等、並未ㇾ齎三有□〔王〕舅・法司等官印信甘結一前來、雖三世子嗣□〔立〕十二年、臣民、相安決ㇾ當二襲封一、而通國結□〔狀〕、亦不ㇾ可ㇾ缺、□〔合〕下候二
命下一、□〔移〕二咨中山王世子一諭、以中
天朝領封之議原爲上體二恤屬國一、世子、明白具二奏領封一、移二文□〔福〕建撫按一、轉二行該衙門一、照ㇾ例、取二
具琉球合國王舅・法司等官印信結狀一、與二世子奏本一齊到、以便二查照題覆一」○以上、禮部題本、等因、明○

實錄大明神宗顯皇帝實錄卷之三百四十四
萬曆二十八年二月丁丑（三日）條參看、奉二

聖旨〔皇帝聖旨〕一、「琉球世子尚□〔寧〕請封、具見二恭順一、但該有二通國印結及世子特□〔具〕表文一、方見レ敬二順天朝一、行與レ他知、其差官一節、陪臣既來敦請、著、選二慣海廉勇□〔武〕臣一員一、同二他請封使臣一前往行禮、不三必採木造船以滋二繁費一、亦不レ許下多帶二人役一、騷二擾彼國一、有上レ失二朝廷柔遠至意一、餘依レ擬」、欽レ□〔此〕、已經咨行去後、今、該前因、通査案呈到レ□〔部〕〔禮部〕、看得、琉球國中山王世子尚□〔寧〕奏〔尚寧奏〕、「除二

進貢謝

恩一外、內稱、父尚永薨逝、乞三要

請二襲□〔父〕爵一、幷乞丁

准二會典一、賜丙差二文□〔臣〕一、

勅、頒乙皮弁冠服□〔等〕件甲」、又、行取二具該國府臣王舅・法司・正議大夫・長史・通事等官毛鱗等不扶

印結一、粘繳前來一節、爲照、琉球、僻二處東南一、世修二職貢一、□〔宜〕二當承レ爵、累□〔遭〕二倭警一、延逗至レ今、有レ以也、但先年□〔夷〕使于灞等、未レ奉二

表請一、長史鄭道等、□〔未〕レ具二印結一、

冊命委難二輕錫一、今□〔既〕經、世子尚寧、奏

請前來、又、經該國諸臣、具二有印結一、及差來長史等官蔡奎等、具二呈前情一、相應レ准レ封、恭候二

命下㆒、將㆓世子□□〔尚寧〕㆒封、爲㆓琉球國中山王㆒、其該用皮弁冠服・□〔紵〕絲等項、及合㆑用裝盛木櫃・杠□〔索〕・
鑽鑰、沿途扛運人夫・□〔護〕送軍快、通㆓行各該衙門㆒、査㆓照舊例㆒、造辦完備、照㆑例應□〔付〕、其
遣官一節、既奉㆓有
明旨㆒、合行遵守、但據㆓其陳乞□〔情〕詞㆒謂、「累世之（于灞詞）
封典、具㆓存各屬之觀瞻㆒、所繫、據㆓援
會典㆒、必以㆓文□〔臣〕㆒、爲
請者、既以㆓
殊寵㆒、頒㆑自㆓
天朝㆒、不㆑欲㆑委㆓嘉□□〔禮於〕草莽㆒（琉球國）、或、以㆓銜
命㆒、屬㆓之武弁㆒、未㆔敢期㆓□□〔廉節〕于皇華㆒、用㆑是、懇切陳
請、圖㆑復㆓
舊章㆒」〇以上、于灞詞、、似㆓亦遠藩□〔之〕至情㆒也、與㆔其齟㆓齬於將來㆒、不㆑若㆑酌㆓處于今曰㆒、伏候㆓
皇上裁奪㆒、或謂㆓
成命難㆑收、或謂㆓
國典當復㆒、惟、

聖明從長定レ計、
勅、下二本部（禮部）一、欽遵施行」○以上、禮部儀制淸吏司案呈、等因、奉二
聖旨一、「是（皇帝聖旨）、尚寧、准レ□〔襲〕二封琉球國中山王一、既遣レ□〔官〕懇請、着、照レ舊差二文官一去」、○上ニ收ムル明實錄大明神宗顯皇帝實錄卷之三百六十三萬曆二十九年九月己酉（十五日）條所收皇帝聖旨參看、欽レ此、隨、□〔准〕二主客淸□〔吏〕司手本（禮部主客淸吏司）一開稱、「兵部咨（禮部主客淸吏司手本）、「爲乙夷使譯詞頗異、海洋功□〔罪〕宜レ□〔覈〕、懇下乞
勅レ部（兵部）、覆二行詳勘一、議處、以服中人心上事甲、該本部（兵部）題、「職方淸吏司（兵部題本）□〔案〕呈（兵部職方淸吏司）、奉二本部（兵部）送兵科抄出一、提督軍務巡撫浙江等處地方都察院右□〔副〕都御史劉（元霖）題、前□〔事〕等因、奉二
聖旨一、「兵部知道（皇帝聖旨）」、欽レ此、欽□〔遵〕抄出、到レ部（兵部）、送レ司（兵部職方淸吏司）、案呈、到レ部（兵部）、看得、浙□〔江〕巡撫劉（元霖）題稱、「所レ獲夷犯譯詞（浙江巡撫劉元霖題本）□〔頗〕異、但其所レ帶衣・笠・刀・仗、的係二倭物一、又、抄二到會同館主事一、譯二審長史蔡奎・通事梁順一、「□□〔吐稱〕（蔡奎・梁順吐）閩人林元・黃紝、年貌絕不二相類一、且云、差レ人、□〔探〕二討進貢信息一、亦係二舊規一」、此事處分、不レ可レ不レ愼、前日之勘敍、原無二成心一、今日之覆勘、自宜二虛議一、要下將二詹斌・莊□□〔以蒞〕一、先行二罰治一、令丙其策勵料乙理汎防甲、夷犯□〔態〕普達等、仍待二琉球使臣蔡奎等到レ浙、責令、一一質認、及行二各司道一、拘二集本省（浙江）該國通事一、公虛硏審、□〔果〕與二前勘一無レ異、論死彼益無レ詞、如其探貢是眞、刧擄無レ據、官兵、別有二虛揑一、豈但不レ□〔准〕レ□〔敍〕レ功、還宜二議レ罪示レ戒、如レ有下情涉二疑似一、語近中支吾上、貢後之遣、既非二使臣所レ知、海外之情、亦、豈使□〔臣〕能料、

或、卽比二照往事一給レ文、令三蔡奎等押二回本國一、聽二彼査處一」〇以上、浙江巡撫劉元霖題本、一節、爲照、將領
有二功罪一、功罪確而、賞罰不レ□(致)レ□(失)レ宜、夷情□(有)二□(順)逆一、順逆明而、恩威可二以互用一、其關二係海
防一最重也、所據、浙省(浙江)、撿二獲夷船一、先該撫(浙江撫按)□(按)、□(會)二奏各官功罪一、本部(兵部)謂、「事禮(兵部咨)隔越、未レ委二
虛的一、□(隨)卽、移二文禮部一、査二譯琉球陪臣一、以探二眞僞一、行二據回稱一、事之有無、陪臣亦難二逆料一、
仍須二面質一、庶レ得二其詳一」、業已、咨二□(行)該部(禮部)一、「俟(禮部咨)二事竣之日一、令下該國陪臣便道由レ□(浙)回國、
面中審眞情上」、通行去後、今、據二撫臣劉　一謂、「事體(劉元霖言)區畫□(當)レ愼、各官功罪當レ明、復題二前
因一、具見下□(愼)二□(審)刑賞一、警二惕人心一之意上、除三有レ功被レ傷官軍、聽二査明另議一外、所據把總詹
斌・莊以莅、□(海)□(洋)信地、任二賊艇之縱橫一、巡哨弛レ防、致二漁商之劫殺一、追捕雖レ效、微勞□(之)事、
□(自)難二推諉一、委、當三罰治□(以)警二疎虞一、惟是、擒獲夷犯供詞、既屢支離、□(情)僞終難二懸斷一、如果眞
正島倭、法當レ懸二首藁街一、用杜二窺伺一、自□(無)二異詞一、若果□(琉)□(球)所レ遣、何無二文引可レ憑、既係下差
探二封貢一而來上、何故、雜以二眞倭數名一、衣・仗、又係二倭物一、□(今)□(當)下
欽遣二冊使一之時上、正□(外)夷觀望之際、似下此情形叵レ測、有中不レ可レ不二爲レ之熟計一者上、事屬二海外一、難二
以險度一、委應三詳爲二査明一、庶レ便二區處一」、〇以上、劉元霖言、蓋撫臣(劉元霖)、□(慮)二譯詞之異一、所レ關二人命一匪レ輕、
請レ行二覆勘一、而臣等、慮二
冊使之遣一、所レ關二

國體一尤重、復□〔旨〕及レ此、正與二撫臣意見一相同、既經、具題前來、相應酌議上
請、合候二
命下一、將二詹斌・莊以莅一、重加二罰治一、容二臣等一、□〔咨〕二□〔行〕浙江撫按衙門一、將二熊□〔普〕達等一、暫爲二監候一、併
咨二禮部一、將二琉球國陪臣蔡奎等一速由レ浙回、將二各犯一詳加二認識一、如係二眞倭一、卽照二前議一區處、
若果、的□〔係〕二□〔琉〕球所レ差、交二付陪臣一、順帶回國、責令、遂一質審明確、具奏、
定奪、仍、移二文□〔各〕□〔該〕沿海地方一、備下查海寇有二無息警一、出洋果否上□〔無〕レ虞、據レ實、咨二回禮部一、以憑
另
請、□〔施〕行」○以上、兵部題本、等因、奉二
先奉二
聖旨一、「是（皇帝聖旨）、詹斌等着、罰俸五箇月」、欽レ□〔此〕、欽遵」、○以上、兵部咨、移□〔咨〕到レ部（禮部）、送レ司（禮部儀制清吏司）」、○以上、禮部主客清吏司手本、本部（禮部）、
遣官之旨一、抄到、隨卽、移二文各衙門一、取二應レ差官員職名一、今、准二禮□〔科〕手本一、「推得（禮科手本）、兵科給事中
洪瞻祖、堪レ充二□〔正〕使一」、又、准二行人司手本一、「推得（行人司手本）、行人王士楨、堪レ充二副使一」等因、各回
報前來、「查下（禮部儀制清吏司案呈）得先年□〔出〕二使外國一給事中等官例上、該、給二與大紅織金胷背麒麟白澤羅圓領□〔各〕一件、
綠羅褡褳各一件、青羅貼裏各一件一」○以上、禮部儀制清吏司案呈、案呈到レ部（禮部）、看得、給事中洪瞻祖・行人王士
楨、既經、各該衙門推選前來、堪レ充二正副□〔使〕一、相應依レ擬、其□〔各〕官、應レ給二品服一、及例、該、

齎二捧
詔・
勅各一道一、前□〔去〕、合下候二
命下一、移二咨工部一、査□〔照〕制造關給上、仍行二翰林院一、請二
詔・
勅各一道一、令二其前去一、行禮、臣等職掌所レ關、不下□〔敢〕不中査二照舊例一以
請上、□〔其〕盤獲夷船一事、該兵部、行二文浙江一、査下勘海上聲息或有□□〔或無〕、
冊使之行應レ遲應上速、總非三臣等所二能隃度一、伏候二
聖裁一」（〇以上、禮部題本、）等因、萬曆二十九年〔一六〇一年〕十一月十三日、本部尚書兼□〔翰〕林院學士馮〔琦〕等具題、十七日、
奉二
聖旨一、「〔皇帝聖旨〕琉球冊封着二洪瞻祖・王士楨一去、既盤二獲夷船一、聲息未レ定、有レ關二國體一、還着遵二前旨一、
待二該國質審回奏一、海寇寧息無レ警、方□□〔渡海〕行禮」、欽レ此、欽□〔遵〕、擬合二就行一、爲レ此、合レ咨二琉
球國王一、欽遵知會施行、須至レ咨者、

右　咨二

〇一行空

〇一行空

琉球國中山□〔王〕、

〇二行空

萬暦二十九年十一月二十二日

〇二行空

咨

〔撫浙奏疏〕巻之十九　〇東洋文庫所蔵版本Ⅱ―13―B―21―0　第七册

(提督軍務巡撫浙江等處地方都察院右副都御史劉元霖疏)

報レ獲二海夷一併議二將領功罪一疏

官兵巡二哨外洋一、擒二剿倭夷一、遵レ例鈙レ報、幷參二怠事一、將領以二昭勸一、懲以レ重二海防事一、〇次ニ收ムル、提督軍務巡撫浙江等處地方都察院右副都御史劉元霖へノ浙江按察使司整飭温處兵備兼分巡道按察使湯日昭呈ノ段、便宜、改行ス、

據二浙江按察司(浙江按察使司)整飭温處(温處道)兵備兼分巡道按察使湯日昭呈一稱、「(浙江按察使司整飭温處兵備兼分巡道按察使湯日昭呈)本年(萬曆二十九年)四月二十一日准署分守温處參將事原任都司(都指揮使司)孫蓋臣飛報、「(孫蓋臣報)該本職、遵二奉院道憲令統帶一、隨二征兵船一、巡二歷三盤・南策(浙江温州府三盤山・南策山)一帶一、海洋督備、本月(四月)十九日、據二職中軍把總葉得春報一、「(中軍把總葉得春報)本日(四月十九日)、辰時、據二巡哨哨官張邦達一、部帶隊長狄龍・陳一・良潘宛・朱應芳・嚴應選等、瞭下見東洛下洋、有二倭船一隻一、約倭一百餘徒乘レ帆、向二東南一行上、使二督率哨官張邦達等一追剿」等情、職(孫蓋臣)、卽時統レ船、馳二赴該洋一、督二同官

兵一、夾ニ剿四圍一攢攻、賊亦拚レ死抵レ敵、自レ午至レ酉、葉得春、臂爲ニ流矢一所レ傷、仍裹レ瘡力戰、張邦達、挺レ身奮殺、職、復令三各船餓ニ近賊船一、拋ニ擲火器一、延ニ燒賊船一、篷繚比レ該、金盤把總李孟隆・中遊哨官金思中・軍營哨官劉懋仁、各部船前來策應、賊見ニ我兵兇猛勢一、難レ抵ニ敵方一、始披靡、當有ニ投レ水沈一、死者不レ計」、○以上、蓋臣報、職（湯日昭）、先經、分ニ差家丁孫福等一、各坐ニ小船一、傳ニ諭各官一、「如有レ被レ擄（湯日昭諭）、不レ許ニ妄殺一、倭賊亦要ニ生擒一」、當擒ニ生倭一十九名一、幷獲ニ器杖等一、件及ニ被レ傷官兵倶令レ送レ道、紀驗合、先馳報」○以上、湯日昭呈、等因、○次ニ收ムル溫州府ニ於ケル會同ノ段、便宜、改行ス、到レ道（寧紹台道）、轉報到レ臣（劉元霖）、就ニ經牌一、行ニ該道（溫處道）査勘明確詳報一、隨據ニ該道呈一稱、「行下據ニ溫州府一會同上（浙江按察使司整飭溫處兵備兼分巡道按察使湯日昭呈）帶管海防通判彭創基、喚ニ集通事馬善十羅一、幷吊ニ各倭一到レ官、逐一譯審、「據ニ賊犯林元供（通事馬善十羅譯審）一稱、「係ニ福建漳州府龍溪縣人（林元供）一、於ニ萬曆十八年（一五九〇年）十月初八日一、同不レ在レ官、陳申（林明吾）、販ニ賣鍋・碗・雜貨一、前往ニ琉球國一生理、淹ニ滯彼地一、至レ今、二十九年（萬曆）四月初八日、同レ衆下船、奉下琉球國王差中探ニ進

貢・請封一之船上、偶因ニ海風大作一、吹至ニ溫州府東洛外洋地方一、適遇ニ官兵一、擒ニ獲同船一、止有ニ一十九人一」」、○以上、林元供、又據ニ倭弓兒安噠報（弓兒安噠報）一稱、「倭衆六十九名、官舍（熊普達）、乃是頭目」、細驗、倭刀大小八把、倭箭八枝、倭衣十一件、倭傘一把、倭鋸一件、倭草鞋七雙、簑衣三領、草帽五頂、生牛皮八張、內一張、有ニ者那字樣一、一張、有ニ廿四二字一、及回字在レ上、其中器物、難レ辨ニ眞僞一、

惟倭刀・倭衣・倭鞋、通事辨三認實係二倭物一、及査二眞正倭奴頭上一、倶光無レ髮、今生擒一十九名、除二林元・黄五（黄紝）一外、其餘十七名、形狀兇惡、與レ倭無レ異、但頭上、倶有レ髮、長短不レ齊、微有レ可レ疑、爲レ照、林元・黄五、漳州人也、此地人、多二機智一、遠渉二風濤一、毎毎勾三引外夷一、入三

犯

中國一、所二從來一久矣、林元・黄五、踵二其故智一、假二販貨名色一、遠三投外洋一、糾不レ知二何島倭夷一、官舍等一十七名、共駕二倭船一隻一、到二于東洛外洋地方一泊住、偶被二哨官張邦達等哨的一、隨下統二官兵一攻打上、倘係二琉球國夷使一、宜三卽納款歸三順官兵一、何敢擧レ兵相向乎、乃徑執二倭杖一、向レ前迎レ敵、致二把總葉得春及兵士陳智・林潮等八名被一レ傷、已而官兵用レ火夾攻、焚三燒船篷一、各賊始披靡、投水、生擒一十九名、解審、據レ所レ驗、倭衣・倭刀・倭鞋等項、倶眞倭物、倭物既眞、謂三之非二眞倭一不レ可也、且銃矢相加、官兵帶レ傷、謂二之非一レ拒レ敵不レ可也、口稱、「琉球貢使」、又無二明文可一レ據、謂三之非二狡口脫一レ死不レ可也、卽加以二斧鑕一、其何說之辭所レ可レ疑者、倭奴頭頂無レ髮、而此囚、滿レ頭有レ髮、細驗、倭傘一把、苦執二琉球樣一造、且弓矢銃具之類器物不レ多、與二倭夷眞正之處一、隱不二供報一、況通事馬善十羅、離レ倭甫十八歲、中間情僞、遽難二分辨一、非レ得二慣熟通事一、辦二其毛髮一、別二其何島一、得二其眞正情形一、加以、犯逆重罪、彼亦甘心、無レ詞」

○以上、通事馬善十羅譯審、等因、呈解到レ道（溫處道）、該本道看得、倭奴、每二于春夏之月一、劫三擄漁船一、歲歲有レ之、

然未レ有二縱橫出沒一、如二今歲之甚一者、無レ論二他處一、卽甌海(溫州府)一區漁商之被二荼毒一者、不レ知二凡幾一矣、幸蒙二本院(浙江等處地方都察院)憲令申嚴一、而本區将士矢心報效、遂二于東洛海洋一、哨獲二夷船一、併レ力追剿、始以二炮擊一、繼用レ火攻、卒致三焚二燬其船一、而生三擒倭賊一十九名一、維時、諸部協心、馮夷效順、庶可三以振二積弛之氣一、而寒二醜類之胆一、據二該衆解驗一、當下經二本道面審一及發中該府廳會勘上、止據二一二閩人(林元・黃紙)供報稱一、係二琉球屬夷一、茫無二憑據一、而本區止一通事(馬善十羅)、又年幼、未レ諳二各島夷語譯一、審累レ日、竟不レ得二其要領一、竊思、浙海、自二三月一以来、警息頻、仍鯨鯢四布、而此輩乘以二倭船一、持以二倭械一往來、於二此時此地一、犯二我顏一、行レ傷、我將士借曰、「非レ倭、其誰信レ之、閩人(林元・黃紙)、欲レ假二屬國之名一、以飾二其勾引之罪一、其言又不レ足レ憑矣」、合下候二本院一面審上、仍請査取二標下慣熟通事一、細加二覆譯一、眞確二明正典刑一、獲レ功官兵、應三否賞勸并候二裁奪一」○以上、湯日昭呈、等因、到レ臣(劉元霖)、時、臣移三駐定海(寧波府定海縣)一、面加二譯審一、摘三取口詞一、并將二器杖一驗、發レ牌、仰二兵巡海道(浙江布政使司分守寧紹台帶管兵巡海道使)確審詳報一、以○上、寧波府嘉興府會同審、次ニ收ムル、寧波府・嘉興府會同ニ依ル審ノ報ニ據リテ更ニ審シタル浙江布政使司分守寧紹台帶管兵巡海道副使張佐治呈ノ段、便宜、改行ス、

隨據二分守寧紹台(寧紹台道)(寧波・紹興・台州)帶管兵巡海道副使兼左衆議張佐治呈一稱、「奉レ經(浙江布政使司分守寧紹台帶管兵巡海道副使張佐治呈)、併行二寧波府(浙江布政使司)同知黃欅・推官何士晉、嘉興府(浙江布政使司)推官王養俊會同一、公二虛譯一、審遵レ經、喚三集通事一、并取二各倭一到レ官、譯審、「得二夷犯(通事譯審)官舍卽熊普達供一、「係(熊普達供)二琉球國人一、於二二十九年(萬曆)四月初八日一、中山國王世子(尙寧)差三来請封一、帶二男戈頼跟一」、隨及レ審二黃紙卽黃五一、供報、「年(黃紙供)三十六歲、漳州府龍溪縣二十九都六畠人、

家居二邉海一、萬暦二十三年(一五九五年)、在二浯嶼(福建泉州府)外洋一捕魚、却被二三川港(日本薩摩國山川港)倭名山水鶏擄去一、幸、有二郷親一、辦二銀五兩一取レ身、至二廿五年(萬暦)(一五九七年)一、逃二入琉球一、廿九年四月初三日、古米山(久米島)商量、大船一隻、倭人八十三名、小船一隻、內五十九名、四月初八日、起身、海上劫二船三隻一、夏布八十疋、米三包、銀十餘兩、殺人三箇、載二送大船一、刀箭、俱是官舍爲二首掌一管、被三官兵收二刀八把・箭八枝一、洋中擄掠三十餘人、本船遞洋大船」、各等語、親筆供、單在レ案、但恐レ夷心難レ測、中間情節曖昧多端、必須三原獲官兵始知二詳盡一、合レ無三將レ此總二鎮標下一、慣熟通事、同夷犯押發、該區、就レ近與二官兵一質審」〇以上、通事譯審、等因、到レ道、該本道(張佐治)、覆加二譯審一、得二官舍的名熊普達自稱一「係二(熊普達稱)進貢一而来、戈頼係二親男一、朱大・葛盛、係二小厮一、噠囉(太郎)、係二書房內所レ用之人一、馬丹臺・噠囉・搭南・倪四・石浦・弓兒安噠・馬加羅・脫古・桃雞卽禿雞・宇四甲卽戈石貫・其甲卽稽加(鬼界)、俱稱レ係二官舍一哄レ他、同來楊馬度、自稱レ係二禿雞小厮一」、及審二黃紙吐稱一、除下與二黃同知・何推官・王推官所レ審相同上外、又稱、(黃紙供)「馬加羅・脫古、與二禿雞・戈石貫・稽加一、俱係二倭國七島(薩摩國川邊郡吐噶喇列島)一、官舍等及已死康孟徒、俱係二各島人氏一」、其所レ獲器物、黃紙認稱、(黃紙供)「刀八把內五把係二眞正倭刀一、與二其餘三把幷箭一、俱係二官舍所レ置器械一、又認三得新舊草鞋五雙係二倭人所レ穿、俱是船上之物一、又有二花衣服一件一、認レ係二眞正倭衣一」、又據二林元吐一、與二黃紙一相同、衆夷之中譯據二馬加羅亦稱一、「(馬加羅稱)倭刀倶是官舍所レ置」○以上、通事譯審、各等情、爲レ照二官舍等一、先供止稱、「(熊普達等供)差二探原委進貢請封一船隻」、今據二黃同知・何推官・王推官所一審、黃紙供詞、與二(浙江等處地方都察院)本院所一審相合、(張佐治)本道覆二審黃紙一、仍吐二前情一、及認二倭刀・倭鞋・倭衣各器物一、而官舍仍以二進貢一爲レ詞、蓋因レ被レ傷二官兵一、未レ經二面質一、以致二狡賊一、尚執不レ服、合レ無レ請、批、三司○浙江承宣布政使司・浙江按察使司・浙江都指揮使司會二同溫處兵巡道一、多取二慣熟通事一、再加二譯審一、庶得二眞情一」○以上、張佐治呈、等因、到レ臣(劉元霖)、○次ニ收ムル、浙江承宣布政使司・浙江按察使司・浙江都指揮使司呈ノ段、便宜、改行ス、

該臣批、島夷乘二汎於海洋一、行劫既獲、而詭詞求レ脫、無レ非レ由、閩人林元等、從レ中二指授一、據二定海通事陸勝等稱一、「(定海通事陸勝等稱)衆夷內、認レ有下去年隨二倭使一至レ浙者上、況倭器・倭衣、又難レ假也」、

但黃紙等、今之供詞、與レ初頗異レ事、關二題請一、不レ厭二詳愼一、仰下布政司(浙江承宣布政使司)會二同按(浙江按察使司)・都(浙江都指揮使司)二司一虛心確審解詳上、又據二兵巡海道(浙江布政使司分守寧紹台帶管兵巡海道副使)揭一稱、「(張佐治呈)訪二得各夷一倶歸、(張佐治)怨二黃紙一、隨レ經、密弔二黃紙一諭、以二利害一許、以將レ功贖レ罪、令下其將二東倭一欲二逞情由一從レ實供報上、隨據下黃紙以二行名黃五一具詞上稱、「(黃紙供)家居二邊海一、捕レ魚活レ生、禍、因二萬曆二十三年被二倭擄掠一、直到二倭國一、時、幸、鄉親憐恤、辦二銀五兩一取レ身、廿五年、逃二入其甲山(鬼界島)一、朝暮愁二慮難二見父母兄弟一、幸、今春四月初八日、有二夷船一隻一、稱レ欲レ往二福建進貢一、爲レ由拘レ五同往、時無二奈何孤就二同船一、至レ洋、不レ料夷人起二意不一良、劫二掠漁船三隻一、只有二一隻一、夏布八十疋、

殺二害三人一、其餘被レ擄人、從二本船一逃レ洋而去、其小船爲首者官舍父子、大船上八十三人在レ洋、其倭國薩子馬(薩摩)(島津氏)擧レ事、今春、造二船三十號一、欲レ占二雞龍淡水(臺灣島基隆)一、因下與二沙該(石田三成)一大王(徳川家康)慶長(日本河内國堺)争奪(慶長五年關ヶ原ノ戰)上、未レ定二再期一、來春擧行」、○以上、黄紙供、是的浙江地方、乃倭奴往来順路之處、邉海要地、可二征兵防備一」以○上、張佐治呈、緣由、到レ臣、又經二臣批一、仰二三司併確審詳報一、今據下布政使司(浙江承宣布政使司)右布政使范淶會二同按察(浙江按察使司)司署印副使陳經濟・都司(浙江都指揮使司)署印僉書張景房一呈上稱、(浙江承宣布政使司・浙江按察使司・浙江都指揮使司呈)「于二本月十九日(萬曆二十九年四月)一、弔取、未レ經二譯審一、通事李惠、夷來序哈四班、重覆譯審、得二倭夷犯林元吐一稱、(林元供)「係二漳州府龍溪縣人一、萬曆十八年十月初八日、同不レ在レ官、陳申、販二賣鍋碗雜貨一、前往二琉球國一生理、淹二滯彼地一、今年四月初八日、倭國、戈迷山(久米島)來、大船一隻、小船一隻、大船裝二八十三人一、小船裝二五十九人一、內漳州人二名、林元、與二倭子三人一、係二其甲山一、餘俱二七島倭子一、小船船主官舍、假稱二進貢一、擄二掠東西一、劫二了三隻船一、殺二三人一、搶二二十多人一、船被レ火燒燬、人都落レ水」、黄五郎黄紝口吐、(黄紝供)「係二漳州府龍溪縣人一、萬曆二十三年、在二浯嶼一釣魚、被二倭擄一去、在二薩子馬卽薩摩州島一、時幸、鄉親、辦二銀五兩一取レ身、至二二十五年(萬曆)一、逃二入琉球國外山一、前次、溫州王通判・彰通判・孫推官會審時、是船主官舍、敎二道黄紝一、說レ係二長史進貢等情一、四月初八日、在レ洋殺レ人的倭子、脫古・稽加・馬加羅、去年來過的倭子、是禿雞・馬加羅、其甲山・七島、那花山(那覇)與二琉球地方一俱相連、戈賴、係二琉球人一、是船主官舍之子」、馬加羅供稱、(馬加羅供)「戈賴、是官舍子」、馬丹臺自供、(馬丹臺供)「琉球那花山人」、據二黄紝供一「(黄紝供)馬丹臺、住二其甲山一、近二七島地方一」、嗟囉供、「(嗟囉供)住二琉球那花地方一」、嗟囉・塔南、供二那花人一、問二琉球國事一、不レ曉、得二倪四供一「(倪四供)琉球國阿金納山(沖縄島)住」、石浦供「(石浦供)琉球那花地方人」、秃雞自供、「(秃羅供)琉球阿金納山人」、黄紝供、「(黄紝供)秃雞、係二其甲山人一」、弓兒安嗟供、「(弓兒安嗟供)琉球那花人」、戈石賈供、「(戈石賈供)那花人」、楊馬度供、「(楊馬度供)那花人、秃馬里住、係二秃雞家人一、是水手」、朱大供、「(朱大供)係二官舍家人一、琉球那花人」、脫古供、「(脫古供)琉球國管烏鬚媽(大島)人」、熊普達卽官舍供、「(熊普達供)琉球那花人、朱大・葛盛、是家人、戈賴、是兒子、嗟囉、是水手」、稽加供、「(稽加供)其甲山人」、是舵工、葛盛供、「(葛盛供)那花人」、口吐、「(葛盛供)小船五十九人、及レ訊未レ獲落水」、各夷犯俱不レ肯レ說二姓名一、又譯審、所レ獲倭器、面驗、倭衣一件、藍布印花、是倭國的、箬帽五箇內、四箇是倭國的、一箇是琉球國的、箭一綑八枝、比二對發下舊倭箭一、榦稍小、是琉球國的、倭刀八把、內五把、打得二精好一、是倭國的、草鞋一綑、是倭國的、又據二黄紝親筆・口詞訴一稱、「(黄紝供)家居邊海、捕魚活生、禍、因二萬曆二十三年一、浯嶼捕魚、被二倭擄掠一、到二倭國一、時幸、鄉親辦二銀五兩一取レ身、至二二十五年一、逃二入琉球外山一、朝暮、哀二慮難レ見二父母兄弟一、幸、今春四月初八日、有二夷船一隻一、官舍(熊普達)爲レ首稱、「(熊普達稱)欲下往二福建一進貢上」、爲レ由拘レ紝(黄)同船、稱三紝諳二曉唐語一、時無三奈何孤就二同船一、不レ料二夷人一、起レ意不レ良、劫二掠魚船三隻一、只有二一隻夏布八十疋一、殺二害三人一、餘被レ擄、從二本船一逃レ洋、而其船上乏レ水、是紝騙邀二東洛一、卽被二抵レ敵官兵獲一、解致レ擾二天臺一、伏乞、鑒察哀情」

○以上、黄紙供、等情、又審、被レ傷兵陳智、被三弓兒安噠傷二左手一刀一、郭子直、被三馬加羅傷二右手第四指一弾一、又傷二左腿一、林清、被三禿雞咬二傷左臂一口一、隊長狄龍、被三脱古傷二一弾一、其餘被レ傷官兵葉得春等、在二溫區一未レ到、各情在レ案、又于二二十日一、各司、弔二取黄紙一復審、未レ盡二情節一、據二黄紙口吐一、各情與レ前無レ異、又報、（黄紙供）「四月十九日午間、遇二官兵一對レ敵、約一箇時、被三官兵將二火器一燒了、船蓬方慌亂、因被レ獲、我、又跳二下洋一、浮レ水走、後復被レ獲」、又據二本犯親（黄紙）書一云、（黄紙親書）「倭國薩子馬擧レ事、今春、造二船三十號一、欲レ占二雞籠淡水一、因與二沙該一大王慶長爭奪、未レ定二再期一、來春擧行」等情、在レ案爲二照見一、獲二熊普達等一十九名一、竝屬二對陣一、被レ擒二夷犯一、除二已故康孟徒一、勿レ論、內倭國地名七島三人、地名其甲山三人、琉球外山十一名、福建漳州二人、皆同一船在二于海洋一、劫二掠商漁船三隻、夏布八十疋一、殺二害三人一、口供俱的、所レ獲刀箭衣鞋等、件箭爲二琉球之物一、快利長短倭刀及花衣・草鞋、爲二眞倭之物一、初稱、（熊普達稱）「探二貢請封一、因二風飃一入二東洛一」等語、皆船主熊普達等、敎二黄紙等一、飾レ詞支吾變換、今露二眞情一、又經二三司連日會審・單審一、俱無二同異一、其尤的確可レ証者、黄紙之親供也、前審官謂、（前審官謂）「稍有二可レ疑者一、不レ過レ以二倭奴頭頂無レ髮、此囚髮有二長短一不レ齊、然白日、劫擄者死、殺人者死、敵二官兵一者死、今乘レ汛突入、搶二客船一、至二於三隻一、被レ殺、已有二三人一、擄レ布、至二八十疋一、則不三必論二其有髮無髮一、是倭・非倭、皆無二生理一矣」、況今年、守二汛時一、此輩乘レ風、肆行二海上一、沿島居民、吠聲訛傳、奔竄驚恐、受レ害已多、若不レ盡二犯汎之法一、何以淨二海寇之氛一、但於二應レ死之中一、頗有二緩急等第一、如二黄紝所レ報、馬加羅・脫古・稽加、卽其甲三囚犯、係下行二兇殺人一首惡驗上、其狀貌獰猙異常、而馬加羅與二禿雞卽桃雞一二賊」、（○以上、審官謂、）前通事稱、「（通事稱）去年南（萬曆二十八年、一六〇〇年）來倭船內、有二此二人一、顏面相類、則其包二藏狡計一、呼レ朋引レ類、尚未レ可レ知三熊普達爲二船主一、有レ子有レ奴、爲レ衆所レ倚、且教二黄紝等支吾詭詞一」、（○以上、通事稱、）林元、久居二夷地一、年高多レ謀、勾引嚮導、此皆爲二一等之犯一、其餘夷囚、雖二罪在不レ赦、難レ分二首從一、而黄紝、始而被レ擄入レ倭、今則被レ拘、同二夥情一、頗可レ原、且因二其乏水誘一、到二東洛一、使遇二官兵一、被レ擒、臨レ審之時、初雖レ爲下船主所二挾扶一同飾詐上、後竟面二吐實情一、親筆直寫、況已許二其生路一、姑從レ末（未）レ減二緩刑一、或行二原籍一、查二其歷來根一、因二別議一發落、又葛盛、年止十二歲、屬二熊普達家人一、雖レ係二同行一、實未レ出レ幼、此二犯者、或量二施法外之仁一、亦無レ妨二海防之禁第一、倭情叵レ測、變詐多端、所レ據二黄紝報一稱、「（黄紝報）倭國薩子馬、造二船三十號一、意占二雞籠淡水一、欲二于明春舉行一」、其言雖レ未レ可レ憑、預防、尤不レ可レ忽、所レ有二效勞一將士、署衆將孫藎臣・把總葉得春・哨官張邦達等、與二策應把總李孟隆・哨官金思・劉懋仁等一、遵二奉本院紀律一、同心合謀、協力攻打、且不レ敢二妄殺生一、擒二盜夷十九人一、委應二分別敘錄一、以勵二各區一、而被レ傷二隊兵狄龍等一、亦應三酌量優賞以鼓二士氣一、均候二本院裁奪一」（○以上、浙江承宣布政使司・浙江按察使司・浙江都指揮使司呈、）等因、到レ臣、（劉元霖）該臣批、夷犯熊普達等劫擄情由、屢審己（已）確、但去年從二倭使一至レ浙者的係二何名一、有レ無二確據一、及二閩人林元・黃紝一、有レ無二勾引前供一、劫有二銀米一、未レ見レ敍、及此等緊關情節、仰二司再一質審一、明白以服二其心一詳報一、

○次ニ收ムル、浙江承宣布政使司・浙江按察使司・浙江都指揮使司呈ノ段、便宜、改行ス、

又據下該司（浙江承宣布政使司）會二同按（浙江按察使司）・都（浙江都指揮使司）二司一呈上稱、（浙江承宣布政使司・浙江按察使司・浙江都指揮使司呈）「于二本月二十六日（萬曆二十九年四月）一、弔二取各夷犯一、及通事孟柯十郎・陸勝・萬全、號手周明前來、覆譯審得、禿雞卽桃雞、會二駕船一的人、據レ解夷犯、隊長狄龍口吐、（狄龍供）「舊歲、差二船兵一、送二倭使一、至二福建一、認得、此桃雞、舊年已同二倭使一來」、據二通事陸勝・萬全俱認一、禿雞、已同二倭使一來、右額上有二一刀傷痕一、今驗、傷痕見在、又據二黃紝口一稱、（黃紝供）「禿雞會二看針一」、審二稽加卽其甲一、係二舵工一、據下日本送還跟二隨毛國科（茅國科）一號手周明口上稱、（周明供）「舊年倭使船上、有二此人一、幇レ舵」、又據二溫州解一、夷犯、兵侯紹口稱、（侯紹供）「亦認得、舊年倭使船上、有二此人一」、又據二林元口一稱、（林元供）「稽加、會二看針一」、又據二黃紝口一稱、（黃紝供）「噠囉也、會二看針一」、審二馬加羅一、據二周明口一稱、（周明供）「此倭、是殺手、舊年倭使船上、有二此人一、右眉上有二一刀疤一」、今驗見在、又據二溫州兵侯紹口一稱、（侯紹供）「認得、此倭、舊年已來、係二是倭將下的小將一、常執二長刀一、在二倭將傍邊一護レ威」、審二林元一、據二溫州兵林淸・郭子直口一稱、（林淸・郭子直供）「林元、二十五日（萬曆二十九年四月）、在二軍門前一、見二周明一時、對レ兵說、這箇麻子、我認得、他他來、打二聽我的一」、又據二周明認得一、林元、在二倭國一、號叫二林明吾一、極會二看針・看風色・看星一、又稱二鹿兒島石蠻子（島津）標下通事一許儀後報稱、（許儀後供）「賊首名王懷

泉・林明吾等、毛國科、要㆔請拏㆓各賊㆒、聞風逃走」、又林元自已口吐、（林元供）「打㆓劫三箇船㆒、是眞一箇船、有㆑貨、夏布八十疋、銀子一包無」等、秤未㆓兌約㆒、有㆓十兩㆒、米四包、殺三人、其餘人、跳㆓-下水㆒、隨㆑叫、林元、親手扯殺㆑人的出來、林元扯㆓-出稽加㆒、又扯㆓禿雞㆒、又扯㆓馬加羅㆒、是此三人殺㆑人、又審㆓打劫與探聽事情㆒、林元、止㆑報㆓打劫㆒」、又吐、（林元供）「假㆓-說探貢㆒、是官舍主意、教㆓人是這等說㆒、又令㆔船上十八人俱要㆓是這等說㆒」、又吐、（林元供）「但凡打劫的東西、俱官舍收㆑鎖在㆓籠裏㆒、不㆓曾分㆒、後被㆓火箭㆒燒去」、又吐、（林元供）「舊年來過的兩箇人、是兵認得」、又吐、（林元供）「前年、在㆓日本平戸津（肥前國松浦郡）㆒、倭將佛印島（副島）會㆓-過周明㆒、今認得」、審㆓熊普達㆒、口吐、（熊普達供）「林元・稽加・馬加羅・禿雞四人、俱會㆓看針㆒」、又說、（熊普達供）「林元看針、出來㆓-沒東西㆒、與㆑他回、去分㆑與㆑他」、又吐、（熊普達供）「止㆑問㆓黃五他說的話㆒、是眞的供認、米四包、銀一包無」等、秤、不㆑知㆓是十兩㆒、不㆑知㆓是五兩㆒、布八十疋、銀・米・布、俱是一箇船上的、那兩箇船無㆑貨、審㆓黃紝㆒、據㆓稽加・馬加羅說㆒、要㆓黃紝來做㆒、通事、因㆑此同來、各等情在㆑案、爲㆑照覆譯、倭犯情節、大畧與㆑前相同、而殺人・擄貨・擄銀・擄米、各項事、因比㆑前、更詳更確、去年隨㆓倭使㆒至㆑浙者、的係㆓禿雞卽桃雞・稽加卽其甲・馬加羅三名㆒、審、據㆓隊長狄龍、通事陸勝・萬全、號手周明、押解兵侯紹㆒、俱認的、且報㆔額眉有㆓刀傷疤痕驗㆒、果是實、漳人林元、前審時詞、猶支吾、今周明・黃紝等面質、又見㆓船主㆒、已露㆓前情㆒、方一一承認、眞黠賊也、況案㆓-查舊年五月毛國科供報㆒、海上賊首、有㆓林明吾・王懷泉・蔣興岩等一、欲レ求二彼國先年被レ擄華民許儀後・郭國安一行緝、今所レ審、林元卽林明吾、據二舊案一、乃係二海洋有名賊首一、又非二小寇之比一矣、勾引向導、正在二此犯一、劫財歸分、通在二船主一、下三手殺人一的在二馬加羅・禿雞・稽加三惡賊一、其餘、各犯レ罪情相同、皆應レ駢レ首、就レ戮以洩、被レ殺者之冤內、惟黃絍、向時被レ擄、今次被レ挾二夷囚一、因三其諳二曉言語一、又會二寫字一、强二其同來一、爲二通事衆質一、竝無二異詞一、且節、審二口吐・筆供一、先已自首、與二今日各夷所レ報、俱合レ情委可レ原、併前日所レ審、十二歲小囚葛盛、法或末〔未〕レ減、伏候二裁奪一」○以上、浙江承宣布政使司・浙江按察使司・浙江都指揮使司呈、等因、○次ニ收ムル、劉元霖、浙江布政使司分守寧紹台帶管兵巡海道副使張佐治呈ヲ查スル段、便宜、改行ス、

又查、先據二帶管兵巡海道副使張佐治呈一稱、「准二（浙江布政使司分守寧紹台帶管兵巡海道副使張佐治呈）鎭守（鎭守浙江總兵官）總兵官李應詔手本一、「四月初四日（萬曆二十九年）、據二分（鎭守浙江總兵官李應詔手本）守寧紹叅將陳九思呈一稱、「本（分守寧紹叅將陳九思呈）月初三日（萬曆二十九年四月）、據二正遊右哨把總趙應科・定南哨哨官韓克華報一稱、「蒙（趙應科・韓克華報）二本叅（陳九思）令牌一、奉二本鎭（鎭守浙江總兵官）軍令一、三月二十九日未時、該職等（趙應科・韓克華）、部三領兵船一、哨至二洛伽山（寧波府）外洋一、遇二見大烏尾・小草苫賊船二隻向レ南行一、使下職等分爲二二翼一、奮レ勇對レ敵戰上、至二酉時一、用二大佛狼機・百子銃・碗口銃一、各盡レ力攻打、將二賊小船一隻一打沈、倭衆約有二二十餘人溺レ水、因賊大船左衝右擊、原奉二軍令一、不レ許レ貪レ功、斬級一意、攻剿止鈎、斬得二眞倭首級一顆一、倭衣二件、倭箭五枝、至二三更時分一、風自二西北一、且戰且行、追抵二東霍（浙江東霍山）一大洋出、外毫無二山藪一、適遇二雷風一、大作二巨浪一、掀天黑暗、不レ知二去向一、只得二收轉一、至二四月初一日午後一、方抵二白砂港（嘉興府）一、官兵

査無二重傷一、止有二輕傷兵士王國・陸道等一十二名一」、〇以上、趙應科・韓克華報、合下將二首級・衣・器等物一解驗上」、〇以上、陳九思手本、四月十三日、又據二該衆解一「(陳九思呈)撈二獲倭船板二長片、草苫三塊、倭桶一隻、倭涼帽一頂、倭船枋一根二」、〇以上、陳九思呈、到レ道、理合二呈報一解驗」〇以上、李應詔手本、等因、各到レ臣、(張佐治)據レ此、該臣査得、浙省寧・台・溫等郡、逼二臨邊海一、倶係二防倭要衝備禦一、宜レ謹二未汎之前一、臣、屢經二督行海兵各道一、會二行總兵一、及嚴行二衆-遊-守-把府州縣等衙門一、繕二葺城池一、簡二練兵卒一、修二造船器一、積二儲糧餉一、以備二春防一、幷督二率總哨官兵一、照依レ信、地出レ洋哨禦、遇レ警奮レ勇、截二擊一面一、傳二報隣哨一、合レ綜追剿、勿レ容三流二突近港一、仍嚴禁不レ許三貪レ功妄レ殺、及畏縮逗留、自取二罪戻一、一應二防禦一事、宜二比レ前加一、謹毋レ致レ踈、處迫二至汎期一、臣、力疾移二駐定海一、維時、按臣馬(名空格)・巡歷溫台巡鹽按臣周(名空格)、出巡二紹興一、竝行二督飭一、去後、又査二得先該兵部題奏一、

欽依二各該督撫官一、以後、遇有二獲功・失事一、倶聽二就レ近據レ實具

奏二」〇以上、張佐治呈、等因、〇張佐治ノ報ジタル倭夷ノ大小二船、上ニ收ムル熊普達等ノ船ナラン、次ニ收ムル、劉元霖ノ請勅ノ段、便宜改行ス、

遵二照在卷一、今據二前因一、該臣、(劉元霖)會二同巡按浙江監察御史馬(名空格)一、看得、渺茫一海、華夷共レ之、漁商以二牟利一餌レ賊、島夷以乘レ汎擾レ我、所二從來一矣、自二關酋(關白豐臣秀吉)有レ事二朝鮮一、海上數年絕レ警、及レ釜倭遁(朝鮮國慶尙道釜山)、而諸島界鄰東南者、漸有二覦心一、去年、使船突來、狡謀已兆、今歲、分綜流劫、狂

態益張、况其器利、船堅大、非二昔比一、官兵卒遇、技力難レ施、聲聞二內地一、群情已自驚惶、萬一隄備不レ嚴、縱令闌入、其貽レ害、誠非二小小者一、今幸沿海預防、惟謹、而溫區官兵、遠哨遇レ敵、合二圍攻打一、縱レ火焚擊、以致下燬二其來船一溺上、其倭衆生擒一十九名、其在二寧區一、打二沈一船一、馘一級、各賊望レ風遠遁、雖レ未二大收全捷一、亦足レ遏二彼狡謀一、安二我內地人心一、其勞似三不レ可レ泯者擒二獲夷犯一、該臣、面審并行二三司各道會一、官譯二審黃紝等一、吐二露眞情一謂、(黃紝供)「初供二琉球差船一、由二船主熊普達一飾レ詞、取レ有二親筆供一、招下其劫二掠船貨一、殺二擄人口一、及遇二官兵一、對レ敵就上レ擒」、一一俱的無レ論、是倭・非倭、其爲レ賊既眞、何逃二顯戮一、况林元勾引禿雞・稽加・馬加羅三倭、上年、曾隨二使船一同來、探聽其蓄レ謀、尤不レ可二知見一、有二日本一送還號手周明等熟識、屢經二通事諸人一、抵レ面質認、更復何疑二內惟一、黃紝、始因レ被レ擄、今復被レ脅、稍有レ可レ原、葛盛、年甫十二、幼穉無知、該司會議、將二黃紝一、量擬レ緩レ死、葛盛末(未)レ減、似レ應レ准二從前項功一、次既經二譯審一、明白所レ據二效勞一官員、相應酌二敘示一、勸如二署分守溫處叅將事原任都司孫藎臣一、冒險合綜、鼓レ衆遇レ敵、縱レ火收レ功、查、本官(孫藎臣)、先因二南龍(台州府)官嶴鎭下各汎地一、商漁被レ擄、已行レ革レ事未レ幾、報獲二前功一、相應以レ功掩過、仍從二酌賞一、以勵二人心金盤一、備倭把總李孟隆、中軍名色把總葉得春、領哨名色把總趙應科、哨官張邦達・金思・劉懋仁・韓克華、或聞レ報、而協攻殫レ力、或督戰、而斬レ馘沉レ船、以上各官、俱應レ量レ賞、至二於先事一、計二豫綢繆一、臨レ警心勞詰恷、溫處兵巡道按察使湯日昭、勞績更有二足レ錄者一、再照レ功無レ微、而不レ錄、則人競勸レ罪、雖レ小而必懲、則衆知レ惕、故信賞必罰、皆用兵之必、不レ可レ廢者、漁商違レ禁出海、啓釁賈禍、官兵各守レ信、地勢難二周防一、往例多寬レ之、今歲、外洋有レ警、而內地無レ虞、非二官兵防禦之力一哉、臣等（劉元霖）、亦何樂三于苛求一也、顧、失二於窮洋一、可レ寬也、若近洋有レ失、一槩從寬、則人皆憚二險危一、而務二倖免一、將レ致三以レ怠玩二敗事一、不一查治、曷警二將來一、先據二各官一、揭二報漁商一、被レ擄緣由、覆經二行道一、類覈二明實一、造レ冊詳報、除二台區衆將吳允忠履任方新一、姑免二衆治寧紹衆將陳九思一、部兵頗有二剿獲功罪相準一、署昌國（浙江都司昌國衞）事原任把總許好學、倭船兩犯、汛地觀望、縱逸已行、革レ事、回二衞及名色總哨以下一、逕二行議處一、幷將二各道一查報、各官失事、冊揭另送、該部查照、外如二松海備倭把總莊以蒞一、倭船犯二深門（台州府）・大陳東磯（台州府）等洋一、皆係二本官哨守汛地一、乃聞レ警而追、見レ難而退、漁人既有二劫擄捕一、兵亦多損傷、雖二救回一、被レ擄商民徐蘭等二十餘人難、以レ盡、蓋其辜、定海備倭把總詹斌、倭船犯二烏沙門（寧波府定海縣）・海閘門（台州府黃巖縣）等洋一、皆係二本官哨守汛地一、乃賊突二于彼身一、誤二于此應援一、雖二若不レ及二督策一、亦由レ不レ力、況漁商王鮑五等人船被レ擄、難三以遽貸二其罪一、以上二臣（莊以蒞・詹斌）、倉卒失筭、未レ收二執汛之功一、平素守レ官實、著二勤能之譽一、相應量行レ罰、治二示警一、以レ責後效者也、伏乞レ

勅、下二兵部一查議、仍轉二行按臣一、再行二覆覈一、上レ

請、將二湯日昭・孫蓋臣等一、分別賞賚、莊以蒞等罰治、夷犯熊普達等、處決梟示、黃紙、量擬レ緩
レ死、葛盛末〔未〕レ減、其奏內開載未レ盡、有レ功被レ傷官兵、照レ例、一體賞恤、庶、功罪昭明、人心
激勸、而海防有レ賴矣、

〔撫浙奏疏〕卷之二十　○東洋文庫所藏版本Ⅱ—13—B—21—0　第八冊
（提督軍務巡撫浙江等處地方都察院右副都御史劉元霖疏）
議三請覆二勘夷情一疏

夷使譯詞頗異、海洋功罪宜レ覈、懇乞レ
勅、部覆三行詳勘議處一、以服二人心一事、臣（劉元霖）、於二本年（萬曆二十九年）四月一、防汛定海據溫處兵巡道呈（浙江按察使司整飭溫處兵備兼分巡道按察使司湯日昭呈）、「准署分守叅將事原任都司（都指揮使司）孫蓋臣報解（准署分守溫處叅將事原任都指揮使司孫蓋臣報）、「擒獲倭夷一十九名」、到レ道、行下委二溫州府海防廳一會勘上得、據二閩人林元・黃紙供一稱（林元・黃紙供）、「官舍熊普達等、於二本年四月初八日一、奉下琉球國王差三探進貢請封二之船上、偶因二海風大作一、吹至二溫州東洛外洋一被レ獲」、語言狡詐、乞拘二慣熟通事一、細加二譯審一」（○以上、湯日昭呈、）等因、呈解到レ臣（劉元霖）、該臣、先發二兵巡海道一、覆三批布・按・都三司一（○浙江承宣布政使司、浙江按察使司及ビ浙江都指揮使司、）喚三取通事一譯審、黃紙・林元供出、熊普達等、在二外洋一、打劫情由及二識認一、內有二禿雞・稽加・馬加羅三夷一、上年、曾隨二倭使一同來、并驗二倭衣・倭笠・倭刀一、俱眞、重覆研審解詳、到レ臣（劉元霖）、該臣、覆審無レ異、通三查各區將領功罪一、將二都司孫蓋臣等議一、賞二把總詹斌一、莊以蒞議レ罰、併疏二具（報獲海夷併議將領功罪疏）

題二訖、隨レ接二邸報一內開、（北京會同館邸報）「琉球國中山王世子差來長史蔡奎等、進
貢到レ京」、該臣看得、前項事情、遠在二海洋一、初供有二探貢之說一、該國（琉球國）、既有二差官一在レ京、相應
質確、以杜二後詞一、復具揭二該部科一、查照、再行二質審一、○次ニ收ムル、會同館主事譯審ノ段、便宜、改行ス、
去後、今據レ抄、到二會同館一、主事（會同館主事）譯審、長史蔡奎・通事梁順吐稱、（長史蔡奎・通事梁順吐）「閩人林元・黃紝、年貌絕
不二相類一、但認二熊普達・噠囉・馬加羅・戈賴・石浦・禿雞・牛四甲・楊馬度俱該國人（琉球國）一」、且云、
「差レ人、探二討進貢信息一、亦係二舊規一」、據レ此、則此事處分、似二又不レ可レ不レ愼者一、○次ニ收ムル、劉元霖
ノ議請文、便宜、改行ス、
蓋華夷語音、不二相通曉一、臣等所レ憑者、閩人黃紝・林元供詞及一二通事譯審、其探貢虛實、別
無二質証一、黃紝等所レ吐、殺レ人劫レ財、歷二經多官研審一、始終不レ變、且其談日本國情、甚悉、又
衣・笠・刀・仗的係二倭物一、以レ故、深信不レ疑、（報獲海夷併議將領功罪疏）原疏所レ陳、毫無二虛飾一、今春、海寇流劫、在
在報警、勾レ倭爲レ患、寔繁有レ徒、而夷船突犯、適當二其時一、如三遽謂二劫殺之非一、眞我、不レ能二
必之華人一、而能二必之琉球一乎、顧二海上官兵一、徼レ賞念重、往往妄殺報レ功、臣、常嚴行二戒諭一、
如二（萬曆）二十三年（一五九五年）溫區擒剿五十餘人一、曾以二捷報一、臣、駁勘レ實、係二琉球屬夷一、將二生擒二十八人一、
奏、
請二送還一、仍將二各將領一、痛加二懲治一、自後、人心懍懍、數年以來、未レ有二犯者一、不レ然、則今十九人、

欲㆓一一生㆒、致㆑之、未㆑可㆑得也、惟是、彼時獲夷供、無㆓別情㆒、衣服・器械、驗俱琉球、而今次獲夷、審、有㆓日本七島六人㆒、又雜以㆓眞倭之器杖㆒、絫以㆓海洋之劫殺㆒、情狀不㆑同、故勘處自異耳、臣、伏思㆑之、議㆑獄緩㆑死、仁人所㆑愼、讞㆑獄者、情微可㆑矜、卽辟止㆓一人㆒、尙欲㆓委曲求㆑生、况辟至㆓十九人㆒、而議㆓功罪㆒、於㆓茫茫海洋之外㆒、屬國（琉球國）之差官、又有㆑詞矣、安可㆑拘㆓泥成案㆒、而弗㆓從㆑實一推訊㆒哉、夫獲止十九人、且屬夷居多、原不㆑足㆓言功㆒、而臣、以㆓功罪㆒、竝、

題者、盖今春、海上漁商被㆑擄、其失事、總哨各官、臣、絫處者二人、以㆓軍法㆒綑打者七人、革斥者二十餘人、罰不㆑可㆑謂㆑不㆑重矣、僅僅有㆓溫區小獲㆒、僉謂爲㆑功、而不㆑與㆓敍賞㆒、曷以鼓㆓将士之氣㆒乎、臣等、前日之勘敘、原無㆓成心㆒、則今日之覆勘、自宜㆑虛㆔議總之

國體海防王法天理壞㆒、一不㆑可㆓要求㆒、其當而已臣疏敍者也、而司道以下各官、承㆑勘者也、官兵所㆑獲十九人、又皆待㆓覆勘㆒、以明㆓功罪㆒、以別㆓生死㆒者也、臣、不㆑得㆑不㆓直陳㆒、始末披瀝、上

請、以釋㆓諸猶豫者㆒、伏乞㆑

勅、下㆓兵部㆒、覆議、將㆓詹斌莊㆒、以涖㆓先行罰治㆒、令㆓其策勵㆒、料㆓理汛防㆒、夷犯熊普達等、仍行臣等撫按、待㆓琉球使臣蔡奎等到㆑浙（浙江）、責令㆓一一質認㆒、及行㆔各司道拘㆓集本省㆒、該國通事、公虛研審、果與㆓前勘㆒無㆓異論㆒、死彼益無㆑詞、如㆓其探貢㆒、是眞、劫擄無㆑據、官兵別有㆑虛、捏㆓情弊㆒、豈但不㆑准㆑敍㆑功、還宜㆑議㆑罪、示㆑戒、如㆔其情涉㆓疑似㆒、語近㆓支吾㆒、貢後之遣、既非㆓使

臣所レ知、海外之情、亦豈使臣能料、或卽比ニ照往事一、給レ文、令下蔡奎等押ニ同本國一聽中彼査處上、
亦所以推ニ恩而全體一矣、

○豐臣秀吉、原田孫七郎ヲ高山國ニ遣シ、其入貢ヲ督促セシムルコト、史料綜覽文祿二年（一五九二年）十一月五日ノ條ニ、石田三成等、德川家康ニ美濃國關ケ原ニ於テ破ラルルコト、史料綜覽慶長五年（一六〇〇年）九月十五日ノ條ニ見ユ、

〔明實錄〕大明神宗顯皇帝實錄卷之三百七十六
○中華民國中央研究院歷史語言研究所校印本所收國立北平圖書館藏紅格鈔本

萬曆三十年（一六〇二年）九月己未朔、○中略 戊子（三十日）、改（遣イアリ）ニ兵科右給事中夏子陽一、代ニ洪瞻祖一、冊ニ封琉球一、以三瞻祖聞ニ艱歸一也、

〔使琉球錄〕夏子陽・王士禎撰 卷上
○臺灣學生書局刊明代史籍彙刊七所收國立中央圖書館藏本影印本

使琉球錄序

○序本文、略ス、

萬曆三十四年（一六〇六年）十二月

欽差兵科右給事中今陞工科都給事中玉山夏子陽謹序

○中略

使琉球錄卷上

兵科右給事中玉山夏子陽編
行人司育行人泗水王士楨編

題奏

〇中略

欽差兵科等衙門右給事中等官臣夏子陽等、謹
題、爲二屬國信不レ可レ爽、使臣義當レ有レ終一、謹瀝二悃誠一、懇
乞二
聖明允一、堅二
成命一、以慰二遠夷一、以光二
封典一事、〇中略先レ是、琉球國中山王世子尚寧、請二
封襲レ位、蒙下
皇上不レ遣二武臣一、照レ舊、仍差中文官上、〇中略時科當應レ
命而往者、爲二兵科給事中洪瞻祖一、比偶値、浙江撫臣劉元霖、海上捕二獲夷船一、審、有二琉夷・倭夷一、
竝在二獲中一、疑二其陽順陰逆一、禮部題、奉二
聖旨一「琉球冊封着二洪瞻祖・王士楨一去、既盤二獲夷船一、聲息未レ定、有レ關二國體一、還著、遵二前旨一、

待二該國質審回奏一、海寇息、無レ警、方渡海、行レ禮(册封儀)、欽レ此」、維時之所レ憂者、在二海警一、故使臣洪瞻祖、條議、疏中亦頗及レ之、迨下洪瞻祖以レ丁二父憂一去上、臣乃叨轉二兵垣(兵科)一、禮部題、奉、

欽依三以レ臣補二充正使一、臣、感二激

天恩一、惟恐レ不レ克レ稱レ任使、○夏子陽題本、以下略ス、

○中略

使琉球錄卷上

兵科右給事中玉山夏子陽編

行人司行人泗水王士楨同編

使事紀

萬曆二十有八年正月、琉球國中山王世子尚寧、遣二長史等官(蔡奎)一、表二請襲封一、距二其故中山王尚永之薨已十二年一矣、所二以遲遲一者、蓋惕二於日本關白(豐臣秀吉)之亂一也、先レ是、福建撫臣許公孚遠、議以二海警一、欲レ令二領封一、業有レ成レ命矣、嗣、以二世子(尚寧)表一、請レ議レ改下遣二武臣一往上、而世子、又援二禮制及己卯(萬曆七年)(一五七九年)例一、○萬曆七年、尚永、琉球國中山王ニ册封サル、爲二請甚懇一、禮部上二其議一、遂得レ旨、仍用二文臣二人一往、故事、

册二封琉球一正使、屬二科臣一、而以二行人一副レ之、大行(行人)王君士楨、序當行、已報レ部(禮部)矣、而省中坐二兵

垣一、一時皆遷轉、去虛無レ人、至二十月（萬暦二十九年）一、洪君瞻祖、以二館選一補二兵垣（兵科給事中）一、
命下、遂擧以屬焉、會三浙江盤二獲夷船一、稱二琉球人一、而譯辭頗異、部（禮部）議、令二琉球使者質認一、且虞二
海警未レ定、欲下俟二查報一以使中遣使上、故、諸君（洪瞻祖・王士楨）、尚有レ待未レ行、至二次年（萬暦三十年、一六〇二年）八月一、洪君丁二外艱一去、
正使且缺、陽方承乏戸垣（戸科給事中）、嗣レ後、叨轉二兵垣右（兵科右給事中）一、遂有下補二充正使一之
命上、而與二王君（王士楨）一同事焉、〇下略、文字幷ニ平出等、會稽夏氏宗譜本影印本及ビ國立中央圖書館藏本影印本ニ據リタル原田禹雄訳注『夏子陽　使琉球録』使琉球録原文ヲ以テ訂補ス、

〔歴代寶案〕第一集　卷七　福建布政使司等咨　起成化十五年至天啓七年
〇沖縄県立図書館史料編集室編歴代宝案校訂本第一冊

（浙江等處提刑按察使司咨）
浙江等處提刑按察□（司）、爲二夷□（使）譯詞頗異、海洋功罪宜一レ覈、懇下乞
勅レ部（兵部）、覆二行詳勘一議處、以服中人心上事甲、「萬暦參拾年貳月初拾日（一六〇二年）、奉（浙江等處提刑按察使司詳）二
欽差提督軍務巡撫浙江等處地方都察院右副都御史劉（元霖）憲牌一、「□（准）二兵部咨一、「該（兵部咨）本院（劉元霖）、題二前事一、（提督軍務巡撫浙江等處地方都察院右副都御史劉元霖憲牌）
本部（兵部）覆、「（兵部題覆）議得、擒獲夷犯供詞、既屢支離、情僞終難二懸斷一、如果眞正島倭、□（法）當レ懸二首藁街一、
用二社（杜）窺伺一、自無二異詞一、若果琉球所レ遣、何無二文引可一レ憑、既係下差探二封貢一而來上、何故、雜
以二眞倭數名一、衣・仗、又係二倭物一、且當二官兵追捕一、何不レ請レ命乞レ哀而敢操レ戈相向、意者、
陽爲二探聽一、陰圖二入犯一、容或有レ之、詎可下倉卒聽信墮中彼狡謀上、今當下
欽遣二冊使一之時上、正外夷觀望之際、□（似）下此情形叵レ測、有中不レ可レ不二爲レ之□□（熟計）一者上、況今春汎、屆
レ期、海寇到處劫掠、不二正□（浙）省爲一レ然、如或、海寇、託二言探貢一、以嫁二禍於琉球一、或琉球各島、

乘レ機合謀、以委二罪於海寇一、事屬二海外一、難二以隃度一、委應三詳爲二查明一、庶レ便二區處一、相應酌議
上請、合候二
命下一、咨二行浙江撫按衙門一、將二熊普達等一、暫爲二監候一、併咨二禮部一、將二琉球陪臣蔡奎等一、速由レ浙回、
將二各犯一、詳加二認識一、如係二眞倭一、卽照二原議一區處、若果的係二琉球所レ差、交二付陪臣一、順帶回
國、責令遂一質審、明確具
奏、定奪」○以上、兵部題覆、等因、題二奉
欽依二」、○以上、兵部咨、備咨、到レ院(劉元霖)、准經、案行二按察司一、遵照去後、該本院(劉元霖)、會二同
巡按浙江監察御史馬(名空格)一看得、熊普達等事情、關二係
國體海防一、王法、天理甚□(重)、□(該)部覆□(議)至爲二嚴正一、今、琉球國長史蔡□□(奎等)、既已到レ浙、相應會、
行二詳勘議處一、以服二人心一、爲レ此、□(備)牌仰レ司、卽便會二同布都二司(浙江承宣布政使司・浙江都指揮使司)一、提二取熊普達等一□(干)夷犯一、
責二令使臣蔡奎等二一一質認、及拘二集通事一、公虛譯審、如糾レ倭劫殺、拒二敵官兵一等項情節、
與二前次勘報一無レ異、仍二照原議一重□(處)、若果、係三琉球所ㇾ遣探貢一是眞、劫擄無レ據、或下情涉二
疑似一、語近中支吾上、貢後之遣、既非二使臣所レ知、海外之情、亦非二使臣能料一、卽便比二照往例一給
レ文、令三蔡奎等押二回本國一、聽二彼查處回奏一、遂一勘審明確、具由詳解」○以上、劉元霖憲牌、等因、□(遵)行間、
又蒙二

巡按浙江監察御史馬（名空格）憲牌一、「據二琉球國進貢（巡按浙江監察御史馬憲牌）
請封長史蔡奎等呈二□〔稱〕一、「（琉球使蔡奎等呈）奎等、見三本□〔國〕人名俱陷二於此一、伏望、拘審明□〔白〕、□〔得〕レ超二蟻□〔命〕一」○以上、琉球使蔡奎等呈、
等情、到レ院、據レ此案照、前事、已□〔經〕、□〔題〕二奉
欽依一、備箚行レ司、勘審去後、今據二前情一、遽難二准信一、擬合二譯審一、仰レ司（浙江按察使司）、呈堂、卽將二原發倭犯熊
普達等一、會二同二司（浙江承宣布政使司・浙江都指揮使司）及本官（浙江按察使司）一面審、的實查二照原行一、交二付陪臣（蔡奎）一帶回、彼國（琉球國）質審明確、具
奏、定奪、如有二別故由一報」○以上、馬憲牌、等因、到レ司（浙江按察使司）、依蒙、□〔將〕二有行文卷一發、仰下杭州府正佐官會二譯
熊普達等一明確解上詳去後、隨據二該府（杭州府）呈一稱、「（杭州府呈）案照、先□〔爲〕二官兵外洋哨勦等事一、蒙二本司（浙江按察使司）故牒一、
「（浙江按察使司故牒）該、蒙三
巡按浙江監察御史馬（名空格）批二呈前事一、備行仰レ府、卽將二發來倭犯林元等一監候會審」○以上、浙江按察使司故牒、
等因、遵行、候レ審間、隨、據二本府（杭州府）司獄司幷仁和縣（杭州府）申報一、「（杭州府司獄司等申報）倭犯黃袛・禿鷄病故」緣由、到レ府、
已經具由、轉報外、今、蒙二前因（劉元霖憲牌）一、隨、該本府（杭州府長官）知府朱正色、會二同管粮通判常道立・理刑推官丁
啓濬一、遵將二發下□〔文〕卷一、逐〔逐〕一□〔檢〕閱、幷取二夷犯熊普達等一、同三琉□〔球〕□〔國〕長史蔡奎・通事梁順與二本省
標下通事夷來序・季惠一、□〔逐〕一面二辯姓名年貌一、各相譯對明白、熊普達・未大・戈賴石浦・楊馬
度・宇四甲・馬加囉・其甲（鬼界）・馬丹臺・噠囉・搭南・弓児安噠・脫古噠囉・葛盛卽・滿世・倪四、
俱係二琉球人一、林元、係二福建漳州府人一、各供二是的一、會看得、頃自〔日〕、島奴生心、奸人勾引、海

上苦レ之久矣、浙省、數年以□〔來〕、仰二伏憲法森嚴、賞信罰必一、以レ故、將士用レ命、氛祲潜銷、夷犯熊普達等、適當二春汛之期一、闌二入內地一、自非二官兵堵截一、似レ難レ測二其狡謀一、緣下初執二探封一有上レ詞、故欲レ得二使臣面質一耳、今據二長史蔡奎及通事梁順等逐名辯認一、首識三熊普達於二儔衆中一、稱レ係二彼國官舍一、又認下林元閩人流二落本土一充二□〔爲〕中看針舵工上、其餘戈賴・馬加囉等、驗、俱琉□□〔球聲〕音、竝無二倭夷在一レ內、及審、以二刀箭□〔各〕器一、則稱下彼國□〔迫〕二近日本一器械大約相同上、其刧船・殺人一節、據下通□〔事〕梁順與二我浙通事夷來序・季惠等一同譯上、各犯俱不二實吐一、獨林元、吐二稱黃紙冐招一、而黃紙已物故矣、至二於探封一節一、據レ譯、稱下□〔熊〕普達原給有二國王（中山王尚寧）咨文一、緣二登岸之時混搶一遺失上、以上情節、均係二各犯口供通事譯報一、□□〔負非〕二舊案一、不レ無二異同一、而語出レ求レ生、致二多改口一、□〔卽〕使臣、且有二枝梧之說一、豈外夷、獨無二香火之情一、然、各犯蓄髮・吐音、通事、執レ之有レ據、而海上初獲、卽供彼國差レ官日期、與二今者使臣所一レ稱不レ爽、萬一探封情眞、而我、以二闌入之故一、寘二之重典一、或非二外夷委心回面之意一耳、惟是、登岸之時、各犯宜二頓顙乞一レ命、而悍然執レ兵、且與二圍人一從レ□〔事〕、□〔且〕官兵殺傷、確有二左驗一、縱レ眞二僞刺探之□〔人〕一、□〔業〕已、干二不レ宥之罪一矣、矧、黃紙生前口詞・筆供、昭昭在レ案乎、事屬二海防一、尤關二國體一、戮レ之、恐、失二
天朝字小之仁一、縱レ之、恐、開二奸夷僥倖之路一、合無徑、將二各犯一交二付陪臣一、帶二回本國一、仍査二往

例一、給以二咨文一、聽二其查明具
奏一、則、既不レ失二懷柔一、亦不レ墮二奸計一、其於二國體・海防一、兩得レ之矣、再照、林元閩人也、與二□〔各〕
犯二□〔不〕レ□〔同〕、無下解二回彼中一之理上、而情在二□□〔疑似〕一、又難二輕縱一、或將二本犯一、咨二解福建軍門一、牢固
監候、候二琉球回
奏之日一、果無二別情一、聽下彼處查二取原籍保結一遞回上、仍正以二越境通レ夷之罪一、更無二枉縱一」、○以上、杭州府呈、
備由呈解、到レ司、隨、該署按察司事布政司右布政使范〔名空格〕、會二同布政司左布政使史〔姓名空格〕・都司署
都指揮僉事馬〔名空格〕・□〔屯〕局都司僉書范〔名空格〕一、同二琉球國長史蔡奎・通事梁順一、拘二集本省標下通事夷□〔來〕
序・李惠一、隨、據二彼國通事梁順預先吐一稱、「〔梁順言〕有レ姓的、不レ記二得名一、係二福建福州人〔福建布政使司福州府〕一、只記得、
約年肆拾歲、其人、身矮少レ鬚、面黑麻、〔萬曆〕貳拾參年〔一五九五年〕內、漂到二琉球國一、在二彼處一、作レ教二字法一生
理」、又吐、「〔梁順言〕熊普達、係二該國人〔琉球國〕一、見作二官舍銜一、官舍乃武職、即中國指揮一樣」、又吐、「〔梁順言〕黃五、
即黃紙、係二漳州人一、年約□□□〔參拾柒〕捌歲、肥胖身長、無レ鬚、在二該國一、見作二□□〔通事〕一」、□〔又〕、拘二各
犯一面証、長史蔡奎口稱、「〔蔡奎言〕識二得熊普達・林元二人一、餘不二相識一」、通事梁順口吐、「〔梁順言〕熊普達、
是官舍、林元、是看針人」、查、其年已老、與二預先所レ吐年貌一不レ同、又吐、「〔梁順言〕噠囉・馬加囉・
戈賴石浦・禿鷄・牛四甲・楊馬度、俱該國人、除二黃紙・禿鷄病故一外、餘俱識認、其戈石貫・
倪四・噠囉、係二山上人一、○山上人、琉球國內ノ沖繩島以外ノ島ノ民ナラン、雖レ不二面識一、其聲音、亦係二琉球人一」、及取二

出前時拿獲各刀器・衣帽等項一面質云、「(梁順言)多琉球物、內有二好倭刀貳把、梁花色眞倭衣壹件一」、此處通事夷來序、口三報此的係二是倭中物一、琉球通事梁順、亦俯首、云レ是、徐徐又云、「(梁順言)雖二是倭物一、彼琉球官舍人家、或亦、從レ倭貨買來」、及問二長史(蔡奎)一、「(蔡奎言)彼熊普達、或領レ差後、隨三帶隣倭之島山民一、同行作レ伴、以致二洋中生レ事劫ヲ商、不二但國王不ヲ知、□□(汝等)使臣、離レ國之後、亦不レ能二預知一」、長史及□□(通事)(梁順)、但云、「(蔡奎・梁順言)此固不レ知、亦或不レ敢」等情、據レ此案照、卷三查前事一、先蒙二

撫按二院○劉元霖・馬某批一、司(浙江等處提刑按察使司)、會三審熊普達等一干人犯一、隨、據二黃紙口吐及親筆供一稱、「(黃紙口吐及ビ親筆供)黃紙、家居二邉海一、捕魚活生、禍、因三萬曆貳拾參年語(浯)嶼(金門島)捕魚被二倭擄掠一、到二倭國一、時幸、鄉親、辦二銀伍兩一取レ身、至二貳拾伍年(萬曆)一、□(逃)入二琉球外山一、朝暮、哀三慮難ヲ見二父母兄弟一、幸、今春肆月初捌日(萬曆二十九年)、有二夷舡壹隻一、官舍爲レ首、稱レ欲下往二福建一進貢上、爲レ由、紝、同船、稱三紝諳二說唐語一、時、無二奈何一、孤就同船、不レ料、夷人起意不レ良、劫三掠魚船參隻一、只有二壹隻夏布捌拾疋一、殺三害參人一、餘被レ擄、從二本船一逃レ洋而去、其船上乏レ水、是紝、騙邀二東洛一、卽被下抵三敵官兵一獲解上、到レ擾二天臺一、伏乞、仁爺、鑒三察哀情一、上叩」、又吐、「(黃紝吐)劫二商人米肆□(包)、□(銀)壹包、約壹貳拾兩一」等情、已經備由呈、□二□(奉)(詳)允一、具(劉元霖具題)題、遵奉在レ卷、續奉二

撫按二院勘箚一、「(撫按二院勘箚)行レ司(浙江等處提刑按察使司)、將二夷犯熊普達等一監候、仍候二琉球使臣蔡奎到日一、會二同布都二司(浙江承宣布政使司・浙江都指揮使司)一、譯審認識明確、具由呈レ院」、今、據二前因一、○浙江巡撫劉元霖憲牌及ビ巡按浙江監察御史馬憲牌、會審得、使下熊普達等果係中彼國探二聽貢情一而來上、則被二官兵哨執一□〔之〕時、何以、不下將二咨文一作上レ証、而反二敵我官兵一、如二前案所載一、兵陳智、被三弓兒安嗐傷二左手一壹刀、郭子直、被三馬加囉傷二右手第肆指一壹彈、又傷二左腿一、隊長狄龍、被二脱古傷一壹彈、此又何爲者、卽使各夷俱係二琉球遠近島人氏一、此眞倭刀與二眞倭衣一、又何處得來、此亦、是難レ解者、況前時黃紙、與二林元及各夷一互相面証劫レ商情的、不二惟口報一、而且親筆手書、今、黃紙物故、林元、各夷、皆改口、非二昔日所レ報之詞一、□〔然〕、生者之口可レ改、死者之筆不レ可レ改、各夷之情詞可二変換一、而眞倭之刀之衣、不レ可二変換一、卽彼使臣(蔡奎)・通事(梁順)、亦不レ能下指二此二物一非上レ倭、第、云二或貨來一、似二亦遁詞一矣、但、琉球原係二屬國一、又、且守禮向化之邦、今既經、使臣、執二認熊普達確爲二彼國官舍一、則前報劫情、亦屬レ可レ疑、與二其疑而入一レ之、不レ若二疑而出一レ之、似レ應下將二此一干夷犯共壹拾伍名一交二付琉球陪臣一順帶回國、聽中彼國中審究上、各夷、果否二盡是伊國人民一、如何、又、帶二倭國刀衣一、既係二探貢飄レ風犯一レ界、只合下以二咨文一乞上レ哀、若何抗敵、傷二官兵手足一、遂〔遂〕一審明、具

奏、

定奪、其林元、係二中國人一、委難二并發一、合依二府議一、遞二回原籍一監禁、治以二越境通レ夷之罪一、候二彼處審明一、另行二定奪一、再照、琉球貢使、歲有二常期一、先レ期、例有三公文報二福建藩司一、至日、

以禮二賓之柔遠館一（福建福州府柔遠驛）、舟行、有二護送之符一、舟回、有二護□〔送〕之使一、若使三常期之外又有二探貢一、以致二彼此無稽一、海洋啓釁、哨海官卒、但遇レ犯レ界、遵レ法當レ擒、倉卒揚レ帆、火器相向、難二於辨認一、縱レ之、恐中二假レ貢犯レ內之謀一、剿レ之、恐蹈二生レ事殺レ順之罪一、進退無レ處、瞭望實難、以後、彼國、自二正貢一外、探貢一節、似レ可二免行一、彼此均便、惟、復別有二定奪一、呈□〔乞〕二照詳一」○以上、浙江等處提刑按察使司詳、等因、具由、於二萬曆參拾年貳月拾伍日一、奉二

欽差提督軍務巡撫浙江等處地方都察院右副都御史劉　（元霖）批一、○上ニ收ムル、劉元霖憲牌參看、本司（浙江等處提刑按察使司）、通ニ呈夷犯熊普達等由一、○浙江等處提刑按察使司ノ浙江巡撫劉元霖宛呈及ビ巡按浙江監察御史馬宛呈、奉レ批、「（劉元霖批）據レ詳、蔡奎等、識三（浙江等處提刑按察使司詳）熊普達等爲二該國人一、海洋劫擄、支吾不レ認、恨、原供黃紙死、無レ由二對質一、各犯宜三發回籍、聽二彼查處一是矣、□〔但〕奎等先供、「（蔡奎等供）黃紙、參拾餘歲、肥胖身長□〔無〕レ鬚」、前覩レ紙、實近二伍拾一、長瘦有レ鬚、又供、「（蔡奎等供）林元、肆拾歲、身矮少レ鬚」、今其人、耄且非二矮者一、一□〔爲〕二彼國通事一、一作二教字・看針一、果□〔爾〕、必係二熟識一、何所レ吐矛盾、若レ□〔是〕、則稽加等、前供二七島・其甲山人一（鬼界島）、今改三口琉球一、又、安可二盡憑一也、「（周明等詞）林元卽林明吾、爲二海上賊首一、最慣二勾引一」、周明等之詞、然乎否乎、□〔以〕上情節、竝宜二一質以便レ報

部、仰レ司（浙江等處提刑按察使司）、再譯確詳報」、○以上、劉元霖批、□〔又〕、蒙二

巡按浙江監察御史馬　（名空格）詳批一、「（巡按浙江監察御史馬批）熊普達等海洋被レ擒情僞、固不レ可レ測、第、蔡奎、既認レ係二彼國

官舍一、則以レ官爲レ盗、恐亦理之所レ無也、據レ審、委屬レ可レ疑、准二照往例一、給レ咨、順帶囘國、

査明具

奏、

林元、遞二囘原籍一議處、□〔餘〕悉照行、此繳」、○以上、馬批、依奉、覆□〔經〕、行二據杭州府呈一稱、(杭州府呈)「又經、取二帶□〔各〕夷□〔犯〕□〔熊〕普達等一、面二同來使蔡奎・通事梁順幷標下通事(杭州府通事)夷來序・季惠一、復行二會同譯審一得、先供、(熊普達等供)「□〔黄〕紙、參拾餘歲、肥胖身長無レ鬚」、前覩、實□〔近〕二年伍拾一、長瘦有レ鬚、□〔審〕據二執稱一、(蔡奎等供)「黄紙的是參拾餘歲、肥胖身長無レ鬚」、或因二被レ執驚惶艱苦一、以致二瘦弱一、又、相二別□〔來〕使肆伍年、或長二微鬚一、顏色倉老、似レ近二伍拾一、審二先供一、(熊普達等供)「林元、肆拾歲、身矮少レ鬚」、今其人耄、且非二矮者一、執稱、(蔡奎等供)「彼國姓レ林者二、倶福建人、一名林朝、年可二肆拾歲一、身矮少レ鬚、一名卽今林元、前所レ供者、不レ道二是林元一、卽供二林朝年貌一」、但先供、不四曾明三言有二二林一、今突出二此說一、似レ難二准信一、又執稱、(蔡奎等供)「其甲山、原係二琉球地方一、七島、係二日本地方一、中有二海洋一相隔」、前供三稽加等係二其甲山人一、原與二七島一各別、□〔査〕二黄紙詞一稱、(黄紙供)「貳拾參年、□〔被〕二倭擄掠一、貳拾伍年、逃入二其甲一」、□〔據〕レ此、□□〔或者〕、其甲、是琉球地方、故云二逃入一、但前案未レ供レ明、悉亦難二准信一、審二林元卽林明吾一執稱、(林元供)「林□〔元〕、止是一名、竝不三曾號二林明吾一」、□〔査〕、此說、係二周明及解兵侯紹□〔所〕レ□〔吐〕、今、拘二周明父周應龍一執稱、(周應龍供)「周明、於二本年(萬曆三十年)正月初拾日一、同二號手李化一、前二往密雲軍門一」、(順天府昌平州密雲縣)○總督薊遼ノ府、密雲縣ニ在リ、領レ賞」、取有周明・李化隣佑保結在レ卷、侯紹、係二溫州解兵一、久已

回訖、林元、是否二林明吾一、無レ從レ執レ証、合下將二明〔父〕□周應龍一解審定奪上」一、○以上、杭州府呈、備由呈解、到レ司(浙江等處提刑按察使司)、該本司覆勘得、(浙江等處提刑按察使司覆勘)「熊普達等、近據レ所レ供、卽黃紙・林元之年貌殊異、稽加等、之非二七島倭夷一、前後情詞、委屬二矛盾一、皆、因二黃紙物故一、得二以変口易詞一、然、倭衣・倭刀、俱係二眞正倭物一、拒二敵官兵一、前案傷証、甚明、衆經二譯審一〔再〕□三、確有二的據一、其林元卽林明吾、先係二茅國科旗手周〔明〕□譯報一、盖彼、隨二國科一往二倭國一、故知レ之、今、周明前三往密雲一、無レ從二質証一矣、第使臣(琉球國使)、面三認熊普達等既〔係〕□二該國官舍一、則前供各情、疑信〔相〕□半、况琉球乃守禮屬國、應下〔從〕□二府議一、仍將二熊普達等壹拾伍名一交三付琉球陪臣蔡奎一、帶令二回國一、聽中彼審究上、先後報稱、年貌不レ同之故、與二眞正倭衣・倭刀何以得來之由一、又何以抗三敵官兵一、致二彼傷害一、而飃遇二商船一、又何以聽三隨夷從殺二害三命一、擄三劫布・米・銀兩一、的係二何人所一レ爲、遂一審確、明白回

奏、林元、仍發二回原籍一、福建衙門、監禁治罪、聽二彼歸結一、緣下奉批仰二再譯確詳一事理上、未レ敢二擅便一、呈乞二照詳一」○以上、浙江等處提刑按察使司覆勘、等因、奉レ批(浙江巡撫劉元霖批)、「熊普達等(浙江巡撫劉元霖批)、海上劫擄之情、雖レ有レ可レ疑、然倭衣・倭刀及拒二傷官兵一既眞、卽百口無レ所レ〔解〕□レ罪、琉球使者詞涉二支〔吾〕□一、固不レ足レ信、但既認三普達等爲二〔彼〕□國人一、則以恭三順守禮之素一、自宜三從レ寬議處〔回〕□三存屬國之體一、如レ議、熊普達等拾伍名、交三付陪臣蔡奎一帶回、聽二彼審明回

奏一、仰レ司(浙江等處提刑按察使司)、咨二行該國一(琉球國)遵照、〔林〕□元、解二發福建衙門一禁治、繳」一、○以上、劉元霖批、奉レ此、擬、合二就行一、爲

レ此、合二咨前去一、査二照咨文内事理一、即將下交三付陪臣蔡奎一順帶回國熊普達等壹拾伍名上、遂一審究、既係二探貢一、因レ何、在レ洋劫殺、其眞正倭衣・倭刀從レ何得來、備査、的確明白回
奏、以後、除二正貢一外、探貢一節、似レ可二免行一、俱毋二違錯枉縱不一レ便、須レ至レ咨者、

右　咨二

琉　球　國一、

萬曆（萬曆三十年）

〔歴代寶案〕第一集　巻七　福建布政使司等咨　起成化十五年至天啓七年
○沖縄県立図書館史料編集室編歴代宝案校訂本第一冊

（浙江等處提刑按察使司咨）
浙江等處提刑按察司、爲二夷使譯詞頗異、海洋功罪宜レ覈等事一、萬曆三十一年（一六〇三年）十月二十二日、准二琉球國咨文一、前□〔事〕、咨稱、（琉球國咨）「除二熊普達等壹拾伍名査照釋放一外、林元、原蒙下解二發福建衙門一禁治上、的係レ非レ辜、另當備由移咨、同仁釋放、乞爲、査二照咨文内事理一、具由回
奏施行」○以上、琉球國咨、等因、備咨、到レ司、准レ此、（浙江等處提刑按察使司）已經、備二關福建按察司一、將二林元一査照外、今、准二前因一、擬、□〔合〕二回覆一、爲レ此、備咨前去、煩爲、□〔査〕照施行、須レ至レ咨者、

右　咨二

琉　球　國一、

○一行空、

（一六〇四年）萬暦三十二年伍月二十日

○琉球國中山王尚寧、日本薩摩國ヨリ琉球國ニ漂到セル明ノ兵部錦衣衞指揮史世用ノ護送ノ使者トシテ、熊普達ヲ于灞ト共ニ福建ヘ遣スコト、一五九四年十二月、琉球國遣明使于灞等、明福建巡撫許孚遠ニ、是ヨリ先、一五九二年（萬暦二十年）、日本關白豊臣秀吉、琉球國ニ、北山〇大島ノ日本ヘノ割譲ヲ求メタルコトヲ報ズル條ニ見ユ、

○冊封琉球使夏子陽等、一六〇六年（萬暦三十四年）五月、福建ヲ發シ、六月、琉球國那覇ニ著シ、諭祭ヲ行ヒ、七月、冊封禮ヲ行ヒ、十月、琉球國那覇ヲ發シ、十一月、福建ニ還ルコト、夏子陽・王子楨撰使琉球錄巻上使事紀等ニ見ユ、

○明人毛國科〇茅國科、徳川家康ノ命ニ依リ、日本薩摩國坊津ヲ發シ、一六〇〇年四月、明浙江ニ漂到シ、浙江巡撫劉元霖ノ審問ヲ受クルコト、劉元霖撰撫浙奏疏巻之十七〇東洋文庫所藏所收題報倭使送還差官請旨勘處疏ニ見ユ、史料綜覽慶長六年（一六〇一年）五月是月ノ第四條、是ヨリ先、明王朱翊鈞、大隅帖佐ノ島津維新〇義弘ノ、朝鮮ノ役ニ捕ヘシ、明人茅國科ヲ送還セシヲ喜ビ、毎歳商船ヲ薩摩ニ遣スヲ約ス、是月、伊丹屋助四郎、海賊ヲ集メ、明船ヲ途ニ奪ヒシニ依リ、維新、之ヲ磔殺スル條參看、

○一五九七年、是歳ヨリ先、一五九五年、倭ニ擄掠サレ、日本薩摩國ニ到リタル明福建人黄紝、

琉球國鬼界島(其甲山)ニ逃入ル、尋デ、黄紝、明ニ歸ラントシテ、一六〇一年四月八日、福建ヘ向ヒタル琉球國使ノ從人熊普達ノ船ニ乘リ、同月十九日、明官兵ニ捕ヘラルルコト、便宜合敘ス、

一六〇五年（琉球國中山王尚寧十七年・明萬曆三十三年・日本慶長十年・乙巳）

是歳ヨリ先、琉球國中山王、比嘉親雲上(米須里之子男)ヲ大島瀬戸內東間切大屋子及ビ大島瀬戸內西間切大屋子ニ任ズト傳フ、

〔謂書並顧姓系圖家譜抜書〕 ○喜界町佐手久博田家所藏寫本

○明治六年顧助法謂書、略ス、一五二六年是歳ヨリ先ノ條參看、

（顧姓家譜大宗）
顧姓系圖大宗
（序）

鼻祖米須里之子者、原、居二住於首里王府一之人也、于レ時、使二鬼界島一而、旅二死於彼地方一矣、幸而、七歳之幼子存矣、（比嘉親雲上）雖レ然、喪レ父発而、殆將レ及二顚覆一、於レ茲、外祖父、泊之住、眞樽筆者、乃愛養レ之、逮二成人之時一而、奉二仕于聞得大君御殿一、因敍二黄冠一、而後爲二于時大鳥〔島〕東〔西〕面大親（大屋子）一、則稱二（瀬戸內東間切・瀬戸內）

顧姓家譜

比嘉（西間切）親雲上一也、然而、世遠歳久、不レ得二以審考一焉、故以二嫡子助輝一、爲二元祖一也、

紀録

一世顧保安比嘉筑登之親雲上

童名松比樽、名乗助輝、號琉久、

嘉靖十四年（一五三五年）乙未、生、

父、比嘉親雲上、母、津波古親雲上女思戸、號秋桂、

室、安座間筑登之女眞護染、號貞靜、

長女、眞加戸、嫁二葉有茂眞壁親雲上兼健一、天啓三年（一六二三年）癸吉〔亥〕二月廿五日、死、號妙聲□、

長男、顧是善（助明）、

尚元王世代（一五五六年〜一五七二年）

嘉靖年間、奉三仕乎聞得大君御殿一、因紋二筑登之座敷一、次紋二黄冠一、

尚寧王世代（一五八九年〜一六二〇年）

萬歴〔暦〕三十三年（一六〇五年）乙巳二月十五日、死、壽七十一、

二世顧是善比嘉筑登之

○下略、一六〇九年三月七日ノ條參看、

○本條、顧姓家譜大宗紀錄一世顧助輝、比嘉親雲上ノ男トシテ嘉靖十四年（一五三五年）生、萬曆三十三年（一六〇五年）歿ト記スニ依リテ揭グ、

○琉球國中山王、米須里之子（顧氏祖）ヲ鬼界島ニ遣ス、尋デ、米須里之子、鬼界島ニ歿スト傳フルコト、一五二六年是歲ヨリ先ノ條ニ、一六〇九年二月ヨリ先、琉球國中山王尙寧、顧助明ヲ貢税收納ノ爲ニ大島ニ遣スコト、一六〇九年二月ヨリ先ノ第九條（○上卷補遺）ニ、尋デ、顧助明、島津軍法允仁右衞門ニ虜ヘラレ、許サレテ琉球ニ囘ルコト、一六〇九年三月七日、島津軍、大島ニ著シ、尋デ、大島ヲ征スル條、（○上卷補遺）ニ見ユ、

一六〇六年（琉球國中山王尙寧十八年・明萬曆三十四年・日本慶長十一年・丙午）

七月ヨリ後、僧良定（袋中上人）、明冊封使ノ琉球國ニ於ル迎接ニ就キテノ往來ヲ製シ、遣明船ノ造船ニ大島ノ木材ヲ用フルコトヲ記ス、

〔琉球往來〕○上東京大学総合図書館所藏南葵文庫架藏小中村清矩舊藏本

端午之祝儀、御目出申納候、如二嘉例一、粽二百把、菖酒三瓶《ベイ》、進献候、抑、近日龍船、自二毎歳一華々敷候、今日爲二成就一、此回《タビ》無《ハ》二御覽一奚事哉、此興誠《ニ》國之晴《ハレ》也、且思二由來一《ヲ》、屈原、虽二彈レ冠拂(振)レ衣《ヲ》身察々一、終沈洗二脚灌レ纓《フサ》〔之〕汨羅《ベキラニ》一汨《ミツチ》、至賢有二此愁一、而今以《ニ》二祭祀一《ヲ》表二宗《タツトブ》レ賢之義一《ヲ》候、夫帝王《ハ》天下《ノ》心也、心乱《ル、》則《ンハ》身亦憂、身不レ安則心尚悲《ム》、撫《ナテ》レ民、治レ世《ヲ》、慈悲正直思案堪忍而《メ》、可レ成二憲法政道《ケンホフノ》一《ヲ》、吾《ワ》儕鼎《ナミテイ》臣《ノ》一《トメ》而、隔レ日出頭《ヲ》、諸寺之長老出會、侍二同席一、聞二古今好惡一《ヲ》、唯爲レ糺《タ、サンカ》二同輩紫冠《ノシ》、或黄冠《ハ》、赤冠、或青《ハ》黑二冠、牽馬《ムマヒ》・從者《ジユシヤ》等《ノ》賞罰一《ヲ》候、上有二織冠一、非二我所一レ制、傳聞、唐山、有二春官・夏官・秋冬官・戸部・京兆等職《ノ》一、知二天下《ヲ》一、此國《ハ》爲二狹少一故、纔《ワツカニ》三司官受《ス》二王命一《ヲ》、執二權諸事一《ヲ》、雖レ爲二小國一有二未斷一者、三可レ協候、先可二申付一條々、恒例《ノ》祭祀、諸社《ノ》再興、御拜林《ノ》掃地、君々《ノ》御米、月次《ナミ》之礼奠事、一是、諸伽藍《カラン》補破《ホハ》、同僧《ク》徒《ノ》供物、御先祖追薦《ツイセン》、御國忌《キ》・月忌《キ》、灯明・香花、年始卅三座饋〔供〕共、涅槃會《ノ》供備菜《キウビサイ》、浴《ヨク》水洗湯料《ノ》、盂蘭《ウラ》盆《ノ》百味五菜、二季《ノ》彼岸盛物《ノモリ》、佛名會奠供事《ノテンノ》、二是、渡唐《ノ》船艤事《ノ》、三是、然遣二唐船一時先送レ表、諸官威儀而調レ祭、令二隨從一候、造船者任二材木出所一、大嶋《ニ》可二申付一候、板《ノ》厚薄、釘大小、梁强弱、堅木梶、直木檣《ノ》、帆・篷等、雜具者、龍頭・世籠・酌匕・爐《イロリ》・鍋《ナヘ》・鑊《カマ》等、人數者、船頭・軸殿・大夫・長司史・方副《フ》・宦者《クアンシヤ》・夥《ホイ》長・舵《ダ》公《コウ》等、其外雜司・船子也、料「粮」○朱書料者、可レ充二都倉《ミヤコクラニ》一候、出船徑《タ、チハ》者、諸山《ノ》衆徒、送《リ》祈禱、參二籠諸社一《ニ》、如在《ノ》行法、不レ可二忽緒一、俟《マチテ》レ時、亦有二迎《ムカヒ》祈念一、同於二歸帆一、諸濟法力正願、于二斯時一、諸役人引二目錄一《ヲ》、令二劑符一、運物嚴重《ニ》、可レ納二庫藏一候、將又來年六月、行人《アンシン》可二申請一候、王者歸敬《ノ》、一國《ノ》大賓、可二盡レ身賞一レ之候、隨二乘衆五百餘人一、船尚濶、着岸刻《ハ》、迎恩堂而奉レ接、其供奉人々、作レ樂《カクヲ》、圍三遶《メ》前後左右《ヲ》一、至二于天使館《スクハンニ》一、休息經レ日《ヲ》、先、副使《フウス》行人《アンシン》、与二正使《シンス》給中一、倶至二御墓所累〔崇〕元寺《ニ》一、弔二先王一、進香・燒紙・牲等、供物不レ知レ數、又經レ日後、正使《シンス》兼《ト》二副使《フウス》一、同臻《イタリ》二府中《ニ》一、於二新殿一有二封王《ホウノ》儀式一、被レ呈二玉冠・金帶等頒賜《ノハンシヲ》一了、是正《ク》國《ノ》大幸也、然《メ》後、旅宿之安慰《イ》《ナクサメニ》、吾等三官、隔日更饗《カハル〳〵》三應之一、碎《クタキ》レ骨《ヲ》分《テモ》レ身《ヲ》、可レ奉レ謝此時、毎度府中御上下之辻堅《ツチカタメ》、爲二武士一、然《ハ》武具用意肝要《ニ》候、貴殿累《ルイ》代有二此〔其カ〕貯《タクハヒ》一、分量可レ座候、恐々謹言、

蕤賓《スイビン》（五月）五日

那《ナ》呉館《ゴノクハン》人々御中（名護親方カ）

○返點及ビ句點、寫本ニ附セラレタル返點及ビ句點ヲ參看シ、編者ニ依リテ附ス、訓假名、寫本ニ從フ、

〔おもろ御さうし〕　巻十三　船ゑとのおもろ御さうし
○沖縄県所藏尚家本

しより（首里）ゑとのふし（節）

一とくやま（徳山）（徳之島）のなてまつ（撫松）　おやおうね（親御船）はすたちへ（孵）　とふとり（飛鳥）といそ（競）いしてはり（走）やせ

又にしたけ（西嶽）のなてまつ

○本歌、第十三ノ一九八番、通番九四三、句切、琉球大学附属図書館所藏伊波普猷文庫架藏おもろさうし仲吉本ノ朱句點ヲ參看シ、空格ヲ以テス、

○本條、明皇帝ノ册封使正使夏子陽幷ニ副使王士楨、一六〇六年六月二日ニ琉球國那覇ニ著シ、尋デ七月二十一日、首里城ニ於テ封王禮ヲ行ヒ尚寧ヲ琉球國中山王ニ封シタルコトニ據リテ掲

グ、袋中上人傳幷ニ袋中上人繪詞傳ニ、僧良定、一六〇三年（萬暦三十一年）ニ琉球國ニ著シ、三、四年在留シ、一六〇六年歸國シテ筑後國山本郡ノ善導寺ニ入ルト記サレタルニ依レバ、一六〇六年七月二十一日ニ封王禮ノ行ハレタルヲ知リテ、蔆賓五日狀ヲ製シタルナラン、遣唐造船ノコト、琉球國、明皇帝ニ中山王世子尚寧ノ襲封ヲ請スル使者ヲ明ニ遣スコトニ係ルナラン、〇琉球國中山王尚寧、一五九四年（萬暦二十二年）、使者于灞等ヲ明ニ遣シ襲封ヲ請スルコト、歴代寶案第一集卷七萬暦二十四年六月日福建承宣布政使司咨文幷ニ同卷三十二萬暦二十二年十月十一日琉球國中山王世子尚寧執照、明實錄大明神宗顯皇帝實錄卷之二百八十五萬暦二十三年五月丙申（二十四日）條、雍正三年序重修本中山世譜〇沖縄県所藏卷七尚寧王萬暦二十二年冬條、及ビ球陽卷之四〇東京大学史料編纂所所藏尚家本謄寫本尚寧王十八年條、一五九九年（萬暦二十七年）、長史鄭道等ヲ明ニ遣シ襲封ヲ請スルコト、歴代寶案第一集卷二十六萬暦二十七年二月二十七日琉球國中山王世子尚寧符幷ニ同第一集卷四萬暦二十九年十一月二十二日禮部咨、明實錄大明神宗顯皇帝實錄卷之三百四十二萬暦二十七年十二月甲申（九日）條、雍正三年序重修本中山世譜卷七尚寧王萬暦二十七年春條及ビ球陽卷之四尚寧王十八年條、一六〇〇年（萬暦二十八年）、長史蔡奎・使者毛如鳳ヲ明ニ遣シ襲封ヲ請スルコト、歴代寶案第一集卷四萬暦二十九年十一月二十二日禮部咨、康熙四十年序本中山世譜〇沖縄県所藏卷之五尚寧王萬暦二十八年八月十九日條、雍正三年序重修本中

山世譜巻七尚寧王萬暦二十八年秋條、球陽巻之四尚寧王十八年條、夏子陽・王士楨撰使琉球錄巻上使事紀、及ビ明實錄大明神宗顯皇帝實錄巻之三百六十一萬暦二十九年七月丙辰（二十一日）條等、參看、明册封使夏子陽ノ行跡幷ニ中山王尚寧册封ノ次第、明實錄大明神宗顯皇帝實錄巻之三百七十六萬暦三十年九月戊子（三十日）條幷ニ同巻三百八十萬暦三十一年正月乙酉（二十八日）條、歴代寶案第一集巻七萬暦三十五年十二月十九日太常寺少卿夏子陽咨、夏子陽・王士楨撰使琉球錄序・神宗詔書・神宗勅諭幷ニ同書巻上使事紀・禮儀等、康熙四十年序本中山世譜巻之五尚寧王萬暦三十四年條、雍正三年序重修本中山世譜巻七尚寧王萬暦三十四年條及ビ球陽巻之四尚寧王十八年條等、參看、

○一五九四年、琉球國、于灞等ヲ明ニ遣スコト、一五九四年十二月、琉球國遣明使于灞等、明福建巡撫許孚遠ニ、是ヨリ先、日本關白豊臣秀吉、琉球國ニ、日本ヘノ北山〇大島ノ割譲ヲ求メタルコトヲ報ズル條ニ見ユ、一六〇〇年、琉球國、蔡奎等ヲ明ニ遣スコト、一六〇一年四月十九日、是ヨリ先、一六〇〇年八月十九日ヨリ後、琉球國中山王世子尚寧、明ニ長史蔡奎等ヲ遣シテ襲封ヲ請ス、是日、明官兵、浙江布政使司溫州府ノ東海ニ於テ、琉球國使蔡奎ニ従ヒタル官舎熊普達等ヲ捕フ、捕擄ノ中ニ琉球國鬼界島ノ者三人〇稽加・禿羅及ビ馬加羅及ビ同大島ノ者一人〇脱古アリ、尋デ、一六〇二年二月十五日ヨリ後、明浙江等處提刑按察使司、熊普達等十五名ヲ琉球國使蔡奎ニ交

付シテ帯回セシメ、琉球國ニ熊普達等ヲ審明セシム、一六〇三年十月二十二日、浙江等處提刑按察使司、琉球國ヨリ、熊普達等十五名ヲ査照シテ釋放シタルコトノ報ヲ受クル條ニ見ユ、〇琉球往來所收諸嶋斂物帳ニ、鬼界島ヨリ米等、大島ヨリ御殿新造具等ヲ琉球王府ニ貢進スト記セルコト、一六〇三年是歳ノ頃ノ條ニ見ユ、

〇一六〇九年ヨリ先、琉球國、徳之島ノ松ヲ用ヒテ王ノ乗船ヲ造ルト傳フルコト、便宜合敍ス、

一六〇八年（琉球國中山王尚寧二十年・明萬暦三十六年・日本慶長十三年・戊申）

九月六日、島津家久、琉球渡海之軍衆御法度ヲ定メ、大島等ノ百姓ヘノ狼藉ヲ禁ズル條、舊記雜錄後編巻六十三〇上、二九七〜二九九頁、ノ次、

〔南浦戲言〕〇鹿児島大学附属図書館所藏　玉里文庫架藏文之玄昌自筆本

（朱丸）〇討《スル》二琉球《ヲ》一詩　并序

薩隅之《ノ》南二百餘里、有《リ》二一島一、名《ケテ》曰《フ》二琉球一《ト》、使《シメテ》下小島之《ノ》在《ル》二四方一《ニ》者《ノヲメ》　并呑《セ》　為《ンテナサ》上一《ツト》、而為《ナル》二之《レカ》首《酋》長《ト》一矣、

（玄之）予聞《ケリ》二之《ヲ》黄耇《コウニ》一、曰《ク》、「昔者《シ》、日本人王五十六代清和天王之《ノ》孫其《ノ》名《ヲ》曰《フ》二六孫王一《ト》、本朝源家之《ノ》曩祖也《ナリ》、八

世《ノ》孫義朝（源）公《ノ》令弟為朝（源）公為《タリシノ》鎮西将軍《ノ》之日、掛《ク》千鈞《ノ》強弩《ヲ》於扶桑《ニ》、而《メ》其《ノ》威武《ノ》偃《ヘフス》塞垣《ノ》草木《ヲ》、是《ノ》故《ニ》、遠《ク》
航《フナハタリメ》於海《ニ》、征《ス》伐島屿（嶼）《ヲ》、於《テヤ》斯《ノ》時《ニ》也、舟随《ツテ》潮流《ニ》、求《ム》一島《ヲ》於海中《ニ》、以《テ》故《ヲ》始《メ》名《ク》流求《ト》矣、為朝見《ルニ》
巣居穴處《スル》於島上《ニ》者《ノヲ》、頗《フル》雖《ヘトモ》似《リト》人之形《チニ》、而戴《イタヽク》一角《ヲ》於右鬢上《ノニ》、所謂《ル》鬼怪《ト云》者《ノカ》乎、為朝征伐《ノ》之後、
有《テ》其《ノ》孫子、世《ヨヽ》為《タリ》島之主君、固築《クヒテ》石壘《ヲ》、家《イス》於其《ノ》上《ニ》、固效《テナラツテ》鬼怪《ノ》之容貌《ニ》、結《アグ》髻《モトトリヲ》乎右鬢《ノ》上《ニ》、至《ルマテ》今《ニ》
風俗不異《ナラ》、中《ゴロ》改《ム》流求二字《ノヲ》、々従《コトニツテ》玉而、為《スト云》琉球《ト》矣、黄耇《ノ》之言《コト》、未知《ラ》是否《ナリヤヤ》、酋長《ノ》之祖、
不知阿誰《タソト云コヲ》、昔朝《シス》於　大明皇帝《ニ》、々々賜《タマヒ》之衣冠《レニヲ》、且錫《ツタマフ》爵位《ヲ》、尓《ソレヨリコノカタヨヽ》來、世称《ス》中山王《ト》、々称《ノモ》亦
至《ルマテ》今《ニ》不絶《タヘ》矣、数十世《ノ》之先《サキ》、為《ナツテ》我　薩隅日三州《ノ》太守島津氏附庸《ノ》之國《ト》、歳輸《ゴトニイタス》貢献《ヲ》於我州《カニ》、比《コノ》
來《ゴロ》不《ル》随《カハ》我號令《ニ》者《ノ》、有《リ》年於茲《ニ》矣、是歳戊申、（慶長十三年、一六〇八年）有《テ》太守家久（島津）公《ノ》之命、遣《ツカハス》二使《ヲ》於彼國《ノニ》、々素《ヨリ》
有《リ》三司官、國之公卿世守《ヨヽル》其職《ノヲ》、時有《ニリ》一聚斂臣《ノノ》名《クル》邪那《ト》者《ノ》、補《オキノフ》一官闕《ノカケタルヲコレヲ以テ》、以《ス》汚公卿《ノ》之衣冠《ヲ》、
邪那見《ルニヤ》我二使《カノ》之来《ルヲ》也、以《テ》色可否《シ》、以《テ》頤《ヲトガヒヲ》指揮《ス》、二使亦《モ》不知所云《ヲイヘル》、空手《フメヲ》而帰《リヌ》矣、於是《テニ》、
不得已《ヤムコヲ》而使《シム》数千兵《ノヲメ》行以《テテ》討《セ》之《ヲ》、嗚呼、琉球日薄《セマツテ》西山、運其極《レマリヌ》矣、何其《ソレ》不念《ルヤハ》苞桑《ハウサウノ》之戒《メヲ》、乎
哉、予桑門《ハノ》之徒《ナリ》也、雖《ヘトモ》不与《トアツカラ》國家存亡《ノ》之事《ニ》、見《テ》此《ノ》兵戈《ノ》之将《ニ》出《ント》而、恐《ルヽニヤ》彼敗衂《ノ》之在《ランコヲジンノ》衽席之
間《タニ》也、不顧《ミ》才拙《ノキトトヲ》与語《ノ》之俚《ナル》、漫賦《リニス》俳諧体十章《ヲ》、首章《ハ》、先述《ツフ》天与人帰《ヘスルノ》之義《ヲ》、兼祝《ネテス》大洋波
平《カニメ》而、兵船《ノ》之安《キコ》如《クナランコヲ》泰山《ノ》之安《ノ》矣、次章《ノハ》、仰《ク》諸将《ノ》威武動揺《スルコヲ》乾坤《ヲ》、其《ノ》次《ノ》三章《ハ》、述《フ》欲《メ》富《サント》
我國《カヲ》挙《ケテ》一邪那《ヲ》好《ンテ》行《ナツテ》小慧《ケイヲ》降《スルコノ》我義兵《カニ》之不早《ルコヲカラ》也、且欲《ツス》我諸将亦《カモ》整《トヽノヘ》其部伍《ノヲ》有《ランコヲ》其戒心《ノ》

也、其《ノ》次《ノ》二章《ハ》、訪《フ》下知己《ノ》之在《ル》二彼《ノ》國《ニ》一者《ノヲ》上、且《ツ》復我《カ》先師《ノ》之徒《ニ》有《リ》二景叔・春蘆《ノ》之二翁一、昔帶《シテ》二先師《ノ》典籍若干部《ヲ》一、
寄《セテ》二跡《ヲ》於彼《ノ》國《ニ》一終焉《シユエンス》、此《ノ》時、恐《ツテ》三典籍《ノ》之若《モシクハ》失二却《センコヲ》兵火《ニ》一而賦《ス》レ之《ヲ》、其《ノ》次誹《ハソシルブ》下巫覡《ゲキノ》謂《ツテ》三神祇《ノ》之托《ストコトヲ》二言於
我《レニ》一惑《マドハシ》レ世《ヲ》誣《シヒテ》レ民《ヲ》為《メニ》レ身《ノ》謀《ハカル》者《ノヲ》上矣、末《ノ》二章《ハ》、彼《ノ》國《ノ》風俗愚《ニメ》而多《シ》レ詐《イツハリ》、不《ハ》レ乞《ヲ》二降《レニ》於我一、後必《ニ》患《スヘテ》レ有《ランコヲ》下 不
レ得レ致《スコヲ》二 忠孝《ヲ》於我《カ》君父《ニ》一、且《ツ》復兄弟妻子離散《メ》赴《クコ》中遐遠《ノ》之邦《ニ》上、而《メ》言《フ》レ之《ヲ》、書《テ》以《テ》呈《メ》三之《ヲ》於二 (貞昌)伊勢氏兵部員
外郎《ニ》一、以《テ》供《ス》二一笑《ニ》一云、

琉球《ノ》小島一彈丸　天与《ヘ》人歸《メ》討《スルコ》不レ難《カラ》　四海波平《カナリ》　天水《アマミツノ》渡　諸軍《ノ》大艦泰山《ノ》安
欲《シテウタント》レ伐二　鬼方《ヲ》一揚《ク》二白旛《シラハタヲ》一　諸軍《ノ》威武動《ス》二乾坤《ヲ》一　樺山《ハ》右將平田《ハ》左　添得《ヘタリ》　伊川《ノ》伴衞門
一灯将《ニ》《ス》レ滅《キエント》　琉球《ノ》運　為《メニ》レ擧《ルカ》二邪那《ヲ》一紀綱紊《ミタル》　諺語《ケンゴ》未《ラ》レ知《カ》實耶レ虛《カ》　那覇《ハ》本是河邊《レカハノベノ》　郡《ト》
琉球祇《タ、》合《ヘキニ》レ覔《ム》二和談《ヲ》一　心苦《ツマツテ》　君民更《ニ》不レ甘《クツロカ》　想《フニ》　是《レ》邪那瘦城主《ノヤセグスク》　一身逃《ノガレテ》レ死《ヲ》定《メテ》　降參《セン》
我國《カノ》武威誰《カ》敢侵《テヲカサン》　幾多《ハクノ》　健将《ソ》智謀深《シ》　報《メ》言蜂蠆《フホウタイニ》　有二其毒《リトノ》一　須《ク》レ孛《フ》二猫児《ノ》藏《カクス》レ爪《ヲ》心《ヲ》一
報恩主《ノ》席我《カ》知音　句欲《メ》レ聯《ネントヲ》レ珠旦暮吟《ス》　緬《ハルカニ》　想《フ》西来《ノ》一庵主　無心雲《モ》亦駭《カサン》二　其心《ノヲ》一
(恩叔)　(菊隱)
典墳誓《ツテ》　莫《レ》レ作《ナスコ》二秦坑《カウト》一　字々元如《シ》二金滿《ノ》レ籯《ルカエイニ》　景叔・春芦昔遊《ノ》日　先師書籍帶《テ》レ之《ヲ》行《ク》
奇術誑《タブラカス》レ人《ヲ》巫女流《ノタグヒ》　巧《クミ》レ言《ヲ》令《メ》レ色《ヲ》為《メニ》レ身《ノ》謀《ル》　蚖虵若識《シラハ》二義兵至《ノルコヲ》一　端的尋《ツイテ》レ声《ヲ》自《ミ》縮《メン》レ頭《ヲ》
愚《ニメ》而偏詐《ヘニイツハツテ》　世無《ニシ》レ双《ビ》　未三敢翻《テカヘシテ》レ心《ヲ》築《カ》二受降《ヲ》一　又似三蟷螂《タリ》恃《タノムニ》二長臂《ヲ》一　人言《ハ》小點《フ》大癡邦《ノト》
自《リ》レ古球陽《ヘ》屬《ハス》二薩陽《ニ》一　不レ隨二號令《ニ》一忽云《チコ、ニ》亡《フ》　他時弃《ヲ》レ父弃《テ、》レ妻《ヲ》後　必棹《スサヲサシテ》二　扁舟《ニ》一赴《カン》二大唐《ニ》一

慶長戊申十一月吉日　　懶雲散人《玄之》書之

○原文ノ訓假名ヲ記シ、返點・音訓符・音訓合符・句讀點幷ニ人名地名朱引、略ス、返點、編者ニ依リテ附ス、南浦文集寛永二年版本、序ヲ收メ詩ヲ收メズ、同慶安二年版本、序幷ニ詩ヲ收ム、同寛永二年版本及ビ慶安二年版本、慶長戊申十一月吉日懶雲散人書之ノ記ナシ、島津家久、幕府ノ命ヲ奉ジ、僧龍雲等ヲ琉球ニ遣シ、重ネテ其來聘ヲ督促スルコト、大日本史料慶長十三年八月十九日ノ條ニ見ユ、

一六〇九年（琉球國中山王尚寧二十一年・明萬曆三十七年・日本慶長十四年・己酉）

二月ヨリ先ノ第三條、琉球國中山王、義者ニ徳之島東間切おは勢ノ田畠ヲ賜フト傳フル條〔○上、三一〇〜三一一頁〕、ノ次ニ、左ノ一條ヲ加フ、

琉球國中山王尚寧、顧助明ヲ、貢稅收納ノ爲ニ大島ニ遣ス、

〔謂書並顧姓系圖家譜拔書〕○喜界町佐手久博田家所藏寫本

○明治六年顧助法謂書、略ス、一五二六年是歲ヨリ先ノ條參看、

（顧姓家譜）

（序）

顧姓系圖　大宗

○中略、同前條及ビ一六〇五年是歲ヨリ先ノ條、參看、

顧姓家譜

紀録

一世顧保安比嘉筑登之親雲上

童名松比樽、名乗助輝、號琉久、

嘉靖十四年(一五三五年)乙未、生、

父、比嘉親雲上、母、津波古親雲上女思戸、號秋桂、

室、安座間筑登之女眞護染、號貞靜、

長女、眞加戸、嫁二葉有茂眞壁親雲上兼健一、天啓三年(一六二三年)癸吉〔亥〕二月廿五日、死、號妙聲□、

長男、顧是善〔助明〕、

尚元王世代(一五五六年～一五七二年)

嘉靖年間、奉三仕於聞得大君御殿一、因敍二筑登之座敷一、次敍二黄冠一、

尚寧王世代(一五八九年～一六二〇年)

萬歴〔暦、下同ジ〕三十三年(一六〇五年)乙巳二月十五日、死、壽七十一、

二世顧是善比嘉筑登之

童名恩〔思〕加那、名乗助明、號祥岩、

隆慶三年（一五六九年）己巳、生、父、顧保安、母、眞護染、室、具志里之子女眞鶴、天啓七年（一六二七年）丁卯八月二十日、死、圖心號、

長男、顧可達、

次男、顧可盛〔世〕、津波古筑登之親雲上助正、別有二家譜一、

尚寧王世代（一五八九年～一六二〇年）

萬歴年間（一五八九年～一六〇九年）、為二泊籠飯當〔御殿〕（泊御殿盆當）一、為二御双紙庫理主部及大筆者一也、其後、奉レ命、為二貢稅取納一、至二于大鳥〔島〕一、

時、己之年（己酉、萬暦三十七年、一六〇九年）、薩州兵船、経二過彼島一、與二同僚與那覇親雲上・與座親雲上一、為レ拒レ兵、舩出向二於海濱一、不レ能レ當二士勢一、為二大將沽加二〔法元仁〕右衛門殿一虜也、○中略、本年三月七日ノ條及ビ一六一〇年五月十五日ノ條、參看、

萬歴三十八年（一六一〇年）庚戌五月十五日、死、享年四十二、

三世顧可達上江洲親方

童名、松比樽、名乘助光、號德行、

萬歴二十八年（一六〇〇年）庚子十二月二十八日、生、父、顧是善、母、眞鶴、○中略

康熙二十五年（一六八六年）丙寅正月二十八日、卒、壽八十七、

〔氏集首里那覇〕十番　1251　○那覇市歴史博物館刊

元祖比嘉筑登之親雲上助輝二世比嘉筑登之助明支流二子顧世盛比嘉筑登之親雲上助正　顧氏　津波古筑登之○本書、上ニ収ムル謂書並顧姓系圖家譜抜書所收顧姓家譜大宗紀錄二世顧助明ノ次男顧助正ヲ祖トスル顧姓支流系圖ニシテ、今佚シタルカ、

○顧助明、大島ニ於テ島津軍ニ捕ハルコト、本年三月七日ノ條ニ見ユ、

二月ヨリ先ノ第五條、琉球國中山王、金次郎目ヲ大島瀬戸內東間切首里大屋子ニ任ズト傳フル條（○上、一四頁～三一五頁）ノ次ニ、左ノ一條ヲ加フ、

琉球國中山王、瀬武大屋古（○名不詳）ヲ大島瀬戸內西間切目指ニ任ジ、尋デ、瀬武與人（○名不詳）ヲ大島瀬戸內西間切目指ニ任ジ、更ニ、白良茂伊ヲ大島瀬戸內西間切預ニ任ズ、

〔系圖〕○瀬戸内町油井　勝家文書
○瀬戸内町立図書館・郷土館所藏

系圖

（一世）
比知江

（二世）
瀬武大屋古（大島瀬戸內西間切瀬武）（子）元ハ西目指、（大島瀬戸內西間切）首利目指（琉球國中山王詔書）那覇御朱印有レ之、

（三世）
比知江

瀬武与人　元西目指、那覇御朱印有レ之候所ニ失□候、

茂戸目
實久与人〇實久、大島瀬戸内西間切實久、

首里掟

阿鉄掟（大島瀬戸内西間切阿鐵）

思鍋

真佐理

西間切預
白良茂伊　那覇御朱印有レ之、〇預、与人カ、
（四世）

（五世）
古見与人　元名太郎文志、
（大島名瀬間切古見）

（六世）
住用筆子
（大島住用間切）

目指元名太良津目、

〔系圖留〕瀬戸内町油井　勝家文書
〇瀬戸内町立図書館・郷土館所蔵

系圖留

（大島西間切）油井村持主織知○五世、瀬武與人玄孫、

（一世）瀬武與人（大島瀬戸内西間切瀬武）
「○○首理與□」○瀬武與人ノ上ノ貼紙ニ書セラル、○○ノ上半部、本紙上ニ渡リテ書セラル、與□、大屋子カ、

（二世）西之與人（大島西間切）
「女　□女之夫にて西目さし本爲二知屋留筆子一△」（追筆）

住用筆子
女□

思二郎
女□

亀千代
女□

○系圖留ニ掲グル瀬武與人、貼紙ニ首里與□トアルハ、琉球國中山王、瀬武與人○名不詳ヲ大島瀬戸内西間切首里大屋子ニ任ジタルコトニ據レルナラントシ、便宜、本條ニ掲グ、

○琉球國中山王、瀬武與人○名不詳ヲ大島瀬戸内西間切首里與人○首里大屋子カニ任ズト傳フルコト、便宜合敍ス、

三月四日、島津家久、島津軍大將樺山久高ニ琉球征討ノ法度ヲ與ヘ、琉球及ビ島々ヨリ人質ヲトルコトヲ命ズ、尋デ、島津軍、薩摩國山川湊ヲ出航スル條、舊記雜錄後編巻六十三 書狀○上、三三〇頁～三三一頁、三月四日島津家久ノ次、

〔南浦棹歌〕一　○鹿児島大学附属図書館所蔵玉里文庫架藏文之玄昌自筆本

己酉佛涅槃(慶長十四年二月十五日)

○七言絶句略ス、續ク七言絶句三詩略ス、

送《ル》二球邦兩使之行《ヲ》一

春波穏《カナル》　處片舟輕《シ》　通《シ》レ好《ミヲ》　參《マシヘテ》レ謀《ヲ》欲《ス》レ止《メント》レ兵《ヲ》　臨《テ》レ別《レニ》　贈《ル》レ言《ヲ》君莫《レ》レ忘《ル、ヿ》　薫風来《ラン》　日報《セヨ》二昇平《ヲ》一

○七言絶句十詩略ス、

有《テ》二君命(島津家久)一再《タヒ》　至《ル》二麑府《ニ》一

露宿風飡無二少《ラクモ》　安《ンスルヿ》一　勤二勞王事《ニ》一到《ル》二春《ノ》闌《ナルニ》一　我行恐《ラクハ》　被《レン》二百花《ニ》笑《ハ》一　跡《ハ》似《テ》レ偸《ムニ》レ閑《ヲ》多《クハ》　繫《カル》レ官《ニ》

又

因仍苟且送《ル》二餘春《ヲ》一　十事人間九《ハ》不レ真《ナラ》　我《レ》廢《スルヿ》二詩書《ヲ》一今已久《ニシ》　官遊三月硯吹《ク》レ塵《ヲ》

征二伐《ス》琉球《ヲ》一

島夷方《サカツテ》レ命《ニ》事皆虚《ナリ》　恃《タノンテ》二陜偽心《ヲ》一猶レ未レ除《カ》　動《カシ》レ衆《ヲ》興《ス》レ師《サヲ》　何《レノ》　歳月《ソ》　維《レ》時己酉暮春初《ノ》(慶長十四年三月)

○原文ノ訓假名ヲ附シ、返點・音訓符・音訓合符幷ニ句點、略ス、返點、編者ニ依リテ附ス、送球邦兩使之行ノ詩及ビ有君命再至麑府以下ノ三詩、文之玄昌、島津家久ノ命ニ依リ、島津軍ノ琉球征討ニ當リ、大隅國國分郷正興寺ヨリ

鹿児島ニ到リ侍スルコトニ係ルニ依リテ、慶長十四年二月廾二三月ニ係ル詩ト共ニ掲グ、

同條、舊記雑録後編巻六十四 琉球入ノ記○上、三四二頁～三四四頁、ノ次、

〔新編島津氏世録正統系圖〕十七代義久 二十九 ○東京大学史料編纂所所蔵島津家文書35―1―6―9

寫有レ之、

○慶長十四年琉球入之首途に

龍伯法印

むかふ風あらぬは

梅のにほひかな ○コノ記、東京大学史料編纂所所蔵舊記雑録後編巻六十三、在御文庫廿二番箱十巻中、義久公御譜中ニ在リト注シテ収ム、鹿児島県史料旧記雑録後編四巻六十三、五四七号、参看、

同條、肝付世譜雑録七 肝付世譜雑録巻之五 六代兼篤公○上、三四六頁～三四八頁、ノ次、

〔肝付世譜雑録〕七 肝付世譜雑録巻之五 六代兼篤公 ○鹿児島県史料旧記雑録拾遺家わけ二

（肝付兼篤書状）

公（兼篤）、大嶋ヨリ（肝付家家宰）前田佐渡守盛張へ賜フ御書、

○追而書略ス、

先日者、山川へ被レ成二下着一候、其刻、出船取紛、不レ能二閑談一候事残多候、仍海上無爲ニ、去七日、

大嶋へ着船候、扨者、此嶋之番手たるへき由、山川ニて被二仰付一候間、無二余儀一御返事申上候き、雖レ然、此嶋ニハ、御番入間敷之御談合候て、琉球渡海之儀定ニ候まゝ、満足ニ候々々、〇中略必來六月者、可レ爲二歸朝一候由候まゝ、其内に皆悉可レ被レ相二閉目一候、猶期二來信一、恐々謹言、

三月十二日　　肝付越前守
　　　　　　　兼篤（花押影）

前田佐渡守殿
　　御宿所

穎娃久政・平田宗信・伊勢貞朝ヨリ盛張ヘノ再報

（穎娃久政等連署状）
猶々、五枚帆へかこ乘置申候間、從二其方一かこ置參候者、最前水手者おろし可レ申候間、爲二心得一候、以上、

猶御報令二披見一候、然者、立置水手侘之儀承候、爰元も跡（後）船罷渡ニ付、壹人茂不レ參候てハ難レ調候間、早々被二仰付一可レ被二指遣一候、殊ニ壱所持之儀候間、連々かこ役等無二御勤一候、今度者、無二異儀一、被二仰付一尤存候、恐々謹言、

三月九日　　伊勢大内記
　　　　　　貞朝判
　　　　　　平田安房介
　　　　　　宗信判
　　　　　　穎娃長左衞門尉
　　　　　　久政判

前田佐渡守殿

右ノ三老、蓋シ琉球陣兵船渡楫ノ事ヲ掌リ、山川ニ在津セルナラン、考ルニ、新納久信日記ニ、公ノ供舟五枚帆、三月四日、同時ニ出船スルコト不レ能ト云々、此文章、跡舟罷渡ニ付テト云、且ツ五枚帆等ノ支、有二三月九日ノ日付一、旁此陣中ノ狀トスヘキカ如シ、

同條、舊記雜錄後編卷六十三兒玉筑後譜・兒玉筑後利政傳〇上、三五二頁、ノ次、

〔種子嶋家譜〕四 十六代久時永祿十一年至慶長十七年〇東京大学史料編纂所所藏謄寫本

（内表紙）「十五代久時永祿十一年至慶長十七年〻六」

（内題）種子島家譜 四」

〇久時〇釣線略ス、

〇中略

〇永祿十一年戊辰十月廿八日、生、〇中略

〇慶長十四年己酉正月、〇中略

〇太守家久公、令下樺山美濃守久高率二軍卒三千人、艨艟百餘艘一征中伐琉球國上、二月廿一日、發二麑府港一、久時、令下六郎右衞門帥二西村作左衞門・山懸〔縣〕勘解由左衞門・德永小右衞門・鮫嶌善右衞門・同彌太右衞門・同九右衞門、其餘數十人一從上レ之、時、公到二山川一、〇本書、種子島家所藏本ヲ明治十八年ニ謄寫シタ

ルモノニシテ、種子島家所藏本、戰災ニ依リテ燒失ス、本書、鹿児島県史料旧記雑録拾遺家わけ四ニ收載サル、

三月七日、島津軍、大島ニ著シ、尋デ、大島ヲ征スル條、舊記雜錄後編巻六十三琉球渡海日々記〇上、三五七頁〜三五八頁、ノ次、

〔伴姓肝付氏系譜〕〇鹿児島県史料旧記雑録拾遺家わけ二　肝付家文書

(肝付)兼篤

〇中略

(慶長)同十四年己酉、太守家久君、遣二軍衆一征二于琉球國一、丁二此之時一、兼篤隨二勇兵八十餘人一、〇中略、本年三月四日ノ條參看、三月三日夜半、與二諸軍一同、出二船於山川一、七日、到二于大嶋深江津(古見間切)一、向二諸處一發レ兵、嶋中悉降、從二高命一、雖レ守二於大嶋一、々中既平均、故同十七日、赴二于德島一、〇下略、本年三月十七日ノ條參看、

同條、南聘紀考〇上、三六九頁〜三七〇頁、ノ次、

〔謂書並顧姓系圖家譜拔書〕〇喜界町佐手久　博田家所藏寫本

〇明治六年顧助法謂書、略ス、一五二六年是歲ヨリ先ノ條參看、

(顧姓家譜)

(序)顧姓系圖大宗

○中略、一六〇五年是歳ヨリ先ノ條参看、

顧姓家譜

紀録

一世顧保安比嘉筑登之親雲上

○中略、一六〇五年是歳ヨリ先ノ條参看、

二世顧是善比嘉筑登之

童名恩〔思〕加那、名乗助明、號祥岩、

隆慶三年己巳〔一五六九年〕、生、　父、顧保安、母、眞護染、室、具志里之子女眞鶴、天啓七年丁卯〔一六二七年〕八月二十日、死、圖心號、

長男、顧可達、

次男、顧可盛〔世〕、津波古筑登之親雲上助正、別有二家譜一、

尚寧王世代〔一五八九年〜一六二〇年〕

萬歴〔暦、下同ジ〕年間、〔○一五八九年〜一六〇九年〕為二泊籠〔御殿〕飯當一〔泊御殿盆當〕、為二御双紙庫理主部及大筆者一也、其後、奉レ命、為二貢税取納一、至二于大鳥〔島〕一、時、己之年〔己酉、萬暦三十七年、一六〇九年〕、薩州兵船、経二過彼島一、與二同僚與那覇親雲上・與座親雲上一、為レ拒レ兵、舩出向二於海濱一、不レ能レ當二士勢一、為二大將汯加二〔法元仁〕右衛門殿一虜也、然後、得レ許レ罪而、回二于本國一、成レ子〔次男〕、

助正）一年、又一島（喜界島）至、拾二聚残税一、既而催二歸帆一、時、客舍在二一妾一、謂二助明一、「日食（暮カ）、人今去、再不レ可レ有レ來焉、清夜、浮二舟於佐祚具（志戸桶間切佐手久）之沖一而、月下飛二羽觴一而、當以惜別焉」、助明、不レ知二妾之惡念一、便喜而、五月十五夜、携二島人二名一僕一、則乘二扁舟一而遊宴焉、月落二西天一、飲至二酩酊一、島人黨二於妾之惡一而、覆二舟於洋中一、則使二主從沈溺一矣、所之首長、取二揚屍一、葬二于佐祚具村池田之墓一也、彼妾及島人、以得レ志也、然後、故郷之親族知レ之、乃賴二藥丸道雲一而、訟二事之仔細于法加（元仁）二右衛門殿一、因法加（元）氏皈楫之時、〇本年五月十五日ノ條參看、借二帆于佐祚具之湾一、断獄決定、則妾者、處（刑）二剛所一、島人二名者、坐二梟首一矣、

祖父父（ママ）謂レ余曰、「所三以此事起二焉者、彼妾以為レ在三取助明之衣服器財等物二而、被レ利二於己身一者也、然、法加（元）氏斷獄決去而、右之衣服器物、返賜十七八者也」、

萬歷三十八年（一六一〇年）庚戌五月十五日、死、享年四十二、

三世顧可達上江洲親方

童名松比樽、名乘助光、號德行、

萬歷二十八年（一六〇〇年）庚子十二月二十八日、生、　父、顧是善、母、眞鶴、〇中略

尚貞王世代（一六六九年〜一六八六年）

〇中略

康熙二十五年（一六八六年）丙寅正月二十八日、卒、壽八十七、

同條、合敍按文〇上、三七〇頁、三月十六日、大將樺山久高・副將肝付兼篤及ビ高山衆等、大島瀨戶內間切西古見ニ著スコト、ノ次ニ、左ノ按文ヲ補ス、

三月十六日ヨリ前、琉球國ノ顧助明、與那覇親雲上〇姓名不詳及ビ與座親雲上〇姓名不詳、島津軍ト鬪ヒ、法元仁右衞門ニ捕ヘラレ、尋デ、赦サレテ琉球國ヘ歸ルコト、

三月十五日、島津軍大將樺山久高、大島到着及ビ大島ヲ征シタルコトヲ島津義弘ニ報ズル條、條末、〇上、三七三頁、

〇島津義弘、島津軍大將樺山久高ヨリノ大島ヲ征シタル報ヲ受ク、尋デ、五月二日、島津義弘、樺山久高ニ書狀ヲ送ルコト、本年四月二十九日ノ條ニ見ユ、

三月十五日ノ條ノ次ニ、左ノ第二條ヲ補ス、〇上、三七三頁、

島津家久、豐臣秀頼ニ、琉球國ヘ軍ヲ遣シタルコトヲ報ズ、

〔御文書〕 家久公十三　巻十八
○東京大学史料編纂所所蔵島津家文書S島津家文書5—5—7

(片桐且元書状)(折紙)
已上

(島津家久書状)
三月十五日之御札、五月八日上着、拜見申候、先以、遠路思召寄示預、殊硫黄三百斤被レ下候、何寄重要々ニ御座候間、則秀頼様(豊臣)御用ニ上申候、
一、當春者、自二早々一、琉球ヘ御人數被レ遣由、乍二御太儀一、御名譽之旨、於二上方ニ一取々御噂申出迄候、定而無二異儀一御勝手ニ可二罷成一と存候、慥之御吉左右承申度候、
一、大御所様(徳川家康)・將軍様(徳川秀忠)、御息災ニ御機嫌能御座候、御家老衆御無事ニ候、京・伏見・大坂、是又無二何事一候条、可二御心安一候、此地、似相式御用候者可レ承候、旁追而可二申述一候、恐惶謹言、
片桐市正
五月八日　且元（花押）
(慶長十四年)
(島津家久)
羽柴陸奥守様
御報

○本文書、東京大学史料編纂所所蔵島津家文書續編島津氏世錄正統系圖十八代家久公第三十三ニ、正文在文庫、慶長十四年ト注シテ、同所藏島津家本舊記雑錄後編巻六十三ニ、古御文書中、家久公御譜中ニ在リ、慶長十四年ト注シテ収ム、鹿児島県史料旧記雑録後編四、巻六十三、五七二号、参看、（朱カキ）

三月十七日、島津軍ノ副將肝付兼篤等ノ兵船、大島瀬戸内西間切西古見ヲ出テ徳之島ニ着シ、十八日、徳之島西目間切灣屋ニテ戰フ條、肝付世錄雑録七〇上、三七四頁〜三七五頁、ノ次、

〔伴姓肝付氏系譜〕○鹿児島県史料旧記雑録拾遺家わけ二　肝付家文書

(肝付)兼篤
○中略
(慶長)同十四年己酉、太守家久君、遣二軍衆一征二于琉球國一、丁二此之時一、兼篤隨二勇兵八十餘人一、○中略、本年三月四日ノ條参看、七日(三月)、到二于大嶋深江津(古見間切)一、向二諸處一發レ兵、嶋中悉降、○中略、本年三月七日ノ條参看、故同十七日、赴二于徳島一、十八日、和伊奈(灣屋)夷賊一千許出來、諸軍、下レ船放二鉄炮一、夷賊、暫時不レ支敗走、逐北斬之者五十級許、兼篤家臣得二五人一、二十五日、進到二于運天一、○下略、本年三月二十五日ノ條参看、

三月二十日ノ第二條、島津家久、島津軍ニ岩切彦兵衞ヲ見廻トシテ遣シ、大將樺山久高ニ書狀及ビ酒ヲ送ル條、新編島津氏世錄支流系圖樺山氏一流第四○上、三九二頁〜三九三頁、ノ次、

〔續編島津氏世錄正統系圖〕○東京大学史料編纂所所藏島津家文書36—1—2—1　十八代家久　第三十三

○稽、琉球國者、掲二薩陽一三百里而、在二于南海中一、○中略、本年二月二十六日ノ條参看、慶長十四年三月四日之曉天、解二纜於薩州山川灣一、○中略、本年三月四日ノ條、同三月七日ノ條及ビ同三月二十日ノ第一條、参看、永良部島草偃而、○本年三月二十一日ノ條参看、後進二軍船一、到二于運天津一、○本年三月二十五日ノ條参看、同月二十日、家久、正憐下將帥士卒等遙凌二萬里之波濤一軍二勞於外國一之苦上、使二岩切彦兵衞國信一溫酒三十樽賜二士卒一、且與二書簡於久高一而降二軍令一、○下略、本年三月二十五日ノ條参看、原本ノ

返點及ビ訓假名、略ス、返點、便宜、編者ニ依リテ附ス、コノ記、東京大学史料編纂所所藏島津家本舊記雜録後編卷六十三ニ、家久公御譜中ト注シテ收ム、鹿児島県史料旧記雑録後編四巻六十三、五四〇号、參看、

〔續編島津氏世錄正統系圖〕十八代家久　第三十三　○東京大学史料編纂所所藏島津家文書36―1―2―1

正文在二樺山助太郎一、

○出船以後之到來無之間、○中略、上ニ收ムル傳家龜鏡十五所收文書ノ寫ニシテ、正文ト異事無シ、

慶長十四年
三月廿日家久（花押影）

椛山權左衞門尉殿

〔舊記雜錄〕○東京大学史料編纂所所藏島津家本　後編　卷六十四　琉球入ノ記

三月四日、曉天、○中略、本年三月四日ノ條參看、解二纜於薩州山川港一時、○中略、同上、久高・增宗「奉二嚴命一」○朱書、下同ジ、、争レ先出レ船、進襲大嶋、○中略、本年三月七日ノ條參看、赴二德之嶌一「□一」「△四」、○中略、本年三月二十日ノ第一條參看、永良部嶋亦望二威風一降、同月廿日、家久公勞二諸軍一、使二岩切彥兵衞國信一、賜二溫酒三十樽於諸軍一、且賜二書久高一而、降二軍令二將一、進レ船「□二」至二運天津一、具志頭王子尙寧弟、三司官浦添按司・名護按司・謝那按司、掉二扁舟一來、使二西來院僧「又五」一請レ和、然未レ知二其眞僞一「△三」「又六」、三月盡《シン》、到二大椀津一、○下略、本年三月四日ノ條、同三月二十五日ノ條及ビ同四月一日ノ第一條、參看、

上巻訂正

○綱文一覧

一五五六年

誤 八月十一日、琉球國中山王尙淸、大島燒內間切名音掟たらつヲ大島燒內間切名柄掟ニ遷任セシム、

正 八月十一日、琉球國中山王尙元、大島燒內間切名音掟たらつヲ大島燒內間切名柄掟ニ遷任セシム、

○本文

一四六頁 第九行 **誤**：尙淸 **正**：尙元

一五〇頁 第一行 年

誤 一五五六年（琉球國中山王尙淸三十年・明嘉靖三十五年・日本弘治二年・丙辰）

正 一五五六年（琉球國中山王尙元元年・明嘉靖三十五年・日本弘治二年・丙辰）

一五〇頁 第五・六行 綱文

誤 八月十一日、琉球國中山王尙淸、大島燒內間切名音掟たらつヲ大島燒內間切名柄掟ニ遷任セシム、

正 八月十一日、琉球國中山王尙元、大島燒內間切名音掟たらつヲ大島燒內間切名柄掟ニ遷任セシム、

一七三頁 第一五行 **誤**：尙淸 **正**：尙元

類聚

類聚一　おもろさうし

凡　例

1　奄美諸島ノ島名、地名幷ニ人名等ヲ掲グルおもろヲ類聚ス、詠ジラレタル年月日等、明カナルおもろ、編年ノ部ニ収ム、

2　底本、沖縄県所蔵尚家本ヲ以テス、尚家本、『おもろさうし：尚家本』（ひるぎ社、一九七九年一一月〜一九八〇年三月）ノ複製本ニ據リテ掲グ、底本ニ闕クルおもろ、琉球大学附属図書館所蔵伊波普猷文庫架蔵おもろさうし仲吉本ヲ以テ、琉球大学附属図書館琉球・沖縄関係貴重資料デジタルアーカイブ公開畫像ニ據リテ掲グ、

3　原則トシテ、内題、おもろ幷ニふしノ名等ノ語句ノ漢字表現等、本文ノ右傍ニ、地名幷ニ語句ノ注、本文ノ左傍ニ注記ス、

4　ふしノ名、尚家本幷ニ仲吉本、各おもろノ第一行右傍小書ナレドモ、便宜、一行中央ニ小字ヲ以テ記ス、

一　奄美諸島全域ニ關ルおもろ

〔おもろさうし〕第十　○琉球大学附属図書館所蔵伊波普猷文庫架蔵仲吉本

（第四册表紙、外題）「おもろさうし　十、十一、十二」

（巻十内表紙、内題）「ありきゑとのおもろ御さうし

第十

天啓三年癸亥三月七日　」　○内題、沖縄県所蔵おもろ御さうし尚家本第十ノ内表紙及ビ同本第一ノ巻首所収おもろ御さうし目録ノ題ト異事ナシ、

○中略

うちいてハさはしきよかふし《節》

一　きこへ《聞》おしかさ《押笠》　とよむ《鳴響》おしかさ　やうら　おちへ《押》つかい《使》

又　きゝや《鬼界》のおきしま《浮島》　きゝやのもい《盛》しま

又　おきしま《鬼界島》にから　ひるかざり《邊留笠利》かち《大島笠利間切》

又　ひるかざりから　中せとうち《瀬戸内》かち《瀬戸内東間切・瀬戸内西間切》

又　中せとうちから　かね《金》のしま《徳之島》かち

又　かねのしまから　せりよさ《沖永良部島》にかち

又　せりよさにから　かいふたにかち（與論島）

又　かいふたにから　あすもり（安須杜）にかち（國頭間切邊戸、邊戸岳）

又　あすもりにから　あかまる（赤丸）にかち（國頭間切奥間赤丸岬）

又　あかまるにから　さちきやもり（崎）（杜）かち（今歸仁間切古宇利島）

又　さちきやもりから　かなびやふ（金比屋武）にかち（今歸仁間切今歸仁城御嶽）

又　かなびやふから　さきよた（崎枝）にかち（讀谷山間切宇座殘波岬）

又　さきよたから　おやとまり（親泊）にかち（眞和志間切那覇）

又　おやとまりから　しよりもり（首里杜）にかち○本歌、第十ノ四四番、通番五五四、句切、朱句點ヲ參看シ、空格ヲ以テシ、濁點ヲ後補サレタル假名、濁音ニ書ス、仲吉本ニ據リテ收ムルおもろノ句切幷ニ濁點、以下、同ジ、沖縄県所藏おもろ御さうし尚家本、第十ノ三十六番、通番五四六ノ第六行以下、巻末ノ四五番、通番五六五マデノ料紙三丁闕失ス、

〔おもろ御さうし〕第十三　○沖縄県所藏尚家本

うちいてハさはしきうかふし

一きこゑおしかさ　とよむおしかさ　やうら　おちへつかい

又きゝやのうきしま　きゝやのもいしま

又うきしまにかゝら　ひるかさりきやち

又ひるかさりから　中せちきやち（中瀬戸内）
又なかせちから　かねのしまかち
又かねのしまから　せりよさにかち
又せりゆさ（沖永良部島）にから　かゑふた（與論島）にかち
又かゑふたにから　あすもりにかち
又あすもりにから　かなひやふにかち
又かなひやふにから　なはとまり（那覇泊）かち〇本歌、第十三ノ一二三番、通番八六八、本巻ノ表紙弁ニ扉ノ記、及ビ扉裏弁ニ各丁表裏ノ割印、編年史料本編一六〇九年四月一日ノ第一條ニ收メタルニ依リテ略ス、句切、琉球大学附属図書館所蔵伊波普猷文庫架蔵おもろさうし仲吉本朱句點ヲ参看シ、空格ヲ以テス、以下ノ諸巻、尚家本ニ據リテ掲ゲ仲吉本ヲ参看セルおもろノ表記、同ジ、

略〇中

しより（首里）ゑとのふし
一かつれん（勝連）か ふな（船）やれ（遣）　うけ（請）（請島）〇仲吉本、うけニ、舟の事也ノ朱書言葉間書アリ、　よろ（與呂）（與呂島）は　はし（橋）しやり（爲）　とく（德）（徳之島）　ゑらふ（永良部）（沖永良部島）　たより（頼）
なち（成）へ　ミおや（御）せ（奉れ）
又ましふりかふなやれ〇本歌、第十三ノ一九三番、通番九三八、

しよりゑとの節
一かつれんかふなやれ　ふなやれとミかま（貢）へ　きゝや　大ミや（大島）　ひちやち（直地）なち（爲）へ　ミおやせ

又ましふりかふなやれ○本歌、第十三ノ一九四番、通番九三九、

二　與論島ニ關ルおもろ

〔おもろ御さうし〕第五　○沖縄県所蔵尚家本

「《表紙、朱書外題》第五

おもろ御さうし」

「《扉、内題》首里天きやすえ《琉球國中山王尚豊》あんし《按司》おそい《襲》かなし

首里おもろの御さうし

天啓三年癸亥三月七日

」○上部ニ、「首里之印」ノ方形朱印一顆ヲ踏ス、扉裏幷ニ各丁表裏ニ、「攝政三司官印」ノ方形朱印ヲ割印トシテ踏ス、下ニ收ムル本巻ノ割印、同ジ、内題、第一ノ巻首所收おもろ御さうし目錄ノ題ト異事ナシ、

○中略

うら《浦》おそいおや《親》のろかふし

一たま《玉》のミ《御》そて《孵》かなし　けらゑミそてかなし

かミ《神》すち《衆生》やそろて《揃》　ほこり《誇》《慶》よわちへ

又あう《奥武》のたけ《嶽》大ぬし《主》　なてすもり《杜》大ぬし

又かゑふたにおろ《(降)》ちへ　いつこ《(嚴子達)》たにとら《(取)》ちへ○本歌、第五ノ二六番、通番二三七、

（表紙、朱書外題）「第廿二」

〔おもろ御さうし〕　第二十二　○沖縄県所蔵尚家本

（扉、内題）「みおやたいりおもろ御さうし」○行上部ニ、「首里之印」ノ方形朱印一顆ヲ踏ス、扉裏幷ニ各丁表裏ニ、「攝政三司官印」ノ方形朱印ヲ割印トシテ踏ス、内題、第一ノ巻首所収おもろ御さうし目録ノ題ト異事ナシ、

うらおそいふし

一たまのみそてかなし　けらへみそてかなし　かミすちやそるて　ほこりよわちへ

又あうのたけ大ぬし　なてすもり大ぬし○本歌、第二十二ノ八番、通番一五一五、

〔おもろ御さうし〕　第十　○沖縄県所蔵尚家本

（表紙、朱書外題）「第十
おもろ御さうし」

（扉、内題）「ありきゑとのおもろ御さうし
天啓三年癸亥三月七日」○第一行上部ニ、「首里之印」ノ方形朱印一顆ヲ踏ス、扉裏幷ニ各丁表裏ニ「攝政三司官印」ノ方形朱印ヲ割印トシテ踏ス、内題、第一巻首所収おもろ御さうし目録ト異事ナシ、

○中略

一大ミつのミち《與論島古里》よいもい《思》　おゑちへ《追手》《追風》こうて《乞》　はやせ《走》
又ふるさと《古里》《與論島》のミちよいもい
又ミちよいもいかうゑたひ《初旅》○仲吉本、うゑたひニ、始て旅に行事也ノ朱書言葉間書アリ、
又ミちよいもいかあらたひ《新旅》
又よさけもりところ《御酒盛所》
又ゆミき《御神酒》もりところ
又おとちやへ《弟者部》はさそやり《誘》
又ちおとちや《乳弟者》はさそやり○本歌、第十ノ三一番、通番五四一、

〔おもろ御さうし〕第十三　○沖縄県所蔵尚家本

こはせりきよ《蒲葵宣り子》ミやり《見遣》ほしや《欲》かふし

一大ミつのミてもい○仲吉本、ミてもいニ、人名也ノ朱書言葉間書アリ、　おゑちへこうて　はりやせ《走》
又ふるさとのミてもい
又ミてもいきや　おひたひ《初旅》
又ミてもいか　あらたひ
又よさけもりところ

又よミきもりところ
又とも《輩》からはさそて
又ちおとちやはさそて○本歌、第十三ノ二一二番、通番九五七、
〔おもろさうし〕第十　○琉球大学附属図書館所蔵伊波普猷文庫架蔵仲吉本
一　かいふたの大ころ　やふら　おせ《押》やちよ《強》くけ
又　かなもり《金杜》の大ころ
又　大ころかまミや《眞庭》に○本歌、第十ノ四五番、通番五五五、沖縄県所蔵おもろさうし尚家本第十ノ巻末料紙三丁闕失ノコト、上ニ見ユ、
〔おもろ御さうし〕第十三　○沖縄県所蔵尚家本
一かゑふたのおやのろ　とからあすひ《遊》たかへ《崇》て　うら《心》こしち《痒》へ　そて《袖》たれ《垂》て　はりやせ
又ね《根》のしまのおやのろ
又のろ〳〵はたか《崇》へて
又かミ〳〵《神々》はたかへて
又にし《北》《北風》こ《乞》わは　にしなれ
又はゑ《南》《南風》こわは　はゑなれ○本歌、第十三ノ一八三番、通番九二八、
一かゑふたのおやのろ　おやおうね《親御船》よ　まふり《守》よわ　まやゑ《舞合》て　ミまふ《見守》て　はりやせ

又ねのしまののろ〳〵
又のろ〳〵す　しりよわめ《(知)》
又かミ〳〵す　しりよわめ〇本歌、第十三ノ一八四番、通番九二九、
しより爲とのふし
一かゑふたのおやのろ　まとくうら《(眞徳浦)》《(徳之島東間切秋徳湊カ)》にかよて《(通)》　あち《(按司)》《(琉球國中山王)》おそいに　金つて《(積)》ミおやせ
又ね《(根)》のしまのおやのろ〇本歌、第十三ノ一八五番、通番九三〇、
はつ《(初)》にしかふし
一よろん《(與論)》こいしのか　まとくうらにかよて　しまかね《(統)》て　あちおそいにミおやせ
又はなれ《(離)》《(與論島)》こいしのか〇本歌、第十三ノ一八六番、通番九三一、
はつにしやかふし
一よろんこいしのか　まとくうらにかよて　玉金　あちおそいにミおやせ
又ねくに《(根國)》こいしのか〇本歌、第十三ノ一八七番、通番九三二、
はつにしやかふし
一かゑふたのおやのろ　とからあすひたか《(崇)》へて　あん《(吾)》まふて　此とわた《(渡)》《(渡)》しよわれ
又ねのしまのおやのろ〇本歌、第十三ノ一八八番、通番九三三、

〔おもろ御さうし〕第十四 ○沖縄県所蔵尚家本

○本巻ノ表紙弁ニ扉、及ビ印影、一六〇九年三月二十九日ノ條参看、

一かいふたのおやのろ○仲吉本、かいふたニ、伊江嶋の事なりノ朱書言葉間書アリ、　あかる(上)(東)いに(邊)かよて(通)　いミ(今)やからと　いミき(氣)やまさる(勝)

又かなもりのおやおきて(親掟)　てたか(太陽)あな(穴)にかよて○本歌、第十四ノ二八番、通番一〇〇九、

○ふし名ヲ、かいふたの大ころかふしトセルおもろ、巻十ノ四一番、通番五五一ニアリ、

三　沖永良部島ニ關ルおもろ

〔おもろ御さうし〕第四 ○沖縄県所蔵尚家本

(表紙、朱書外題)「第四

おもろ御さうし」

(扉、内題)「あおりやへさすかさの

おもろ御さうし

天啓三年癸亥三月七日」○上部ニ、「首里之印」ノ方形朱印一顆ヲ踏ス、扉裏弁ニ各丁表裏ニ、「攝政三司官印」ノ方形朱印ヲ割印トシテ踏ス、内題、第一ノ巻首所收おもろ御さうし目錄ノ題ト異事ナシ、

○中略

あおりやへふし

一せりよさにとよむきこゑあおりや《煽》へや　あちおそいに《琉球國中山王》　くにて《國手》もち《持》ミおやせ

又す《精》へのきミ《君》やれは　ふさい《榮》きミやれは○本歌、第四ノ一四番、通番一六五、

〔おもろ御さうし〕第七　○沖縄県所蔵尚家本

（新表紙、朱書外題）「第七

（原表紙、外題）「首里天きやすえあんしおそいかなし

おもろ御さうし」

はひのおもろ御さうし

天啓三癸亥年三月七日」○上部ニ、「首里之印」ノ方形朱印一顆ヲ踏ス、扉裏幷ニ各丁表裏ニ、「攝政三司官印」ノ方形朱印ヲ割印トシテ踏ス、内題、第一ノ巻首所收おもろ御さうし目録ノ題ト異事ナシ、

○中略

やく《〔〻〕（彌々）》のきくたけかふし

一きこゑ《聞》せち《精》あらきミ《新君》　あかるいにとよむきくやなきたけ《沖永良部島ノ御嶽》から《嶽》あか《上》ておわる月しゆ《こそ》　しよりもりち

よわるあ《吾》かた《貴》ゝミ《中山王》かなししゆ　また《眞》にや《實に》ひきよわちへ

又とよむせちあらきミ○本歌、第七ノ六番、通番三五〇、

〔おもろ御さうし〕第十三　○沖縄県所蔵尚家本

はつにしやかふし

一月しろの大ぬし(主)　きくやなきたけから　やまは(山端)ひち(治)めかちへ　あかてる(照)月しよ　あか(吾)なさ(成)か

せひき　やひき　ゐ　あか(上)るやに(様)　○仲吉本、月しろの大ぬしニ、御月の事、ひちめかちへニ、月出て山端を映《ウツロウ》してなり、なさかニ、父親の事なりノ朱墨書・朱書ノ言葉間書アリ、

又ゑらふ(永良部)(沖永良部島)てる月しよ○仲吉本、ゑらふてる月ニ、明《アキラカ》の月の事ノ朱書言葉間書アリ、本歌、第十三ノ一〇五番、通番八五〇、

○中略

しよりゑとのふし

一あかかに(赤金)かふ(船)なやれ(遣)　てたかまへ(前)しら(知)れて　おゑちへこうて○仲吉本、おゑニ、順風ノ朱書言葉間書アリ、　くも(雲)におこら(送)れゝ

又おゑま(上間子)しかふなやれ　てたかまへ○本歌、第十三ノ一一二番、通番八五七、

しよりゑとのふし

一あかかにかふなやれ　ゑらふ(永良部)むすひよも(思)へ　いみや(今)こより　めつら(珍)こゑ(聲)やらに

又おゑましかふなやれ

又たひ(旅)にたつ(立)あんハ○仲吉本、あんニ、我かノ朱書言葉間書アリ　くれ(暮)るてやあれ(有)とも　いミやこよりめつら○本歌、第十三ノ一一三番、通番八五八、

しよりゑとのふし

一ゑらふたつ《（立）》あすた《（達）》〇仲吉本、あすたニ、あの人之事ノ朱書言葉間書アリ、大くすく《（城）》（沖永良部島内城）けらへて　けらへやり　おもひくわ《（子）》の御ため

又はなれ《（離）》（沖永良部島）たつあすた　大くすく〇本歌、第十三ノ一四番、通番八五九、

しよりゑとのふし

一ゑらふまこはつ《（孫八）》か（後蘭孫八）たまの《（玉）》きやくたかへて（國頭間切奥間玉のきやく嶽）ひといちよは《（船名）》　すかま《（早朝）》うち《（内）》にはり《（走）》やせ〇仲吉本、まこはつニ、人名也、すかまニ、八ツ内ハすかまといふノ朱書言葉間書アリ、

又はなれまこはつ　たまの〇本歌、第十三ノ一五番、通番八六〇、

しよりゑとのふし

一ゑらふ世のぬしのゑらて《（選）》おちやる　のさ《（能作）》　あくか《（赤頭）》　むゝよミ《（百讀）》のまきん《（眞絹）》とて《（取）》ミやせ

又はなれ世のぬしのゑらておちやる〇本歌、第十三ノ一六番、通番八六一、

〇中略

しよりゑとのふし

一ゑらふ世のぬしの　おうね《（御船）》はし《（橋）》しよわちへ　ゑらふしま《（永良部島）》なち《（爲）》やる

又はなれ世のぬしの〇本歌、第十三ノ一九番、通番九三五、

首里ゑとのふし

一ゑら（選）ふよのぬしのゑらておち（置）やる　ミちやふれ（御駄群）　ミちやふれや　世のぬしちよ　まち（待）よる（居）

又はなれ世のぬしの

又金くら（鞍）かけ（掛）て　よわとまり（與和泊）（沖永良部島古里）おれ（降）て○本歌、第十三ノ一九一番、通番九三六、

はつにしやかふし

一ゑらふせりよさに　はこき（端漕）はり（走）そゑ（競）て　あまへ（歡）こ（子）か　まふ（守）りよわるゑそこ（吉底）（船）

又はなれせりよさに○本歌、第十三ノ一九二番、通番九三七、

略○中

はつにしやかふし

一さと（里）中のころ（男）かま（小）　いち（一）のたし（櫂）　まちよく（眞强）　あまへこかまふ（守）りよわるゑそこ

又としらもいころかま

又たミなたけ（田皆嶽）（沖永良部島田皆）　めより（見居）

又にしめたけ（西銘嶽）（沖永良部島西目）　めより

又せりよさのはつき　はへ（走）きおり（來居）　あけより○本歌、第十三ノ一九五番、通番九四〇、

しよりゑとのふし

一ゑらふやむまたけ　おさんする（見下す）○仲吉本、おさんニ、遠々とみおるして也ノ朱書言葉間書アリ、　かみ〳〵あんまふて　此とわたしよ

われ

又はなれ《(離)》やむまたけ《(沖永良部島)》〇本歌、第十三ノ一九六番、通番九四一、

一ゑらふおわるミ《(三十)》そのろ　ミ《(三十)》そのろはたか《(崇)》へて　あん《(吾)》まふ《(守)》て　此とわたしよわれ

又はなれおわるミそのろ〇本歌、第十三ノ一九七番、通番九四二、

〇中略

しよりゑとのふし

一ゑらふむすひよも《(思)》へ　く《(暮)》れるて《(手)》やな《(成)》ちやな　い《(今)》ミやこより　め《(珍)》つらこゑ《(聲)》や《(遣)》らに

又たひ《(旅)》たつ《(立)》あん《(吾)》や

又なつた《(夏手)》なし《(無)》やれは　はた《(肌)》からむさわらん

又つし《(珠)》やのたま《(玉)》やれは　くひ《(頸)》からむさわらん〇本歌、第十三ノ二一三番、通番九五八、

四　徳之島ニ關ルおもろ

〔おもろ御さうし〕第二　〇沖縄県所蔵尚家本

〇表紙闕ク、

「中《内表紙、題》城越來のおもろ
首里王府の御さうし
「第《朱書》二」
萬曆四十一年《一六一三年》五月廿八日」
「中《扉、内題》城越來のおもろ
首里王府の御さうし
萬曆四十一年五月廿八日」
○中略

あおりやへかふし
一中くすく《城》《中城間切》ねくに《根國》　ねくにあつる《在》はやふさ《隼》　とく《德》《德之島》　大ミや《大島》　かけて《掛》ひき《引》よせれ《寄》
又とよむくに《國》のね《根》　くにのねにあつるはやふさ○本歌、第二ノ一二番、通番五三、本卷、大正六年《一九一七年》補寫本ニシテ表紙闕ク、裏表紙見返ニ、大正六年十二月綴トアリ、親本、康熙四十九年《一七一〇年》、尚家本ト同時ニ書寫サレタル安仁屋本ト推定サル、琉球大学附属図書館所藏伊波普猷文庫架藏おもろさうし仲吉本、異事ナシ、

〔おもろ御さうし〕第十三 ○沖縄県所藏尚家本

しよりゑとのふし
一かつ《勝連》《勝連間切》れ《人》なかふなやれ　ふなやれとかまへ　とく　大ミや　ひちやち《直地》　なち《成》へ　ミ《御》おやせ

又おともい（弟思）かふなやれ○本歌、第十三ノ一二二番、通番八六七番、

○中略、第十三ノ一九八番、通番九四三ノおもろ、上巻補遺、一六〇六年七月ヨリ後ノ條ニ収ム、

しよりゑとのふし

一とくにおわる（居）ミそのろ（三十）　ミそのろはたか（崇）□□（へて）　あんまふて（吾）（守）　此とわたしよわれ

又とくにおわるよそのろ（四十）　よそのろはたかへて○本歌、第十三ノ一九九番、通番九四四、

〔おもろ御さうし〕第十四　○沖縄県所蔵尚家本

一いときなの（絲木名）（徳之島面縄間切）のろの　わらへ（童）ちやれ（草履）もたち（持）へ　ちやらかミね（太郎）（嶺）（按司嶺）のほて（上）　かミ（神）きやふね（船）ミれは（見）　ゑけり（兄）

やうらき（柔）やことゝ　あんす　いちや（痛）けおもい

又（む）うつき（睦月）よき（雪）ふり（降）に　はたよミ（二十讀）やかそて（袖）花（端）　ミきやう（御顔）　ひき（引）たて（立）ゝ　かミきやふねミれは○本歌、第十四ノ一九番、通番一〇〇〇、

○おもろ御さうし第十三、一九八番（通番九四三）ノおもろ、上巻補遺、一六〇六年七月ヨリ後、僧良定袋中上人、明册封使ノ琉球國ニ於ル迎接ニ就キテノ往來ヲ製シ、遣明船ノ造船ニ大島ノ木材ヲ用フルコトヲ記スル條ニ収ム、

○第十三ノ一八五番・一八六番・一八七番ノ眞徳浦ニ關ルおもろ、二、與論島ニ關ルおもろニ収ム、

五　大島・加計呂麻島・與路島・請島ニ關ルおもろ

〔おもろ御さうし〕第一　○沖縄県所藏尚家本

「（表紙、朱書外題）　第一

おもろ御さうし」

「（扉、内題）きこゑ大きみ《聞得大君》かおもろ

首里王府の御さうし

嘉靖十年《一五三〇年》

」○上部ニ、「首里之印」の方形朱印一顆ヲ踏ス、扉裏幷ニ本文各丁表裏ニ「攝政三司官印」ノ朱印ヲ割印トシテ踏ス、內題、第一巻首所收おもろ御さうし目錄ト異事ナシ、

○中略

あおりやへかふし

一きこゑ大きみや　てに《天》のいの《祈》りしよわれは　てる《照》か《日》はもほこ《誇》て　おきやかもい《思》に《中山王尚眞》　かさり《笠利》うち《討》《大島笠利間切》

ちへ　ミ《御》おやせ

又とよむせたかこか《精高子》○本歌、第一ノ四番、通番四、本歌、一五二六年是歳ヨリ先、琉球國中山王尚眞、大島笠利ヲ討ツト傳フル條ニ收ムレドモ、再錄ス、

〔おもろ御さうし〕第三　○沖縄県所藏尚家本

○表紙、一六〇九年四月一日ノ第一條ニ收ム、

あおりやへかふし

一きこゑ大きミきか　天のいのり《祈》しよわれは　てるかはもほこて　おきやかもいに　しま《島》《笠利》そゑ《添》てミ

おやせ

〔おもろ御さうし〕第一　○沖縄県所蔵尚家本

又とよむせたかこか○本歌、第三ノ三五番、通番一一二、

あおりやへかふし

一あかる《揚》おりかさ《降笠》か○中略

又ひようおきて《俵掟》　まなし《愛》けたゝ《貴》ミきよ《子》に　しられ《知》ゝ　あちおそい《按司襲》

（大島瀬戸内西間切、加計呂麻島俵）

○下略、本歌、第一ノ四一番、通番四一、ひようおきて以下ノ諸句、本歌ヘノ混入ナリ、

〔おもろ御さうし〕第十二　○沖縄県所蔵尚家本

（表紙、朱書外題）

「第十二

おもろ御さうし」

（扉、内題）

「いろ〳〵のあすひおもろ御さうし

天啓三年癸亥三月七日

」○上部ニ、「首里之印」ノ方形朱印一顆ヲ踏ス、扉裏以下各丁表裏ニ、「攝政三司官印」ノ方形朱印ヲ割印トシテ踏ス、内題、第一巻首所收おもろ御さう

し目録ト異事ナシ、

○中略

一あはこん（阿波根）（兼城間切）のくせらへや　おそつちへ（襲頂）　ゑけ　とよま

又なからにや（名柄仁屋）（大島焼内間切名柄）　ひやこんしか（比屋根子）（美里間切比屋根）

又はね（羽）さし（差）やり　くせ（奇）さしやり○本歌、第十二ノ五四番、通番七〇五、

○中略

うらおそいおもろのふし

一せんきミ（精君）（久米島神女）かおれ（降）たち（立）○中略

又大ミ（大島）やもゝし（百島）まよ　せんとうち（瀬戸内）八そしま（八十島）よ○本歌、第十二ノ五九番、通番七一〇、大ミや以下ノ諸句、本歌へノ混入句ナリ、

〔おもろ御さうし〕　第十三　○沖縄県所蔵尚家本

しよりゑとのふし

一よろと（與路渡）（與路島）い（出）ちへてはり（走）よれ（居）は　たかまる（崇）（與路島ノ御嶽）はたかへて　あん（吾）まふ（守）て　此とわたし（渡）（渡）よわれ

又此といちへてはりよれは　けなちたけ（花良治嶽）（鬼界島荒木間切）たかへて○第十三ノ二〇〇番、通番九四五、

しよりゑとのふし

一あかきな《赤木名》《大島笠利間切》ののろ□《の》　□《し》《下》ものくに《國》かねと　あん□□《まふ》て　此とわたしよわ

又ね《根》のしま《島》ののろの○本歌、第十三ノ二〇一、通番九四六、

しよりゑとのふし

一あかきなのも丶か《百神》ミ　おやせ《親勢頭部》とへおこ《送》りよわ　おやせとへ御まへ《前》うら《心》きれ《切》て

又ねのしまのやそ《八十》のろ○本歌、第十三ノ二〇二番、通番九四七、

略○中

しよりゑとのふし

一なせ《名瀬》《大島名瀬間切》のまつり《祭神》かミ　あるや《有屋》《名瀬間切》くせ《奇》丶り《宣》きよ《子》　せなは《瀬名波掟》《大島古見間切瀬名》おきて　おゑち《追手》へこう《乞》てはり《走》やせ《居》

又いつふ《伊津部》《名瀬間切》まつりかみ

又なせのうら《浦》の八さと《里》　あるやくせせりきよ

又なせのうらの十さと　あるやくせせりきよ○本歌、第十三ノ二〇四番、通番九四九、

はつにしやかふし

一そよめききやもち《持》よる○仲吉本、もちよるニ、きよらさの事なりノ朱書言葉間書アリ、　かミにしや《様》かもちよる　て　わん《吾》　しくたんか

又まはへ《眞南風》かせふき《吹》よれ《居》は　おゑち《追手風》へかせふきよれは

又おわんたけ《湯灣嶽》《大島焼内間切》ぬき《差し》やて《當》丶　てらちたけ《嶽》ぬきやて《當》丶○本歌、第十三ノ二〇五、通番九五〇、

〔おもろ御さうし〕第十四 ○沖縄県所蔵尚家本

一うけ《請》のとり《鳥》のうた《謠》い（大島瀬戸内西間切請島）

又はなれ《離》《請島》とりのうたい○本歌、第十四ノ九番、通番九九〇、本巻ノ表紙幷ニ扉ノ記及ビ扉裏幷各丁表裏ノ割印、編年ノ部、一六〇九年三月二十五日ノ條ニ収メタルニ依リテ略ス、

○第十三ノ一二二番ノ大ミやニ關ルおもろ、四　徳之島ニ關ルおもろニ収ム、

六　鬼界島ニ關ルおもろ

〔おもろ御さうし〕第一 ○沖縄県所蔵尚家本

あおりやへかふし

一きこゑ大きみきや　かくら《神座》ゑか《吉日》とり《取》よわちへ○中略

又きゝや《鬼界》のうきしま《浮島》　きゝやのやけしま《燒島》○下略、本歌、第一ノ六番、通番六、きゝやのうきしま以下ノ句、本歌ヘノ混入句ナリ、

○第十三ノ二〇〇番ノけなちたけ○鬼界島荒木間切ニ關ルおもろ、五　大島・加計呂麻島・請島・與路島ニ關ルおもろニ収ム、

附　康熙四十九年書寫識語

〔おもろさうし〕第二十二　○沖縄県所蔵尚家本

（巻末識語）首里天尚益王かなしの美世に、みおミ事（御御御言）をたかみ（崇）、おもろ御双紙二部書あらため（改）申、壹部は御城に御格護、壹部ハ言葉聞書に調、おもろ主取のかたへかくこ（格護）およせ（仰）めされ候、

旹、大清康熙四十九年（一七一〇年）庚寅

七月三日

攝政　越來王子朝奇

識名親方盛命

三司官　幸地親方良象

池城親方安倚

奉行　津嘉山按司朝睦

座間味親雲上景典

主取　津灞親雲上實昌

立津親雲上全明

伊良皆筑登之親雲上重休

並里筑登之親雲上嗣喜

瑞慶間筑登之親雲上正方

小渡筑登之元敷

嘉數子宗宣

おもろ主取

宜野灣間切大山村
安仁屋親雲上

○琉球大学附属図書館所蔵伊波普猷文庫架蔵おもろさうし仲吉本、識語ニ記セルおもろ主取安仁屋親雲上ニ給セラレタル康熙四十九年書寫本ヲ祖本トセル仲吉朝助所持本ニシテ、第二十二巻末識語、異事ナシ、

類聚二　地　圖

凡　例

1　掲載スル地圖及ビ島名等

十六世紀中葉ヨリ十七世紀初ニ、西洋諸國幷ニ日本ニ於テ描カレタル地圖（海圖ヲ含ム、以下同ジ）幷ニ地圖帳（海圖帳ヲ含ム、以下同ジ）、或ハ刊行サレタル地圖幷ニ地圖帳ニ記サレタル奄美諸島ノ島名ヲ掲グ、大琉球幷ニ小琉球等ノミヲ描キタル地圖及ビ琉球列島ノ島々ヲ描キタレドモ奄美諸島ノ島名ヲ記サザル地圖、略ス、

2　地圖或ハ地圖帳

(1)　奄美諸島ノ島名ヲ記セル地圖或ハ地圖帳、地圖史研究ニ於ケル日本列島ノ描畫ノ類型等ニ隨ヒテ分類シ、作成年或ハ刊行年ノ順ニ隨ヒテ掲グ、

(2)　地圖或ハ地圖帳ノ名稱、日本ニ於テ刊行サレタル地圖集等ニ依リテ掲ゲ、併セテ、「◎」以下ニ、現在ノ所藏機關等名幷ニ所藏機關等ノ目錄等ニ掲グル地圖或ハ地圖帳ノ名稱等ヲ記ス、

(3)　地圖ニ記サレタル臺灣及ビ琉球列島ノ島名ノミ、南西ヨリ東北ニ進ミテ掲ゲ、九州以北ノ日本

ノ地名等、略ス、島名ノ文字ノ色幷ニ文字列ノ天ノ方向、原則トシテ略ス、

(4) 地圖或ハ地圖帳ノ書誌等、必要ニ應ジテ注記ス、インターネット公開ノ書誌情報及ビ畫像、本書刊行時ノ情報ヲ記ス、

3 出典一覧

大塚英明「羊皮紙に描かれた航海図」『日本の美術』四三八号、至文堂、二〇〇二年一一月、略稱、大塚「羊皮紙に描かれた航海図」

沖縄県文化振興会公文書管理部史料編集室編『沖縄県史ビジュアル版』12・古琉球①古地図にみる琉球、沖縄県教育委員会、二〇〇三年三月、略稱、『沖縄県史ビジュアル版』12

社団法人OAG・ドイツ東洋文化研究協会『西洋人の描いた日本地図—ジパングからシーボルトまで 図録』、社団法人OAG・ドイツ東洋文化研究協会、一九九三年、略稱、OAG『西洋人の描いた日本地図』

中村拓『鎖国前に南蛮人の作れる日本地図』Ⅰ、Ⅱ資料編、Ⅲ図録編、東洋文庫論叢第48、東洋文庫、一九六六年三月、一九六六年一二月、一九六七年六月、略称、中村『鎖国前に南蛮人の作れる日本地図』Ⅰ、Ⅱ、Ⅲ

中村拓『御朱印船航海図』、原書房、一九七九年一〇月（一九六五年、日本学術振興会刊本複製本）、

略称、中村『御朱印船航海図』

松本賢一『南蛮紅毛日本地図集成』、鹿島出版会、一九七五年、略稱、松本『南蛮紅毛日本地図集成』

4　島名ノ比定

中村『鎖国前に南蛮人の作れる日本地図』Ⅰ、第八表「「Homem 型」図の地名表」、第二十五表「南蛮海図上における南西諸島ノ同定」并ニ第二十六表「「Diogo Homem 型」及び「Dourado 型」図に於ける南西諸島ノ位置（北緯）」、及ビ中村『御朱印船航海図』第二九表4東洋諸国航海図、参看、

一　Diogo Homem 型地圖

○Diogo Homem 型地圖、日本ノ諸島ヲ、アジア大陸東北部ニ接シ、南へ連ナル群島トシテ描ク、

〔Lopo Homem, 1554. 世界平面図〕○中村『鎖国前に南蛮人の作れる日本地図』Ⅲ、XIV　◎Museo Galileo: Istituto e Museo di Storia della Scienza, Italia, inv. 946 '[Planisfero]'; Lopo Homem, 1554

I. fermasa ○美しい島、臺灣、　I. dos reis magos ○東方ノ三博士ノ島、先島諸島（八重山諸島、宮古諸島）、　Ilhas dos Lequios ○琉球諸島ノ沖縄島等、　Lequios ○Lequios、Ilhas dos Lequios ノ北、I. do fogo ノ東ニ位置スルニ依リテ、中村『鎖国前に南蛮人の作れる日本地図』Ⅰ、徳之島トス、　I. do fogo ○火ノ島、鳥島（硫黄鳥島）、　I. da Sta ma ○聖マリアノ島、Lequios 幷ニ I. do fogo ノ北、吐噶喇列島ト推セラルル島々ノ南ニ位置スルニ依リテ、中村『鎖国前に南蛮人の作れる日本地図』Ⅰ、大島（奄美大島）トス、　Ilhas brabas ○ブラバス島、吐噶喇列島ト推セラルル島々ノ北、九州ト推セラルル島ノ南ニ位置シ、brabas ノ音、エラブノ音ニ類スルニ依リテ、中村『鎖国前に南蛮人の作れる日本地図』Ⅰ、永良部島（口永良部島）トス、　○九州以北ノ日本ノ地名、略ス、

○本地圖、Lopo Homem（一四九七年生、一五七二年歿、ポルトガル人）作成ノポルトラーノ型平面世界圖ニシテ、羊皮紙ニ描カル、臺灣幷ニ琉球列島ノ「島」ノ表記、ポルトガル語ニテ記サル、中村拓『鎖国前に南蛮人の作れる日本地図』Ⅲ、XIV. Lopo Homem, 1554. 平面世界図・（東亜ノ部分）○Museo Galileo ノ一前身機關タル Museo degli Strumenti Antichi di Firenze 所藏トス、ニ據リテ掲ゲ、併テ、松本『南蛮紅毛日本地図集成』、VIII・IX、Lopo Homem 1554 Planisphere, Museo di Storia della Scienza, Firenze 幷ニ『沖縄県史ビジュアル版』12、ロポ・オーメン世界図（部分）（1554年　手書き　フィレンツェ科学史博物館所蔵）、参看、本地圖ノ所藏機關、現在、Museo Galileo ト稱ス、本地圖ノ書誌、Museo Galileo ノデジタル目錄幷ニ中村『鎖国前に南蛮人の作れる日本地図』Ⅱ、II. 1. Lopo Homem, junior, 1554. Il Planisphere portoghese. [Museo degli Strumenti Antichi, Firenze]、参看、

〔Diogo Homem, 1558. 亜細亜図〕○中村『鎖国前に南蛮人の作れる日本地図』Ⅲ、XVI ◎British Library, Map Collection, Cartographic Items Additional MS. 5415. a. Diego Homem, 1558, 'A Portolano, consisting of nine large charts on vellum, drawn on a plane scale, by Diego Homem, in 1558', 9. 'The coasts of Asia eastward of the Indus, with the islands of the Indian Archipelago'

I. fermasa　　I. dos reis magos　　Ilhas dos Leqios　　Lequios　　I. do fogo.　　I. da

S. ma ○聖マリアノ島　　doino ○ドイノ、中村『鎖国前に南蛮人の作れる日本地図』Ⅰ、吐噶喇列島ト推セラルル島々ノ北、九州ト推セラルル島ノ南ニ位置スル永良部島（口永良部島）トス、

○九州以北ノ日本ノ地名、略ス、

○本地圖所收地圖帳、Diogo Homem（一五二〇年生、一五七六年歿、ポルトガル人）作成ニテ、羊皮紙ニ描カレタル地圖十二點ヲ收ム、本地圖、第九圖ノポルトラーノ型平面アジア圖ニシテ、臺灣幷ニ琉球列島等ノ「島」ノ表記、ポルトガル語ニテ記サル、本地圖、中村『鎖国前に南蛮人の作れる日本地図』Ⅲ、XVI、Diogo Homen, 1558. 亜細亜図○British Museumニ據リテ所藏トシテ掲グ、松本『南蛮紅毛日本地図集成』XI・XII、Diogo Homem 1558 Asia, British Museum, London 參看、本地圖、British Museum ヨリ British Library ニ移管サル、地圖帳及ビ本地圖ノ書誌、British Library ノデジタル目錄幷ニ中村『鎖国前に南蛮人の作れる日本地図』Ⅱ、II. 2. Diogo Homem, 1558. Portolano Atlas. [B.M.-Add. 5415 A]、參看、

〔ディエゴ・オーメン世界図　１５５８年〕○『沖縄県史ビジュアル版』12所收ディエゴ・オーメン世界図 ◎Bibliothèque nationale de France, ark:/12148/btv1b53074825v, '[Atlas nautique portugais]', Diogo Homem, 1558

I. fermasa　Is. dos Reis magos　Is. dos Leqios　Leqios　I. do fogo　S. ma. ○聖マリア、大島、 ○九州以北ノ日本ノ地名、略ス、 doino　fogo ○硫黄島カ、 Mareleucoram: ～ ○琉球列島及ビ日本ノ諸島ノ東方ノ海ノ名稱ニシテ、琉球ヲ表ス Lequios ト關ルカ、

○本地圖所收地圖帳、Diogo Homem 作成ノポルトラーノ型世界地圖帳ニテ、羊皮紙ニ描カレタル地圖等八點ヲ收ム、第三圖アジア圖○folio 9v, 10r ノ臺灣幷ニ琉球列島ノ「島」ノ表記、ポルトガル語ニテ記サル、本地圖、『沖縄県史ビジュアル版』12、「ディオゴ・オーメン世界図　1558年」（パリ国立図書館所蔵）ニ據リテ掲グ、所藏機關ノ現在ノ名稱、Bibliothèque nationale de France ニシテ、同機關ノデジタル目錄ニ掲グル本地圖帳ノ書誌ニ、本地圖帳ノ製作年ヲ一五五八年トスレドモ、本地圖帳所收アジア圖ト、上ニ收ムル British Library 所藏 Portolano 所收アジア圖トハ、版、異ナレルニ依リテ、重ネテ掲出ス、本地圖帳ノ畫像、Bibliothèque nationale de France ノデジタル目錄參看、

〔Andreas Homo, 1559. 平面世界図〕 ○中村『鎖国前に南蛮人の作れる日本地図』Ⅲ、XVII・XVIII ◎Bibliothèque nationale de France, ark:/12148/btv1b53074822h, Homem, Andreas,

I. fremosa　I. dos reis magos　Ilhas dos lequios　lequios　I. do fogo　Sta ma ○聖マリア、大島、 ○九州以北ノ日本ノ地名、略ス、

○本地圖、Andreas Homom（生年未詳、一五七六年歿、ポルトガル人）作成ノポルトラーノ型平面世界圖ニシテ、羊皮紙十枚ヲ一段五枚ニシテ上下二段ニ繼ギテ描カル、臺灣幷ニ琉球列島ノ「島」ノ表記、ポルトガル語ニテ記サル、本地圖、中村『鎖国前に南蛮人の作れる日本地図』Ⅲ、XVII・XVIII ニ據リテ掲グ、本地圖ノ書誌、Bibliothèque nationale de France ノデジタル目錄幷ニ中村『鎖国前に南蛮人の作れる日本地図』Ⅱ、II. 4. Andreas Homo, 1559. Planisphère portugais、参看、本地圖ニ於テ、琉球列島、上段ノ右端ニ、日本ノ諸島、上段ノ左端ニ描カレ、各々、地圖ノ端ニテ版面ニ損傷アルニ依リテ、中村『鎖国前に南蛮人の作れる日本地図』Ⅲ、XVIIIトシテ、「世界平面図ノ左右両端」ノ透寫圖ヲ收ム、文字ノ讀取リ、XVIIIニ依レリ、

〔[Joan Martines, c. 1582]. 亜細亜図〕 ○中村『鎖国前に南蛮人の作れる日本地図』Ⅲ、XXIV ◎British Library, Cartographic Items Additional MS. 9814, 'A Portolano containing ten charts, on a plane scale, drawn on vellum, ca. 1560'. 2. Asia and the Indian Archipelago.（INDIA CANCRI）

illas mesa ○臺灣、島ノ東方ニ、北ヲ天ニシテ書サレタル agugersu ノ島名アリ、島々ノ東方ニ、北ヲ天ニシテ書サレタル dos hermanas（臺灣）ノ島名アリ、　illas deles erys magos ○三博士ノ島　dos lequios ○琉球諸島、

illa deles lequios ○徳之島　illa de furge ○鳥島　illa de s: maria

○大島　denes fegu ○硫黄島　do ○ド島、口永良部島ナラン、　○コレヨリ北ノ日本ノ地名、略ス、

○本地圖所收地圖帳、羊皮紙ニ描カレ、スペイン語ニ依リテ記サレタルポルトラーノ型地圖十

點ヲ収ムレドモ、作者不明ニシテ、一五六〇年頃ノ制作ト推定サルルコト、British Libraryノデジタル目録、'ca. 1560 (previous to the conquest of the philippines, in 1565, and subsequent to the expedition of Willoughby, in 1554)' トシ、'Publication Details: ca. 1560.' ト記ス、本地圖、地圖帳ノ第二圖ニシテ、臺灣幷ニ琉球列島ノ「島」ノ表記、ガリシア語ニテ記サル、中村拓『鎖国前に南蛮人の作れる日本地図』Ⅲ、XXIVニ據リテ掲グ、中村拓『鎖国前に南蛮人の作れる日本地図』Ⅲ、XXIV、British Museum所藏トシテ掲グレドモ、British Libraryニ移管サル、中村『鎖国前に南蛮人の作れる日本地図』Ⅱ、II. 10. Anonym., n. d. [Joan Martines. c. 1582]. Portolane Atlas.、本地圖帳ノ作者幷ニ作成年ヲ、[Joan Martines. c. 1582]カト推定ス、

〔Juan Riezo alias Oliva, 1580. 東亜図〕 ○中村『鎖国前に南蛮人の作れる日本地図』Ⅲ、XXV ◎Real Biblioteca, Madrid, España, [Atlas Náutico del Mundo / Joan Riczo Oliva], Carta 16: Océano Pacífico (costas del sudeste asiático, Mar de China)

○以下ノ島名、南ヲ天ニシテ記サル、

Illa ermosa ○臺灣、島ノ東方ニ、北ヲ天ニシテ書サレタル agugerso ノ島名アリ、 Illa d los reyes mag ○三博士ノ島 dos lequios ○琉球諸島、

島々ノ東方ニ、北ヲ天ニシテ書サレタル dos ermanas（臺灣）ノ島名アリ、 Illa d los lequios ○徳之島 Illa d furgo ○鳥島 Illa d s. maria ○大島 de dos fogudo ○硫黄島 ○コレヨリ北ノ日本ノ諸島、地名ナシ、

○本地圖所收地圖帳、Joan Riczo Oliva（十六世紀ノスペイン人、生沒年未詳）作成ノ羊皮紙

ニ描カレタル地圖帳ニシテ十七圖ヲ收ム、本地圖、第十六圖ニシテ、臺灣等幷ニ琉球列島ノ「島」ノ表記、ガリシア語ニテ記サル、本地圖、中村『鎖国前に南蛮人の作れる日本地図』Ⅲ、XXV ニ據リテ掲グ、地圖帳ノ書誌、Real Biblioteca ノデジタル目錄 Base de datos del patrimonio bibliográfico de Patrimonio Nacional、及ビ中村『鎖国前に南蛮人の作れる日本地図』Ⅱ、II. 11. Juan Riezo alias Oliva, 1580. Portolano Atlas.、參看、本地圖帳、複製本、"Atlas de Oliva", Testimonio Compañia Editorial, 1987、畫像、Patrimonio Nacional 掲載 Atlas de Oliva 等、參看、

〔Bartolomé de Olives di Maiorca, [c. 1580] 東亜図〕 ○中村『鎖国前に南蛮人の作れる日本地図』Ⅲ、XXXIV ◎Biblioteca Apostolica Vaticana, Città del Vaticano, Urb. lat. 283, Olives, Bartolomé de, "Atlante"

Illa ermosa ○臺灣、島ノ東方ニ、北ヲ天ニシテ agugersu ノ島名アリ、　Illas d' los reyes magos　dos lequios ○島々ノ東方ニ、北ヲ天ニシテ dos hermanas ノ島名アリ、

Illa d' los lequios　Illa d' furgo　Illa d'. s. maria　de uos fogu ○硫黃島

do　illas d' fuego ○種子島相當ノ位置ノ島ニ記サル、誤記ナラン、　○九州以北ノ日本ノ地名略ス、

○本地圖所收地圖帳、Bartolomé de Olives（一五三八年生、一五八八年歿、ポルトガル人）作成ニシテ、地圖十四點ヲ收ム、本地圖、第十圖（中村『鎖国前に南蛮人の作れる日本地図』Ⅱ、地圖帳ノ第五圖トス）ニシテ、琉球列島幷ニ臺灣ノ「島」ノ表記、ガリシア語ニテ記サル、

本地圖、中村『鎖国前に南蛮人の作れる日本地図』Ⅲ、XXXIV ニ據リテ掲グ、本地圖、松本『南蛮紅毛日本地図集成』、XXXIV、Bartolomé de Olives 1582, East Asia, Biblioteca Apostólica Vaticana 參看、中村『鎖国前に南蛮人の作れる日本地図』Ⅱ幷ニ同Ⅲ、本地圖帳ノ所藏機關ヲ Biblioteca Vaticana ト記ス、本地圖帳ノ書誌、Biblioteca Apostólica Vaticana ノデジタル目錄幷ニ中村『鎖国前に南蛮人の作れる日本地図』Ⅱ、II. 16. Bartolomé de Olives di Maiorca, n. d. Portolano Atlas.、參看、本地圖帳ノ畫像、Digital Vaticana, Biblioteca Apostólica Vaticana 參看、

〔Antonio Millo, 1582–1583. 太平洋図〕

○中村『鎖国前に南蛮人の作れる日本地図』Ⅲ、XXIX ◎Biblioteca Nazionale Centrale di Roma, Carte nautiche 6, MILLOS, ANTONIO '[Atlante di 12 carte nautiche e 11 geografiche]', 7. Carta nautica del Pacifico setentr e centrale

dirimago ○三博士ノ島　I de lagrce ○琉球島　de loquera ○徳之島　fogo ○鳥島　la marigna ○大島ノ重出カ、

s maria ○大島　I de fogo ○硫黄島　○九州以北ノ日本ノ地名略ス、

○本地圖所收地圖帳、Antonio Millo（生歿年未詳、十六世紀、ヴェネチア市民）作成ニテ、羊皮紙ニ描カレタル海圖十二圖、地域圖十一圖ヲ收ム、本地圖、太平洋北部ヲ描ケルポルトラーノ型海圖ニシテ、琉球列島ノ「島」ノ表記、スペイン語カ、本地圖、中村『鎖国前に南蛮人の作れる日本地図』Ⅲ、XXIX ニ據リテ掲グ、本地圖帳ノ所藏機關名 Biblioteca Nazionale

Centrale Vittorio Emanuelle II、現在、Biblioteca Nazionale Centrale di Roma ニ改メラル、本地圖帳ノ書誌、Sala manoscritti e rari, Biblioteca Nationale Centrale di Rome ノカード目錄(Informazioni Bibliografiche, Biblioteca Nationale Centrale di Rom 提供情報ニ依ル)、中村『鎖国前に南蛮人の作れる日本地図』Ⅱ、II. 13. Antonio Millo, 1582-1583-1584. Portolano Atlas.、幷ニ ΠΑΝΔΕΚΤΗΣ（PANDEKTIS: 国立ギリシャ研究財団ギリシャ歴史文化デジタルコレクション)、參看、本地圖帳ノデジタル畫像一覽、ΠΑΝΔΕΚΤΗΣ 掲載ノ本地圖帳（[Atlas with 12 portolan charts and 11 topographical maps], Antonius Millo F）ニ見ユ、本地圖、中村『鎖国前に南蛮人の作れる日本地図』Ⅱ、地圖帳第七圖トスレドモ、Sala monoscritti e rari ノカード目錄、地圖帳第七圖トス、

〔Antonio Millo, [c. 1582]. 北太平洋図〕 ○中村『鎖国前に南蛮人の作れる日本地図』Ⅲ、XXX ◎Stadtbibliothek. Ulm, Deutschland, See-Atlas

Ia fermosam ○臺灣　Dirimago ○三博士ノ島　la lapre ○琉球　Ia di focho ○火ノ島、鳥島、　S: maria ○大島　faranga ○硫黄島カ、　○九州以北ノ日本ノ地名略ス、

○本地圖所收地圖集、Antonio Millo 作成ノ羊皮紙ニ描カレタル地圖集ナリ、臺灣幷ニ琉球列島ノ「島」ノ表記、イタリアノ言語カ、本地圖、中村『鎖国前に南蛮人の作れる日本地図』Ⅲ、XXX ニ據リテ掲グ、本地圖ノ書誌、中村『鎖国前に南蛮人の作れる日本地図』Ⅱ、II. 14. Antonio Millo [*c*. 1582]. Portolano Atlas 參看、

〔Antonio Millo, 1586. 亜細亜図〕 ○中村『鎖国前に南蛮人の作れる日本地図』Ⅲ、XXXIII ◎Staatsbibliothek zu Berlin, Ms. Ham. 446, Atlas mit Seekarten von Antonio Millo, 1586

fermasa　dirimago　maria ○本島、pres ノ南西ニ描カル、　pres ○琉球カ、　saltia ○島名不詳、　pintia

○島名不詳、　fuego ○本島、琉球列島ノ北端ニ描カル、硫黄島カ、　○九州以北ノ日本ノ地名略ス、

○本地圖所收地圖帳、Antonio Millo 作成ニシテ、羊皮紙ニ描カレタル十四點ノポルトラーノ型海圖及ビ地形圖ヲ收ム、本地圖、第五圖ナリ、本地圖、中村『鎖国前に南蛮人の作れる日本地図』Ⅲ、XXXIII ニ據リテ掲グ、中村『鎖国前に南蛮人の作れる日本地図』Ⅲノ所藏機關トセル Königliche bibliothek zu Berlin、現在、Staatsbibliothek zu Berlin-Preußischer Kulturbesitz ト稱ス、本地圖帳、Staatsbibliothek zu Berlin 所藏 Sammlung Hamilton コレクション架藏ニシテ、書誌、Staatsbibliothek zu Berlin ノデジタル目錄 Handschriften ヨリ Manuscripta Mediaevalia ニ依レル Helmut Boese, "Die lateinischen Handschriften der Sammlung Hamilton zu Berlin". p. 215、幷ニ中村『鎖国前に南蛮人の作れる日本地図』Ⅱ、II. 15. Antonio Millo, 1586. Portolano Atlas、參看、

二 Abraham Ortelius 型地圖

○Abraham Ortelius 型地圖、日本ノ諸島ヲ、アジア大陸東北部ノ東方ニ、海ヲ隔テ、南北ニ連ナル群島トシテ描ク、

〔Antonio Millo, 1582. 世界平面図〕○中村『鎖国前に南蛮人の作れる日本地図』Ⅲ、XXVI・XXVII ◎British Library, Add MS 27470, 'MAP of the world; by Antonio Millo, 1582.'

fermosa　dirimago○三博士ノ島ノ略記ナラン、　cantusa○島名不詳、　la de lapres○琉球島　de locara○徳之島

focho○火ノ島、鳥島、　s: maria○大島　○九州以北ノ日本ノ地名略ス、

○本地圖、Antonio Millo 作成ノ羊皮紙ニ描カレタル世界平面圖ナリ、臺灣幷ニ琉球列島ノ「島」ノ表記、スペイン語ニテ記サル、本地圖、中村『鎖国前に南蛮人の作れる日本地図』Ⅲ、XXVI、XXVIIニ據リテ掲グ、松本『南蛮紅毛日本地図集成』XXXV、Antonio Millo 1582, Planisphere, British Museum, London 幷ニ XXXVI、Antonio Millo 1582 Planisphere (Detail)、参看、中村『鎖国前に南蛮人の作れる日本地図』Ⅲ、British Museum 所蔵 Add. MS. 27470 トシテ、幷ニ松本『南蛮紅毛日本地図集成』、British Museum 所蔵トシテ掲グレドモ、移管サレ、現在、British Library ニ所蔵サル、中村『鎖国前に南蛮人の作れる日本地図』Ⅲ、XXVI、世

界圖全景ニシテ、XXVII、世界圖ノ日本附近部分圖ナリ、本地圖ノ書誌、Blitish Library, Explore Archives and Manuscripts ノデジタル目錄幷ニ中村『鎖国前に南蛮人の作れる日本地図』II、II. 12. Antonio Millo, 1582. Planisphère、參看、

〔Antonio Millo, 1582–1583. 世界平面図〕 ○中村『鎖国前に南蛮人の作れる日本地図』III、XXVIII ◎Biblioteca Nazionale di Roma, Carte nautiche 6, MILLOS, ANTONIO〔Atlante di 12 carte nautiche e 11 geografiche〕, 1. Carta nautica entro l'ambito del cosidetto portolano normale

Ia ladmosa ○琉球諸島ノ位置ニシテ、臺灣ト誤記、 S: maria ○大島 Ia di focho ○硫黄島カ、 ○九州以北ノ日本ノ地名略ス、

○本地圖所收地圖帳、Diogo Homem 型地圖ニ收ムル〔Antonio Millo, 1582–1583. 太平洋図〕所收地圖帳ト同ジナレドモ、本地圖、平面型世界圖ナリ、「島」ノ表記、イタリアノ言語カ、本地圖、中村『鎖国前に南蛮人の作れる日本地図』III、XXVIII ニ據リテ揭グ、本地圖ノ日本附近部分、松本『南蛮紅毛日本地図集成』、XXXVII、Antonio Millo 1582~1583, Planisphere (Detail) Biblioteca Nazionale Vittorio Emanuele, Rome 參看、本地圖帳ノ書誌、Diogo Homem 型地圖ニ收ムル〔Antonio Millo, 1582–1583. 太平洋図〕ノ按文參看、中村『鎖国前に南蛮人の作れる日本地図』II、II. 13、地圖帳第二圖トスレドモ、Sala manuscritti e rari, Biblioteca Nationale Centrale di Rome ノカード目錄、地圖帳第一圖トス、

〔Abraham Ortelius 1567 Asia〕○松本『南蛮紅毛日本地図集成』XXVIII・XXIX ◎Universitäts Bibliothek, Basel, 11932161O, Abrahamus Ortelius, 1567 Asiae orbis partium maximae nova descriptio

Lequiho pequinho ○小琉球、臺灣ニテ、Lequiho pequinho ト I. Fermosa ノ二島トシテ描カル、　Reix magos　I. Fermosa ○臺灣

Lequiho grande ○大琉球　I. do fogo　7. Islas ○七島、吐噶喇列島、　S Maria ○聖マリア島ノ島名、吐噶喇列島ノ北方、種子島ノ南西ニ描カレタル島ニ附サル、　Taxima ○種子島　○九州以北ノ日本ノ地名略ス、

○本地圖、Abraham Ortelius（一五二七年生、一五九八年歿、フランドル人）作畫の銅板印刷版ナリ、臺灣幷ニ琉球列島ノ「島」ノ表記、ガリシア語カ、本地圖、松本『南蛮紅毛日本地図集成』XXVIII・XXIX（日本附近）ニ據リテ揭グ、本地圖ノ書誌、松本『南蛮紅毛日本地図集成』解說、XXVIII、XXIX（日本附近）、幷ニ Universtätsbibliothek Basel ノデジタル目錄、參看、本地圖ノ畫像、Universtätsbibliothek Basel ノデジタル目錄參看、

〔オルテリウス　アジア図　1570年〕○OAG『西洋人の描いた日本地図』、図版 10C ◎Abraham Ortelius, "Theatrum orbis terrarum", 1570. 3. ASIAE NOVA DESCRIPTIO

Lequiho pequinho　Reis magos　I Fermosa　Lequiho grande　Ia do fogo

7 Islas　S Maria ○聖マリアノ島名、吐噶喇列島ノ北方、種子島ノ南西ニ描カレタル島ニ附サル、　Taxuma ○種子島　○九州以北ノ日本ノ地名略ス、

○本地圖所收地圖帳、Abraham Ortelius 作成地圖ヲ收載セル銅板印刷版 "Theatrum orbis terrarum" ノ一五七〇年五月二十日刊ノ初版ニシテ、地圖五十三葉（七十圖）ヲ收ム、臺灣幷ニ

琉球列島ノ「島」ノ表記、ガリシア語カ、本地圖、ＯＡＧ『西洋人の描いた日本地図』図版10C・10C-部分ニ據リテ掲グ、本地圖帳ノ一五七〇年版ニ複數ノ版アリ、本地圖帳ノ書誌幷ニ畫像、Library of Congress, USA ノデジタル目錄參看、Boston Public Library 所藏、一五七〇年版、索引・刊記等、Library of Congress 所藏版ト異ナルトコロアレドモ、本地圖ノ琉球列島幷ニ臺灣ノ島名、異事ナシ、一五七〇年版ヨリ後ノ“Theatrum orbis terrarum”ノ諸版、臺灣幷ニ琉球列島ノ島名、異事ナキヲ以テ略ス、本地圖ノ臺灣幷ニ琉球列島ノ島名、中村『鎖国前に南蛮人の作れる日本地図』Ⅱ、第十二表「「Ortelius 型」図の地名表」參看、

〔オルテリウス　韃靼図　1570年〕○ＯＡＧ『西洋人の描いた日本地図』図版10E　◎Abraham Ortelius, “Theatrum orbis terrarum”, 1570, 47. TARTARIA SIUE MAGNI CHAMI REGNI

Isla fermasa 種子島ノ南西ニ描カレタル島ニ附サル、　Lequiho grande　Taxuma ○種子島　Isola di fogo　○九州以北ノ日本ノ地名略ス、　7, Islas　S. Maria ○聖マリアノ島名、吐噶喇列島ノ北方、

○本地圖所收地圖帳、Abraham Ortelius 作成地圖ヲ收載セル銅板印刷版“Theatrum orbis terrarum”ノ一五七〇年五月二十日刊ノ初版ニシテ、本地圖、ＯＡＧ『西洋人の描いた日本地図』図版10E・10E-部分ニ據リテ掲グ、臺灣幷ニ島島ノ「島」ノ表記、イタリアノ言語カ、松本『南蛮紅毛日本地図集成』XXXI、Abraham Ortelius 1570 Planisphere in “Theatrum Orbis Terrarum, 1570”、幷ニ『沖縄県史ビジュアル版』12、「タルタリア図　1570年　神戸市立博

物館」（本地圖幷ニ同圖琉球周邊（部分）ヲ掲グ）、參看、一五七〇年五月二十日版地圖帳ノ書誌幷ニ畫像、Library of Congress, USA ノデジタル目錄參看、Boston Public Libray 所藏一五七〇年版、本地圖ノ琉球列島幷ニ臺灣ノ島名、異事ナシ、一五七〇年版ヨリ後ノ“Theatrum orbis terrarum”ノ諸版、臺灣幷ニ琉球列島ノ島名、異事ナキヲ以テ略ス、本地圖ノ臺灣幷ニ琉球列島ノ島名、中村『鎖国前に南蛮人の作れる日本地図』Ⅱ、第十二表「「Ortelius 型」図の地名表」參看、

三　御朱印船航海圖

〔アジア航海図〕○東京国立博物館所藏、重要文化財「日本航海図」二點ノ内、列品番号 A-9343

高砂○臺灣　よなぐに○與那國島　やゝま○八重山諸島　ミやこノ嶋○宮古島　りうきう○沖繩島　ど

くの嶋○徳之島　とり嶋○鳥島　大嶋　くろ嶋○黒島　うぢ○宇治諸島　たねノ嶋○種子島

○九州ヨリ北ノ日本ノ地名、略ス、

○本地圖、大塚「羊皮紙に描かれた航海図」所收、第5図　アジア航海図（東京国立博物館）ニ據リテ掲グ、臺灣幷ニ琉球列島ノ島名、中村『御朱印船航海図』、表二九「御朱印船航海図」

に於ける地名、4東洋諸国海図參看、本地圖ノ舊稱、東洋諸国海図、舊番號、第一区、七八三号、本地圖ノ書誌、大塚「羊皮紙に描かれた航海図」東博図、国指定文化財等データベース幷ニe国宝、參看、中村『御朱印船航海図』、本地圖ノ年代ヲ、一六一三年ヨリ一六一七年ノ頃トス、

あとがき

軌跡

「刊行にあたって」に記したように、『奄美諸島編年史料　古琉球期編』の如き書は、本来、当該地域に関わる公共的組織が編纂・刊行すべき史料集であろう。しかし、個人としての私が、この書を編著するに至った三〇年の軌跡を記させていただきたい。

一　鹿児島短期大学付属南日本文化研究所奄美群島総合学術調査への参加、奄美博物館における史料閲覧

一九八六年か一九八七年の五月の歴史学研究会大会の折、当時、鹿児島短期大学に勤務されていた小林敏男さんが鹿児島から大会に参加され、鹿児島短期大学付属南日本文化研究所の奄美群島総合学術調査に参加しないかと誘って下さった。小林さんと私とは、小林さんが東京教育大学大学院在学中から歴史学研究会古代史部会で共に学んだ仲間であった。小林さんから、奄美群島総合学術調査では中世史の三木靖先生（短期大学学長）と歴史調査を行っていること、奄美には高倉という古代の高床式倉庫を思わせる建物がある、近世まで女性祭祀者（のろ）と男性統治者の体制が残されてきた、もしかすると日本の古代王権の原型に関わるかもしれないとの話を聞いて、古代の租税制度における椋（蔵）や対外関係史の研究も行っていた私は、奄美諸島に関心を抱いた。そして、一九八八年五月の歴史学研究会大会で、小林さんから今年は奄美大島の笠利町（現、奄美市笠利町）で八月末～九月初に一週間の調査を行うと伺い、笠利町における奄美群島総合学術調査に参加させて

いただけるかとお願いし、すぐに小林さんから研究所の了解を得た旨の連絡をいただいた。小林さんからは、奄美諸島史研究では、伝承によるのではなく史料に基づく研究が必要である、松下志朗先生の『近世奄美の支配と社会』（第一書房、一九八三年）が、史料に基づく奄美諸島史研究の書であることを教えられた。私は、大学の前の第一書房で松下先生の本を入手した。

私は、一九八八年六月中旬、現地一泊二日の日程で一人で奄美大島を訪れた。鹿児島空港からYS11で奄美空港（当時は、笠利町節田。現在の奄美パークの地）に着き、あやまる岬に行き、琉球国統治時代に笠利間切首里大屋子の務める蔵本が置かれていたという笠利町笠利まで歩いた。その日は名瀬市に泊まり、翌日、大和村大和浜の群倉《ぼれぐら》を見学した。昼頃、大和村から名瀬に向かう途中から梅雨明け時の大雨となり、奄美空港で鹿児島便欠航と知らされ、その夜の連絡船で鹿児島に戻った。南日本文化研究所の調査の時は、八月二十八日月曜日に調査団の方々と鹿児島空港から現在の新空港にジェット機で着き、あやまる岬の国民宿舎に宿泊し、三木先生、小林さんと、笠利町の用・笠利・宇宿・屋仁・佐仁・用安・赤木名を巡った。九月二日金曜日に小林さんの案内で、名瀬市（現、奄美市名瀬）の鹿児島県立図書館奄美分館（現、鹿児島県立奄美図書館）を訪問し、分館長であった島尾敏雄が蒐集に努めた郷土資料の書庫を見学させていただき、夕方、屋仁川で夕食がてら小林さんと共に郷土史研究者の弓削政己さんにお目にかかる機会を得た。三日土曜日には、小林さんと名瀬市立奄美博物館（現、奄美市立奄美博物館）を訪問し、主幹学芸員の田畑千秋氏にお目にかかり、「名瀬市史編纂委員会資料」を閲覧させていただき、『名瀬市誌』編纂事業で鹿児島大学の原口虎雄先生が収集を指導され、山下文武先生等が作成された奄美諸島史料の写本や松岡家文書等の複写版などを知る機会を得た。「名瀬市史編纂委員会資料」を拝見して、奄美諸島史料の豊かさと重要性を認識することができた。

美しい島と海の景観にまた臨みたい、奄美諸島史料を更に知りたいと思うところ、研究所の方から、調査参加者は南日本文化研究所の『南日本文化』に調査報告を提出しなければならないと告げられた。しかし、小林さんに教えられた『近世奄美の支配と社会』で、松下先生は、「私は旅と探検家がきらいだ……C／レヴィ＝ストロース」の副題を附す「あとがき」に、二年間の高校教師生活のなかで、「奄美において、私は旅行者でしかなかった」と記されているではないか。一週間の調査で、しかも三木先生、小林さんに随行しての調査で、奄美諸島史についての調査報告や論文を書くことはできない、深く広い歴史を有する地域について簡単に論文を書いてはならないと思った。そこで、南日本文化研究所の奄美群島総合学術調査に翌年以降も参加させていただきたいとの思いで、また自らの職業から得た手法による奄美諸島編年史料を『南日本文化』に掲載させていただくことで調査報告に替え、奄美群島総合学術調査に継続して参加させていただくことを考え、研究所の方からご了解を得ることできた。そう言えば、明治時代に、東京大学史料編纂所の始まりとなる史料編纂事業の創業の役を担った重野安繹は、幕末、西郷隆盛が龍郷に配流されたのと同じ頃、瀬戸内町の阿木名に遠島となっていたではないか。私は、史料編纂と奄美諸島の縁を知り、史料編纂者として、奄美諸島史研究に多少とも役立つことを為せればとの思いを抱いた。南日本文化研究所の奄美群島総合学術調査では、笠利町に次いで、大島の宇検村・瀬戸内町・龍郷町・名瀬市、喜界町、徳之島の天城町・徳之島町・伊仙町、沖永良部島の和泊町・知名町、与論町での調査に、一九九九年まで参加させていただいた。

奄美博物館では、一九八八年以降も、二十余年にわたり、「名瀬市史編纂委員会資料」を初めとして、膨大な奄美諸島史料の閲覧をさせていただいてきた。私の奄美諸島史料研究は、奄美博物館のご理解とご援助、同館学芸員の久伸博氏（現、奄美市教育委員会文化財課長）、高梨修氏（現、奄美博物館長）の導きなくしては成り立たなかったと、今、改めて思い、謝意を表する。

二 「沖縄の歴史情報研究」への参加と島津家文書の情報資源化事業

私は、偶々、史料編纂所の刊行する『大日本古文書』等史料集や所蔵史料・収集史料の情報資源化と情報公開のための電子計算機システム導入の平成四年度（一九九二年度）予算の概算要求の仕事に関わっていたので、岩崎宏之筑波大学教授が研究代表者となられた科学研究費重点領域研究「沖縄の歴史情報研究」（一九九四～九七年度）に総括班の分担研究者として、またその準備のための一九九二年度の総合研究（B）「歴史情報資源研究システムの開発」にも、参加させていただく機会を得た。「沖縄の歴史情報研究」では、当時、大分大学に遷られていた田畑千秋氏に相談し、一九九六年一月に奄美博物館を会場にして研究会「奄美の琉球史料」を開催することができて、南日本文化研究所奄美群島総合学術調査への参加に続き、奄美諸島の郷土史研究者、学芸員の方々との繋がりを続けることができるようになった。

一九九五年一二月に九州大学文学部で集中講義を行った時、経済学部教授を務められていた松下志朗先生にお目にかかり、その直後、一九九六年一月の「奄美の琉球史料」の研究会でもお目にかかる機会があった。その折、和家の御当主で鹿児島で教員を務められていた和眞一郎先生も島に戻られており、松下先生に紹介していただいて宴席を御一緒させていただいた。和先生の島唄のお姿を思い出す。二〇〇一年二月に黎明館で行われた和家文書の撮影に、松下先生に和家のご了解を得ていただき、陪席させていただくことができた。和家文書は、和先生御逝去の後、御郷里の大和村に寄贈された。

「沖縄の歴史情報研究」では、史料編纂所所蔵島津家文書（島津家本等を含む）の情報資源化に関わることとなった。島津家文書については、史料編纂所において山口啓二・小野正雄両教授の指導で一九七七～八六年度に『島津家文書目録』が作成されていたが、「沖縄の歴史情報研究」では、史料編纂所の山本博文氏が中心となり島津家文書目録のデータベース化とその公開が進められた（山本博文・石上「東京大学史料編纂所所蔵島津家文書の情報化」文部省科学研究費重点領域研究報告書『沖縄の歴史情報研究』、筑波大学、一九九八年三月）。また、「沖縄の歴史情報研究」と並行して史料編纂所でも宮地正人所長の下で山本博文氏が幹事として中心となり、「島津家文書プロジェクト」により『島津家文書目録』黒漆塗箱分（一九九七年二月）が作成された。史料編纂所では、一九九七～九九年度に鹿児島県歴史資料センター黎明館からの受託事業「『島津家文書』の収集研究」（一九九七～九九年度）により、島津家文書のマイクロフィルム撮影を行い、山本博文氏が中心となり『島津家文書目録』Ⅱ（一九九九年七月）・Ⅲ（二〇〇〇年二月）が刊行された。マイクロフィルム版は、史料編纂所と黎明館で公開されると共に、『島津家文書マイクロフィルム版集成』（東京大学出版会・丸善、二〇〇二年）として公刊された。島津家文書や島津家本旧記雑録は一九九七年に重要文化財に指定され（島津家文書は二〇〇二年に国宝指定）、マイクロフィルム撮影事業も終了し、二〇〇〇年九月二九日から一〇月二二日、黎明館で「奇跡の至宝「島津家文書」」展が開催された。当時所長であった私は展覧会の開会式に臨むことができた。古代史専門ながら、島津氏の琉球国や奄美諸島との関わりの理解に島津家文書を利用できたのは、情報資源化の仕事で島津家文書に多少とも関わる機会があったこと、『大日本古文書』島津家文書に加えて、島津家文書の目録情報・画像が学界に公開されるに至ったことによる。また、島津家文書等の琉球史に関わる史料については、上原兼善氏、紙屋敦之氏、黒嶋敏氏の研究から多くのことを学ばさせていただいた。

三　琉球家譜写本の閲覧

「沖縄の歴史情報研究」では、沖縄から参加されていた那覇市歴史資料室の田名真之氏（現、沖縄国際大学教授）にお目にかかる機会があり、那覇市歴史資料室（当時、那覇市壺川）に伺い奄美諸島史に関わる琉球家譜について閲覧させていただき、家譜研究について多くの教示を得ることができた。那覇市歴史資料室（壺川から銘苅へ移転）、同後継機関の那覇市歴史博物館（久茂地へ移転し、二〇〇六年七月開設）には、度々、通い、琉球家譜の通覧、筆写をさせていただき、外間政明氏（現、那覇市歴史博物館主幹）より、琉球家譜のみならず薩琉関係史料の調査・閲覧について多くの御教示を得ることができた。また、那覇市歴史博物館架蔵の琉球家譜については、複写本（原本または写本の所蔵者が所在する場合）は複写をすることができず、数年にわたり書架の端から一点一点取り出し総捲りしてノートに必要部分（奄美諸島・島津家・日本関係等の記載）を鉛筆で筆写する作業を続けた。那覇市歴史博物館架蔵の琉球家譜の通覧をちょうど終えた頃、複写本については博物館の許可を得れば複写が可能になったと伝えられ、二〇〇九年と二〇一〇年に奄美関係等の紀録のある家譜の複写本の必要部分の複写をさせていただいた。そして、那覇市歴史資料室・那覇市歴史博物館での調査と併せて、沖縄県立図書館郷土資料室、浦添市立図書館沖縄学研究室、琉球大学附属図書館沖縄資料室、沖縄県立芸術大学附属図書・芸術資料館（鎌倉芳太郎資料所蔵）、沖縄県立公文書館にも赴き、奄美諸島関係等の琉球史料の閲覧を行った。沖縄では、山里純一氏（琉球大学名誉教授）、豊見山和行氏（琉球大学教授）、小野まさ子氏（沖縄県教育委員会文化財課）等より多くの教示を得た。そして沖縄県教育委員会の沖縄県史や歴代宝案の編集担当の方々にもお目にかかる機会があり、『中山世譜』蔡鐸本復原や『歴代宝案』研究の成果に接することができた。

四　奄美群島歴史資料調査事業

一九九九・二〇〇〇年度と二〇〇三・二〇〇四年度に史料編纂所の所長の職にあった時、史料編纂所が島津家文書を所蔵することから、職務上、『鹿児島県史料』刊行を事業の一つとされる鹿児島県歴史資料センター黎明館の編纂顧問を務めた。二〇〇一年一月の黎明館の『鹿児島県史料』の編纂委員会で、奄美諸島への関心から、『鹿児島県史料』に奄美諸島史料を収録する必要を述べたところ、今吉弘館長が直ぐに対応して下さり、同館調査史料室で奄美群島歴史資料調査事業の企画をして下さった。当時、『鹿児島県史料』編纂を担当の調査史料室長であった尾口義男氏は、黎明館の史料蒐集事業の一環として既に龍郷町中央公民館所蔵龍郷町誌資料（名瀬市史編纂委員会資料の複写を多く含む）を撮影されていたこともあり、積極的に企画して下さった。その結果、鹿児島県による「奄美群島歴史資料調査事業」が、黎明館から奄美郷土研究会に委託され、奄美博物館に事務局を置いて、二〇〇二〜二〇〇四年度に実施されることになった。この事業により、奄美諸島域所在の古琉球期から現代に及ぶ史料について、資料個票数八千点余に及ぶ史料の所在が確認され、一部の写真撮影もなされた。事業終了後、調査資料は黎明館調査史料室に納められ、データベースは鹿児島大学附属図書館から「奄美古文書所在目録データベース」として公開されることになった。奄美郷土研究会でこの事業の事務局を担当されたのは児玉永伯氏であり、奄美博物館の学芸員の久伸博氏、高梨修氏、奄美郷土研究会の弓削政己氏等も参加され、奄美博物館収集資料のみならず、笠利町・龍郷町・住用村・大和村・宇検村・瀬戸内町・喜界町・徳之島町・天城町・伊仙町・和泊町・与論町の史料も教育委員会や図書館・資料館等の協力を得てなされた。私も、「奄美群島歴史資料調査事業」の発足に多少関わる機会を得たことから、黎明館調査史料室を通じて事業の成果のデータを閲覧する機会を得た。また、黎明館では、調査史料室の徳永和喜氏（西郷南洲顕彰館館長）、内倉昭文氏（黎明館学芸課長）、学芸課の林匡氏（鹿屋女子高等学校校長）・栗林文夫氏（黎明館調査史料室長）に、島津家関係史料や奄美諸島史料等の研究等で導いていただいた。

五　南島雑話・大島古図・琉球嶌真景

史料編纂所は、『大日本史料』等の刊行開始百周年記念事業の一環として、東京国立博物館と共催で同館平成館を会場に特別展を開催することになり、二〇〇一年一二月一一日から二〇〇二年一月二七日まで、特別展「時を超えて語るもの―史料と美術の名宝」が開催された。その折、私は島津家文書中の名越左源太著「南島雑話」の展示解説を担当し、近世後期奄美諸島史にも関心を深めることとなった。ちょうどその頃、二〇〇一年一〇月、鹿児島県立図書館所蔵「大島古図」が、遠島人の名越左源太も現地で参加した、鹿児島藩による嘉永四〜五年（一八五一〜五二年）作成の海防図であることが、河津梨絵・弓削政己氏により明らかにされた。また二〇〇二年三月、名護博物館所蔵「琉球嶌真景」が京都四条派の岡本豊彦（一七七三〜一八四五年）により描かれた奄美大島の風景画一一点であることが、名護博物館の比嘉武則氏により明らかにされ、二〇〇二年八月に奄美博物館特別展示「「琉球嶌真景」と奄美」が開催された。次いで、二〇〇三年四月〜七月に黎明館で奄美群島日本復帰五〇周年記念企画展「描かれた奄美」が開かれ「大島古図」「琉球嶌真景」が展示された。「大島古図」は、同年八月に笠利町歴史民俗資料館「大島古図特別展」、八月〜九月に奄美博物館企画展「古文書が語る奄美」でも展示された。また一九九〇年に奄美博物館に寄贈された永井家本「南島雑話」の修復がなり、二〇〇四年九月に奄美博物館企画展「南島雑話と名越左源太」が開催された。私は、企画展「古文書が語る奄美」・「南島雑話と名越左源太」に伴い開催されたシンポジウムで、「奄美諸島史料に学ぶ」・「奄美史料と南島雑話」の報告の機会を得て、「奄美群島歴史資料調査事業」が二〇〇二〜〇四年度に実施されている状況の下、奄美博物館や奄美郷土研究会の方々と奄美諸島史料を共に学ぶ機会を得た。

私は二〇〇四年度から史料編纂所附属画像史料解析センターの配属となり、センターの研究プロジェクト「南島画像関係資料の研究」を企画し、史料編纂所所蔵島津家文書「南島雑話」、「琉球嶌真景」の分析、奄美・琉球の馬の絵の関係史料の調査などを行った（「南島雑話とその周辺」一〜一八・訂正表『画像史料解析センター通信』29〜35・37・39〜49号）。「南島雑話」については、その後、台湾大学図書館所蔵田代安定文庫から原本の一部が発見された。

六　城久遺跡群調査指導委員会

私は、二〇〇六年度より二〇一四年度まで、喜界町教育委員会の城久遺跡群調査指導委員会に委員として参加の機会を得た。城久遺跡群は、喜界島の中央台地上の古代・中世前期並行期の集落遺跡で、九州と奄美諸

吉川弘文館

新刊ご案内　2018年7月

〒113-0033・東京都文京区本郷7丁目2番8号　振替 00100-5-244（表示価格は税別です）
電話 03-3813-9151（代表）　ＦＡＸ 03-3812-3544　http://www.yoshikawa-k.co.jp/

「名物」とは何か？　刀剣からみえる武家社会

刀剣と格付け

徳川将軍家と名工たち

深井雅海著

武家社会における贈答品として中世以来重用されてきた刀剣。八代将軍吉宗は、古刀重視の風潮を改め新刀を奨励し、贈答の簡素化を目指す。刀剣の鑑定、「享保名物帳」の成立、刀工と格付けなど、奥深い刀剣の世界へ誘う。A5判・二一六頁／一八〇〇円

皇后四代の歴史

昭憲皇太后から美智子皇后まで

森　暢平・河西秀哉編

明治から平成まで、天皇を支え「世継ぎ」を産み、さまざまな活動をした四人の皇后。その役割や社会の中でのイメージは、時代とともに大きく変容してきた。公（表）と私（奥）をテーマに、エピソードを交えて歩みを描き出す。

A5判・二三六頁／二二〇〇円

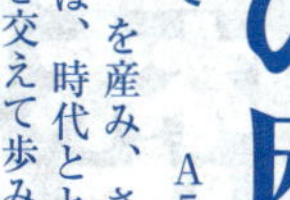

幕末維新のリアル

変革の時代を読み解く7章

上田純子
公益財団法人僧月性顕彰会編

欧米列強の動き、対外戦略と国内政争、世界観の相克や思想の対立、海防僧・漢詩人の月性が体現した知識人交友圏の成立と政治参加―。幕末維新の諸相を、第一線の研究者七名が読み解き、歴史のリアルをよみがえらせる。

四六判・二八八頁／二二〇〇円

わくわく！探検《たんけん》 れきはく日本の歴史 全5巻

小中学生から大人まで、日本の歴史と文化を楽しく学べる！

B5判・並製・各八六頁
オールカラー
各一〇〇〇円
『内容案内』送呈

好評刊行中！

国立歴史民俗博物館編

「れきはく」で知られる国立歴史民俗博物館が確かな内容をやさしく解説。展示をもとにしたストーリー性重視の構成で読みやすく、ジオラマや復元模型、さまざまな道具など、各時代の人びとが身近に感じられる図版も満載。展示ガイドにも最適な、子どもから大人まで楽しめる「紙上博物館」！

博物館《ミュージアム》が本になった！

② 中世

＊第3回配本

平安の都で貴族はどのようにくらしていたのだろう？
武士はいつも戦っていたのかな？
農民や職人・商人はどんな仕事をしていたの？
さまざまな人びとが生活し、世界とのつながりもあった中世日本へ探検に行こう！

【既刊】

③ 近世　見て、読んで、体験する江戸時代

⑤ 民俗　くらしのなかから私たちの文化を知ろう

【続刊】

① 先史・古代

④ 近代・現代

三つのコンセプトで読み解く、新たな〝東京〟ヒストリー

みる　よむ　あるく　東京の歴史

全10巻　刊行中

池　享
櫻井良樹
陣内秀信
西木浩一
吉田伸之　編

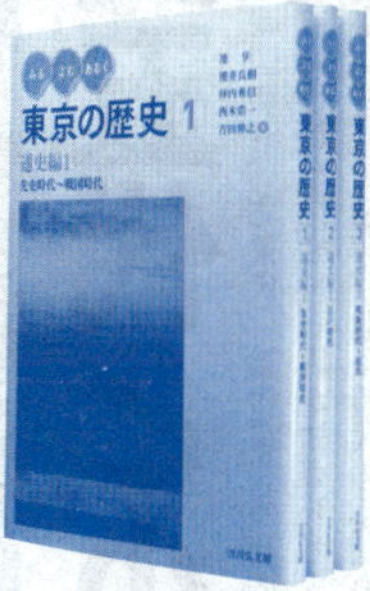

巨大都市《メガロポリス》東京は、どんな歴史を歩み現在に至ったのでしょうか。史料を窓口に「**みる**」ことから始め、これを深く「**よむ**」ことで過去の事実に迫り、その痕跡を「**あるく**」道筋を案内。個性溢れる東京の歴史を描きます。

B5判・平均一六〇頁／各二八〇〇円　『内容案内』送呈

地帯編7冊　9月刊行開始予定

4 千代田区・港区・新宿区・文京区

東京駅を有す丸の内、官庁の建ち並ぶ霞が関、花街の赤坂・神楽坂、土器名発祥の弥生町。都心に位置し、首都の役割を担いながら、濃密に過去の面影を残しています。何がどう受け継がれ、今を形づくったのでしょうか。（地帯編1）

5 中央区・台東区・墨田区・江東区

江戸東京の中心日本橋から京橋・銀座、市場で賑わう築地、大寺院が織りなす人気観光地浅草・上野、水路が巡り震災・戦災の記憶が漂う本所・深川。江戸の余韻を湛えつつ、新たな歴史を築く隅田川周辺の特徴をさぐります。（地帯編2）

●続刊（地帯編3〜7）

6 品川区・大田区・目黒区・世田谷区／7 渋谷区・杉並区・練馬区・中野区・板橋区・豊島区・北区／8 足立区・葛飾区・荒川区・江戸川区／9 多摩Ⅰ／10 多摩Ⅱ・島嶼

既刊3冊

通史編1〜3

1 先史時代〜戦国時代
2 江戸時代
3 明治時代〜現代

人と地域が織りなす「世に一つの歴史譚《ものがたり》」

全ページカラーで読み解く〈歴史探訪〉シリーズ！

『内容案内』送呈

人《ひと》をあるく

刊行中

A5判・並製・平均一六〇頁

各二〇〇〇円

●最新刊

北条氏五代と小田原城

山口 博著

関東の戦国覇者、北条氏。初代宗瑞の登場から五代氏直の秀吉との東西決戦まで、民政で独自の手腕を見せ、一族が結束して支配を広げた屈指の戦国大名の実像に迫る。本拠地小田原城を巡り、北条時代の小田原宿も訪ねる。

一七六頁

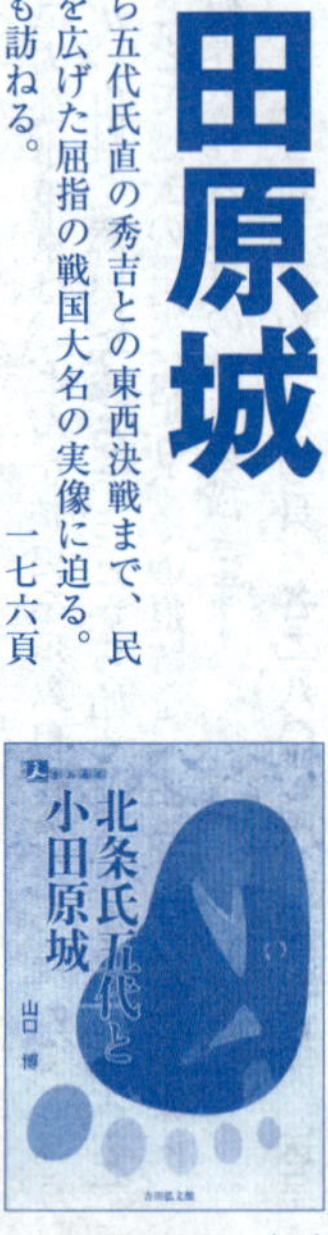

●既刊の25冊

聖徳太子と斑鳩三寺 千田 稔著

蘇我氏と飛鳥 遠山美都男著

桓武天皇と平安京 井上満郎著

紫式部と平安の都 倉本一宏著

源義経と壇ノ浦 前川佳代著

源頼朝と鎌倉 坂井孝一著

親鸞と東国 今井雅晴著

奥州藤原氏と平泉 岡本公樹著

日蓮と鎌倉　市川浩史著
足利尊氏と関東　清水克行著
足利義満と京都　早島大祐著
尚氏と首里城　上里隆史著
長宗我部元親と四国　津野倫明著
豊臣秀吉と大坂城　跡部　信著
真田氏三代と信濃・大坂の合戦　中澤克昭著
徳川家康と関ヶ原の戦い　本多隆成著
赤穂浪士と吉良邸討入り　谷口眞子著
松尾芭蕉と奥の細道　佐藤勝明著
徳川吉宗と江戸城　岡崎寛徳著
上杉鷹山と米沢　小関悠一郎著
高杉晋作と長州　一坂太郎著
坂本龍馬と京都　佐々木　克著
西郷隆盛と薩摩　松尾千歳著
勝海舟と江戸東京　樋口雄彦著
三遊亭円朝と江戸落語　須田　努著

以下続刊

読みなおす日本史

毎月１冊ずつ刊行中　四六判

飢餓と戦争の戦国を行く

藤木久志著

二六四頁／二二〇〇円（解説＝清水克行）

中世社会を頻繁に襲う旱魃・長雨・飢饉・疫病などの災害。さらに物資・人員の略奪や殺害などの戦争被害。過酷な環境で人々はいかに生き抜いたのか。実態を克明に探り、民衆に焦点をあてた豊かな歴史像を提示する。

陸奥伊達一族

高橋富雄著

二一四頁／二二〇〇円（解説＝高橋　充）

「独眼竜」政宗の時に奥羽の大半を従え、半ば独立王国を築いた伊達氏。鎌倉時代から南北朝・戦国を勝ち抜き、天下人とわたりあい大藩を維持。伊達騒動を経て戊辰戦争で敗れるまで、東北史に欠かせない一族の盛衰史。

日本人の名前の歴史

奥富敬之著

二八〇頁／二四〇〇円（解説＝新井孝重）

日本人の姓は天皇から与えられた。同姓集団が拡大するなかで、地名や官職名などから名字が生まれた。実名（諱）は憚られ、役職・兄弟順などで呼ばれた。苗字・名前のルーツと多様な展開をわかりやすく軽妙に叙述する。

歴史文化ライブラリー

●18年5月～7月発売の6冊

四六判・平均二二〇頁　全冊書下ろし

人類誕生から現代まで／忘れられた歴史の発掘／常識への挑戦／学問の成果を誰にもわかりやすく／ハンディな造本と読みやすい活字／個性あふれる装幀

467 古代の神社と神職
神をまつる人びと

加瀬直弥著

古来、人々が神を慮りまつる神社や、まつりを司る神職とはいかなるものだったか。立地や社殿に注目し、神社の重要性を解明。神職の務めや平安朝廷の神職制度で生まれた神社の共通性から、神社と神職のあり方を考える。

二三六頁／一七〇〇円

468 沖縄からの本土爆撃
米軍出撃基地の誕生

林　博史著

太平洋戦争末期、米軍は占領した沖縄から本土爆撃を開始し九州などで民間人への無差別攻撃をおこなった。米軍史料から知られざる実態に迫り、戦争の加害と被害の関係を問う。今日の沖縄基地問題を考える上でも必読の書。

二七〇頁／一八〇〇円

469 踏絵を踏んだキリシタン

安高啓明著

キリスト教信者摘発のための絵踏は、なぜ形骸化したのか。九州諸藩が抱える事情や作法、踏絵素材の変更などを解明。信者でないことを証明する手段への変容過程を探り、悲劇的文脈で語られてきた絵踏観に一石を投じる。

二八八頁／一八〇〇円

470
江戸無血開城
本当の功労者は誰か？

岩下哲典著

戊辰戦争で江戸を戦火から救った功労者は勝海舟ではなかった。駿府の敵中に乗り込んだ山岡鉄舟《てっしゅう》と、将軍慶喜の信頼をもとに、鉄舟を推薦した高橋泥舟《でいしゅう》。二人の動向を当時の情勢とともに追い、江戸無血開城の真実に迫る。

二〇八頁／一七〇〇円

471
細川忠利
ポスト戦国世代の国づくり

稲葉継陽著

細川家熊本藩主の初代、細川忠利《ただとし》。戦国動乱から「天下泰平」へ転換する変革期にいかに育ち、統治者として自己形成していったのか。忠利による国づくりを通して、「ポスト戦国世代」の歴史的使命を探り、時代を読み解く。

二五〇頁／一八〇〇円

472
刀の明治維新
「帯刀」は武士の特権か？

尾脇秀和著

「帯刀《たいとう》」＝武士の特権という今日の〝常識〟は、はたして正しいのか。江戸〜明治初年まで、武器からファッション・身分標識・旧弊のシンボルへと移り変わる姿と維新で消えゆくまで追い、「帯刀」の本当の意味に迫る。

二八〇頁／一八〇〇円

【好評既刊】

463 近世の巨大地震
矢田俊文著
二五六頁／一八〇〇円

464 墓石が語る江戸時代
大名・庶民の墓事情
関根達人著
〈2刷〉二五六頁／一八〇〇円

465 埋葬からみた古墳時代
女性・親族・王権
清家　章著
二八四頁／一八〇〇円

466 陸軍中野学校と沖縄戦
知られざる少年兵「護郷隊」
川満　彰著
二四〇頁／一七〇〇円

絵図と徳川社会
岡山藩池田家文庫絵図をよむ

倉地克直著

絵画的に表現されることもあった近世の絵図。岡山藩池田家にのこされた大型の手書き絵図に光を当て、何がどう描かれたのかを検討。題材選択と個性的な描写のはざまに、江戸時代の絵図利用のあり方をさぐる。　Ａ５判・三三六頁・原色口絵八頁／四五〇〇円

アジア・太平洋戦争と石油
戦備・戦略・対外政策

岩間　敏著

日本の資源を総動員したアジア・太平洋戦争。国外との輸入交渉、真珠湾攻撃での洋上給油作戦、石油の需給予測や海上輸送作戦など、総力戦の実態と末路を、艦船・航空機などの戦備も含めた豊富なデータをもとに解明する。　Ａ５判・二〇〇頁／三〇〇〇円

建物が語る日本の歴史

海野　聡著

建築物は歴史を語る証人である。国家の威信をかけて建てられた寺院や城郭、人びとが生活した住居など、原始から近代まで各時代の建物で読み解く。社会と建物の関わりに光を当てた、新しい日本建築史入門。　Ａ５判・三〇四頁・原色口絵三二頁／二四〇〇円

現代日本の葬送と墓制
イエ亡き時代の死者のゆくえ

鈴木岩弓
森　謙二編

家族制度がゆらぎ、無縁化する墓…。葬儀・埋葬・造墓などは遺された者の役割だが、社会変動の波を受けて大きく変貌してきている。葬送をめぐる個と群の相克や価値観の変化を辿り、二十一世紀の死者のゆくえを展望する。　Ａ５判・二四〇頁／三八〇〇円

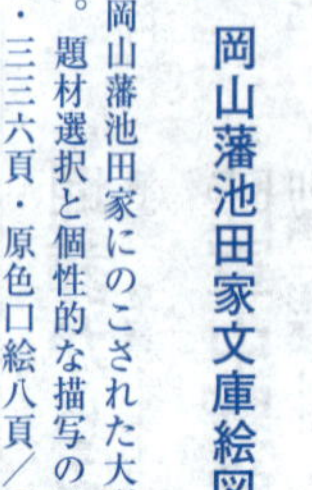

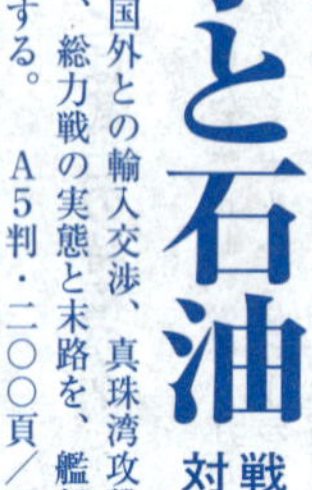

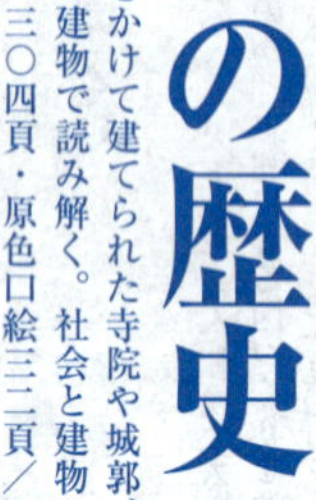

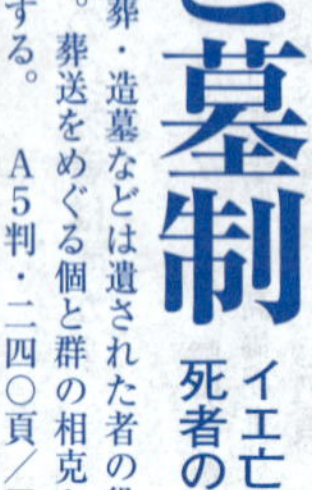

日本古代木簡論

馬場　基著

A5判・三六八頁／九五〇〇円

木簡は、どのような場面でいかに作成・使用・廃棄されたのか。形態・出土地点や内容・書式・書風・素材を複合的に分析し、古代史研究に活かす方法を提示。律令時代の都城の様相、行政運営の実態、人々の暮らしを描く。

古代国府の成立と国郡制

大橋泰夫著

A5判・二五四頁／九五〇〇円

古代国家の地域支配の舞台装置として機能した地方官衙は、いかに形成されたのか。発掘調査が進む各地の官衙遺跡を考古学的に分析。国府や郡衙などの造営過程や建物構造から、律令制下の地方統治の実態を読み解く。

日本中世国制史論

佐々木宗雄著

A5判・三三六頁／一一〇〇〇円

日本中世の国制の変遷を、初期―前期―後期に分け、その実態を論じる。著者独自の視点をもとに初期中世国家論を再構成し、さらに高麗の国制を検討しつつ、鎌倉・室町期の国制を解明して、その体制の終焉までを見通す。

帝国日本の外交と民主主義

酒井一臣著

民主主義思潮高まる戦間期日本で外交の民主化が議論された。国際協調や不戦条約、移民問題などの外交課題を題材に、国民外交論の内実と展開、破綻の要因を追究。近代日本の事例から現代の「外交と民意」の関係を問う。　A5判・二七〇頁／七五〇〇円

中世荘園村落の環境歴史学

東大寺領美濃国大井荘の研究

海老澤　衷編

A5判／九五〇〇円

往時の景観を復原し、東大寺領としての開発、住民と土地、荘園経営の組織などの実態を描く。災害と戦禍を乗り越え、輪中城下町の形成に向かう姿を、現地調査と地理情報システム（GIS）により分析。二八八頁

近世武家社会の奥向構造

江戸城・大名武家屋敷の女性と職制

福田千鶴著

A5判・四二四頁／一〇〇〇〇円

感覚的に〝女の世界〟と扱われてきた当主・妻子が生活する空間〝奥向〟。一夫一妻の原則、庶出子の処遇など妻妾制の展開や、井伊・真田ら大名家と将軍家の交流などから、職制や特質を解明し、奥向の全体構造を描く。

浅草寺日記 第38巻（明治二年）

浅草寺史料編纂所・浅草寺日並記研究会編―A5判・八一六頁／一〇〇〇〇円

「内容案内」送呈

戦争勃発から一五〇年、今までにない視点から新しい戦争像に迫る！

戊辰戦争の新視点 全2冊

奈倉哲三・保谷 徹・箱石 大編

A5判・平均二一八頁 各二二〇〇円

上 世界・政治

国際法に従った戦争遂行や政治秩序の再編、大奥の対応、キリスト教政策などを照射する。

下 軍事・民衆

陸戦の軍備や編制、海軍力、戦費調達、民衆の支援や反発、宗教政策などの実態に迫る。

花押・印章図典

瀬野精一郎監修・吉川弘文館編集部編

B5横判・二七〇頁〈2刷〉三三〇〇円

日本史上の人物が使用した花押《かおう》約二〇〇〇と印章約四〇〇を収録し、各人物の基本情報（武家・公家等の別、生没年、別名、主な官職名、法名）も掲載。用語解説や参考図書、没年順索引を収め、古文書を学ぶ上で座右必備の書。

日本メディア史年表

土屋礼子編

菊判・三六六頁・原色口絵四頁／六五〇〇円

メディアの発達と普及とともに、社会は大きく変容した。一八三七年の電信機発明から現代まで、マスコミ関連会社の発足やメディアをめぐる事件、技術革新、映画・文学作品を年表で掲載。メディアと社会の関係がわかる。

戦後の歴史研究に輝かしい業績を遺した「角田史学」の全容！

角田文衛の古代学 全4巻

公益財団法人古代学協会編

A5判／各五〇〇〇円

❶後宮と女性

〈第2回配本〉四〇〇頁

政略と愛憎に彩られた王朝政治、千年の古典となりゆく貴族文化――後宮はすべての淵藪であり、個性的な女性たちがその活動を担った。角田文衛の独壇場と言うべき後宮史・人物史をテーマに、遺された珠玉の論考を集成。

〈既刊〉❹角田文衛自叙伝 生粋の歴史学者九十五年の生涯。

〈続刊〉❷王朝の余芳 ❸ヨーロッパ古代史の再構成

「内容案内」送呈

永平寺史料全書 文書編2

永平寺史料全書編纂委員会編著―B5判・一〇一四頁／二八〇〇〇円

日本考古学 第45号

日本考古学協会編集――A4判・一五六頁／四〇〇〇円

日本考古学年報 69

日本考古学協会編集――B5判・三六八頁／四〇〇〇円

交通史研究 第92号

交通史学会編集――A5判・九六頁／二五〇〇円

現代語訳 小右記 ⑥三条天皇の信任

倉本一宏編　四六判・三六六頁／三〇〇〇円

眼病を発した三条天皇に対し、道長をはじめとする公卿層は退位を要求。天皇は実資を頼みとするが、養子資平の任官も考えなければならない実資にとっては悩みの種であった。日記にも緊迫した情勢が記される。（第6回）

将軍・執権・連署 鎌倉幕府権力を考える

日本史史料研究会編　四六判・一九二頁／二〇〇〇円

源頼朝が創始した鎌倉幕府のしくみは、どう理解すべきか。将軍が唯一の首長であるにもかかわらず、執権・連署を掌る北条氏が権力を握っていく。さまざまな切り口を示し、鎌倉将軍権力の実像を明らかにする道標となる書。

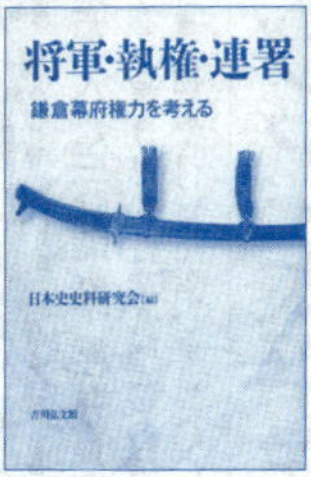

考える江戸の人々 自立する生き方をさぐる

柴田　純著　四六判・二五六頁／二五〇〇円

戦や災害などの苦難に対し神仏の加護頼みであった中世から、人の力で問題を解決すべきとした江戸時代へ。大名の責任意識から庶民の寺子屋教育まで、考え、工夫して行動することが積極的に肯定されていく過程を描く。

読者の皆さまからのリクエストをもとに復刊。好評発売中

10出版社共同復刊

書物復権 2018

帰化人と古代国家（新装版）

平野邦雄著　四六判・三二八頁／二三〇〇円

いま、なぜ帰化人か！「渡来人」概念に終止符を打つ決定版。

戦国大名尼子氏の研究

長谷川博史著　Ａ５判・三〇四頁／八〇〇〇円

残された史料を丹念に収集し、初めてその実像を描き出す。

幕末の情報と社会変革

岩田みゆき著　Ａ５判・三六〇頁／九〇〇〇円

豪農らの日記や情報集・書状から、身分を越えた情報伝達の構造を解明。

都市の空間史

伊藤　毅著　Ａ５判・三五二頁／九〇〇〇円

多様な構成要素のなかから、宗教都市論を基軸にアプローチを試みる。

「故郷」という物語 都市空間の歴史学（ニューヒストリー近代日本）

成田龍一著　四六判・二八四頁／二六〇〇円

故郷をあとにした青年の都市体験からつむぎ出される、記憶と空間の文化史。

国史大辞典 全15巻（17冊）
国史大辞典編集委員会編
四六倍判・平均一一五〇頁
本文編（第1巻～第14巻）＝各一八〇〇〇円
索引編（第15巻上中下）＝各一五〇〇〇円
全17冊揃価 二九七〇〇〇円

明治時代史大辞典 全4巻
宮地正人・佐藤能丸・櫻井良樹編
四六倍判・平均一〇一〇頁
第1巻～第3巻＝各二八〇〇〇円
第4巻（補遺・付録・索引）＝二〇〇〇〇円
全4巻揃価 一〇四〇〇〇円

アジア・太平洋戦争辞典
吉田 裕・森 武麿・伊香俊哉・高岡裕之編
四六倍判 八五八頁 二七〇〇〇円

日本歴史災害事典
北原糸子・松浦律子・木村玲欧編
菊判・八九二頁 一五〇〇〇円

歴史考古学大辞典
小野正敏・佐藤 信・舘野和己・田辺征夫編
四六倍判 一三九二頁 三二〇〇〇円

歴代天皇・年号事典
米田雄介編
四六判・四四八頁／一九〇〇円

源平合戦事典
福田豊彦・関 幸彦編
菊判・三六二頁／七〇〇〇円

戦国人名辞典〈僅少〉
戦国人名辞典編集委員会編
菊判・一一八四頁／一八〇〇〇円

戦国武将・合戦事典
峰岸純夫・片桐昭彦編
菊判・一〇二八頁／八〇〇〇円

織田信長家臣人名辞典 第2版
谷口克広著
菊判・五六六頁／七五〇〇円

日本古代中世人名辞典
平野邦雄・瀬野精一郎編
四六倍判・一二二二頁／二〇〇〇〇円

日本近世人名辞典
竹内 誠・深井雅海編
四六倍判・一三二八頁／二〇〇〇〇円

日本近現代人名辞典
臼井勝美・高村直助・鳥海 靖・由井正臣編
四六倍判 一三九二頁 二〇〇〇〇円

歴代内閣・首相事典
鳥海　靖編
菊判・八三二頁／九五〇〇円

〈華族爵位〉請願人名辞典
松田敬之著
菊判・九二八頁／一五〇〇〇円

日本女性史大辞典
金子幸子・黒田弘子・菅野則子・義江明子編
四六倍判
九六八頁
二八〇〇〇円

日本仏教史辞典
今泉淑夫編
四六倍判・一三〇六頁／二〇〇〇〇円

神道史大辞典
薗田　稔・橋本政宣編
四六倍判・一四〇八頁／二八〇〇〇円

日本民俗大辞典 上・下（全2冊）
福田アジオ・神田より子・新谷尚紀・中込睦子・湯川洋司・渡邊欣雄編
四六倍判
上＝一〇八八頁・下＝一一九八頁／揃価四〇〇〇〇円（各二〇〇〇〇円）

精選 日本民俗辞典
菊判・七〇四頁
六〇〇〇円

沖縄民俗辞典
渡邊欣雄・岡野宣勝・佐藤壮広・塩月亮子・宮下克也編
菊判・六七二頁
八〇〇〇円

有識故実大辞典
鈴木敬三編
四六倍判・九一六頁／一八〇〇〇円

年中行事大辞典
加藤友康・高埜利彦・長沢利明・山田邦明編
四六倍判・八七二頁
二八〇〇〇円

日本生活史辞典
木村茂光・安田常雄・白川部達夫・宮瀧交二編
四六倍判・八六二頁
二七〇〇〇円

徳川歴代将軍事典
菊判・八八二頁／一三〇〇〇円

江戸幕府大事典
大石　学編
菊判・一一六八頁／一八〇〇〇円

近世藩制・藩校大事典
菊判・一一六八頁／一〇〇〇〇円

●近刊

列島の古代（日本古代の歴史6／全6巻完結）
佐藤 信著
四六判／価格は未定

飛鳥・藤原の宮都を語る 「日本国」誕生の軌跡
相原嘉之著
A5判／一九〇〇円

源氏長者とは何か
岡野友彦著
四六判／価格は未定

中世王権の形成と摂関家
樋口健太郎著
A5判／価格は未定

書物と権力 中世文化の政治学（歴史文化ライブラリー473）
前田雅之著
四六判／一七〇〇円

室町将軍の御台所 日野康子・重子・富子（歴史文化ライブラリー474）
田端泰子著
四六判／一七〇〇円

戦国期細川権力の研究
馬部隆弘著
A5判／価格は未定

戦国の城の一生 築城から「古城」まで（歴史文化ライブラリー475）
竹井英文著
四六判／価格は未定

松井友閑（人物叢書291）
竹本千鶴著
四六判／二三〇〇円

中近世山村の生業と社会
白水 智著
A5判／価格は未定

お家相続 大名家の苦闘（読みなおす日本史）
大森映子著
四六判／二二〇〇円

明治期の立憲制と政党政治 自由党系の政策と党史編纂
中元崇智著
A5判／価格は未定

近代日本の消費文化と生活
中西 聡・二谷智子著
A5判／価格は未定

植民地遊廓 日本の軍隊と朝鮮半島
金 富子・金 栄著
A5判／価格は未定

東京裁判と戦争観（歴史文化ライブラリー476）
宇田川幸大著
四六判／価格は未定

はんこと日本人 日本を知る（読みなおす日本史）
門田誠一著
四六判／価格は未定

※書名は仮題のものもあります。

政治、宗教、そして造形
天皇の力のありようを美術作品から照らし出す。

天皇の美術史 全6巻

各三五〇〇円　全6巻セット二一〇〇〇円　A5判・平均二五〇頁・原色口絵四頁／『内容案内』送呈

❶ **古代国家と仏教美術** 奈良・平安時代
増記隆介・皿井 舞・佐々木守俊著

❷ **治天のまなざし、王朝美の再構築** 鎌倉・南北朝時代
伊藤大輔・加須屋 誠著

❸ **乱世の王権と美術戦略** 室町・戦国時代
髙岸 輝・黒田 智著

❹ **雅の近世、花開く宮廷絵画** 江戸時代前期
野口 剛・五十嵐公一・門脇むつみ著

❺ **朝廷権威の復興と京都画壇** 江戸時代後期
五十嵐公一・武田庸二郎・江口恒明著

❻ **近代皇室イメージの創出** 明治・大正時代
塩谷 純・増野恵子・恵美千鶴子著
【第29回倫雅美術奨励賞受賞】

郵便はがき

料金受取人払郵便

本郷局承認

2705

差出有効期間
2020年7月
31日まで

113-8790

東京都文京区本郷7丁目2番8号

吉川弘文館 行

愛読者カード

本書をお買い上げいただきまして、まことにありがとうございました。このハガキを、小社へのご意見またはご注文にご利用下さい。

お買上**書名**

＊本書に関するご感想、ご批判をお聞かせ下さい。

＊出版を希望するテーマ・執筆者名をお聞かせ下さい。

お買上 書店名	区市町	書店

◆新刊情報はホームページで　http://www.yoshikawa-k.co.jp/

◆ご注文、ご意見については　E-mail:sales@yoshikawa-k.co.jp

ふりがな ご氏名		年齢　　歳　男・女
〒 □□□-□□□□		電話
ご住所		
ご職業		所属学会等
ご購読 新聞名		ご購読 雑誌名

今後、吉川弘文館の「新刊案内」等をお送りいたします(年に数回を予定)。
ご承諾いただける方は右の□の中に✓をご記入ください。　□

注 文 書

月　　日

書　　名	定　価	部　数
	円	部
	円	部
	円	部
	円	部
	円	部

配本は、○印を付けた方法にして下さい。

イ. 下記書店へ配本して下さい。

(直接書店にお渡し下さい)

(書店・取次帖合印)

書店様へ=書店帖合印を捺印下さい。

ロ. 直接送本して下さい。

代金(書籍代+送料・手数料)は、お届けの際に現品と引換えにお支払下さい。送料・手数料は、書籍代計1,500円未満530円、1,500円以上230円です(いずれも税込)。

＊お急ぎのご注文には電話、FAXもご利用ください。
電話 03−3813−9151(代)
FAX 03−3812−3544

島・琉球列島との通交拠点として九州と宋や高麗との交易に関わる遺物が出土する遺跡である。城久遺跡群の歴史的評価については喜界町教育委員会で調査を担当された澄田直敏氏、野崎拓司氏、委員の甲元眞之先生（熊本大学名誉教授）、池田榮史氏（琉球大学教授）から多くの教示を受け、古代・中世並行期の喜界島の歴史的位置の重要性を改めて認識した。また委員会出席の折には、喜界町図書館郷土資料室で喜界島の系図の複写版等を閲覧させていただいた。喜界町図書館に最初に伺った折、当時、司書を務められていた得本拓氏が喜界町誌編纂資料を閲覧させて下さったことは忘れられない。また、喜界島郷土研究会の方々とも交流の機会を得た。喜界島郷土研究会の北島公一氏には、喜界島の系図史料について多くのことを教えていただいた。

七　宇検村・伊仙町・奄美市文化財総合的把握モデル事業

奄美大島の奄美市・宇検村、徳之島の伊仙町が、文化庁による、市町村の文化財を総合的に保存・活用することを目指す歴史文化基本構想策定のための文化財総合的把握モデル事業に応募し、二〇〇八年度〜二〇一〇年度に採択された。この事業は、当時、奄美博物館長であった中山清美氏が中心となり企画され採択されたものであった。私は、中山氏からの依頼を受けて、宇検村・伊仙町・奄美市文化財総合的把握モデル事業の歴史文化基本構想等策定専門委員会に委員長として参加させていただく機会を得た。この事業では、三市町村の枠を超えて、奄美諸島一三市町村の歴史文化遺産（奄美遺産）の記録・保存・活用が提起された。委員会には、以前から共に奄美諸島史料の調査・記録などを進めてきた徳永和喜氏（当時、黎明館調査史料室長、同学芸課長）、弓削政己氏（当時、奄美市文化保護審議会会長）、環境学の鹿児島県参与小野寺浩氏（現、屋久島環境文化財団理事長）も参加され、自然と共生する奄美諸島に残されている豊かな歴史資料の記録・保全について考える機会となった。この事業の成果は『宇検村・伊仙町・奄美市歴史文化基本構想』として二〇一〇年三月に提示された。この事業の中で、私は、考古学調査の成果を含めて、奄美諸島の歴史・民俗・文化の総合的把握の重要性を改めて認識し、奄美諸島編年史料の編纂も、奄美遺産の記録・保存・活用に幾分かの関わりを有するのではないかと考えた。文化財総合的把握モデル事業に次いで、二〇一〇年度から文化庁により地域伝統文化活性化事業（その後、事業名称は変更され継続）が提示され、私は、それに採択された奄美市の事業に徳永氏、弓削氏と、伊仙町の事業に弓削氏と参加する機会を得た（『伊仙町の文化遺産　伊仙町における奄美遺産悉皆調査報告書』、伊仙町地域文化遺産総合活性化実行委員会、二〇一五年三月）。奄美市の事業では、奄美博物館の久氏、高梨氏のもとで、弓削氏、徳永氏と歴史資料を中心に奄美遺産の記録・保存の課題に取り組んだ。奄美市の事業では、二〇一二年に与論町・和泊町・知名町を訪問し、三町の教育委員会や、与論郷土研究会の方々、えらぶ郷土研究会の先田光演先生に導かれて、史料調査の機会を得た。伊仙町の事業では、伊仙町歴史民俗資料館の四本延宏館長（当時）、新里亮人学芸員の導きを得て、弓削氏と伊仙町歴史民俗資料館所蔵・保管史料や伊仙町内所在文書を調査し、更に天城町ユイの館や徳之島町郷土資料館の所蔵史料・蒐集史料を調査する機会も得て、多くの近世史を中心とする史料を知ることができた。天城町教育委員会社会教育課の具志堅亮氏、徳之島町郷土資料室の米田博久氏（現、徳之島町郷土資料館長・徳之島町誌編さん室長）に、史料閲覧について謝意を表する。

八　赤木名城跡保存管理計画策定委員会

また、私は、二〇〇九年に国指定史跡に指定された奄美市笠利町赤木名に所在する赤木名城について、二〇一三〜二〇一五年度に奄美市教育委員会の赤木名城跡保存管理計画策定委員会の委員長を務める機会もあり、弓削氏から赤木名絵図などの重要史料について教えていただくことがあった。但し、赤木名城については、同時代の文献資料が残っておらず、編年史料への採録はできていない。

右に述べた諸事業や奄美諸島史料研究に関わる論考には、「刊行にあたって」や、先に記した外に次のものがある（講演会資料は略す）。
「奄美諸島史を学ぶ」『史学雑誌』一一〇編三号、二〇〇一年三月（史学会編『歴史の風』、二〇〇七年一一月、
刀水書房、再録）
「赤木名城の時代的背景」『赤木名城』、奄美市教育委員会、二〇〇八年三月
「枝葉と根幹：奄美史研究から」『情報学研究』東京大学大学院情報学環紀要、七六号、二〇〇九年三月
「奄美遺産から日本列島史を見直す」『人文科学とコンピュータ』2012-CH-93（6）、情報処理学会、二〇
一二年一月
「私の原点『日本国家の起源』『法と経済の一般理論』『近世奄美の支配と社会』」『歴史評論』七五二号、
二〇一二年一二月
「奄美群島編年史料集編纂の試み」『沖縄研究ノート』二二号、宮城学院女子大学附属キリスト教文化研究
所、二〇一三年三月
「奄美諸島史から地域歴史文化遺産を考える」『歴史学研究』九〇五号、二〇一三年五月
「奄美諸島史料と文書の集合態・複合態」藤田勝久編『東アジアの資料学と情報伝達』、汲古書院、二〇一
三年一一月（奄美大島龍郷の田畑家隠居跡文書の分析）
「奄美諸島史を学ぶ」『宮城歴史科学研究』七四号、宮城歴史科学研究会、二〇一四年六月
「史跡赤木名城跡の歴史的背景」『史跡赤木名城跡保存管理計画書』、奄美市教育委員会、二〇一五年三月
「徳之島の歴史から日本史を学び直す」『伊仙町の文化遺産　伊仙町における奄美遺産悉皆調査報告書』、
伊仙町地域文化遺産総合活性化実行委員会、二〇一五年三月
「城久遺跡群の歴史的評価の前提―日本古代・中世前期並行期喜界島編年史料集」『城久遺跡群―総括報告

書―』喜界町埋蔵文化財発掘報告書一四、喜界町教育委員会、二〇一五年三月（六〇七年〜一二四三年の奄美諸島編年史料）

「日本語の歴史的典籍データベースへの期待―奄美諸島編年史料編纂の経験から」『学術の動向』二一巻六号、日本学術協力財団、二〇一六年六月

私の奄美諸島史料研究と奄美諸島編年史料編纂は、「刊行にあたって」（九頁）に記したところでもあるが、多くの奄美諸島史・琉球史の研究者の導き、「沖縄の歴史情報研究」等多くの公的研究資金補助、東京大学史料編纂所、鹿児島短期大学付属南日本文化研究所、鹿児島県歴史資料センター黎明館、鹿児島大学附属図書館、鹿児島県立図書館、鹿児島県立奄美図書館、沖縄県立図書館、奄美市立奄美博物館、伊仙町歴史民俗資料館、徳之島町郷土資料室、喜界町教育委員会、那覇市歴史博物館、奄美諸島の教育委員会・図書館・資料館、そして沖縄の図書館・資料館等での資料閲覧・調査、また奄美郷土研究会や喜界島郷土研究会などの郷土史研究者の方々による御教示や史料調査環境の提供なくしては成り立たち得ない仕事であった。このような研究環境、支援のもとで、奄美諸島編年史料は、「城久遺跡群の歴史的評価の前提―日本古代・中世前期並行期喜界島編年史料集」、『奄美諸島編年史料　古琉球期編』上・下、「奄美群島編年史料集稿寛永年間編」により、六〇七年より一六四三年までを通じて編纂することができた。

しかし、ウィリアム・アダムズの二度にわたる大島渡航（漂到）に関わる史料の採録は、私にとっては容易ではない作業であった。東京大学史料編纂所図書室でイギリス商館関係の史料を調べていた時、海外史料室の松井洋子氏から、英国東インド会社の日本関係史料を集成した本として、Anthony Farrington, "English factory in Japan, 1613-1623" があることを教えていただき、直ぐに総合図書館に赴き手にした時のことは忘れられない。だが、アダムズの航海記、リチャード・コックス等の書翰や日記の自筆本を読み取り、また琉球列島

や奄美諸島の島名を記す一六世紀後半〜一七世紀前半の時期の西洋古地図を調べ島名を読み取ることは、日本古代史料しか学んだことのない者としては初めての学びの作業であった。また、中国文で記された『歴代宝案』収載の文書や『鄭開陽雑著』『日本一鑑』『撫浙奏疏』『順風相送』等に、敢えて返点を附す作業も簡単ではなかった。更に、『藤原惺窩集』、『慶元イギリス書翰』、『ウィリアム・アダムズの航海記と書簡』、『鎖国前に南蛮人の作れる日本地図』、『南蛮紅毛日本地図集成』、『御朱印船航海図』等を古書店から入手することも行った。但し、琉球列島を描いた西洋古地図については、偶々、神戸市立博物館に立ち寄った折に入手していた『西洋人の描いた日本地図—ジパングからシーボルトまで—』が役に立った。

一方、琉球大学附属図書館「沖縄資料室」、沖縄県立図書館「貴重資料デジタル書庫」、「国立国会図書館デジタルコレクション」、Internet Archive、中華民国中央研究院歴史語言研究所「明實錄・朝鮮王朝實錄・清實錄資料庫」などの史料画像データベースや、歴史語言研究所「漢籍電子文獻資料室」の全文データベースには助けられた。また、島津家文書、『大日本史料』等を調べることは、東京大学史料編纂所のデータベース無くしては叶わないことだった。一ユーザーである現在、史料編纂所在職中に携わった所蔵史料と刊行物の情報資源化の作業が多少は日本史研究の役に立つこととなったであろうと思う次第である。歴史研究情報資源公開状況は、一九八八年に「奄美群島編年史料集稿」編纂を始めた頃には想像もできなかった研究環境の発展と言える。

史料掲載

下巻掲載史料のうち、所蔵機関から史料がインターネット画像公開されていない原本または稀覯本である、鹿児島大学附属図書館所蔵玉里文庫架蔵『南浦文集』『南浦戯言』『南浦棹歌』、静嘉堂文庫所蔵『鄭開陽雑著』

『籌海圖編』、東洋文庫所蔵『撫浙奏疏』、瀬戸内町立図書館・郷土館所蔵勝家文書「系図留」「系図」、また史料が画像公開されているが本書では翻刻が全体にわたる史料である琉球大学附属図書館所蔵伊波普猷文庫架蔵『喜安日記』、史料原本が所在不詳である東京大学史料編纂所所蔵影写本「内藤虎次郎氏所蔵文書」所収「藤原惺窩日記」、それぞれ所蔵機関・所蔵者の許可を得て掲載した。また、「謂書並顧姓系圖家譜」は、所蔵者博田英三氏の許可を得て掲載した。

一九八八年九月にお目にかかって以来、私の奄美諸島史料研究を、御自分が収集された様々な奄美諸島史料を教えて下さることにより、また共に史料調査を行うことにより支えて下さってきた弓削政己さんが、二〇一六年三月七日に逝去されました。私は、弓削さんへ、南日本新聞二〇一六年三月二五日号に「弓削政己さんを悼む」の追悼文を、『日本歴史』八二七号（二〇一七年四月号）の「学界消息」に訃報を呈しました。そして、一九九八年の南日本文化研究所の笠利町での調査の時、当時お勤めの笠利町歴史民俗資料館（現、奄美市歴史民俗資料館）でお目にかかって以来、笠利の遺跡について種々教示を受け、また奄美博物館館長として宇検村・伊仙町・奄美市文化財総合的把握モデル事業を提起し推進された中山清美さん（奄美群島文化財保護対策連絡協議会会長）が、後を追われる如く、二〇一六年七月一〇日逝去されました。御生前、お二人に、本書を呈することが叶わなかったことを無念に思う次第です。

「奄美群島編年史料集稿」を基に本書を編纂刊行しようとしたのは二〇一三年春のことで、吉川弘文館から前田求恭社長（当時）の御理解を得て出版していただけることになり、上巻は二〇一四年六月一日に刊行できました。下巻の原稿は、「奄美群島編年史料集稿」を補訂して作成してあったのですが、原稿を見直し関連史料を調べる過程で、「奄美群島編年史料集稿」では略していた史料や存在に気付かなかった史料が多数あること、さらに『奄美諸島編年史料　古琉球期編』上に採録せず下に補遺として採録すべき史料が多数存在することにも気付きました。かくして、『奄美諸島編年史料　古琉球期編』下は当初予定の二倍の分量となり、入稿・校正に四年余を要することとなってしまいました。読者ならびに関係者の方々に、このような大幅な遅延の次第をご理解賜りたくお願い申し上げます。この間、編年体史料集という複雑な組版とその校正の作業を支えて下さった、吉川弘文館編集部の編集部長堤崇志様、冨岡明子様、編集工房トモリーオの高橋朋彦様へあらためて深甚の謝意を表します。

本書編纂・校正の過程で、表記の不統一などに気付き、またなお探究すべき史料のあることを知り、一人で編年体史料集を編纂することの限界を改めて思い知った次第です。しかし、奄美諸島史研究から受けた三十年にわたる学恩に応えること、本書が奄美諸島史研究の一基石となることを思い、編纂、校正を進めました。奄美諸島から離れた東京に住む一研究者として、奄美諸島に魅せられた訪問者・「旅人」の一個人として、身を正し己の立場を弁えつつ、本書を奄美諸島史研究に呈し、本書が奄美遺産の記録・保存・活用に多少でも資するものとなることを念じております。

二〇一八年九月

石上英一

奄美諸島編年史料 古琉球期編 上

石上英一編

A5判・四四〇頁／一八〇〇〇円

喜界島、大島、加計呂麻島、請島、与路島、徳之島、沖永良部島、与論島からなる奄美諸島は、南西諸島中部に位置し、日本と琉球の文化・社会の展開に重要な役割を果たしてきた。その奄美諸島の歴史文化遺産を記録し理解するための史料集。上巻は、大島の琉球への朝貢開始と伝える一二六六年から島津氏の奄美諸島制圧の一六〇九年三月までを収録。

（表示価格は税別）

吉川弘文館

編者紹介

一九四六年　埼玉県生
一九七〇年　東京大学文学部国史学科卒業
一九七四年　東京大学大学院人文科学研究科博士課程中退
東京大学史料編纂所・東京大学大学院情報学環教授を経て、東京大学名誉教授、元人間文化研究機構理事
博士（文学）（東京大学）

〔主要著書〕
『律令国家と社会構造』（名著刊行会、一九九六年）
『古代荘園史料の基礎的研究』上・下（塙書房、一九九七年）
『日本古代史料学』（東京大学出版会、一九九七年）

奄美諸島編年史料　古琉球期編　下

二〇一八年（平成三十）十一月十日　第一刷発行

編者　石《いし》上《がみ》英《えい》一《いち》

発行者　吉川道郎

発行所　株式会社　吉川弘文館
郵便番号一一三―〇〇三三
東京都文京区本郷七丁目二番八号
電話〇三―三八一三―九一五一〈代〉
振替口座〇〇一〇〇―五―二四四番
http://www.yoshikawa-k.co.jp/

印刷＝株式会社　精興社
製本＝誠製本株式会社

ISBN978-4-642-01418-2

編年條文史料一覧

凡例

『奄美諸島編年史料　古琉球期編』上・下の編年各條文に収める史料を仮名順并にアルファベット順に掲げ，史料毎に次の事項を記す.

1. 史料名：必要に応じて，巻次等を記す.
2. 所在地・所蔵者・史料群名等：所在地（原則として所蔵者の本貫地または史料・史料群の原所在地を記す，現所在地・現所蔵者を記すこともあり），史料群名，所蔵者・所蔵機関并に架蔵番号または出典となる資料・出版物及びそれらの出版情報等.
3. 原本或は翻訳文：原本英文の史料は，翻訳文史料名に原本史料名を附記し，原文史料名に翻訳文史料名を附記する．また，翻訳文史料名に翻訳文を収める書の名を附記する.
4. 公開画像：インターネットに依り閲覧可能な史料画像データベース名を掲げる．史料・図書所蔵機関の史料・図書データベースの当該史料情報表示画面より公開画像に接続するシステムは所在・所蔵情報に「畫像公開」と注記する.
5. 参照：必要に応じて，立項した史料に関わる史料・史料群・図書等を掲げる．参照すべき別掲史料は「→」の次に示す.
6. 掲載頁：上・下・上巻補遺（下所収，略称「上補」）に於る当該史料の掲載頁を記す．按文或は注記に史料名のみを記す史料は掲載頁に「*」を附す.

附記　類聚1おもろさうし及び類聚2地図の史料一覧は，略す.

〔あ行〕

東家系圖　与論町城　東家所蔵　『与論町誌』（与論町教育委員会，1988年）　参照：先田光演『与論島の古文書を読む』（南方新社，2012年）

下：455

阿傳ノロ文書　喜界島阿伝　勇《いさみ》家舊藏　伊波普猷「鬼界雑記」『伊波普猷全集』第5巻（平凡社，1974年12月〔初出，『民俗学』1巻6号，1949年12月〕）　本文書，太平洋戦争ニテ燒失ス，　参照：山田尚二「奄美における古琉球辞令書について」

上：171

奄美大島諸家系譜集　亀井勝信編，国書刊行会，1980年2月　→宇宿大親家譜系圖，笠利氏家譜，勘樽金一流系圖，喜志統親方系圖，嬉姓喜志統親方系圖，金樽一流系圖，師玉家系圖，和家系圖，元家系圖，寶滿家系圖，與與世戸見一流系圖，前里家家譜

奄美關係資料　沖縄県立図書館所蔵複寫版（K26/A43）　参照：奄美史譚・大島置目條々・他　本書ハモト奄美史譚・大島置目條々・他ト一體ノ史料（原史料名不詳）ノ後半部

上補：683*，683，684*

奄美群島編年史料集稿寛永年間編　石上，『東京大学史料編纂所研究紀要』14号（2007年3月）　公開畫像：東京大学史料編纂所ホームページ／所報一覧
下：439*，443*，461*，462*，512*，517*，589*，591*，592*，593*，594*，627*，642*，643*，658*，658*，658*
奄美史譚・大島置目條々・他　沖縄県教育庁文化財課史料編集班所藏複寫版　參照：奄美諸島資料　本書ハモト奄美關係史料ト一體ノ寫本（原史料名不詳）ノ前半部　→大嶋置目等
下：599／上補：680，683*，684*
奄美史料集成　松下史朗撰，南方新社，2006年8月　→道之島代官記集成
奄美における古琉球辞令書について　山田尚二，『鹿児島県立錦江湾高等学校研究紀要』第12巻，鹿児島県立錦江湾高等学校，1988年3月　→阿傳ノロ文書，須古茂文書，大熊トネ屋文書，中田家文書，深見家文書，松岡家文書，吉野家文書
有馬丹後純定大嶋奉行附肝付表代官相勤候覺　鹿児島県　有馬家文書　奄美市立奄美博物館資料室架藏寫眞版
下：512*，516*，588，590*，642*
家忠日記增補追加　東京大学史料編纂所所藏寫本（4144-37，畫像公開）
下：288
異國渡海御朱印帳　東京大学史料編纂所架藏金地院所藏本寫眞帳（6151.9-10）
下：464
謂書《いわれがき》並顧姓系圖家譜拔書　喜界町佐手久　博田家　參照：抄錄サレタル顧姓家譜ニシテ原本（今佚）ハ氏集十番1248
上補：676，827，837，839*，847
異本毛氏由來記　琉球大学附属図書館所藏伊波普猷文庫（092.5　I25）　公開畫像：琉球大学附属図書館琉球・沖縄関係貴重資料デジタルアーカイブ　參照：「異本毛氏先祖由来記」『国指定史跡座喜味城跡環境整備事業報告書』（読谷村教育委員会，1986年3月，底本，伊波普猷文庫本）
上：20
ウィリアム・アダムズ航海記　菊野六夫『ウィリアム・アダムズの航海誌と書簡』　原本：Oxford University, Bodleian Library, Savile Collection, MS. Savile 48, ‘William Adams’ log-book on four voyages to Cochin-China and Siam, 1614–19’
第一航海記　下：472／**第三航海記**　下：534
ウィリアム・アダムズの航海誌と書簡　菊野六夫　南雲堂，1977年12月（別名「William Adamsの航海誌と書簡」）　→ウィリアム・アダムズ航海記
ウィリアム・アダムズの航海日誌－一六一四年から一六一五年　琉球への航海－　島田ゆり子，『相模英文学』23号，2005年3月
下：481*
ウィリアム・アダムズ：琉球諸島航海日誌　1614-15年　比嘉洋子，『南島史学』9号，

1976 年 12 月
下：481*
宇検村誌資料編第二集　奄美大島屋喜内の文書　宇検村教育委員会編，宇検村，2007 年 11 月　→屋宮家自家正統系圖，元家系圖，吉野家文書，吉久家文書
氏集首里那覇　那覇市市民文化部歴史博物館編『氏集首里那覇』第 5 版（増補改訂版），那覇市市民文化部歴史博物館，2008 年 10 月
上：103，103，112，149，154，158，232，242，264，277，307，372／下：12，16，29，56，58*，58，60，68，68，72，74，109，117，120，122，125，142，237，237，239，246，248，253*，253，329／上補：678，839
宇宿大親家譜系圖　大和村大和浜　和家文書　大和村教育委員会所蔵和家文書 4 宇宿大親家譜系図（その二）　参照：『大和村誌資料』3・大和村の近世，『奄美大島諸家系譜集』
上：85，179，207／下：432*，433，651*
宇宿大親家譜系圖（別本）　大和村大和浜　和家文書　大和村教育委員会所蔵和家文書 3 宇宿大親家譜系図（その一）　参照：『大和村誌資料』3・大和村の近世
上：88*・181*・210*／下：434*
榮姓世系譜　高原家　沖縄県立図書館所蔵複寫本（K288/E39）　参照：那覇市歴史博物館所蔵複寫本（041-A-02，原本：沖縄県立図書館所蔵複寫本ト同ジ）　氏集不採錄
上：168，169，216
易姓家譜　安次冨里之子親雲上　那覇市歴史博物館所蔵複寫本（037-A-04）　氏集七番 789
下：117，397
エドモンド・セイヤース航海日誌　第二航海日誌　“The Log-Book of William Adams, 1614-19”　原文：Journal on an un-named ship, Edmund Sayers, merchant (22 February 1618-11 May 1618)　参照：大日本史料元和四年年末雜載第十六條，貿易ノ條所收歐文材料第十三號譯文，ウィリアム・アダムズ航海日記附錄，一六一八年，エドモンド・セーリス《（セイヤー）》琉球諸島行第二航海日記
下：555
大嶋置目　大和村大和浜　和家文書　大和村中央公民館所蔵長田（大和）須磨文庫架藏和眞至氏所藏文書寫眞版，本文書，今佚ス，　参照：系圖文書寫永代家傳記
下：595，599*，600*
大嶋置目　奄美市立奄美博物館資料室架藏所崎平氏撮影寫眞版松岡家文書　参照：奄美市立奄美博物館所藏名瀬市史編纂委員会資料架藏松岡家文書複寫版，本文書所在不詳，
下：603
大嶋置目　→大島要文集，笠利氏家譜（嫡家本），鬼界嶋置目，和家文書，松岡家文書，列朝制度
大嶋郡旧記取調　青森県立図書館所蔵笹森儀助資料大島関係資料 17-8
下：598／上補：679，741，742

大嶋私考　東京大学史料編纂所所蔵島津家本（さⅡ-8-27）

下：461，461，512，521，579，588，594

大島代官記　『奄美史料集成』所收「道之島代官記集成」所收「大島代官記」（底本，鹿児島県立図書館所藏本）

上：365*／下：426*，452*，452*，459，461*，511，512*，520，578，587，590，593，595，612*，627*，627*，627*，629*，629*，648*

大島要文集　東京大学史料編纂所所藏島津家本（さⅡ-2-32）

下：459*，611，632*，632，637*

沖縄一千年史　沖縄県立図書館所藏真境名安興文庫架藏自筆本（MK201/MA32）　公開畫像：沖縄県立図書館貴重資料デジタル書庫　→沖縄一千年史『真境名安興全集』第一巻

沖縄一千年史　『真境名安興全集』第一巻，琉球新報社，1993 年　参照：沖縄県立図書館所藏真境名安興文庫架藏自筆本（MK201/MA32）

下：30

(沖繩) 県史編纂史料　真境名安興　沖縄県立図書館所藏真境名安興文庫（MK201/O52）　公開畫像：沖縄県立図書館貴重資料デジタル書庫　参照：『那覇市史』資料篇第 1 巻家譜資料（二）久米系家譜所收「県史編纂史料・那覇ノ部」抜粋

下：29，57，120，233，237，387

沖縄県文化財調査報告書第 90 集　歴史資料調査報告書Ⅵ沖縄の家譜　沖縄県教育庁文化課編，沖縄県教育委員会刊，1989 年 3 月　参照：系譜抄所收毛姓家譜（冨川親方）

下：12*，111*

沖永良部島代官系圖　→詰役系圖

屋宮家自家正統系圖　宇検村名柄　屋宮家文書　『宇検村誌資料集』第二集・奄美大島屋喜内の古文書　参照：自家版複寫版「屋宮家自家正統系図」

上：108，130，174／下：448，581，635*

おもろ御さうし　沖縄県所藏尚家本　沖縄県立博物館監修『尚家本おもろさうし』（ひるぎ社（南西印刷出版），第一帙（巻一～巻十一），1979 年 11 月，第二帙（巻十二～巻十五）・第三帙（巻十六～巻二十二），1980 年 3 月（附，池宮正治他「解説おもろさうし」，1980 年 10 月，池宮「おもろさうしふし名索引」，1979 年 11 月，池宮「おもろさうし諸本校異表」，甲南大学地域文化研究会編「おもろさうし原注索引」，1980 年 3 月）　参照：『おもろさうし』上・下，岩波文庫，2000 年 3 月・11 月

第一　上：76　**第三**　下：41／上補：710　**第九**　下：104　**第十三**　下：45，104，405*／上補：831　**第十四**　下：6，46　**第二十**　下：44

おもろさうし　仲吉本　琉球大学附属図書館所藏伊波普猷文庫架藏（099.1 R98）　公開畫像：琉球大学附属図書館琉球・沖縄関係貴重資料デジタルアーカイブ

下：7，41*，42*，43*，44*，46*，46*，104*／上補：710*，711*，831*

御譲状置文　東京大学史料編纂所所藏島津家文書（S 島津家文書 1-4-10-1，畫像公開）参照：『大日本古文書』島津家文書之一

上：14*
御大殿地祖先系圖　伊仙町東伊仙　永喜家文書　大正12年（1923年）撰　→八十八吾良謝佐榮久由緒記
上：281*，281*，286，292*／下：421*
〔か行〕
海東諸國紀　申叔舟撰，朝鮮政宗二年（成化7年，1471年）序，東京大学史料編纂所所藏朝鮮版本（S貴23-2，畫像公開）　參照：申叔舟撰・田中健夫訳註『海東諸国紀　朝鮮人の見た中世の日本と琉球』（岩波文庫，1991年12月）
上：30，31，35，63，65，65，65，67，68／下：353*
鹿児島県史料　鹿児島県維新史料編さん所・鹿児島県歴史資料センター黎明館編　→旧記雑録，肝付家文書（旧記雑録拾遺家わけ二），新編島津氏世錄支流系図樺山氏一流（旧記雑録拾遺諸氏系譜一），新編島津氏世錄支流系図北郷氏一流（旧記雑録拾遺諸氏系譜二），肝付世譜雑録・新編伴姓肝属氏族譜・伴姓肝付氏系譜（旧記雑録拾遺家わけ二），種子嶋家譜（旧記雑録拾遺家わけ四），千竈家文書（旧記雑録拾遺家わけ六），穆佐悟性寺御石塔一件私考（旧記雑録拾遺伊地知季安著作集八）
笠利氏家譜　龍郷町龍郷　田畑家　『奄美大島諸家系譜集』　→奄美市立奄美博物館資料室架藏笠利氏家譜（嫡家本）複寫版
上：164，224，226，361，362／下：331，332，423*，425*，426*，428
笠利氏家譜（嫡家本）　龍郷町龍郷　田畑家　奄美市立奄美博物館架藏複寫版（嫡家所藏原本ヲ1991年ニ複寫シ臺紙ニ貼込ミタル複寫版ヲ更ニ複寫シタル版ニシテ，現複寫版，原本ノ天地闕ク）
上：166*，167*，167*，226*，228*，364*／下：331*，423，424，425*，426*，428*，607
笠利（田畑）家々譜　隠居跡所傳　龍郷町屋入　田畑家　奄美市立奄美博物館所藏名瀬市史編纂委員会資料架藏複寫版（田畑家隠居跡所傳本ノ寫本ノ複寫版）
上：167*，228*，363／下：330，426，607，637*，650*，651*
笠利氏家譜（田畑二男家相傳本）　龍郷町龍郷　田畑家
上：166*，167*，168*，226*，228*
勝家系圖抄　喜界町白水　勝山家　折田馨「喜界島諸系図についての若干の考察（一）」奄美高等学校紀要『あまみ』3号（2006年3月）所收勝家系図抄（勝山家本勝家系圖ヲ抄出翻刻）　參照：勝原家系圖
上：245，260，274／下：438*，439*，439*，441*
勝家文書　瀬戸内町油井　勝家　瀬戸内町立図書館・郷土館所藏　→系圖，系圖留
葛姓家譜　多嘉山里之子親雲上　那覇市歴史博物館所藏複寫本（037-A-01）　氏集二番250
上：156
勝原家系圖　喜界町　勝原家　喜界町図書館郷土資料室架藏複寫版，勝家分家系圖　參照：勝家系圖抄

下：438*，439，441*

要《かなめ》**家文書**　知名町上城　知名町誌編纂委員会編『知名町誌』（知名町誌編纂委員会・知名町，1982 年 6 月）　参照：先田光演「沖永良部島・要家文書について」（『奄美郷土研究会報』24 号，1984 年 3 月），寫眞複寫版（別本）

上：307，309／下：441，442

家譜資料（第一集）『那覇市史』資料篇第 1 巻 5 家譜資料（一）総合（那覇市企画部市史編集室編，那覇市役所刊，1976 年 2 月）　東姓家譜

下：70*，70

漢學起源　伊地知季安撰　『薩藩叢書』第二編（薩藩叢書刊行會，1909 年 8 月）・『新薩藩叢書』第五編（歴史図書社，1971 年，再刊版）　参照：東京大学史料編纂所所藏島津家本（さⅠ-12-33-40）

下：164，777*

勘樽金一流系圖　喜界町先内　永家文書　『奄美大島諸家系譜集』　参照：喜界町図書館郷土資料室架藏寫眞版

上：58，323，367／下：639*

喜安日記　閔蕃元（喜安入道）著　琉球大学附属図書館所藏伊波普猷文庫本（092.2 Ki 11）　公開畫像：琉球大学附属図書館琉球・沖縄関係貴重資料デジタルアーカイブ　参照：『那覇市史』資料篇第 1 巻 2 薩琉関係文書（那覇市総務部市史編集室編，那覇市役所刊，1970 年 6 月，底本：伊波普猷文庫本），『喜安日記』（池宮正治解説，榕樹書林，2009 年 4 月，底本，伊波普猷文庫本）

上：267，353，371，380／下：7，45*，48，71*，105，144，153，157，191，208，217，251，254，274*，305，321*，367，373，374，375*，383，386，392

喜安日記　屋良朝陳編琉球王代文獻頒布會本（琉球王代文獻頒布會，1940 年 3 月）　公開畫像：国立国会図書館デジタルコレクション

下：263*，310*，369*，394*

喜界島大蛇良《うふじゃら》**一流系圖**　喜界町志戸桶　操家文書　奄美市立奄美博物館資料室架藏筆寫本複寫版　参照：乾家本（喜界町志戸桶）・南家本（喜界町佐手久）

上：59，201，218，327／下：451

鬼界嶋置目　→大嶋置目，喜界島泉家文書

喜界島思三部一流系圖　喜界町先内　朝川家文書　喜界町図書館郷土資料室架藏複寫版　参照：新山家系圖

上：91，113

喜界島泉家文書　喜界町山田　『アチックミューゼアム彙報』第 41，喜界島調査資料第 2・喜界島代官記（アチックミューゼアム，1939 年 8 月）　公開畫像：国立国会図書館デジタルコレクション　参照：鬼界嶋置目

下：435，622

喜界島代官記　『奄美史料集成』所收「道之島代官記集成」所收「喜界島代官記」（底本：

鹿児島県立図書館所蔵大島代官記（喜界島代官記））
下：460*，511，512*，520，578，588，594
喜界文書　喜界町白水　勝山家文書　九州国立博物館所蔵　参照：『うるま　ちゅら島琉球』，九州国立博物館，2006年4月），九州国立博物館ホームページ・［アーカイブ］いにしえの旅，No.14「喜界島の古琉球辞令書」（琉球國中山王詔書2點畫像掲載）
上：260，273／下：436，438*，438，439*
義家系圖　伊仙町歴史民俗資料館所蔵明治四十四年二月文元幸英序本複寫本　参照：政家系圖
上：311*／下：635*
喜志統親方系圖　『奄美大島諸家系譜集』　参照：嬉姓喜志統親方系譜
上：74，159，185，247
嬉姓喜志統親方系譜　『奄美大島諸家系譜集』　参照：喜志統親方系圖
上：74，159，185，247／下：442，650*，651*，651*
肝付世譜雑録　鹿児島県歴史資料センター黎明館編『鹿児島県史料』旧記雑録拾遺家わけ二　肝付家文書（鹿児島県，1991年1月）
上：346，358，374，378，395，399／下：4，37，103，151／上補：844，
舊記雜錄　前編　伊地知季安・季通撰，東京大学史料編纂所所蔵島津家本（さⅠ-12-42）
巻四　参照：『鹿児島県史料』旧記雑録前編一
上：19*
巻二十七　参照：『鹿児島県史料』旧記雑録前編二
上：16*，19*
旧記雑録　前編一　鹿児島県維新史料編さん所編『鹿児島県史料』旧記雑録前編一（鹿児島県，1979年1月）
上：19*
旧記雑録　前編二　鹿児島県維新史料編さん所編『鹿児島県史料』旧記雑録前編二（鹿児島県，1980年1月）
上：16*，19*
舊記雜錄　後編　伊地知季安・季通撰，東京大学史料編纂所所蔵島津家本（さⅠ-12-42）参照：鹿児島県歴史資料センター黎明館編『鹿児島県史料』旧記雑録後編四（鹿児島県，1984年2月），薩藩舊記雜錄後編巻二十九（鹿児島県立図書館所蔵，K23/イ880）
上補：760／**巻三十二**　下：114*／**巻六十**　上：265*，267*，270*，271，273*／**巻六十二**　下：293*／**巻六十三**　上：297，303*，304*，306*，330*，330，332*，340，345*，351*，352，353，357*，357*，357，359*，373*，376*，376*，376，392*，393*，394*／下：2*，2*，32*，33*，38*，66，76*，78*，79*，79*，80*，81*，81，84*，84*，85*，87*，89*，90，92*，93*，101*，146*，147*，147*，148*，150*，166*，168*，168*，189*，191*，194*／上補：844*，851*，853*／**巻六十三　琉球渡海日々記**　上：332，357，374，376，394，397，398／下：2，33，101，150／**巻六十四**　上：360*，379*，394*／下：169*，

169*，170*，170*，171*，172*，173*，174*，175*，175*，176*，176*，177*，178*，178*，179*，179*，180*，181*，201*，271*／**巻六十四・琉球入ノ記**　上：342，360，384，396／下：5，24，36，66*，74，143，148*，194，196，198，201*，271*，387／上　補：853／**巻六十五**　下：269*，269*，271*，271*，272*，273*，274*，278*，279*，279，281*，281*，283*，284*，285*，285*，286*，292*，293*，293*，311*，312*，313*，314*，315*，315*，316*，316*，317*，318*，319*，320*，320*，321*，326*，326*，418*／**巻六十六**　下：336*，336，337，349*，352*，371*，379*，380*，381*，383*，406*，407*，409*，416*，417*，417*／**巻六十七**　下：271*，271*／**巻六十八**　下：438*，438*／**巻七十六**　下：589*

旧記雑録　後編四　鹿児島県歴史資料センター黎明館編『鹿児島県史料』旧記雑録後編四（鹿児島県，1984年2月）

上：265*，267*，270*，271*，273*，303*，304*，306*，330*，331*，332*，334*，342*，344*，345*，351*，352*，357*，357*，358*，359*，360*，361*，373*，374*，376*，376*，378*，379*，385*，392*，393*，394*，395*，396*，397*，398*／下：2*，2*，3*，6*，25*，32*，33*，36*，36*，38*，66*，76*，79*，79*，79*，80*，81*，82*，84*，84*，85*，87*，89*，90*，92*，93*，101*，102*，146*，147*，147*，148*，150*，151*，166*，168*，168*，169*，169*，170*，170*，171*，172*，173*，174*，175*，175*，176*，176*，177*，178*，178*，179*，179*，180*，181*，189*，191*，194*，196*，198*，199*，201*，269*，269*，271*，271*，271*，271*，272*，273*，274*，278*，279*，280*，281*，281*，283*，284*，285*，285*，286*，292*，293*，293*，311*，312*，313*，314*，315*，315*，316*，316*，317*，318*，319*，320*，320*，321*，326*，326*，336*，337*，337*，349*，352*，371*，379*，380*，381*，383*，388*，406*，407*，409*，416*，417*，417*，418*，438*，438*／上補：844*，851*，853*

舊典類聚　東京大学史料編纂所所蔵寫本（4140.1-34，畫像公開）

五　琉球國御征伐由來記　下：202，293

十二　諸家由緒　上：348／下：181，183*，183，202，297

球陽　東京大学史料編纂所所蔵謄寫本（2041-99-1，底本，尚家所藏本，1929年寫，畫像公開）　参照：『沖縄文化史料集成』五・球陽（原文編・訳註編），角川書店，1974年）

上：4，4，41，42，72*，97，98，104，110，111，117，117，147，147／下：12，13，14，14，15，15，22，22，23，23，51，51，55*，55*，56，56，59，59，65，65，72，72，112*，126，127，128，128，133，133，159，159，201，201，211，211，218，218，239，240，266，267，343，343，350，350，356，356，394，394，413，413，414，414／上補：758，758，832*，832*，833*，833*

球陽　外巻三遺老説傳　琉球大学附属図書館所藏伊波普猷文庫架藏四册本　公開畫像：琉球大学附属図書館琉球・沖縄関係貴重資料デジタルアーカイブ　参照：『沖縄文化史料集成』六・球陽外巻遺老説伝（原文・讀み下し文，嘉手納宗徳編訳，角川書店，1978年9月）

上：25，104
球陽　外附卷遺老說傳　琉球大学附属図書館所藏伊波普猷文庫架藏系圖座押印本　公開畫像：琉球大学附属図書館琉球・沖縄関係貴重資料デジタルアーカイブ　参照：『沖縄文化史料集成』六
上：5，56
金氏家譜　具志堅里之子親雲上　『那覇市史』資料篇第1巻6家譜資料（二）久米系家譜氏集十七番 2130
下：58*
金姓家譜　宮城筑登之親雲上　『那覇市史』資料篇第1巻8家譜資料（四）那覇・泊系氏集十六番 2080
上：233，233
金樽一流系圖　喜界町坂嶺　郡家文書　『奄美大島諸家系譜集』
上：326／下：453，626，652*
金樽一流系圖　支流本　喜界町坂嶺　春山家文書　春山家文書複寫版　→金樽一流系圖
下：454*，630*
欽定四庫全書總目録　巻六十九史部十五地理類　文淵閣藏版　公開畫像：Internet Archive　参照：鄭開陽雜著文淵閣藏欽定四庫全書影印本
上補：697*，697*，709*
公方樣琉球王御對面之式　山口県文書館所藏毛利家文書二幕府1（紙屋敦之『東アジアのなかの琉球と薩摩藩』（校倉書房，2013年3月）所收）
下：274
慶元イギリス書翰　『異国叢書』八，岩生成一訳注，1929年　改訂復刻版（雄松堂書店，1966年9月）
下：467*，470*，494*，498*，508*，509*，510*
系圖　瀬戸内町油井　勝家文書　瀬戸内町立図書館・郷土館所藏　参照：勝家文書，系圖留
上補：840
系圖留　瀬戸内町油井　勝家文書　瀬戸内町立図書館・郷土館所藏　参照：勝家文書，系圖
上補：841
系圖文書寫　永代家傳記　大和村大和浜　和家文書　大和村教育委員会所藏　参照：奄美市立奄美博物館所藏名瀬市史編纂委員会資料架藏筆寫本，和家文書，和眞至氏所藏文書
上：84，178，206／下：432，433*，600，603*
系譜抄　沖縄県立図書館所藏東恩納寛惇文庫架藏明治四十一年採集史料（HK288/H55）公開畫像：沖縄県立図書館貴重史料デジタル書庫
上：240（蘇姓家譜），253（蘇姓家譜），307（姚姓家譜），371（姚姓家譜），380*（熱田親雲上（毛姓家譜））／下：12（毛姓家譜），15（馬姓家譜），54（毛姓家譜），55（金姓

家譜），60（翁姓家譜），65*（葉姓家譜），67（向姓家譜），68（向姓家譜），71（金姓家譜），107（閔姓家譜），112*（毛姓家譜），112（金姓家譜），113（金姓家譜），116（馬姓家譜），117*（易姓家譜），120（易姓家譜），121（鄭姓家譜），125（向姓家譜），125（毛姓家譜），138（隆姓家譜），141（章姓家譜），145（閔姓家譜），158（閔姓家譜），158（毛姓家譜），251*・251*（毛姓家譜），252（姚姓家譜），253（楊姓家譜），265（馬姓家譜），265（向姓家譜），266（章姓家譜），267（閔姓家譜），348（章姓家譜），391（易姓家譜），395（閔姓家譜），396（向姓家譜），398（毛姓家譜），399（章姓家譜），399（馬姓家譜）

敬和堂集　許孚遠撰　国立公文書館所蔵内閣文庫架蔵昌平坂學問所舊藏林家本版本（317-0100）　公開畫像：国立公文書館デジタルアーカイブ　参照：皇明經世文編卷之四百

上補：755*，755

月洲先生遺文　山田君豹（月洲）　東京大学史料編纂所所蔵島津家本（さⅠ-12-33-161，月州遺文）

上：168，364

元史　文淵閣藏版影印欽定四庫全書史部　公開畫像：Internet Archive

上補：713*

県史編纂史料・那覇ノ部　真境名安興編　『那覇市史』資料篇第1巻6家譜資料（二）久米系家譜　参考：（沖縄）県史編纂史料（沖縄県立図書館所蔵真境名安興文庫）

下：58*，121*，234*，237*，387*

古案集　沖縄県立図書館所蔵東恩納寛惇文庫架蔵寫本（HK200.8/KO11）　参照：琉球薩摩往復文書案（東京大学史料編纂所所蔵謄寫本2051.9-37），琉球薩摩往復文書（『那覇市史』資料篇第1巻2薩琉関係文書）

下：189*，191*／上補：760*

口上覚　奄美市立奄美博物館所蔵童虎山房架藏原口虎雄筆寫本　参照：松岡家文書大島與人等由緒文書

下：585*，648*，653*，653*

皇明經世文編　卷之四百　敬和堂集　（第二四册，國風出版社・國聯圖書出版有限公司，1964年11月）　公開畫像：中國哲學書電子化計劃　→敬和堂集

上補：757*

國統新龜鑑　東京大学史料編纂所所蔵島津家文書（S島津家文書1-3）　参照：正編島津氏世錄正統系圖十八代義弘，續編島津氏世錄正統系圖十八代家久，『大日本古文書』島津家文書之一

下：169，169，176，178，180

吳江梁氏家譜　『那覇市史』資料篇第1巻6家譜資料（二）久米系家譜　氏集十七番2170

上補：662*

御財制　沖縄県立図書館所蔵東恩納寛惇文庫架藏寫本（HK200.8/G74）　公開畫像：沖縄県立図書館貴重資料デジタル書庫　参考：『那覇市史』資料篇第1巻12近世資料補遺・雑

纂（那覇市市民文化部歴史資料室編，那覇市刊，2004 年 3 月）
下：366
呉姓家譜正統　我那覇親雲上　『那覇市史』資料篇第 1 巻 8 家譜資料（四）那覇・泊系　氏集十番 1184
上：51，51
御當國御高幷諸上納里積記　那覇市歴史博物館所蔵比嘉春潮蔵本複寫版（033-A-03）
下：338，353，358，361，364，371，374*，374，376*，376
御当国御高並諸上納里積記　『那覇市史』資料篇第 1 巻 2 薩琉関係文書
下：342*
御文書　五之巻　東京大学史料編纂所所蔵島津家文書（S 島津家文書 2-7，畫像公開）参照：『大日本古文書』島津家文書之一
上：16
御文書　貴久公義久公　東京大学史料編纂所所蔵島津家文書（S 島津家文書 2-25，畫像公開）参照：『大日本古文書』島津家文書之二
上：269*／下：292
御文書　日新公御以來　東京大学史料編纂所所蔵島津家文書（S 島津家文書 2-26，畫像公開）参照：續編島津氏世錄正統系圖十八代家久，『大日本古文書』島津家文書之二
下：281
御文書　義弘公　家久公　巻二　東京大学史料編纂所所蔵島津家文書（S 島津家文書 3-2，畫像公開）参照：續編島津氏世錄正統系圖十八代家久，『大日本古文書』島津家文書之二
下：175
御文書　家久公　巻三　東京大学史料編纂所所蔵島津家文書（S 島津家文書 3-3）参照：續編島津氏世錄正統系圖十八代家久，『大日本古文書』島津家文書之二
下：179
御文書　義弘公　巻三　東京大学史料編纂所所蔵島津家文書（S 島津家文書 4-7）参照：新編島津氏世錄正統系圖十八代義弘，『大日本古文書』島津家文書之二
下：79
御文書　家久公　巻二　東京大学史料編纂所所蔵島津家文書（S 島津家文書 4-9）参照：續編島津氏世錄正統系圖十八代家久，『大日本古文書』島津家文書之二
上：359，378／下：78，165，170，171，172，173，174，176，179，268，283，285，317，417
御文書　義久公義弘公　巻二　東京大学史料編纂所所蔵島津家文書（S 島津家文書 4-15）参照：『大日本古文書』島津家文書之四
下：181*，319
御文書　義弘公三　巻五　東京大学史料編纂所所蔵島津家文書（S 島津家文書 4-18）参照：新編島津氏世錄正統系圖十八代義弘公，『大日本古文書』島津家文書之五
下：178，278

御文書　家久公十三　巻十八　東京大学史料編纂所所藏島津家文書（S島津家文書5-5）参照：續編島津氏世錄正統系圖十八代家久
下：79，92，177，271*／上補：851
御文書　家久公十四　巻十九　東京大学史料編纂所所藏島津家文書（S島津家文書5-6）参照：續編島津氏世錄正統系圖十八代家久
下：271*，271*，280，286，311，312，315，316，343*，406
御文書　家久公十五　巻二十　東京大学史料編纂所所藏島津家文書（S島津家文書5-7）参照：續編島津氏世錄正統系圖十八代家久
下：351，380
御文書　家久公五　巻十七　東京大学史料編纂所所藏島津家文書（S島津家文書12-5）参照：續編島津氏世錄正統系圖十八代家久
下：38，83，91，313，314，381
御文書　家久公七　巻十九　東京大学史料編纂所所藏島津家文書（S島津家文書12-7）参照：舊記雜錄後編巻六十五
下：276
御文書　義久公九　巻十　東京大学史料編纂所所藏島津家文書（S島津家文書17-11）参照：新編島津氏世錄正統系圖十七代義久
下：146
御文書　義弘公　五　巻十五　東京大学史料編纂所所藏島津家文書（S島津家文書18-3）参照：新編島津氏世錄正統系圖十八代義弘，薩摩琉球往復文書案，古案集，
下：190
御文書　義久公　四　巻十五　東京大学史料編纂所所藏島津家文書（S島津家文書19-4）参照：新編島津氏世錄正統系圖十七代義久
下：80，88
御文書　義弘公　十　東京大学史料編纂所所藏島津家文書（S島津家文書19-10）参照：續編島津氏世錄正統系圖十八代家久
上：265，270／下：272，293*，318，326
御文書　家久公　十二　東京大学史料編纂所所藏島津家文書（S島津家文書19-12）参照：續編島津氏世錄正統系圖十八代家久
下：271，317
崑新兩縣續修合志　早稲田大学附属図書館所藏光緒七年（1881年）刊本（ル05 03048）公開畫像：早稲田大学附属図書館古典籍総合データベース　参照：鄭開陽雜著
上補：699*
〔さ行〕
蔡氏家譜　儀間親雲上『那覇市史』資料篇第1巻6家譜資料（二）久米系家譜　氏集十七番2082
下：244，244

薩隅日田賦雑徴　伊地知季通撰　東京大学史料編纂所所蔵島津家文書（島津家文書 65-8）参照：小野武夫編『近世地方經濟史料』第一巻（近世地方經濟史料刊行會，1932 年 8 月）
　下：354*，657
雑書由緒記寫　伊仙町東伊仙　永喜家文書　参照：徳之島町郷土資料館所蔵複寫本，『徳之島郷土研究会報』特集号（徳之島郷土研究会，1981 年）
　上：283，287*，295，385／下：421
薩藩舊記雑録　後編　巻二十九　鹿児島県立図書館所蔵寫本（明治 13 年（1880 年）寫，K23/イ 880。）参照：鹿児島県歴史資料センター黎明館編『鹿児島県史料』旧記雑録後編四
　下：199
雑録　日本圖　千葉県鋸南町妙本寺所蔵　坂井法曄「日蓮の対外認識を伝える新出資料―安房妙本寺本「日本図」とその周辺―」『金澤文庫研究』311 号（神奈川県立金沢文庫，2003 年 10 月）参照：別稱「安房妙本寺本日本図」
　上：12
佐銘川大ぬし由來記　琉球大学附属図書館所蔵伊波普猷文庫（092.1　Sa58）公開畫像：琉球大学附属図書館琉球・沖縄関係貴重資料デジタルアーカイブ
　下：60
三國名勝圖會　天保十四年（1843 年）序，明治 38 年（1905 年）刊本　公開畫像：国立国会図書館デジタルコレクション
　上補：776*
四夷廣記　朝鮮廣記　玄覽堂叢書續集第九十二・九十三・九十四册所收影印寫本（中華民國國立中央圖書館，1947 年 5 月）東京大学東洋文化研究所図書室架藏（叢／雑叢／137：20）公開畫像：臺灣華文電子書庫
　上補：735，739，740*
四夷廣記　史料三編第二十八册（據舊鈔本景印本，廣文書局，1969 年 7 月）
　上補：740*
四庫全書總目　→欽定四庫全書總目
師玉家系圖　奄美市住用町見里　『奄美大島諸家系譜集』
　上：106，314／下：651*
芝家文書　瀬戸内町篠川　『改訂名瀬市誌』巻上（名瀬市，1996 年 7 月）
　下：519
島津家文書　東京大学史料編纂所所蔵　→御譲状置文，國統新龜鑑，御文書，舊記雑錄島津家本，『鹿児島県史料』旧記雑録，新編島津氏世錄支流系圖，新編島津氏世錄正統系圖，續編島津氏世錄正統系圖，傳家龜鏡，歴代龜鑑
島津國史　山本正誼撰　享和二年（1802 年）序　『新刊島津國史』（島津家編集所，明治三十八年（1905 年）刊）参照：『新刊島津国史』（鹿児島県地方史学会，1972 年 12 月，島津家編輯所本復刻版）

下：206，296，321，342，407*，409，438

順風相送　『巡風相送　指南正風』（中華書局，2017 年 2 月，影印版），原本：Oxford University, Bodleian Library, MS. Laud Or. 145　公開畫像：Digital Bodleian　参照：向達校注『兩種海道針經』（中外交通史叢刊四〇，中華書局出版，1961 年 9 月，翻刻版）所收「海道針經（甲）順風相送」

上補：730，734*，740*

向氏家譜　具志川按司　『那覇市史』資料篇第 1 巻 7 家譜資料（三）首里系　氏集一番 4

下：16，17

向姓家譜　小祿按司　『那覇市史』資料篇第 1 巻 7 家譜資料（三）首里系　氏集一番 3

下：115，115，118，118，209，221，263，284，389

向姓家譜　邊土名親雲上　『那覇市史』資料篇第 1 巻 7 家譜資料（三）首里系　氏集一番 81

上：379，379／下：9，131，389

向姓家譜　湧川親雲上　『那覇市史』資料篇第 1 巻 7 家譜資料（三）首里系　氏集五番 491

下：263，264

使琉球錄　夏子陽・王士楨撰　『明代史籍彙刊』7（臺灣學生書局，1969 年 12 月，中華民國國立中央圖書館藏本影印版）　参照：原田禹雄訳注『夏子陽　使琉球録』（榕樹書林，2001 年 8 月）

上補：812，826*，833*，833*

使琉球錄　蕭崇業・謝杰撰　「使琉球錄　附皇華唱和詩」（『明代史籍彙刊』六，臺灣學生書局，1969 年 12 月，中華民國國立中央圖書館所藏萬曆間原刊本影印版）　参照：原田禹雄訳注『蕭崇業　謝杰　使琉球録』（榕樹書林，2011 年 3 月）

上補：750*

使琉球錄　原田禹雄訳注『陳侃　使琉球録』，榕樹社，1995 年 6 月

上補：685

史料綜覽　東京大学史料編纂所編・刊　参照：大日本史料稿本

上：263*，268*，268*，268*，268*，268*，269*，269*，269*，269*／下：114*，143*，182*，182*，191*，195*，195*，195*，426*，460*／上補：712*，729*，734*，758*，758*，759*，759*，759*，759*，759*，759*，759*，759*，759*，760*，760*，760*，760*，760*，768*，777*，812*，812*，826*

眞姓家譜　津覇里之子親雲上　津覇實雄編『真姓門中家譜』（津覇實雄刊，2001 年 3 月，沖縄県立図書館，K288/TS39）所收　氏集六番 694　参照：那覇市歴史博物館所藏眞姓家譜大宗津覇家寫本複寫版（037-A-04）

下：72，74*

新編島津氏世錄支流系圖　樺山氏一流第四　東京大学史料編纂所所藏島津家文書（42-2-2）　参照：鹿児島県歴史資料センター黎明館編『鹿児島県史料』旧記雑録拾遺諸氏系譜一

（鹿児島県，1989 年 1 月）
上：304，331，345，357，373，376，392，393／下：2，32，81*，81*，87，89*，89

新編島津氏世録支流系圖　北郷氏一流第二・第三・第四　東京大学史料編纂所所蔵島津家文書（42-2-3）　参照：鹿児島県歴史資料センター黎明館編『鹿児島県史料』旧記雑録拾遺諸氏系譜二（鹿児島県，1990 年 1 月）
上：350，351／下：79*

新編島津氏世録正統系圖　十七代義久　第二十九　東京大学史料編纂所所蔵島津家文書（35-1-6-9）
下：84*，84，146，147*，147，168，169*，174*，187，318*，321*／上補：844

新編島津氏世録正統系圖　十八代義弘　第廿九，第三十　東京大学史料編纂所所蔵島津家文書（35-1-9-5・6）
下：79*，170*，178*，181*，191*，279*

新編伴姓肝屬氏系圖　東京大学史料編纂所所蔵謄寫本（2075-865，畫像公開）
下：459*

新編伴姓肝属氏族譜　『鹿児島県史料』旧記雑録拾遺家わけ二
下：459*

須古茂文書　瀬戸内町須古茂　瀬戸内町立図書館・郷土館所蔵　参照：山田尚二「奄美における古琉球辞令書について」，高良倉吉「古琉球期の奄美における給田の移動─須子茂文書が内包する情報のスケッチ」『日本文化の深層と沖縄』，国際日本文化研究センター，1996 年 12 月
上：191，193，193，246

駿府記　『史籍雜纂』第二，國書刊行會，明治 44 年（1911 年）11 月
下：407

惺窩先生文集　享保二年（1717 年）冷泉爲經跋惺窩先生文集付惺窩先生倭謌集版本（慶應義塾大学附属図書館，207/209，畫像公開，国文学研究資料館，ナ 6-8-1～10，畫像公開）　参照：『藤原惺窩集』巻上（國民精神文化研究所，1938 年 3 月），『續々群書類聚』十三・詩文部（國書刊行會，1909 年 3 月）
上補：772*，773*，775*，775，775，776，776

惺窩文集　寛永四年（1627 年）序版承應三年（1654 年）版本　東京大学史料編纂所所蔵本（1034-204）　参照：『藤原惺窩集』巻上
上補：774，774，774

西藩田租考　伊地知季安撰，天保八年（1837 年）跋，東京大学史料編纂所所蔵島津家本（さⅠ-12-33-353）　参照：『日本經濟叢書』巻二十六，日本經濟叢書刊行會，大正 5 年（1916 年）7 月
下：223*，325*，329*，345*，353*，353，377*，379*，590，657

西藩野史　得能通昭撰，寶曆八年（1758 年）序，『西藩野史』（鹿児島縣私立教育會，明治 29 年（1896 年）9 月）

下：203，295，321，409
西藩烈士干城録　古賀煜撰，文政十三年（1830 年）閏三月序，東京大学史料編纂所所藏寫本（2043-29，島津忠重氏所藏本謄寫本）
下：66，76*
宋文憲公全集　明・宋濂撰『四部備要』集部別集類 明初之屬第六百十四册〜第六百十六册
上：155／上補：687*，729*
續編島津氏世錄正統系圖　十八代家久　第二十八・第三十二・第三十三・第三十四・第三十五・第三十六・第三十七・第三十八・第四十　東京大学史料編纂所所藏島津家文書（36-1-1-7・11，36-1-2-1〜7）參照：島津家文書，舊記雜錄後編卷六十三・卷六十四・卷六十五
上：265，267*，270*，272，302，304*，330，356，359*，360*，375，379*，391*，393／下：1，32，38*，64*，78*，80*，84*，84*，92*，93*，101，147，150，166*，167，168，170*，171，172*，173*，175*，175，176*，177*，178*，179*，179*，180*，192，206*，269*，269，271*，271*，272*，273*，273，281*，281*，282，284*，285，285*，286*，291，293*，311，312*，312*，313*，314*，315*，315，316*，316*，317*，318*，319*，320，325，326*，334，343*，348，352*，370，377，380，381*，383*，405，407*，408，416，416，417*，418，437，438*／上補：851*，852，853
蘇姓家譜　奥島家『那覇市史』資料篇第 1 巻 7 家譜資料（三）首里系　氏集不載　參照：沖縄県立図書館所藏複寫本（K288/SO62）
上：69，238，238，253
蘇姓家譜　棚原筑登之親雲上　那覇市歴史博物館所藏複寫本（039-A-01）氏集十二番 1483
上：241，241／下：138，398
〔た行〕
代官記事録　与論町朝戸　池上家文書　複寫版　參照：詰役系圖（沖永良部島代官系圖），先田光演『与論島の古文書を読む』（南方新社，2012 年 12 月）所收「代官記録」
下：518，577*，581*，592*
大熊トネ屋文書　奄美市名瀬大熊　奄美市立奄美博物館所藏名瀬市史編纂委員会資料架藏複寫版　參照：山田尚二「奄美における古琉球辞令書について」
上：223，276，301
大宗家豐見城氏系圖　毛氏世系圖・紀錄（毛姓家譜　豐美城里主）那覇市歴史博物館所藏複寫本（底本ハ寫本）（039-A-02）氏集十三番 1513
上：21，21／下：55*，110，111，114*，395
袋中上人繪詞傳　鶯瀧寺所藏本　寬延二年（1749 年）良呈泰雄跋『琉球神道記 辯蓮社袋中集』
上補：832*

袋中上人傳　檀王法林寺所蔵本　良妙貞雅撰　享保十一年（1726 年）正月跋　『琉球神道記　辧蓮社袋中集』
上補：832*
大日本古文書　島津家文書之一・二・三・四・五　東京帝國大學文學部史料編纂所・東京大学史料編纂所編，1942 年 3 月〜2016 年 3 月
上：16*，19*，19*，269*，360*，379*／下：78*，79*，166*，169*，170*，170*，172*，173*，174*，175*，175*，176*，177*，178*，179*，179*，180*，181*，181*，269*，269*，279*，281*，284*，285*，293*，317*，320*，417*／上補：760*
大日本古文書　大徳寺文書別集眞珠庵文書之二　東京大学史料編纂所編，1952 年 3 月
上補：774*
大日本史料　東京帝國大學文學部史料編纂所（舊稱略す）・東京大学史料編纂所編　参照：史料綜覽，大日本史料稿本
第五編　上：19*，19*／**第六編**　上補：687*，728*／**第七編**　上補：693，728*／**第八編**　上：61*／下：460*／**第九編**　上補：728*／**第十編**　上補：734*，734*／**第十一編**　下：191*／**第十二編**　上：263*，263*，269*，269*，269*，269*，269*，271*／下：57*，77*，79*，79*，80*，82*，84*，87*，90*，93*，144*，149*，156*，156*，164*，166*，167*，181*，181*，182*，183*，185*，187*，189*，191*，191*，191*，253*，269*，269*，271*，271*，272*，280*，280*，280*，283*，284*，286*，286*，304*，304*，317*，320*，321*，326*，336*，337*，337*，351*，351*，352*，371*，379*，381*，383*，408*，417*，417*，466*，469*，471*，472*，494*，509*，510*，510*，511*，514*，543*，563*，563*，572*，575*／上補：773*，774*，777*，837*
大日本史料稿本　東京大学史料編纂所所蔵　参照：史料綜覽
下：114*，280*
平家系圖　伊仙町阿權　平家文書（大正十二年撰，別稱，前里家系圖）　参照：八十八吳良謝佐榮久由緒記，鹿児島県立奄美図書館所蔵前里家系図複写版，浦添市立図書館所蔵前里家系図複写版（底本，奄美市立奄美博物館資料室架蔵複写版）
上：281*，288，290*，292*，384*／下：421*
孝野家文書　喜界町志戸桶　奄美市立奄美博物館資料室架蔵寫眞複寫版
上：133，134，137，142
高山衆市來氏琉球征伐記　鹿児島大学附属図書館所蔵玉里文庫（天の部 5 番仁 79）　参照：舊記雜錄後編卷六十三琉球渡海日々記
上：334*，334，358*，374*，378*，395*，397*，398*／下：3*，36*
種子嶋家譜　東京大学史料編纂所所蔵謄寫本（2075-163）　参照：『鹿児島県史料』旧記雑録拾遺家わけ四
上補：846
田畑家隱居跡文書　四島與人等由緒文書　『南西諸島史料集』第五巻，田畑家隠居跡文書
下：459*，585*，632*，635，637*，637*，637*，638，639*，639，641*，642*，643*，

643*，643*，648*，653*，653*
田畑家隱居跡文書　奄美市立奄美博物館所藏名瀬市史編纂委員会資料架藏筆寫本複寫版
下：585*，648*，653*
田畑家隱居跡文書　龍郷町屋入　奄美市立奄美博物館所藏名瀬市史編纂委員会資料架藏佐應志佐應仁父子辭令文書寫眞版，同架藏田畑家隱居跡文書筆寫本複寫版その一・その二，笠利（田畑）家々譜（隱居跡所傳）筆寫本　參照：佐應志佐應仁辭令文書・嘉永年間砂糖出入帳・四島與人等由緒文書
下：637*
田畑佐文仁目錄及大島與人幷諸役人服裝由緒書　→松岡家文書大島等與人由緒文書
下：585*，653*
田畑二男家系圖　田畑勇弘「笠利氏家譜（三）」『奄美郷土研究会報』6 号（1964 年 6 月）
下：651*
湛姓家譜　岳原筑登之親雲上　那覇市歴史博物館所藏複寫本（037-A-05）　氏集官江差出候地系圖八番 2683
上：148／下：139，140，140，398
千竈家文書　鹿児島県長島町　鹿児島県黎明館歴史資料センター編『鹿児島県史料』旧記雑録拾遺家わけ六（鹿児島県，1995 年 3 月）　參照：東京大学史料編纂所所藏寫眞帳「千竈文書」（6171.97-5），小田雄三「嘉元四年千竈時家処分状について―得宗・得宗被官・南島諸島―」『年報中世史研究』18 号（中世史研究会，1993 年）
上：7，10，11
籌海圖編　→鄭開陽雜著
籌海圖編　国立公文書館所藏内閣文庫架藏昌平坂學問所舊藏嘉靖四十一年（1562 年）范惟一序本（291-0084）　公開畫像：国立公文書館デジタルアーカイブ
上補：699，700，728*
籌海圖編　国立公文書館所藏内閣文庫架藏紅葉山文庫舊藏隆慶六年（1572 年）吳鵬序重刻本（史 198-0011）
上補：706，707
籌海圖編　靜嘉堂文庫所藏嘉靖四十一年（1562 年）茅坤序本（十萬卷樓舊藏本一〇函一架）
上補：701，703，707*，707*，707*，708*，709*，709*，709*，734*
籌海圖編　文淵閣藏欽定四庫全書史部十一影印本　公開畫像：Internet Archive
上補：693*，709*
籌海圖編　天啓四年（1624 年）重刻本　東京大学史料編纂所所藏本（5167-5）
上補；708，709
中山世鑑　→琉球國中山世鑑
中山世譜　沖縄県所藏康熙四十年（1701 年）序本（中山世譜蔡鐸本）『蔡鐸本中山世譜』（沖縄県教育委員会，1983 年 3 月，影印本）　參照：沖縄県所藏『中山世譜』（雍正三年序

重修本，通稱，蔡溫本）ニ混入ス，
上：2，22*，29*，29*，39，77*，95／下：38，39，55*，114*，349，355，410，411／上補：664*，668，674，780，832*，833*

中山世譜　沖縄県所藏雍正三年（1725年）序重修本（中山世譜蔡溫本）（尙家舊藏評定所格護定本）『蔡温本中山世譜』（沖縄県教育委員会，1986年2月，影印本）　参照：『琉球史料叢書』第四巻（横山重編，名取書店，1942年12月，底本，尙家所藏本〔御側御物〕）
上：2，3，29*，29*，40，61，97，97，109，128／下：40，242，412，460*／上補：662，665*，668，670，674，757，781，832*，832*，832*，833*

中山世譜附巻　『琉球史料叢書』第五巻（横山重編，名取書店，1942年，底本：尙家藏御側御物本）
上：61／下：40，212，240，301，349，356，411，411

中山傳信録　徐葆光撰　重刻版明和三年（1766年）版本　参照：原田禹雄訳注『中山伝信録』（榕樹書林，1999年）
下：404*

朝鮮王朝實錄　大韓民國國史編纂委員會刊影印本　参照：池谷望子・内田晶子・高瀬恭子編『朝鮮王朝実録琉球史料集成』（榕樹書林，2005年5月）
端宗實錄（魯山君日記）　上：23，24，27，27，30／**世祖惠莊大王實錄**　上：24，25，34，35／**成宗康靖大王實錄**　上：71，72*，72*，72*，72*，72*／**光海君實錄**　下：246*

陳氏家譜　仲本通事親雲上　『那覇市史』資料篇第1巻6家譜資料（二）久米系家譜
下：246，247

政《つかさ》家系圖　天城町岡前　徳之島町郷土資料館所藏小林正秀文庫架藏寫本　参照：義家系圖
上：310／下：635*

詰役系圖　和泊町立図書館所藏　表紙外題「詰役系圖／在番所」　参照：『奄美史料集成』所收「道之島代官記集成」所收「沖永良部島代官系図」（底本：和泊町，町田實美氏所藏「詰役系圖　沖永良部島代官系圖」）
下：517，518*，577，581，591，643*

鄭開陽雜著　→萬里海防圖論二巻日本圖纂一巻（東洋文庫所藏），籌海圖編

鄭開陽雜著　静嘉堂文庫所藏康熙三十六年（1697年）鄭定遠序本（十萬卷樓舊藏本一〇函四架）
上補：688，689*，690，694*，695*，699*，732*，734*，740*

鄭開陽雜著　民國二十一年壬申（1932年）陶風樓刊江蘇省立第一圖書館藏本影印本
上補：692*，694*，695*，697，698

鄭開陽雜著　文淵閣藏欽定四庫全書史部十一影印本　公開畫像：Internet Archive
上補：692*，694*，695*，695，697*

傳家龜鏡　十五　十代久高文書　東京大学史料編纂所所藏島津家文書（S島津家文書84-14，畫像公開）

上：303，372，391／下：33*，86／上補：853

東姓家譜　津波古親雲上　『那覇市史』資料篇第1巻7家譜資料（三）首里系　氏集十四番1706　→家譜資料（第一集）

上：235，235／下：69，69，70*

當代記　国立公文書館所蔵内閣文庫架蔵江戸初期寫九册本（150-0060）（東京大学史料編纂所架蔵寫眞帳（6140.5-13）ニ依ル）　参照：『史籍雑纂』第二（國書刊行會，1912年11月）所收當代記

下：278，311，404*

戸《と》円《えん》集落祭祀關連史料　大和村戸円　石井嘉生「奄美大島・戸円集落祭祀関係史料」『儀礼文化』41号（儀礼文化学会，2010年3月），別稱「戸円のろ文書」

上：256

堵姓家譜　上江洲筑登之　那覇市歴史博物館所藏複寫本（037-A-04）　氏集七番840

上：188，189，189

徳之嶋面縄院家藏前録帳　『奄美史料集成』所收「道之島代官記集成」所收「徳之嶋面縄院家蔵前録帳」（底本：鹿児島県立図書館所藏本）

上：278，291，311*，381／下：457，516，576，580，585，591，643*，639*，654

徳之島宮祐基宮直家系圖　徳之島町諸田　福田家文書　嘉永五年（1852年）宮祐基・宮直序

上：281*，281

〔な行〕

内藤虎次郎氏所藏文書　→藤原惺窩日記殘簡

中田家文書　瀬戸内町古志　山田尚二「奄美における古琉球辞令書について」（寫眞版ヨリノ複寫版掲載）　参照：高良倉吉「奄美の古志辞令書の分析」『日本東洋文化論集』16号（琉球大学法文学部，2010年3月，山田尚二撮影寫眞版ノ複寫版〔一部脱〕掲載）

上：195，196，258

那覇市史資料篇第1巻2薩琉関係文書　那覇市企画部市史編纂室編・刊，1970年6月　→喜安日記，古案集，御当国御高並上納里積記，琉球薩摩往復文書案，琉球渡海日々記

那覇市史資料篇第1巻5家譜資料（一）総合　那覇市企画部市史編纂室編・刊，1976年2月　→家譜資料（第一集）

那覇市史資料篇第1巻6家譜資料（二）久米系家譜　那覇市企画部市史編纂室編・刊，1980年3月　→金氏家譜，呉江梁氏家譜，蔡氏家譜，陳氏家譜，県史編纂史料・那覇ノ部

那覇市史資料篇第1巻7家譜資料（三）首里系　那覇市企画部市史編纂室編・刊，1982年1月　→向氏家譜具志川按司，向姓家譜小祿按司，向姓家譜邊土名親雲上，向姓家譜湧川親雲上，蘇姓家譜奥島家，東姓家譜津波古親雲上，馬姓家譜大宗小祿親方，武姓家譜正統嘉陽家，麻姓家譜田名親雲上，明姓家譜龜谷親雲上，毛姓家譜上里親雲上，雍姓家譜山城筑登之親雲上，和姓家譜古謝筑登之親雲上

那覇市史資料篇第1巻8家譜資料（四）那覇・泊系　那覇市企画部市史編纂室編・刊，

1983年3月　→金姓家譜宮城筑登之親雲上，呉姓家譜正統我那覇親雲上，栢姓家譜國吉筑登之親雲上，兪姓家譜根路銘筑登之親雲上，藺姓家譜絲嶺親雲上
南西諸島史料集　第五巻　山下文武編，南方新社，2012年3月　→田畑家隠居跡文書，松岡家文書大島等與人由緒文書
南島雜話附錄　東京大学史料編纂所所蔵島津家文書（92-57）　参照：国分直一・恵良宏校注『南島雑話』下（平凡社，1984年4月），大熊トネ屋文書
上：223*，276*，301*
南島風土記　『東恩納寛惇全集』七（第一書房，1980年2月）
上：231，264，277，371，372
南聘紀考　伊地知季安著　東京大学史料編纂所所蔵島津家本（さⅠ-12-33-64）
上：44，354，369，373，374，375，381，393，396，397，399／下：25，76，82，85，87，91，142，148，152，164，166，185，202，223，242，252，298，321，324，328*，329，333，345，351，353，365，374，377，379，385，388，391，404，410，415，589，594，625，632*，656／上補：760*
南浦戯言　鹿児島大学附属図書館所蔵玉里文庫架蔵文之玄昌自筆本（天の部114番1004）
下：148／上補：834
南浦棹歌　鹿児島大学附属図書館所蔵玉里文庫架蔵文之玄昌自筆本（天の部114番1005）
下：160，302／上補：843
南浦文集　鹿児島大学附属図書館所蔵玉里文庫架蔵文之玄昌自筆本（二册，天の部114番1003）
下：74*，153，161，163，189，299*，404*
南浦文集　寛永二年版本　国立国会図書館所蔵（WA7-81）　公開畫像：国立国会図書館デジタルコレクション
下：156*，159，161*，190*，302*／上補：837*，837*
南浦文集　慶安二年版本　東京大学史料編纂所所蔵（1034-28）
下：148*，156*，160，161*，190*，302*／上補：820*，837*，837*
新山家系圖　喜界町赤連　新山家文書　喜界町図書館郷土資料室架蔵複寫版　参照：喜界島思三部一流系圖
上：92*，116*
和《にぎ》家系圖　大和村大和浜　和家文書　大和村教育委員会所蔵　参照：大和村誌編纂委員会編『大和村誌資料』3・大和村の近世　和家系図（その一），『奄美大島諸家系譜集』
上：88，181，210，418*，421／下：432*，434
和家系圖（別本）　大和村大和浜　和家文書　大和村教育委員会所蔵　参照：大和村誌編纂委員会編『大和村誌資料』3・大和村の近世　和家系図（その二）
上：89，182，212，下：435*
和家文書　大和村大和浜　大和村教育委員会所蔵　参照：大和村誌編纂委員会編『大和村誌資料』3・大和村の近世，和眞至氏所蔵文書

上：90／上補：680*，741*，743*
和眞至氏所藏文書　大和村大和浜　和家文書　大和村中央公民館所藏長田（大和）須磨文庫架藏寫眞版（寫眞ニ寫サレタル諸文書，今佚ス）　参照：奄美史譚・大島置目條々・他，系圖文書寫永代家傳記
上：83，178，206／下：431，600*，600*／上補：684*
日本一鑑　鄭舜功著　民國貳拾八年（1939年）據舊鈔本影印文殿閣刊
上補：686，687，693*，709*，713，714*，715，716*，716，720，720，721，726，728*，728*，729*，729*，733*，733*，733*，733*，734*，740*
日本一鑑　京都大学附属図書館所藏大正十年（1921年）書寫本（5-82/ニ/16）
上補：715*
日本關係海外史料　イギリス商館長日記　→リチャード・コックス日記，Diary of Rechard Cocks
日本考略　早稲田大学附属図書館所藏嘉靖九年（1530年）序重刊本（ル03 03352）　公開畫像：早稲田大学附属図書館古典籍総合データベース
上補：687*，687*，729*
日本圖　神奈川県横浜市　稱名寺所藏　神奈川県立金沢文庫保管　重要文化財指定名称「日本図（遠江，越後以東欠）」　参照：金沢文庫テーマ展図録『古絵図と古地図』（神奈川県立金沢文庫，1997年7月）等
上：12
日本與論主系圖　与論町麦屋　基家文書　参照：小園公雄「奄美諸島・与論島近世社会の一考察―基家文書の紹介（系図と史料）」『鹿大史学』36号（1988年）
上：80*，81*，81／下：455*
能姓家譜　嶋袋筑登之親雲上　那覇市歴史博物館所藏複寫本（037-A-05）　氏集八番934（上，「能姓世系圖」として掲げる）
上：322，322／下：137，137，391
〔は行〕
栢姓家譜　國吉筑登之親雲上　『那覇市史』資料篇第1巻8家譜資料（四）那覇・泊系　氏集十九番2438
下：237，238
元《はじめ》家系圖　宇検村須古　元家文書　『宇検村誌資料編』第二集奄美大島屋喜内の文書　参照：『奄美大島諸家系譜集』
上：319／下：446，
馬姓家譜　小祿親方　『那覇市史』資料篇第1巻7家譜資料（三）首里系　氏集十三番1667
上：98，100，101／下：10，10，58，109
八十八呉良謝佐榮久由緒記　→〔や行〕掲出
伴姓肝付氏系譜　『鹿児島県史料』旧記雑録拾遺家わけ二・肝付家文書

上：345／下：3，36，102，151／上補：847，852
萬里海防圖論二卷日本圖纂一卷　東洋文庫所藏康熙三十年（1691年）重刊本（II-15-D-53）　参照：鄭開陽雜著
上補：689*，695*
東恩納寛惇史料ノート　ノート資料7氏姓調査　沖縄県立図書館所藏東恩納寛惇文庫（K2008/H55/7）
上：102，103，103，241*
深見家文書　徳之島町手々　徳之島町郷土資料館所蔵　参照：山田尚二「奄美における古琉球辞令書について」
上：255
福田宮榮喜家系圖　徳之島町諸田　福田家文書　明治三十五年（1902年）序　参照：八十八呉良謝佐榮久由緒記
上：281*，283*
藤原惺窩集　巻上・巻下　國民精神文化研究所，1938年3月，1939年3月　→惺窩先生文集，惺窩文集，藤原惺窩日記斷簡寫，藤原惺窩文集
藤原惺窩日記殘簡寫　東京大学史料編纂所所藏內藤虎次郎氏所藏文書影寫本（3071.62-225）
上補：761，770
武姓家譜　嘉陽筑登之親雲上　『那覇市史』資料篇第1巻7家譜資料（三）首里系　氏集六番650
下：327，327
撫浙奏疏　劉元霖撰　東洋文庫所藏版本（Ⅱ-13-B-21-0）
上補：793，809，826*
寶滿家系圖　伊仙町阿權　宝満家文書　昭和二年（1927年）撰　参照：『奄美大島諸家系譜集』，八十八呉良謝佐榮久由緒記
上：281*，281*，290，292*，384*／下：421*
法用文集　国立歴史民俗博物館所藏田中穣氏旧蔵典籍古文書（H-743-104）　参照：東京大学史料編纂所架藏寫眞帳田中穣氏旧蔵典籍古文書（6170.35-1-83），同所藏謄寫本（2016-573，畫像公開，原本：田中勘兵衞所藏本）
上補：774
ホジアンダー號船主ジョン・ハント日誌抄錄　"The English factory in Japan, 1613-1623", Vol. II, No. 408　原本：'Extract from the journal of John Hunt, master of the Hosiander, 10 July 1615-26 April 1616', British Library, India Office Records L/MAR/A/XXIII, 'Journal on the Hosiander (10 Jul 1615-26 Apr 1616, John Hunt)'
下：513，514*，515*
本光國師日記　東京大学史料編纂所架藏南禪寺金地院所藏本寫眞版（6173-20）
下：274

本光國師日記　副島種経校訂本『本光國師日記』（続群書類従完成会，1966～1971年）
下：274*
北郷文書　御文書令臨　東京大学史料編纂所所藏謄寫本（2071.96-18）
下：271*
〔ま行〕
前里家家譜　大和村恩勝　『奄美大島諸家系譜集』
上：315，365／下：444，462
眞三郎金一統之系圖　喜界町赤連　濱川家文書　天明七年（1787年）榮文仁序本　喜界町図書館郷土資料室架藏複寫版
上：217，257，368／下：630
眞三郎金一統之系圖序　喜界町赤連　濱川家文書　喜界町図書館郷土資料室架藏複寫版
上：218
眞志部一統之系圖　喜界町赤連　濱川家文書　喜界町図書館郷土資料室架藏複寫版
上：328，369／下：630
麻姓家譜　田名親雲上　『那覇市史』資料篇第1巻7家譜資料（三）首里系　氏集十番1133
下：134，134，390
松岡家文書　奄美市名瀬佐大熊　奄美市立奄美博物館所藏名瀬市史編纂委員会資料架藏複寫版　同資料室架藏所崎平氏撮影寫眞版　参照：久留家所藏松岡家文書，山田尚二「奄美における古琉球辞令書について」
上：129，214／下：429，430，430，606*，606，607*，607*
松岡家文書　久留家所藏　奄美市立奄美博物館資料室架藏複寫版
下：606*
松岡家文書　大島等與人由緒文書　奄美市名瀬佐大熊　『南西諸島史料集』第五巻，松岡家文書　参照：奄美市立奄美博物館所藏童虎山房架藏原口虎雄筆寫本「口上覚」，鹿児島県立奄美図書館所藏名瀬市史編纂委員会資料本複寫版「田畑佐文仁目錄及大島与人並諸役人服装由緒書」，「松岡家文書」『奄美郷土研究会報』19号（1979年3月）
下：459*，583，632*，639*，640*，640，648，653*
道之島代官記集成　福岡大学研究所資料叢書第一冊（福岡大学研究所，1969年）　参照：松下志朗編『奄美史料集成』（南方新社，2006年8月）再錄　→大島代官記，喜界島代官記，德之島面縄院家前錄帳，詰役系圖沖永良部島代官系圖
明史　文淵閣藏版影印欽定四庫全書史部　公開畫像：Internet Archive
上補：687*，690*，691*，692*，693*，701*，706*，712*，712，712，715*，715*，725*，728*，729*，744*，749*
明實錄　中華民國中央研究院歴史語言研究所校印本所收北平圖書館藏紅格鈔本　公開畫像：中華民國中央研究院・大韓民國國史編纂委員會「明實錄・朝鮮王朝實錄・淸實錄資料庫」

上：29*，39*，44*，44*／下：241，241*，241*，407／上　補：660，661*，661*，661*，661*，663*，663*，663*，663*，672*，672*，672*，672*，673，673，673*，676，685，685，711，712，712，743，752*，755*，755*，757，779，779，780，784*，784*，784*，786*，789*，812*，832*，832*，833**，833*，833*
穆《むか》佐《さ》悟性寺義天様御石塔一件勘考書　東京大学史料編纂所所蔵島津家本（さⅠ-12-33-222）
下：459*
穆佐悟性寺御石塔一件私考　東京大学史料編纂所所蔵島津家本（さⅠ-12-33-197）『鹿児島県史料』旧記雑録拾遺伊地知季安著作集八（鹿児島県，2009年2月）
下：459*
明姓家譜　龜谷親雲上『那覇市史』資料篇第1巻7家譜資料（三）首里系　氏集四番412
上：203，203，222，232
毛姓家譜　上里親雲上『那覇市史』資料篇第1巻7家譜資料（三）首里系　氏集十三番1521
上：118，119，122，162，162，183／下：122，122，248，249
毛姓家譜　豐見城里主　→大宗家豐見城氏系圖
毛姓家譜　松田里之子親雲上　氏集十三番1555　沖縄県立図書館所蔵複寫本（K288/MO11）
下：251
毛姓家譜　毛姓大宗　那覇市歴史博物館所蔵複寫本（037-A-05）　氏集九番1001
下：52，52
毛姓家譜　平安名里之子親雲上　那覇市歴史博物館所蔵『毛氏門中会刊毛姓系図』複寫本（039-A-01）　氏集十番1206
下：128，129，268，310，396
基家系圖　与論町麦屋　基家文書『与論町誌』参照：日本與論主系圖，與論主治世鑑，先田光演『与論島の古文書を読む』所収「基家・龍野家・東家系図」
上：77，82*／下：454
〔や行〕
大和村誌資料3大和村の近世　大和村誌編纂委員会編，大和村，2006年3月　→宇宿大親家譜系圖，宇宿大親家譜系圖（別本），和家系圖，和家系圖（別本），和家文書
兪姓家譜　根路銘筑登之親雲上『那覇市史』資料篇第1巻8家譜資料（四）那覇・泊系
下：234，235
雍姓家譜　山城筑登之親雲上　那覇市歴史博物館所蔵複寫本（037-A-02）　氏集三番319　参照：『那覇市史』資料篇第1巻7家譜資料（三）首里系所収雍姓家譜
上：229／下：27，28，29*
雍姓家譜　山城筑登之親雲上『那覇市史』資料篇第1巻7家譜資料（三）首里系　氏集

三番 319
上：231*／下：28*，28
容姓家譜　山田筑登之親雲上　那覇市歴史博物館所藏複寫本（039-A-01）　氏集十二番 1436
上：152，152，199
葉姓家譜　伊集筑登之親雲上　那覇市歴史博物館所藏複寫版（037-A-02）　氏集三番 350
下：62，62
要用集　鹿児島県史料刊行委員会編『鹿児島県史料集』第 28 集要用集（上），鹿児島県立図書館，1988 年 2 月
下：353
吉野家文書　宇検村屋鈍　『宇検村誌資料編』第二集奄美大島屋喜内の文書　参照：山田尚二「奄美における古琉球辞令書について」 本文書，屋鈍のろ文書トモ稱サル。
上：244
吉久家文書　宇検村名柄　『宇検村誌資料編』第二集奄美大島屋喜内の文書　参照：山田尚二「奄美における古琉球辞令書について」
上：146，150，173，177，221
余姓家譜正統　山饒覇筑登之　那覇市歴史博物館所藏複寫本（037-A-02）　氏集三番 372
上：187，187，188
八十八《よね》呉良謝《ごろうざ》佐榮久由緒記　伊仙町東伊仙　永喜家文書　文政六年佐玖田跋本寫本　参照：『徳之島郷土研究会報』特集号（徳之島郷土研究会，1981 年），永喜家所藏大正十二年編御大殿地祖先系圖，福田家所藏嘉永五年宮祐基宮直序本八十八呉良謝佐榮久由緒記，大正十二年撰平家系圖，昭和二年撰寶滿家系圖，福田家所藏嘉永五年宮祐基宮直序徳之島宮祐基宮直家系圖，同明治三十五年序徳之島諸田村福田宮榮喜家系圖
上：278，285*，286*，290*，290*，291，382，395／下：420，518
八十八呉良謝佐榮久由緒記　『徳之島郷土研究会報』特集号
上：288*
八十八呉良謝佐榮久由緒記　徳之島町諸田　福田家文書　嘉永五年（1852 年）宮祐基宮直序本　参照：徳之島町郷土資料館架藏寫眞版
上：281*，292
世之主徳之島由緒記　和泊町誌編集委員会編『和泊町誌』歴史編（和泊町教育委員会，1985 年 6 月）
上：286，296
與與世戶見一流系圖　瀬戸内町篠川　芝家文書　参照：『奄美大島諸家系譜集』，芝家（分家）所藏與與世戶見一流系圖
上：311／下：449，651*
与論町誌　与論町誌編集委員会編，与論町教育委員会刊，1988 年 3 月　参照：日本與論主系圖，與論主治世鑑　→東家系圖，基家系圖

與論主治世鑑　与論町麦屋　龍野家文書　龍野興澄『與論主治世鑑』(1926年，1996年6月再版)

上：80*，82*

〔ら行〕

リチャード・ウィッカム書翰　"The English factory in Japan. 1613-1623", Vol. I, No. 93, No. 95, No. 104　原文：The Letter of Richard Wickham at Ohshima to Richard Cocks in Hirado　The Letter of Richard Wickham at Ohshima to Richard Cocks in Hirado　The Letter of Richard Wickham at Hirado to William Eaton in Kyoto　原本：British Library, India Office Records E/3/3,216, G/12/15, folio15, folio16)　参照：『大日本史料』慶長十九年年末雜載第十二條貿易ノ條，『慶元イギリス書翰』六四・六五・六八

下：490，497，507

リチャード・コックス書翰　"The English factory in Japan, 1613-1623", Vol. I, No. 75　原本：The Letter of Richard Cocks at Hirado to the East India Company in London, British Library, India Office Records E/3/2, 189　参照：British Library, India Office Records E/3/2, 201と同文，『慶元イギリス書翰』五一

下：465，466*,

リチャード・コックス書翰　"The English factory in Japan, 1613-1623", Vol. I, No. 75　原本：The Letter of Richard Cocks at Hirado to the East India Company in London, British Library, India Office Records E/3/2, 201　参照：British Library, India Office Records E/3/2, 189と同文

下：466*

リチャード・コックス書翰　"The English factory in Japan, 1613-1623", Vol. I, No. 77　原本：The Letter of Richard Cocks at Hirado to Adam Denton at Pattani, British Library, India Office Records E/3/2,190　参照：『慶元イギリス書翰』五二

下：469

リチャード・コックス書翰　"The English factory in Japan, 1613-1623", Vol. I, No. 76　原本：Commission from Richard Cocks at Hirado to Rechard Wickham for Sea Adventure's voyage to Siam, with an invoice of goods. British Library, India Office Records E/3/2, 191　翻譯文：大日本史料慶長十九年年末雜載貿易ノ條，『慶元イギリス書翰』五三

下：509*

リチャード・コックス書翰　"The English factory in Japan, 1613-1623", Vol. I, No. 79-81, 83, 87-92　翻譯文：『慶元イギリス書翰』五四〜六三

下：510*

リチャード・コックス日記　東京大学史料編纂所編『日本關係海外史料』イギリス商館長日記原文編之上・中　原本：Diary of Richard Cocks, head of the English factory at Firando [or Hirand] in Japan, 1615-1622 Vol. 1, 2, British Library, Western Manuscripts,

Add MS 31300, 31301
下：500，504*，522，528*，529，572
リチャード・コックス日記　東京大学史料編纂所編『日本關係海外史料』イギリス商館長日記譯文編之上・下
下：504*，574*
琉球往來　東京大学総合図書館所蔵南葵文庫本（小中村清矩舊藏本，E26:1140）　参照：『琉球神道記　弁蓮社袋中集』
上：262／上補：829，834*
琉球見聞録　喜舎場朝賢　親泊朝擢刊，1914年5月
上補：678*
琉球國舊記　『琉球史料叢書』第三卷（横山重編，名取書店，1940年12月，底本・尙家所藏本〔御側御物〕）
上：5，47，49，50，50，55，58，118／下：21
琉球國志略　国立国会図書館所蔵乾隆二十四年版本（219.9-Sy979r）　公開畫像：国立国会図書館デジタルコレクション
上：45／下：404*
琉球国図　沖縄県立博物館・美術館所蔵　『うるま　ちゅら島　琉球』（九州国立博物館，2006年4月）　参照：深瀬公一郎・渡辺美季「解題：沖縄県立博物館所藏『琉球國圖』」『琉球と日本本土の遷移地域としてのトカラ列島の歴史的位置づけをめぐる総合的研究』科学研究費補助金基盤研究（B）研究成果報告書（平成13年度〜平成15年度），高良倉吉編，2004年3月
上：31
琉球國中山世鑑　沖縄県所藏尙家本（尙家舊藏評定所格護定本）『重修新校中山世鑑』序・卷一〜卷五（全六册）（沖縄県教育委員会，1982年10月〔序・卷一〕・1983年3月〔卷2〜卷5〕，影印本）　参照：「中山世鑑」『琉球史料叢書』第五卷（横山重編，名取書店，1943年12月，底本：内閣文庫本）
上：1，22*，29*，29*，37，93，124／下：142*，142，355／上補：663*，664，673
琉球國都之嶋平良間切松原村御檢地帳　田村浩『琉球共産集落之研究』（至言社，1977年1月，復刊版，初版，1927年）
下：357
琉球國由來記　『琉球史料叢書』第一卷・第二卷（名取書店，1923年12月，底本：尙家所藏御側御物）
上：5，44，46，48，49，50，53，57，57，72*，118／下：18，302，322，369*
琉球薩摩往復文書案　『那覇市史』資料篇第1卷2薩琉関係文書　参照：琉球薩摩往復文書，古案集
下：189*，191*
琉球薩摩往復文書案　東京大学史料編纂所所藏謄寫本（2051.9-37，原本：尙家本）　参

照：古案集，琉球薩摩往復文書
下：189*，191*
琉球産業制度資料　仲吉朝助編，1924 年 4 月 28 日序，全 10 巻　小野武夫編『近世地方經濟史料』第九巻・第十巻（吉川弘文館，1932 年）　参照：沖縄県立図書館所藏渋沢敬三寄贈謄寫本
下：354，364，376*
琉球神道記　袋中庵所藏自筆本影印版　『琉球神道記・袋中上人絵詞伝』（榕樹書林，2001 年 7 月）　参照：横山重編著『琉球神道記　弁蓮社袋中集』
上：45
琉球神道記　弁蓮社袋中集　横山重編著，角川書店，1970 年 6 月　→袋中上人繪詞傳，袋中上人傳，琉球神道記，琉球往來
琉球征伐記　→島津家本舊記雜錄巻六十四・琉球入ノ記，鹿児島県史料旧記雑録後編四巻六十四，六五九号，鹿児島大学附属図書館所藏玉里文庫本
下：76*，76*
琉球征伐記　鹿児島大学附属図書館所藏玉里文庫架藏四部合本（天の部 5 番 241）　参照：舊記雜錄後編巻六十四・琉球入ノ記，大嶋置目
上：361*，385*，396*／下：619
琉球渡海日々記　東京大学史料編纂所所藏島津家本舊記雜錄後編巻六十三　参照：鹿児島大学附属図書館所藏玉里文庫架藏高山衆市来氏琉球征伐日記，『那覇市史』資料篇第 1 巻 2 薩琉関係文書（底本，玉里文庫本寫本）
上：333*
琉球渡海人數賦　鹿児島大学附属図書館所藏玉里文庫架藏四部合本（天の部 5 番信 240）
上：334／下：622*
藺姓家譜　糸嶺親雲上　『那覇市史』資料篇第 1 巻 8 家譜資料（四）那覇・泊系　氏集十九番 2470
上：250，250，259
歴代龜鑑　東京大学史料編纂所所藏島津家文書（S 島津家文書 1-1，畫像公開）　参照：『大日本古文書』島津家文書之一，『東京大学史料編纂所影印叢書』1 島津家文書　歴代亀鑑・宝鑑
上：19*
歴代鎭西要略　東京大学史料編纂所所藏寫本（4141.90-2，畫像公開）
上補：719
歴代寶案　第一集　『歴代宝案』校訂本第一冊・第二冊（沖縄県立図書館史料編集室編，1992 年 1 月・3 月）　参照：『歴代宝案』訳註本第一冊・第二冊（沖縄県立図書館史料編集室編，1994 年 3 月，1997 年 3 月）
下：13，14*，55*，57*，94，97*，97，98，100*，103，209，213，219，220，224，229，230，232，241，242，246*，346，348*，400，401，404*／上補：660，661*，661*，663*，

663*，744，745，746*，746*，746，778，782，815，825，832*，832*，832*，832*，832*，833*
烈祖成績　安積澹泊撰　国立国会図書館所藏德川明武刊鶴鳴館藏本刻版本（明治11年〔1878年〕）（137-125）　公開畫像：国立国会図書館デジタルコレクション
下：290
列朝制度　『藩法集』八・鹿兒島藩上（創文社，1969年3月）　參照：大嶋置目
下：615
〔わ行〕
和姓家譜　古謝筑登之親雲上　『那覇市史』資料篇第1巻7家譜資料（三）首里系　氏集十四番1817
上：155
〔A～W〕
"A summary catalogue of Western manuscripts in the Bodleian Library at Oxford which have not hitherto been catalogued in the quarto series: with references to the Oriental and other manuscripts", Vol. II, Part II, Oxford University Press, 1937　公開畫像：Internet Archive
下：489
'Archives in England: Original Correspondence Anno 1611-23'　東京大学史料編纂所架藏寫眞版（7598-54）
下：469*，469*，472*，497*，500*
'Archives in England: Richard Cocks' Diary Anno 1615-22', Vol. 1, 6　東京大学史料編纂所架藏寫眞版（7544-1）
下：507*，534*，575*
'Archives in England: R. Wickham's Letters Anno 1614-17'　東京大学史料編纂所架藏寫眞版（7598-53）
下：500*，509*
'Archives in England: E. Sayers' & R. Adams' Journals Anno 1615-1618'　東京大学史料編纂所架藏寫眞版（7548-4）
下：572*
'Commission from Richard Cocks, at Hirado, to Richard Wickham for the Sea Adventure's voyage to Siam, with an invoice of goods'　"The English factory in Japan, 1613-1623", Vol. I, No. 76　原本：British Library, India Office Records E/3/2, 191　翻譯文：リチャード・コックス書翰
下：509*
"Diary of Richard Cocks"　『日本關係海外史料』イギリス商館長日記原文編之上・中　原本：Diary of Richard Cocks, head of the English factory at Firando [or Hirado] in Japan; 1615-1622, Vol. 1, 2, British Library, Western Manuscripts, Add MS 31300, 31301

参照：'Archives in England: Richard Cocks' Diary Anno 1615-22', Vol. 1（7544-1） 翻譯文：リチャード・コックス日記

下：504*, 504, 529*, 529, 534*, 574*, 574, 575*

"EAST MEETS WEST: Original Records of Western Traders, Travellers, Missionaries and Diplomats to 1852", Part 1, REEL 12, 1998, Adam Matthew Publications, London 参照：東京大学史料編纂所架蔵（H6940-1）

下：489*, 555*

'Extract from the journal of John Hunt, master of the Hosiander, 10 July 1615-26 April 1616' "The English factory in Japan, 1613-1623", Vol. II, No. 408 原本：British Library, India Office Records L/MAR/A/XXIII, 'Journal on the Hosiander（10 Jul 1615-26 Apr 1616), John Hunt 翻譯文：ホジアンダー號船主ジョン・ハント日誌抄錄

下：513*, 514

Journal on an un-named ship, Edmund Sayers, merchant（22 February 1618-11 May 1618） "The Log Book of William Adams, 1614-19" 原本：British Library, India Office Records L/MAR/A/XXXVI, Gift of God: Journal, Edmund Sayers, merchant（20 March 1617-7 September 1617, and Journal on an unnamed ship. Edmund Sayers, marchant（22 February 1618-11 May 1618） 参照："The English factory in Japan, 1613-1623", Vol. II, No. 414. 大日本史料第十二編之三十 DAI NIPPON SHIRYO, Part XII. Volume XXX, European Materials, XIII. ED SARIS'S JOURNAL OF THE SECOND VOYAGE TO THE RIU KIU ISLANDS, 1618 翻譯文：エドモンド・セイヤース航海日誌

下：564, 571*

'Letters of Richard Wickham, a member of the English trading residents at Hirado, Japan, to his colleages, 1614-1617' 東京大学史料編纂所所藏筆寫本（7098-2）

下：500*, 509*

"Letters Received by the East India Company from its Servants in the East: transcribed from the 'Original Correspondence' Series of the India Office Records" Vol. II. 1613-615, Sampson Low, Marston & Co., London, 1897 公開畫像：Internet Archive

下：469*, 469*, 472*, 497*, 509*

"The English factory in Japan, 1613-1623", Vol. I, II Anthony Farrington, British Library, London, 1991 東京大学附属図書館架藏（941: F246） 本書所收文書，各々，文書名ニ依リテ掲グ，

下：465, 467, 469*, 469, 471, 489*, 490, 494, 497, 507, 508, 509*, 509*, 513, 514, 572*

The Letter of Richard Cocks at Hirado to the East India Company in London "The English factory in Japan, 1613-1623", Vol. I, No. 75 原本：Blitish Library, India Office Records E/3/2, 198 参照："Letters Received by the East India Company from its Servants in the East: transcribed from the 'Original Correspondence' Series of the India Of-

fice Records" Vol. II, 'Archives in England: original Correspondence Anno 1611-23', Vol. 2, 36　翻譯文：リチャード・コックス書翰

下：467

The Letter of Richard Cocks at Firando in Japan to the East India Company in London　原本：Blitish Library, India Office Records E/3/2, 201　参照：Blitish Library, India Office Records E/3/2, 198. "The English factory in Japan, 1613-1623", Vol. I, No. 75. "Letters Received by the East India Company from its Servants in the East: transcribed from the 'Original Correspondence' Series of the India Office Records" Vol. II, 201. 'Archives in England: original Correspondence Anno 1611-23', Vol. 2, 43　翻譯文：リチャード・コックス書翰

下：466*，469*

The Letter of Richard Cocks at Hirado to Adam Denton at Pattani　"The English factory in Japan, 1613-1623", Vol. I, No. 77　原本：Blitish Library, India Office Records E/3/2, 190　参照："Letters Received by the East India Company from its Servants in the East: transcribed from the 'Original Correspondence' Series of the India Office Records" Vol. II, 190, 'Archives in England: original Correspondence Anno 1611-23', Vol. II, 36　翻譯文：リチャード・コックス書翰

下：471

The Letter of Richard Wickham at Hirado to Willam Eaton at Kyoto　"The English factory in Japan, 1613-1623", Vol. I, No. 104　原本：British Library, India Office Records G/12/15, folio 16）　参照：'Archives in England: R. Wickham's Letters Anno 1614-17'. "The Log Book of William Adams, 1614-19" Appendix III. Letters from Richard Wickham, No. 14（抄錄文）, 'Letters of Richard Wickham, a member of the English trading residents at Hirado, Japan, to his colleages, 1614-1617'　翻譯文：リチャード・ウィッカム書翰

下：508

The Letter of Richard Wickham at Ohshima to Richard Cocks in Hirado　"The English factory in Japan,　1613-1623", Vol. I, No. 93, No. 95　原本：British Library, India Office Records E/3/2, 216, G/12/15, folio 15　翻譯文：リチャード・ウィッカム書翰

下：494，499

"The Log-Book of William Adams, 1614-19"　Christopher James Purnell, 1916, London, The Eastern Press, ltd.　公開畫像：Internet Archive　参照：菊野六夫『ウィリアム・アダムズの航海誌と書簡』

下：489*，500*，508*，555*，555，564*

William Adams' Log Book on four voyages to Cochin-China and Siam, 1614-19　『ウィリアム・アダムズの航海誌と書簡』　原本：Oxford University, Bodleian Library, Savile Collection, MS. Savile 48,　参照："EAST MEETS WEST: Original Record of Western

Traders, Travellers, Missionaries and Diplomats to 1883", Part 1, REEL 12（マクロフィルム版）. "The Log Book of William Adams, 1614-19". "The English factory in Japan, 1613-1623", Vol. II. No. 409, No. 413.　翻譯文：ウィリアム・アダムズ航海記

下：481*，482，489*，546*，546，555*